1 MONTH OF
FREE
READING

at

www.ForgottenBooks.com

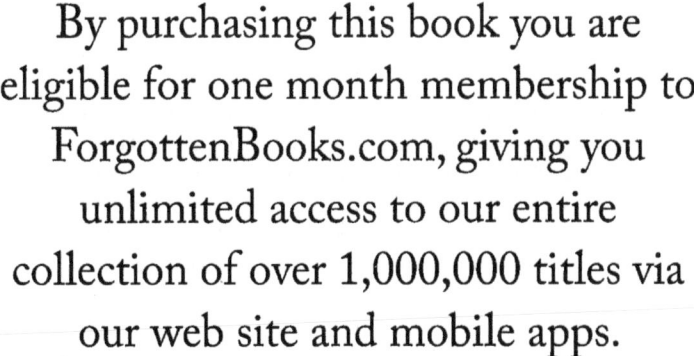

By purchasing this book you are eligible for one month membership to ForgottenBooks.com, giving you unlimited access to our entire collection of over 1,000,000 titles via our web site and mobile apps.

To claim your free month visit:

www.forgottenbooks.com/free576455

ISBN 978-0-365-14961-3
PIBN 10576455

Zeitschrift

für

deutsches Recht

und

deutsche Rechtswissenschaft.

In Verbindung mit vielen Gelehrten

herausgegeben

von

Beseler, Reyscher und Stobbe.

Achtzehnter Band.

Tübingen,

Verlag und Druck von L. Fr. Fues.

1858.

Inhalt des achtzehnten Bandes.

Prospectus.

Vorwort.

Als im Jahre 1849 der „Gerichtssaal" in die Reihen der, der juristischen Wissenschaft und der Rechtspflege gewidmeten Zeitschriften eintrat, verkündete der nunmehr verstorbene erste Herausgeber desselben in dem Vorworte des ersten Bandes unter der Ueberschrift: „der Uebergang vom alten zum neuen Rechte", wie die Zeitschrift bestimmt sei, diesen Uebergang zu vermitteln und die damals geforderten Reformen in der Rechtspflege zum klareren Verständnisse zu bringen. Die Redaction des Gerichtssaals ist sich bewußt, dieses Ziel unverrückt verfolgt und unausgesetzt sich bemüht zu haben, das Ihrige zu jener Vermittelung und zu diesem Verständnisse beizutragen.

Es ist seit jenem Vorworte eine, an Reformbestrebungen und an gesetzgeberischer Thätigkeit reiche Zeit verflossen. Fast in allen Ländern Deutschlands ist die Gesetzgebung, insbesondere in Bezug auf Strafrecht und Strafproceß thätig gewesen. Aber auch der Civilproceß hat in mehreren Ländern durchgreifende Reformen erfahren, und das Bedürfniß nach einer Umgestaltung unseres bürgerlichen Rechts hat in der zu Nürnberg zusammengetretenen Conferenz zur Berathung eines deutschen Handelsgesetzbuchs einen wichtigen Ausdruck gefunden.

Hierbei mag nicht verkannt werden, daß gegenwärtig, nachdem in den Jahren 1848 und 1849 unter den politischen Stür-

men auch die Reform des Strafverfahrens zum Theil in einer
mehr als bedenklichen Haft vorgenommen und die schleunigste
Adoption fremder Einrichtungen ohne weitere Prüfung verlangt
und gewährt wurde, die Kritik über manche dieser Reformen den
Stab gebrochen und die Mängel und Gebrechen derselben darge=
legt hat. Es ist zuzugeben, daß die Reformfrage bereits vielfältig
auf Congressen und in Schriften discutirt worden war, ehe das
Jahr 1848 sie unter seine Forderungen stellte. Allein die Discus=
sion konnte nur die hauptsächlichsten Principien in's Auge fassen
und hatte überdieß mit der Art und Weise der Ausführung der
geforderten Reformen sich nicht beschäftigt. Wir nehmen hier vor=
zugsweise auf die Frage wegen der Gerichtsorganisation Bezug.
Es zeigt sich — das dürfen wir nicht in Abrede stellen — gerade
bezüglich dieses Punktes gegenwärtig noch eine solche Verschieden=
heit der Ansichten, daß eine definitive Erledigung desselben wohl
erst in langer Zeit zu hoffen ist. Die Vorgänge in Bayern und
die neuerlichen Revisionen der Organisationsgesetze in Hannover
sind hierbei besonderer Beachtung werth. Im Jahre 1848 aller=
dings fing man nicht mit der Organisation der Gerichte und der
Aufstellung einer neuen Gerichtsverfassung an, welche nicht blos
für die Strafsachen, sondern auch für die Civilsachen anwendbar
sei, sondern man hatte nur die ersteren im Auge, wollte auch hier
nicht mit aufhältlichen Vorbereitungen den günstigen Augenblick für
die Hauptreform verlieren und nahm zumeist unter nothdürftigen
Aenderungen in der Gerichtsverfassung und ohne Rücksicht auf die
übrigen Zweige der Rechtspflege, sowie die gesammte Staatsver=
waltung überhaupt, das französische Verfahren mit allen seinen Män=
geln und mit seinen, nur mit und in der französischen Gerichts=
und Behörden=Verfassung erklärlichen Einrichtungen an und auf.

Es sind bei der Annahme der fremden Proceßgesetze zu viele
Aeusserlichkeiten herübergenommen worden, welche einen geregelten
Gang der Entwickelung erschweren und doch sich ein Ansehen, als
ob in ihnen der Grundton und die Hauptsache der Reformen zu
finden sei, geben. Wir sind weit entfernt, den Werth und die Ent=
wickelungsfähigkeit der Reformen zu verkennen. Aber wir wollen
Reaction gegen die, den Grundgedanken der Reformen und dem

Interesse der Rechtspflege zuwiderlaufenden Auswüchse und Gebrechen in diesen Reformen machen, um in solcher Reaction das Mittel zu einem befriedigenden Fortschritte zu finden, und um nicht die Reformen in sich selbst untergehen zu lassen. Die Gegner derselben suchen gegenwärtig in einzelnen Aeusserlichkeiten und Nebenpunkten ihre Waffen und gebrauchen sie geschickt gegen das Ganze. Man kann sie nur siegreich bekämpfen, wenn man sich von einer blinden Verehrung des Fremden losmacht und die angebahnten Reformen in einer, den Bedürfnissen und Interessen einer gerechten und gesunden Rechtspflege entsprechenden Masse fortführt.

Es ist hohe Zeit für die Wissenschaft und für die Gesetzgebung, auf die Grundelemente der neuen Reformen zurückzugehen und sie an der Hand der gemachten Erfahrungen und unter Berücksichtigung der übrigen, die Rechtspflege und die gesammte Staatsverwaltung betreffenden Institutionen einer Prüfung zu unterwerfen, hierdurch aber das Material für eine, dem Zwecke der Rechtspflege und den Bedürfnissen der Staatsbürger und des Verkehrslebens entsprechende Reform zu gewinnen, damit endlich einmal den Schwankungen und dem Experimentiren ein Ende gemacht werde. Die fortdauernden Revisionen und Aenderungen untergraben das Ansehen der Gesetze und der Behörden und hiermit das Vertrauen der Bürger zu ihnen, — laden eine ungeheuere, nie enden wollende Arbeitslast auf den Beamten —, und verursachen (es mag auch dies nicht gering veranschlagt werden) eine allgemeine Störung in dem Behörden= und Beamten=Wesen, sowie einen nicht unerheblichen Kostenaufwand. Man hat bei der rückhaltlosen Aufnahme der fremden Einrichtungen zu geringe, zum Theil gar keine Rücksicht auf die einheimischen, mit der gesammten Staatsverwaltung innig verbundenen Einrichtungen genommen und bei der Einführung der neuen Gesetze die gesunden, in das Volks= Rechtsbewußtsein übergegangenen Elemente des älteren Rechts unklugerweise beseitigt.

Das practische Bedürfniß einer durchgreifenden Prüfung der neuen Einrichtungen macht sich immer mehr geltend und mahnt zugleich zur Vorsicht bei den bezüglich des Civilrechts und des Civilprocesses angestrebten Reformen.

Eine andere Gefahr droht hiernächst unsrer Rechtsentwicke-
lung durch die immer schärfer sich entwickelnde Particulargesetzge-
bung und die mit ihr verbundene Zersplitterung der für die Gesetzgebung und die Fortbildung des Rechts wirkenden Kräfte und
der für sie wichtigen Erfahrungen. Die Nachtheile des Particularismus treten in dieser Richtung immer schroffer hervor und erzeugen Furcht vor einer Seichtigkeit in den Rechtsstudien, die,
einmal zur Macht gelangt, der Rechtswissenschaft und der Rechtspflege die empfindlichsten, fast unheilbaren Schläge versetzen
wird.

Es ist dringend nöthig, daß ein Centralorgan vorhanden ist,
welches das Gemeinsame in den Legislationen sammelt und zur
Anschauung bringt, die Erfahrungen in den einzelnen Ländern prüft
und die wichtigeren Ergebnisse derselben allgemein bekannt macht,
und durch eine solche Vermittelung eine zusammenfassende Erkenntniß der Grundelemente und der Bedürfnisse der Rechtspflege schafft.
Die Vereinigung der Männer der Wissenschaft und der Erfahrung
in den einzelnen Ländern zu einer solchen gemeinschaftlichen Thätigkeit wird der Rechtswissenschaft und der Rechtspflege, und zwar
sowohl im Allgemeinen als auch für das einzelne Territorium die
wesentlichsten Dienste leisten. Für die einzelnen Länder wird durch
eine solche wissenschaftliche Darstellung und Behandlung der Grundelemente, so wie des Gemeinsamen in der Rechtspflege der verschiedenen Länder ein wichtiges Material für die Particular-Gesetz-
gebung und Rechtspflege gewonnen, — die Verbindung derselben
mit der Wissenschaft erhalten und befestigt, und hierdurch ihnen die
Grundbedingung einer gesunden und kräftigen Fortentwickelung gesichert, dagegen jener, dem Particularismus nahe stehenden Seichtigkeit und Verkümmerung entgegentreten.

Es ist gegenwärtig weniger von einem Eingehen auf die
französischen und auf die englischen Einrichtungen großer Gewinn
für unsere Reformen zu hoffen, als von einer, auf die Grundelemente des Rechts zurückgehenden und die Bedürfnisse der Praxis
erforschenden und berücksichtigenden Prüfung derselben. Man gönne
der Praxis das Recht, die Wege anzudeuten, auf denen der Rechtspflege Hilfe geschafft werde, und quäle sich nicht ab, ihr Mittel zu

octroyiren, welche sie bald sofort, bald langsam, aber immer mit sicherem Erfolge zurückweist.

Wir haben hier nicht blos das Strafrecht und den Strafproceß, sondern das gesammte Gebiet der Rechtswissenschaft, soweit sie der Praxis dienstbar ist, im Auge. Gerade auch im bürgerlichen Rechte und im bürgerlichen Processe bedarf es der Gemeinschaftlichkeit, von welcher wir oben gesprochen, und einer gemeinsamen Thätigkeit derer, welche für eine gedeihliche Entwickelung des Rechts sich interessiren.

Mit der Gefahr des Particularismus ist auch jenes Unwesen verwandt, dem wir leider! häufig genug begegnen. Es ist die Bequemlichkeit, im einzelnen Falle nach vorhandenen Präjudizien des obersten Gerichtshofs zu forschen und ihnen blindlings nachzugehen. Diese Bequemlichkeit tödtet jede selbstständige und gesunde Rechtsforschung und jede frische und freie Entwickelung des Rechts, indem sie nicht nur zum ausschließlichen Träger derselben den obersten Gerichtshof erhebt, sondern auch sehr bald in diesem selbst eine gedeihliche Entwickelung des Rechts durch die Praxis dadurch vernichtet, daß der Gerichtshof, der förderlichen Anregung entbehrend, nun auch nach älteren Präjudizien forscht und sie als unabänderliche Normen für seine Entscheidungen betrachtet.

Die Redaction des Gerichtssaals legt diese Anschauungen als ihr Programm dem gesammten juristischen Publicum Deutschlands vor und fordert es auf, ihr bei der Durchführung desselben behilflich zu sein. Sie giebt sich der frohen Hoffnung hin, daß sie das Bedürfniß der Zeit in unsrer Wissenschaft und Rechtspflege erkannt habe und daß es ihr, dafern ihr die gebetene Beihilfe zu Theil wird, gelingen werde, einen nicht unwesentlichen Beitrag zur Befriedigung dieses Bedürfnisses zu liefern. Sie wird (wie sie wiederholt) vor allen Dingen die Anforderungen der Praxis in das Auge fassen und ihr durch die zu liefernden Artikel eine hoffentlich willkommene Unterstützung in ihrer Fortentwickelung gewähren. Sie glaubt, durch eine Aufsuchung und Darstellung der nöthigen Grundelemente der Reformen, sowie durch eine Feststellung und Prüfung der gemeinsamen Principien in den einzelnen Legislationen einen Anhaltepunkt auch für die Arbeiten der Gesetzgebungen zu schaffen. Sie glaubt auf diese Weise für eine möglichste Einheit in der Rechtspflege Deutschlands das Ihrige mit beizutragen und den Ruhm deutscher Rechtswissenschaft vor seinem Todfeinde, der particularistischen Trägheit und Seichtigkeit zu schützen.

Der Gerichtssaal soll ein Mittelpunkt für die Aufstellung und Entwickelung gemeinsamer Principien für die Justiz = Gesetzgebung und die Rechtspflege werden und seine Thätigkeit über alle Länder Deutschlands erstrecken. Er will fördernd, vermittelnd, anbahnend und befestigend in das rege Leben der Gesetzgebung und der Rechtspflege eingreifen und keinen Theil unsrer Wissenschaft hierbei aus den Augen verlieren. Er wird ebensowohl das bürgerliche Recht und den bürgerlichen Proceß, als das Strafrecht und das Strafverfahren in's Auge fassen. Er wird hierbei allenthalben die Bedürfnisse der Praxis berücksichtigen und aus der Mannigfaltigkeit und Verschiedenheit der Erscheinungen auf dem Gebiete der Gesetzgebung und in der Praxis das Gemeinsame, das Allgemeine herausziehen und feststellen.

Soviel insbesondere das Strafrecht und den Strafproceß anlangt, so will der Gerichtssaal zugleich eine Fortsetzung des Archivs für das Criminalrecht, welches dem Vernehmen nach von diesem Jahre an nicht mehr erscheinen wird, sein und durch diesen Anschluß an das gedachte Archiv nur um so sicherer zu einem Centralorgan für alle Juristen Deutschlands sich erheben.

Die zeitherige Redaction freut sich zugleich, dem Publicum anzeigen zu können, daß ihr der bisherige Hauptredacteur des Criminalarchivs, Geheime=Rath Mittermaier zu Heidelberg, beigetreten ist und seine, bis jetzt dem Archive gewidmeten Kräfte dem Gerichtssaale zuwenden wird.

Die Redaction des Gerichtssaals ladet zugleich alle zeitherigen Mitarbeiter am Criminalarchive ein, mit ihr sich zu vereinigen und sie durch geeignete Beiträge zu unterstützen und hofft, auch von ihnen als Nachfolgerin der Redaction des Criminalarchivs freundlich anerkannt zu werden.

Indem die Redaction diese allgemeinen Bemerkungen schließt,

hat sie noch die Hauptpunkte zusammenzufassen, um, deren Berücksichtigung sie die geehrten Herren Mitarbeiter bittet.

I. Von der Aufnahme ausgeschlossen sind: Erörterungen aus dem bisherigen gemeinen, insbesondere römischen Rechte, soweit sie nicht von practischer, und zwar allgemein practischer Bedeutung sind. Ferner Erörterungen aus dem Gebiete der Rechtsphilosophie und aus der Rechtsgeschichte, da sie, so wenig das Verdienst derselben verkannt werden kann, dem lediglich für die Bedürfnisse der Praxis berechneten Strebziele des Gerichtssaals fremd sind. Ebenso bleibt das Gebiet der Staatsverwaltung, sowie des Staats- und Völkerrechts ausgeschlossen.

II. Dagegen werden Beiträge willkommen sein,

1) welche die practische Bedeutung, die Vorzüge so wie die Mängel und Gebrechen der neuen Reformen darstellen, beziehendlich Vorschläge zur Abhilfe enthalten,

2) welche einzelne Justiz=Gesetze und Gesetzesvorschläge, so wie Erkenntnisse oberster Gerichtshöfe Deutschlands jedoch nur so weit sie allgemein practisches Interesse beanspruchen, zum Gegenstande der Betrachtung machen,

3) welche Erfahrungen aus dem Gerichtsleben, sei es als Richter oder Staatsanwalt, sei es als Vertheidiger oder Rechtsanwalt, von allgemeiner Bedeutung mittheilen,

4) welche allgemeine Uebersichten über den Stand und die Entwickelung der Gesetzgebung und Rechtspflege in den einzelnen deutschen Ländern liefern, so weit sie von Einfluß für die gemeinsame Fortbildung des Rechts sind.

Mittheilung von Rechtsfällen ist nur insoweit annehmbar, als die letzteren die Einleitung oder den Stoff zu einer Erörterung der vorgedachten Art bilden. Eben so soll die bloße Mittheilung von Erkenntnissen (Präjudizien), insoweit sie nicht gleichfalls den Gegenstand einer allgemein wichtigen Betrachtung bilden (Nr. 2), ausgeschlossen sein.

Hiernächst bittet die Redaction im Allgemeinen dringend, bei allen denjenigen Arbeiten, welche die Gesetzgebung oder die Rechtspflege eines einzelnen Staates zum Ausgangspunkte haben, den Particularismus eben nur als den Ausgangspunkt, dagegen das

Allgemeine und Gemeinsame als den Endpunkt zu betrachten und daher das letztere als den Grundton des ganzen Beitrags festzuhalten. Ein nur in den Grenzen des betreffenden Particularrechts sich bewegender Beitrag würde mit der obenausgesprochenen Tendenz des Gerichtssaals unvereinbar sein.

Und so empfiehlt die Redaction nochmals ihr Unternehmen angelegentlichst dem Wohlwollen und der thätigen Mithilfe der Juristen unsers großen deutschen Vaterlands.

Eichstätt, Wien, Heidelberg und Dresden, den 1. Februar 1858.

Die Redaction des Gerichtssaals.

Die unterzeichnete Verlagshandlung macht hierdurch bekannt, daß der Gerichtssaal in 6 Heften und zwar in je zwei Monaten eines derselben erscheinen wird. Der Jahrgang (von 6 Heften) kostet 4 fl. 24 kr., oder 2 Rthlr. 16 Sgr. Alle Buchhandlungen Deutschlands nehmen Bestellung an. Beiträge bittet man an einen der Herren Redacteure zu senden. Angemessene Honorirung der Beiträge wird zugesichert und wird das Honorar nach Schluß jedes Bandes ausgezahlt werden. Die Verlagshandlung wird für eine solide Ausstattung der Zeitschrift fortdauernd besorgt sein.

Erlangen, den 1. Februar 1858.

Die Verlagshandlung

Ferd. Enke.

I.

Ursprung und weitere Ausbildung der Austrägalinstanz in Deutschland.

Von

Dr. jur. Otto v. Gohren in Jena.

———

Unter den Institutionen des deutschen Bundes ist wohl eine der wichtigsten die schon durch Art. 11 der Bundesakte für den Fall von Streitigkeiten unter Bundesgliedern bestimmte „wohlgeordnete Austrägalinstanz." Durch sie ist ein Mittel gegeben, welches wesentlich mit die Erfüllung der Bundeszwecke — Erhaltung der äußern und innern Sicherheit Deutschlands und der Unabhängigkeit und Unverletzbarkeit der einzelnen deutschen Staaten — sichern soll, und es ist dieses Mittel durch mannigfache spätere Bundesbeschlüsse organisirt und weiter ausgebildet worden. Diese Institution ist aber nicht etwa eine neue Erfindung, etwas ganz neu durch die Bundesakte Erschaffenes; nein, sie hängt auf das Innigste mit dem frühern Rechtszustande, mit dem gerichtlichen Verfahren, wie dasselbe schon zur Zeit des Reiches stattfand, zusammen; es ist also im Wesentlichen nur eine Anwendung früherer Einrichtungen und Bestimmungen auf neue Verhältnisse, wie wir dies auch bei manchen andern Anordnungen der Bundesakte finden. Um aber das Wesen der heutigen Bundesausträgalinstanz, deren Keim wir schon in sehr früher Zeit entdecken werden, besser verstehen und würdigen zu können, scheint es nicht ohne Interesse zu seyn, einen geschichtlichen Ueberblick über den Ursprung und die Entwickelung der Austrägalinstanz, wie solche sich in Deutschland gebildet hat, zu erhalten. Hierzu mag der folgende Versuch dienen.

§. 1.

Ursprung und Entwickelung der Austräge bis zur Errichtung des ewigen Landfriedens im Jahr 1495.

Fragen wir zuerst, was das Wort „Austragen" bedeute, so ist man allgemein darüber einig, daß es dasselbe sagen wolle, wie „zum Ziele, zum Ende führen," und auf Streitigkeiten angewendet, „entscheiden," „schlichten." Austrag ist also die Entscheidung, Schlichtung einer Streitigkeit, namentlich eines Rechtsstreites, geschehe dies nun in gütlicher Weise („mit Minne") oder nach Rechtsnormen („mit Rechte") [1]. Ob das Wort Austrag mit Treuga (wohl = pactio, pax) verwandt sei, wie von Manchem behauptet wird, möge hier dahingestellt bleiben; eine nothwendige Beziehung zwischen beiden Worten scheint jedenfalls nicht vorhanden zu seyn. Der Plural des Wortes, Austräge, bedeutet sowohl die austrägalgerichtliche Instanz selbst, als auch diejenigen, welche in dieser das Urtheil fällen, die Austrägalrichter. Weit abweichender aber, als über die Bedeutung des Wortes, sind die Ansichten über den Ursprung des ganzen Institutes. Während nämlich Manche [2] dasselbe erst aus den Zeiten Maximilians I. her datiren, nehmen Andere an, daß dasselbe in den Zeiten des Interregnums entstanden sei [3]. Noch Andere endlich sind der Ansicht, daß sich unser Institut im Keime wenigstens schon in der Zeit der Karolinger vorfinde und überhaupt mit der alten deutschen Gerichtsverfassung eng verbunden sei [4].

Diese letztere Ansicht möchte auch wohl als die richtigste erscheinen. Einmal nämlich war es ja ein Grundzug der ältesten

---

1) Vergl. Haltaus glossar. germ. med. aevi s. h. v. — Uffenbach v. kaiserl. R.Hofrath S. 144. — Pfeffinger, Vitriar. illust. p. 500. Heffter, Beiträge zum deutsch. Staats- und Fürst.R. S. 170. Note 6. v. Leonhardi, das Austrägal-Verfahren des deutschen Bundes S. 14. Jordan in Weiske's Rechtslexicon I. Bd. S. 474.

2) Schubart bei Pfeffinger l. c. S. 500. und fast ebenso Hellfeld's Repertor. jur. priv. S. 373. §. 4.

3) Pfeffinger l. c. — Malblank, Anleitung zur Kenntniß der deutschen Reichs- und Prov.-Gerichts- und Kanzleiverfassung und Praxis, IV.Th. S. 422. — Heffter a. a. O. S. 170. — Jordan a. a. O. S. 475.

4) Leonhardi a. a. O. S. 17 ff.

deutschen Gerichtsverfassung, daß das Urtheil immer von den Ge=
nossen des zu Richtenden gefällt wurde und dann war es jedem
Richter zur Pflicht gemacht, vor dem Rechtsspruche zu versuchen,
die Partheien in Güte (in Minne) auseinanderzusetzen [5]. Mit
beiden Grundsätzen aber hängt es zusammen, daß oft die Partheien,
ehe sie überhaupt den Richter angingen, sich an die Genossen
wandten und diese um schiedsrichterliche Beilegung ihres Streits
ersuchten; namentlich war dies der Fall bei Streitigkeiten des
Adels [6] und auf diese nach Wahl der Partheien selbst bestellten
Richter scheinen auch einige Stellen unserer Rechtsbücher hinzu=
deuten [7].

Diese Entscheidung von Rechtsstreitigkeiten ist auch schon in
sehr früher Zeit selbst von den deutschen Königen anerkannt worden;
so verordnet z. B. König Ludwig der Deutsche im Jahr 873 in
einem Privileg, wodurch der Straßburger Bischof von der Juris=
diction der Gaugrafen eximirt wird, daß Streitigkeiten, an welchen
die Straßburger Kirche betheiligt ist, „per idoneos circa vicinos et
fideles nostros fideliumque nostrorum homines" entschieden werden
sollen [8].

---

5) Maurer, Geschichte des altgerm. namentlich altbayer. Gerichtsver=
fahrens S. 99. 268. 273.

6) Maurer a. a. O. S. 274. 275.

7) Sachsenspiegel B. I. Art. 55. §. 1. Schwabenspiegel (v. Gengler)
Cap. 71. §. 1.

8) Vergl. Pfeffinger l. c. S. 501. — Leonhardi a. a. O. S. 20.
Das älteste Zeugniß freilich für das Institut der Austräge bezüglich
Schiedsrichter würde die von Leonhardi a. a. O. S. 17. Note 2 mit
Bezug auf Wiesand's juristisches Handbuch erwähnte, aber nicht auf=
gefundene Stelle der lex Salica Tit. XIV. seyn, wenn diese ganze
Ansicht Wiesand's nicht auf einem völligen Mißverständniß beruhte.
Die Stelle der lex Salica, welche Wiesand bei seiner Bemerkung, daß
die Schiedsrichter in der lex Salica l. c. »medii electi« hießen, allein
vor Augen haben konnte, findet sich in einer Novelle zu Tit. XIV (in
der Merkel'schen Ausgabe der L. S. Nov. 2. S. 53; eine ganz ähn=
liche Stelle Novelle 5 ebend.); hiermit wollte Wiesand das Daseyn der
Schiedsrichter schon zur Zeit der Lex Salica, deren neueste Redaction
wohl noch vor Karl dem Großen fällt, nachweisen. In der angeführten
Stelle heißt es wörtlich: »Si vero Romanum Franco saligo expolia-
verit et certa non fuerit, per 25 se juratores exsolbat medius tamen

1 *

Andere Beispiele von Schiedsgerichten führt dann Leonhardi auf aus den Jahren 847, 1121, 1219, 1225, 1235, 1244 und in noch größerer Zahl aus der spätern Zeit. So sehen wir also, daß schon in den frühesten Zeiten sehr oft Streitigkeiten durch Schieds= richter beigelegt wurden; diese Art der Entscheidung mußte aber immer häufiger werden bei dem Verfalle der Carolingischen Gerichts= verfassung. An die Stelle der Grafengerichte traten die Territorial= gerichte, die keine Jurisdiktion über die unmittelbar unter dem König stehenden Freien, die Großen des Reichs, haben; für diese bestand nur das Gericht des Königs selbst, der über sie mit den Fürsten und Herren richtete; erst später (1235) wurde ein königlicher Hof= richter eingesetzt, der an des Königs Stelle richten sollte. Seine Gerichtsbarkeit blieb aber im Ganzen eine ziemlich unwirksame und hörte namentlich in den Zeiten der Gegenkönige und des Inter= regnums ganz auf. Hier mußte, wenn nur in etwas die fortwäh= renden Fehden vermieden werden sollten, für eine Entscheidung etwaiger Streitigkeiten gesorgt werden und dies geschah dadurch, daß sich unter den Reichsständen und Reichsstädten Einigungen bildeten, theils um sich gegen die Angriffe Anderer gegenseitigen Beistand zu gewähren, theils um Streitigkeiten, die unter den Glie= dern solcher Einigungen entstanden, auf friedliche Art beizulegen.

Zu solchem Zwecke verbündeten sich namentlich zuerst die Städte (die Hanse 1241, der rheinische Städtebund 1247); letzterer errichtete für sich 1254 einen großen Landfrieden, nach welchem entstandene Streitigkeiten durch Abgeordnete beider Theile „amicabiliter et per justitiam" geschlichtet werden sollten [9]. Diesem Beispiele folgte bald auch die Ritterschaft und nicht viel später nahmen an solchen Bündnissen auch Fürsten Theil. Die vortheilhafte Wirkung der=

---

electus... Si vero certa probacio non fuerit, 20 se juratores ex= solvat medius tamen elictus." Das wären also wohl die von Wie= sand gemeinten medii electi; nur sind es freilich nicht Schiedsrichter, sondern Eideshelfer und der Zusatz „medius tamen electus" heißt nur, daß der Kläger das Recht habe, die Hälfte der Eideshelfer selbst auszuwählen, vergl. auch Walter, deutsche Rechtsgesch. §. 615. Note 11. Derselbe Ausdruck „medius electus" findet sich in derselben Bedeutung auch noch in dem pactus pro tenore pacis Childeberti et Chlotarii regum Nr. 8 bei Merkel L. Salica S. 45.

9) Die betreffende Stelle der Urkunde bei Leonhardi a. a. O. S. 26.

selben war so deutlich sichtbar, daß von den Königen diese Bünd=
nisse benützt wurden, um nur einen etwas bessern Rechtszustand im
Reiche herzustellen; so schloß z. B. Albrecht I. mit den Bischöfen
von Straßburg und Basel, den Landgrafen des Ober= und Nieder=
elsaß, den Bürgern von Straßburg und Basel zu Speier 1301 ein
Bündniß auf 4 Jahre, welches den Friedenszustand sichern und
jeden Friedensbruch bestrafen sollte; dazu ernannte jeder Betheiligte
seine Friedensrichter, bei denen der Beschädigte seine Klage anzu=
bringen hatte, und welche zur Genugthuung mahnen sollten; wei=
gerte diese der Beschädiger, so sollte er durch Hülfe der Nächstgesessenen,
nöthigenfalls des ganzen Bundes, dazu gezwungen werden [10]). Noch
größere Bündnisse bildeten sich im weiteren Verlaufe des 14. Jahr=
hunderts [11]) und Zweck war bei ihnen Allen: die Verpflichtung der
Bundesglieder, einander nicht zu befehden, sondern Streitigkeiten
vor den gekorenen Richtern auszutragen resp. sich dem von jenen
getroffenen Vergleich oder Rechtsspruch zu unterwerfen — die An=
ordnung von Hauptleuten und Räthen, welche die Glieder gegen
Dritte vertraten — und jährliche Versammlungen zur Berathung
der Bundesangelegenheiten.

Auf diese Weise entstand also unter einzelnen Reichsständen eine
Art gegenseitige Verpflichtung, ihre Streitigkeiten ohne Fehde und
ohne sie vor das kaiserliche Hofgericht zu bringen, unter einander
zu erledigen: es entstanden die gewillkürten oder vertrags=
mäßigen Austräge. Neben denselben aber finden wir auch schon
in dieser Periode Beispiele, daß die Könige einzelnen Ständen das
Recht gaben, ihre Streitigkeiten durch Austräge erledigen zu lassen;
namentlich finden wir schon jetzt die ersten Spuren des würtem=
bergischen Austrägalprivilegs, welches dann gleichzeitig mit dem
Entstehen der gesetzlichen Austräge erneuert und erweitert wurde,
dessen Grundlage aber schon in einem Privilegium Königs Karl IV.
von 1361 enthalten ist [12]). Ebenso haben auch schon manche Städte
vor dem Jahr 1495 von den Königen Austrägalprivilegien erhalten;

---

10) s. Klüpfel, die Einigung des deutschen Reichs im Mittelalter, in
allgemeiner Zeitschrift für Geschichte. Herausg. von W. Ad. Schmidt.
VIII. Bd. S. 540 s.
11) Beispiele bei Eichhorn, deutsche Staats= und Rechtsgeschichte §. 401.
Leonhardi a. a. O. S. 27 ff.
12) Malblank a. a. O. S. 482.

z. B. Ravensburg 1434 ein Privileg Kaiser Sigismund's, Nördlingen ein solches von K. Friedrich III. 1463, Memmingen und
Schwäbischgmünd von demselben 1471 bez. 1475 [13]), so daß wir
also schon in dieser Zeit zwei Arten von Austrägen unterscheiden
können, die gewillkürten oder vertragsmäßigen und die privilegirten. Ja sogar Versuche, gesetzmäßige Austräge herzustellen,
sind dieser frühern Periode nicht fremd. Die Zerrüttungen Deutschlands durch die Hussitenkriege und die damit in Verbindung stehenden Unruhen sind bekannt; um ihnen abzuhelfen, wurden schon von
König Sigismund vielfache Berathungen mit den Churfürsten gepflogen, ebenso berathschlagten letztere unter sich und alle diese Verhandlungen betrafen vornehmlich Herstellung des Landfriedens,
bessere Ordnung der Gerichte und Ausführung ihrer Urtheile [14]).
Freilich Erfolg hatten diese Schritte nicht; aber sie gaben wenigstens
dem König Albrecht II., der durch die Churfürsten bei seiner Wahl
noch ausdrücklich dazu aufgefordert ward, Veranlassung, den Reichsständen einen Plan vorzulegen, wonach Deutschland zur Erhaltung
des Friedens in Kreise getheilt werden sollte und zur Schlichtung
von Streitigkeiten unter den Gliedern des Reichs Austräge angeordnet wurden, indem z. B. bei Streitigkeiten unter zwei Fürsten
beide eine gleiche Zahl Räthe und einen „Gemeinen" ernennen sollten zur Schlichtung des Streits, oder bei Streitigkeiten zwischen
einem Fürsten und niedern Ständen letztere von ersterem ein Gericht
vor dessen Räthen beanspruchen konnten [15]).

Wären diese Bestimmungen wirklich in Kraft getreten, so würde
schon Albrecht II. als Gründer der gesetzlichen Austräge anzusehen
seyn, aber leider fehlte es an der nothwendigen Kraft und Energie,
um diese Bestimmungen wirklich geltend zu machen [16]), so daß sie
für uns nur als Zeugnisse dessen Werth haben, was man im

---

13) s. Pfeffinger l. c. S. 538. 537. 536. 532, der noch eine große
    Anzahl andere Städte nennt, deren Privilegien sich aber durchaus nicht
    immer auf Austräge beziehen.
14) Vergl. z. B. die Verhandlungen der Reichstage zu Frankfurt 1435, zu
    Eger 1437 in: Neue Sammlung d. R.A. I. Th. S. 150—153. —
    Droysen, Geschichte der preuß. Politik, I. Th. S. 576. 585 f., 594.
15) Albrechts Landfrieden von 1438 in Neue Sammlung d. R.A. I. Th.
    S. 154 ff.
16) Heffter a. a. O. S. 170 ff. — Leonhardi a. a. O. S. 25.

Interesse eines gesicherten Rechtszustandes in Deutschland für noth=
wendig hielt. Dasselbe Schicksal hatten spätere reichsgesetzliche Be=
stimmungen, so die des R.A. zu Ulm, 1466. §. 4., des R.A. zu
Nördlingen, 1466. S. 4 ff. Ebensowenig Erfolg wurde den spätern
Landfriedensordnungen und der Einsetzung eines kaiserlichen Kammer=
gerichts (1471), dessen Ordnung in R. Samml. d. R.A. I. S. 249 ff.
sich findet, zu Theil.

Wir finden also in dieser ersten Periode nur zwei Arten der
Austräge, die gewillkürten und die privilegirten, als wirksam be=
stehend vor; daß dieselben mit den schon in der ältesten Zeit sich
vorfindenden Schiedsrichtern im Zusammenhange stehen, möchte aus
der ganzen Entwickelung des Instituts sich von selbst ergeben [17];
die wesentlichsten Unterschiede zwischen beiden werden unten ange=
geben werden. Aber auch der Zusammenhang mit dem Urtheils=
finden durch Genossen ist nicht zu verkennen, indem ja die meisten
Einigungen darauf giengen, daß entstandene Streitigkeiten durch
unpartheiische Standesgenossen (oder deren Räthe, die aber immer
nur die Stelle jener selbst vertraten) geschlichtet werden sollten [18].
Aehnlich war es dann auch bei den privilegirten Austrägen, na=
mentlich denen der Städte, die ihre Austräge regelmäßig vor ihrem
Schultheiß und Mitgliedern der Räthe einiger benachbarter Städte
hatten.

§. 2.
Das Austrägalverfahren in seiner Ausbildung zur Zeit des Reiches 1495—1806.

Gehen wir nun auf die Zeiten über, in welchen die Austrägal=
instanz dadurch, daß sie eine Institution des Reiches selbst geworden,
einen weit größern Umfang und zugleich eine weit größere Bedeu=
tung erhielt, als bisher, so sehen wir zunächst, daß sich neben den
beiden schon früher bestehenden Arten von Austrägen eine dritte
Art bildete, und zwar die gesetzlichen Austräge. Der Grund
davon lag wohl hauptsächlich darin, daß, nachdem Maximilian I.
zur Sicherung des von ihm angeordneten ewigen Landfriedens 1495

---

17) s. namentlich Eichhorn dissert. inaug. jurid. do differentia inter
    austregas et arbitros compromiss. §. 2. 3., vergl. auch Walter,
    deutsche Rechtsgeschichte §. 599.
18) Jordan a. a. O. S. 476.

das Reichskammergericht eingesetzt hatte, die größern Reichsstände
sich nicht gern unmittelbar demselben unterwerfen, sondern lieber
das früher schon für ihre Streitigkeiten bestehende Institut der Austräge beibehalten wollten, indem ihnen in letzterem eine größere
Garantie für ihre Freiheit und Unabhängigkeit zu liegen schien; da
nun bisher die Austräge schon eine weite Verbreitung gewonnen
und in vieler Beziehung nützlich gewirkt hatten, so wurden sie nicht
nur beibehalten, sondern selbst noch erweitert und Bestimmungen
hierüber in die Kammergerichts=Ordnung aufgenommen [19]). Als
zweiter Grund wirkte daneben wohl auch der mit, daß man den
Ständen des Reichs ebenfalls zwei Instanzen geben wollte, während sie doch, wenn sie sofort vor den Reichsgerichten zu belangen
gewesen wären, nur eine Instanz gehabt haben würden; dieser Grund
findet sich ausdrücklich ausgesprochen in einem Austrägalprivileg
Karls V. von 1540 für Nürnberg [20]). Im Folgenden werden wir
zunächst unter I. II. III. die einzelnen Arten der Austräge abgesondert, unter IV. die sie gemeinsam betreffenden Bestimmungen zu
betrachten haben.

I. Gesetzliche Austräge. Sie wurden, wie schon erwähnt,
eingeführt durch die K.G.O. von 1495 und haben daher auch den
Namen „Austräge der Ordnung." Weitere Bestimmungen über sie
finden wir in der K.G.O. von 1500. §. 11., namentlich aber in den
K.G.O. von 1521, 1548 und 1555; die Bestimmungen der beiden
letztgenannten K.G.O. sind fast wörtlich gleichlautend und es wird
daher im Folgenden stets nur die neuere citirt werden.

Das Recht der gesetzlichen Austräge hatten anfänglich nur
Churfürsten, Fürsten und Fürstenmäßige, wenn sie sich gegenseitig
belangten, oder wenn sie von anderen Reichsständen belangt wurden, jedoch mit dem großen Unterschiede, daß im ersten Fall der
Beklagte vier unbetheiligte Personen fürstlichen Standes vorschlagen
mußte, aus denen der Kläger einen als Austrägalinstanz wählte,
während im letztern Falle der beklagte Churfürst, Fürst oder Fürsten=
mäßige nur vor seinen Räthen Recht zu geben schuldig war, so daß
also des Beklagten eigene Räthe die Austrägalinstanz bildeten [21]).
Durch die K.G.O. von 1500. §. 11 wurde dann die Bestimmung

---

19) Eichhorn l. c. §. 5.
20) s. Pfeffinger l. c. S. 501.
21) K.G.O. von 1495. §. 28. 30.

der K.G.O. v. 1495. §. 30. auch auf den Fall ausgedehnt, wenn ein Churfürst, Fürst oder Fürstmäßiger von Bürgern oder Bauern, die nicht seine Unterthanen sind, belangt werden sollte; auch diesen mußte er vor seinen Räthen zu Recht stehen.

Die K.G.O. v. 1521 führte, auf häufiges Anbringen der nicht fürstenmäßigen Reichsstände, für den Fall, daß ein Churfürst, Fürst oder Fürstenmäßiger von Prälaten, Grafen, Herrn oder Mitgliedern der Ritterschaft belangt wurde, acht verschiedene Wege ein, auf welchen bei solchen Streitigkeiten die Austrägalinstanz begründet werden konnte [22]). Ferner gab sie auch Vorschriften für die Bildung einer Austrägalinstanz, wenn ein Churfürst, Fürst oder Fürstmäßiger einen Prälaten, Grafen, Herrn oder sonst unmittelbar unter dem Reich stehenden Abeligen belangen wollte [23]), oder wenn Prälaten, Grafen, Herren und andere unmittelbare Abelige sich gegenseitig belangten [24]).

Rücksichtlich der Personen wurde in der K.G.O. v. 1555, Th. II., die sonst in allem Wesentlichen die Bestimmungen der K.G.O. von 1521 wiederholte, nur neu hinzugefügt, daß Fürsten und Fürstmäßige auch den Bürgern und Bauern, die ihre eigenen Unterthanen sind, dieselbe Austrägalinstanz gewähren sollen, welche sie den Prälaten, Grafen u. s. w. zu geben schuldig sind [25]). Fassen wir diese Bestimmungen zusammen, so sehen wir, daß das Recht, vor Austrägen belangt zu werden, zusteht:

1) den Churfürsten, Fürsten und Fürstmäßigen und zwar in allen und jeden Fällen, mag bei ihnen Kläger seyn, wer da wolle, Reichsunmittelbare, gleichen oder geringeren Standes, Reichsmittelbare und sogar die eigenen Unterthanen; nur das Verfahren ist verschieden, je nachdem der Kläger ebenfalls ein Churfürst, Fürst oder Fürstmäßiger (ein Weg), oder je nachdem es eine Person geringeren Standes (acht Wege) ist.

2) Den Prälaten, Grafen, Herren und allen andern Personen, die zum unmittelbaren Reichsadel gehören, jedoch nur

22) K.G.O. v. 1521. Tit. 33. §. 1—14 (wiederholt in der K.G.O. v. 1555. Th. II. Tit. 4.).

23) K.G.O. v. 1521. Tit. 33. §. 15. 16., v. 1555. Th. II. Tit. 3.

24) K.G.O. v. 1521. Tit. 33. §. 17. 18., und ebenso K.G.O. v. 1555. Th. II. Tit. 5.

25) K.G.O. v. 1555. Th. II. Tit. 4. §. 18.

dann, wenn sie von Reichsunmittelbaren höheren oder gleichen
Standes belangt werden, nicht aber, wenn sie von Reichsstädten,
Reichsdörfern und Reichsmittelbaren beklagt wurden; mögen nun
diese Prälaten, Grafen und Herrn und sonstigen Reichsunmittelbaren von Höheren (Fürsten und Fürstmäßigen) oder von Gleichen
(andern reichsunmittelbaren Adeligen) belangt werden, so haben
sie in jedem Falle zwei Wege, auf welchen die Austrägalinstanz
bestellt werden kann [26]). Was die unter Nr. 1. genannten Personen
angeht, so gehörten zu diesen nicht nur die Churfürsten, die geistigen und weltlichen Reichsfürsten, mit Sitz und Stimme im Fürstencollegium, die gefürsteten, im Fürstenrath sitzenden, Grafen
und Prälaten, sondern auch nach der übereinstimmenden Ansicht
fast aller Schriftsteller die apanagirten Prinzen und Prinzessinnen,
die fürstlichen Gemahlinnen und Wittwen [27]); der Austräge waren
dagegen nicht fähig regierende Capitel während der Sedisvakanz [28]).
Was die unter 2) genannten Personen anlangt, so hatten sie das
Recht der Austräge nur als Einzelne und nur für ihre Person, so
daß es also nicht der Reichsritterschaft im Ganzen oder einzelnen
Rittercantonen zustand, ebensowenig den mittelbaren Besitzern unmittelbarer Güter [29]), und auch diesen Berechtigten stand es, wie schon gesagt, nur zu, wenn sie von Gleichen oder Höheren belangt wurden;
doch konnten Reichsritter auch bei ihrer (gewillkürten) Orts-
Austrägalinstanz von unmittelbaren Gemeinheiten oder Mittelbaren
belangt werden und mußten dann hier Recht nehmen, der Kläger
durfte sich aber auch sofort, ohne Austräge, an die Reichsgerichte
wenden [30]).

Betrachten wir nun das Object der Austräge, d. h. sehen

---

26) K.G.O. v. 1555. Th. II. Tit. 3 u. 5. — Vergl. überhaupt: Uffenbach a. a. O. S. 145 f. — Malblank a. a. O. §. 114 f., §.
117—119. — v. Berg, Grundr. d. reichsgerichtl. Verf. u. Prax.
§. 43. — Leonhardi a. a. O. S. 71. — Jordan a. a. O.
S. 477 f. — Eichhorn l. c. §. 6.

27) Uffenbach a. a. O. — Malblank a. a. O. §. 114. — Berg
a. a. O. S. 74. — Leonhardi a. a. S. 71.

28) Malblank u. Berg a. a. O. — Leonhardi a. a. O. S. 73.

29) Berg a. a. O. — Malblank a. a. O. §. 117. — Leonhardi
a. a. O. S. 72.

30) Berg a. a. O.

wir zu, auf welche Gegenstände sich die gesetzliche Austrägalinstanz beziehen konnte, so kann man im Allgemeinen sagen, daß alle nicht durch Gesetz, Privilegium oder Gewohnheiten ausgenommenen (Civil-) Streitsachen der Reichsunmittelbaren durch Austräge entschieden werden können. Durch das Gesetz resp. Herkommen sind aber ausgenommen:

1) Alle der reichsgerichtlichen Jurisdiction überhaupt entzogenen Sachen, da ja die Austräge nur ein Mittel waren, durch welches nach den Reichsgesetzen eine Rechtssache entschieden werden konnte, und da von ihnen aus immer Appellation an die Reichsgerichte gestattet war. 2) Ferner gehörten nicht vor die Austräge alle vor den Reichshofrath unmittelbar gehörigen Sachen, d. h. alle Criminalsachen (außer Landfriedensbruch, bei dem jedoch zu Gunsten des R. Kammergerichtes ebenfalls die Austräge cessirten), Ehesachen (f. Uffenbach a. a. O. S. 149 i. f.), Lehnssachen. 3) Alle Sachen der freiwilligen Gerichtsbarkeit. 4) Alle Sachen, welche Störung der öffentlichen Ruhe und Verletzung der Reichsgesetze betreffen, oder überhaupt schleunige richterliche Hülfe erfordern; namentlich gehören hierher: Landfriedensbruch, Religionsfriedensbruch, fiskalische Sachen, streitiger Besitz, Pfändungen, Arrestsachen, Klagen über verweigertes oder verzögertes Recht, endlich alle diejenigen Sachen, welche so geeigenschaftet sind, daß in ihnen mandata sine clausula ertheilt werden können (über letztere f. namentlich Malblank a. a. O. §. 127 ff.). 5) Sachen, die nur einen andern Rechtsstreit vorbereiten sollen, also die eigentlichen Provokationen, und dann Gesuche um Entbindung von einem Eide, um klagen zu können. 6) Sachen, welche rechtlich besonders begünstigt sind, wie die mitleidswürdiger Personen und Klagen der reichsgerichtlichen Advocaten und Procuratoren auf rückständige Deserviten, sowie Sachen, welche Kläger betreffen, auf welche die Reichsgesetze sich gar nicht beziehen, also namentlich Klagen Fremder, indem auch diese sofort bei den Reichsgerichten klagen können. 7) Sachen, welche mit anderen, die schon bei den Reichsgerichten anhängig sind, genau verbunden sind, bei denen also continentia causarum (Dep.-Abfch. v. 1600. §. 23. 24.) stattfindet. 8) Endlich alle die Sachen, bei denen auf die Austräge verzichtet ist, mag dieß durch ausdrückliche Erklärung oder durch stillschweigende prorogatio fori, oder sonst wie geschehen seyn [31].

31) Vergl. über Vorstehendes Uffenbach a. a. O. S. 147. 149 f. —

Nach ausdrücklicher Bestimmung der Reichsgesetze waren jedoch
die gemeinen Spoliensachen (die nach der oben gegebenen Uebersicht
von den Austrägen ausgenommen scheinen könnten) denselben über-
laffen; gemeine Spoliensachen sind aber solche, welche ohne Landfriedensbruch, blos durch List oder Privatgewalt oder sonst uner-
laubterweise verübt werden, so daß dadurch Jemandem sein Besitz
entzogen worden ist; für diese Sachen ist sogar reichsgesetzlich [32])
ein besonderes, von dem sonstigen Austrägalverfahren durch mehrfache Modificationen abweichendes Verfahren vorgeschrieben.

Betrachten wir endlich das Verfahren bei den gesetzlichen
Austrägen etwas näher, so müssen wir hier unterscheiden:

A) Austräge der Churfürsten, Fürsten und Fürstenmäßigen und zwar:

1) wenn diese sich **untereinander** belangen: hier zeigt
der klagende Theil dem Beklagten seine Forderungen schriftlich an
und ersucht ihn um Gewährung der Rechtshülfe; binnen vier Wochen
von da an muß nun der Beklagte vier regierende Churfürsten, Fürsten
oder Fürstenmäßige, theils geistliche, theils weltliche, die nicht aus
einem Hause stammen, vorschlagen, aus welchen binnen gleicher
Frist Kläger einen zu wählen und den Beklagten davon zu benachrichtigen hat; beide Theile melden dann dem Erwählten binnen
vierzehn Tagen die Wahl und dieser muß dieselbe, wenn er nicht
erhebliche Gründe für seine Weigerung hat, annehmen und die Sache
mit seinen Räthen entscheiden; stirbt er etwa vorher, so wählt Kläger
aus den übrigen vorgeschlagenen einen neuen Austrägalrichter; ver-
säumt Beklagter zu seiner Erklärung und Wahl die Frist, so kann
er sofort bei den Reichsgerichten belangt werden [33]). 2) Wenn
diese von Klägern **niederen Standes** (Unmittelbaren und
Mittelbaren, selbst eigenen Unterthanen) belangt werden: hier
sind acht Wege zur Bestellung der Austrägalinstanz gegeben: a) auf
Ersuchen des Klägers bestellt der beklagte Fürst neun von seinen

---

Pfeffinger l. c. S. 541. 42. — Malblank a. a. O. §. 125—
135. — Heffter a. a. O. S. 172 f. — Leonhardi a. a. O.
S. 73. 74. — Jordan a. a. O. S. 478, bei welchen Schriftstellern
sich auch überall die Belege aus den Reichsgesetzen angezogen finden.
32) R.G.O. v. 1555. Th. 11. Tit. 8. — Malblank a. a. O. S. 550—553.
33) R.G.O. v. 1495. §. 28, v. 1555. Th. II. Tit. 2.

Räthen, unter diesen wenigstens fünf von Abel, von denen jedoch
keiner in dieser Sache gegen den Kläger "mit der That gehandelt;"
aus diesen neun wählt Kläger einen zum Richter, der dann mit
Beirath der übrigen nach bestem Verständniß zu entscheiden hat;
gewährt Beklagter binnen vier Wochen ein solches Gericht nicht, so
steht der Weg an die Reichsgerichte offen [34]), b) oder Kläger er=
wählt aus den unter a) genannten neun Räthen fünf oder sieben,
wobei im Uebrigen das Verfahren dasselbe ist [35]), c) oder Beklagter
schlägt auf Klägers Antrag drei unbetheiligte Fürsten vor, aus
denen jener einen auswählt [36]), d) oder Kläger erbittet vom Kaiser
einen Commissar zur Entscheidung, der aber mindestens zum Prä=
laten= oder Grafenstand gehören muß [37]), e) oder Kläger schlägt
Beklagten neun redliche unverläumdete Personen vor, aus denen
dieser zwei wählt; dazu schlägt Beklagter dem Kläger neun seiner
Räthe vor, aus denen dieser drei wählt: diese fünf Personen sind die
Austrägalinstanz [38]), f) oder beide Theile ernennen je zwei unpar=
theiische redliche Männer, die dann entscheiden, oder bei Stimmen=
gleichheit vom Kaiser einen Obmann erbitten, dessen Urtheil unbedingt
den Ausschlag gibt [39]), g) oder Kläger wählt aus des Beklagten
Räthen (resp. seinen Beamten oder Vasallen) fünf aus, wobei je=
doch Beklagter vorher einen bis zwei ausnehmen darf [40]), h) oder
endlich Beklagter ernennt wie bei a) neun von seinen Räthen,
worunter fünf von Abel, und vor diesen findet dann ein schrift=
liches Verfahren statt, bei welchem jeder Theil vier Schriften mit
je vierwöchentlichen Fristen hat, die jedoch verlängert werden kön=
nen; zum Einziehen der erforderlichen "Kundschaft" (wohl Zeugen=
verhör) wird ein Commissär, oder Abgeordnete beider Theile er=
nannt; im Beweisverfahren sind je zwei Schriften gestattet, worauf
dann die Sache entschieden werden soll [41]); dieser Weg hat offenbar

---

34) R.G.O. v. 1495. §. 30, v. 1521. Tit. 33. §. 1. 2, v. 1555. Th. II.
    Tit. 4. §. 1—5.
35) R.G.O. v. 1521. Tit. 33. §. 3, v. 1555. Th. II. Tit. 4. §. 6.
36) R.G.O. v. 1521. Tit. 33. §. 4, v. 1555. Th. II. Tit. 4. §. 8.
37) R.G.O. v. 1521. Tit. 33. §. 5, v. 1555. Th. II. Tit. 4. §. 9.
38) R.G.O. v. 1521. Tit. 33. §. 6, v. 1555. Th. II. Tit. 4. §. 10.
39) R.G.O. v. 1521. Tit. 33. §. 7, v. 1555. Th. II. Tit. 4. §. 11.
40) R.G.O. v. 1521. Tit. 33. §. 8, v. 1555. Th. II. Tit. 4. §. 12. 13.
41) R.G.O. v. 1521. Tit. 33. §. 9—12, v. 1555. Th. II. Tit. 4. §. 14—16.

große Aehnlichkeit mit dem erften (unter a) und unterfcheidet fich im Wefentlichen nur dadurch, daß bei ihm fchriftliches Verfahren ftattfinden muß, während dieß bei dem erften Weg nicht erfordert wird. Welchen diefer acht Wege der Kläger wählen will, fteht in feiner freien Wahl [42]), doch ift nach dem Zeugniß der Schriftfteller der Reichszeit der achte am meiften im Gebrauch [43]).

B) Austräge der Prälaten, Grafen, Herren und fonftigen reichsunmittelbaren Adeligen: mögen diefe von Höheren oder von Gleichen belangt werden, fo find immer zwei Wege gegeben, auf welchen die Austrägalinftanz gebildet werden kann:

1) entweder muß der Beklagte auf des Klägers Verlangen drei Churfürften, Fürften oder Fürftenmäßige vorfchlagen, die un= partheiifch und dem Kläger nicht über zwölf Meilen entfeffen find, aus denen dann der Kläger einen wählt [44]), oder aber

2) der Kläger bittet den Kaifer um Ernennung eines Commif= fars [45]), wobei jedoch für den Fall, daß der Prälat u. f. w. von einem Höheren belangt wird, der kaiferl. Commiffar vom Stande des Klägers feyn muß, aber dem Beklagten nicht über zwölf Meilen entlegen feyn darf [46]). Spätere Gefetzesbeftimmungen, die fich fpe= ciell auf diefe gefetzlichen Austräge beziehen, finden wir in dem R.A. v. 1570. §. 85., der für den oben von uns unter A) 2) h) rubricirten Fall den Austrägalrichtern die Befugniß gibt, mit Be= willigung beider Theile die Akten zum Spruch an eine Univerfität zu verfenden, jedoch mit der Auflage, das verfaßte Erkenntniß im eigenen Namen zu publiciren. Eine weitere Beftimmung enthält §. 25. des Dep.=Abfch. v. 1600, nach welchem für den Fall, daß Fürftmäßige von einem Reichsfreien von Adel oder bloßen Pri= vaten belangt werden und der Weg der Entfcheidung durch einen

---

42) R.G.O. v. 1521. Tit. 33. §. 14, v. 1555. Th. II. Tit. 4. §. 17.

43) Malblank a. a. O. §. 116. Vergl. auch Pfeffinger l. c. S. 523 ff. — Berg a. a. O. §. 46. 51 f.

44) R.G.O. v. 1521. Tit. 33. §. 16. 17, v. 1555. Th. II. Tit. 3 a. E., Tit. 5 a. A.

45) R.G.O. v. 1521. Tit. 33. §. 15. 18, v. 1555. Th. II. Tit. 3 a. A., Tit. 5 a. E.

46) R.G.O. v. 1555. Th. II. Tit. 3. — Malblank a. a. O. §. 118. — Berg a. a. O. §. 47.

andern Fürſten gewählt wird, etwas von den ſonſt an den ent=
ſcheidenden Fürſten zu ſtellenden Erforderniſſen nachgelaſſen werden
ſoll, ſo daß die gewählten Fürſten namentlich auch aus einem
Hauſe=ſtammen oder dem Requirenten mehr als zwölf (aber nicht
über zwanzig) Meilen entſeſſen ſeyn dürfen.

Fernere Beſtimmungen zunächſt über die geſetzlichen Austräge,
die aber nach der Meinung der Schriftſteller der Reichszeit allge=
mein galten, ſind hauptſächlich noch folgende:

1) Das Austrägalgericht muß die vor ihm anhängige Sache
ſpäteſtens binnen Jahr und Tag von der Zeit des Anbringens an
erledigen [47]). 2) Wenn bei den geſetzlichen Austrägen der Beklagte
in dem von den Reichsgeſetzen vorgeſchriebenen Termine nicht ant=
wortet oder überhaupt die Austrägalinſtanz verweigert, oder wenn
das Verfahren innerhalb der vorgeſchriebenen Zeit nicht geendet
wird, ſo kann erſten Falls ſogleich bei den Reichsgerichten geklagt
werden [48]), letztern Falls devolvirt die Sache an die Reichsgerichte
und zwar ipso jure [49]) und wird hier von da an, wo ſie ſtehen
geblieben, fortgeſetzt; doch werden von den Reichsgerichten oft auch
nur mandata de administranda justitia und Promotorialen auf An=
ſuchen der Partheien erlaſſen [50]). 3) Was die Widerklage anlangt,
ſo war dieſe im Allgemeinen zuläſſig, durch ausdrückliche geſetzliche
Beſtimmung aber dann ausgeſchloſſen, wenn die Austrägalinſtanz
allein aus eines beklagten Fürſten Räthen beſtand [51]); der Satz:
reconventio in austregis non datur iſt daher wenigſtens in ſeiner
Allgemeinheit falſch.

II. Gewillkürte Austräge. Das Recht zu ſolchen
Austrägen ſtand jedem Reichsſtand und allen Reichsunmittelbaren zu
und zwar war daſſelbe begründet in der Autonomie des deutſchen
hohen Adels und der Reichsritterſchaft, ſowie es auch durch das
Herkommen allgemein anerkannt und beſtätigt wurde [52]). Man un=
terſcheidet hier aber: Stamm= (Familien=, Erb=, Haus=) Austräge
und bedingte (Bundes=, Einigungs=) Austräge, je nachdem ſie

---

47) K.G.O. v. 1555. Th. II. Tit. 4. §. 2. — Berg a. a. O. §. 50. 53.
48) K.G.O. v. 1555. Th. II. Tit. 2. §. 3.
49) K.G.O. v. 1555. Th. II. Tit. 8. §. 12.
50) Berg a. a. O. §. 56. — Malblank a. a. O. §. 124.
51) K.G.O. v. 1555. Th. II. Tit. 4. §. 2. 3.
52) Heffter a. a. O. S. 203.

blos unter den Gliedern einer und derselben Familie begründet waren oder sich über mehrere Familien erstreckten, resp. mehrere nicht verwandte Reichsstände umfaßten. Daneben unterscheidet man auch conventionelle und testamentarische Austräge, je nachdem sie auf eigentlichem Vertrag oder auf Testament beruhten, was jedoch wohl nur ein äußerlicher Unterschied ist, da auch der testamentarischen Errichtung immer (wie bei Hausgesetzen) ein Vertrag vorhergegangen seyn wird [53]). Eine große Controverse bestand bei diesen Austrägen über die Frage, ob sie schon durch den bloßen Consens der Contrahenten gültig seien, oder ob zu ihrer Gültigkeit die kaiserliche Bestätigung gehöre? Die Meinungen über diese Frage sind sehr getheilt: darüber sind die meisten einig, daß durch die R.G.O. v. 1495 und v. 1555. Th. II. Tit. 2 alle bis dahin bestehenden gewillkürten Austräge die kaiserliche Bestätigung erlangt haben [54]). Was dagegen die etwa nach 1555 errichteten vertragsmäßigen Austräge betrifft, so verlangen Berg und Malblank a. a. O., vorausgesetzt, daß die Austräge sich nicht etwa blos auf einen einzelnen Fall beziehen, sondern eine dauernde Instanz bilden sollen, kaiserliche Bestätigung und diese Meinung hält auch Zachariä, deutsch. Staats- und Bundes-R., §. 269, für die richtige. Die kaiserliche Bestätigung wäre dagegen überflüssig nach dem Repertorium S. 386, Heffter a. a. O. S. 204 ff.; Leonhardi a. a. S. 36 endlich ist der Ansicht, daß dieselbe früher nicht erforderlich gewesen und dann durch die R.G.O. v. 1555 überhaupt ertheilt worden sei.

Man muß sich wohl der ersten Meinung anschließen; denn das Vorhandenseyn der kaiserlichen Bestätigung scheint ein wesentliches Erforderniß dafür, daß durch den Vertrag eine eigentliche Austrägalinstanz begründet werden sollte: durch die Austräge wurde nämlich eine förmliche richterliche Instanz geschaffen: sie waren in dieser Zeit nicht mehr, wie vielleicht früher, bloße Schiedsrichter,

---

53) Malblank a. a. O. §. 106. — Berg a. a. O. §. 42. — Repertor. S. 386. — Jordan a. a. O. S. 478. — Leonhardi a. a. O. S. 36.

54) Malblank a. a. O. §. 106. Nr. II. Berg a. a. O. §. 41. — Jordan a. a. O. — Leonhardi a. a. O. S. 36. — Heffter a. a. O. S. 204 (der dieß wenigstens in Betreff der unter mindestens fürstenmäßigen bestehenden Austräge annimmt).

sondern wirkliche wahre Richter mit einer gewissen Jurisdictions=
gewalt; diese aber konnten sie nur dadurch erhalten, daß sie dieselbe
vom obersten Richter im Reich, vom Kaiser, herleiteten und es ist
ja auch fast allgemein anerkannt, daß die Austrägalrichter kraft
kaiserlichen Auftrags, als kaiserliche Commissare richteten; diese
Commission aber wurde ihnen eben durch die kaiserliche Bestätigung
der Verträge über Errichtung einer Austrägalinstanz ertheilt. Damit
kann es sich auch wohl vertragen, daß wir die gewillkürten Aus=
träge aus dem Recht der Autonomie des hohen Adels herleiten,
denn durch die Autonomie allein hatte er eben nur das Recht, für
die seiner Wirksamkeit unterworfenen Gegenstände Rechts=
normen aufstellen zu können, die von den gewöhnlichen abweichen
und nicht nur die sie Aufstellenden, sondern auch Dritte mit der
Kraft von Rechtssätzen binden. Durch die Autonomie aber konnte
nie eine förmliche richterliche Instanz, die als kaiserliche Commission
richtete und den Reichsgerichten gegenüber die erste Instanz bildete,
errichtet werden, da es hier immer an der eigentlichen Jurisdictions=
gewalt, die nur vom Reichsoberhaupt abzuleiten war, gefehlt haben
würde. Diese hier vertretene Ansicht wird wohl auch noch unter=
stützt durch die Praxis der Reichsgerichte, indem diese nur die kai=
serlich bestätigten gewillkürten Austräge anerkannten [55]). Die
Gegenstände, welche vor die gewillkürten Austräge ge=
hören, hängen zunächst von der Intention der Partheien ab; ausge=
nommen aber müssen auch hier die von uns schon oben bei den ge=
setzlichen Austrägen, als von diesen ausgeschlossen angeführten seyn,
da die Gründe, die bei den gesetzlichen Austrägen das Ausschließen
gewisser Objecte bewirkten, hier ganz ebenso wirksam sind [56]). Was
das Verfahren anlangt, welches bei den gewillkürten Aus=
trägen stattfand, so muß auch über dieses zunächst die Bestimmung
der Partheien und der Wortlaut des Vertrags entscheiden; ist je=
doch im Vertrag keine besondere Bestimmung getroffen, so muß
das bei den gesetzlichen Austrägen zu beobachtende Verfahren auch
bei den gewillkürten eintreten [57]). Solche gewillkürte Austräge

---

55) Malblank a. a. O. S. 453. — Eichhorn l. c. §. 14 i. f.

56) S. auch Jordan a. a. O. S. 479. — Leonhardi a. a. O.
S. 73.

57) Repertor. S. 387. — Malblank a. a. O. §. 107. Nr. 1. —
Jordan a. a. O. S. 479.

verlieren ihren Rechtsbestand und erlöschen durch ausdrückliche oder stillschweigende Aufhebung der Partheien und wenn die Umstände sich so wesentlich verändern, daß jetzt die getroffene Verfügung gar nicht oder doch wesentlich anders gemacht worden seyn würde; ebenso müssen sie auch aufhören mit dem Erlöschen derjenigen physischen oder juristischen Person, welche durch sie zum Austrägalrichter ernannt worden war [58]. (Dieser letztere Punkt kann namentlich jetzt bewirken, daß einer Berufung auf gewillkürte Austräge, obgleich diese von der Bundesgesetzgebung anerkannt sind, doch nicht statt- gegeben werden kann, so z. B. wenn in einem zur Reichszeit ge- schlossenen Vertrage die drei geistlichen Churfürsten oder das Chur- fürstencollegium überhaupt zu Austrägalrichtern ernannt worden wären.) Gewillkürte Austräge finden sich übrigens zur Reichszeit in großer Menge und es möge hier genügen, an einige der wich- tigsten zu erinnern: so hatten die Churfürsten schon in dem be- rühmten Churverein zu Rhense 1338, bestimmt, daß Zwistigkeiten unter ihnen durch die Majorität der Stimmen entschieden werden sollten [59]; 1424 bestimmten sie zuerst, daß die unter ihnen ent- standenen Streitigkeiten austragsweise zu entscheiden seien [60] und diese Bestimmung wurde in allen späteren Churvereinen wie- derholt, z. B. 1558 und auch noch 1764. Eine ähnliche gewillkürte Austrägalinstanz bestand auch unter den reichsgräflichen Collegien durch den allgemeinen Grafenverein von 1738, unter den Reichs- städten (bei denen sie jedoch später aufhörte), und besonders auch unter der Reichsritterschaft (doch auch hier kam sie später theilweise ab) [61]. Eine große Anzahl Beispiele gewillkürter Austrägalin- stanzen, die entweder zwischen mehreren Familien oder einer Fa- milie unter sich bestanden, finden sich angeführt bei Pfeffinger l. c. S. 505—522, Repertor. S. 388—396.

III. Privilegirte Austräge endlich sind vom Kaiser durch spezielle gesetzliche Dispositionen (Privilegien) gewissen Reichs- ständen gegebene Austrägalinstanzen; ihnen stehen gleich die etwa auf unvordenklicher Verjährung beruhenden Austrägalberechtigungen.

---

58) Malblank a. a. O. Nr. 3. — Heffter a. a. O. S. 212.
59) Pfeffinger l. c. S. 510.
60) Eichhorn deutsche Staats- u. R.Gesch. III. Bd. S. 335.
61) Malblank a. a. O. §. 109.

Die Privilegien konnten ertheilt werden theils an solche Reichsun=
mittelbare, welche schon an sich gesetzliche oder auch gewillkürte
Austräge hatten, oder an solche, denen bisher dieß Recht fehlte.
Zu der letzteren Klasse gehörten namentlich die Reichsstädte, die
zwar gewillkürte Austräge haben konnten, die aber niemals das
Recht der gesetzlichen Austräge gehabt haben. Daher finden wir
auch bei ihnen gerade die privilegirten Austräge in ziemlich großer
Ausdehnung [62]). Außer bei den Reichsstädten finden wir aber
solche Privilegien auch bei gräflichen und fürstlichen Häusern und
namentlich bei dem Hause Württemberg; ihr Privileg hatten die
Grafen von Württemberg schon 1361 von Carl IV. erhalten; es
wurde ihnen von spätern Kaisern erneuert und bestätigt, namentlich
aber vom König Max I. unterm 20. August 1495 (also schon nach
der K.G.O. v. 1495); danach wurden die Herzoge von Württem=
berg von dem Hofgericht zu Rottweil und allen derartigen Gerichten
erimirt und bestimmt, daß sie nur vor ihrem Landhofmeister und
Räthen belangt werden sollten [63]). Wer das Recht der privile=
girten Austräge habe, welche Sachen vor denselben zu verhan=
deln seien und welches Verfahren dabei beobachtet werden müsse,
hängt natürlich zunächst von der Bestimmung des fraglichen Pri=
vilegs ab; im Zweifel muß jedoch auch hier nach Analogie der ge=
setzlichen Austräge verfahren werden. Es wurden aber von den
Ständen des Reichs diese privilegirten Austräge immer als etwas
Unregelmäßiges, als der Justiz nachtheilig angesehen und deßhalb
mit Mißgunst betrachtet; damit hängt es zusammen, daß schon im
J.R.A. §. 116 der Kaiser versprechen mußte, mit Ertheilung solcher
Privilegien "fürters an sich zu halten," welches Versprechen in der
Wahlkapitulation Art. 18 a. E. wiederholt wurde.

IV. Allgemeine sich auf alle Arten der Austräge
beziehende Bestimmungen. Wie wir gesehen haben, bestan=
den die privilegirten und gewillkürten Austräge schon lange Zeit

---

62) Verzeichnisse der Städte, welchen vom Kaiser durch Privileg das Recht
der Austräge ertheilt worden war, s. bei Pfeffinger l. c. S. 528 ff.,
der jedoch viele Städte anführt, die nicht das Recht der Austräge,
sondern nur ein privilegium de non evocando hatten, und bei Mal=
blank a. a. O. §. 112.

63) S. dieß Privileg bei Pfeffinger l. c. S. 514, Malblank a. a. O.
§. 111.

vor den gesetzlichen, die erst durch die K.G.O. von 1495 eingeführt
wurden; auf diese folgte dann eine Zeit, in der sich die Reichs=
gesetzgebung mehrfach mit der weiteren Ausbildung und Entwicke=
lung des Instituts der Austräge beschäftigte; namentlich ging dabei
von Seiten des Kaisers das Streben dahin, die Austräge soviel
als möglich zu beschränken [64]), weil er in ihnen eine Beschränkung
seiner durch die Reichsgerichte zu übenden richterlichen Gewalt sah;
doch dies Streben gelang dem Reichsoberhaupt nicht; es ging
hier, wie in so vielen anderen Reichsangelegenheiten: die Stände
behaupteten ihr Recht und nöthigten den Kaiser, dasselbe zu wieder=
holtenmalen anzuerkennen. Auf solche Anerkennung beziehen sich
auch die meisten Bestimmungen der Reichsgesetze, die wir seit den
Jahren 1548 und 1555, in welchen die Entwickelung namentlich
der gesetzlichen Austräge in der Hauptsache vollendet war, finden.
Nachdem schon 1643 Beschwerden der Stände über häufige Ver=
kümmerung der Austräge durch den kaiserlichen Reichshofrath vor=
gekommen sind, sehen wir, daß in dem Westphälischen Frieden der
Kaiser das Versprechen ablegen mußte:

„Caetera in aulico non minus quam in camerae imperialis
„judicio privilegium primae instantiae, austregarum, jura et
„privilegia de non appellando Statibus imperii illibata sunto
„nec per mandata aut commissiones aut avocationes aut quovis
„alio modo turbantor" [65]).

Aehnliche Zusicherungen sind ertheilt in der R.H.R.O. von
1654. Tit. II. §. 2. 3., im J.R.A. §. 105. und dann in den Wahl=
kapitulationen, wie wir es zuerst bei der Josephs I. von 1690.
§. 17 finden; eine noch nachdrücklichere Stelle wurde in das Project
der ewigen Wahlkapitulation von 1711 Art. 18 (vergl. auch Art. 19)
aufgenommen und ist von da an in alle folgenden Wahlkapitulationen,
so noch in die neueste Kaiser Franz II. von 1792 a. a. O. überge=
gangen. Dieser Versprechungen ungeachtet, scheinen von den Reichs=
gerichten vielfache Eingriffe in das Recht der Reichsstände, zunächst vor
Austrägen belangt zu werden, vorgekommen zu seyn, und wir finden
ziemlich häufige darauf hinzielende Beschwerden der Reichsstände an
den Kaiser [66]) und auch darauf bezügliche Beschlüsse des Reichstags

---

64) K.G.O. von 1555. Th. II. Tit. 27. — Eichhorn l. c. §. 10.

65) J.P.O. art. V. §. 56.

66) Leonhardi a. a. O. S. 78 ff.

resp. der Reichskammergerichts-Visitations-Deputation von 1713 [67]), sowie ein von dem Kaiser an den Reichshofrath erlassenes Dekret vom 14. Januar 1714 von ähnlichem Inhalt [68]). Der Gebrauch der Austräge war in der ersten Hälfte des vorigen Jahrhunderts noch in voller Kraft, wie wir aus einem 1735 wegen verweigerter Austräge zwischen Sachsen-Meiningen und Eisenach und Fulda entstandenen Streite, sowie aus dem schon oben erwähnten Grafenverein von 1738 schließen können; später aber scheint es seltener geworden zu seyn, sich auf Austräge zu berufen und es hatte überhaupt nach dem Zeugnisse der bei Leonhardi a. a. O. S. 81 ff. angeführten Schriftsteller die ganze Institution nur noch wenig Leben. Daß sie aber noch bis zu Ende des Reichs bestanden habe, dafür finden wir ein Beispiel in einem der letzten Reichsgesetze, in dem Reichsdeputations-Hauptschluß vom 25. Febr. 1803. §. 45, der für den Fall, daß an die Entschädigungslande Ansprüche geltend gemacht werden wollen, die Entscheidung über diese Ansprüche eventuell dem unappellabelen Ausspruche von Austrägalrichtern überwies.

Hiermit möchten wohl die wesentlichsten Bestimmungen der Reichsgesetzgebung in Bezug auf die Austräge berührt worden seyn und es bleibt uns nur noch übrig, einige andere allgemeine Punkte, die sich auf alle Arten der Austräge beziehen, hier zu erwähnen.

Was zunächst das Verhältniß der drei Arten der Austräge zu einander anlangt, so ist durch die Gesetze selbst bestimmt, daß die gesetzlichen Austräge erst dann eintreten, wenn privilegirte oder gewillkürte Austräge nicht vorhanden sind [69]), so daß also die gesetzlichen Austräge nur subsidiär sind. Das Verhältniß zwischen den gewillkürten und privilegirten Austrägen ist der Art, daß von diesen wieder die gewillkürten den andern vorgehen [70]).

Eine zweite Frage bezieht sich auf die Gerichtsbarkeit der Austräge und die Execution ihrer Erkenntnisse. Die Gerichtsbarkeit muß wohl als eine ausserordentliche, als eine jurisdictio delegata angesehen werden, da dieselbe nur für einzelne bestimmte Fälle d. h. die, welche vermöge der Bestimmung der Gesetze, Ver-

---

[67] R.G.Visit.-Absch. von 1713. §. 9.

[68] Leonhardi a. a. O. S. 80.

[69] R.G.O von 1555. Th. II. Tit. 2. a. A., Tit. 6. §. 3, Tit. 27. — Malblank a. a. O. S. 450. — Berg a. a. O. §. 48.

[70] Repertor. S. 396.

träge und Privilegien vor die Austräge gehören, übertragen worden
ist; eine bloße Commission ist es deßhalb nicht, weil diese nur für
einen einzelnen Rechtsstreit resp. für eine einzelne gerichtliche Handlung gegeben wird, und wenn die Schriftsteller der Reichszeit die
Gerichtsbarkeit der Austräge aus kaiserlicher Commission herleiten,
so ist dies freilich insofern richtig, als der jedesmalige Austrägalrichter (nicht aber die bleibende Austrägalinstanz) seine Gerichtsbarkeit nur vom Inhaber der höchsten Gerichtsbarkeit im Reiche, vom
Kaiser herleiten konnte und von diesem Auftrag hatte, in seinem
Namen Recht zu sprechen. Ein solcher Auftrag wird den Austrägalrichtern schon ertheilt in der K.G.O. von 1495. §. 28 und ist dann
wiederholt in der K.G.O. von 1555. Th. II. Tit. 2. §. 2; danach
kann also die Gerichtsbarkeit der Austräge als solche (abgesehen
vom einzelnen Fall, in dem sie wirksam wurden) nur als eine ausserordentliche angesehen werden, d. h. als eine vom Regenten selbst
Jemanden für einzelne bestimmte Fälle überwiesene [71]). Unter den
Schriftstellern der Reichszeit war dieser Punkt sehr controvers; die
richtige Ansicht ist vertreten von Malblank a. a. O. S. 120. Nr. 4,
auch wohl Berg a. a. O. §. 39. 49; Andere dagegen halten die
Gerichtsbarkeit der Austräge für eine ordentliche, oder meinen, daß
dieselbe Bestandtheile der ordinaria und delegata in sich vereine,
wie z. B. das Repert. S. 376. Die Ansicht, daß die Austräge
gar keine eigentliche Jurisdiction besäßen, möchte wohl schon durch
die oben angeführten Reichsgesetze sich als irrig erweisen.

Vermöge dieser Gerichtsbarkeit hatten die Austräge auch einen
förmlichen Gerichtszwang, so daß sie das Recht zu Vorladungen,
Zeugenverhören u. s. w. hatten [72]). Was das von den Austrägalgerichten zu beobachtende Verfahren anlangt, so ist dasselbe das
des ordentlichen Prozesses und es müssen bei demselben allenthalben
die Vorschriften des gemeinen Rechts beobachtet werden [73]). Die
Kosten der Austrägalinstanz hat der Beklagte allein zu tragen, wenn
seine Räthe die Austrägalrichter sind [74]); ist das Austrägalgericht
aus Abgeordneten beider Theile und einem Obmann zusammengesetzt,

---

71) Linde, Civilprozeß §. 68.
72) K.G.O. v. 1555. Th. II. Tit. 4. §. 14. 16. — Berg a. a. O. §. 49.
73) Malblank a. a. O. §. 124. X. — Berg a. a. O. §. 54.
74) K.G.O. von 1521. Tit. 33, §. 3, von 1555. Th. II. Tit. 4. §. 7,
    Tit. 6. §. 2.

so trägt jeder Theil die Kosten für seine Abgeordneten, während
die des Obmanns gemeinsam getragen werden [75]). In sonstigen Fällen
muß wohl das gemeine Recht über die Verbindlichkeit zur Tragung
der Kosten entscheiden. Haben die Austrägalrichter einmal das
Urtheil gesprochen, so steht ihnen die Befugniß zur Execution
desselben nicht zu; die Partheien müssen sich vielmehr mit Gesuchen
um Vollziehung an die Reichsgerichte wenden, die aber das gesprochene Urtheil gerade so vollziehen sollen, als wenn es von ihnen
selbst gesprochen worden wäre [76]). In Ansehung der Rechtsmittel fand in dieser Periode (anders wohl früher) unbedingt
gegen die Entscheidungen der Austräge das Rechtsmittel der Appellation und der Nichtigkeitsbeschwerde an die Reichsgerichte statt;
ausgeschlossen konnte die Appellation nur werden durch kaiserliches
Privileg oder durch vertragsmäßige Bestimmungen; letzteres war zwar
bestritten; da man aber überhaupt zum Voraus auf jedes Rechtsmittel verzichten kann (Martin, bürgerl. Proc. §. 277. Linde,
Civ.-Proc. §. 366. 397), so ist kein Grund vorhanden, weßhalb
ein solcher Verzicht nicht auch bei Austrägen wirksam seyn sollte [77]).
Die gesetzlichen Bestimmungen über die Statthaftigkeit der Appellation
enthält K.G.O. von 1495. §. 28. 30, von 1521. Tit. 33. S. 20,
von 1555. Th. II. Tit. 2. §. 2, Tit. 6. §. 1. Tit. 28. §. 1. Bei
der Appellation war auch das Vorbringen von novis gestattet, sobald nur deßhalb der Calumnieneid geleistet wurde [78]). In nicht
appellablen Sachen, namentlich beim Mangel der Appellationssumme
war das Rechtsmittel der Revision und Aktenversendung gegeben [79]).

Sehen wir endlich noch zu, inwiefern die Austräge, sowie
sich dieselben nach ihrer förmlichen Ausbildung darstellen, von den

---

75) K.G.O. von 1521. Tit. 33. §. 7, von 1555. Th. II. Tit. 4. §. 11.
   Malblank a. a. O. §. 124. XV. — Berg a. a. O. §. 53.

76) K.G.O. von 1555. Th. II. Tit. 8. §. 8. — Malblank a. a. O.
   §. 124. XIV. — Berg a. a. O. §. 49. 56. — Heffter a. a. O.
   S. 210. — Zachariä a. a. O. §. 269.

77) Malblank a. a. O. §. 124. XII. — Berg a. a. O. §. 55. —
   Jordan a. a. O. S. 479, namentlich aber Heffter a. a. O. S. 209 f.

78) K.G.O. von 1521. Tit. 33. §. 13, von 1555. Th. II. Tit. 6. §. 1.
   (J.R.A. §. 118.)

79) Dep.-Absch. von 1600. §. 16. J.R.A. §. 113. — S. auch Malblank und Berg a. a. O. — Zachariä a. a. O. §. 269.

Schiedsrichtern, mit denen sie, unserer Ansicht nach, ursprünglich in enger Verbindung stehen, sich unterscheiden, so möchten als die Hauptunterschiede folgende hervorzuheben seyn:

1) Die Schiedsrichter bestehen immer nur für Einen bestimmten Fall, während die Austräge wenigstens auf eine gewisse Gattung von Fällen sich beziehen.

2) Die Schiedsrichter beruhen nur auf Vereinigung der Partheien, was bei den gesetzlichen und privilegirten Austrägen nicht der Fall ist und auch bei den gewillkürten Austrägen ist der klagende Theil gezwungen, sich an die Austräge zu wenden, während in Betreff der Schiedsrichter es immer von seinem freien Willen abhängt.

3) Schiedsrichter können von Allen, welche dispositionsfähig sind, zur Entscheidung eines Rechtsstreites gewählt werden; das Recht der Austräge dagegen, wenn es auch früher wohl allen Reichsunmittelbaren zustand, hatten später nur die, welchen es durch Gesetz oder Privileg verliehen war, oder zu deren Verträgen — nach der herrschenden Ansicht wenigstens — kaiserliche Bestätigung gekommen war.

4) Die Austräge haben eine wahre Jurisdictionsgewalt, die Schiedsrichter nicht.

5) Die gewählten Austrägalrichter können ohne erhebliche Gründe die Wahl nicht ablehnen; die Schiedsrichter können zur Annahme der auf sie gefallenen Wahl nie gezwungen werden.

6) Bei Schiedsrichtern ist die Widerklage nie statthaft, bei den Austrägen ist sie in den meisten Fällen zulässig.

7) Schiedsrichterliche Aussprüche geben nur eine Klage auf Erfüllung; die Austräge machten res judicata und mußten ohne Weiteres von den Reichsgerichten (bezüglich früher den Einigungen) erequirt werden.

8) Endlich kann bei Schiedssprüchen nur Nichtigkeit derselben urgirt werden, es ist nur Nichtigkeitsbeschwerde zulässig; bei den Austrägen dagegen ist neben der Nichtigkeitsbeschwerde auch das Rechtsmittel der Appellation resp. Revision gestattet [80]).

---

80) Vergl. hierüber Pfeffinger l. c. S. 503. — Repert. S. 373. — Maßblank a. a. O. §. 120. V. — Heffter a. a. O. S. 206 f. — Leonhardi a. a. O. S. 34. 35. — Vor Allen aber Eichhorn l. c. §. 11—20.

§. 3.
Schicksale der Austräge seit der Auflösung des deutschen Reichs.

Mit der nach der Stiftung des Rheinbundes (12. Juli 1806) und der Niederlegung der deutschen Kaiserwürde durch Franz II. (6. August 1806) erfolgten Auflösung des deutschen Reichs fiel natürlich auch die Reichsgerichtsbarkeit weg und damit auch die gesetzlichen und privilegirten Austräge, da namentlich erstere nur als eine erste Instanz für die Reichsunmittelbaren betrachtet wurden; der Grund des Wegfallens der privilegirten Austräge lag ebenfalls in dem Aufhören der kaiserlichen Gerichtsbarkeit, in welcher sie allein ihren Grund hatten [81]). Die auf die Austräge gerichteten Verträge der frühern Reichsstände wurden dagegen durch die Auflösung des Reichs nicht alterirt, obgleich wir freilich zur Zeit des Rheinbundes von einer ausdrücklichen oder thatsächlichen Anerkennung derselben nichts wissen. Dagegen finden wir merkwürdiger Weise eine Erwähnung der Austräge in der Rheinbundesakte selbst; in ihr bestimmt nämlich Art. 28, daß in peinlichen Sachen die durch die Rheinbundesakte mediatisirten ehemaligen Reichsunmittelbaren „jouiront des droits d' austrègues c. a. d. d' être jugés par leurs pairs" etc. Freilich liegt darin offenbar eine Verkennung des wahren Wesens der Austräge, da diese ja gerade, wie wir oben gesehen haben, in Criminalsachen gänzlich ausgeschlossen waren; ebenso ist auch die Austrägalinstanz in der letzten Zeit des Reiches nicht mehr gleichbedeutend mit einem judicium parium, wenn auch ursprünglich bei ihrer Errichtung der Wunsch, nur von Genossen gerichtet zu werden, mitgewirkt hat und Spuren davon sich immer erhalten haben. Dieses Mißverständnisses ungeachtet finden wir die Aufnahme einer ähnlich lautenden Bestimmung (und damit die Wiederholung desselben Mißverständnisses) in mehreren späteren sich auf die Mediatisirten beziehenden Gesetzen, so namentlich in der auch bundesrechtlich so wichtigen bayer. Deklaration vom 19. März 1807 unter A. 11, in der preuß. Instruction vom 30. Mai 1820. §. 17, was sogar noch wiederholt wird in der preuß. Verordnung vom 12. November 1855. §. 3 [82]).

81) Heffter a. a. O. S. 172. — Zachariä a. a. O. §. 269.
82) S. Emminghaus, corp. jur. germ. I. Th. S. 627, II. Th. S. 22.

Nach dem Zerfallen des Rheinbundes und nach Beseitigung der französischen Herrschaft tritt das Institut der Austräge in einer erneuerten und theilweise veränderten Gestalt wieder hervor. Schon zur Zeit der ersten Verhandlungen des Wiener Congresses und noch vor dessen eigentlicher Eröffnung trug Preußen in dem von ihm im September vorgelegten Entwurfe der Grundlagen einer deutschen Bundesverfassung auf die Anordnung eines Bundesgerichtes an, welches nach späteren Vorschlägen über Streitigkeiten der Bundesglieder unter einander und über Klagen mittelbarer Personen gegen Bundesglieder wegen Verletzung sowohl der Bundes- als der Landesverfassung entscheiden sollte (so namentlich nach dem preußischen Entwurfe vom Februar 1815); bei Streitigkeiten der ersteren Art sollte eine Austrägalentscheidung vorhergehen können; bei Klagen wegen Verfassungsverletzung sollte das Bundesgericht nur competent seyn bei Verweigerung oder Verzögerung der Rechtshülfe und vergeblich versuchter Abhülfe wegen dieser Beschwerden durch den Landesherrn; die Vollstreckung der Erkenntnisse des Bundesgerichtes sollte durch die oberste Bundesbehörde erfolgen. Diese Grundsätze hielt Preußen mit nur geringen Modificationen noch bis zu den letzten Verhandlungen über die Gestaltung der Bundesverfassung fest und es wurde hierin unterstützt von Oesterreich (freilich nur lau), sehr eifrig aber von Hannover und den vereinigten kleineren deutschen Staaten. So geschah es, daß in dem schon mehrfach revidirten Entwurfe der Bundesakte der elfte Artikel Gewaltthätigkeiten unter den Bundesgliedern ausschloß und bestimmte, daß diese ihre Streitigkeiten bei der Bundesversammlung anzubringen hätten, welche sich ein Bundesgericht, dessen Competenz näher zu bestimmen seyn würde, beiordnen sollte. Hiergegen erhob aber Bayern, welches nebst Württemberg von Anfang an der Errichtung eines Bundesgerichts entgegen gewesen war, eifrigen Protest und wurde darin unterstützt durch Hessen-Darmstadt; nicht einmal den an die Stelle des „Bundesgerichtes" zu setzenden Ausdruck „Instanz" oder „permanente Instanz" wollte Bayern zulassen; Bayern wollte nur eine Austrägalinstanz gestatten und die übrigen Staaten sahen sich, um endlich mit der Bundesakte zum Abschluß zu kommen, zum Nach-

---

349. und vergl. noch Jordan a. a. O. S. 479. — Heffter a. a. O. S. 173.

geben gezwungen und so wurde denn das „Bundesgericht" durch eine „wohlgeordnete Austrägalinstanz" ersetzt und die Fassung des Art. 11 der Bundesakte in der Weise hergestellt, wie er jetzt lautet [83]).

Nach Eröffnung der Bundesversammlung wurde es sogleich als dringend anerkannt, für Anordnung einer Austrägalinstanz und zugleich für eine Executionsordnung zu sorgen. Demzufolge wurde schon im Juni 1817 der von einer Commission vorgelegte Entwurf einer Austrägalordnung angenommen und zum Beschluß erhoben (16. Juni 1817). Auf die näheren Bestimmungen derselben einzugehen, möchte hier, wo es uns zunächst nur darum zu thun war, die Entwicklung der Austrägalinstanz zu schildern, nicht aber eine Darstellung der Grundsätze des Bundesrechts über dieselbe zu geben, nicht am Orte seyn und es bleibt uns daher nur noch übrig, die wichtigsten, auf die Austrägalinstanz bezüglichen Bundesbeschlüsse anzugeben.

Nachdem schon in die Wiener Schlußakte vom 15. Mai 1820 mehrere die Austrägalinstanz betreffende Bestimmungen (s. daselbst Art. 21—24, 30) aufgenommen worden waren, wurden diese durch einen Bundesbeschluß vom 3. August 1820 auch von Bundeswegen als gültig anerkannt und erweitert. Auf die Vollziehung der Austrägalerkenntnisse bezieht sich Art. 12 der Bundes-Executions-Ordnung vom 3. August 1820. Der revidirte Entwurf einer Austrägalordnung auf Grundlage der von 1817 wurde am 21. Dez. 1820 vorgelegt, ist aber noch nicht zum Beschluß erhoben worden [84]). Ein namentlich das bei Austrägalgerichten zu beobachtende Verfahren betreffender Bundesbeschluß datirt vom 19. Juni 1823. Spätere Bundesbeschlüsse sind vom 7. October 1830, 28. Februar 1833, 25. Juni 1835, 23. Juni 1836, 19. October 1838, 15. September 1842; speziell auf Art. 30 der Wiener Schlußakte bezieht sich der Bundesbeschluß vom 12. April 1821.

Was zum Schluß noch das jetzige Verhältniß der verschiedenen Arten der Austräge zu einander anlangt, so haben wir schon oben gesehen, daß die (reichs-)gesetzlichen und die privilegirten Austräge

---

83) Vergl. hierüber: Klüber, Uebersicht der diplomatischen Verhandlungen des Wiener Congresses S. 173—93.

84) Heffter a. a. O. S. 271. — Zachariä a. a. O. §. 267.

erloschen sind; die gewillkürten Austräge bestehen aber auch noch
neben der Bundesausträgal=Instanz fort, wie dies Art. 24 der
Wiener Schlußakte, Art. 10 des B.B. vom 3. August 1820 aus=
brücklich anerkennt [85]).

Das Verhältniß beider zu einander ist aber wohl das, daß die
Bundesausträgal=Instanz durch das rechtsgültige Vorhandenseyn
gewillkürter Austräge ausgeschlossen wird; wird freilich die Rechts=
beständigkeit der gewillkürten Austräge von einem Theile bestritten,
oder haben von mehreren Betheiligten nicht Alle gemeinsame ge=
willkürte Austräge, so wird die Bundesausträgal=Instanz eintreten
müssen [86]).   Die wichtigsten noch jetzt in Rechtsgültigkeit bestehen=
den gewillkürten Austräge finden sich übrigens bei Heffter a. a.O.
S. 207 f. angegeben.

———

Vorstehender Aufsatz ist bereits im Sommer 1856 ausgearbeitet
worden; selbstverständlich konnte damals der erst 1857 erschienene
Artikel „Austräge" von Herrn Dr. Aegibi im siebenten Heft von
Bluntschli's deutschem Staatswörterbuch noch nicht benutzt werden;
aber auch jetzt, bei Revision meiner Arbeit, glaubte ich jenen Artikel
übergehen zu können, da ich wohl sagen darf, ihm für meine Arbeit
nichts Wesentliches zu verdanken zu haben; in vielen Punkten ist
Uebereinstimmung da, die Begründung des Abweichenden wird sich
zum größten Theil aus vorstehendem Aufsatze von selbst ergeben.

———

85) Heffter a. a.O. S. 207. — Zachariä a. a.O. §. 269.
86) Zachariä a. a.O.

II.

Zur Lehre von der rechtlichen Natur der Kirchenlasten.

Zugleich ein Beitrag zur Lehre von der kirchlichen Baulast nach evangelischem Kirchenrechte.

Von

Dr. E. Herrmann,
Professor in Göttingen.

———

Seit der Reformationszeit wird in den evangelischen Gemein=
den ein bedeutender, nach der Vermöglichkeit der Kirchen und ihrem
wechselnden Bedarfe verschiedener, Theil des zur Erhaltung und
geregelten Thätigkeit der parochialen Kirchen= und Schuleinrichtun=
gen erforderlichen Aufwandes durch Umlegung über die Gemeinde
aufgebracht. Auch in der katholischen Kirche besteht etwas Aehn=
liches. Denn wenn gleich das canonische Recht als rechtliche Noth=
wendigkeit nur eine Erhaltung der parochialen Anstalten aus deren
eigenem Vermögen kennt und regelt, so hat doch bekanntlich das
Tridentinum zur eventuellen Tragung der Baulast auch die Paro=
chianen allgemein für pflichtig erklärt, und die vielen Staatsgesetze,
welche seit dem vorigen Jahrhundert in die ökonomischen Einrich=
tungen der Kirche eingriffen, haben gewisse der evangelischen Ge=
meindepflicht analoge Pflichtigkeitsgrundsätze auch für die katholischen
Parochieen entweder überhaupt, oder doch für gewisse Parochial=
bedürfnisse, insbesondere für die der Parochialschule, aufgestellt und
durchgeführt.

Wenn man die in der juristischen Literatur traditionelle histo=
rische und systematische Lehre über diese Kirchenlasten genauer un=
tersucht, so erscheint sie mannichfacher Berichtigung bedürftig. Nicht
blos die in diesem Punkte fast allgemein angenommene Identität
des katholischen und evangelischen Kirchenrechts besteht nicht, sondern
es ist auch die in Folge dieser angeblichen Identität übliche Dar=

stellung des Inhalts des evangelischen Kirchenrechts sehr zu modi=
ficiren. Wie diese einerseits mit den wirklich bestehenden Zuständen
wenig zusammenstimmt, so bereiten andererseits doch auch diese Zu=
stände, wie sie sich insbesondere in den exclusiven evangelischen Lan=
deskirchen in früherer Zeit gebildet haben, einer richtigen juristischen
Auffassung und Erkenntniß manche Schwierigkeiten. Viele historische
Verhältnisse, besonders die einem völligen Ineinanderfließen ange=
näherte Verbindung des kirchlichen mit dem bürgerlichen Gemein=
wesen, haben eine praktische Behandlung der Kirchenlasten ganz
nach der Art aller übrigen (bürgerlichen) Gemeindelasten, und da=
durch wenigstens einen Anschein ihrer Dinglichkeit befördert, gegen
dessen Gewicht im praktischen Leben mit der wiederholten Behaup=
tung ihrer theoretischen Personalität wenig gethan ist. Einen
Beleg hierzu gibt ein neuerdings in der Literatur des hannover=
schen Particularrechts geführter Streit ¹): und leicht könnten bei
den unvermeidlichen Uebelständen, welche durch den Widerspruch
zwischen der juristischen Lehre und dem wenigstens scheinbaren Rechts=
inhalte der Wirklichkeit sich erzeugen, particulare Gesetzgebungen
sich geneigt finden, dem letzteren gegen die erstere das Uebergewicht
zu sichern.

Bei dieser Sachlage dürfen die nachfolgenden Bemerkungen,
die durch legislative Neigungen der angedeuteten Art zunächst ver=
anlaßt sind, darauf rechnen, als ein nicht überflüssiger Beitrag zu
unserer Literatur angesehen zu werden.

I.

Bei der Frage nach der personalen oder realen Natur der
Kirchen= und Schullasten handelt es sich wesentlich um das die
Beitragspflicht zu den sogenannten Kirchen= und Schulanlagen
begründende Verhältniß, näher davon, ob die Tragung der, aus
dem Kirchenärar nicht zu bestreitenden, durch Umlegung auf die
Gemeinde aufzubringenden, Kirchen= und Schullasten auf den inner=
halb der Parochialgränzen belegenen Grundstücken ruhe, oder die

---

1) S. Wachsmuth im Magazin für Hannov. Recht. Band 5. H. 1.
(1855) S. 3—25 (für die Dinglichkeit). Dagegen Brüel zur Lehre
von den Kirchen= und Schullasten im Königreich Hannover. Hannover
1855. Wachsmuth replicirte im angef. Magazin Band 5. H. 3.
S. 392 ff. Vgl. auch noch Fachtmann, kirchenrechtliche Mitthei=
lungen über das Fürstenthum Osnabrück. Osnabrück 1852.

Personen treffe, welche die juristischen Merkmale der Parochianen an sich tragen. Das Thema der Untersuchung läßt sich auch so fassen: Es ist die rechtliche Natur der kirchlichen Gemeinde=steuer festzustellen, in welcher — wenigstens nach evangelischem Kirchenrechte [2]) — nächst dem Kirchenvermögen die feste rechtliche und ökonomische Basis jedes Gemeindehaushalts besteht. Indem auf dieselbe bei Insufficienz des Kirchenvermögens zur Bestreitung des Gemeindebedürfnisses jederzeit von der Verwaltung zurückge=griffen werden kann, ist es einleuchtend, daß die Pflichtigkeit der Gemeinden zu ihrer Leistung im Allgemeinen rechtlich feststeht, während der concrete von derselben zu machende Gebrauch eine von den kirchlichen Behörden, resp. von den Gemeinden selbst zu beantwortende Zweckmäßigkeitsfrage bildet, die sich wie nach dem wechselnden Bedürfniß, so nach den ökonomischen, ja auch religiös=sittlichen (die kirchliche Leistungswilligkeit bedingenden) Lage der Ge=meinden entscheidet. Es stehen daher außerhalb unserer Untersuchung:

_____

2) Dasselbe für das katholische Kirchenrecht zu behaupten, fehlen die Gründe. Wie dieses überhaupt nicht den evangelischen Begriff der Gemeinde, sondern nur den der Parochie hat (Schulte, katholisches Kirchenrecht S. 282), so kennt es auch nur Parochialinstitute, welche, abgesehen von freiwilligen Gaben, aus eigenen Institutsmitteln bestehen sollen. Dies ist canonisches, für den Bereich der evangelischen Kirche ver=ändertes Recht, eine Veränderung, welche freilich, so unverkennbar sie auch im Leben sein mag, doch von der Wissenschaft nicht gehörig zum Bewußtsein gebracht, und deshalb auch practisch nicht in dem Umfange fruchtbar geworden ist, wie sie sein sollte und könnte. Ueber=haupt ist gerade in der Lehre vom Kirchengut die besonders von Eich=horn geförderte Arbeit einer Säuberung des traditionellen Lehrgehalts des evangelischen Kirchenrechts von verkehrten Anwendungen des cano=nischen Rechts sehr wenig fortgeschritten. Ja neueste Schriftsteller, beson=ders Mejer, Kirchenrecht Ausg. 2., machen darin evidente Rückschritte. Indem sie, ganz wie seiner Zeit Carpzow, wenigstens für die lutherische Kirche, lediglich „Einzelmodificationen bestehender (katholischer) Zu=stände" statuiren, verlegen sie geradezu den Weg zum Verständniß und zur Weiterentwicklung der prinzipiell neuen Position, welche auch für das Kirchenrecht von der deutschen Reformation gebracht worden ist. Dies Verfahren ist nicht zu viel, sondern zu wenig historisch. Vgl. als Belegstück des vollen Gegensatzes zu der von uns für richtig gehaltenen Ansicht Mejer a. a. O. Vorr. S. VIII. XI. S. 121. 335. 336.

1. Diejenigen Leistungen an Kirche und Schule, welche von den Verpflichteten vermöge eines privatrechtlichen Titels getragen, von der Kirche also Kraft eines zum Kirchengute gehörigen Vermögensrechts gefordert werden. Daß zur Substanz des Kirchenguts ebensowohl Forderungen aus obligatorischen Verhältnissen, als Ansprüche auf Leistungen, welche für den Verpflichteten die Natur einer Reallast haben, gehören können, wird eben so wenig bezweifelt, als die Nothwendigkeit, die juristische Natur der fraglichen Leistungen, insbesondere ihren obligatorischen oder dinglichen Charakter, nicht nach einem allgemeinen Satze über die Natur der Kirchen= und Schullasten, sondern nach der Individualität des vermögensrechtlichen Instituts zu beurtheilen, welchem sie angehören. Allerdings hat bei manchen Leistungen an die Kirche ein langes Schwanken zwischen dem vermögens=, also privatrechtlichen Charakter der Prästation und dem öffentlich=rechtlichen von Steuern und Abgaben stattgefunden, insbesondere bei den geistlichen Zehnten, und noch gibt es Leistungen, bei denen eine bestimmte Entscheidung noch nicht durchaus erreicht sein mag, z. B. die sog. Pröven. Allein diese Entscheidung muß überhaupt erfolgt und die Frage zu Gunsten des öffentlich=rechtlichen Charakters entschieden sein, ehe auf die fragliche Leistung Rechtssätze über die Beitragspflicht zu den Kirchen= und Schullasten zur Anwendung gebracht werden können.

2. Aber auch nicht alle Kirchen= und Schulleistungen von öffentlich=rechtlichem Charakter fallen in den Bereich der aufgeworfenen Frage. Außerhalb derselben stehen zunächst alle gebührenartige Leistungen, die denn auch der Sprachgebrauch nicht zu den Kirchen= und Schullasten zählt. Sodann aber auch solche Abgaben, die sich im Gegensatz der generellen (subsidiären) kirchlichen Gemeindesteuer als specielle zur Dotation besonderer kirchlicher Institute und Zwecke bestimmte Abgaben bezeichnen lassen, welche eben deßhalb ständig zu leisten sind, und durch die Rechtsquelle, auf welcher sie ruhen, in Bezug auf Betrag und Beitragspflicht normirt zu sein pflegen, z. B. die sog. Quatemberpfennige. Man wird nicht berechtigt sein, von der Pflichtigkeit zu diesen speciellen Abgaben, bei welchen die Bedeutung ihres speciellen Zwecks für die zur Leistung herangezogenen oft maaßgebend gewesen ist, einen Schluß auf die Beitragspflicht zur allgemeinen Gemeindesteuer zu ziehen. Doch fehlt es umgekehrt allerdings nicht an Beispielen, daß der

für die Concurrenz zu der allgemeinen Gemeindeſteuer geltende Grund=
ſatz auch auf andere ſpecielle Abgaben, alſo der Grundſatz über die
Beitragspflicht zu den Kirchenanlagen auch auf die zu den ſtändigen
Gemeindeleiſtungen für beſtimmte Inſtitute und Zwecke, zur Anwen=
dung gebracht worden iſt, ſofern für dieſe letztere keine ſpecielle
Norm aufgeſtellt war und deßhalb auf die allgemeine Regel
zurückgegangen wurde. Jedoch genügt das nicht, um eine einheit=
liche Regel für die Concurrenz zu allen öffentlichen Kirchenlaſten
aufzuſtellen: vielmehr bleibt bei jeder ſolchen beſondern Abgabe,
deren Beitragspflichtige beſtimmt werden ſollen, eine Unterſuchung
unentbehrlich, ob ſie nach einem ihr eigenthümlichen Grund=
ſatze, oder nach der allgemeinen Regel über die Concurrenz
zu den Kirchenanlagen geleiſtet wird. —

II.

Dieſe Regel nun hat ſich bis auf die neueſte Zeit, wo hie
und da vollſtändige kirchliche Gemeindeordnungen auch die Ordnung
des Gemeindehaushalts normirt haben, im Zuſammenhange mit den
Grundſätzen von der kirchlichen Baulaſt entwickelt. Indem
die Beſtreitung dieſer Laſt der bei weitem häufigſte und für die
Gemeinden empfindlichſte Fall war, in welchem auf ihre ſteuerlichen
Beiträge zurückgegriffen wurde, erhoben ſich die Grundſätze über die
gemeindliche Tragung dieſer Laſt zur allgemeinen Regel über die
Kirchenanlagen.

Die jetzt herrſchende Auffaſſung jener Grundſätze iſt in ihren
Hauptzügen die Folgende:

Nachdem die im frühern Mittelalter übliche Theilung der Ein=
künfte jeder Kirche, und mit ihr die für die Beſtreitung der Kirchen=
baulichkeiten beſtimmte Quote, ſeit der Entſtehung der Pfründen
weggefallen, und die reichſte Quelle jener Einkünfte, die Zehnten,
nicht blos zur Dotation der Pfarreien verwendet, ſondern auch viel=
fach in Laienhände übergegangen ſeien, habe ſich der Rechtsſatz ge=
bildet, daß mit dem Beſitze kirchlicher Güter und Einkünfte
auch die Laſt der baulichen Erhaltung und Herſtellung der betref=
fenden Kirche ſo weit verbunden ſei, als eigene Kirchenbaufonds
oder ſonſt diſponible Renten des Kirchenguts entweder ganz man=
gelten, oder doch nicht ausreichten. Kraft dieſer, beſonders bei den
ökonomiſchen Verhältniſſen der Parochialkirchen regelmäßig in An=
ſpruch genommenen, Leiſtungspflicht ſeien die aus dem Kirchengute

Beneficirten, Geistlichen und Laien, die regelmäßigen bei Insuffi=
cienz des Kirchenguts eintretenden Träger der Baulast geworden.

c. 1. 4. X. d. eccles. aedif. v. repar. III. 48.

Indem jedoch diese Last der Beneficirten von den Pfarrgeist=
lichen, die zunächst ihren standesmäßigen Unterhalt aus dem Pfrün=
dengut hätten beziehen müssen, nur von dem Ueberschuß des Pfrün=
deneinkommens zu tragen gewesen sei, habe man sich oft und be=
sonders bei kostspieligen Bauten genöthigt gesehen, auch die Paro=
chianen in Anspruch zu nehmen, deren früher blos moralische Bei=
tragspflicht gegen Ende des Mittelalters durch Gewohnheitsrecht
zu einer, freilich immer nur subsidiären Rechtspflicht geworden
sei. Den also gebildeten, und schon vor der Reformation vorhan=
denen Rechtszustand habe das Tridentinum nicht verändert, sondern
nur firirt, indem es Sess. 21. c. 7. de reformat. bestimmte:

Parochiales ecclesias . . . . collapsas refici et instaurari (epi-
scopi) procurent ex fructibus et proventibus quibus-
cunque, ad easdem ecclesias quomodocunque pertinentibus.
Qui si non fuerint sufficientes, omnes patronos et alios, qui
fructus aliquos ex dictis ecclesiis provenientes
percipiunt, aut, in illorum defectum, parochianos
omnibus remediis opportunis ad praedicta cogant.

Das so zusammengefaßte Resultat der vorreformatorischen Rechts=
bildung bilde gemeines Kirchenrecht der Katholischen sowohl wie
der Evangelischen, indem ja auch die letztern die Ergebnisse der
früheren Rechtsbildung soweit bewahrt hätten, als dieselbe mit ihrer
eigenthümlichen Bekenntnißgrundlage nicht in Widerspruch ständen.
Die hiernach den Parochianen eventuell, im Falle mangelnden
Kirchengutes und leistungspflichtiger Beneficirten, aufliegende Bau=
pflicht beruhe auf Gründen höchster Billigkeit, indem Beiträge zur
Conservirung des aus den Früchten seines eigenen Vermögens nicht
zu erhaltenden kirchlichen Instituts eben denjenigen angesonnen wer=
den müßten, welche durch Sakramentsgenuß, religiöse Belehrung
oder Erbauung u. s. f. den steten Nutzen seines Bestandes und sei=
ner Wirksamkeit genössen. Qui sentit commodum, sentire debet
et onus. Ebendeßhalb aber sei die Baupflicht der Parochianen der
Regel nach eine persönliche, durch Zugehörigkeit des Pflichtigen zur
Parochie bedingte. Wer innerhalb der Parochialgränzen kein wirk=
liches oder Quasidomicil habe, oder wer durch Religionsverschie=

denheit von dem Mitgebrauch der betreffenden Kirche völlig ausgeschlossen sei, sei auch nicht beitragspflichtig. Nur ein allerdings
mögliches lokales Herkommen, welches jedoch immer bewiesen werden müsse, könne die Baulast zu einer öffentlichen Reallast machen.
. . . Diese Lehre erweist sich bei genauerer Prüfung vielfacher Berichtigung bedürftig.

1. Allerdings steht nach canonischem Rechte der Satz fest, daß
das Kirchengut die Baulast zu tragen habe von den Aufkünften
seiner nutzbaren Rechte, sie mögen sich in den Händen der Kirche
selbst, oder in den Händen anderer geistlicher oder weltlicher Berechtigter befinden. Dieser Satz ist eine nothwendige Folge der das
canonische Recht des Mittelalters beherrschenden und mit dem blos
anstaltlichen Kirchenbegriff des Katholicismus eng zusammenhängenden Ansicht, welche die localen Kirchenkreise nur als Institute,
nicht auch als Gemeinden und Personengemeinschaften, ihr Vermögen als Stiftungs- nicht als Korporationsgut auffaßt. Es stellt
sich dann die bauliche Erhaltung der Kirchengebäude naturgemäß
als Angelegenheit nicht einer Gemeinde, sondern einer Localstiftung
dar, deren Vermögensaufkünfte immer zunächst zur Erhaltung der
Stiftung selbst verwendet werden müssen. Hiermit ist aber dann
auch weiter gegeben, daß jeder Rechtsgrund für Belastung der Gemeinden fehlt, und daß nur das factische Interesse, welches sie
an der Erhaltung einer ihnen juristisch fremden Stiftungsper-
sönlichkeit haben, einen Grund zur Inanspruchnahme ihrer Libera-
lität abgeben kann. Dies ist denn auch im canonischen Rechte auf
das unzweideutigste anerkannt; während es von den aus dem Kirchengut bepfründeten Pfarrgeistlichen heißt, daß sie zur Mittragung
der Baukosten gezwungen werden müssen, werden die Beiträge
der Parochianen durchaus als freiwillige aufgefaßt, zu denen man
sie nicht zwingt, sondern einladet.

> c. 4. X. de eccl. aedif. 3. 48. . . qui parochiales ecclesias
> habent . . . ad reparationem ecclesiarum . . cogi debent
> de bonis, quae sunt ipsius ecclesiae . . conferre, ut eorum
> exemplo caeteri invitentur.

Wenn daher, wie dies gewöhnlich behauptet wird, ein gegen
Ende des Mittelalters ausgebildetes Gewohnheitsrecht auch die Gemeinden zu eventuellen Subjecten der Baulast erklärt haben sollte,
so ist dies nicht etwa eine Fortentwicklung eines schon die frühere

Rechtsbildung beherrschenden Princips, sondern stellt sich — gegen=
über von der in der kathol. Kirche festgehaltenen reinen Instituts=
eigenschaft der Parochien, — als eine Anomalie dar, wie wenn man
etwa die Baupflicht der Spitäler den darin untergebrachten und
insofern die commoda derselben genießenden preßhaften Personen
auflegen wollte. Die auch von katholischen Schriftstellern oft ge=
hörte Behauptung, daß die Baupflicht der Gemeinden, wenn auch
aus den geschriebenen Quellen des canonischen Rechts nicht nachzu=
weisen, doch jedenfalls im Geiste derselben liege (Permaneder, kirch=
liche Baulast Ausg. 2. S. 8. Note 8.) ist daher entschieden falsch,
und ihre Verwendung zur Unterstützung des behaupteten Gewohn=
heitsrechts unzuläßig.　Wird schon hierdurch die Existenz dieses
a n o m a l e n Gewohnheitsrechts, wenigstens als eines allgemeinen,
zweifelhaft [3]), und sind die Behauptungen eines solchen bei einzelnen
Schriftstellern, die doch immer nur von der Rechtsübung eines mehr
oder weniger begränzten Gebietes zuverläßig zu zeugen im Stande
sind, zum Beweise seiner Existenz unausreichend, so wird man die
im kathol. Kirchenrechte jetzt jedenfalls gültige subsidiäre Baupflicht
der Gemeinden als eine allgemeine nur auf die Bestimmung des
T r i d e n t i n u m s zu stützen vermögen, durch welche das canonische
Recht nicht in seinem Geiste fortgebildet, sondern a b g e ä n d e r t
worden ist.

　2. Auf diese Weise ist nun aber auch ein formeller Grund
geliefert, um das protestantische Kirchenrecht über die Baulast, in
welchem allerdings die Baupflicht der Parochianen auch eine unbe=
zweifelte Stelle hat, doch nicht als ein mit dem katholischen gemein=
sames aufzufassen, also auch die, auf dem Tridentinum fußende,
Bearbeitung der Lehre durch die spätern katholischen Canonisten
nicht als eine auch für das protestantische Kirchenrecht anwendbare,
auch hier wenigstens subsidiär gültige, zu behandeln. Diese Annahme
eines von dem katholischen verschiedenen protestantischen Kirchenrechts
über die Baulast wird aber auch noch durch andere Gründe unterstützt.

　Es wäre schon eine schwer begreifliche Unproductivität eines

---

3) Einen interessanten Beleg für die Nichtexistenz des fraglichen Gewohn=
　heitsrechts gibt der Württemb. summar. Begriff von 1559 (Richter II.
　S. 203), welcher bezeugt, daß die Pfarrer „von Alters" selbst ihre
　Häuser zu unterhalten haben.

in der That sehr fruchtbaren Princips, wenn der dem katholischen Kirchenrecht fehlende Begriff der Gemeinde, welcher dem einseitig objectiven Anstaltsbegriffe der katholischen Kirche seine nothwendige subjective Ergänzung und Begründung gegeben hat, nicht auch auf die ökonomische Ordnung seinen Einfluß erstreckt haben sollte: Der Eintritt der Gemeinde, als einer lebendigen, berechtigten und verpflichteten Einheit in den Zusammenhang des Kirchenrechts, wird unausbleiblich auch auf die kirchlichen Vermögensverhältnisse wirken. Wie die Gemeinde im Bereiche ihrer Zwecke als ein bewußter, wollender und handelnder Organismus gedacht wird, so consequent auch im Bereiche ihrer Mittel, und diese Auffassung wird nicht blos Rechte, sondern vor Allem Pflichten in ihrem Gefolge haben, so daß insbesondere auch die Erhaltung der kirchlichen Anstalten zu einer aus der rechtlichen Stellung dieser Personengemeinschaft folgenden, nicht anomalen, sondern der Regel des Rechts entsprechenden Pflicht sich erheben muß. Eine solche Anschauung wird dann gerade in der, auf dem Standpuncte des canonischen Rechts ganz consequenten Bauverpflichtung derjenigen, welche sich im Besitz und Genuß von Kirchengütern befinden, insbesondere der Pfarrgeistlichen selbst, eine Anomalie finden, die vielleicht durch besonderes Herkommen oder durch privatrechtliche Titel begründet sein kann, aber nicht in den regelmäßigen Zusammenhang der evangelischen Baupflichtigkeit hereinpaßt. Ueberhaupt wird man, getragen von dem evangelischen Princip, daß die Gemeinde sich selbst in ihren kirchlichen Anstalten zu erbauen und zu erhalten habe, nicht blos die Erhaltungspflicht der Kirchengebäude, als eine singuläre Last der Gemeinde zutheilen, sondern diese Baulast wird nur als ein, wenngleich häufiger und wichtiger, Anwendungsfall des allgemeinen Grundsatzes erscheinen, daß die Gemeinde überhaupt für die Deckung aller ihrer kirchlichen Bedürfnisse aufzukommen, und dieselben nöthigenfalls durch Umlagen zu bestreiten habe.

Es ist nicht zu verkennen, daß, wenn diese Entwicklung des evangelischen Gemeindebegriffs wirklich erfolgt und in den rechtlichen Einrichtungen herrschend geworden sein sollte, die Grundsätze des evangelischen Kirchenrechts über die Baulast unmöglich als identisch mit den katholischen, auf dem canonischen Rechte und dem Tridentinum beruhenden, angesehen werden könnten. Die katholische Pflicht der Parochianen und die evangelische der Gemeinde muß dann eine

verschiedene sein: es muß der Wegfall der Beneficirten aus der
Reihe der regelmäßig Verpflichteten, die nicht anomale, sondern
regelmäßige Natur der Gemeindeverpflichtung, die Beziehung der
Gemeindepflicht nicht blos auf die Baulast, sondern auf alle zum
Bestande des kirchlichen Gemeindekreises gehörigen Anstalten, den
verschiedenen Charakter beider Rechte schon äußerlich beurkunden
und dazu nöthigen, ein jedes auf seinem eigenen Boden aufzusuchen
und aus seinen eigenen Principien zu entwickeln. Wir fragen daher, ob an diesem Punkte des evangelischen Kirchenrechts jener Einfluß seines Gemeindebegriffs wirklich wirksam gewesen, oder ob derselbe eine bloße Idee geblieben ist, die von der verkehrten Anwendung des canonischen Rechts überwuchert und wenigstens bisher
unterdrückt worden ist.

Die Beantwortung dieser Frage erheischt einen Blick auf die
evangelischen Kirchenordnungen des sechszehenten Jahrhunderts und
auf die nachfolgende juristische Dogmengeschichte. —

III.

Wenngleich es nicht möglich ist, auf dem Wege der Vergleichung der evangelischen K.O.O. des sechszehnten Jahrhunderts ein
bis in's Detail übereinstimmendes System der Rechtssätze über die
Baulast zu finden, so ergibt sich doch aus ihnen genügendes Material, um die eigenthümliche und vom canonischen Recht differente
Position zu erkennen, die sich hier in der Rechtsbildung geltend zu
machen beginnt.

1. Ein Ausspruch, dessen principielles Gewicht und völlige Neu-
heit kein Kundiger verkennen kann, ist in dem Kursächs. Visitationsabschied von 1529. (Richter I. S. 104) enthalten

> demnach auch jezunder die Gebäude der Pfarrer in großen
> Verderb an vielen Orten kommen, daß die Gebäude also
> eingehen und fallen, ist hierum seiner Kurf. Gn. Befehl, daß
> die Gemeine daselbst ziemliche Handreichung darzu thun
> solle: denn die Pfarre ist der Gemeine.

Hier liegt das Wichtige nicht sowohl in dem Ausspruch der
Gemeindepflicht, sondern in der Begründung derselben, die offenbar eine dem canonischen Recht und auch dem heutigen Rechte der
katholischen Kirche gänzlich fremde und widerwärtige Auffassung ausspricht, deren Tragweite weit über das Gebiet der Baupflicht hinaus, sofort in die Augen springt. Die Pfarre wird nicht als ein

eigenlebiges, sich aus sich erhaltendes Institut bezeichnet, sondern
zu der Gemeinde in eine bis dahin unerhörte Beziehung gesetzt,
durch welche sie in die Gemeinde eingegliedert und als ein Product
des steten pflichtmäßigen Wollens und Leistens der Gemeinde hingestellt wird. Die Baupflicht der Gemeinde ist von diesem Standpunkte aus kein anomales, sondern ein consequentes Recht.

2. Diese letztere Auffassung äußert sich in den vielfach sich
wiederholenden Bestimmungen, welche die Kirchenbaulast, sofern der
disponible Vorrath des Kirchenkastens nicht ausreicht, sofort den
Gemeinden, ohne vor ihnen die Pfarrer selbst, die Patrone,
die geistlichen und weltlichen Decimatoren heranzuziehen, auferlegen [4]). Als die belasteten Subjecte werden in wechselnder Bezeichnung, die Gemeine, die Eingepfarrten, das Kirchspiel, die
Kirchenverwandten, die Kaspelleute, die Nachbarn, so in die Pfarre
gehörig u. s. w. hervorgehoben. Ein juristischer Unterschied, insbesondere eine Unterscheidung des Territorialbezirks und der zur
Gemeinde gehörigen Personen, ist unter jenen wechselnden Benennungen offenbar nicht zu suchen: dasselbe Gesetz braucht bald
diesen bald jenen Ausdruck. Die Pfarrer selbst werden allerdings
auch zu gewissen Leistungen in der Regel für verpflichtet erklärt,
indem ihnen, in verschiedener Ausdehnung, die bloßen Reparaturen am Pfarrhause, die Erhaltung desselben im Schleißenden
und dergleichen, auferlegt zu werden pflegen. Allein es ist klar,
daß diese Pflicht mit dem Satze des canonischen Rechts, daß aus
dem Kirchengute insbesondere auch aus dem zum Beneficium verwendeten, die Kirche zu bauen ist, durchaus nichts gemein hat. Nicht
weil der Pfarrer baupflichtiges Kirchengut im Besitze und Genusse
hat, muß er die Kirche und kirchlichen Gebäude bauen; sondern
weil man die, einen eigentlichen Baufall nicht begründenden
kleinen Aufwendungen auf die Pfarrgebäude zu den bloßen Ver-
waltungskosten rechnet, werden diese dem Pfarrer, als gesetz-
lichem Verwalter des zur Pfründe verwendeten Gemeindeguts, auferlegt. Sofort daher, wenn die Reparatur diese Linie des Verwal-
tungsaufwands überschreitet, tritt die Pflicht der Gemeinde wieder ein.

4) Förmlich entlebigt von der Pflicht die Gebäude in Bau zu erhalten,
werden die Kirchendiener in den preuß. Artikeln von 1540 und dem
württemb. summar. Begriff von 1559. Richter I. S. 337, II. S. 203.

Zum Belege mögen folgende Stellen aus Rechtsquellen des Reformations=Jahrhunderts dienen:

Hessische Kastenordnung von 1533 (Richter I. S. 212.): „Und wenn man an den Kirchen und Pfarrhäusern etwas zu bauen hat, so soll die Gemeinde die Fuhr, auch die Handreichung thun, und die Kost geben."

Wittenberger Kirchenordnung von 1533. (Richter I. S. 225.) „Das Pfarrhaus zusammt zugehörenden Häusern als Ställe und Scheunen, wo solche Häuser an Hauptgebäu zur Nothdurft zugerichtet und dem Pfarrer eingeantwortet, sollen dieselben mit Flickwerk an Dachung und sonst vom Pfarrer selbst in baulichem Wesen erhalten werden. Wenn aber ein ansehnlicher Schaden oder Fall daran geschehe, der soll vom Rath und der Gemeine wieder aufge= richtet werden."

Sächs. Visitationsartikel v. 1533. (Richter I. S. 226.) „Wo alte und böse Häuser gefunden werden, . . . soll durch die Eingepfarrten von Neuem auf zu Nothdurft erbaut werden. Wenn das beschehen ist, soll es darnach von den Priestern, die auf den Pfarren sind, an Dachung, Ofen, Fenstern, Thüren, Zäunen u. s. w. in baulichem Wesen erhalten werden."

Pommer'sche Kirchenordnung von 1535. (Richter I. S. 253.) Kleine Reparaturen (Kachel im Ofen, Loch in der Wand oder im Dache 2c.) haben die Pfarrer selbst zu tra= gen. Wo aber eine ganze Wand, Fenster oder Ofen verfallen wäre, so muß es wieder machen in Dörfern das Kirch= spiel, in Städten der gemeine Kasten oder Kirchvorsteher.

Meißnischer Visitationsabschied v. 1540. (Richter I. S. 322.) Verfallene Pfarrgebäude sollen die Kirchver= wandten wieder aufzurichten schuldig seyn: worauf die Be= sitzer den Erhaltungsaufwand bestreiten sollen.

Preußische Artikel von 1540. (Richter I. S. 337.) „Nicht minder soll jedes Kirchspiel zusammen thun, und . . . die Kirchengebäude bauen, bessern, und in baulichem Wesen er= halten; aber in dem Allen des Pfarrers verschonen (außer wo durch seine Verschuldung der Schaden geschehen ist). Wo aber Zäune, Gräben oder Anderes altershalben ein=

gienge, das soll das Kirchspiel, und nicht der Pfarrer, wie= der aufrichten, machen und erhalten."

Lüneburger Kirchenordnung von 1543. (Richter II. S. 54.) „Es sollen auch unsere Amt= und Befehlsleute fleißige Vorsehung thun, daß die . . . Gebäude auf den Pfarren und Küstereien, die zur Kirche gehören, in Bau und Besserung gehalten werden. Und so etwas zu bauen und zu bessern vonnöthen, sollen sie die Kaspelleute an= halten, daß sie Wagen= und Handdienste dazu thun, auch Stroh zu den Dächern geben sollen."

Mecklenburger Kirchenordnung von 1552. (Richter II. S. 121.) Die Amtleute und Bürgermeister sollen die Städte und Dorfschaften dazu halten, daß sie die Kirchen und der Kirchpersonen Behausungen, Schulen und Custoswohnungen nicht zerfallen lassen; item daß sie dieselben treulich bauen und wiederum aufrichten."

Wittgenstein. Kirchenordnung von 1555. (Richter II. S. 162.) „Die baufälligen Pfarrbäue sollen wieder ange= richtet werden, und dazu . . . die Nachbarn, so in solche Pfarre oder Pastorei gehörig, das Holz führen, den Bau zimmern, aufschlagen, klaiben und in Dach bringen. Den Pastoren soll dann die Erhaltung in gutem Wesen befohlen werden."

Sächs. Generalartikel von 1557 (Richter II. S. 190). „Die Pfarrkirchen, Pfarrhäuser und Kirchenreien sollen soviel möglich von der Kirchen Einkommen gebaut werden. Wo aber dasselbe füglich nicht geschehen könnte, soll von den Ein= gepfarrten eine gemeine Anlage zu solchem Baue gemacht; das ausgebaute Haus aber von dem Pfarrer, wie guten Hauswirthen gebührt, in baulichem Wesen erhalten werden."

Kirchenordnung f. Steuerwolt und Peine (Richter II. S. 225.) Jede Gemeine hat unter Concurrenz des Kirchen= kastens die Hauptbaue zu bestreiten; der Pfarrer die Ge= bäude in Bau und Besserung zu erhalten.

Magdeb. Visitationsartikel von 1562. (Richter II. S. 229.) Die Erbauung und Wiederherstellung der Pfarr= und Küsterhäuser liegt den Gemeinden ob.

Pommer'sche Kirchenordnung von 1563 (Richter II.

S. 252). Wo die Pfarren baufällig sind, und der Kirchen=
vorrath nicht ausreicht, soll den Kirchspielsverwandten
ein Kirchenschoß auferlegt werden.

Preußische Kirchenordnung von 1568. (Richter II.
S. 302. 305.) „Ein jedes Kirchspiel soll zusammenthun,
und alle Kirchengebäue bauen, bessern und in baulichem
Wesen erhalten, aber in dem Allen des Pfarrers verschonen.
Aus dem Kirchenvorrath soll ohne große Noth nichts dazu
verwendet werden, weil das ganze Kirchspiel zu bauen und
Alles in baulichem Wesen zu erhalten schuldig ist."

Lippische Kirchenordnung v. 1571 (Richter II. S. 339.)
Die Erhaltung der geistlichen Gebäude liegt der Gemeinde
ob, während der Landesherr im Nothfalle das Holz dazu
verspricht.

Kursächsische Kirchenordnung von 1580. (Richter II.
S. 448.) „Wenn ein führnehmer Bau von Nöthen ist,
soll man den Kirchenvorrath erwägen, und was er nicht
tragen kann, durch eine gemeine Anlage einbringen."

3. Wenn auch die mitgetheilten Quellenbelege mancherlei in=
dividueller Verschiedenheiten in der Bestreitung der Baulast, z. B.
in Hinsicht der Verwendung des Kirchenvorraths, der Pflichtigkeit
des Pfarrers zu dem Erhaltungsaufwande, herausstellen, und wenn
auch diese Verschiedenheiten noch durch weitere Citate leicht vermehrt
werden könnten [5]), so scheint doch das Angeführte zum Beweise
des Satzes zu genügen, daß die erste und grundlegende Rechts=
bildung auf evangelischem Boden, nicht die des canonischen
Rechts und des Tridentinums ist. Offenbar wird die Bau=

---

5) Sie erklären sich zum großen Theil schon daraus, daß in den für kleine
Gebiete erlassenen Kirchenordnungen gleich die localen Eigenthümlich=
keiten, insbesondere der Zustand der Kirchenfabriken, die Größe der
Pfarrdotationen, die Wohlhabenheit der Gemeinden u. s. w. berücksich=
tigt werden konnten: was bei einer für große Gebiete, oder gar für
das Gesammtgebiet der Kirche aufgestellten Legislation sich von selbst
verboten haben würde. Die aus dem Patronatrecht hie und da
abgeleitete Theilnahme an der Baulast, insbesondere durch Holzlieferung,
die ebenfalls von der canonischen Baupflicht des patronus fructuarius
sich unterscheidet, übergehen wir absichtlich, da sie mit dem Hauptzwecke
dieser Untersuchung nicht zusammenhängt.

pflicht den Gemeinden nicht als eine anomale und blos eventuelle, nach der der Beneficirten eintretende gedacht, sondern als regel= mäßiges, in der Stellung der evangelischen Gemeinde begründetes Recht, und erscheint eben deßhalb nicht, wie im katholischen Kirchen= recht, als eine singuläre, nur in Baufällen kraft besonderer ge= setzlicher Sanction eintretende Pflicht, sondern so, daß die gemeind= liche Baulast nur den praktisch wichtigsten Anwendungsfall einer auf das gesammte Gebiet der Gemeindezwecke und Bedürfnisse sich erstreckenden Gemeindepflicht bildet. Man wird daher auch den einzelnen allerdings vorkommenden Bestimmungen, welche blos von einer Bestreitung der Baukosten aus dem Kirchenkasten sprechen, nicht etwa die juristische Bedeutung beilegen dürfen, daß sie die Gemeinden für nicht haftbar erklären, und insofern auf den Standpunkt des canonischen Rechts zurückkehren: vielmehr wird darin nur eine Anerkennung der factischen Sufficienz der Baufonds in den betreffenden Kirchenkreisen liegen, welche dann, wenn sie sich als nicht begründet erweist, sofort auch hier die Gemeindepflicht eintreten läßt. Nur eine einzige, rein auf dem Standpunkt des canonischen Rechts stehende Bestimmung über die Baulast hinsicht= lich der Pfarrgebäude ist mir begegnet. Die Pommer'sche Kirchen= ordnung von 1563 nämlich verordnet, nachdem sie die Baulast wesentlich übereinstimmend mit den übrigen Kirchenordnungen regulirt hat, eine Abweichung in Beziehung auf einen einzelnen Territorial= bezirk, indem sie auf Rügen jene Baulast den Pfarrern ausschließ= lich auferlegt [6]). (Richter II. S. 253.) Allein gerade eine solche Ausnahme scheint die Regel, und die in ihr enthaltene bewußte Abweichung vom canonischen Rechte, kräftig zu bestätigen. —

IV.

Die Rechtssätze des protestantischen Kirchenrechts über Bau= last sind zwar von der nachfolgenden Doctrin nicht geradezu ver= kannt, wohl aber durch Mängel in ihrer Begründung vielfach ver= dunkelt und um ihren innern Zusammenhang mit dem Ganzen des protestantischen Kirchenrechts gebracht worden. Das kann auch nicht Wunder nehmen, da jene Rechtssätze mit dem evangelischen Ge=

---

6) Vgl. auch Pommer'sche Synodalstatuten von 1574. Bei **Richter** II. S. 391. In Rugia pastores suo sumptu domos parochiales conser- vant et exstruunt.

meinbegriff auf das innigste zusammenhängen, welcher von allen den neuen, durch die Reformation gebrachten kirchenrechtlichen Positionen in der nachfolgenden Entwicklung jedenfalls am wenigsten fruchtbar gemacht worden ist. Das Kirchenrecht der altlutherischen Orthodoxie bringt es nicht über die Parochie; das des Pietismus und des Rationalismus nicht über die Gesellschaft hinaus, und was die der Reformation wahrhaft treue Wissenschaft besonders in unsern Tagen zu erarbeiten und nachzuholen sucht, findet an den Einseitigkeiten der früheren Richtungen und an dem entkräftenden Einfluß, den auch sie auf die wirkliche Gemeinde geübt haben, besonders im Bereiche der lutherischen Kirche einen lebhaften Widerstand. Der dadurch immer wieder belebte principielle Streit nimmt so viel Kräfte in Anspruch, daß dadurch die Ausarbeitung des Rechts der Gemeinde in seinem kirchenrechtlichen Detail, insbesondere auch im Gebiete des Gemeindehaushalts, nur langsame Fortschritte macht. Auch in unserer Lehre sind diese Einflüsse spürbar.

So lehrt z. B. Ben. Carpzow (jurisprud. consist. lib. II. tit. 22. def. 339) zwar ganz richtig, daß die Baulast, zu deren Bestreitung der Kirchenvorrath nicht ausreicht, von den Eingepfarrten getragen werden müsse, leitet es aber verkehrter Weise aus dem canonischen Rechte ab [7]), dem noch einige ebenso beweisunfähige alttestamentliche Citate beigegeben werden.

J. H. Böhmer (jus eccl. prot. Bd. 3. lib. III. tit. 48. c. 53 sq.) stellt den allgemeinen Satz an die Spitze, daß die Bau-

---

[7] Auch hier bestätigt sich die Richtigkeit des Urtheils, welches J. H. Böhmer (jus eccl. prot. lib. I. tit. 2. c. 81.) über Carpzow fällt: Hactenus pleraque consistoria Carpzovii jurisprudentiam consist. in usus suos traxerunt, qui jus Saxonicum plerumque ad jus canonicum attemperat, et quae ei desunt ex jure canonico petit.... Negari nequit, Carpzovium incaute saepissime contra rationem ecclesiarum nostrarum tradita pontificiorum secutum, immo adeo iis immersum fuisse, ut nemo magis juris canonici usum in fora protestantium transtulerit. Neuerdings finden Manche wieder gerade in solcher Zurückstellung der ratio eccl. nostr. das specifisch lutherische, im Gegensatz des Reformirten, das sie dann als unhistorisch, abstrakt, willkürlich u. dergl. bezeichnen. Die Leute von der hohlen Phrase tragen wohl gar auf diesen gemachten Gegensatz die Antithese von conservativ und revolutionär über.

pflicht den Eigenthümer der Kirchengebäude treffe, alſo bei Ge=
meindekirchen die Gemeinden. An dieſes in der weiteren Ausfüh=
rung weiter nicht benutzte Princip knüpft er ſofort eine Darlegung
der hiſtoriſchen Rechtsſätze des canoniſchen Rechts und des Triden=
tinums, in welcher zwar die bekannten Klaſſen nach einander bau=
pflichtiger Inſtitute und Perſonen aufgeführt werden, aber deßhalb
ohne lichtvollen Zuſammenhang, weil die grundlegende katholiſche
Idee von der reinen Inſtitutsnatur der Parochie und deren Wirk=
ſamkeit auf die kirchlichen Vermögensverhältniſſe nicht erkannt wird.
Mit der Bemerkung, daß hie und da ein von den Quellen abwei=
chendes Gewohnheitsrecht die Nutznießer der Kirchengüter, insbe=
ſondere die Pfarrer, von der Baupflicht befreit und den Parochianen
die letztere auferlegt habe, bahnt ſich Böhmer ſodann den Ueber=
gang auf das proteſtantiſche Kirchenrecht, deſſen Verſchiedenheit
vom canoniſchen Recht er freilich anerkennt, aber ohne dieſelbe durch
Zurückführung auf die veränderte Stellung der evangeliſchen Ge=
meinde zu begründen. Nach den meiſten proteſtantiſchen Kirchen=
ordnungen, lehrt er, ſei vor dem Pfarrer den Parochianen die Bau=
laſt auferlegt, die, ſoweit der Kirchenvorrath nicht zureiche, durch
eine gemeine Anlage beſtritten werden müſſe. Wenn nach dem Tri=
dentinum vor den Parochianen den Patron die Baupflicht treffe,
ſo ſei das zwar den proteſtantiſchen Kirchenordnungen, wenigſtens
nach ſächſiſchem Vorbilde, unbekannt: aber billig ſei jedenfalls eine
Concurrenz des Patrons mit den Parochianen. Im Jus parochiale
(Sect. VII. cap. III.) iſt Böhmer geneigt, die Tridentiniſche Bau=
pflicht des Patrons auch für das proteſtantiſche Kirchenrecht allge=
mein zu behaupten: was zwar entſchieden irrig iſt, aber doch die
Anerkennung der Verſchiedenheit des katholiſchen und proteſtantiſchen
Kirchenrechts über die Baupflicht nicht aufhebt. In einer unſerm
Gegenſtande gewidmeten beſondern Diſſertation (de jure et onere
refic. eccl. praes. Böhmer. Halle 1721) tritt dieſe Anerkennung mit
beſonderer Schärfe hervor.

Auch ſpätere Kirchenrechtslehrer halten an derſelben feſt, wie
insbeſondere Wieſe (Handb. des Kirchenrechts. Bd. 3. S. 546 ff.),
welcher an den freilich verkehrten, weil rein privatrechtlichen, Böh=
mer'ſchen Ausgangspunkt, das Gemeindeeigenthum an den Kirchen=
gebäuden, anknüpfend bei Inſufficienz der Kirchenkaſſe, nicht dem
Geiſtlichen, noch dem Patron als ſolchem, ſondern der Gemeinde

die Baupflicht auferlegt. Ebenso Kees (protestantisches Kirchen=
recht S. 238. 246.), Schnaubert (Kirchenrecht der Protestanten
§. 291.) u. A.

Allein bei dieser Weise der Anerkennung der Rechtssätze des
protestantischen Kirchenrechts lag doch eine Verwischung derselben
nahe genug. Indem man sich nämlich entweder auf falsch verstan=
dene Sätze des canonischen Rechts berief, oder auf abstrakte, dem
wirklichen Recht nicht zu Grunde liegende Principien baute, bedurfte
es nur einer richtigeren Behandlung des ersteren und einer Ent=
sagung auf die letzteren, um zu der Lehre zurückzugleiten, welche
schon in der älteren Literatur nicht ohne Vertreter war, neuerdings
aber die durchaus herrschende geworden, und oben (II.) in ihren
Grundzügen dargestellt ist [8]). Erkannte man nicht, daß die prote=
stantische Stellung der Gemeinde der Quell neuer Pflichten
der letzteren für Erhaltung ihrer Anstalten sei, und daß in der gro=
ßen Uebereinstimmung der vom canonischen Rechte abweichenden
Vorschriften der Kirchenordnungen eben die Verwirklichung dieses
Princips liege; so war das Zurückgehen auf das canonische Recht
und die Annahme eines gemeinsamen katholischen und protestantischen
Kirchenrechts in dieser Lehre ganz unvermeidlich. Die einzige for=
melle Schwierigkeit, die sich dieser Annahme noch hätte entgegen=
stellen können, daß nämlich die Rechtspflicht der Parochianen zum
Bau der kirchlichen Gebäude im Gebiete der protestantischen Kirche
denn doch unleugbar sei, diese aber für die katholische Kirche erst
durch das Tridentinum, also durch eine für die Protestanten
nicht gültige Rechtsquelle, hergestellt sei, wurde durch ein angebliches
vorreformatorisches Gewohnheitsrecht als deus ex machina aus dem
Felde geschlagen. Ein ernstlicher Nachweis desselben ist nirgends
geliefert. Freilich waren damit die materiellen Bedenken nicht über=
wunden. Man hatte nun ein System angeblich auch protestantischer
Kirchenrechtssätze, von welchem jeder der wirklichen Zustände kun=
dige Mann mit Zuversicht behaupten konnte, daß es nirgends gelte [9]).

---

8) Eichhorn, Kirchenrecht Bd. 2. S. 805 ff.; Richter, Kirchenrecht
    §. 303.; Mejer, Kirchenrecht S. 358 ff.; Permaneder, Baulast
    (Ausg. 2.) §. 9. und die daselbst Angeführten; Lang im Archiv für
    civilist. Praxis Bd. 26. S. 32 ff.
9) Deßhalb bemerkt Wachsmuth, Magaz. für Hannov. Recht Bd. 5.
    S. 7, sehr richtig, daß für die Lehre von der Baulast die Doctrin

Man lehrte auch für das protestantische Kirchenrecht die bekannte Rangfolge der baupflichtigen Subjecte, welche nach dem Kirchenärar und nach allen Arten von Nutznießern am Kirchengute, also nach den Decimatoren, den Pfarrern und Beneficiaten, erst die Parochianen für pflichtig erklärt: und doch war die unmittelbar nach, oft auch mit dem Kirchenärar eintretende Baupflicht der Gemeinden ein dergestalt bestehendes Recht, daß die wichtigern particulären Differenzen wohl auf die Concurrenz des Patrons, den Umfang der Reparaturpflicht des Pfründners, den Beitragsfuß der Parochianen und dergl., aber nicht auf die, dem canonischen Recht und dem Tridentinum entsprechende Anomalität und äußerste Eventualität der Gemeindepflicht sich bezogen. Man kam auf diese Weise in die, den ganzen Widersinn zur Genüge zeigende Lage, das allgemein bestehende protestantische Kirchenrecht als Ausnahme von dem angeblich gemeinen protestantischen Kirchenrechts hinstellen zu müssen. Natürlich bleibt so etwas nicht blos eine unschuldige theoretische Grille, sondern übt sofort auch Einfluß auf die Praxis, wie sich durch eine Menge von Präjudicien belegen ließe, in denen man, bei Ermanglung nachweisbarer Lokalgewohnheiten oder particularer Derogationen, verkehrter Weise auf jenes angeblich gemeine Kirchenrecht der Katholiken und Protestanten zurückgegriffen hat. Doch liegt es nicht im Interesse unserer Untersuchung, darauf weiter einzugehen. Es genügt hier der Nachweis, daß nach gemeinem protestantischen Kirchenrechte die Baupflichtigkeit der Gemeine eine nicht blos subsidiäre, sondern principale [10]), aus der Stellung der evangelischen Gemeinde abgeleitete, und als solche anerkannte Rechtspflicht ist, sowie daß diese Pflicht nicht als eine nur singuläre, blos in Baufällen begründete, sondern vielmehr als ein Anwendungsfall der allgemeinen Rechtspflicht der Gemeinde erscheint, für den Bestand ihrer kirchlichen Einrichtungen, so weit dieser nicht durch

_____

(nämlich die bisher übliche) weniger Bedeutung habe, als vielleicht in irgend einem andern Gebiete der Rechtswissenschaft.

10) Es ist ein bloßer Wortstreit, ob man diese Baupflicht, weil erst das Kirchengut in Anspruch zu nehmen ist, eine subsidiäre nennen will, oder vielmehr deßhalb eine prinzipale, weil die Gemeinde, auch wenn und soweit sie aus ihrem Kirchengut baut, doch das leistende Subject ist. Die letztere Auffassung scheint mir dem protestantischen Kirchenrecht entsprechender.

eigene Fonds oder besondere Verpflichtungen dritter.[11]) gedeckt ist, durch steuerliche Beiträge zu sorgen, sei es, daß die letzteren ständig also auch ohne einen besondern Bedürfnißfall geleistet,[12]), oder daß nur die durch ein concretes Bedürfniß erheischten Summen auf die Gemeinde umgelegt werden (Kirchenanlagen). —

V.

Wir wenden uns jetzt zu unserer Hauptaufgabe, deren Behandlung durch das Bisherige vorzubereiten war, nämlich zu der Frage nach dem die Beitragspflicht zu den Kirchenanlagen begründenden Verhältnisse. Ueberzeugt, daß hierbei weder durch Beziehung auf canonisches Recht und Tridentinum, noch durch Benutzung der die protestantische Grundlegung und Entwicklung des Instituts ignorirenden Literatur etwas auszurichten sei, versuchen wir auf dem durch das Bisherige angebahnten Wege der Aufsuchung der specifisch protestantischen Grundsätze und ihrer geschichtlichen Ausbildung oder auch Verbildung zu Einsicht und Urtheil über das Bestehende zu gelangen.

Wenn gleich die Kirche in ihren verschiedenen Theilgemeinschaften und Instituten, wie alle Arten von Vermögensrechten, so auch Rechte an Grund und Boden erwerben und besitzen kann, so bewegt sie sich in dieser vermögensrechtlichen Sphäre als berechtigtes Subject nur kraft ihrer juristischen Persönlichkeit, nicht kraft ihres eigenthümlichen, also sie von andern Gesammtpersonen unterscheidenden, Begriffes und Wesens. Nun kann kein Zweifel sein, daß die Kirche nicht kraft der ersteren, sondern lediglich kraft des letzteren ihre Glieder besteuert und insbesondere Kirchenanlagen anordnet [13]). Das Recht der Kirchenanlagen daher, wie es mit dem Wesen der Kirche im inneren Zusammenhange steht, so wird es auch in seinen einzelnen Sätzen diesen Zusammenhang nicht verleugnen können und dürfen. Die Kirche aber ist Glaubensgemeinschaft, also eine Gemeinschaft von Personen, welche in der höchsten, schlechthin identischen, nach Land und Volk sich keineswegs

---

11) Unter diesen Gesichtspunkt fallen dann insbesondere die Baupflichten der Patrone.

12) So schon in der Reformationszeit nach der K.O. für das lübische Landgebiet von 1531 (Richter I. S. 153), u. aa.

13) Die Frage, in wie weit Staatsgenehmigung dazu gehöre, interessirt uns hier nicht.

verschieden bestimmenden, Angelegenheit des Menschen ihr einigendes Band besitzen. Der allerdings auch der Kirche zu vindicirende Charakter eines beharrlichen, über den Wechsel der Generationen erhabenen Gemeinwesens hängt nicht, wie bei den Staaten, mit dem Gebundensein an die individuellen Naturbasen und geschichtlichen Charaktere bestimmter Länder und Völker zusammen, sondern beruht lediglich einerseits auf der stetigen Bedürftigkeit der wahren menschlichen Natur nach dem Christenthum, andererseits auf dem in der Glaubensgemeinschaft beharrlich vorhandenen reichen Antheile an der christlichen Wahrheit, also auf ihrer Fähigkeit, jenes Bedürfniß wahrhaft zu befriedigen. Wohl hat der Staat ein Recht am Lande, das durch ihn zu einer von seinem Willen geordneten Stätte des sittlichen Gemeindaseins gestaltet wird: mit Recht bestimmt er das Land zugleich als Geltungsgebiet seines Willens, und belegt den Grund und Boden mit Leistungen für seine öffentlichen Zwecke. Die Kirche dagegen hat nur ein Recht an den Personen, die ihr als Glaubensgenossen angehören, sie hat keinen Anspruch, in bestimmtem räumlichen Umfange alle Menschen als ihrer Gemeinschaft eingeordnet und den Grund und Boden, der ihn bildet, als ihr aus öffentlichem Grunde pflichtig zu behandeln. Wohl mag und muß auch die Kirche, indem sie als irdische Gemeinschaft mit bestimmtem Handlungsberufe an die räumlichen Bedingungen menschlichen Handelns gebunden ist, sich je nach ihren verschiedenen Aufgaben in räumlich abgegränzte Gebiete (Lokalgemeinden, Provinzialkirchen, Landeskirchen) gliedern. Prinzipgemäß aber und nach der Idee der Kirche darf eine solche Gliederung nicht die Bedeutung haben, daß die betreffenden Territorien selbst, also der Bruchtheil der Erde, den sie umschreiben, das Geltungsgebiet des kirchlichen Willens bilden (damit wäre die Kirche schon von ihrem Boden verrückt und einem staatsartigen Reiche angenähert); sondern es sind damit nur die der Kirche als Glaubensgemeinschaft angehörenden Bevölkerungen jener Gebiete zu kirchlichen Theilgenossenschaften erklärt. Die Leistungen daher, die die Kirche als solche jenen Kreisen auferlegt, sind prinzipiell nur als solche zu denken, welche die in denselben wohnhaften Glaubensgenossen treffen, so daß, auch wenn die Leistung blos den Grundbesitzern angesonnen wird, der Grund und Boden nicht den eigentlichen Gegenstand der Besteuerung bildet, sondern nur als der herkömmliche oder aus

Zweckmäßigkeitsgründen gewählte Maaßstab für die Leistungen der pflichtigen Personen erscheint, für welche immer in ihrer persönlichen Mitgliedschaft an der Kirche, resp. an dem kirchlichen Kreise der eigentliche Verpflichtungsgrund gelegen bleibt. Nicht als Besitzer von innerhalb des Bezirkes (der Gemeinde) liegenden Grundstücken sind sie leistungspflichtig, sondern als Mitglieder einer Kirche, die den aus den Beiträgen ihrer Genossen zu deckenden kirchlichen Bedarf nach deren Grundbesitze repartirt. Nicht das Verhältniß zu dem Grundstück setzt den Verpflichteten in die Lage, welche der Quell seiner Verpflichtung ist, sondern seine Kirchengenossenschaft ist es, welche für ihn die Pflicht zu kirchlichen Beiträgen nach Maaßgabe seines Grundbesitzes zur Folge hat. Alle öffentliche Kirchenlasten sind daher von diesem allgemeinen Standpunkte aus betrachtet persönliche Lasten [14]).

Gegen diesen Satz und seine Begründung lassen wir den Einwurf nicht gelten, daß er eine abstrakte Idee an die Stelle des wirklichen Rechts und seines historischen Zusammenhanges zu setzen versuche. Denn was einmal den Satz selbst anlangt, so steht ihm das fast einstimmige Zeugniß der ältern und neuern juristischen Literatur zur Seite [15]); was aber die Begründung betrifft, die freilich aus den im Früheren (II. III. IV.) dargelegten Gründen in der bisherigen Doctrin nicht eben gelungen erscheint, so müssen wir behaupten, daß die unsrige aus dem wirklichen, nicht blos eingebildeten, Wesen der kirchlichen Gemeinschaft, im Unterschiede von der politischen, geschöpft sei, und wenigstens evangelischer Seits keine gegründete Anfechtung zu befürchten habe. Nach ihren eigenen Bekenntnissen ist die evangelische Kirche auch als sichbare eine communio personarum, deren Unterscheidendes in einem Gemeinbesitze an Gütern der Heilslehre und Sakramentsverwaltung besteht, die nur auf Personen und deren Rechtfertigung und Heiligung zielen. Sie wirkt von diesen ihren persönlichen Faktoren aus auch auf Länder und Völker, und soll und will in deren Mitte eine gesicherte Stätte ihrer Wirksamkeit haben, aber sie besteht nicht aus Ländern und Völkern [16]). Nicht der orbis nach seinen natürlichen Gliederungen,

---

14) Brüel a. a. O. S. 5 ff.

15) Vgl. Nachweisungen bei Brüel a. a. O. S. 41 ff.

16) Apol. art. IV. de eccl. (Hase S. 146.): Et catholicam ecclesiam

sondern die homines sparsi per totum orbem bilden ihr Gebiet; und gehören ihr vollkommen und in der Wahrheit nur als vere credentes et justi, noch unvollkommen aber schon nach Rechten, und daher auch mit Pflichten, als membra secundum externam societatem signorum ecclesiae an.

Will man eine solche Ableitung aus gültigen und wirklichen Sätzen der evangelischen Lehre nicht gelten lassen, so bleibt gar nichts übrig, als überhaupt auf ein evangelisches Kirchenrecht zu verzichten. Soll als Rechtssatz hier nur Anerkennung finden, was sich als beherrschende Regel concret historischer evangelischer Kirchenzustände der Betrachtung ergiebt, so hat man nur particulare Kirchenrechte. Denn die historischen Umgebungen und Stoffe, in denen sich die reformatorischen Principien vollzogen, waren eben gar sehr verschiedene, und bei dem vielleicht nur zu geringen Werthe, welchen unsere Bekenntniße auf die Uebereinstimmung in den äußern Einrichtungen legen, und bei dem Mangel an Organen zur Behauptung einer Uebereinstimmung, gelangte man nothwendig zu einer großen Verschiedenheit, unter welcher der Zusammenhang mit dem Gemeinevangelischen oft bis zur Unkenntlichkeit zurücktrat. Diese Verschiedenheit mag zu Rechte bestehen, aber eben als Verschiedenheit haftet sie an einer Einheit, ohne welche sie nicht blos unverstanden, sondern auch einem unbewußten, auf das Ganze der Kirche beziehungslosen, und dieses daher auch immer mehr bedrohenden Fortwuchern überlassen bleibt. So sehr auch die Arbeit der Erkenntniß unsers Kirchenrechts dadurch erschwert werden mag, ein der Individualität desselben entsprechendes Verfahren verlangt, daß man nicht blos in eine concrete und insoweit mehr oder weniger particulare Entwickelung sich hineinversetze und die Sätze, welche sich in dieser als anerkannt erweisen, herausstelle: vielmehr muß, um diesen selbst ihre richtige Stellung in dem Ganzen zu geben, aus den gemeinevangelischen Principien eine Erkenntniß des Gemeingültigen zu gewinnen versucht werden, dieses aber nicht, um die besonderen Rechtsbildungen wegzustreichen, die, — soweit sie die consonantia fidei nicht aufheben, — wenigstens auf Duldung An-

---

dicit (articulus), ne intelligamus, ecclesiam esse politiam externam certarum gentium, sed magis homines sparsos per totum orbem, qui de evangelio consentiunt.

4*

ſpruch haben [17]), aber wohl um das Regelmäßige vom Anomalen, das Weſentliche vom Unweſentlichen zu unterſcheiden, und das wahr=haftе ſyſtematiſche Element der kirchenrechtlichen Interpretation zu beſitzen. Mehr oder weniger bewußt verfahren denn auch in dieſer Weiſe einſichtige Theoretiker und Praktiker: freilich nicht diejenigen, welche der lutheriſchen Kirche die allzu beſcheidene Rolle zutheilen, nur Einzelmodifikationen beſtehender katholiſcher Zuſtände, berichti=gende Fortentwicklungen des mittelalterlichen Kirchenrechts geliefert zu haben und liefern zu wollen. Mit dieſen, als principia negan-tibus, verzichten wir auf jede Discuſſion.

So glauben wir denn in unſerm guten Rechte zu ſein, wenn wir die Perſonalität der Kirchenlaſten als Regel und wohlbegründeten principiellen Ausgangspunkt feſthalten, ohne zu verkennen, daß durch mannigfache, mehr oder weniger ausgedehnt wirkende Einflüſſe eine juriſtiſch ſtatthafte particulare Abweichung ſich entwickeln konnte. Soweit dieſelbe zu einer wirklichen Veränderung des Grundſatzes geführt hat, bildet dieſe natürlich poſitives, wenn gleich anomales Recht, dem bis zu ſeiner Aufhebung und Conformirung mit der Regel ſowohl richterlicher Schutz als Handhabung im Wege der Verwaltung zukommt.

Jene Einflüſſe und ihre Wirkung auf Rechtsveränderung ſind jetzt näher zu unterſuchen, und zu dieſem Behufe das Gewicht zu betrachten, welches hier

1. der örtlichen Baſis und dem Bedürfniß eines geſicherten Be=ſtandes der Gemeinden,
2. der Stellung der Kirche als excluſiv herrſchender,
3. der eigenthümlichen Verbindung, welche die evangeliſche Kirche in den meiſten deutſchen Ländern mit dem politiſchen Gemein=weſen eingegangen iſt,

zukommt. —

VI.

1. Mit dem Daſein einer Parochie, Localgemeinde, iſt eine Gemeinſchaft gegeben, zu welcher eine Mehrheit von Genoſſen in

---

17) A. C. art. VII. (Haſe S. 17.) „Nec necesse est, ubique esse similes traditiones humanas seu ritus aut cerimonias ab hominibus institu-tas." — Ibid. art. XV. (Haſe S. 13.) „De ritibus ecclesiasticis docent, quod ritus illi servandi sint, qui sine peccato servari pos-sunt." — Vgl. auch Apol. bei Haſe S. 151. 152. 212. 214.

in einem durch örtliche Gemeinschaft vermittelten Rechts- und
Pflichtenverhältniß steht, und dieses Verhältniß bringt Leistungen
mit sich, für welche das Bedürfniß der Nachhaltigkeit,
Sicherheit, Unabhängigkeit von wechselnden Verhältnissen (des Ab- und Zuzugs, des beweglichen Vermögens ɔc.)
vorhanden ist. Eine solche locale Genossenschaft mit dauernden Interessen kann sich eine feste ökonomische Basis nicht blos durch Erwerbung eines Grund- und Capitalvermögens schaffen, dessen Civil-
und Naturalfrüchte zur Deckung des Bedarfs genügen, sondern —
mit Benutzung einer dem deutschen Rechte eigenthümlichen rechtlichen
Befriedigungsform, — besonders auch dadurch, daß die in regelmäßigen oder unregelmäßigen Perioden wiederkehrenden Leistungen
der Genossen an den Grundbesitz geknüpft werden. Ist diese
Verbindung geschehen; so tritt die Bedeutung des persönlichen Mo-
ments der Genossenschaft, der effectiven Theilnahme an ihrem Güter-
kreise, zurück: ein dingliches Moment der Besitz eines mit der Leistung belasteten Grundstücks, tritt als das Obligirende hervor, so
daß, wenn auch früher bei der Entstehung der Verbindung und lange
nachher die reale Obligation des Grundstücks mit der persönlichen
des Besitzers thatsächlich zusammenfallen mögen, doch die erstere
juristisch dominirt, und auch denjenigen Besitzer des Grundstücks ergreift, welcher persönlich an dem durch die Leistungen erhaltenen
Güterkreiße keinen Theil nimmt. Es wäre nun in der That sehr
zu verwundern, wenn sich solche Belastungen des Grundbesitzes, als
solchen, nicht auch für die Tragung von Kirchenlasten, insbesondere
der Baulast gebildet haben sollten. Allein der Uebergang in eine
dingliche Belastung mit öffentlichem Charakter wird durch jene
örtliche Basis und jenes Stabilitäts-Bedürfniß denn doch nicht ge-
bahnt, wenn man nicht den erst später zu betrachtenden Einfluß der
Stellung der Kirche in der Sphäre des öffentlichen Rechts
hinzunimmt. Von der ersteren Grundlage aus begreift sich wohl,
wie der localen kirchlichen Gemeinschaft eine Rechtserwerbung gelang,
kraft deren sie ihr ökonomisches Interesse unter anderem auch durch
Leistungen befriedigt, zu welchen ihr die Besitzer verpflichteter Grundstücke als solche pflichtig sind. Allein das Herkommen, auf welchem
ein solches Recht gewöhnlich beruht, kann, von jener Grundlage
aus betrachtet, doch keine andere Bedeutung haben, als die eines
unvordenklichen Quasibesitzes des der Reallast entsprechenden Ver-

mögensrechts. Ganz wie in andern Verbindungen und Gemein=
schaften, auch denjenigen ohne allen öffentlichen Charakter, das an
eine bestimmte Oertlichkeit gebundene beharrliche Leistungsbedürfniß
durch Constituirung von privatrechtlichen Reallasten sich befriedigen
kann, so auch das einer Kirchengemeinde. Ihre individuelle Stellung
und öffentliche Bedeutung ist dabei noch gar nicht wirksam: sie er=
scheint nur als eine auf Erwerbung eines Anspruchs auf stetige
Leistungen bedachte und dieses Stetigkeitsbedürfniß durch Knüpfung
der Leistung an den Grundbesitz befriedigende Gemeinschaft. Da=
durch, daß ihr eine solche Rechtserwerbung gelingt, tritt gar keine
Veränderung in dem objectiven Rechtssatz der Personalität der öffent=
lichen Kirchenlasten ein, sondern es wird nur das Vermögen der
betreffenden Kirche nach dem Umfange ihrer Erwerbs=Handlungen
vermehrt: diese Kirche wächst nur in der zu ihrer juristischen Per=
sönlichkeit gehörigen Rechtssphäre, ohne daß davon das objective
Recht der Kirche selbst berührt würde.

2. So wirksam auch die örtliche Basis und das Stabilitäts=
Bedürfniß für die Ausbildung privatrechtlicher Reallasten sein mag:
zur Entstehung öffentlicher Reallasten wird es von diesem Boden
allein aus nicht kommen können. Die letzteren verlangen, daß an
den Leistungen der Verpflichteten nicht bloße Vermögensinteressen
der berechtigten physischen oder juristischen Personen haften, sondern
daß sie unmittelbar für dauernde öffentliche Zwecke geschehen.
Zu diesen Zwecken gehören auch die kirchlichen dann, wenn die Kirche
die Stellung einer in die öffentliche Verfassung des Landes einge=
gliederten Anstalt einnimmt. Und so scheint es, als ob es nur dieser
begünstigten Stellung einer Kirche bedürfe, um in Verbindung mit
jenem Stabilitäts=Bedürfniß zur Ausbildung eines dinglichen Cha=
rakters der Kirchenlasten hinzuführen.

Allein so wenig der Einfluß dieses Verhältnisses verkannt werden
kann, so ist es doch weit entfernt, schon die Elemente der fraglichen
Rechtsbildung einzuschließen. Eine öffentliche Stellung der bezeich=
neten Art hat die Kirche in den deutschen Ländern noch heutzutage,
nur mit dem Unterschiede, daß — von einigen wenigen Staaten
abgesehen, — nicht blos eine einzige Kirche exclusiv diese Stellung
einnimmt, sondern daß der Grundsatz des paritätischen Staates
aufgenommen ist. Wer wollte nun aber behaupten, daß in einem
Lande, dessen Verfassung jene Anerkennung den verschiedenen Kirchen

widmet, welche in seine Bevölkerung sich theilen, die Elemente einer
Rechtsbildung gegeben seien, welche die Kirchenlasten zu dinglichen
erhebt? Vielmehr ist es ebenso natürlich als allgemein bekannt, daß
überall, wo man einen von älterer Zeit her festgestellten dinglichen
Charakter der Kirchenlasten behauptet, derselbe als Widerspruch
gegen die zugesicherte Parität empfunden und bekämpft wird. Nicht
blos unser heutiges Bewußtsein wird durch die Belastung der Mitglieder einer andern gleichberechtigten Kirche verletzt, sondern es
würde diese Verletzung auch sicher für jedes frühere Rechtsbewußtsein vorhanden gewesen seyn, sofern die gleiche Voraussetzung,
nämlich die verfassungsmäßige Gleichberechtigung verschiedener Kirchen, bestanden hätte. Nicht also die Stellung einer Kirche als
öffentlicher gewährt schon die Bedingungen für die Ausbildung
eines dinglichen Charakters der öffentlichen Kirchenlasten: vielmehr
wird ein Einfluß darauf sich erst daraus ergeben können, daß eine
einzelne Kirche als exclusiv herrschende sich verhält. Dieser
Einfluß bedarf jedoch einer genaueren Prüfung.

Es war früher bekanntlich die Regel, daß der Staat mit einer
bestimmten Kirche sich identificirte, im Mittelalter mit der thatsächlich
einzigen Kirche des Abendlandes, seit der Reformation mit der einen
oder andern der Kirchen, in welche das Abendland und insbesondere
Deutschland sich gespalten hatte. Nur diese bestimmte Kirche behandelte
der Staat als ein öffentliches Gut seines Landes und Volkes, und
setzte Andersgläubige (Kirchen, Secten, Nichtchristen), wenn er sie
überhaupt zuließ, auch darin zurück, daß er sie zur Miterhaltung
der Einrichtungen der herrschenden Kirche heranzog. An und für
sich lag nun in dieser Belastung Andersgläubiger nichts weniger
als eine Anerkennung der Reallasteigenschaft ihrer Leistungen. Sie
trugen diese Lasten nicht als Grundbesitzer, sondern als Mitglieder
einer staatlich zurückgesetzten Glaubensgemeinschaft, und waren demgemäß auch zu solchen Reichnissen öffentlich verbunden, welche, wie
die jura stolae an den Pfarrer der herschenden Kirche, in die Rechts-
form der Reallast gar nicht eingehen können. Allein wenn auch
der wahre positive Grund ihrer Belastung in einem persönlichen
glaubensgenossenschaftlichen Verhältnisse bestand, so war seine Wirkung doch geeignet, der Vorstellung der Dinglichkeit der Kirchenlasten Vorschub zu leisten. Es umfaßte ja nunmehr die Kirchenlast
alle Insassen eines bestimmten räumlichen Bezirks, ungeachtet und

troß abweichender Confeſſion, und es bedurfte nur noch der aus
andern Gründen rathſamen Repartition nach dem Grund=
beſiß, um die Meinung zu erzeugen, die Kirchenlaſten ſeien öffent=
liche Grundlaſten, welche zur ſtetigen Befriedigung der als öffent=
liches Bedürfniß behandelten Zwecke und Anſtalten der herrſchenden
Kirche dienen.

Eine ſolche Meinung, ſie möge noch ſo verbreitet ſein, iſt nun
zunächſt nichts weiter als eine verkehrte Vorſtellung von dem Grunde,
auf welchem die Belaſtung grundbeſißender Andersgläubiger beruht.
Auch wenn ſie in den Acten der Verwaltung, ja auch in Urtheilen
der Gerichte conſtant ausgeſprochen ſein ſollte, bleibt ſie nur eine
irrthümliche Theorie, welche wirklichen Rechtsſätzen untergebaut wor=
den iſt. Von einer ſolchen gilt der bekannte Ausſpruch der l. 39.
D. de leg. 1. 3. [18]) Soweit aus ihr nur die Rechtsſätze abgeleitet
worden ſind, welche auch aus dem richtigen Grund ſich ergeben, iſt
das beſtehende Recht durch dieſelbe gar nicht alterirt: Verwaltung
und Juſtiz befinden ſich in der Lage, jederzeit, wenn ſie ſich über
den den Rechtsſätzen zu Grunde liegenden allgemeinen Geſichtspunkt
auszuſprechen haben, zu dem richtigen ſich bekennen zu können und
zu ſollen, und dadurch unbegründeten Conſequenzen entgegenzutreten,
welche aus dem falſchen Prinzipe etwa abgeleitet werden möchten.
Allein wohl kann der urſprüngliche Irrthum über ſeine blos theo=
retiſche Exiſtenz hinauswachſen und einen wichtigen Beitrag zu einer
neuen Rechtsbildung liefern. Sind aus ihm Säße abgeleitet wor=
den, welche der richtige Grund nicht ebenfalls einſchließt, haben
dieſe Säße eine conſtante praktiſche Anwendung gefunden, und
hat ſich an dieſer eine neue Rechtsüberzeugung entweder gebildet,
oder eine ſonſt vorhandene bekräftigt, ſo läßt ſich die Bedeutſamkeit
des Irrthums als Momentes in der geſchichtlichen Ausbildung eines
Gewohnheitsrechts nicht verkennen. Für unſere Frage aber ergiebt
ſich daraus, daß wir die ſtaatsrechtliche Stellung, welche im älteren
Rechte eine Kirche als herrſchende einnahm, nicht als ein Princip
auffaſſen können, welches die Dinglichkeit der Kirchenlaſten in natur=
gemäßer Entwickelung aus ſich herausgeſetzt hätte, wohl aber als

---

18) Quod non ratione introductum, sed errore primum, deinde consuetudine obtentum est, in aliis similibus non obtinet. Savigny Syſtem
Bd. I. S. 174 ff.

ein historisches Moment, welches in Verbindung mit ande=
ren der Vorstellung der Dinglichkeit und einer demgemäßen Rechts=
bildung Vorschub zu leisten geeignet war.

3. Eine weit bedeutendere Einwirkung, als die örtliche Basis
und das Stabilitäts=Bedürfniß einerseits und der Zustand der herr=
schenden Kirche andererseits, hat auf die Ausbildung eines dinglichen
Charakters der Kirchenlasten die territorialistische Verbin=
dung mit dem politischen Gemeinwesen ausgeübt, zu wel=
cher die evangelische Kirche in den deutschen Ländern
gelangte.

Geht eine Kirche, wie die katholische, von der Vorstellung
ihrer ausschließlichen Legitimität und des Unterwor=
fenseins des ganzen Erdkreises unter ihre Herrschaft
aus, so wird allerdings auch von diesem Standpunkte aus der Ueber=
gang zu der weiteren Vorstellung sich leicht bilden, daß aller Grund
und Boden ihr pflichtig sei, und zu den Mitteln, durch welche sie
ihren Organismus erhält und ausbreitet, beizutragen habe. Es
ist bekannt genug, welches wichtige Moment diese Vorstellung zu
der Theorie geliefert hat, durch welche die Kirche des Mittelalters
ihre auf sehr verschiedenen Titeln beruhenden Zehntrechte zu be=
festigen und auszudehnen versuchte. Allein der unvermeidliche Wi=
derspruch, in welchen hierdurch die Kirche mit der weltlichen Ord=
nung, auch wenn diese den exclusiven kirchlichen Legitimitäts= und
Herrschaftsanspruch anerkannte und aufrecht erhielt, gerathen mußte,
hat ein kirchliches Besteurungsrecht des Grundes und Bodens doch
nicht zur Wirklichkeit werden lassen. Die Kirche hat sich bald dabei
beruhigt, daß ihr Prädialzehnte doch nur die Natur einer zum Kir=
chengute gehörigen wohlerworbenen Grundrente habe, aus deren
Zuständigkeit kein Rückschluß auf die allgemeine Statthaftigkeit einer
kirchlichen Bodenbesteuerung möglich ist. Als eine solche Grund=
rente ging der Zehnte auch auf die evangelische Kirche über. So
ist er denn ein Institut, zu dessen geschichtlicher Erklärung allerdings
jene Vorstellung der Kirche über ihren institutionellen Anspruch am
Grund und Boden gehört, in dessen wirklichem Rechte aber dieser
Anspruch keine beherrschende Stellung hat. Vielmehr hat gerade
der kirchliche Zehntanspruch dazu geführt, die institutionelle Kirchen=
pflichtigkeit des Grundes und Bodens als solchen abzuweisen: un=
möglich kann daher die Idee, die ihm zu Grunde lag — ganz ab=

gesehen von ihrer Unvereinbarkeit mit dem evangelischen Kirchen=
begriffe — als ein die Ausbildung einer dinglichen Natur der öf=
fentlichen Kirchenlasten begünstigendes Moment in Rechnung ge=
bracht werden.

Um so wichtiger ist dagegen ein Verhältniß, das der evange=
lischen Kirche in den deutschen Territorien eigenthümlich ist, in denen
sie die herrschende wurde. Während die katholische Kirche ihre kirch=
lichen Kreise ohne Rücksicht auf die politischen zieht und räumlich
bestimmt, ja unter Umständen selbst auf das Nichtzusammenfallen
beider einen hohen Werth legt, und jedenfalls mittels völliger Ver=
schiedenheit des kirchlichen Regierungsorganismus von dem politi=
schen beide Arten von Kreisen scharf auseinanderhält, führte der
bekannte Verlauf der Reformationsgeschichte in Deutschland zu einer
abweichenden Gestaltung. Gleichwie das politische Gebiet, in wel=
chem unter dem Schutze und der Vertretung der politischen Obrig=
keit die Reformation sich durchführt, zur Landeskirche und diese
Obrigkeit zum Subjecte des Kirchenregiments wird, so erfolgt ein
Gleiches auch in den kleineren, von der Landeskirche zusammenge=
faßten Kreisen. Auch die Stadt, der Landbezirk (das Amt), die
Gemeinde gestalten sich nach dem Typus der Landeskirche zu kirch=
lichen Kreisen [19]), und die Obrigkeiten und Vorsteher der ersteren
bekommen eine leitende Stellung in den letzteren. Schon die Kirchen=
OO. des 16. Jahrhunderts zeigen diesen kirchlichen Einfluß eines
auf politischem Boden ruhenden räumlichen Abtheilungsprinzips. In
einer dem canonischen Rechte völlig unbekannten Weise werden z. B.
Stadt und Dorfschaft in manchen, besonders auch ökonomischen Ein=
richtungen der Kirchengemeinden oft von einander unterschieden. Und
was hier das Reformations=Jahrhundert begonnen hatte, wurde
mit zunehmendem Wachsthum territorialistischer Anschauungen immer
mehr und zu weiterem Ineinanderfließen der bürgerlichen und kirchli=
chen Sphäre fortgeführt [20]). Natürlich aber nicht mit der rechtlichen

---

19) Vgl. hierüber meine Bemerkungen in Uhlhorn's Vierteljahrschr. f.
Theol. u. Kirche. 2. Jahrg. Heft. 4. S. 409 ff.

20) Sofern dieser Territorialismus nicht blos aus dem innern Entwicke=
lungsgange der evangelischen Kirche, sondern auch aus dem des Staats
erwuchs, vermochte sich ihm auch die katholische Kirche nicht zu entziehen.
Verwandte Erscheinungen in den Verhältnissen der katholischen Kirche
sind aber Resultate der Staatsgesetzgebung, die besonders im vorigen

Wirkung des Aufgehens in eine wirkliche Einheit, da die Zweiheit
beider troß aller Verbindungen nicht blos in der Idee, sondern zugleich als ein unverrückbares geltendes Rechtsprinzip feststand.

Für die Ausbildung der Dinglichkeit der Kirchenlasten ist wohl
nicht blos von hier aus das Meiste geschehen, sondern noch jetzt
werden die Dinglichkeitsansichten wenigstens bei der ländlichen Bevölkerung in confessionell ungemischten Gebieten hier ihre kräftigste
Unterstützung finden. Bilden in den maaßgebenden Vorstellungen
die bürgerlichen und kirchlichen Anstalten ein wesentlich identisches
Ganze, wird die lokale Pflege der geistlichen und irdischen Gesammt-
interessen als Aufgabe des selbigen Kreises gedacht, und die Gemeinde, indem sie ihre Wege bessert und ihre Kirche baut, nicht als
eine wesentlich andere Gemeinschaft aufgefaßt, so kann auch eine
Uebertragung der Grundsätze, nach welchen sich die Beitragspflicht
der Einzelnen bestimmt, von der bürgerlichen auf die kirchliche Sphäre
schwerlich ausbleiben. Auch die oft vorhandene Differenz zwischen
den räumlichen Gränzen der Parochie und der bürgerlichen Gemeinde stellt dem kein Hinderniß entgegen, da man ohne Widerspruch gegen die zu Grunde liegende Vorstellung denselben lokalen
Kreis in eine Mehrheit von Unterabtheilungen, sowohl für die geistlichen als für die weltlichen Zwecke des identischen Ganzen zerlegt
denken kann. Natürlich kann dies nur der herrschenden Kirche begegnen. Wäre im Gefolge der Reformation keine confessionelle
Exclusivität der Territorien eingetreten, hätten sich — wie nach den
Grundsätzen des heutigen paritätischen Staats — in denselben Kreisen
evangelische und katholische Parochien gleichberechtigt ansiedeln können, und wenigstens theilweis auch wirklich angesiedelt, dann würde
das persönliche Glaubensband, welches den fundamentalen Faktor
der kirchlichen Gemeinschaft bildet, auch seinen trennenden und ab-
schließenden Einfluß in die lokalen Kreise hinein erstreckt, und die
Behandlung der kirchlichen Leistungspflicht nach den Grundsätzen

---

und im Anfange dieses Jahrhunderts von einem unbestimmt allgemeinen Staatsbegriffe ausgieng, welcher alle Beziehungen geistlicher und
leiblicher Wohlfarth umfaßte, und welchem gegenüber auch das katholische Princip innerlich und äußerlich machtlos war. Beispiele eines
solchen dominirenden Einflusses politischer Elemente fehlen freilich auch
aus vorreformatorischer Zeit nicht, und zeigen sich besonders in einzelnen Städteverfassungen.

der bürgerlichen verhindert haben. Allein doch ist diese exclusive
Herrschaft der einzelnen Confession nur eine thatsächliche Voraus=
setzung, ein bedingendes Moment jener identischen Behandlung, nicht
der eigentliche Grund derselben. Durch diese Herrschaft wurde
doch nur ein Zusammenfallen des politischen und des kirchlichen
Volkes in den Gemeindekreisen zur Regel gemacht, wobei ein
Ineinanderfließen des bürgerlichen und kirchlichen Organismus
durch die Macht der Vorstellung der Geschiedenheit beider Sphären
noch immer fern gehalten werden konnte. Erst in dem Maaße als
diese Vorstellung zurücktrat, konnte sich die Ungeschiedenheit der kirch=
lichen und bürgerlichen Zwecke und Mittel so weit geltend machen,
daß nach demselben Gesichtspunkte, wie die bürgerliche, auch die
kirchliche Leistungspflicht behandelt, und die dort herrschende Regel,
daß die Gemeindelasten Grundlasten seien, auch hier in voller Con=
sequenz zur Anwendung gebracht wurde. Es ergab sich dann von
selbst, daß einerseits die Forensen zur Leistung angehalten, anderer=
seits die Exemtionen von den bürgerlichen Gemeindelasten auch auf
die kirchlichen erstreckt wurden, so haltlos und aller kirchlichen ratio
entbehrend diese Erstreckung auch sein mochte. —

VII.

Die bisher betrachteten Momente sind intensiv und extensiv
von genügendem Gewichte, um die Festsetzung der Ansicht, daß
die Kirchenlasten dingliche seien, nicht blos für einzelne Gemein=
den, sondern auch für weitere kirchliche Kreise zu erklären. Den=
noch wird man kaum irgendwo einer unzweifelhaften Anerkennung
des Prinzips der Dinglichkeit begegnen: vielmehr treten uns immer
nur einzelne Rechtszustände und Rechtssätze — gesetzes= und ge=
wohnheitsrechtliche — aus engeren oder weiteren kirchlichen Kreisen
entgegen (Heranziehung der Andersgläubigen und der Forensen und
dergl.), aus welchen erst durch einen Rückschluß auf den zu Grunde
liegenden allgemeinen Satz die Dinglichkeit begründet werden kann.
Nun hat aber schon unsere bisherige Betrachtung gezeigt, daß es
bei solchen Rückschlüssen großer Vorsicht bedarf. Nicht jeder auch
auf die Dinglichkeit zurückführbare Satz folgt nothwendig nur aus
ihr, und ist auch wirklich aus ihr hervorgegangen: der Rückschluß
ist dann ein theoretischer Irrthum, der weit entfernt ist, selbst Recht
zu machen. Es erscheint daher nothwendig, zu Verhütung falscher
Rückdeutungen und Schlüsse noch das Folgende auszuführen.

1. Es genügt nicht, daß herkömmlich blos den Grundbe=
sitzern Beiträge zu den Kirchenanlagen auferlegt worden seien.
Hieraus kann nur darauf zurückgeschlossen werden, daß man das
Eigenthum an Grund und Boden als den den bestehenden Ver=
hältnissen entsprechenden Maaßstab der Leistungsfähigkeit der pflich=
tigen Personen betrachtet hat. Und in der That hat eine solche
Ansicht auch noch heut zu Tage auf dem platten Lande dasselbe
gute Recht, wie zu Carpzovs Zeit [21]). Aber auch in den Städten
mochte der Grundbesitz, bei dem so häufigen Gebundensein des städti=
schen Gewerbes an bestimmten Immobiliarbesitz, wenigstens früher
zu einem nicht ganz unangemessenen Kennzeichen der Leistungsfähig=
keit dienen. Wenn es aber auch bei geänderten Verhältnissen in
den Städten bei der ausschließlichen Heranziehung der Hausbe=
sitzer vielfach geblieben ist, so hat das nur in der größern Selten=
heit der Kirchenanlagen in städtischen Gemeinden [22]) und dem hier=
aus folgenden untergeordneten Interesse einer Aenderung der be=
stehenden Beitragslast seinen Grund.

2. Ebensowenig kann für den dinglichen Charakter das ent=
scheidend sein, daß in einer Gemeinde, Landschaft u. s. w. herkömm=
lich von dem ganzen innerhalb der lokalen Gränzen des betref=
fenden Kreises belegenen Grundbesitze zu den Kirchenlasten bei=
getragen worden ist. Wenn gleich hierdurch der personale Pflich=
tigkeitsgrund für die gewöhnliche Vorstellung schon sehr in den
Hintergrund geschoben wird, so bleibt er doch juristisch unalterirt,

---

21) Carpzov a. a. O. II. 22. 342. Fateor lubens, nec in paroecianis
    paganis (Eingepfarrten der Landgemeinden) respectum cujusque ob=
    ventionum ac facultatum (also Einkommen und Vermögen) esse se=
    ponendum. Sed cum paganorum hominum facultates potissimum in
    cultura et fructibus agrorum consistant, non est quod ulteriori
    onere inquisitionis in reditus subditorum magistratus collectas et
    contributiones indicens gravetur. Ex numero siquidem mansorum
    et agrorum numquam non potest constare de aequalitate, si scilicet
    certum quid imponatur cuique manso, licet quandoque fructus et
    obventiones aliquantulum varient, quod tam praecise attendi haud
    potest.

22) Schon die Kirchenordnungen sind sparsamer mit Contributionen in
    den städtischen als in den Landgemeinden. Vgl. Pommer'sche K.O.
    von 1535 (Richter I. S. 253.) von 1563 (Richter II. S. 248.
    252 ff.)

sofern der Grundbesitz entweder thatsächlich oder in Folge bürger=
licher Zurücksetzung Andersgläubiger (Ausschließung derselben vom
Grundbesitzerwerb) sich durchgängig in den Händen Solcher · ge=
halten hat, die auch persönlich als Kirchengenossen jenem Kreise
angehören.

3. Es genügt ferner nicht die Heranziehung Andersgläu=
biger zu den Kirchenlasten, also z. B. katholischer Grundbesitzer
zum evangelischen Kirchenbau. Dies kann nicht blos, sondern wird
sogar in der Regel, nach der früher in den deutschen Territorien
üblichen Stellung der exclusiv herrschenden Bekenntnisse, in der
Zurücksetzung der Dissidenten seinen Grund haben, so daß also die
Beitragspflicht nicht Folge der Belastung des Grundbesitzes, son=
dern der Zurücksetzung der Confession ist, welcher die Grundbesitzer
angehören. Es muß daher auch bei Veränderungen, welche sich
in der rechtlichen Stellung der bisher zurückgesetzten · Bekenntnisse
begeben, die Frage ernsthaft erwogen werden, ob damit auch jene
Beitragspflicht noch rechtlich zusammenbestehe. Eine Unvereinbarkeit
aber kann natürlich nur bei denjenigen Leistungen vorkommen, welche
den oben ausgeführten (öffentlichen) steuerlichen Charakter an sich
tragen, nicht bei denjenigen, auf welche die Gemeinden der bisher
herrschenden Kirche, als juristische Personen, einen privatrechtlichen
Anspruch erworben haben, es möge dieser nun rein obligatorischer
oder auch dinglicher Natur sein.

4. Auch das genügt nicht zur Annahme der Dinglichkeit, daß
Forensen die öffentlichen Kirchenlasten herkömmlich mitgetragen
haben.

Um den auf die Forensen bezüglichen Vorgängen ihren wahren
rechtlichen Werth zu ertheilen, hat man folgende Punkte in's Auge
zu fassen. Einmal den Begriff des Forensen. Die ältere und
— wie mir scheint — sehr richtige Theorie und Praxis [23] sah
nämlich als einen kirchlichen Forensen, also Nichteingepfarrten, nicht
etwa schon denjenigen an, welcher neben seinem Grundbesitze in der
Parochie doch außerhalb der Parochie den Mittelpunkt seiner Le=
bensverhältnisse hat: vielmehr machte man von der rechtlichen Mög=
lichkeit mehrerer Domicile derselben Person den ausgiebigsten Ge=
brauch, und betrachtete schon denjenigen als eingepfarrt, der auf

---

23) Carpzov a. a. O. II. 22. 848.

seinem Grundbesitze innerhalb der Parochie einen eingerichteten Sitz seines Hauswesens hält, auch wenn er denselben nur zeitweise benutzen, und entweder einen andern Grundbesitz, oder den durch sein Amt ihm angewiesenen auswärtigen Wohnort als das Centrum seiner Geschäfte und Verhältnisse behandeln sollte [24]). Es leuchtet ein, daß sich auf diese Weise der Kreis der Vorgänge, aus welchen man auf Dinglichkeit zurückschließen möchte, z. B. wenn ritterschaftliche, auf ihren Gütern nicht regelmäßig wohnende Grundbesitzer die Lasten mitgetragen haben, erheblich reducirt. Sodann ist zu erwägen, daß man früher unbedenklich in armen Gemeinden die Beitragslast auch auf eigentlich Nichtpflichtige ausdehnte, die aber zu der Parochie doch in einer Beziehung der Interessen standen, wie sie der Grundbesitz entschieden anknüpft. Hier ist dann nicht die Dinglichkeit, sondern die Dringlichkeit, der Nothfall, der rechtfertigende Grund für die Heranziehung des Aparochianen [25]). Es scheint, daß, wenn dieser Satz sich aus der Praxis der Kirchenbehörden nicht verloren hätte, vielmehr bei ritterschaftlichen Absentees wie bei dem Domanium angewendet worden wäre, die praktischen Interessen, welche sich an die Mitbelastung grundbesitzender Aparochianen knüpfen mögen, in viel einfacherer und gesünderer Weise würden befriedigt worden sein und noch werden, als durch die Feststellung eines dinglichen Charakters der Kirchenlasten geschehen kann. Es ist dieser Punkt aller Erwägung werth, wenn etwa eine Gesetzgebung auf Befriedigung jener Interessen durch gesetzliche Aufstellung geeigneter Rechtssätze Bedacht nehmen sollte. — Endlich wird auch ein Rückschluß von der Belastung der Forensen auf die Dinglichkeit der Last dadurch bedenklich, daß die erstere, wenn nur die belasteten Forensen persönlich ihrem Bekenntnisse nach Kirchenglieder sind, recht wohl auch ohne die Supposition des dinglichen Charakters der Last construirbar bleibt. Entschieden beruht nämlich die kirchliche Leistungspflichtigkeit eines evangelischen Christen auf seiner Eigenschaft als Kirchengenosse: die Gemeindeangehörigkeit läßt sich nicht neben jener als ein weiterer und paritätischer persönlicher

---

24) Sächsischer Generalartikel von 1555. (Richter II. S. 190.) "soll von den Eingepfarrten, ob sie schon nicht unter einer, besondern vielen Herrschaften gesessen, eine gemeine Anlage zu diesem Bau gemacht werden." Gleichlautend in der Sächs. K.O. von 1580. art. 32 i. A.

25) Carpzov a. a. O. II. 22. 349.

Pflichtigkeitsgrund, sondern in der That nur als Besonderungs-
und Individualisationsgrund des ihn treffenden kirchlichen Pflichten-
und Leistungs-Kreises auffassen. Die Gemeindeangehörigkeit gehört
somit streng genommen schon dem Gebiete der Vertheilungsnormen
der Kirchenlasten an, und zwar so, daß sich nach ihr die Lasten in
dem Sinne der durch gemeine Leistung zu beschaffenden Gegenstände
(nicht die Leistungsbeträge, mit welchen die Einzelnen concurriren)
vertheilen. Die rechtliche Bedeutung der Gemeinde-Angehörigkeit
läßt sich dann durch den Satz ausdrücken: Wer als Kirchengenosse
leistungspflichtig ist, erhält durch sein Domicil in einer bestimmten
Kirchengemeinde das besondere Object seines kirchlichen Leistens bezeichnet. Ist dieß richtig, so liegt in der Heranziehung der der
Kirche angehörigen Forensen keine Ausnahme von der Personalität
der Kirchenlasten, sondern eine Ausnahme von ihrer Vertheilung
nach dem Domicile. Eine Abweichung dieser Art steht mit keinem
evangelischen Grundbegriffe in irgend einem Gegensatze, wie ein
solcher allerdings herauskommt, wenn in einer die persönliche Kir-
chenangehörigkeit völlig ignorirenden Weise die Kirchenlasten mit
dem Grundbesitze als solchem verknüpft werden. Ebendeßhalb wird
man im Zweifel eher die erstere als die letztere Anomalie zu statuiren haben, also aus einer Belastung von Forensen, welche nur
Kirchengenossen getroffen hat, die Dinglichkeit der Kirchenlasten
nicht ableiten dürfen. Haben Forensen, welche nicht Kirchengenossen
sind, mitgetragen, so stehen der Annahme der Dinglichkeit die Zweifel
entgegen, welche sich aus dem Einfluß der zurückgesetzten Stellung
der Dissidenten auf ihre Leistungen an die herrschende Kirche ergeben.

5. Auch aus der Mitbelastung juristischer Personen,
insbesondere des Domaniums, die Dinglichkeit der Lasten zu finden,
hat gegründete Bedenken. Zunächst wird gerade hier der bei den
Forensen erwähnte Grund dringender Noth, großer Armuth der
Gemeinde, nicht selten als rechtfertigender Grund für die Bebürdung
gewirkt haben. Sodann ist es doch unleugbar, daß in der Heranziehung juristischer Personen, welche als solche keinem Religions-
bekenntniß zugethan sind, noch bei weitem keine so große Anomalie
liegt, als in der aus der Annahme der Dinglichkeit unvermeidlich
folgenden Nöthigung Andersgläubiger für einen fremden Cultus
zu steuern. Es ist daher gerathen, da wo grundbesitzende juristische
Personen herkömmlich zu den Kirchenlasten beigetragen haben, dieß

als einen singulären in sich abgeschlossenen Rechtssatz zu behandeln, ohne ihn für eine die Anomalieen steigernde Dinglichkeit der Lasten zu verwenden. Endlich ist, was die Belastung des Domaniums insbesondere anlangt, ein richtiges Verständniß des rechtlichen Zusammenhangs seiner Leistungen nicht möglich, wenn man nur mit der Kategorie der juristischen Person (Domanialfiscus) arbeitet und die Individualität des Kammerguts und dessen öffentliche Bedeutung unbeachtet läßt. Gewiß entspricht dem wahren geschichtlichen Zusammenhange der Dinge keine Vorstellung weniger, als diejenige, welche die von dem Kammergute getragenen Kirchenlasten als Realbelastung des Grundeigenthums einer religionslosen juristischen Person auffaßt. Die mehrfachen Bestimmungen der Kirchengesetze des sechszehnten Jahrhunderts, welche der Landesherrschaft auch für locale Kirchenzwecke, insbesondere Kirchenbauten, Leistungen auferlegen [26]), werden sicher am einfachsten und richtigsten von der der mitbekennenden Landesherrschaft obliegenden Verpflichtung verstanden, aus ihrem zur Bestreitung öffentlicher Bedürfnisse verpflichteten Vermögen auch zu den kirchlichen, also öffentlichen Bedürfnissen in den Parochieen beizutragen, zu welchen die Domanialgüter in einer durch ihre Belegenheit gegebenen Beziehung stehen. Es ist nicht abzusehen, weßhalb nicht auf diesen Gesichtspunkt, sondern auf eine Realbelastung, die Concurrenzpflicht des Domaniums noch immer zurückgeführt werden sollte. Diese Beitragspflicht hat mit der, wie wir gesehen haben, recht wohl construirbaren des Forensen eine gewisse Aehnlichkeit, nur daß sie durch die Stellung des evangelischen Landesherrn und die öffentliche Bedeutung des Kammerguts noch einen eigenthümlichen Zuwachs an Gründen erhält.

6. Obschon die Kirchenlasten ihren dinglichen Anschein am meisten durch ihre, besonders im gleichen Repartitionsfuße, in der Anwendung der gleichen Exemtionsgründe und dergl. hervortretende, identische Behandlung mit den bürgerlichen Gemeindelasten gewonnen haben, so läßt sich doch auch hierauf der dingliche Charakter schwerlich gründen.

Wenn nämlich auch in der ungebildeten Vorstellung, welche

---

26) Mecklenb. K.O. von 1552 (Richter II. S. 121), Wittgenstein. K.O. von 1555 (Richter II. S. 162.), Pommer'sche K.O. von 1563. (Richter II. S. 252).

sich durch die Unfähigkeit, das blos Verbundene von dem Jdentischen zu unterscheiden, besonders characterisirt, kirchliches und bürgerliches als ein ununterschiedenes Ganze aufgefaßt werden mag; so bleibt es doch ein absoluter, durch Bekenntnisse und Staatsacte unverbrüchlich sanctionirter Rechtssatz, daß beide zwei verschiedene Gemeinwesen sind. Wie hier und dort der Rechts= und Pflichtengrund für die Einzelnen durchaus differirt, so stellt sich auch in den objectiven Gliederungen beider Gemeinwesen eine Zweiheit nach Mitteln und Zwecken durchaus verschiedener Lebensgebiete dar. Dieß ist die Rechtsanalogie, an welcher sich hier die Bedeutung aller rechts= bildenden Thatsachen messen lassen muß. Keine confuse Jdentitäts= vorstellung vermag gewohnheitsrechtlich oder auch gesetzlich eine Ein= heit zu schaffen, in welcher jener Unterschied aufgienge. Man möge die Gemeindepflichten in beiden Gemeinwesen noch so lange als unterschiedsloses Ganze gedacht und behandelt haben, sie bleiben doch der Inhalt zweier sowohl ideal als in der rechtlichen Wirklich= keit verschiedener Lebens= und Rechtskreise. Es giebt doch keine Gemeinde schlechthin, sondern nur eine bürgerliche und eine kirchliche, keine Gemeindelasten schlechthin, sondern nur bürgerliche und kirch= liche Gemeindelasten. Findet sich daher eine Behandlung der einen Sphäre nach Normen der andern, so kann dieß nur nach Maas= gabe ihrer Vereinbarkeit mit der als unverrückbare Grundlage fest= stehenden Verschiedenheit beider zur Bildung eines Gewohnheitsrechts beitragen. Die Ueberzeugung von ihrer Einheit ist keine rechtlich mögliche, keine ratio, die sich durch Gebrauch und Uebung zum Rechte erheben könnte; diese Uebung wäre eine solche, von welcher gilt: non vincit rationem (l. 2. C. quae sit long. consuet.) Die Bedeu= tung, welche jener Behandlung kirchlicher Gemeindeverhältnisse nach dem Typus der bürgerlichen für die Dinglichkeitsfrage zukommt, wird daher so zu bestimmen sein: Eine auf der Ueberzeugung der nothwendigen Einheit beider beruhende Dinglichkeit der Kirchenlasten kann durch eine in der Bevölkerung noch so verbreitete Einheitsmeinung und Einheitspraxis, wie man sie namentlich in confessionell unge= mischten lutherischen Landbezirken antrifft, niemals zu rechtlichem Be= stande kommen. Nur die Uebertragung einzelner Rechtssätze, z. B. des Repartitionsfußes, sie möge nun auf Herkommen, Gesetz oder Gemeinde=Autonomie ruhen, besteht zu Rechte, insofern dadurch die entwickelte ratio der Zweiheit nicht aufgehoben, vielmehr nur ein kirchenrechtlicher Zustand geschaffen wird, welcher, wie zweckmäßig oder unzweckmäßig, und woher auch immer entlehnt, das unabhängige positive Recht der betreffenden Kirchengemeinden bildet. —

Sind unsere Bemerkungen über die Cautelen richtig, welche bei Ableitung der Dinglichkeit der Kirchenlasten aus den erwähnten Rechtsvorgängen anzuwenden sind, so schwinden allerdings die Merkmale, aus denen die Dinglichkeit mit Zuversicht zu finden ist, gar sehr zusammen. In den bei weitem meisten Fällen, wo auf den ersten Blick der dingliche Charakter sehr überzeugend scheint, verliert sich dieser bei schärferem kirchenrechtlichem Zusehn, und es hört die Nöthigung auf, eine anomale Rechtsbildung anzuerkennen, deren Anstößigkeit in früheren Zeiten bei territorial resp. local streng geschiedener Religionsübung der verschiedenen Kirchen sich weniger fühlbar machte, die aber jetzt mit der steten Zunahme confessionell gemischter Bezirke in ihrer das Rechtsbewußtsein verletzenden Eigenthümlichkeit mehr und mehr hervortritt. Es scheint eine recht dankenswerthe Leistung der Wissenschaft zu sein, wenn sie sich im Stande zeigt, mit ihren Mitteln rechtliche Scheingebilde aufzulösen, die — wie hier — aus einer Verschlingung und Verknotung organisch gesonderter und in ihrer Sonderung zu erhaltender Verhältnisse sich ergeben haben. Freilich steht hierbei der Wissenschaft nur das Mittel der Auseinanderlegung zu Gebote; nur so kann sie den verschiedenen Organismen Licht und Luft zu ihrem Wachsthum schaffen. Doch pflegt dieses Mittel für den Rechtszustand heilsamer und jedenfalls ungefährlicher zu sein, als die Handanlegung der Legislation, sie möge nun einfach wegschneiden, oder — was viel schlimmer ist — dem Scheingebilde ein wirkliches Leben einzuhauchen versuchen.

VIII.

Bei alledem muß zugestanden werden, daß manche praktische Interessen der Dinglichkeit der Kirchenlasten das Wort reden, und leicht könnte, wenigstens in kleineren Gebieten, nach deren Eigenthümlichkeit die ebenfalls sehr praktischen Uebelstände dieses fehlerhaften Princips sich vorläufig noch gar nicht oder nur schwach gegen den anscheinend überwiegenden Nutzen bemerklich machen, die Gesetzgebung zu einer ausdrücklichen Anerkennung des dinglichen Charakters sich bewogen finden. Der Weg dazu ließe sich mit der Erwägung bahnen, daß die Gesetzgebung in ihrem Berufe handle, wenn sie ihrerseits die principielle Frage dahin gestellt sein lasse,

5 *

und sich darauf beschränke, den in den unmittelbar gegebenen Verhältnissen wahrnehmbaren Typus, den ohne Reflexion in den Zuständen und Vorstellungen sich geltend machenden Zug zu erfassen
und als Recht zu fixiren. Als dieser Zug zeige sich aber entweder
allgemein (was wohl nicht leicht behauptet werden wird) oder doch
wenigstens da, wo herkömmlich nur Grundbesitzer leisten oder nach
dem Grundsteuerfuße repartirt werde und dergl., die Dinglichkeit.
Und so würden dann, mit scheinbarer Ablehnung der Principfrage,
bestimmte Verhältnisse, deren Insufficienz zur Entscheidung des dinglichen Charakters oben ausgeführt worden ist, gesetzlich zu juristischen
Thatsachen erhoben werden, welche da, wo sie sich vorfinden, den
dinglichen Charakter mit allen seinen weiteren Consequenzen zu begründen die Wirkung hätten.

Es mag dahin gestellt bleiben, ob ein solches Verfahren nicht
doch wirklich eine principielle Billigung der Dinglichkeit in sich
schließe. Schon psychologisch ist es kaum möglich, nachdem die
Prinzipfrage in den Vordergrund getreten ist, für bestimmte legislative Anordnungen, die mit ihr zusammenhängen, die Entscheidungsgründe nur aus dem geschichtlichen Zuge und Typus des Vorhandenen zu entlehnen. Die Auswahl aus dem Gegebenen, die man
trifft, der dingliche Charakter, den man daraus ableitet, wird gewiß
zum guten Theile durch die innere Zustimmung zu dem Dinglichkeits-
principe bestimmt seyn, mit der man an die Betrachtung des Geschichtlichen herangetreten ist. Oder warum sollten zu dem maas-
gebenden geschichtlichen Material die früher erörterten, einen dinglichen Anschein erweckenden, Momente mehr beitragen, als die ebenfalls geschichtlichen Momente des paritätischen Staates, der damit
gegebenen zunehmenden Sonderung des Kirchlichen und Bürgerlichen,
der wachsenden Zahl confessionsverschiedener Parochieen in demselben
räumlichen Bezirke? Historisch sind diese und jene, und besteht
zwischen beiden ein Unterschied, so ist es der, daß die Entstehung
der ersteren in eine frühere Vergangenheit fällt und daß ihre Bedeutung von dem gar sehr erschütterten Fortbestande der historischen
Elemente ihres Ursprungs abhängt, während die letzteren der neueren
Zeit angehören und das Bereich derjenigen Aufgaben erschließen,
deren Lösung durch rechtsbildende Thätigkeit gerade unser Beruf ist.

Doch es möge mit dieser Prädilection für die Dinglichkeit stehen
wie es wolle, wenn man Gründe für den Werth der letzteren an-

führt, so entlehnt man sie aus dem Bereiche des Zweckmäßigen, der Vermeidung nachtheiliger, der Förderung wünschenswerther Erfolge. Eine durchschlagende Kraft wohnt solchen Gründen freilich nicht bei, da die Kehrseite der Unzweckmäßigkeiten nicht minder stark sich geltend macht, so daß man auch durch eine solche Betrachtungsweise zu einer Entscheidung der Frage aus dem Wesen der Sache sich gedrängt sieht. Wir wenden jenen Zweckmäßigkeitsgründen noch eine kurze Betrachtung zu [27].

Die Hauptinstanz für die Dinglichkeit wird daher genommen, daß nur bei dinglichem Charakter der Last der beharrliche Bestand der kirchlichen Einrichtungen gesichert erscheine. Das Grundeigenthum könne nach und nach in die Hände solcher übergehen, welche als Angehörige einer andern Kirche, als Forensen, als juristische Personen, die Eigenschaft persönlicher Glieder der betreffenden Kirchengemeinde entbehrten, und auf diese Weise der letzteren die Kräfte entzogen werden, aus denen sich ihre kirchlichen Einrichtungen entweder ausschließlich oder doch hauptsächlich erhalten müßten.

Diese Betrachtung übertreibt einerseits die Befürchtungen, und wendet andererseits nicht das richtige Heilmittel an, wenn sie auf legislative Festsetzung des dinglichen Charakters bringt.

Allerdings ist darauf nur ein geringer Werth zu legen, daß der den bezeichneten Nichtparochianen gehörige Grundbesitz doch insofern der Subsistenz der kirchlichen Einrichtungen zu dienen fortfährt, als das den Grundbesitz bewirthschaftende und zu den Parochianen gehörige Personal (Verwalter, Pächter u. s. w.) kirchenlastpflichtig ist, dieses Personal aber doch von dem Antheile lebt, den es durch seine Arbeit von der Rente des Eigenthümers nimmt. Sollten die Leistungen auch dieser Personen in Folge der herkömmlichen Veranlagung der persönlichen Last nach dem Grundbesitze ausfallen, so ließe sich das nur als factische Wirkung einer Vernachlässigung der Gemeindeinteressen von Seiten der Gemeindevertretung, oder — wo es an solcher fehlt — der kirchlichen Verwaltungsbehörde begreifen: es würde nur eines Beschlusses dieser Organe bedürfen, um die lückenhafte, einen Theil der dem Rechte nach Pflichtigen nicht ergreifende Repartitionsweise rücksichtlich dieser entsprechend zu ergänzen.

---

27) Gute kritische Bemerkungen s. bei Brüel a. a. O. S. 58 ff.

Wohl aber liegt eine Uebertreibung darin, wenn man die Erhaltung der Kirchengemeinden für dergestalt identisch mit ihrem Anspruch auf Leistungen von dem ge sammten, innerhalb der Parochialgränzen liegenden Grundeigenthum betrachtet, daß man jede Schmälerung dieser Einnahmequelle durch Uebergang von Grundbesitz in die Hände von Nichtparochianen als ein absolutes, durch den Grundsatz der Dinglichkeit schlechthin zu verhütendes Uebel behandelt. Ein wirklich drückender Uebelstand kann doch nicht durch einen jeden solchen Uebergang, sondern nur da entstehen, wo der in nichtparochianen Händen befindliche Grundbesitz eine so bedeutende Ausdehnung gewonnen hat, daß in Folge dessen die Kirchengemeinde zum guten Theile aus Taglöhnerfamilien besteht, welche fremdes, in der Arbeit für den großen nichtparochianen Grundbesitzer verdientes Brod essen. Hier ist dann die Kirchengemeinde im Zustand der Verarmung — ein Zustand der natürlich auch aus andern, der Heilung durch Dinglichkeit nicht zugänglichen Ursachen eintreten kann, — und auf diesen Grund hin müssen dann exceptionelle Maßregeln ergriffen werden, wie sie u. a. schon die ältere Praxis in der Heranziehung der Forensen gekannt hat. Dagegen scheint es kein richtiges Verfahren, wenn man, um den doch nur in Aus nahmsfällen eintretenden Uebelständen zu steuern, einen so principwidrigen Satz, wie die Dinglichkeit, zur allgemeinen Regel macht.

Will die Gesetzgebung im Interesse der Kirche und des Staats bis zur äußersten Linie des ohne Beseitigung des Princips der Personalität Möglichen fortschreiten, so erkläre sie ausdrücklich die der Kirche angehörigen Forensen für pflichtig, erkenne auch die Verbindlichkeit grundbesitzender Stiftungen und öffentlicher und Privatcorporationen mit angemessenen Beschränkungen [28] an, und regulire

---

28) Sollen auch Armen-, Kirchen-, Schulstiftungen u. dergl. zu den Kirchenanlagen beitragen? Ist die Kirchenlast eine dingliche, so versteht sich das von selbst: ist dagegen die Theilnahme juristischer Personen nur eine singuläre Ausdehnung der personalen Theilnahmepflicht, so hat man den Umfang dieser Ausdehnung ganz in seiner Hand. Nach dem bayrischen Umlaggesetz vom 22. Juli 1819, welches auch die Personalität zum Princip hat, dennoch aber juristische Personen heranzieht, bleiben Localstiftungen nur frei, wenn ihre eigenen Bedürfnisse durch den Ertrag ihres Vermögens nicht gedeckt sind.

nach diesen Anhaltspunkten auch die Theilnahmepflicht des Domaniums. Schon das ältere Recht bietet, wie sich früher gezeigt hat,
für solche Bestimmungen Anknüpfungen dar, und die praktischen
Vortheile, die man im Auge hat, werden in der Hauptsache auch
so erreicht werden. Aber man denke und behandle diese Pflichtig-
keiten nicht als Consequenzen der Dinglichkeit der Kirchenlasten, sondern als singuläre Ausdehnungen der Leistungspflicht auf solche, welche ohne offenbare Zerstörung des Princips der
Personalität (so zu sagen praeter nicht contra principium personali-
tatis) doch noch zur Theilnahme herangezogen werden können, und
deßhalb utilitatis ratione herangezogen werden sollen, weil es im
öffentlichen Interesse liegt, daß dem öffentlichen Kirchenwesen die
stetigsten, seiner Erhaltung dienenden Quellen thunlichst ungeschmä-
lert bleiben. Eben dadurch aber — und dieß ist der Hauptpunkt
— erhalte man sich die Möglichkeit, die mit der Dinglichkeit
der öffentlichen Kirchenlasten unvermeidlich gegebene
Nöthigung fremder Confessionsgenossen zu Leistungen
für eine Kirche auszuschließen, welcher sie nicht angehören [29]).

Es gibt wohl nicht leicht einen Satz, dem in gleicher Stärke
wie diesem ein mahnendes Bedürfniß unseres politischen und religiösen Lebens zur Seite stände. Durch den Entwickelungsgang, den
unsere deutschen Verhältnisse seit dem Anfange dieses Jahrhunderts
genommen haben, ist die Mehrzahl der deutschen Staaten zu confessionell gemischten, mit völlig paritätischer Stellung der katholischen
und evangelischen Kirche geworden. Beide Kirchen sind gleichberechtigt, im ganzen Bereiche dieser Staaten sich auszubreiten und
kirchlich einzurichten: kein Theil des Landes darf mehr als katho-
lisch oder als evangelisch in jenem früheren rechtlichen Sinne der
ausschließlichen Berechtigung einer Confession zur öffentlichen Religionsübung bezeichnet werden. Und was im rechtlichen Sinne nicht
mehr besteht, das hört auch thatsächlich immer mehr auf. Katholiken ziehen in ehedem rein evangelische Bezirke, Evangelische in
katholische ein, und bringen ihr Recht auf Religionsübung also
auch den Anspruch auf parochiale Einrichtung ihrer Confession mit,

29) Die Leistungen mit privatrechtlichem Charakter werden also gar nicht
berührt.

deffen Ausführung nur eine Frage der Zeit und des Geldes, nicht des Rechtes ist, und durch die gemeinsame Anstrengung der dabei interessirten Confession immer rascher zum Ziele gebracht wird. Man wird sich nicht täuschen, wenn man in diesem Wachsthum der confessionellen Mischung der Bevölkerungen, in der Zunahme ihrer kirchlichen insbesondere parochialen Einrichtung auf dem nämlichen Boden, den geschichtlichen Zug erkennt, in welchem sich mit steigender Progression die früheren kirchlichen Stellungen in Deutschland verändern. Diese signatura temporis ist nicht zu verkennen.

Dieses neue Verhältniß der Kirchen aber, ihre freie Concurrenz auf demselben Boden, ergiebt auch neue Pflichten für die Kirchen wie für den Staat, oder setzt vielmehr altbegründete in ein helleres, ihre Erkenntniß förderndes Licht. Die Kirchen müssen in der geschichtlichen Führung, welche die locale Getrenntheit unter ihnen aufgehoben, und die Exclusion der einen durch die andere mit Mitteln des Rechts und des äußern Zwanges beseitigt hat, die Absicht der Vorsehung erkennen, daß in ihrer Werbung um nationalkirchliche Existenz fortan nur das geistige Uebergewicht, die treuere und deßhalb erfolgreichere Verwaltung der christlichen Heilswahrheit, die beffere Erfüllung der specifisch religiösen Mission entscheiden soll. Das evangelische Princip feiert schon hiedurch einen Sieg. Der im 16. und 17. Jahrhundert nicht zum völligen Austrag gelangte, und mit den damaligen Mitteln auch niemals wahrhaft zu erledigende Kampf soll jetzt, nachdem die Demarcationslinien des vorläufigen Friedstandes, ihre local getrennten exercitia religionis, aufgehoben sind, in der reineren Weise wieder aufgenommen werden, welche seinem religiösen Inhalte entspricht. Der paritätische Staat aber, indem er beide Kirchen als lebendige Factoren in dem geschichtlichen Culturleben seines Volkes anerkennt und behandelt, hat ihnen den gleichen Rechtsboden für ihre freie Wirksamkeit und Entwickelung zu liefern, den Gebrauch jener geistigen Weise kirchlicher Geltendmachung aufrecht zu halten, etwaige Exclusivitätsforderungen streng abzuweisen, und beiden die Möglichkeit offen zu halten, um in allen Theilen des Landes ihre Gläubigen kirchlich sammeln und organisiren zu können.

Auf diese Weise ist der paritätische Staat mit dem hohen Berufe ausgezeichnet, zur reinen Lösung einer der größten Fragen des geistigen Lebens, an welcher besonders das deutsche Volk auf das tiefste betheiligt ist, durch Gewährung der rechtlichen Bedingungen der gleichen Geltendmachung beider Seiten einen unentbehrlichen Beitrag zu liefern. Mit diesem Berufe aber würde er sich durch Anerkennung des dinglichen Charakters der öffentlichen Kirchenlasten in offenbaren Widerstreit setzen. Ganz abgesehen davon, daß die in Folge derselben eintretende Anhaltung fremder Kirchengenossen zu öffentlichen Leistungen an eine Kirche, der sie nicht angehören, mit Recht als eine Subjection unter dieselbe, und deßhalb als Verletzung der zugesicherten Gleichstellung, als ein Rest der früheren Herrschaftsstellung der einen Kirche empfunden wird, verringert das Dinglichkeitsprincip immer die Subsistenzquellen der einen Kirche zu Gunsten der andern, und schmälert jener die Bedingungen ihrer Consolidirung in den Bezirken, in welchen die letztere im kirchlichen Posseß ist [30]). Hierzu sollte kein Staat mitwirken, der jene unpartheiische Stellung zu den verschiedenen Kirchen eingenommen hat. Und wie lange soll denn jene Schmälerung dauern? Soll sie auch fortbestehen, wenn im Laufe der Zeit die Bevölkerung der andern Confession bedeutend anwächst, und nach welchem Merkmal hört diese Dienstbarkeit für eine fremde Kirche auf? Jedenfalls doch dann, wenn, trotz der mit der bisherigen der Dinglichkeit der Kirchenlasten gegebenen Erschwerung die Zutritt gewinnende Confession es zu einer Gemeindegründung gebracht hat. Nunmehr würde man den Uebergang zum Principe der Personalität doch machen, und auf die Dinglichkeit verzichten müssen, welche kein paritätischer Staat auf die Dauer gewähren kann. Der Staat hätte also mit der Dinglichkeit einen Satz als Regel aufgestellt, der jedenfalls dann, wenn die Consequenz der Stellung, die er zu den verschiedenen Bekenntnissen einnimmt, in seinen einzelnen Bezirken sich zu vollziehen beginnt, aufgegeben werden muß!

Freilich ist die Zahl derjenigen nicht gering, welche mit Wohlgefallen nach den früheren Zeiten territorial abgeschlossener Religionsübung der einzelnen Kirchen zurückschauen. Gern führte man

---

30) Man sage nicht, daß dieser Zustand, indem er zu Gunsten der einen wie der andern Kirche eintreten könne, mit dem Grundsatz der Gleichheit beider doch vereinbar bleibe. Denn nicht diese Gleichheit in der Ungleichheit, welche auch früher bei den local getrennten Religionsübungen vorhanden war, ist die jetzt gemeinte und gewährleistete Parität.

einen Zustand zurück, welcher, wie er einerseits die Ausbildung
eines dinglichen Charakters der Kirchenlasten begünstigt, so auch
andererseits durch diesen Charakter befestigt und vor Schwankungen
behütet wird. Die Veränderung dieses Zustands durch die neuen
Staatsbildungen kann man zwar nicht ableugnen, aber indem man
sie principiell verwirft, [31]) möchte man, was als Recht nicht mehr
möglich ist, doch wenigstens als factischen Zustand auch durch juri=
stische Mittel thunlichst festhalten, und hierzu in der Dinglichkeit der
Kirchenlasten einen nicht unwichtigen Verbündeten gewinnen. Diesen
Ansichten läßt sich zwar zugestehen, daß der frühere Zustand ein
weit einfacherer war, und die Aufgaben der Kirchen wie der Staaten
außerordentlich erleichterte. Aber eben so bestimmt ist ihnen zu ent=
gegnen, daß das Leichtere und Einfachere nicht immer das Richtigere
und Höhere ist, und daß, nachdem einmal — gewiß nicht durch
blos menschliche Willkühr — die verschiedenen Kirchen das gleiche
Heimathsrecht in den nämlichen Gebieten gewonnen haben, dieser
gegebene Boden ohne Rückhalt acceptirt, und die aus ihm erwach=
senden Aufgaben mit ganzer Gewissenhaftigkeit als eine Mission
aus höherer Hand ergriffen werden müssen. Man kann die Ver=
hältnisse eines Landes, welches, wie z. B. Mecklenburg, nur eine
zur öffentlichen Religionsübung unbeschränkt berechtigte Kirche kennt,
zwar recht bequem finden, aber ohne ihm diese Bequemlichkeit zu
beneiden. Diese hat nicht blos ihre großen Gefahren, sondern
schließt auch ein solches Gebiet von der Ehre der kirchlichen und
politischen Mitarbeit an einer der bedeutungsvollsten Aufgaben aus,
welche unserer Zeit vorbehalten, jetzt in der großen Mehrzahl der
deutschen Länder ihre Lösung begehrt.

Zusatz von Reyscher.

Es wird dem Herrn Verfasser angenehm sein, eine Bestäti=
gung seiner Grundansichten in einer Entscheidung des württember=
gischen Ministeriums des Innern vom 19. November 1855 zu fin=
den, welcher der k. Geheimerath den 26. Juni 1857 in der Rekurs=
instanz beigetreten ist. Dadurch ward ausgesprochen:

1) daß die Bestreitung der Kirchenverbandskosten, soweit die Ein=
künfte der Stiftungspflege nicht zureichen oder ein dritter näher

---

[31] So Mejer Kirchenrecht S. 168. 169.

dazu Verpflichteter nicht vorhanden ist, nach den Grundsätzen des Kirchenrechts den Mitgliedern des Kirchengenossenschafts= Verbands obliege;

2) daß die Kirchengenossenschaft im Allgemeinen als ein persön= licher Verband anzusehen sei und wie der Genuß der kirch= lichen Anstalten ein persönlicher sei, so auch die Theilnahme an den Kirchenkosten, wo nicht durch besondere Rechtstitel etwas Anderes eingeführt ist, nicht eine dingliche, sondern eine persönliche Grundlage habe.

Mit diesen Sätzen sollte zwar nur ein Spezialfall entschieden, d. h. die Befreiung eines adeligen Guts, dessen Besitzer wie die Gemeinde evangelisch, aber auswärts wohnhaft ist, motivirt werden. Allein dieselben sind so allgemein hingestellt, daß davon wohl auch in andern Fällen künftig Anwendung gemacht werden wird; und leicht könnte obige Erörterung dazu dienen, ein weiteres Gewicht in die Wagschale zu Gunsten neuer Befreiungen von Gemeinde= lasten zu werfen, so wenig der Herr Verfasser schließlich die kon= krete Anwendung billigen dürfte.

Meine Bedenken gegen die weite Fassung des zweiten Satzes, wie auch gegen die Grundansicht Herrmann's sind folgende:

Das kanonische Recht, welches auch in der evangelischen Kirche, soweit nicht Lehre und Verfassung ihm entgegenstehen, subsidiäre Quelle geblieben ist, geht davon aus, daß der kirchliche Verband ebenso wie der staatliche und Gemeinde=Verband auf bestimmte, abgegrenzte Bezirke (Sprengel, Kirchspiele) gegründet sei und nicht blos die Personen, welche in dem Seelsorgedistrict wohnen, sondern auch die Immobilien ergreife, aus welchen derselbe zusammengesetzt ist. Wie die Landeshoheit und die in ihr enthaltenen Rechte Gegenstand einer possessio juris vel quasi-possessio waren, so auch die Diö= zesan= und Parochialrechte. Ohne die Voraussetzung einer gewissen dinglichen Beschaffenheit dieser Rechte (eines accedere corpori) hätte der Besitzschutz oder der Gebrauch der possessorischen Rechtsmittel gar nicht Platz greifen können. Dieses Argument scheint nun freilich zu viel zu beweisen, indem nicht blos die auf Grund und Boden haftenden Rechte, wie der Zehnte, die Grundsteuer, sondern auch rein persönliche Leistungen, wie die sog. Stolgebühren, gegen Ein= griffe Dritter possessorisch geschützt wurden, als Ausfluß der Pa= rochial=Befugniß. Allein ich wollte auch blos das vorläufig bewei=

sen, was in obiger Entscheidung verneint wird, daß der Parochial-
verband nicht blos eine persönliche, sondern auch eine dingliche
Grundlage habe. Dieß äußert sich auch in der Beschaffenheit der
Parochial-Abgaben, welche theils persönlicher, theils dinglicher Natur sind. Wenn der Angehörige einer Diözese oder Parochie auswärts seinen Wohnsitz aufschlägt, so haben nach cap. 5. X de
parochiis et alienis parochianis (III, 29.) seine bisherigen Kirchen-
vorgesetzten von ihm keine Temporalien mehr anzusprechen, weil sie
für ihn keine Spiritualien mehr administriren. Nichts desto weniger ist der auswärts Domizilirte rücksichtlich der agri in eorum
parochia constituti auch noch ferner dem Parochial-Verbande und
den Parochial-Lasten, namentlich dem Zehnten, unterworfen. Man
könnte sagen: speziell sei dieses nur bei dem Prädialzehnten ausgesprochen, und bei diesem als einer Reallast ergebe sich die Dinglichkeit von selbst. Allein die Stelle spricht allgemein von den fructus
aus den in der Parochie gelegenen Gütern und nach dem Abgaben-
system des Mittelalters wurden in der Regel nur Natural-Abga-
ben auf die Güter gelegt. Auch der Zehnte wird als eine Kirchen-
steuer aufgefaßt und, wenn nicht ein Dritter seine Berechtigung
nachweist, der Pfarrkirche des Orts zugewendet [1]). Die entscheidende Rücksicht war also die bleibende Verbindung der Immobilien
mit der Parochie, oder der Grundsatz, daß zwar persönliche Leistungen, namentlich die Stolgebühren, dem Pfarrer des Wohnsitzes ge-
bühren, daß aber der Grundbesitz derjenigen Parochie steuerbar ist,
zu deren Bezirk derselbe gehört.

Von diesem Grundsatz geht auch aus das allgemeine preußische
Landrecht, welches Th. II. Tit. 11. §. 237 f. die Parochial-Ver-
hältnisse genauer bestimmt. Parochie wird hier derjenige District
genannt, in welchem Glaubens-Verwandte einer vom Staate öffentlich aufgenommenen Religionspartei zu einer gemeinschaftlichen Kirche
verbunden sind (§. 237). Die Verpflichtung zu Tragung der Parochial-Lasten wird zwar zunächst auferlegt den Personen, welche
innerhalb des Kirchspiels ihren ordentlichen Wohnsitz haben (§. 260).
Allein aus der Befreiung von der ordentlichen Gerichtsbarkeit des
Orts folgt noch nicht die Ausnahme von der Parochie (§. 277).

---

1) c. 29. 30. X de decimis (III, 30). Vergl. Schwabenspiegel, Landrecht (Laßberg) Art. 155.

Die Parochiallasten in Ansehung der Grundstücke werden von den Besitzern entrichtet an die Kirche derjenigen Religionspartei, in deren Bezirk die Grundstücke liegen (S. 265. 280). Doch soll Niemand bei einer Parochialkirche von einer andern als derjenigen Religionspartei, zu welcher er selbst sich bekennt, zu Lasten oder Abgaben, welche aus der Parochial=Verbindung fließen, angehalten werden, wenn er gleich in dem Pfarrbezirke wohnt oder Grundstücke darin besitzt (S. 261). Der Beitrag zu den Kirchenbauten, bestehend in einem Drittel der Kosten — zwei Drittel trägt der Patron — wird nach dem Contributionsfuß vertheilt; auch wenn die Grundstücke der Contribution sonst nicht unterworfen sind, müssen sie dennoch nach Verhältniß des Maßes und Ertrags derselben ihren Beitrag geben (S. 734).

Nach den bayerischen Gesetzen wird das nicht durch das Stiftungs=Vermögen oder die Beiträge der weltlichen und geistlichen Dezimatoren gedeckte Quantum bei Kirchenbauten durch directe Umlagen auf die betreffenden Gemeinden aufgebracht[2]).

Auch in Württemberg ist es Regel, daß in Ermanglung von Stiftungen und besonderen Rechtstiteln die Kosten der Herstellung und Unterhaltung der Pfarrgebäude wie des Schulhauses aus Gemeindemitteln bestritten werden[3]). Reichen die ordentlichen Einnahmen der Gemeinde nicht hin, so werden solche Kosten mit dem übrigen Gemeindeschaden nach dem Steuerfuß umgelegt. Eine Unterscheidung der In= und Ausmärker findet nicht statt. Indessen machten die Parochial=Verhältnisse der verschiedenen Confessionen eigene Bestimmungen nothwendig. Nach dem Religions=Edicte vom 15. October 1806. Nr. III. sollten die der Ortsreligion nicht zugethanen Einwohner, so lange sie keine besondere Kirche bilden, obgleich in ihrer Religions= und Gewissens=Freiheit nicht beschränkt, zur Ortspfarrei gerechnet werden und daher die gesetzlichen Stolgebühren dahin entrichten. Die Verordnung vom 12. Sept. 1818 Nr. III. VIII. hob jedoch dieses auf und bestimmte noch weiter, daß die Dissentienten, wenn nicht durch einen besonderen Rechts=

---

2) Permaneder, gemeines und bayerisches katholisches Kirchenrecht §. 795
3) Kastenordnung von 1536 (Gesetzsammlung Bd. XII. S. 130. 131). General=Rescript vom 5. Juni 1728 (daselbst Band XIV. S. 16). Gaupp, evangelisches Kirchenrecht §. 664.

titel, z. B. Verjährung, die Baulaſt auf die bürgerliche Gemeinde
übergegangen, zum Bau und zur Reparation der Kirche und des
Pfarrhauſes in ihrem Wohnorte nicht zu konkurriren haben. Nur der
Bau und die Unterhaltung der Schulgebäude und des Kirchhofs
(Todtenackers) ſollte künftig als eine Laſt der bürgerlichen Gemeinde angeſehen werden. Gleichwohl blieb es Regel, daß die
Bauten an Kirchen- und Pfarrhäuſern, wo ſie den Gemeinden obliegen, auch wirklich als Gemeindeſachen behandelt wurden [4]). „In
Beziehung auf die allgemeine geſetzliche Verpflichtung zur Theilnahme an dem Aufwand für Kirche und Schule findet eine Ausnahme zu Gunſten des bisher (von den Gemeindelaſten) exemten
ſtandesherrlichen und ritterſchaftlichen Adels fernerhin nicht ſtatt" [5]).

Nach dem badiſchen Baugeſetz vom 26. April 1808 §. 26.
werden die Baukoſten für Kirchen und Schulen, welche auf das
Kirchſpiel fallen, auf alle von In- und Ausmärkern beſeſſene
freie Güter ohne Unterſchied nach dem jeden Orts üblichen Schä-
tzungsfuß umgelegt. An die Stelle des örtlichen Steuerfuſſes iſt
aber jetzt der allgemeine Steuerfuß getreten, und da derſelbe Häuſer,
Gefälle und Gewerbe ebenſo wie liegende Güter befaßt, ſo werden
die Beiträge zu den Kirchen- und Schulhaus-Baulichkeiten ohne
Ausnahme auch aus dieſen Steuerquellen geleiſtet. Auch die
ortsherrlichen Steuerobjekte und die Güter und Gebäude des Staats,
ſelbſt die zum Staatsdienſte benützten, machen in dieſer Beziehung
keine Ausnahme, und es iſt Grundſatz, daß ſelbſt wenn die Gemeinde durch Kapital-Aufnahme oder Erlös eines außerordentlichen
Holzhiebs ſich zu helfen im Stande iſt, die Betreffniſſe der Ausmärker und ſtaatsbürgerlichen Einwohner ausgeſchieden und beſonders zum Einzug gebracht werden [6]).

Allerdings haben durch die Reformation und mehr noch durch
die neuere Geſetzgebung die Parochial-Verhältniſſe theilweiſe eine
Aenderung erfahren. Gegenüber den Angehörigen einer andern
Kirche, auch wenn dieſelben keine eigene Pfarrei in demſelben Orte

---

4) Bekanntmachung vom 21. Mai 1823 bei Weiſſer, Verwaltungs-Edict
   Beilage Nr. 334.
5) Geſetz vom 18. Juni 1849, betreffend die Ausdehnung des Amts- und
   Gemeinde-Verbands auf ſämmtliche Theile des Staatsgebiets, Art. 7.
6) Chriſt, das badiſche Gemeindegeſetz. 3. Aufl. S. 113. 114. 116. 117.

hatten, konnte der Parochial=Verband nicht festgehalten werden: dieselben wurden daher gewöhnlich der nächsten Pfarrei ihres Be= kenntnisses zugewiesen. Damit war zwar an und für sich noch keine Auflösung des dinglichen Verbandes gegeben. So lange nur Eine Parochie im Orte, ruht die Parochiallast ungetheilt auf dem ganzen Bezirk, und die Dissentienten wie die Forensen können als Grund= besitzer nicht wohl eine Ausnahme ansprechen. Indessen dem Vor= gange Preußens sind andere Staaten gefolgt, und wir haben gegen die Befreiung der Dissentienten nichts einzuwenden. Daraus folgt aber nicht die gleiche Ausnahme zu Gunsten der Forensen, wofern diese dem parochialen Bekenntnisse angehören. Innerhalb der ein= zelnen vom Staate anerkannten kirchlichen Körperschaften bestehen die alten Parochialrechte fort, und es ist noch immer — ja mehr noch wie früher — nöthig, die Kirchenkosten in einzelnen Gemeinden durch Umlage aufzubringen.

Der besondere Grund, welchen Permaneder [7]) für die Bei= ziehung der Forensen in der katholischen Kirche anführt:

„denn als Katholiken, wenn sie auch für ihre Person aus= wärts eingepfarrt sind, participiren sie doch bezüglich ihrer Prädial=Besitzungen an den kirchlichen Feld=Umgängen, Ge= beten und Segnungen für das Gedeihen der Früchte"

möchte doch kaum zureichen, einen Unterschied zu begründen: denn die Evangelischen werden die Gebete, welche in ihren Kirchen für den Segen des Feldes gesprochen werden, für nicht minder wirk= sam halten, wie die Katholiken ihre Bittgänge. Auch der andere Grund Permaneders: daß die zur Bewirthschaftung der Maiereien und Felder verwendeten Dienstpersonale an manchen gottesdienst= lichen Handlungen in der fraglichen Kirche selbst Antheil nehmen, trifft ebensowohl zu bei evangelischen wie katholischen Gutsbe= sitzern. Aber er ist nicht durchgreifend, denn wie soll es bei klei= neren Grundstücken gehalten werden, welche von Einwohnern der Nachbarorte angekauft und von hier aus bewirthschaftet werden? Diese Grundstücke bleiben im Grundbuche der Markung stehen, sollen sie deßhalb, weil ein Auswärtiger sie gekauft hat, für die Bei= steuern zur Ortskirche verloren sein, sollen deßhalb die Einheimi=

---

7) Die kirchliche Baulast 2. Aufl. §. 29. Note 4. Katholisches Kirchen= recht §. 792.

schen um so mehr beitragen? Liegt hier nicht nahe die Analogie anderer Gemeinde=Umlagen, welchen die Grundstücke der Auswär= tigen innerhalb der Markung ebenso unterworfen sind, wie die der Inwohner, ungeachtet jene an den bürgerlichen Benefizien keinen Antheil nehmen. Die Befreiung der Ausmärker hätte noch einen Sinn, wenn dieselben dafür in der Gemeinde ihres Wohnorts um so mehr angezogen würden. Daran wird aber nicht gedacht. Ueber= haupt hätte die Freigebung der Forensen in den meisten Fällen nur die Wirkung, daß dieselben im Verhältniß zu den Einwohnern er= leichtert würden, was legislativ nicht gerechtfertigt wäre.

Auch Herrmann ist in seinem Aufsatze (oben S. 64. 70.) für die Belastung der Forensen, wenn diese derselben Kirche an= gehören. Nur fordert er dazu ein besonderes Staatsgesetz, was uns nicht nöthig scheint und jedenfalls zur Erklärung des bereits bestehenden Gebrauchs nichts beitragen könnte.

Noch einer andern Ansicht Herrmann's möchte ich entgegen= treten. Es ist allerdings in den meisten protestantischen Kirchen= ordnungen der Gemeinde (zum Theil heißt es auch nur: die Ein= gepfarrten oder das Kirchspiel) die Erhaltung der Kirchen= und Pfarrgebäude subsidiär auferlegt, und es hängt dieß sicher zusam= men mit der protestantischen Vorstellung von der Pfarre als Ge= meine. Aber die Parochialfrohnen und selbst die Beiträge der Parochianen zum Kirchenbau, wo das unmittelbare und mittelbare Kirchenvermögen nicht hinreichte, sind nicht erst durch die von dem Hrn. Verfasser S. 38 f. angeführten Partikular=Kirchen=Ordnungen geschaffen worden, sondern längst in Uebung gewesen. Schon die Kapitularien der fränkischen Könige verpflichten nicht blos diejeni= gen, welche Kirchenvermögen innehaben, namentlich die Dezima= toren, zur Erhaltung der Kirchengebäude, sondern sie legen auch den Eingepfarrten, dem Volke der Pfarr= oder Taufkirchen (populo plebis), für den Fall, daß diese nicht aus eigenen Mitteln im Stande erhalten werden könnten, die Verbindlichkeit auf [8]). Wir finden also in diesen alten Reichsgesetzen schon dieselbe Reihe von Ver= pflichteten, welche das Concilium Tridentinum Sess. XXL c. 7. de Reformatione aufführt.

---

8) Capit. a. 794. c. 26. (Pertz, Legum tom. II. p. 74. a. 817. c. 5. (p. 215.) a. 856. c. 9. (p. 438.) a. 875. c. 16. (p. 525.) a. 876. c. 11. (p. 531.)

Auch darin läßt sich dem Herrn Verfasser nicht beitreten, wenn derselbe die Liberirung der Benefizirten von der Baupflicht als eine Folge der ausgesprochenen Gemeindepflicht betrachtet; dieselbe war vielmehr eine Folge der neuen Kompetenz= oder Besoldungs= Verhältnisse, und ganz und überall waren ja die Pfarrer nicht be= freit. Oder wenn er S. 65 die Belastung der Domanien aus den Kirchengesetzen des sechszehnten Jahrhunderts erklärt, welche der Landesherrschaft auch für lokale Zwecke Verbindlichkeiten auferlegen: häufiger hängt die Beitragspflicht der Landes= und Ortsherrschaft mit lokalen Verhältnissen, namentlich mit dem Besitz kirchlichen Ver= mögens oder mit dem Patronatrecht zusammen; in Oesterreich wird bei Unzulänglichkeit des Kirchenvermögens der Patron und die Gutsherrschaft in Anspruch genommen, mehrere eingepfarrte Do= minien leisten den Beitrag pro rata.

Beachtenswerth sind die S. 71 aus der Veränderung der con= fessionellen Verhältnisse abgeleiteten Gründe. Ob diese aber weiter reichen, als zur Parität der Confessionen im Parochial=Verband, ob bis zu einem bloßen Personal=Verband und bis zur Einführung jenes Grundsatzes des natürlichen Gesellschaftsrechts, wovon die Eingangs erwähnte Ministerial=Entscheidung ausgeht, kann hier nicht weiter ausgeführt werden. Möglich, daß die staatlich=kirch= liche Entwicklung auch zu dieser Aenderung führt, aber vollzogen ist sie noch nicht.

Reyscher.

III.

Die Theilnahme am Verbrechen nach dem altdeutschen Rechte.

Von

Eduard Osenbrüggen.

Die Lehre von der Theilnahme am Verbrechen ist in der Theorie des deutschen Strafrechts bis zu einem Exceß von Distinctionen ausgebildet worden, die so fein sind, daß die Praxis ihnen nicht nachzugehen vermag. Dem Mißbehagen über diese Entzweiung von Theorie und Praxis hat einen starken Ausdruck gegeben J. Schnell in Basel, wenn er sagt [1]): „daß — die Wissenschaft ihrem hölzernen Fachwerk der Urheber, Haupt-, Nebengehülfen und Begünstiger entsagen und wieder zu den gesunden Grundsätzen des alten Strafrechts zurückkehren muß, das, soweit römisch, Wächter und Rein, in dieser Lehre namentlich auch Birnbaum, soweit germanisch, Wilda wieder offen gelegt hat, ist jedem Richter klar, der das Recht von der Lebensseite ansieht." Wie bei der hier postulirten Umkehr der Wissenschaft diese in den Fällen zu wählen habe, wo römisches und germanisches Recht in Betreff dieser Lehre sehr bedeutend von einander abweichen, ist nicht gesagt. Will man die Grundsätze des einheimischen Rechts über die Theilnahme am Verbrechen vorzugsweise in's Auge fassen, so führt das zu einem Eingehen auch auf die Zeit, bis zu welcher Wilda nicht vorgedrungen ist, denn er hat zwar das germanische Recht in dieser Beziehung kurz und klar angegeben, aber zwischen der von ihm behandelten Zeit und dem Art. 177 der P.G.O. liegen Jahrhunderte deutschen Rechtslebens, in denen die Grundsätze über Theilnahme am Verbrechen nicht unverändert blieben, und ein Versuch, diese Lehre nach

---

1) Zeitschrift für schweizerisches Recht V, 1 (1856) Abhandl. S. 72.

den deutschen Rechtsquellen dieser Jahrhunderte aufzufassen, scheint geboten zu seyn. Dabei muß es in Frage kommen, ob der Aus= spruch Hälschner's [2]), daß das ältere deutsche Strafrecht den Unterschied der verschiedenen Formen der Theilnahme am Verbrechen nicht kenne, wohl aber bestimmte Arten der Theilnahme als selbst= ständige Verbrechen mit Strafe bedrohe, in solcher Allgemeinheit richtig sei. Hälschner hat diesen Satz zwar nur gelegentlich aus= gesprochen, aber sicherlich auf Grundlage seiner Quellenforschung.

I. Die Unterscheidung von Urhebern und Gehülfen ist in den altdeutschen Rechtsquellen verschieden ausgedrückt, aber eine strenge Sonderung der Gehülfen von den Miturhebern, wie sie von der neueren Theorie verlangt wird, finden wir nicht überall.

Nicht selten kommt Orhabe vor und zwar als Masculinum. Leman, Wörterbuch zum alten kulmischen Recht, erklärt dieß = der Urheber, allein das ist weder für die betreffende Stelle des kulmischen Rechts, noch für verwandte Stellen richtig. Kulm III, 3. behandelt den Fall, wo zwei Leute sich gegenseitig verwundet haben, und beide klagen, und da heißt es, derjenige, an dem der Friede zuerst gebrochen worden, soll es mit seinen Schreileuten bezeugen, „daz her den vrede an ym gebrochen habe und der orhabe yenes were und syne nicht". Dafür steht III, 9: „und by schult yenes sy und syn nicht." Gleichlautend mit der ersteren Stelle ist die Breslauer Urkunde von 1295 §. 9 (Gaupp, das alte Magdeb. Recht S. 261) und die Görlitzer von 1304 Art. 48. 71 (Gaupp S. 288. 294); sächsisches Weichbild Art. 16 (Mühler): „und die oraf ienes were und sin nicht", Art. 46. a. E.: „das der oraf des toten were unde sin nicht"; Bamberger Stadtr. §. 96.: „wenne der urhab sein gewesen ist". An allen diesen Stellen bedeutet das fragliche Wort = den Anfang. Auch im Brünner Schöffenbuch Nro. 112 S. 59. „das derselbe man clagt umb ein urhab an einem toden", bezeichnet Urhab nicht die Person des Urhebers.

Oft ist der Urheber einer Rechtsverletzung als reus principalis in dem Processe mit dem für den debitor principalis gewöhnlichen Namen Selbschuldiger belegt, im Gegensatze zu den Nachfolgern oder Folgern s. Schwabensp. 354. Wackern.; Willkür der Sachsen

---

2) Geschichte des Brandenburgisch-Preußischen Strafrechtes (1855) S. 91. Anm. 16.

in dem Zips 61: „Ab ein Mann vorterbet würde, so spricht unser Recht, das man niemant mer beschuldigen mag, wenn den selbschuldigen und zwen Folger dazu", daselbst 14. 31. 43. 47. 48. 49. 52. 53. 58; Prager Stat. 89. Mehrfach kommen der Selbschuldige und die Nachfolger vor in der Relation eines Falles der Verwundung, der 1469 vor die magdeburger Schöffen gebracht wurde (Neumann, magdeb. Weisth. S. 100). An einer Stelle dieser Relation sind die Angeklagten bezeichnet als „Sachenwelder" und Nachfolger, an einer andern Stelle ist der reus principalis „Handtheter und Selbschuldiger" genannt. Ein anderes Schöffenweisthum von 1452 (Neumann S. 31.) nennt gleichfalls „Sachewalden" und Nachfolger oder Vollerster, aber sowohl die Bezeichnung Selbschuldiger, als Sachwald und Secher (Grimm Weisth. I, 237), womit der Urheber der Rechtsverletzung im Proceß belegt werden kann, sind weitere Begriffe. Nicht allein Sachwald und Secher sind, wie das lateinische reus, Namen der Partheien des Processes, dienen also auch zur Bezeichnung des Klägers (Billwärder 30 ff. Nordhausen. Stadtr. 10, sächs. Weichbild (Mühler) 18, Stadt- und Amtsbuch von Zug 28. 29, Grimm Wsth. I, 281 vgl. Haltaus p. 1570 ff.), sondern, was freilich eine Unregelmäßigkeit genannt werden muß, Selbschol kommt für Kläger vor im Friedgerichtsbuch von Regensburg: „Wer umb den Straßraub gevangen wird, den er getan hat, in der stat —, das sol der selbschol bereden mit dem aid, das er den Straßraub getan hab rc." (Freyberg's Sammlung V. p. 81.)

Der Name „Handtheter" in dem oben angeführten magdeb. Weisthum von 1469, wie in einem andern von 1470 (Neumann S. 109.) erscheint direct als Bezeichnung des physischen Urhebers, der Tödtung und Verwundung, wie das noch häufigere Thäter s. Arnstadt Stat. von 1543 Art. 1. Haltaus p. 813.

Am häufigsten wird der Urheber je nach dem begangenen Verbrechen bezeichnet, z. B. „dem morder und yr nachfolger" im Blutrecht von Bacharach bei Grimm Wsth. II, 213; „den hussucher unde alle sine midegesellen" im rheingauer Landrecht S. 72. bei Grimm Wsth. I, 543; Zips 30.

II. Die Bezeichnung der Gehülfen durch Folger, Nachfolger, auch Mitfolger (Ofen 347, Zips 30) weist zurück auf die Zeit, in welcher die Fehde in steter Uebung war und an der Be-

gehung gewaltthätiger Verbrechen, wie Heimsuchung, Raub, Brand=
stiftung ꝛc. in der Regel eine Mehrzahl von Menschen theilnahm,
so daß Einer den Anführer machte, die Uebrigen das seinen Befehlen
gehorchende Gefolge. Wilda hat daher S. 612 ff. die „Gefolg=
schaft" für die ältere Zeit als eine Art der Beihülfe an die Spitze
gestellt und eine besondere Characteristik derselben gegeben und be=
handelt darauf die anderweitige Beihülfe. So gehörte zur Heim=
suchung des germanischen Rechts regelmäßig ein gesammeltes Gefolge
(Wilda S. 952.) und die Heimsuchung wird deßhalb als „reisa"
aufgeführt in der const. Henrici regis 1234 (Pertz IV. 301).
Später konnte die Heimsuchung ein Ueberfall durch Mehrere sein,
aber das gesammelte Gefolge gehörte nicht mehr zum Begriffe dieser
Missethat [3]). Der Name Folger und Nachfolger erhielt sich aber
für die Gehülfen bei verschiedenen Verbrechen auch in der späteren
Zeit, vgl. Haltaus p. 470 a. E.

Eine Erklärung der Folge gibt uns das Rechtsbuch nach Dist.
IV. 8, 1: „Daz ist unde heyset eyn fulge: wan eyner, czwene, dry,
fir, abber mer lute, mit eyme zculoufen, wen her eynen beschedigen
wel sines libes, unde doch nicht schade gesched, unde er entlouffet ꝛc."
(Göschen, goslar. Stat. S. 303). Daselbst Dist. 5. findet sich
für den Begriff noch die wichtige Notiz: „Tut ein folger schaden,
wen sin frund schaden hat getan, er ist nicht ein folger, er ist ein
sachwalde." Derjenige ist also Miturheber und nicht Folger, der
sich einem Verwandten bei der Begehung eines Verbrechens zuge=
sellt, denn die Folge setzt einen die Folger beherrschenden oder doch
leitenden Führer voraus. In dieser Dist. 5. würde dann eine Ver=
schiedenheit der neuen von der alten Zeit ausgedrückt sein, in wel=
cher letzteren das Gefolge wohl vorzugsweise „aus den Blutsfreunden
und anderen befreundeten Genossen" bestand (Wilda S. 613).
Allein vielleicht ist die Dist. 5. so zu fassen, daß der Grund, warum
in dem hervorgehobenen Falle keine Folge angenommen werden soll,
in der zeitlichen Trennung und unvorbereiteten Aufeinanderfolge
der beiden schädigenden Handlungen liegt. A verletzt den B, dar=
auf verletzt A's Freund C den B, ohne daß von vorne herein eine
Verbindung des A und C zum Zwecke der Schädigung bestand, ob=
wohl die Schädigung durch A die nachfolgende Schädigung durch
C veranlaßte.

---

3) S. meine Schrift über den Hausfrieden S. 69.

In der Rubrik des die Folge characterisirenden Capitels dieses Rechtsbuchs ist zwar die Rede von „Fulge aller Ungerichte," in dem Texte treten aber nur gewaltthätige Handlungen hervor, nicht Diebstahl und dgl. Die vorangestellte Definition der Folge hat die entscheidenden Worte: „mit eyme zculoufen, wen her eynen beschedigen wel sines libes" (vgl. IV. 5, 9.). Die Folge ist schon existent, wenn kein Schaden geschieht, weil schon in dem „Zulaufen" die Rechtswidrigkeit existent ist, welche Buße und Wedde nach sich ziehen soll. Es entspricht dieses Zulaufen dem in den lateinischen mittelalterlichen Quellen so häufig vorkommenden assaltus, assultus, adsalitura, insultus und dem alten Schach (Scach) [4]).

Daß die Beihülfe zum Verbrechen häufig mit dem Worte Volleist ausgedrückt ist, erscheint als eine ausgemachte Sache; Wort und Begriff, so wie sie in den verschiedenen Rechtsquellen auftreten, bereiten aber doch nicht geringe Schwierigkeiten. Es ist bedenklich, bei der Forschung nach dem Gehalte des Wortes von der Etymologie auszugehen, da diese sehr zweifelhaft ist. Wenn es zwar handgreiflich zu sein scheint, daß Volleist zusammengesetzt sei aus voll und leisten, so ist dieß doch nichts weniger als gewiß. Ziemann erklärt zwar Volleist durch: vollständige Leistung und auch Graff II, 252 ist ähnlicher Ansicht, aber der Letztere nimmt dieß später, III, 482. zurück und faßt die zweite Silbe von Volleist, Folleist, wofür auch Folluft vorkommt [5]), als Ableitungs=silbe. Wackernagel setzt als erste Bedeutung: Vervollständigung. In dem trefflichen Glossarium von Haltaus findet sich über das Wort merkwürdiger Weise kein Artikel; in den altdeutschen Rechts=quellen liegt aber eine nicht unbedeutende Anzahl von Stellen zer=streut, aus denen sich erkennen läßt, wie und in welcher Verbindung das fragliche Wort vorkommt.

Rechtsbuch nach Dist. IV, 10, 4: „Man sal umbe notnunft richten ober ben, ber by getan hab unde obir by, by borczu gehulffen haben an rad unde an folleyst." Goslar Stat. 42, 32: „an rabe ober an vulleste". Die Vergleichung dieser Stellen mit Dist. IV,

---

4) S. meine Abhandlung über den „Nachtschach" in dieser Zeitschrift XVII. Nro. 15.

5) Das Wort findet sich in den Formen: Fulliste, Folliste, Folste auch in den altfrisischen Rechtsquellen s. Richthofen Wörterb. s. v.

9, 1. und mehreren Stellen der gosl. Stat. zeigt, daß die Zusam=
menstellung dem gewöhnlicheren „Rath und That" entspricht. Die
Thätigkeit, welche hier mit Volleist bezeichnet ist, ist ein Accessorium,
wie der Rath, zu der Prinzipalthätigkeit des Nothzüchters und als
physische Beihülfe erscheint dieselbe vielfach in den Quellen, in denen
aber die Miturheberschaft von der Beihülfe nicht streng gesondert
ist, sondern vielfach nur der Begriff der Mitschuld hervortritt, der
beide Arten der Theilnahme umfaßt. Sachsensp. II, 25 §. 1:
„over den rovere und over sine unrechten vullest." Lüneburg.
Stabr. S. 63 (Kraut) „de proscripto et ejus complicibus" —
„Weret dat en man lete vorvesten enen man by namen und dar
to sine unreynen [6]) vulleft; spreke de voghed, he scholde de vulleft
benomen 2c." Kulm III, 35. Magdeb. Weisth. 15. 16. (Neum.)
Desterr. Weisth. II, 24. IV, 9 (Kaltenbäck). Ganz wie „Folger"
steht „yedermann der wolleist" im Verhältnisse zu dem „Selbeschol"
im prager Stat. 89 und c. 52 desselben Statuts ist rubricirt „de
coadjutorio quod vulgo Volleist nuncupatur". Aber während sonst
die Bezeichnung des betreffenden Verbrechens hinzugesetzt ist, wie
Volleist eines Todtschlages, der Lemden 2c. (Kulm a. a. O.), oder
dieses Verbrechen aus dem Zusammenhange erhellt, ist in dem letz=
teren Kapitel des prager Statuts gar keine solche Beziehung des
Volleist angegeben, sondern tritt dieses Coadjutorium wie ein allge=
meines selbständiges Verbrechen auf, das mit der höchsten Buße
bedroht ist, bei Zahlungsunfähigkeit mit Verweisung aus der Stadt
auf Jahr und Tag, und im Falle der Uebertretung des Bannes
mit Abhauen eines Gliedes an der Hand oder an dem Fuße. Das
hier so auffallend hingestellte Volleist hat im vorangehenden Kap. 51.
keinen Hintergrund, denn da ist die Rede von einem „der einen be=
stellten Frieden bricht mit Worten", wobei eine Beihülfe oder Mit=
wirkung kaum gedacht werden kann. Auch aus Kap. 89. kann die
Erklärung nicht entnommen werden, weil für den dort erwähnten
Fall die Strafe des Volleist nicht die höchste Buße, d. i. siebenthalb
Schock großer Pfennige, sondern nur die Buße von einem Schock
ist. Vielleicht läßt sich das Kap. 52. erklären mit Hülfe des aus
demselben Jahrhundert stammenden brünner Schöffenbuchs, wo Nro.

---

6) In der Stelle des Sachsensp. hat der Kölner Druck 1480 auch: un=
reine. Vgl. Homeyer Reg. zum Sachsensp. und zum Richtsteig.

725 gesagt ist: „Wollaist quod est operam dare vel consilium praebere non sequitur omnia vulnera, sed tantum homicidia vel invasiones domus, furta et spolia et mortificationes et alia delicta gravia istis consimilia.“ Darnach würde also das im Kap. 52. des prager Statuts mit der höchsten Buße belegte Volleist die Beihülfe bei dem Todtschlage, bei der Heimsuchung und anderen großen Delicten sein. Noch mehr ist aber Wolleist als Mitwirkung bei der Tödtung und Verwundung fixirt in den Statuten von Iglau (Dobner, Monum. hist. Boem. IV.): „De eo quod dicitur Wolleist. Si quis pro Volleist alicujus interfecti accusatus fuerit, solus in cruce se poterit excusare, et si ceciderit, conquerenti marcam dabit, Judici et Juratis marcam. Si quis vulneratus vel alio modo lesus fuerit, et intra triduum neminem nec vulnere, nec per Volleist accusaverit, postmodum pro tali facto neminem poterit accusare etc.“ Zu Volleist ist hier die Anmerkung beigefügt: „Id est auxilio. — In libro crebrius memorato sententiarum Przemislai Ottocari de Volleist haec memorantur: Si accusatus pro opera homicidii, quod vulgariter Volleist dicitur, tempore ejusdem homicidii plano vulnere leniter vulneratus fuerit, prius respondebit pro Volleist, quam agat pro vulnere. Si autem membro mutilatus vel graviter vulneratus fuerit, tunc prius admittitur rationabiliter ad agendum“. Wenn in diesem liber sententiarum oder Schöffenbuch von Iglau [7]) Volleist geradezu identificirt wird mit opera homicidii und auch sonst Volleist am häufigsten in Beziehung gesetzt ist zu der Tödtung, so mag denn auch in jenem K. 52. des prager Statuts das ohne Zusatz hingestellte Volleist als Mitwirkung bei der Tödtung gefaßt sein.

Zur Charakteristik des Volleist als eines Accessorium bei der Tödtung dient auch Nr. 709 des brünner Schöffenbuchs: „Testes, quos primo statuit accusatus pro homicidio, eosdem statuere potest accusatus pro opera, quae vulgo wollaist dicitur; non est enim alienum iure, quod eisdem testibus sit fides super facto principali et ejus accessoriis adhibenda.“ Vgl. Nr. 25. 40. 56. 112. Brünn Stadtr. 52. 54.

Für die Mitschuldigen und Gehülfen bei einem Verbrechen kommen in den altdeutschen Rechtsquellen noch verschiedene andere

---

7) Gengler, deutsche Stadtrechte S. 212. Anm. 4.

Benennungen vor, wie im straßburger Stat. S. 5. 6. und im Schwabenſp. c. 195 (W.): Helfer; im leipziger Schöffenſpruch aus dem 16. Jahrhundert bei Haltaus p. 471 z. A.: Urſächere, Volger und Geferten. Eine ungewöhnliche Bezeichnung hat Zips 14: „der ſelbſchuldige und alle, die ihm des zulegen, die haben leib und gut verloren."

III. Wie in dem Geſetze des angelſächſiſchen Königs Aethelred (VI, 18) daedbana und raedbana, der welcher den Todſchlag gethan, und der welcher ihn gerathen hat, (Grimm, R.-A. 626. Wilda S. 611) zuſammengeſtellt ſind, ſo iſt in den deutſchrechtlichen Quellen das alliterirende Rath und That ſehr häufig, und Rath bezeichnet, wie in den älteren germaniſchen Quellen (Wilda S. 627) die intellektuelle Theilnahme überhaupt, (Sächſenſp. II, 72. S. 4. III, 46. S. 2. 78. S. 9. Goslar 32, 14. 38, 25. 40, 32. 36. 37. 42, 32. 47, 35. Diſt. IV, 9, 1. 10, 4. Bamberger Stadtr. 157. vgl. 156. Grimm, Wsth. I, 543. S. 70. Magdeb. Wsth. Nr. 15. 16.) aber auch ſpeciell die Erweckung des Entſchluſſes oder die Anſtiftung zum Verbrechen, ſo daß, wenn man zunächſt den Thäter ins Auge faßt, auf der einen Seite derjenige ſteht, welcher mit dem Rathe vorangieng, auf der andern Seite die Nachfolger. Kulm V, 30: „Wer dupheit retet und ſy der andir tut. Unde iſt das eyn menſche deme andirn retet daz is ſtele und ſpricht alſo: gang hyn und ſtyl deme das und brenge myrs und gyb myrs halb ich wil is dir behalden. Und tut her das und das gut wirt begryffen in des gewalt deme is do bevolen wirt. — — Spricht abir dyſir her ſy ſyn geſelle dor an und her hys is ym ſielen und her bevul is ym" 2c. 2c. V, 32: „Der dupheyt retet abir hylfet tun. Wer rat abir hulfe eynem manne tut das her ſtylt der iſt der dupheyt ſchuldig" 2c. 2c. In demſelben Rechtsbuche iſt III, 26. 27. 37 der Ausdruck Vorretnyſſe eines Todſchlags, Mordes, gebraucht.

In der neueren Doctrin iſt die Neigung vorherrſchend, den Rath nicht als eine Art oder Form der Anſtiftung gelten zu laſſen, während nach den germaniſchen und altdeutſchen Rechtsquellen Anſtifter grade ſehr häufig derjenige iſt, im Gegenſatze zum Thäter, der dieſem den Rath zur Begehung des Verbrechens gegeben hat. Zum Theil mag die häufige Nennung des Rathes in dieſer Beziehung auf die der alten Rechtsſprache eigene Liebe zur Alliteration zurückzuführen seyn; sodann, ist aber auch zu beachten, daß Berner den Begriff des Rathes, des „bloßen Rathes" so rein herausschält, wie es die alte Rechtssprache nicht thut. In der angeführten Stelle des kulmischen Rechts sagt der, welcher „Dupheit retet", zu dem Andern: „Gang hyn und styi deme das — behalden" und der Thäter behauptet nachher, jener habe es ihm befohlen und geheißen. Da ist denn freilich kein „bloßer Rath", aber sprachwidrig würde es auch heute nicht seyn, in einem solchen Falle zu sagen, jener habe diesem den Diebstahl gerathen: Berner gibt als Grund, warum der bloße Rath nur als intellektuelle Beihülfe, nicht aber als Mittel der Anstiftung genommen werden könne, an, daß derjenige, der dem Andren einen bloßen Rath ertheile, die That nicht als seine eigene auf sich nehmen wolle. Im altdeutschen Rechte wurde aber nur gefragt, ob in dem concreten Falle der Rath als erster Entstehungsgrund oder Ursache der Missethat anzusehen und diese dadurch hervorgerufen sei.

Heffter hat in seinem Lehrbuch des Strafrechts §. 82 dem Namen Ursacher als sehr bezeichnend für den Anstifter den Vorzug gegeben und das badische Str.G.B. §. 119 charakterisirt den Anstifter als denjenigen, „welcher dadurch Ursache des Verbrechens geworden ist, daß er den Thäter vorsätzlich zu dem Entschlusse, dasselbe zu begehen, bestimmt hat." Ursacher kommt nicht nur P.G.O. Art. 148 vor: „Beiständer, Helfer und Ursacher", sondern auch Bamb. 152: „Item so einer — auffrur des gemeynen volcks machet, und der ein ursacher erfunden wirdt." (Im zweiten Projekt der P.G.O. Art. 133 steht dafür: „und das also uff ine erfunden wird": so auch P.G.O. Art. 127.) Ferner Reichsabschied von 1555 §. 43: „alle die solcher Vergadberung, Zusammenlaufen oder Häuffen, auch anderer Werbungen und Bestallungen der Knecht Anfänger, Ursacher, Aufwickler sind." §. 45: „auch solche Muthwillige, Ausgetretene zu allerhand Empörungen, Vergadberungen und Aufwiglungen Ursacher sind. Auf Grund dieser Stellen sagt Luden, Handbuch I. S. 456, der Ausdruck komme nur bei solchen Delicten vor, die von Mehreren in Masse begangen worden seien, und solle denjenigen bezeichnen, der die Zusammenrottung oder den Auflauf aufgewiegelt oder angefangen habe. Allein es findet sich auch Ursacher des Mordes in dem von Haltaus p. 471 z. A. angegebenen Schöffenspruch: „daß sie des Mordes, der an bemelten seinen Eiden soll begangen sein, Ursachere, Volger und Geferten sein sollen." Hier ist Ursacher entweder Anstifter des Mordes oder Thäter. Unzweifelhaft bezeichnet Ursacher den Thäter in zwei österreichischen Weisthümern (Kaltenbäck IV, 40. IX, 33): „wer ein frume Frawen oder Jungfrawen mit Gewalt nötten will —; der ist verfallen des Hals. Unb so sie umb Hilff ruft und wer das hört und käm ihr nicht zu Hilff, der ist strafmäßig an Leib und an Gut mitsambt dem Ursacher, so er das Werk nit vollbracht hat."

IV. Ein Festhalten an einer altgermanischen Rechtssitte (Grimm R.A. 626. vgl. 208. Wilda S. 621 ff.) ist es, wenn in der Willkür der Sachsen in dem Zips Art. 61 bestimmt ist: „Ab ein Mann verterbet würde, so spricht unser Recht, das man niemant mer beschuldigen mag, wenn den Selbschuldigen und zwen Folger dorzu. Ist das der Selbschuldige pei den Grofen 10 Mark vorricht in 6 Wochen, so seint die Folger frei. Ab der Wunde über die 6 Wochen lebte, so sind die Folger aller Sachen frei." In dieser Stelle ist nicht gesagt, daß die drei Personen erst nacheinander, in eventum, zur Verantwortlichkeit gezogen werden sollen: sondern sie werden zugleich angesprochen, damit die Buße sicherer erlangt werde; die beiden Folger erscheinen aber als Bürgen, so daß, wenn der Selbschuldige zur rechten Zeit die Buße zahlt, sie dadurch frei sind. Das Stadtrecht von Ofen 347 beschreibt den Rechtsgang, wenn ein Elender erschlagen ist: „Man schol den todten nicht pegraben, man trage yn denn vor an für rathaus, zu einem zaichen, das der richter sein nächster freund und pruder ist, zu fordern und zu nemen das recht wider den manslechtigen[8]. Hat aber der erschlagen mensch freunt, die sullen yn drey stunt nyder setzen unter wegen, so man yn zu kirchen treit, und alz oft ruffen und schreien über den manslechtigen und auch über die zwen negsten mitfolger, der ieglicher gehort zu nennen pey seinem christenlichen namen in dem geruffe. Darnach ap man den ferrer wil suchen, so ruffe der scherge drei rechttage nach enander dem manslechtigen und den zwein nechsten mitfolgern yn auf dem rathaus und nennet ir iglichen mit dem namen, das sy komen und sich vorantworten. Kumpt den zu dem dritten rechttag der nicht, den

---

8) Bamberg Stadtr. §. 163. Zöpfl's Einl. S. 127. Anm. 2. Ruprecht von Freisingen (Ausg. von Westenrieder) §. 2.

man des todtschlages zeicht, so vorzelt man yn umb eyne hant, chumpt aber der ander nechst mitfolger nit [9]), man verzelt yn umb eyne wunden, und die all drey haben als vil freyung vorpasz, als der wolff in der stauden. Die andern aller, ap man ymanden mer anzihe, daz er da pei wer gewesin, mugen emprechen, iglicher mit seynes selbs aide, aber er pusset mit einem firdung dem wibertail und dem richter also viel." Während nach dem Rechte von Zips nur drei Personen überhaupt in Anspruch genommen werden sollen, bestimmt das Stadtrecht von Ofen auch für die übrigen Theilnehmer, wenn der Kläger mehrere anzieht und diese sich nicht mit ihrem Eide frei machen, eine Buße, wenn auch nur eine nominelle Buße. Die Schuld ist hier nicht so, wie in dem Rechte von Zips, unter die civilrechtliche Auffassung gebracht.

Das in den angeführten Stellen conservirte Prinzip des germanischen Rechts, daß, wenn ein Verbrechen von Mehreren verübt wurde, so daß die mehreren Personen als Anführer und Gefolge genommen werden können, die Behandlung und Büßung der Angeschuldigten nicht gleich seyn soll, ist im Auge zu behalten für die Beantwortung einer der wichtigsten Fragen des altdeutschen Rechts in Betreff der Theilnahme am Verbrechen. Wir finden nemlich in den Quellen Aussprüche, welche einen Unterschied machen in der Schuld der Theilnehmer und solche, nach denen alle Theilnehmer gleichgestellt werden. Das ist keine regellose Willkühr, sondern

1) die Classification und verschiedene Beurtheilung der Theilnehmer ist eine Nachwirkung des ehemals so häufigen und wichtigen Begriffs der Gefolgschaft. Prager Stat. 89: „Darnach welln wir, wer der ist, der ein sampnung zu wege pringet (congregatis amicis suis in der lateinischen Rubrik) und louft damit auf sein widersache, ob er des uberwunden wurde, und ist das sein widersache von im an schaden chumet, der selbeschol sol VII schock ze puze geben auf di stat und yedermann, der wolleist, ein schock, oder er sei ein jar aus der stat." Hier ist der Anführer und der Begriff der Gefolgschaft sehr deutlich herausgestellt [10]). Oesterr. Weisth. (Kaltenb.) II, 24.

---

9) Die Erwähnung des einen der beiden nächsten Mitfolger wird hier vermißt.

10) Vgl. den Keurbrief von Brügge 1190. §. 24. (Warnkönig's flandr. Rechtsgesch. II, 1 Urk. S. 87): „Quod si nullus occiditur (in impetitione domus), qui conductum fecit, emendabit impetito sex libras

IV, 9: „wer ainen zu tod flug, der ift vervallen der Herrſchaft 32 Pf. auf gnad, aber ein vollaiſter des todſlags der iſt pflichtig 10 Pf. auf gnad." S. auch Friderici I. const. contra incendarios 1187 (Pertz IV, 184).

Für den Fall einer geſchehenen Verwundung iſt oft der Satz als Regel wiederholt, daß wenn nur eine Wunde beigebracht worden iſt, auch nur Einer als Urheber der Verwundung beſchul= digt werden (Sſp. III, 46. §. 2. Diſt. IV, 5, 9. Goslar 32, 14. Hamburg 1270. XII, 3. Salfeld 142) und daß nach der Zahl der Wunden die Zahl der wegen Verwundung in Anſpruch zu Nehmenden beſtimmt werden ſoll (Neumarkt §. 16 bei Gaupp Magdeb. Recht S. 225: „Homo vulneratus et vivens tot in causam trahere poterit quot vulnera est perpessus." Sächſ. Weichbild (Mühler) 15). Bei einer Wunde iſt dann der eine Beklagte der „Sachwald" (Braunſchweig §. 7), aber „mer luten mag man ſchult geben umbe fulge", ſagt das Rechtsb. nach Diſt. Der Sſp. hat dafür: „doch mach man rades unde helpe mer lüte ſcül= degen", Goslar: „mer lüde mach man ſculdeghen umme den rat", Hamburg: „Men de andere mach men wol ſchuldegen umme ſlage." Es iſt dieſe Regel zunächſt als eine proceſſualiſche hingeſtellt, nach welcher ſich ein verſchiedenes Beweisrecht des Sachwalden und der Folger geſtaltet (Braunſchweig: „Swar ſo lude toſamene ſin, unn wert en man gewundit met ener wunde, unn will he mer lude dharto beſpreken, dan dhen ſakewalden, ſo mogen is dat entgan mit ires enes ſant, dan it iene oppe ſe bringen moge", vgl. Gö= ſchen S. 506). Aber aus der Claſſification der Theilnehmer an der Affaire geht die Conſequenz des Begriffs der Gefolgeſchaft her= vor, ſo daß von dem ſchuldig gefundenen Sachwald die volle Beſ= ſerung der Verwundung gefordert wurde, von den Folgern eine geringere Buße. Hamburg drückt dieſe Verſchiedenheit ſo aus: „men de anderen mach men wol ſchuldegen umme ſlage."

2) Mit dem Vordringen der Idee des öffentlichen Strafrechts manifeſtirte ſich das Prinzip der Abſchreckung und der Gefährlich=

---

et comiti et castellano decem libras similiter et sequentes quotquot convincuntur, singuli eorum dabunt tres libras." Zweite Keure von Brügge 1281. §. 4. (II, 1. Urk. S. 103). Keure der vier Aemter 1242. §. 47 (II, 2. Urk. S. 194).

keit und darunter stehen diejenigen Aussprüche der Quellen, welche eine gleiche Bestrafung des Thäters und der Mitschuldigen vor= schreiben. Jarcke[11]), nachdem er den Satz hingestellt hat, das ältere germanische Recht unterscheide nicht scharf zwischen den ver= schiedenartigen Theilnehmern an einem Verbrechen, dafür aber nur Sachsensp. II, 13 und eine falsch verstandene Stelle des Schwa= bensp. anführt, fügt hinzu: „Auch pflegt hier ja schon meistentheils aus dem Grunde für alle Theilnehmer die gleiche Strafe einzu= treten, weil, wenigstens bei den schwereren und gewaltsamen Ver= brechen, Alle auf gleiche Weise den Landfrieden brachen." Aber gerade bei den schwereren gewaltsamen Verbrechen kommt die Ge= folgschaft und die mit ihr zusammenhängende ungleiche Behandlung des Anführers und der Folger vor und hier erhielt sich diese, wäh= rend bei den mit Heimlichkeit verbundenen Missethaten, die beson= ders verabscheuungswürdig und gefährlich erschienen, wie der Gift= mord und der Diebstahl, die Abschreckung, welche, um zu wirken, immer weit greifen muß, zur Gleichstellung der Mitschuldigen führte. Heinrici III. Imp. const. 1054 (Pertz IV, 42): „Quicunque vene= ficio seu quolibet modo furtivae mortis aliquem peremerit aut inde consentiens fuerit, mortis sententiam incurrat" etc. Rheingauer Landrecht §. 70 (Grimm, Wsth. I, 543): „Item es ist landrecht, so wer ein kint entfure — er verluset lip und gud — und wer daby hulffe aber ryede, der verluse sin lip und sin gud." Goslar 38, 14: „Alle mördere unde de kerfen — rovet — oder de se vörderet to der dat, de scal man radek braken. — Wo of differ= enen to diffen dinghen vörderet mit rade oder mit hülpe — dat selve recht scolde over ine gan dat over dene gan scolde de den bröfe bede." Im Sachsenspiegel und im Rechtsbuch nach Dist. ist dieser Satz noch nicht so allgemeine Regel (Göschen S. 300. 303).

Die meisten Stellen, an denen jene Gleichstellung ausgespro= chen ist, beziehen sich auf Diebe, Diebshelfer und Diebshehler (Sachsensp. II, 13. §. 6. Prager Stat. 35. Dist. IV, 9, 2. 3. Brünner Stadtr. 219), also auf dasjenige besonders verächtliche Verbrechen, das meistens nur von Leuten niedrigen Standes ver= übt wurde und bei dem, wenn auch mehrere daran Theil nahmen, doch der Begriff der Gefolgschaft nie in den Quellen hervortritt. Auch in der alten Zeit, in welcher die Gefolgschaft und die dar=

---

11) Handbuch I. S. 222.

nach eintretende Classification der Theilnehmer weit häufiger war als im deutschen Mittelalter, finden wir die Gleichstellung der Diebshelfer und Hehler mit dem Diebe häufig ausgesprochen (Wilda S. 635).

Wenn in dem Rechtsbuch nach Dift. IV, 9, 1 auch die Folger des Straßenräubers und seine Gehülfen jeder Art mit der Enthauptung bedroht sind, so hat da das Prinzip der Gefährlichkeit und der Abschreckung die Oberhand gewonnen über das der Gefolgschaft. Eine Stelle des Schwsp. (195 W. 234 Laßb. f. auch Kulm V, 37. §. 2) zeigt, wie einer solchen Entscheidung der Zweifel voranging. „Es vert ein Mann mit liuten uz, und nimet einen roup: weder sint si alle schuldic oder niwer der si uz hat gefüeret? Wir sprechen: si sint alle schuldic. wanne er einer methe den roup niht danne haben braht ân der andern hilfe. unde begrifet man ir einen, des der roup da ist, er mac in wol hin füeren ane gerichte, unde sol in für den richter füeren. unde ist ez der helfer einer, man sol über in richten als über den selpscholn" 2c. In diesem Kapitel ist nun zwar am Schluffe gesagt: „Diz ist umbe den roup recht, daz niht strâzroup ist [12]), allein diese Worte beziehen sich wohl auf das Proceffualische, von dem im nächstvorangehenden Satze gesprochen ist und welches bedeutend abweicht von dem Verfahren gegen Straßenräuber nach c. 39 W. Der Schwsp. unterscheidet nemlich Landräuber und Straßenräuber. Der rechte Straßenraub (üble Straßenraub im augsburger Stadtr. S. 56. 106. 108) wird nur begangen an Pfaffen, an Pilgrimen und an Kaufleuten. Der rechte Straßenräuber soll, wenn er auch weniger als den Werth von fünf Schillingen genommen hat (Augsb. Stadtr. S. 56: „daz er im 3 Pf. werth genommen hat"), wie ein gemeiner Dieb behandelt (vgl. Schwsp. 38 W.), er soll, wenn auch nicht an dem gemeinen Galgen, an einem besonders für ihn an der Landstraße errichteten Galgen, gehenkt werden. Hieraus läßt sich wohl mit Sicherheit abnehmen, daß die Gehülfen des Straßenräubers ebenfalls wie Diebsgehülfen und nicht beffer als die Gehülfen des Landräubers beurtheilt werden sollen.

Sachsensp. II, 13. §. 6 stellt summarisch diejenigen, welche Diebstahl oder Raub hüten, und die, welche Andere mit Hülfe

---

12) Diese Worte sind in der Laßberg'schen Handschrift unrichtig als Rubrik dem folgenden Kap. 235 vorgesetzt.

dabei stärken, den Dieben gleich und daffelbe geschieht an manchen andern Stellen. Daraus ist aber nicht zu schließen, daß man die Hülfe bei Begehung des Verbrechens, also wirkliche Theilnahme am Verbrechen und die Hehlerei, sei es in Beziehung auf gestohlene und geraubte Sachen oder in Beziehung auf die Personen der Verbrecher, in einem unklaren Denken nicht unterschied. Es gab in alter Zeit, wie jetzt, Diebsherbergen und solche, welche die Hehlerei und Partirerei gewerbsmäßig trieben. Solche Leute wissen oft nichts von dem einzelnen Diebstahl, der begangen wird oder begangen worden ist, die Klügsten unter ihnen vermeiden sogar eine solche genauere Kenntnißnahme, um bei sich erhebender Nachfrage und Untersuchung besser gestellt zu seyn, sie sind also keineswegs Theilnehmer an der Begehung des einzelnen Verbrechens, aber sie sind im Grunde die schlimmsten indirekten Anstifter der Verbrechen gegen das Eigenthum überhaupt und das sehr populäre Sprüchwort „Ohne Hehler kein Stehler" drückt diese Wahrheit treffend aus. Eine natürliche Folge davon ist die andere Parömie „Der Hehler ist nicht besser als der Stehler." Wenn diese Parömien auch nicht in dieser Form schon in den altdeutschen Rechtsquellen vorkommen, wurde ihre Wahrheit doch vollkommen erkannt und eine große Menge von Quellenaussprüchen beziehen sich auf die Hehler als eine Klasse gefährlicher Menschen. Der Standpunkt der Gefährlichkeit führte zu ihrer Gleichstellung mit den Theilnehmern an den einzelnen Verbrechen, aber nach manchen Stellen doch erst, wenn sie durch Wiederholung und Beharren in ihrem rechtswidrigen Verhalten ihre Gefährlichkeit zu Tage gelegt hatten. Henrici regis Treuga 1230. §. 13 (Pertz IV, 268). Friderici II, Imp. const. pacis 1235. §. 14 (IV, 317. 579). Rudolfi I. regis const. pacis 1281. §. 13 (IV, 434), desselben const. pacis. 1287. §. 35 (IV, 451). Brünn Schöffenb. Nr. 549. Eine singuläre Strenge ist es, daß in Breslau im J. 1502 eine Frau, welche auf ihr Bekenntniß, daß sie gewußt, daß die zwei Schauben, welche sie gekauft und anders hat machen lassen, gestohlen gewesen, in der Oder ersäuft wurde [13].

Der Anstifter zu einem Verbrechen wird mehrfach dem Thäter hinsichtlich der Bestrafung gleichgestellt. Berner Handfeste §. 33 (Gaupp Stadtr. II, 51). Stadtrecht von Dattenried 17 (Gaupp

[13] Klose's Darstellung der inneren Verhältnisse der Stadt Breslau von 1458—1526 in Stenzel's Scriptores rerum Silesiacarum III. S. 90.

II, 179), vgl. Handfeste von Freiburg im Uechtlande 60 (Gaupp II, 94). Kulm V, 30. 32. Wenn in einem Breslauer Falle der Anstiftung zum Gattenmorde (1491) die Frau lebendig begraben und ihr ein Pfahl durchgestoßen, die gedungenen Mörder, nachdem jedem derselben vor dem Hause, wo sie die That begangen, eine Hand abgehauen war, gerädert wurden [14]), so beruht diese Verschiedenheit der schwersten Todesstrafe nur auf der Verschiedenheit des Geschlechts. — Eine Hauptstelle ist in dem „beschriebenen Gericht" von Speier 1328. §. 34 (Lehmanns Chronik IV, 16): „Wer auch jeman heißet verwirken, slahen oder ime sin gut nemen, der git dieselben Penen, als er die Getat selbe gethan hette." Hier folgt nun zwar: „ane dem Todschlag", aber nach dem Weiteren besteht das Besondere bei dem Todschlage in dem Beweisrecht dessen, der den Todschlag geheißen zu haben beschuldigt ist. Wenn übrigens hier das Verbum „heißen" gebraucht ist, Kulm V, 30 sogar „befehlen" mit „rathen" und „heißen" abwechselt, so zeigt dieß hin auf den Hintergrund der mittelalterlichen Herrschaftsverhältnisse und es erklärt sich leicht, daß der Herr, der seinem Untergebenen den Auftrag zur Begehung eines Verbrechens gab, nicht gelinder behandelt werden konnte als der Thäter.

Daß der mittelalterlichen Strafrechtspflege das Streben einer genaueren Abmessung der Schuld des Anstifters und des Angestifteten nicht fremd war, zeigt ein im Brünner Schöffenbuch Nr. 372 mitgetheilter Spruch: „Rusticis de Praczaw sententiatum est: Qui mandat aliquem verberari, licet expresse prohibeat, ne occidatur, in emendam homicidii incidit, si verberans mandati fines excedens illum occidat, cum mandator in culpa fuerit et hoc evenire de ipso posse debuerit cogitare." Es ist dieß aber eine fast buchstäbliche Wiederholung von c. 3. X. de homic. V, 4.

V. Die Behandlung der Nothzucht im altdeutschen Rechte hat manche Besonderheit und eine solche zeigt sich auch in Betreff des Themas von der Theilnahme daran. Nicht blos die Gehülfen des Nothzüchters sollen diesem gleich behandelt werden (Straßburg 5. Dist. IV, 10, 4. Goslar 42, 30. Zips 14) und diejenigen, welche ihn durch ihre Begünstigung dem Gerichte entzogen haben (s. Henrici regis Treuga 6 bei Pertz IV, 267), sondern auch gegen die-

---

14) Klose a. a. O. III. S. 79. Vgl. Warnkönigs flandrische Staats- und Rechtsgesch. III, 2. S. 64. n. 10.

jenigen, welche der Benöthigten auf ihr Hülfegeschrei nicht beige=
standen haben, tritt eine große Strenge ein. Schwabensp. C. 209
(Wackern.). Kulm V, 40. Ruprecht von Freysing I, 167
(Maurer) Stadtr. von Freysing S. 174. a. E. Bairisches
Landrecht 57. Mühlhausen S. 8. Oesterr. Wsth. (Kaltenb.) IV,
40. IX, 33. XIV, 41. CIII, 104. CCX, 79. Im Schwabensp.
und dem sich daran genau anschließenden Rechtsbuch Ruprechts und
dem alten Recht von Kulm ist die Unterscheidung gemacht, ob die
Genothzüchtigte eine Magd oder ein Weib gewesen (s. auch Schwsp.
256). In dem ersten Falle soll der Nothzüchter lebendig begraben
(vgl. Augsb. S. 54. 56. 67. Ulm §. 35), im zweiten Falle nur
enthauptet werden (Schwsp. 149); die, welche bewiesener Maßen
ihr Rufen gehört und ihr nicht Hülfe geleistet haben, soll in beiden
Fällen die Strafe der Enthauptung treffen, also im ersten Falle
nicht ganz die gleiche Strafe des Nothzüchters.

Die Forderung, daß ein Jeder nach Kräften die Begehung
von Verbrechen durch Andere verhindern solle, tritt zwar hie und
da als eine allgemeine auf (Kaiserrecht II, 59 mit der Anm. von
Endemann, vgl. Wilda S. 139. 635), aber bei keinem Ver=
brechen ist sie so hervorgehoben wie bei der Nothzucht. Neben
der Schwere dieses Verbrechens nach alter Schätzung ist es die
Ohnmacht des schwächeren Weibes der brutalen Gewalt des stär=
keren Mannes gegenüber, die hiefür bestimmend einwirkte. Der
Ackermann soll mit der Peitsche, wenn er das Geschrei der Frau
gehört hat, ihr zu Rechte folgen und Pflug und Pferde stehen
lassen, der Hirte mit dem Krummstabe seine Heerde verlassen, um
als Schreimann zu dienen (Mühlhausen S. 9), aber zunächst war
es die Pflicht aller derer, die ihr Geschrei hörten, durch ihr Her=
beikommen die Vollziehung des Verbrechens zu hindern. Hiemit
hängt eine merkwürdige mehrfach vorkommende Bestimmung zu=
sammen. Es soll nicht blos das Haus niedergerissen werden, in
welchem die Nothzucht verübt wurde (Sachsensp. III, 1. Schwsp.
209. Ruprecht von Freysing I, 167. Kulm V, 40. Dist. IV, 10, 6
Weichbild (Mühler) 55. Gaupp Magdeb. Recht S. 276. §. 17)
und nach dem Recht von Mühlhausen soll der Acker oder der Gar=
ten, in welchem diese schwere Missethat verübt wurde, ferner keine
Frucht tragen, sondern alles Lebendige, das sich in dem Hause
befand, soll getödtet werden (Sachsensp. III, 1. §. 1. Schwsp.

209. Ruprecht von Freysing I, 167. Kulm V, 40). Bei einem
ersten Ansehen dieser Bestimmungen könnte man geneigt seyn, die
erwähnte Tödtung der Thiere zusammen mit dem Abbrechen des
Hauses als sinnbildliche Handlungen zu nehmen, die den Abscheu
gegen dieses Verbrechen bekunden sollen [15]), allein das Tödten der
Thiere hat einen andern Grund. Der Schwabenspiegel verbindet
diesen letzteren singulären Akt nicht mit dem auch sonst, außer den
Fällen der Nothzucht, gewöhnlichen Abbrechen des Hauses, sondern
fügt ihn unmittelbar an an die Enthauptung der Leute, die das
Rufen der Benöthigten gehört, aber ihr keine Hülfe geleistet haben
und richtig ist die Deutung von J. Grimm in dieser Zeitschrift,
Bd. V. S. 18: „Die Thiere sollen es gleichsam büßen, daß sie
der Geraubten nicht beigestanden, oder durch ihr Geschrei keine
Rettung herbeigerufen haben." Eine solche Behandlung, Personi-
ficirung der Thiere könnte man sagen, ist sicherlich ein Ueberrest
aus alter Zeit, wie die nicht unähnliche Bestimmung der alten
basler Landesordnung, daß in einem Falle [16]) die Hausthiere,
welche am nächsten zum Haushalte gehören, Hund, Katze und
Hahn, als Zeugen vorzuführen sind. Als eine Hinweisung auf die
den Thieren in jenem Falle der Nothzucht beigelegte Persönlichkeit
kann man es auch wohl nehmen, daß nach den Worten des Sachsenspiegels jedes lebende Wesen, also auch die Thiere, grade enthauptet werden soll.

Das Rechtsbuch nach Distinktionen nennt noch das Abbrechen
des Gebäudes nach verübter Nothzucht, aber nicht mehr die Tödtung
der Thiere. Die Statuten von Goslar 42, 30 haben beides beseitigt: „Umme Nochtoch scal men over nemende richten, denne
over de de in der dat sculdich sin oder de dar to ghehulpen hebbet
an rade oder an vulleste. Nen buwe ne scal men of dar umme
upbreken noch upsliten." Im Stadtrecht von Eisenach 1283. §. 4
ist gleichfalls das Zerstören des Hauses verboten, das Tödten der
Thiere nicht mehr erwähnt.

Die Unterlassung der Hülfe von Seiten derjenigen, die das
Geschrei der benöthigten Magd oder Frau hörten, ist nach dem
Gesagten so allgemein mit strenger Ahndung bedroht, daß der mo-
derne Begriff der negativen Beihülfe, zu welcher dolus verlangt

---

15) Berner, Lehrbuch des deutschen Strafrechtes §. 190.

16) S. meine Schrift über den Hausfrieden S. 19.

wird [17]), nicht dafür substituirt werden darf, wie denn überhaupt jener Begriff, dessen Gebiet so leicht unrichtig erweitert wird, die Fälle nicht deckt, in denen im mittelalterlichen Staats= und Rechts= leben eine Pflicht der Einzelnen zur Verhinderung von Verbrechen bestand und die Nichtverhinderung verpönt ist. Man sah in einer solchen strafbaren Nichtverhinderung nicht eine Beihülfe zur Her= vorbringung des bestimmten Verbrechens, huldigte auch nicht allge= mein der Präsumtion, die sich im canonischen Recht findet, daß derjenige, welcher sich nicht bemühe, ein Verbrechen zu verhindern, es billige oder demselben nicht fremd sei (causa 2 qu. 7 c. 55. causa 23 qu. 3 c. 7. 11. c. 6. §. 2. X. De homic. V, 4), vielmehr ruht die Bedrohung solcher Unterlassung auf der breiten Grundlage einer Verpflichtung der Einzelnen die Rechtsordnung zu schützen, welche Verpflichtung um so nothwendiger erscheinen mußte, als die Staatsgewalt noch nicht eine „fast allgegenwärtige" war und der mittelalterliche Staat noch nicht die Festigkeit und Kraft hatte seinen inneren Feinden gegenüber, zu denen vor Allem die nach Ungebun= denheit strebenden und die Unterordnung unter den Staat abwei= senden Großen mit ihrem Anhange gehörten, sich als Bewahrer des Rechtsfriedens, wie es die Idee des Staats verlangt, geltend zu machen. Eine solche Betheiligung der Einzelnen an der Ver= hinderung der Verbrechen, mit welcher die ausgedehnte Pflicht der Gemeindeglieder zur Nacheile und Verfolgung der Verbrecher und die weitgehende Verbindlichkeit begangene Verbrechen zu denun= ciren [18]), zusammenhing, ist als eine Leistung im Interesse der öffentlichen Ordnung zwar qualitativ sehr verschieden von dem Auf= treten der Geschlechts= und Familienglieder früherer Zeit im In= teresse ihrer Genossenschaften und im Dienste der Privatrache, schließt sich aber daran als eine veränderte Form der Pflichtleistung im Fortschreiten zur höheren rechtlichen Ordnung, welches mit der Consolidirung des Staats die öffentliche Strafrechtspflege zur Gel= tung brachte.

17) Köstlins System I. §. 95.
18) Landbuch von Schwyz S. 28: „und soll darum jeglicher Landmann leiden (b. i. anzeigen), wo er es sicht, by dem eyde, so er den Land= lütten geschworen hat." Vgl. meine Schrift über den Hausfrieden S. 42.

IV.

Ueber das Studium des germanischen Rechts in Frankreich.

Von

Geh.Hofrath Dr. **Warnkönig** in Stuttgart
unter Mitwirkung des Domänenraths Dr. **Warnkönig** in Wertheim.

I.

Es ist eine eigene literarische Erscheinung, daß das Studium des germanischen Rechts in Frankreich, als einer Quelle des französischen, erst in unsern Tagen in Aufschwung kam. Es war vor der großen Revolution von 1789 zwar nicht ganz vernachläßigt, wurde aber nicht nach seinem wahren Werthe gewürdigt. Wohl unterschieden die damaligen Rechtshistoriker, welche, wie Fleury, Silberrad, Grosley, Chabrit, Boileau und Bernardi[1]), über die Geschichte des französischen Civilrechts schrieben, gewöhnlich drei Perioden derselben, die des lois barbares et capitulaires, die Feudalperiode, und die im dreizehnten Jahrhundert beginnende des droit coutumier; allein den inneren pragmatischen Zusammenhang derselben, die Fortdauer und weitere Entwicklung der Elemente der früheren Periode in der folgenden erkannten sie nicht; ja sie nahmen in der Regel an, das ganze Recht der leges Barbarorum und der Capitularien sei in Folge des Siegs der Feudalität (von 877 an) untergegangen[2]); dann habe einige hundert Jahre lang blos das Lehnrecht, dem sie eine Menge Sätze des altgermanischen Rechts zuschrieben, geherrscht; endlich sei nach der Emancipation des communes und der Entstehung des dritten Standes das neuere in den

---

1) S. über ihre Werke meine französische Staats- und Rechtsgeschichte Bd. I. S. 13.

2) Das hat noch Laferriére in der ersten Ausgabe seiner histoire de droit français (1836) behauptet.

Coutumes ausgeprägte eigentliche französische Recht entstanden, dessen Schlußstein die Coutume von Paris gewesen. Mehr noch beschäftigten sich die Publicisten mit der Geschichte des ältesten öffentlichen Rechts [3]): unter ihnen glänzt vor Allen Montesquieu. Sehr mittelmäßig sind dagegen die fast gleichzeitig erschienenen Arbeiten von Buat (Origines de l'ancien gouvernement de la France, d'Allemagne, d'Italie (1757); auf diese folgten 1765 Gauthier de Sibert (les variations de la monarchie française 4 vol. 12°) und 1786 Mably (Observations sur l'histoire de la France, neu herausgegeben von Guizot 1823). Ein bei weitem gründlicheres Studium sowohl des ältesten öffentlichen als des Privatrechts wurde angebahnt durch Bréquigni im Bd. I. seiner Diplomata, chartae et alia documenta res francicas spectantia, das 1791 auf Staatskosten erschien, aber größtentheils verbrannt wurde; an dieses reihten sich die acht Bände seiner Schülerin, Fräulein von Lézardière, Théorie des lois politiques vom J. 1792, die gleichfalls verbrannten. Der große Werth, den man in Deutschland (zuerst v. Savigny) auf beide Werke legte, zog die Aufmerksamkeit der neueren französischen Geschichtsfreunde wieder auf dieselben, und so trug das Institut dem Herrn Pardessus eine neue erweiterte Auflage der Merovingischen Diplome von Bréquigny auf, die vortrefflich ausgeführt 1843 in drei Bänden in folio erschien. Ebenso ließ ein Neffe von Fräulein Lézardière die théorie des lois politiques 1844 in vier Bänden wieder abdrucken. Man darf sagen, daß die beiden Werke den Uebergang der germanistischen Studien vor 1789 mit den durch Guizot wieder erneuerten bilden und wesentlich zur allgemeinen Wiederaufnahme derselben beigetragen haben. Es ist übrigens bemerkenswerth, daß die Rechtsgelehrten erst seit den Jahren 1830 u. folg. und zwar anfangs nur eine geringe Notiz von diesen wichtigen Quellenwerken der ältesten Geschichte des französischen Rechts genommen haben, wie denn überhaupt die rechtshistorischen Studien viel früher von den Historikern gepflegt wurden als von den Juristen.

Als die Herausgeber der Themis (1819) es unternahmen, dem Rechtsstudium in Frankreich eine neue höhere Richtung zu geben und die französischen Rechtsgelehrten mit den deutschen in

---

3) Vgl. meine französische Staats- und Rechtsgeschichte I. S. 8.

Verbindung zu bringen, beabsichtigte man zunächst die Restauration der Wissenschaft des römischen Rechts im Geiste unserer historischen Schule. Der Verf. gegenwärtiger Notiz berücksichtigte daher in seinem Eröffnungsartikel jener Zeitschrift (Bd. I. S. 7) de l'état actuel de la science du droit en Allemagne, nur die Arbeit unserer damals berühmtesten Civilisten und wies vor Allem auf Hugo und Savigny hin. Die Studien des ältesten germanischen, obwohl zugleich ältesten französischen Rechts waren von den Rechtsgelehrten ganz vernachläßigt, und selbst Guizots Essais sur l'histoire de France vermochte, als er im J. 1822 erschien, damals noch nicht die Juristen auf diese Studien hinzulenken. Im zweiten Band der Themis wurde indessen eine Abhandlung von einem Herrn de P.... (Pastoret?) gedruckt, die den 29. Sept. in der Académie des inscriptions vorgelesen worden war, nämlich eine Comparaison des lois politiques des Francs avec celle des Bourguignons et des Ripuaires (p. 273—363); und im vierten Bande theilte der Verf. einen Artikel des Dr. E. Weber in Heidelberg über die Gottesurtheile mit (p. 57 ff.). Vom J. 1823 bis 1830 erschien nichts mehr über germanisches Recht in der Themis; im letzten Jahre aber, als der Verf. den zehnten und letzten Band dieser Zeitschrift redigirte, machte er auf die germanistischen Studien in Deutschland, besonders auf Eichhorn und Mittermaier, aufmerksam in einem Artikel: de l'étude du droit germanique en Allemagne (p. 387—399), ferner auf das Lütticher Rechtsbuch Pavillart (aus dem 13—14. Jahrhundert) als eine source inédite d'ancien droit germanique français. Leider muß man sagen, daß weder die Schule noch die freie Rechtswissenschaft daran dachte, das Studium des neuen französischen Rechts auch nur in Berührung zu bringen mit dessen ältesten (germanischen) Quellen. Vergebens wies der Verf. immer auf die Richtung Savigny's und der historischen Schule hin; der Sinn für dieselben war in Paris wenigstens noch nicht erwacht; doch eine gewisse Anregung schon gegeben; denn in demselben Band X. der Themis theilte Pardessus eine Notiz über die Manuscripte der Assises de Jérusalem mit, eines Rechtsbuchs, auf das man als ein durchaus französisches bald mit großem Stolze blickte. Auch Isambert hatte einen Artikel über dasselbe geschrieben.

Als bald nach dem J. 1830 die staats= und rechtsgeschichtlichen Studien einen neuen Schwung erhielten, ging dieser wieder nicht von der Rechtsschule aus; sie kannte die historische Interpretation der Rechtsquellen noch nicht. Berryat-Saint-Prix beschäftigte sich zwar mit der Rechtsgeschichte, allein nur als Gegenstand eines gelehrten Amusement, leistete indessen doch der juristischen Literärgeschichte Dienste, besonders durch seine histoire de Cujás. Er war kein Freund der deutschen Rechtsgelehrten, seit diese nicht mehr in lateinischer Sprache schrieben. Dupin, der damals für den gelehrtesten Juristen in Frankreich galt, und die Bibliothéque choisie des livres de droit zweimal vermehrt herausgab (1818 und 1832), gab seinen für jene Zeit jedenfalls schätzbaren Mittheilungen [4]) über die wichtigsten Quellen des französischen Rechts im Mittelalter, wie über Beaumanoir, die Assises de Jérusalem etc. den Titel: Notices historiques, critiques et bibliographiques sur plusieurs livres de jurisprudence française, remarquables par leur antiquité ou leur originalité. Ueberhaupt hatte dieser so ausgezeichnete Praktiker keine Ahnung von einer historischen Behandlung der Rechtswissenschaft und sah den Einfluß der Deutschen sehr ungerne [5]).

Den größten Einfluß auf die Wiederherstellung der rechtshistorischen Studien in Frankreich übte Guizot aus; mit genauer Quellenkunde und guter Kenntniß der Arbeiten der deutschen Geschichtsforscher schrieb er im J. 1822 seine Essais sur l'histoire de France, die aber erst einen größeren Einfluß erlangten, nachdem seine Cours de l'histoire moderne (1829 ff.) in fünf Bänden erschienen war. Gerade die älteste, die germanistische oder fränkische Periode der Geschichte Frankreichs ist darin auf eine für die damaligen Bedürfnisse überaus geeignete, höchst anziehende Weise, theils als Geschichte der socialen, der Staats- und Rechtsentwicklung, theils als die der profanen und christlichen Geistesbildung des vierten bis zehnten Jahrhunderts behandelt. Seine Beleuchtung der Lex Salica, Ripuariorum, Burgundionum und Wisigothorum sind Sittengemälde jener Völker, welche die Culturstufe derselben bei'm Beginn ihrer Geschichte trefflich schildern und den staatsgeschichtlichen Studien eine ganz neue Richtung geben mußten. Guizot erzog sich denn auch bald einen juristischen Zögling, der das tüchtigste würde

---

4) Bibliothéque choisie (ed. 1832) S. 669 ff.

5) Er erklärt sich gegen sie in der Einleitung zu seiner Ausgabe der Oeuvres von Pothier v. J. 1823. S. meine Biographie Jourdan's im Bd. VII. der Zeitschrift für geschichtliche Rechtswissenschaft.

geleistet haben, wenn ihn nicht mitten in seinem rastlosen Eifer (1839) der Tod ereilt hätte.

Heinrich Klimmrath, geboren 1807 zu Straßburg, hatte sich das historische Studium des französischen Rechts recht eigentlich zu seiner Lebensaufgabe gemacht und ihm gebührt unstreitig das Verdienst, diesem Studium die Richtung gegeben zu haben, welche heut zu Tage mit so glänzendem Erfolge verfolgt wird. Nachdem er seine juristischen Studien in Frankreich vollendet hatte, besuchte er zwei Jahre lang (1832—1833) die Universität Heidelberg, wo er mit Thibaut, Zachariä, Schlosser und insbesondere mit Mittermaier Bekanntschaft machte, und mit dem letzteren einen wissenschaftlichen Briefwechsel anknüpfte, dem nur sein frühzeitiger Tod ein Ende machte. Im vollständigen Besitz der Kenntniß der deutschen Rechtswissenschaft, und der jüngsten Forschungen auf dem Gebiete der deutschen Staats- und Rechtsgeschichte und des deutschen Privatrechts kehrte er nach Frankreich zurück und suchte dieselbe für das französische Recht nutzbar zu machen. Schon im J. 1833 gab er als Inaugural-Dissertation seinen Essai sur l'étude historique du droit, et son utilité pour l'interprétation du code civil heraus, worin er nachweist, daß der Code civil Nichts weniger als eine bloße Schöpfung der Gesetzgebung sei und seyn solle, sondern als das Ergebniß der seitherigen Rechtsentwicklung anzusehen, und deren Urquelle im germanischen Recht zu suchen sei. Bald darauf (1834) gab der jetzt berühmte Troplong zur Eröffnung von Wolowsky's Revue de législation et de jurisprudence einen bemerkenswerthen Artikel: de la nécessité de réformer les études historiques applicables au droit français, wozu ihn Prozesse veranlaßten, die ohne Kenntniß des früheren französischen Rechts gar nicht entschieden werden konnten. Hierdurch noch mehr angeeifert, schrieb Klimmrath bald nacheinander

a) in der Revue du progrès social (Novemberheft 1834): Importance scientifique et sociale d'une histoire du droit français,

b) in der Revue von Wolowsky (1835 Bd. II.): Programme d'une histoire du droit français und

c) ebendaselbst Etude historique sur la saisine d'après les coutumes du moyen-âge, ein freilich mißglückter Versuch, Albrechts Theorie über die Gewere auf das altfranzösische Recht zu übertragen,

Um diefe Zeit trat, den Standpunkt der älteren französischen Rechtshistoriker festhaltend, und keine andere Quelle des neueren französischen Rechts als das durch die Coutumes corrumpirte rö= mische Recht anerkennend, Laferrière, der Mann des Südens, auf, und schrieb in glänzender Sprache (1836) seine erste Ausgabe der histoire du droit français. Damit entbrannte der Kampf zwi= schen der germanischen, von den Franzosen sog. deutschen Schule (ecole allemande oder d'Outre Rhin) der Rechtshistoriker und ihren Gegnern, welche, nachdem sie längere Zeit fast ganz aus dem Felde geschlagen waren, jetzt, wenn auch in gemäßigter Weise, ihr Panier wieder aufpflanzen. Klimmrath war der erste, welcher für das germanische Prinzip in die Schranken trat; mit beißender Kritik recensirte er in Wolowsky's Revue (Bd. IV. S. 48) das Werk von Laferrière, während er in Fölix's Revue étrangère (Bd. III. S. 505) Brewers Geschichte der französischen Gerichtsverfassung der Beachtung der französischen Juristen auf's Wärmste empfahl. In letzterer Revue (Bd. IV. S. 121) ward auch eine Recension von Mittermaier über Laferrière aus der kriti= schen Zeitschrift für ausländische Rechtswissenschaft in französischer Uebersetzung abgedruckt, worin Klimmrath wacker secundirt wird. So übel diese Angriffe auch von Laferrière aufgenommen wurden, so hatten sie doch zur Folge, daß er in der zweiten 18⁴⁷/₄₈ erschienenen Ausgabe seiner histoire du droit français seine Ansichten bedeutend modificirte, und theilweise wenigstens die Fortdauer germani= scher Rechtsprinzipien in Code civil anerkannte, was von seinen Recensenten Nypels (Revue Foelix pro 1849. S. 861) und Ge- nouilhac (in der Revue Wolowsky pro 1850. Bd. II. S. 119) rühmend erwähnt wird. Von dieser Bekehrung gab Laferrière auch in einem besonderen Aufsatze (Revue Foelix pro 1847. S. 853) Zeug= niß: „Esprit du droit germanique particulièrement en ce qui concerne l'état des personnes dans la famille et la constitution de la propriété.

Einen tüchtigen Genossen seiner germanistischen Bestrebungen erhielt Klimmrath in Michelet, deffen Origines du droit français cherchées dans les symboles et formules du droit universel (1837), im Wesentlichen nur ein Auszug aus Grimms deutschen Rechts= alterthümern, in höchst anziehender Darstellung auf das germa= nistische Rechtsleben, als Hauptquelle des französischen Rechts, hinwiesen. Er wurde deßhalb nicht blos von Klimmrath in dem

Journal général des tribunaux, sondern auch von de la Nourais in der Revue Foelix (Bd. IV. S. 808) sehr vortheilhaft recensirt.

In der Absicht, selbst eine französische Staats= und Rechtsge= schichte zu schreiben, reiste Klimmrath wieder (1836) nach Heidel= berg und (1837) nach Paris, wo er die gründlichsten Quellenstu= dien anstellte. Eine Frucht derselben war

a) sein Memoire sur les Olim et sur le Parlement.

b) ein Aufsatz: le droit français considéré dans son origine, ses caractères distinctifs, sa géographie, son histoire et ses mo= numens (Journal général des tribunaux vom 13. Juni 1837),

c) die äußerst fleißigen Etudes sur les coutumes mit einer Karte über den geographischen Umfang der Gewohnheitsrechte und des römischen Rechts in Frankreich (Revue Wolowsky Bd. VI.).

Auch legte er den Plan zu der beabsichtigten französischen Staats= und Rechtsgeschichte vollständig an, und redigirte selbst die erste Periode derselben, konnte sie aber nicht mehr vollenden. Die vorhandenen Bruchstücke gab der Verf. dieser Darstellung erst nach Klimmraths Tode mit dessen gesammelten Werken (Travaux sur l'histoire du droit français par feu Henri Klimmrath 1843) heraus, unter dem Titel: Histoire du droit publique et privé de la France.

Große Verdienste um die Restauration der historischen Rechts= wissenschaft in Frankreich hat sich auch Pardessus erworben. Früher blos mit dem Studium des Handelsrechtes beschäftigt, wurde er zu den rechtsgeschichtlichen Studien hingezogen durch den von der Regierung Karls X. ihm gewordenen Auftrag, eine Collection des lois maritimes zu veranstalten, was er bekanntlich sehr gut ausführte. Diese Arbeit führte ihn (1829) zur Berücksichtigung der Livres des Assises de Jérusalem, die man schon unter Lud= wig XVI. auf Staatskosten hatte herausgeben wollen; er ließ die venetianische Handschrift nach Paris kommen, welche unser Lands= mann, der Archivrath von Kaußler in Stuttgart, damals dort abschrieb und 1839 herausgab. Da Pardessus als entschiedenster Legitimist seine Stelle in der Juristenfacultät zu Paris 1830 nie= gelegt hatte, verwandte er seine ganze rastlose Thätigkeit auf die rechtsgeschichtlichen Studien, worin er bis zu seinem Tode Ausge= zeichnetes leistete. Auch erzog er sich in seinem Enkel E. de Ro= zière einen wissenschaftlich ihm ebenbürtigen Schüler.

Noch verdient hier erwähnt zu werden der in Straßburg gebildete E. Lerminier († 1857) zuerst wegen seiner geistreichen Artikel im Globe und dann 1829 wegen seiner Introduction générale à l'histoire du droit. Er zeigte darin in höchst anziehender Darstellung, wie das Recht auf einer doppelten Grundlage ruhe, einer philosophischen und einer geschichtlichen, wies auf den Aufschwung der Wissenschaft in Deutschland hin, sagte unverholen, daß sein Vaterland um vierzig Jahre zurück sei, forderte es auf, sich auf die Höhe der Zeit zu erheben und machte es mit den Verdiensten der deutschen Rechtsgelehrten, besonders Savigny's, bekannt. Merkwürdiger Weise sagte er nur sehr wenig von der Bedeutung des germanischen Rechts und Nichts von der Nothwendigkeit seines Studiums für Frankreich. Seine Bekanntschaft und baldiger vertrauter Umgang mit Gans zog ihn aber mehr zu den philosophischen Studien hin; doch fügte er seiner Introduction eine ausführliche Inhaltsanzeige von Savigny's Geschichte des römischen Rechts im Mittelalter und von Gans Erbrecht bei. Später verfolgte er, obgleich noch 1830 Professor der vergleichenden Rechtsgeschichte am Collège de France, die rechtshistorischen Studien nicht weiter; er warf sich auf die Politik und ging für die Wissenschaft verloren.

Wie weit die rechtshistorischen Studien in Frankreich bis zum J. 1837 gediehen waren, hat der Verf. dieser Darstellung in einem Artikel der deutschen Vierteljahrsschrift (von 1838. Bd. II. S. 138—169) gezeigt, in welchem er von den bis dahin erschienenen Arbeiten von Guizot, Michelet, Klimmrath u. a. m. ausführliche Mittheilung machte. Bald darauf erhielten dieselben einen neuen Aufschwung durch die Unterstützung, die ihnen von verschiedenen Seiten zu Theil wurde. Die Société d'histoire de France, so großmüthig unterstützt durch den Marquis de Fortia, dehnte ihre Forschungen auch auf das rechtshistorische Gebiet aus. Die Académie des sciences morales et politiques sowohl als die des inscriptions schrieben rechtsgeschichtliche Preisaufgaben aus, unter welchen die über die Geschichte des Eigenthums in Westeuropa eine besonders große Bedeutung erlangte. Sie veranlaßte den mit den rechtshistorischen Forschungen der deutschen Civilisten vertrauten Professor Giraud in Air, ein sehr gelehrtes Buch über die Geschichte des Eigenthums bei den Römern [6]) zu schreiben und den damals

---

6) Das Buch führt den Titel: Recherches sur le droit de propriété

zunächst nur der Industrie lebenden, seitdem berühmt gewor=
denen Ed. Laboulaye, einen Versuch der Lösung derselben zu
machen, der wirklich im J. 1838 den Preis erhielt. Mit Inter=
esse wurde dessen Histoire de la propriété foncière en Occident
(Paris 1839. pp. 1—532) aufgenommen [7]. Er theilte darin die
Geschichte des Eigenthumsrechtes in zwei Zeiträume, einen römi=
schen und germanischen, und obgleich der letzte kaum über die Zeiten
der Carolinger hinuntergeht, so ist doch eine so gründliche Bearbei=
tung dieses Gegenstandes darin enthalten, wie man seit Montesquieu
keine in Frankreich erscheinen sah. Man kann sagen, daß von jetzt
an eine neue Periode für das germanische Rechtsstudium in Frank=
reich begann, welche die reichsten Früchte tragen und namentlich
zum Aufsuchen der germanischen Ursprünge französischer Rechtsin=
stitute, selbst im Code civil, führen mußte. Laboulaye selbst setzte
seine Forschungen weiter fort in einer zweiten gekrönten Preisschrift,
die er 1843 erscheinen ließ, nämlich in seinen Recherches sur la
condition civile et politique des femmes [8], welche sich insbesondere
durch eine vortreffliche Schilderung des germanischen Mundium
auszeichnet. Aber auch sonst geschah von den Jahren 1839 bis
1848 für diese Studien so unendlich viel, daß man die alle Er=
wartungen übertreffende Thätigkeit der französischen Rechtsgelehrten
auf diesem Gebiete nur zu bewundern vermag [9]. Die Regierung
Louis Philipp's, hierin geleitet von Guizot, unterstützte diesen Auf=
schwung mit den bedeutendsten Geldmitteln und begriff die Heraus=
gabe mancher Rechtsquellen mit in der Collection des documents
inédits sur l'histoire de France. Graf Beugnot gab auf Kosten der
Regierung (1839—1844) die unter dem Namen der Olim bekannten
Entscheidungen des Parlaments aus dem 13. Jahrhundert heraus;

---

chez les Romains (Aix 1838) und ist ausführlich angezeigt vom Verf.
b. in der Zeitschrift für Rechtswissenschaft und Gesetzgebung des Aus=
landes Bd. XII. S. 163—193 (1839).

7) S. des Verf. Anzeige dieses Buches in derselben Zeitschrift Bd. XII.
S. 264 und 389.

8) Der Verf. gab davon eine Anzeige in Wolowsky's Revue (1843. III.
S. 238).

9) Uebersichten der wichtigsten Erscheinungen auf diesem Gebiete gab Verf.
in der Zeitschrift für R.W. u. G. des Auslandes Bd. XIII. S. 213 ff.
(1840—41) in Bd. XVIII. S. 313—372 (1845—46).

sodann (1841—1843) die Assises de Jérusalem in zwei großen Foliobänden und (1842) auf Kosten der société de l'histoire de France den französischen Sachsenspiegel, Beaumanoir's Coutumes du Beauvoisis, ein Rechtsbuch aus der Mitte des 13. Jahrhunderts. Guérard, welcher schon früher den Text des Polyptichum Irminonis edirt hatte, gab 1844 in zwei Bänden einen ausgezeichneten Commentar hiezu, und im J. 1841 die mit vortrefflicher Einleitung versehenen Cartulaires de France. Der alte fleißige Bibliothekar Marnier publicirte 1839 die Etablissemens, Coutumes, Assises et Arrêts de l'Echiquier de la Normandie aus den Jahren 1207—1245[10]), ferner 1840 ein ungedrucktes Coutumier de Picardie, und 1846 das Conseil von Pierre des Fontaines, einem Zeitgenossen Beaumanoir's. Desgleichen Varin (1840—1852) die Archives législatives de la ville de Reims. Wie erfreulich die 1843 erschienene Ausgabe aller Hauptrecensionen des Textes der Lex salica mit ausführlichen Erkursen von Pardessus war, wird noch in Aller Erinnerung seyn. Im Süden erschien das unter dem Namen des Thalamus parvus bekannte Rechtsbuch von Montpellier, 1842 das nach seinem Verfasser Vidal Roisin benannte Rechtsbuch von Lille, 18⁴⁴/₄₅ die Fors de Bearn, 1845 eine von Bouthors besorgte Ausgabe der Coutumes locales du bailläge d'Amiens vom J. 1280, welcher 1850 das Urkundenbuch dieser Stadt (mit Urkunden vom J. 1057 an, und einer Coutume von 1249), von Augustin Thierry auf Regierungskosten herausgegeben, folgte. Eine große Zahl der ältesten Localrechte gab Giraud in seinem Essai sur l'histoire du droit français au moyen-âge 1846 heraus. E. de Rozière endlich, der eine vollständige kritische Ausgabe aller formulae sich zur Lebensaufgabe setzt, theilte in der Bibliothèque de l'école des chartes viele ungedruckte Formulae mit, und besorgte überdieß eine Ausgabe des Cartulaire der Kirche zum h. Grab in Jerusalem[11]).

Wenn durch die Ausgaben der ältesten germanischen Rechtsquellen das Studium dieses Rechts unmittelbar gefördert wurde, so geschah dieß nicht minder durch die der späteren mittelalterlichen

---

10) Den von Marnier ihm mitgetheilten lateinischen Text dieses Rechtsbuchs ließ Verf. abdrucken im Anhang zum II. Bd. seiner französischen Staats- und Rechtsgeschichte.

11) Angezeigt vom Verf. in der Zeitschrift für R.W. u. G. des Auslandes. Bd. XXII. S. 432—436.

Quellen des französischen Rechts, in welchen das germanische Element so sichtbar vorherrscht, daß die Fortdauer seiner Grundsätze
zunächst bis zur Redaktion der Coutumes und noch nach dieser
bis zum Code civil herab auf unwiderlegliche Weise nachgewiesen
werden konnte. Man beschränkte sich aber während dieser ganzen
Zeit nicht auf die Herausgabe bisher unzugänglicher Quellen des
altfranzösischen Rechts, sondern beleuchtete auch Zweige desselben
geschichtlich, theils in eigenen Werken, theils in Zeitschriften, und
zwar insbesondere in der Bibliothèque de l'école des chartes, so=
wie in den beiden Revuen von Fölix und Wolowsky. Unter den
ersteren verdient erwähnt zu werden, außer den bereits schon ge=
legentlich besprochenen, Poneclet, Précis de l'histoire du droit
civil en France (erste Ausg. 1838. zweite Ausg. 1842), Lehuë=
rou, Histoire des institutions mérovingiennes (1842) und Histoire
des institutions carlovingiennes (1843) [12]), Ginoulhiac, Histoire
du régime dotal et de la communauté en France (gekrönte Preis=
schrift von 1842), und Etudes sur l'histoire, les lois et les con-
stitutions de l'époque mérovingienne (1843), nicht minder die
Studien des türkischen Gelehrten Davoud Oghlou über die
leges Barbarorum (1846), vorzugsweise aber, wegen ihrer aus dem
germanischen Rechte geschöpften Anmerkungen, die von Laboulaye
und Dupin (1846) besorgte neue Ausgabe von Loysel, Institutes
coutumières, dem ältesten Lehrbuch des französischen Gewohnheits=
rechts, in Rechtssprüchwörtern dargestellt, deren deutsche Corolarien
Laboulaye überall nachzuweisen sucht, wie z. B. en formariage le
pire emporte le bon = das Kind folgt der ärgeren Hand, oder
le mort saisit le vif = der Todte erbt den Lebendigen u. s. w.
Vorzügliche Abhandlungen lieferte insbesondere Königswarter
in Wolowsky's Revue so: de l'étude historique du droit civil en
France (Bd. XIV. S. 30); Matèriaux nécessaires pour l'étude
historique de notre droit civil (XVI. S. 157), vor Allem aber les
origines germaniques du droit civil français (XVI. S. 321. XVII.
S. 393. XIX. S. 321). Letztere schließt sich an dem Aufsatze
Zöpfl's in dieser Zeitschrift (Bd. V. S. 110) „über das germa=
nische Element im Code Napoléon," worüber in der Revue von

---

12) Angezeigt vom Verf. in den Münchener Gelehrten=Anzeigen von 1842.
N. 212—213.

Foelix (IX. S. 161) berichtet ist. Außerdem schrieben noch Ri=
gaud in Foelix Revue (1842. IX. S. 35 unb 277) de la saisine
héréditaire d'après le droit civil français, Dubois in Wolowsky's
Revue (de 1849. III. S. 368), de l'origine de la communauté,
Demangeat in Foelix Revue (de 1845. S. 655 u. 1847. S. 635):
Etude historique sur l'ancien droit de bail ou de garde, considéré
comme la source du droit de jouissance légale, que le code
civil accorde au père ou à la mère survivante sur les biens des
enfans.

Vom Jahre 1846 an konnten die in Deutschland begonnenen
Studien über die französische Staats= und Rechtsgeschichte in die der
Franzosen eingreifen, allein was immer der Grund der geringeren
Beachtung gewesen seyn mag, weder des Verf. noch Schäffners
Werke haben bis jetzt eine bedeutende Rückwirkung in Frankreich
gehabt, obwohl in denselben Studien z. B. über das französische
Administrativrecht gemacht waren, die man erst in neuester Zeit
jenseits des Rheins beginnt. Ein wenig mehr Einfluß gewannen
die Arbeiten Renaud's, deren einige freilich in französischer Um=
arbeitung in Wolowsky's Revue bekannt gemacht wurden [13].

Aber auch nach 1848 dauerte der diesen Studien gegebene
Anstoß und zwar bis in unsere Tage noch fort; es wurden theils
neue Quellenwerke herausgegeben, wie von Rappetti [14] das
livre de justice et de plet (1850) von Marnier [15] ein altes
Coutumier von Anjou (Paris 1855) Guérard, Polyptique de
l'abbaye de St. Remi de Reims (Paris 1853); theils selbstständige
Werke, so von Königswarter Etudes historiques sur le déve-
loppement de la société humaine, vorzugsweise vom Frauenkauf,
Compositionensystem, Reinigungseid und Gottesurtheil handelnd
(1850), Histoire de l'organisation de la famille en France [16], eine

---

13) So: l'article 2279 du code interprété par ses origines germaniques,
mitgetheilt von Chauffour im Jahrg. 1845. I. 371 u. II. 81.
Ferner: la règle, le mort saisit le vif expliqué par ses origines
romanes et par le droit coutumier; mitgetheilt von demselben im
Jahrg. 1847. II. 74. 325. III. 55.

14) Angezeigt von Anschütz in der Zeitschrift für die R.W. u. G. des
Auslandes. XXIII. 329.

15) Angez. von Laferrière in der Revue critique IV. S. 136.

16) Angez. in der Zeitschr. für die R.W. u. G. des Ausl. XXV. S. 52.

gefrönte Preisschrift (1851), und: Sources et monumens du droit
français antérieurs au 15. siècle, ein sehr schätzbares Handbuch der
Quellen und Literatur der französischen Rechtsgeschichte (1853);
von Boutry, Essai sur l'histoire des donations entre époux (1852);
endlich aus Anlaß einer Preisfrage verschiedene Abhandlungen
über die Besitzklagen von Caron, Bélime, Alauzet und Esquiron
de Parieu [17]).

Die neuesten Arbeiten französischer Rechtsgelehrten über germanisches Recht überhaupt finden sich in der von Laboulaye, de Rozière, Dareste und Genoulhiac redigirten, seit 1855 erscheinenden
Revue historique du droit français et etranger (Paris chez Durand,
bis jetzt 2 Bände und 5 Hefte), in dem Recueil de l'académie de
législation de Toulouse (Toulouse 1852—1856; bis jetzt 6 Bände
in 8 Heften), ferner in der Revue critique de législation et de
jurisprudence [18]).

Wir heben daraus Nachstehendes hervor:

1) In Bd. I. S. 69—74 der erstgenannten Zeitschrift bestreitet E. de Rozière in einem Artikel mit der Ueberschrift: Recherches sur l'origine et les différentes rédactions de la loi des
Allemands, die von Merkel in der Vorrede zu seiner Ausgabe
der Lex Allamannorum, und seinem Commentar de re publica Ala-
mannorum aufgestellten Ansichten über das Alter der verschiedenen
Redaktionen dieses Volkrechtes. Er hält den zweiten Theil für
den älteren, für den ursprünglichen Factus, und den ersten, in
welchem der Kirche so viele Vorrechte eingeräumt werden, für den
später, nämlich unter Chlotar II., jenem vorangestellten Theil [19]).
Auch verwirft er Merkels Unterscheidung von drei Abtheilungen
des Volksrechtes.

2) Eine zweite germanistische Abhandlung in demselben Bd. I.
S. 209—238 ist die von Pétigny, de l'origine et des différentes
rédactions de la loi des Wisigoths. Er führt darin mit großem

---

17) Angez. ebenda. XXIV. S. 1. XXV. S. 306.

18) Die Revue von Wolowsky wurde 1853 mit dieser mehr gerichtlichen
Zeitschrift verschmolzen, welche von drei der früheren Redaktoren der
ersteren und fünf der letzten und außerdem noch von dreizehn namhaften Rechtsgelehrten herausgegeben wird.

19) Dieß scheint auch Walters Ansicht zu seyn. Deutsche Rechtsgeschichte
§. 154 (2te Ausg.).

Scharffinn und gründlicher Forschung gegen Blume, Hänel, Gaupp und Merkel aus, daß die von Blume 1847 bekannt gemachten Fragmente der Antiqua einer unter Alarich II. gemachten Redaction angehören, also etwa gleichzeitig sind mit dem sog. Breviarium Alarici, und daß die in der Lex Bajuvariorum befindlichen Stellen des Westgothischen Rechts derselben entnommen sind. Die erste größere Umarbeitung der Lex setzt er unter Reccared gegen 633, indem er annimmt, der Bischof Isidor von Sevilla sei, wenn nicht selbst der Verfasser dieses Rechtsbuches, doch wenigstens einer der einfluß= reichsten Mitarbeiter dieser zweiten Redaction gewesen. Die meisten späteren Zusätze von geringerer Bedeutung setzt er in die Jahre 681 und 698.

3) Eine dritte Abhandlung über altgermanisches Recht ist eine vom Sohne Laboulaye's gemachte französische Bearbeitung von Gaupp's ihm handschriftlich mitgetheilten Untersuchungen über die Lex Francorum Chamavorum (Bd. I. S. 417—438). Der Text des Rechtsbuches ist nach der in Metz befindlichen Handschrift der= selben wiedergegeben (ibid. S. 438—443).

4) Im II. Bd. der Revue historique finden wir S. 305—315 wieder eine Abhandlung von Pétigny de l'origine de la loi des Bavarois et de ses différentes rédactions. Dieselbe ist nicht voll= endet, hat aber zunächst zum Zweck, die Richtigkeit der früher an= genommenen Ansicht vom Alter dieses Rechtsbuches zu vertheidigen. Eine erste Redaction derselben wurde demnach unter Theodorich I., eine zweite unter Childebert und Chlotar II., und die dritte unter Da= gobert gemacht, und zwar diese nicht in Bayern, sondern am Hofe dieses Königs. Roths Abhandlung über die Entstehung der lex Bajuvariorum vom J. 1848 war dem Verfasser nicht bekannt.

5) Es ist ferner aus Bd. III. S. 26. 47 (1857) dieser Revue ein Artikel des Grafen Sclopis in Turin über die neuen Ausgaben der Lombardischen Gesetze anzuführen.

6) Endlich ist im Bd. II. S. 297 die Anzeige einer französi= schen Uebersetzung des burgundischen Rechtsbuchs enthalten unter dem Titel: Lois des Bourguignons vulgairement nommées Loi Gombette traduites par J. F. A. Peyré (Paris chez Durand 1855). Die Uebersetzung wird im Ganzen gutgeheißen, doch einiges Un= richtige hervorgehoben. Der Referent ist H. d'Arbois de Jubainville. Das Recueil de l'Académie de Toulouse enthält:

1) im Bd. I. S. 1—57 eine auch in Wolowsky's Revue vom J. 1853 (I. S. 1 ff.) abgedruckte Abhandlung de l'élément gallique et de l'élément germanique dans le code Napoléon von Benech, auf welche wir später ausführlicher zurückkommen werden.

2) Im Bd. V. S. 233—249 (1856) eine ausführliche und gründliche Abhandlung von Prof. Batbie in Toulouse, Etudes sur le forum judicum ou Fuero Juzgo des Visigoths. Der Verf. gibt zuerst als histoire externe du forum judicum, dessen Entstehungsgeschichte, über welche er alle bisher bekannten Ansichten, mit Einschluß der von uns angeführten Pétigny's mittheilt und beleuchtet. Er spricht sich gegen den letztern für die ältere Ansicht aus, daß die Antiqua unter König Eurich redigirt worden, und die letzte Redaction unter Egiza (687—700) zu setzen sei. In der zweiten Abtheilung, unter dem Titel: histoire interne du forum judicum, versucht der Verf. eine systematische Darstellung der Grundsätze und Bestimmungen dieses Rechtsbuches. Sie zerfällt in zwei Unterabtheilungen, I. Section, du droit public et administratif (p. 250—272) und II. Section du droit civil (p. 272—307), und berücksichtigt kritisch die Ansichten Savigny's, Guizot's, Klimmrath's, Laferrière's und anderer Gelehrten unserer Zeit, welche sich mit dem westgothischen Gesetzbuch, wenn auch nur gelegentlich, beschäftigt haben.

3) Den Anfang höchst gründlicher geschichtlicher Untersuchungen über den Ursprung der Institute des französischen Gewohnheitsrechts enthält ein Artikel von Valroger, Prof. der Rechtsgeschichte an der Facultät zu Paris (p. 239—255 der Märzlieferung 1857): origines des institutiones coutumières. Der Verf. setzt sich vor, den germanischen (oder nicht germanischen) Ursprung des früheren Rechts des nördlichen Frankreichs aufzusuchen und festzustellen, und beginnt daher mit der Frage: wie und um welche Zeit sich der Zustand der persönlichen Gesetze in Frankreich in den der Territorialrechte, namentlich der ganz speciell localen, wie im nördlichen Frankreich, umgestaltet habe? Ganz vertraut mit dem Stande dieser Studien, selbst den neuesten in Deutschland, z. B. mit Roths Werk über das Beneficiatwesen, zeigt er, daß diese Umwandlung, nothwendig schon im 9. Jahrhundert beginnend, aus der Schwierigkeit, das persönliche Recht eines jeden genau zu kennen, hervorging, und wie demnach die Schöffen oder sonstigen

8 *

Rechtsprecher, nicht mehr des Nationalrechts kundig [20]), in jeder Lo=
kalität so richteten, wie man in derselben es verstand, was denn die
Lokalisirung des Rechts schon im 10. Jahrhundert nothwendig zur
Folge haben mußte. Er bezeichnet den neuen Zustand mit folgenden
Worten (S. 225): Dans les coutumes ainsi formées vinrent se fon-
dre, s'amalgamer les usages, que les divers peuples germains avaient
apportés. Voila le point de départ des coutumes, qui régissaient
la France avant 89 et qui se composaient d'un fond germanique recouvert d'institutions féodales. —

Die rechtshistorischen Abhandlungen in der Revue critique ent=
halten keine germanistischen, oder vielmehr nur antigermanistische
Studien, so von Laferrière über das Gewohnheitsrecht von Tou=
louse (VII. 224. 490) und Albi (VIII. 512) und Hureaux über
die saisine héréditaire (VIII. 315) [21]).

II.

Die mit der Restauration der historischen Rechtswissenschaft
begonnenen germanistischen Studien in Frankreich mußten noth=
wendig zur Stellung der Frage führen, ob und wie weit das ei=
gentliche französische Recht, das ältere der Coutumes sowohl als
das des Code Napoléon, germanistische Elemente enthalte oder nicht?
Den unbefangenen Bearbeitern der französischen Staats = und
Rechtsgeschichte konnte es nicht entgehen, daß das französische Recht
Jahrhunderte lang nicht celtisch, nicht römisch war, sondern ger=
manisch, und durch die allmählige Einwirkung des Königthums,
sowie durch den Einfluß des römischen Rechts zu dem sich gestal=
tete, was es geworden ist. Als daher Klimmrath, von Guizot in=
spirirt und in Deutschland ausgebildet, seine rechtshistorischen For=
schungen begann, proklamirte er sogleich das germanische Element
des französischen Rechts, und brach darüber mit der alten Schule

---

20) Ein Capit. Carls d. G. von 783 (Pertz. Leg. I. 45) besagte: Placuit
   inserere ubi lex erit, praecellere consuetudini et nulla consuetudo
   superponatur legi. Der Verf. bemerkt hiezu (S. 251): K. d. G.
   habe zwar befohlen, das Gewohnheitsrecht solle dem Gesetzbuch nicht
   substituirt werden; die Zeit wollte aber das Gegentheil, und so ge=
   schah es.

21) Die neueste germanistisch französische Abhandlung ist die Thése pour
   le Doctorat von L. Passy: des origines des la communauté des Biens
   entre epoux etc. Paris 1857.

ab, in deren Geiste Laferrière gerade seine Geschichte des franzö=
sischen Civilrechts schrieb. Auf der siegreich betretenen Bahn folgten
ihm Laboulaye und Königswarter, welche daher alle drei
als die eigentlichen Vertreter der historischen Schule Deutschlands
in Frankreich gelten. Diesen trat aber auch bald eine ihre Richtung
mit Ungunst aufnehmende Partei, zu der nebst Laferrière noch
Guérard, Troplong und Augustin Thierry gehörten, ent=
gegen, und als noch gar Zöpfl's Artikel über das germanische
Element im Code Napoléon bekannt wurde, und Renaud den
germanischen Ursprung mehrerer Grundsätze des französischen Civil=
rechts nachwies, da bildete sich eine heftige Reaktion gegen die
vermeintliche Tendenz, das französisch nationale Recht zu germa=
nisiren, gleichsam als wäre es unehrenhaft für die doch auch aus
den germanischen Franken hervorgegangene französische Nation,
daß ihre älteste Staats= und Rechtsordnung germanisch war und
nie ganz vertilgt werden konnte; ja es gingen einige von diesen
gallomanischen Schriftstellern so weit, der verhaßten „deutschen
Schule" gegenüber eine französische gründen zu wollen. Diese rein
wissenschaftliche Frage zu einer politischen machend, schrieb der
seitdem berüchtigt gewordene Ledru=Rollin (1844) unter dem
Titel: de l'influence dé l'école française sur le droit français au
dix-neuvieme siècle ein Pamphlet, worin er Laboulaye geradezu
des Hochverraths an der französischen Nationalität beschuldigte,
was zu einer längeren Correspondenz zwischen beiden in Wolows=
ky's Revüe (1844. III. S. 534 und 1855. I. S. 149 und 155)
Anlaß gab. — Gleichwohl ist der Sieg der germanistischen Schule
als gesichert anzusehen, indem Niemand mehr und nicht einmal La=
ferrière es wagt, die Existenz und theilweise Fortdauer des ger=
manischen Elements in der französischen Gesetzgebung zu bestrei=
ten. Nur über den Umfang dieser Fortdauer wird noch gestritten,
in welcher Beziehung Benech von Toulouse in der angeführten
Abhandlung im Geiste Laferrière's eine Polemik begonnen hat,
die den Freunden der germanistischen Studien von nicht geringem
Interesse seyn muß und daher näher erörtert werden soll.

Was zunächst das im ersten Buch des Code Napoléon be=
handelte Personenrecht betrifft, so vereinigen sich die Schrift=
steller aller Parteien darin, nachstehende Institute und Grund=
sätze für germanischen Ursprungs zu erklären:

1) die eheherrliche Gewalt, wornach der Mann die Frau in allen Rechtsangelegenheiten zu vertreten, und regelmäßig die aus= schließliche Verwaltung und Nutznießung ihres ganzen Vermögens anzusprechen hat. Aus dem Mundium hervorgegangen hat sie ihren ursprünglichen Charakter, der dem Wesen der christlichen Ehe so ganz entspricht, so viel wie gar nicht geändert. Dieß anerkennen nicht blos Zöpfl (a. a. O. S. 121), Laboulaye (Condition des femmes p. 143), Königswarter (Revue Wolowsky XVII. 406), sondern auch Laferrière (Revue Foelix de 1847. p. 857 ff.) und Benech (Revue Wolowsky de 1853. I. p. 22).

2) Nicht minder wird von allen zugegeben, daß die elter= liche Gewalt, welche mit der Volljährigkeit der Kinder aufhört, und den Eltern nur die Nutznießung des Vermögens der Kinder bis zum 18. Jahre überträgt, vorzugsweise aus dem Mundium hervorgegangen ist, und nichts mit der römischen patria potestas gemein hat; daher das Sprüchwort der Coutumes: „puissance pa= ternelle n'a lieu", was aber nur heißt, daß die patria potestas des römischen Rechts dort nicht recipirt sei [22]).

3) Zugegeben wird auch, daß die neuere französische Vormund= schaft, welche keinen Unterschied zwischen Unmündigen und Min= derjährigen und zwischen tutor und curator bei der Altersvormund= schaft kennt [23]), ihrem Wesen nach germanisch sei. Dagegen wird

4) Zöpfl's Behauptung, daß der Art. 3 des Code Nap., wornach die statuta realia den statuta personalia unbedingt vor= gehen, insoferne germanischen Ursprungs sei, als auch der Sachsen= spiegel (Ed. Homeyer I. 30) bestimmt: „Erbe nimmt man nach Landesrecht und nicht nach Mannesrecht" — von Benech wider= sprochen, indem er bemerkt, dieser Grundsatz widerstreite geradezu dem ältesten germanischen Rechte, welches nur das System der persönlichen Gesetze kenne; als diesem das der Lokalrechte gefolgt sei, habe sich der neue angeführte Grundsatz gebildet, welcher daher nicht germanischen Ursprungs seyn könne; durch das Lehnsystem sei das Prinzip, daß in der Regel die statuta personalia maßgebend seien, wieder geltend geworden; jedoch für den Erwerb der Immo=

22) Loysel, Inst. cout. Nro. 55.
23) Daher das Rechtssprüchwort: „tuteur et curateur ne sont qu'un." Loysel Nro. 180.

bilien hätten ausnahmsweise die statuta realia ihre Kraft behalten; dieß sei Alles sachgemäß und demnach das schon früher bestehende Recht nur rationellen Ursprungs.

Die Wahrheit wird wohl in der Mitte liegen; denn wenn der Umstand, daß die französische Gesetzgebung mit der deutschen in diesem Grundsatze übereinstimmt, noch kein Beweis für dessen germanischen Ursprung ist, so läßt es sich doch nicht in Abrede stellen, daß er in Folge der gleichmäßigen Entwicklung der beiderseitigen Gesetzgebung auf gleicher Grundlage sich in beiden Ländern gleich gebildet hat. Er ist daher nicht blos rationellen, sondern auch histo= rischen, d. i. germanischen Ursprungs.

5) Auch das, daß Zöpfl unter Berufung auf den Sachsen= spiegel sagt, der Grundsatz des droit coutumier: „ne dote qui ne veut," aus dem der Art. 204. des C. N. hervorgegangen ist, stamme aus dem germanischen Rechte, will Benech nicht gelten lassen; die Dotationspflicht sei im römischen Rechte durch die Lex Julia et Papia Poppaea dem Vater auferlegt worden und daher eine rein positive Beschränkung des natürlichen, d. h. des in der Natur der Sache begründeten Rechts gewesen, welches letzte in Frank= reich geltend geblieben sei; deßhalb sei es nicht nöthig, für jenes Rechtssprüchwort einen germanischen Ursprung aufzusuchen. Er beruft sich auf Montesquieu (Esprit des lois XVIII. 7), wel= cher sagt: id est d'institution ordinaire, que le père marie ses en= fans; leur prudence sera toujours audessus de toute prudence!! Doch gibt er zu, daß die lois barbares mit diesem rationalen Grundsatz übereinstimmen.

6) Auch den Grundsatz: „l'enfant naturel n'a pas de famille", welchen Zöpfl, als im Sachsen= und Schwabenspiegel vorkom= mend, für germanisch erklärt, will Benech aus allgemeinen Rechts= prinzipien ableiten, welche überall gelten müssen, wo die Gesetzge= bung die Ehe als die Grundlage des Familienverbands ansehe, was ja auch bei den Römern der Fall gewesen sei. Wenn auch die Lex Salica und die Lex Ripuaria (wie Pardessus in seiner Abhandlung über den Ursprung des französischen Gewohnheitsrechts, und insbesondere in der XIV. Abhandlung zu der Lex Salica nach= weist) sehr ungünstig behandeln, so ersehe man doch aus den Mar= culphischen Formeln, daß die Väter solche Kinder durch ihren Willen haben successionsfähig machen können; auch sei es bekannt,

daß ein natürlicher Sohn Chlodwig's mit seinem ehrlichen Bruder zur Theilung des Reichs gelangt sei, und daß im Mittelalter
die Bastarden oft die größten Rechtsvortheile gehabt hätten, daher
ihre spätere Zurücksetzung nicht dem Einflusse germanischer Rechtsansichten zugeschrieben werden könne; denn in Frankreich seien sie
erst unter den Capetingern zurückgedrängt worden, worauf das
französische Recht die Rigorosität angenommen habe, welche durch
den Code civil wieder etwas gemildert worden. Es muß auffallen,
daß weder Benech noch Zöpfl hiebei an den Einfluß des canonischen Rechts denken, welches in Frankreich ebenso wirksam war,
wie in Deutschland. Daß aber die Franzosen wie die Deutschen
die natürlichen Kinder in der Hauptsache gleich behandeln, ist nicht
in Abrede zu stellen; wurden doch die durch nachfolgende Ehe legi-
timirten Kinder auch in Frankreich „Mantelkinder" genannt, weil
auch der symbolische Akt des Bedeckens derselben mit dem Mantel
der Mutter bei Eingehung der Ehe der Eltern Statt hatte. Loysel
sagt daher: „enfans nés avant le mariage mis sous le poële sont
légitimes" [24]).

Mit vollem Rechte verwirft dagegen Benech

7) Königswarters Ansicht, daß die Einrichtung des Fa-
milienraths, dem die tutela dativa in Frankreich übertragen ist,
germanischen Ursprungs sei; denn der altgermanische Familienver-
band hat mit dem conseil de famille des späteren und neuesten
französischen Rechts Nichts gemein. Jener Verband war mehr politischer Natur und hatte mit der Obsorge der Minderjährigen Nichts
zu thun; diese standen vielmehr unter dem Mundium ihres aller-
nächsten Verwandten und in Ermanglung eines solchen unter dem
Schutze des Königs, beziehungsweise des Gerichtsherrn, welcher
nach Anhörung der sonstigen Familienangehörigen einen Vormund
zu bestellen pflegte. Aus diesem Beirath der Familie hat sich der
Familienrath vom 13—14. Jahrhundert an allmählig zu dem entwickelt, was er jetzt ist [25]).

---

24) Loysel, Inst. cout. N. 58. cf. Michelet, Origines p. 11. Uebrigens bedeutet poële = pallium nicht blos den Mantel, sondern auch
das Tuch, welches noch heut zu Tage bei der kirchlichen Trauung über
die Eheleute ausgebreitet zu werden pflegt.

25) S. meine franz. St.- u. R.-Gesch. II. Bd. n. 99—103, insbes. S. 280.

Im zweiten Buche des Code Napoléon, welcher von den dinglichen Rechten handelt, will Benech auch nicht eine Spur (pas la plus petite molécule) von germanischem Rechte finden. In der That hat der Code auch die römisch-rechtlichen Prinzipien über Eigenthum und Servituten fast ganz unverändert angenommen, und von den wenigen Modifikationen desselben sind die meisten dem späteren Gewohnheits= und Gesetzesrecht zuzuschreiben. Nur der so tief eingreifenden Eintheilung der Sachen, auch der unkörperlichen, in bewegliche und unbewegliche in den Art. 526 und 529 des Code Napoléon, will Zöpfl einen germanischen Ursprung vindiciren; Benech aber, welcher mit Recht in dem Begriff „unkörperliche" Sachen eine juristische Abstraktion erblickt, von welcher die alten Germanen unmöglich eine Ahnung haben konnten, sucht den Ursprung dieser durchgreifenden Eintheilung lediglich im Art. 88 der Coutume de Paris, welche im Gegensatz einiger pays de droit écrit, wo die unkörperlichen Sachen als eine von den Mobilien und Immobilien verschiedene dritte Klasse von Vermögensgegenständen angesehen wurden, nur die zwei ersten Klassen anerkannte und diese in die dritte einzwängte. Diesen Gegensatz deutet allerdings der angeführte Artikel dadurch an, daß er sagt: es gebe nur zwei Arten von Sachen, bewegliche und unbewegliche; allein der Urgrund dieser Eintheilung ist doch in dem Unterschied zu suchen, welchen das germanische Recht so vielfach in der Behandlung der Vermögensrechte macht, je nachdem sie zur liegenden oder fahrenden Habe gehören; dieser Unterschied ergreift bekanntlich fast das ganze eheliche Güterrecht und das Erbrecht; es war deßhalb nothwendig nicht blos die körperlichen Sachen, sondern Alles, was überhaupt Gegenstand des Vermögens seyn kann, jener Eintheilung zu unterwerfen. Mag daher auch der Begriff von unkörperlichen Sachen den alten Germanen fremd, und erst durch die spätere Jurisprudenz gebildet worden seyn, so ist doch die Zutheilung dessen, was darunter verstanden wird, zu dem beweglichen oder unbeweglichen Vermögen im germanischen Rechtsleben begründet. Uebrigens findet an unkörperlichen Sachen kein Eigenthum Statt, und auch der Art. 2279 des Code Napoléon, welcher die Rechte an Mobilien normirt (wovon weiter unten bei Besprechung des III. Buches die Rede seyn soll), ist nicht auf unkörperliche, sondern lediglich auf körperliche Sachen zu beziehen.

Auch im dritten Buche des Code Napoléon, welches zuerst von dem Erbrecht und von letztwilligen Verfügungen, sowie von den Schenkungen unter Lebenden handelt, sodann von den Obligationen und dem ehelichen Güterrecht, und schließlich vom Pfandrecht, vom Besitz und von der Verjährung, erklärt Benech keine germanischen Elemente finden zu können, obgleich er im Verlauf seiner Abhandlung doch mehrere derselben zugibt. Was zunächst das Erbrecht betrifft, so sind Zöpfl, Klimmrath, Laboulaye, Königswarter und Andere [26]) übereinstimmend der Ansicht, daß die Grundbegriffe desselben auf dem Boden des germanischen Rechtes wurzeln. Insbesondere hat Zöpfl die Eigenthümlichkeit des französischen Rechts, wornach blos diejenigen, welche ab intestato succediren, Erben (heritiers) sind, alle anderen aber, und selbst die Universalnachfolger, blos Legatare genannt werden (daher die Paroemie des droit coutumier: „institution d'héritier n'a point lieu [27]), ferner die Regel: le mort saisit le vif, aus dem der Grundsatz des Art. 724 des Code Napoléon hervorgegangen ist, das Pflichttheilsrecht und anderes mehr aus dem germanischen Recht abgeleitet, wenn auch das von den Juristen des siebenzehnten Jahrhunderts aufgestellte Prinzip eines Gesammteigenthumes der Familie im Grunde Nichts als das eines jus sanguinis sei. Diese Ansicht greift Benech heftig an, indem die Idee eines Familieneigenthums, welche allerdings das altgermanische Güterrecht zu beherrschen scheine, schon im zwölften Jahrhundert zur bloßen Fiction herabgesunken und im Sturme der Revolution völlig untergegangen sei, so daß von dem altaristokratischen Rechte der substitutions fidéicommissaires, der réserves coutumières, der Regel „pa-

---

26) Z. B. Eschbach in seiner Introduction à l'étude du droit (Paris 1856) p. 345: „Il est vrai de dire que notre droit civil actuel pousse une partie de ses racines dans les lois des peuplades germaniques. De là découlent en effet plus ou moins directement la garde ou la mainbournie, la réserve testamentaire, la règle: institution d'héritier n'a point de lien, celle autre: puissance paternelle ne vaut; celle autre: en fait de meubles la possession vaut titre. C'est aussi de là, que viennent l'institution contractuelle, le régime de la communauté conjugale, l'emancipation par le mariage, la règle: le mort saisit le vif. —

27) Loysel, Inst. cout. Nro. 304.

terna paternis, materna maternis", worin sich jene Fiction noch ab=
gedrückt habe, in der ganz demokratischen Erbfolgeordnung des Code
Napoléon keine Spur mehr übrig geblieben sei. Wie aber das
Prinzip des französischen Erbrechts in keiner Weise auf das des
altgermanischen Gesammteigenthums der Familie zurückzuführen sei,
so seien auch die von jenen Schriftstellern daraus abgeleiteten Rechts=
sätze nichts weniger als germanischen Ursprungs.

1) Der im Art. 724 des Code Napoléon sanctionirte Grund=
satz der Coutume von Paris (Art. 318) „le mort saisit le vif" sei,
wie schon de Laurière in seinem Commentar zu Loysel nach=
gewiesen habe[28]), neueren Ursprungs und von den französischen
Legisten aus Haß gegen den Lehnsfiscus eingeführt worden. Zur
Blüthezeit des Lehnswesens und da es nulle terre sans seigneur
gab, wären alle Liegenschaften nach dem Tode des Besitzers dem
Lehnherren heimgefallen, von welchem sie dem Erben mittelst In=
vestitur (ensaisinement) und gegen Entrichtung der Lehenwaare (re=
levium), oder, wenn es sich nicht um ein Ritterlehn gehandelt, eines
Handlohns (droit de saisine) übertragen worden. Um diese ge=
hässige Abgabe zu beseitigen, hätten die Juristen die Fiction ein=
geführt, daß der Sterbende seinen nächsten Erben unmittelbar, d. h.
ohne Vermittlung des Lehnsherrn, in Besitz und Gewere seiner Erb=
schaft eingewiesen habe; auf diese Weise sei die erbliche Gewere
des droit coutumier, entstanden, welche auch die neueste Gesetz=
gebung sanctionirt habe. Zwar habe sie auch zur Zeit der leges
Barbarorum bestanden, sie sei aber durch das Lehenrecht gänzlich
verdrängt worden, und später erst in der angegebenen Weise selbst=
ständig wieder erstanden[29]). Ein wunderbares Gemisch von Irr=
thum und Wahrheit! Es läßt sich allerdings nicht läugnen, daß
die Parömie selbst auf die angegebene Weise entstanden ist und

---

28) Loysel, Inst. cout. Nro. 317. Derselben Ansicht ist auch Troplong
in seinen Observations critiques über den Traité des droits d'enregis-
trement von Championnière und Rigaud (Revue Wolowsky
pro 1839 Bd X. S. 147 und 277); deßgleichen Hureaux in seiner
Notion de l'hérédité et la saisine des heritiers légitimes (Revue
critique pro 1856 Bd. VIII. S. 315).

29) Er sagt deßhalb: ce fut donc bien en réalité une maxime germanique, qui prévalut, mais elle prévalut indépendamment de son caractère primitif et restaurée par des causes étrangères à son origine.

zunächst nur besagen wollte, daß den nächsten Blutsverwandten des Erblassers dessen Nachlaß ohne Auflassung oder Einweisung von Seiten des Lehns= oder Gerichtsherrn erworben sei [30]). In glei= cher Weise bestimmt der Art. 724 des Code Napoléon zunächst auch nur, daß den Intestaterben die Erbschaft ipso jure, d. h. ohne rich= terliche Einweisung, erworben werde. Dieser Grundsatz hat aber noch eine weitere Bedeutung, nemlich die, daß den nächsten Bluts= verwandten die Erbschaft stets von Rechtswegen, d. h. selbst ohne ihr Wissen, und ohne daß es einer Erbantretung bedürfe, erworben werde, oder nach römischer Terminologie, daß sie alle heredes sui et necessarii sind und daher einerseits das formelle Notherbenrecht und die damit zusammenhängende Exheredatio, andererseits der Unterschied zwischen delatio und acquisitio hereditatis, diese beiden Eigenheiten des römischen Rechts, dem französischen fremd sind. In dieser Bedeutung ist der Grundsatz der erblichen Gewere ächt germanisch, und ist keinen Augenblick weder durch den rudes étrein= tes des aspirations féodales, noch in dem naufrage de la révolu= tion alterirt, sondern wie am ersten Tage der Völkerwanderung so noch heut zu Tage die Basis des Erbrechts aller germanischen Völker geblieben, und vom Code Napoléon, wenn auch nur stillschweigend und als selbstverständlich sanctionirt. Wir verweisen in dieser Be= ziehung auf Renauds vortreffliche Abhandlung über jene Par= ömie, und bedauern nur, daß sowohl Benech Renauds Ab= handlung, als Renaud Benechs Ansicht unbekannt geblieben zu sein scheint, und daher dieser Streit bis jetzt nicht unter ihnen aus= gefochten werden konnte [31]).

2) Mit mehr Recht verwirft Benech unter Bezugnahme auf eine recht gute Ausführung von de Brives-Cazes in Bordeaur [32])

---

30) Dieses geht aus mehreren Rechtsbüchern hervor, z. B. Desmares dé- cision 234, wo es heißt: Mort saisit son hoir vif, combien que parti- culièrement il yait coutume locale, où il faut nécessairement *saisine du seigneur*. Ebenso erklärt der Verfasser des Grand contumier (II, 21) jene Parömie also: c'est à savoir, que s'il appert de la ligne et du lignage, le successeur en est du tout saisi de droit, et *ne lui est nécessaire d'aller ni au seigneur, ni au juge ni autre*, etc.

31) Man vergleiche auch über die Entstehung jener Parömie — meine französische Staats= und Rechtsgeschichte Nro. 190.

32) Retrait successoral in der Revue von Wolowsky pro 1851 I. S. 69.

die Ableitung der im Art. 841 des Code Napoléon sanctionirten Erblosung vom altgermanischen Retractrecht. Man unterschied nemlich im vorigen Jahrhundert zwei Arten der Erblosung in Frankreich, den retrait lignager, die eigentliche germanische Erblosung, welche nur auf Erb= und Stammgüter anwendbar war, die der Besitzer ohne Einwilligung der Agnaten verkauft hatte, und den retrait successoral, welchen die Jurisprudenz des Pariser Parlaments unter Benützung der Lex Anastiasana eigens zu dem Zwecke eingeführt hatte, um es den Erben möglich zu machen, diejenigen Fremden, denen Miterben ihre Erbportion cedirt hatten, von der Erbtheilung auszuschließen. Es kann nicht wohl einem Zweifel unterliegen, daß der Art. 841 des Code Napoléon nur diese letztere Art der Erblosung aufgenommen hat, welche allerdings Nichts weniger als germanischen Ursprungs ist.

3) Höchst ungern gibt Benech zu, daß der Rechtssatz: „Institution d'héritier n'a lieu" seine Entstehung theilweise auch dem Einfluß germanischer Rechtsanschauung zu verdanken habe, es sei aber der Einfluß des Rationalismus, wenigstens bei dessen Aufnahme in den Code Napoléon, überwiegend gewesen, zumal davon im Art. 1004 insoferne wieder abgewichen worden sei, als den Universallegataren nicht blos der römisch=rechtliche Charakter von Universalsuccessoren, sondern sogar in Ermanglung von Pflichttheils= erben die erbliche Gewere verliehen wurde.

4) Die Exheredation des römischen Rechts ist dem code civil ebenso fremd wie den leges Barbarorum; wie diese beschränkt er sich im Art. 727 darauf, die Unwürdigen von der Erbschaft auszuschließen. Gleichwohl weigert sich Benech, eine historische Verwandtschaft zwischen beiden in dieser Beziehung anzuerkennen, indem in der Zwischenzeit und bis zum Jahre 1789 die römische Enterbungslehre nicht blos in Uebung war, sondern selbst durch königliche Verordnungen weiter entwickelt worden ist. Daß der Code Napoléon in der That aus legislativen Rücksichten dem inzwischen bestandenen Recht derogirt hat und nur scheinbar zum germanischen Rechte zurückgekehrt ist, läßt sich nicht leugnen. Indessen lassen sich doch die Grundsätze des neuesten Notherben= und Pflichttheils= rechts und der damit zusammenhängenden Exheredation größtentheils auf germanische Prinzipien zurückführen. Ganz germanisch ist, wie bereits bemerkt, das Notherbenrecht, wornach stets nur den

Agnaten die Erbenqualität und in der Regel auch die erbliche Gewere zukommt, daher eine formelle Erheredationspflicht, wie im
römischen Rechte, gar nicht Platz greifen kann. Das Pflichttheilsrecht war auch insoferne früher ganz germanisch, als es ein bloßer
Ausfluß der beschränkten Dispositionsbefugniß über die Erb= und
Stammgüter (Propres) war, und sich in der Bestimmung des Frei=
theils (Réserve), d. h. desjenigen Vermögenstheiles äußerte, worüber der Erblasser zum Nachtheil seiner Aguaten verfügen durfte.
Zu diesem Pflichttheilsrechte, der sog. Réserve, gesellte sich aber
schon sehr frühe ein anderes unter dem Namen der légitime, welche
die Juristen dem römischen Rechte entlehnten. Hervorgerufen durch
das Bedürfniß, die Kinder derjenigen, welche keine Propres besaßen, gegen ungerechte Verkürzungen zu schützen, verpflichtete sie
den Erblasser, seinen Descendenten und Ascendenten wenigstens die
Hälfte ihrer Intestaterbportionen zu hinterlassen, oder sie aus einem
der Gründe der Nov. 115 zu enterben. So kam mit der légitime
die römische Erheredation in das französische Recht, verschwand aber
wieder, als der Code Napoléon, von der légitime ganz absehend,
das Pflichttheilsrecht lediglich der Réserve nachbildete. Wenn dieses
aber hernach formell noch als germanisch gelten kann, so hat es
doch sonst mit dem Wegfall des Systems der Propres seinen
germanischen Charakter gänzlich verloren [33]).

5) Gegen alles Erwarten und im Widerspruche mit den deutschen
Rechtsgelehrten schreibt Bened den Ursprung der Erbverträge,
die der Code Napoléon noch bei den Heirathsverträgen zuläßt, dem
germanischen Rechte zu; aus der Affatomie der Lex Salica hervorgegangen, seien sie durch das Lehenrecht nur gekräftigt und weiter
entwickelt, keineswegs aber erst eingeführt worden! [34])

Daß das französische Obligationenrecht der Hauptsache nach
ganz das des römischen Rechts ist und nur sehr wenig germanische

---

33) Duverdy, Recherches historiques sur la qualité disponible dans le
droit français in der Revue historique du droit (1855/56) Band I.
512—528 Bb. II. 39—70 und meine französische Staats= und Rechtsgeschichte Nro. 187 und 202.

34) Er folgt hierin Eschbach in seiner notice historique sur l'institution
contractuelle (Revue Wolowsky (1840) XI. p. 127 und Königswarter in der gleichen Revue XIX. S. 535. Siehe dagegen meine
französische Staats= und Rechtsgeschichte Nro. 139.

Spuren aufzuweisen hat, muß man mit Beneck einräumen. Was aber dagegen die eheliche Gütergemeinschaft betrifft, welche den Code als einen Theil des Obligationenrechts (event. als Heirathsvertrag) behandelt, so ist deren historische Entstehung schwer nachzuweisen. Zöpfl vindicirt ihr einen germanischen Ursprung und rechnet es dem Code als Verdienst an, daß er an die Stelle des uns als gemeines Recht in der Zeit einer juristischen Barbarei aufgedrungenen Dotal=systems ein ächt germanisches Gütersystem gestellt habe. Beneck erklärt zunächst, die eheliche Gütergemeinschaft sei weder altceltischen, noch römischen, noch feudalen Ursprungs; allein, wie Troplong [35] nachgewiesen habe, sei sie auch nicht germanisch, sondern eine speci=fisch nationale Schöpfung, une création nationale, qui s'est opérée insensiblement et imperceptiblement au moyen d'usages latents, de coutumes intimes, qui à la suite de la fusion des races juxtaposées sur le sol galloromain, ont pris enfin possession de la société! — Uebrigens sei die Gütergemeinschaft, welche so ganz dem Wesen der christlichen Ehe entspreche, zunächst aus der germanischen Rechtssitte hervorgegangen, die Frau an der Errungenschaft theilnehmen zu lassen; ihre weitere Entwicklung und endliche Ausbildung verdanke sie aber vorzugsweise dem Einfluß der Kirche und des canonischen Rechts. Wenn man freilich bei der ehelichen Gütergemeinschaft nur auf das gleichheitliche Miteigenthum der beiden Ehegatten an dem zusammengeworfenen beiderseitigen Vermögen sieht, so lassen sich ihre Anfänge kaum anders erklären. Sieht man aber auf das Wesen der Gütergemeinschaft, und bedenkt man, daß sich die so hoch ge=priesene Gemeinschaft erst bei Auflösung der Ehe geltend macht, und im Grunde Nichts als den Theilungsmodus bei der endlichen Aus=einandersetzung des beiderseitigen Vermögens bestimmt, daß aber während der Ehe der Mann die alleinige und ausschließliche Dispositionsbefugniß über das sog. Gemeinschaftsvermögen hat, und der Frau als besondere Wohlthat gestattet ist, durch Verzicht auf die Gemeinschaft sich der von ihrem Manne contrahirten Schul=den zu entschlagen, so wird man erkennen, daß diese sog. Güter=gemeinschaft der Hauptsache nach nichts als die von Gerber in seinem deutschen Privatrechte ganz richtig geschilderte Güterein=heit ist, d. i. die Vereinigung des beiderseitigen Vermögens in der

---

35) In der Vorrede zu seinem Commentaire du contrat de mariage. S. 95 ff.

Hand des Mannes, wie sie sich schon in der ältesten germanischen Zeit in Folge des eheherrlichen Mundiums gestaltete.

Die sowohl von Zöpfl als Benech zuletzt behandelte Frage ist die, ob der Grundsatz des Artikel 2279 des Code Napoléon: „en fait de meubles la possession vaut titre" aus dem germanischen Rechte stamme oder nicht. Benech gibt zwar zu, daß der gleiche Grundsatz bei den alten Germanen und auch, während der Feudalperiode gegolten habe, behauptet aber, daß er seit dem sechszehnten und siebenzehnten Jahrhundert in Folge der Reception des römischen Rechts aufgehört habe, das gemeine Recht Frankreichs zu sein; erst später hätten Bourjon und dann Pothier ihn, jedoch in ganz selbständiger Weise, aus Gründen der Zweckmäßigkeit, und keineswegs als germanische Ueberlieferung, wieder zur Geltung gebracht, und auf Pothiers Autorität hin sei er in den Code aufgenommen worden [36]). Nouvel exemple, fügt er bei, de la présence d'un principe germanique dans le Code, mais admis indépendamment de son caractère originaire! Es ist wirklich eine etwas starke Zumuthung, glauben zu sollen, daß das so compakte System des römischen Eigenthumsrechts, nachdem es im sechszehnten und siebenzehnten Jahrhundert das germanische verdrängt, schon im achtzehnten dadurch wieder soll gebrochen worden sein, daß zwei Juristen aus bloßen Zweckmäßigkeits-Rücksichten eine neue Theorie aufgestellt hätten, die nur zufällig auch die des germanischen Rechts gewesen sei!. Mag man auch zugeben, daß der altdeutsche Grundsatz: „Hand wahre Hand" durch den Einfluß des römischen Rechts in Frankreich geschwächt worden sei, so ist es nichts desto weniger gewiß, daß er dort gemeines Recht geblieben und höchstens durch den Einfluß der genannten Juristen wieder zur unbestrittenen Geltung gelangt ist.

Es braucht kaum gesagt zu werden, daß durch die kurze Abhandlung Zöpfls und deren Bekämpfung durch Benech der Streit über die germanischen Ursprünge französischer Rechtssätze und Rechtsinstitute keineswegs als abgethan anzusehen ist. Er muß fortgeführt und gründlicher, als beide Schriftsteller thaten, behandelt; auch muß durch eine in's Einzelne gehende Vergleichung

---

36) Zum Beweise für seine Ansicht beruft er sich auf Troplong's Ausführungen in dessen Commentaire zum Art. 2279 des Code Napoléon.

der Deutſchland und Frankreich gemeinſamen Rechtsſätze, die weder
im römiſchen noch im canoniſchen Rechte wurzeln, unterſucht werden, ob die Baſis beider dieſelbe iſt. Dieſe Baſis hat man aber
gewiß nicht mit Benech ausſchließlich in den leges Barbarorum,
ſondern in allen altgermaniſchen Rechtsquellen zu ſuchen, und auch
die Weiterentwiclung der gemeinſamen Rechtsinſtitute, ſelbſt die
Feudalperiode hindurch, im Auge zu behalten, für welche die Gleichheit der ſozialen Zuſtände vom zwölften Jahrhundert maßgebend
wurde. In wie weit dieſe Zuſtände in Frankreich noch germaniſch
waren, d. h. in den althergebrachten Eigenthümlichkeiten des bürgerlichen Lebens beider Nationen wurzelten, inſoweit klebt auch den
franzöſiſchen ein germaniſcher Charakter an, wie verſchieden auch
die lokalen Geſtaltungen dieſer oder jener Inſtitute geweſen ſein
mögen. Beſtehen doch ſelbſt mitten in Deutſchland große Gegen-
ſätze in der Entwiclung des germaniſchen Rechts. Es muß ferner
ein vergleichendes Studium der franzöſiſchen und deutſchen Rechtsquellen des zwölften und dreizehnten Jahrhunderts, z. B. der Stadtrechte und Rechtsbücher, gemacht; dem Sachſen- und Schwabenſpie-
gel und Anderen müſſen Beaumanoir, Desfontaines, die Assises
de Jerusalem, die Etablissements de St. Louis gegenüber geſtellt
werden, und dann wird ſich das merkwürdige Ergebniß heraus-
ſtellen, daß das altfranzöſiſche und das mittelalterliche deutſche Recht
Schweſterrechte ſind, zwei Hauptäſte deſſelben Stammes, der im
engliſchen Rechte noch einen dritten trieb, mit deſſen Beſtimmungen
man ja in Frankreich nicht ſelten manche franzöſiſchen verglichen
und übereinſtimmend gefunden hat.

Nachtrag.

Obige Ueberſicht war ſchon druckfertig, als dem Verfaſſer von
Louis Paſſy in Paris die oben angeführte Inaugural-Diſſerta-
tion (des origines de la communauté de biens entre époux) zukam,
die als hieher gehörig noch kurz beſprochen werden ſoll. Der Verfaſſer dieſer ſehr fleißigen und große Quellenbeleſenheit bekundenden
Abhandlung iſt im Allgemeinen der Anſicht Benech's, daß die
eheliche Gütergemeinſchaft weder celtiſchen noch römiſchen, noch

auch streng germanischen Ursprungs, sondern ein Produkt der späteren Rechtsentwicklung sei, und nur ihre ersten Anfänge im germanischen Rechte, und zwar in dem Institut des Dotalitiums, welches der überlebenden Wittwe eine Quote der Errungenschaft zusicherte, gesucht werden müßten. Hieraus läßt er aber die Gütergemeinschaft nur bei dem Adel sich entwickeln, während er sie bei dem Bürgerstand aus der christlichen Idee der ehelichen Gesellschaft und andern allgemeineren Gründen selbstständig entstehen läßt. Beide Arten, deren grundverschiedener Charakter darin bestehe, daß die erste, in Folge des prädominirenden Einflusses des altgermanischen Mundiums während der Ehe, sich erst bei ihrer Auflösung geltend mache, die zweite dagegen auf einem Gesellschaftsvertrag beruhe, worin der Ehemann das Gemeinschaftsvermögen nur in Vollmachtsnamen verwalte, — hätten sich später zu einem Ganzen geeinigt, worin der Charakter der bürgerlichen Gütergemeinschaft vorherrschend geblieben, und nur einige Rechtssätze aus der adelichen aufgenommen worden seien. Es braucht wohl kaum bemerkt zu werden, daß Alles, was von der selbständigen Entstehung und Grundverschiedenheit einer ehelichen Gütergemeinschaft bei dem Bürgerstande gesagt ist, Nichts als eine der näheren historischen Begründung entbehrende Hypothese ist, hervorgegangen aus dem Bestreben, die Lücke zwischen der Periode der carolingischen Rechtsquellen, und jener der Rechtsbücher auszufüllen. Zwar hat der Verfasser das unstreitige Verdienst, einen Theil dieser Lücke durch Benützung einiger neu edirten Quellen aus dem 10. und dem Anfang des 11. Jahrhunderts ausgefüllt zu haben, ohne daß es ihm jedoch gelungen wäre, das Dunkel über die hier entscheidende, den Rechtsbüchern unmittelbar vorausgehende Periode aufzuklären. Wohl aber liefern seine Forschungen den Beweis, daß sich der altgermanische Rechtszustand und namentlich auch das System der persönlichen Rechte durch das ganze 10. Jahrhundert hindurch forterhalten hat, ein bemerkenswerthes Resultat, was dieser Schrift einen besonderen Werth verleiht.

Berichtigung.

Der Verfasser der Abhandlung über Genossenschaftsbildungen, Bd. XVII. Heft 2. der Zeitschrift, schreibt sich nicht Päpcke, sondern Päpke.

V.

Ueber die rechtliche Natur der Reallasten *).

Von

Dr. C. F. W. J. Haeberlin,

Professor zu Greifswald.

---

§. 1. Die Reallast als Ganzes.

Die alte Streitfrage über die Natur der Reallasten ist noch immer nicht geschlichtet, so daß es wohl keiner Entschuldigung bedarf, wenn ich dieselbe wieder aufnehme und zu lösen versuche. Nach den größeren Monographieen über Reallasten von Duncker [1]) und Renaud [2]) wird es nicht nöthig sein, die älteren, durch die Wissenschaft bereits beseitigten Ansichten über das Wesen und die Natur der Reallasten wiederholt aufzuführen, da Duncker [3]) dieselben ausführlich angegeben, und einer meist treffenden Kritik unterworfen hat, wie z. B. die Ansicht, welche die Reallasten als mit einer Hypothek verbundene Forderungsrechte, oder die derselben direct entgegengesetzte, welche sie als Art der Prädialservituten, als servitutes in faciendo, oder als den Servituten analoge Berechti-

---

*) Im Begriff diese Abhandlung zum Druck abzusenden, fällt mir der Aufsatz v. Gerbers: zur Theorie der Reallasten, in den Jahrbüchern von v. Gerber und Jhering, Bd. II, Heft 1. in die Hände. Derselbe ist jedoch nicht im Stande gewesen, mich von der Richtigkeit der Gerber'schen Construction der Reallasten zu überzeugen; er macht auch das Erscheinen meiner Arbeit keineswegs überflüssig, da er nur eine weitere Ausführung der in v. Gerbers deutschem Privatrecht aufgestellten Ansicht über die Reallasten enthält, auf welche unten schon die gebührende Rücksicht genommen ist.

1) Duncker, die Lehre von den Reallasten in ihren Grundzügen dargestellt. Marburg 1837.
2) Renaud, Beitrag zur Theorie der Reallasten. Stuttgart 1846.
3) Duncker a. a. O. S. 2—12.

gungen auffaßte. Zur Feststellung des Status causae wird es ge=
nügen, die wichtigsten der neueren Ansichten kurz vorzutragen.

Dieselben gruppiren sich in drei Classen, indem die Einen die
Reallasten als dingliche Rechte, resp. Lasten, die Andern als
Forderungsrechte, die Dritten endlich als Rechte gemisch=
ten, obligatorischen und dinglichen Characters auffassen.

Zu denjenigen, welche die Reallasten als dingliche Rechte auf=
fassen, gehört zunächst Albrecht, der sie für Zubehörungen
der Gewere hält, indem er sich in folgender Weise über dieselben
ausläßt [4]): „Jedes Verhältniß zwischen Gutsherrn und Hinter=
sassen enthält zwei Bestandtheile, ein dingliches Element, das
Recht des Herrn und des Hintersassen am Grundstücke, und ein
persönliches, dessen Gegenstand ein Thun und Leisten ist, und
wohin namentlich die Rechte und Verpflichtungen in Bezug auf
Zinsen und Dienste gehören. — Diese beiden Elemente, das per=
sönliche und dingliche, dürfen nicht als heterogene Bestandtheile des
Verhältnisses, sondern das erste muß juristisch als homogen dem
zweiten betrachtet werden; sie bilden nicht blos durch Untrennbar=
keit, sondern durch juristische Gleichartigkeit ein Ganzes. Zwar kann
das Recht auf ein Thun und Leisten seiner Natur nach niemals
ein Recht an einer Sache im eigentlichen Sinne werden, wohl
aber kann es als Pertinenz eines solchen Rechts gedacht, und
dann, wie dieses selbst, juristisch behandelt als ein Theil desselben
angesehen werden, und so muß man sich, wie ich glaube, die Reallast
denken. Einerseits muß nämlich das Recht des Gutsherrn auf Zinsen
und Dienste als Pertinenz seiner Proprietät (Gewere), an=
dererseits die Verpflichtung zu jenen Leistungen als Pertinenz
des Rechts des Hintersassen am Grundstücke (Gewere)
angesehen werden. Es bedarf daher, um den Anspruch des Guts=
herrn auf Zinsen und Dienste gegen jeden dritten Besitzer zu sichern,
neben der Entstehung des dinglichen Verhältnisses nicht noch der
besonderen Begründung eines obligatorischen Nexus mit jedem Ein=
zelnen; die Gewere ist es, welche geradezu verpflichtet und berech=
tigt, und, wie diese sich gegen jeden Dritten geltend macht, so auch
das Recht auf jene Leistungen. Somit ist das, was so häufig ge=
sagt wird: „die Prästation ruht auf der Sache, das Grundstück

---

4) Albrecht, die Gewere. S. 165 und 167 f.

zinfet" nicht ein bildlicher Ausbruck, deſſen ſich der Juriſt eigentlich
enthalten ſollte, ſondern gerade dieſe ſind die Ausbrücke, welche die •
juriſtiſche Bedeutung des Verhältniſſes am wahrſten bezeichnen."

An die Gewere knüpft auch Renaud die Reallaften, indem
er ſie als auf einer Theilung der Gewere beruhende Beſchränkun-
gen des Grundeigenthums betrachtet und in folgender Weiſe ſeine
Anſicht zu begründen verſucht 5): „das altgermaniſche Sachenrecht
beruht, wie bekannt, auf der Grundlage der Gewere. Die Gewere
(saisina) aber umfaßte nicht blos ein abgegrenztes und umſchloſſenes
Stück des Erbbodens (clausura), ſondern auch alle Fahrniß, die
auf demſelben ſich befand. Dieſe wurde als Acceſſorium des Grundſtücks betrachtet, auf welchem ſie lag. Die Gewere, oder der rechtliche geſchützte Beſitz an einem Gute hatte ſomit einen reicheren
Gehalt als das römiſche dominium, indem ſie nicht blos einen In-
begriff rechtlicher Befugniſſe auf das Grundſtück ſelbſt ertheilte, ſondern auch eine ausſchließliche Befähigung über alle Fahrniß, die
innerhalb der clausura zu ſtehen kam: den namhafteſten Theil dieſer Fahrhabe bildeten aber die Früchte und das Vieh, die auf dem
Gute gezogen wurden; — der jedesmalige periodiſche Frucht- und
Viehertrag wurde ein Acceſſorium des fruchttragenden Grundſtücks,
ſo daß die Gewere an dieſem auch die an jenem umfaßte. Wie nun
bei der allmälig eintretenden Theilbarkeit der Gewere eine Spaltung
des Eigenthums an Grund und Boden nach den verſchiedenen Be-
ſtandtheilen jenes zuläſſig, wie es möglich geworden war, daß das
Obereigenthum in einer Hand, das Nutzeigenthum in einer andern
Hand ſich befand, wie auch Jemand das volle Eigenthum an einer
Liegenſchaft, eine andere Perſon aber eine Gewere zu erblicher Benützung deſſelben Guts haben konnte, ſo mußte es auch geſchehen
können, daß man von der Gewere am Gute diejenige an dem Inhalte deſſelben trennte, — ja daß man auch eine beſondere Gewere
an einem Theile (einem firen Theile, oder einer Quote) des Frucht-
und Viehertrages annahm. Wie dieſe Grundſtücke zur erblichen Benutzung (ſei es zu Nutzeigenthum oder zu erblichem Colonat) auf-
gelaſſen wurden, behielt ſich der Verleiher neben dem Ober- oder
vollen Eigenthum auch eine Gewere an einem Theile der Guts-
acceſſorien, d. h. des Frucht- und Viehertrages deſſelben, vor, oder

---

5) Renaud a. a. O. S. 23 ff.

genauer gesprochen, nahm die grundherrliche Gewere in privativer Beziehung die Gestalt einer Zinsgewere an. — Juristisch irrelevant war übrigens hier die Unterscheidung, ob der Verleiher von vorn herein Eigenthümer des Guts gewesen, oder ob der Empfänger, ursprünglich voller Eigenthümer desselben, es an den Verleiher aufgelassen, und es von ihm nur wieder zur Benutzung empfangen hatte. Jedenfalls aber scheint anfänglich die Zinsgewere nur als Ausfluß einer andern Gewere am Grundstücke, namentlich der gutsherrlichen vorgekommen zu sein. Eine Folge der bald eingetretenen und endlichen Theilbarkeit der Gewere war es aber, daß später alle Rechte am Gute mit einzigem Vorbehalt einer Zinsgewere veräußert werden konnten, und von da war es nur noch ein Schritt zur Auflassung einer Zinsgewere an solche Personen, welche früher nie eine rechtliche Herrschaft über das Grundstück gehabt hatten."

Als Consequenzen dieser Auffassung stellt Renaub denn folgende auf:

1) "Die Reallastberechtigung ist ein Recht auf einen Theil (fixen Theil oder Quote) des periodischen Frucht= resp. Viehertrages eines bestimmten Grundstücks.

2) Da dieser periodische Ertrag ein Accessorium des Grundstücks bildet, so erscheint die Zinsberechtigung als ein Recht an dem Grundstücke selbst, daher ihr die Eigenschaft der Dinglichkeit und der Unbeweglichkeit zukommt.

3) Die Zinsberechtigung verwirklicht sich dem Besitzer des belasteten Guts gegenüber in dessen Verpflichtung zu einem Leiden und nicht zu einem Thun.

4) Wenn auch die Reallast den Besitzer des belasteten Grundstücks in patiendo beschränkt, so ist dieselbe doch keine Servitut.

5) Ebensowenig ist die Reallastberechtigung ein Eigenthumsrecht, da es nach der Art, wie sich die Lehre vom getheilten Eigenthum gestaltet hat, nur ein Ober= und ein Nutzeigenthum giebt, die sich beide in Rechten an der Substanz des Grundstücks selbst verwirklichen.

6) Dagegen ist die Reallastberechtigung ein von der Gesammtheit der im vollen germanischen Eigenthum liegenden Befugnisse getrenntes Recht, welches mehr als andere aus einer Spaltung des Eigenthums hervorgegangene Rechte, wie z. B. Servituten und Näherrecht, eine Eigenthumsähnliche Natur beibehalten hat,

daher es wie ein Eigenthumsrecht, einem ungehinderten Verkehr unterworfen ist."

Duncker [6] personificirt bekanntlich das Grundstück und erklärt dieses selbst für den Schuldner, indem er das Resultat seiner
Ausführung kurz in folgenden Worten zusammenfaßt: „Eine Reallast ist die Verpflichtung einer unbeweglichen Sache, wodurch dieselbe
als Subject einer zum Besten einer Person oder eines Grundstücks
vorzunehmenden Leistung erscheint. Die der Reallast gegenüberstehende
Berechtigung ist daher das einer Person oder einem Grundstücke
zustehende dingliche Recht, welches die Verpflichtung einer unbeweglichen Sache zum Gegenstande hat.

Mittermaier, welcher in der ersten Ausgabe seiner Grundsätze
des deutschen Privatrechts (1824) die Reallasten für dingliche Forderungsrechte erklärte, bei welchen der Berechtigte mit dem Besitzer
des Guts, auf welchem die Last ruht, im Vertragsverhältnisse stehe,
jedoch so, daß die Last von selbst auf jeden Besitzer übergehe, ist in
den späteren Ausgaben seines Privatrechts [7] von dieser Ansicht zu-
rückgekommen, indem er nunmehr die Reallasten zu den dinglichen
Rechten zählt und sie „als Leistungen bezeichnet, deren Grund auf
dem Besitz einer Sache ruht, und bei denen das Recht durch Be-
sitzrechtsmittel und überhaupt durch Klagen geschützt ist, welche in
ihrer Verfolgung als dingliche behandelt werden."

Wolff [8] findet darin „auf einem Grundstücke haftende Verpflichtungen zu positiven Leistungen," und in dem ihnen entgegenstehenden Rechte, „das dingliche Recht, eine bestimmte positive Leistung von einem Grundstücke zu fordern, ohne daß eine Person leistungspflichtig ist, welche letztere vielmehr nur wie der Inhaber
eines Thiers, welches Schaden zugefügt hat, oder auch wie der
Eigenthümer eines servitutpflichtigen Grundstücks in Anspruch genommen werden kann."

Gengler [9] endlich stellt die Reallasten auch unter die dinglichen Rechte, legt ihnen aber einen dinglichen Charakter in deutsch-

---

6) Duncker a. a. O. S. 61.
7) Mittermaier, Grundsätze des gemeinen deutschen Privatrechts.
   7. Aufl. Bd. I. §. 172. S. 490.
8) Wolff, Lehrbuch des deutschen Privatrechts. Bd. I. S. 274. 275.
9) Gengler, Lehrbuch des deutschen Privatrechts §. 70. S. 285 f. 296 ff.

rechtlichem Sinne bei, und erklärt sie für "die, für den Besitzer eines unbeweglichen Guts als solchen einer berechtigten Person oder Liegenschaft gegenüber bestehende, mit dinglicher Klage verfolgbare Verpflichtung zu bestimmten, nach gewissen Zeitabschnitten wiederkehrenden Natural=, Geld=, oder vermögenswerthen Dienstleistungen;" und am Schlusse der Anmerkung auf S. 303: "Der Doctrin — muß die Reallastberechtigung ein dingliches Recht an fremder Sache bleiben, welches sich im heutigen System den römischen juribus in re als eine gleichartige Schöpfung des deutschen Volkslebens anreiht."

Diesen Ansichten von dem dinglichen Character der Reallasten steht die Auffassung derselben als persönliche oder Forderungsrechte gegenüber, die sich bei Gerber, Hildebrand und Seuffert findet. Gerber [10]) erklärt die Reallasten für Obligationen, welche durch eine derartige Anknüpfung an ein Grundstück perpetuirt, und so in Rücksicht auf ihre Dauer den Rechten an Sachen gleichgestellt werden, daß die Bestimmung des verpflichteten Subjects durch die Thatsache des Besitzes eines bestimmten Grundstücks gegeben wird. — "Die der Reallast entsprechende Berechtigung ist ein wirkliches Forderungsrecht; die Verpflichtung des Schuldners besteht in der Verbindlichkeit zu einzelnen, in bestimmten Zeiten wiederkehrenden Leistungen, welche aber nicht der Inhalt selbständiger einzelner Obligationen, sondern nur die fortgesetzten Aeußerungen einer unerschöpflichen Verbindlichkeit sind; das verpflichtete Subject wird bestimmt durch den Besitz des Grundstücks, an welches die Reallast geknüpft ist; das berechtigte Subject kann zwar ebenfalls durch den Besitz eines Grundstücks, Amts, oder irgend einen andern Umstand bestimmt werden, allein auch die Berechtigung eines bestimmten menschlichen Individuums als solchen ist zulässig."

Hillebrand [11]) bezeichnet die Reallasten als "wiederkehrende Leistungen, welche den jedesmaligen Besitzern eines Grundstücks als solchen obliegen. — Die der Reallast gegenüberstehende Berechtigung

---

10) Gerber, System des deutschen Privatrechts §. 167. 168. Derselbe, zur Theorie der Reallasten in den Jahrbüchern von v. Gerber und Jhering Bd. II. Heft 1.
11) Hillebrand, Lehrbuch des heutigen gemeinen deutschen Privatrechts. §. 146.

erscheint vom juristischen Standpunkte betrachtet als ein mit einem sachenrechtlichen Gewande äußerlich bekleidetes Forderungsrecht."

Seuffert [12] äußert sich so: "Das dem Inhalt der Reallasten zu Grunde liegende Verhältniß ist ein persönliches; freilich ein solches, welches zu den in rem scriptis gerechnet werden kann."

Die dritte Hauptmeinung endlich legt den Reallasten einen gemischten, einen dinglichen und obligatorischen Character bei; doch finden auch unter den Anhängern dieser Meinung wieder mehrfache Abweichungen statt.

Zuerst faßt Runde [13] sie als subjectiv-dingliche Rechte in folgender Weise auf: "Nach unserer Vorstellung bestimmt sich die Dinglichkeit, oder das Verhältniß eines Subjects zur Sache, nicht blos durch Verhaftung derselben bis zur Verfolgbarkeit gegen jeden dritten, sondern auch dadurch, daß mit einer Sache die Befugniß zur Ausübung eines gewissen Rechts, oder eine gewisse Verpflichtung verbunden ist, welche diese Sache nicht zum Gegenstande haben, aber auf jeden Besitzer derselben übergehen. Wir kennen also eine zweite Classe dinglicher Rechte, welche sehr schicklich subjectiv-dinglich heißen: weil das Subject eines gewissen Rechts, oder das Subject einer gegebenen Verbindlichkeit lediglich durch Sachenbesitz bestimmt wird, und welche in objectiver Hinsicht bald dinglich, bald persönlich sein können, je nachdem sie eine Sache zum Gegenstande haben, die gegen jeden Dritten verfolgbar ist, oder eine Leistung, die nur vom besonders verpflichteten Subject verlangt werden kann."

Als subjectiv-dingliche Rechte bezeichnet auch Eichhorn [14] die Reallasten, indem er seine Ansicht in folgenden Worten ausführt: "Die Berechtigung und Verpflichtung bei diesen Verhältnissen kann zwar allgemein dadurch bezeichnet werden, daß eine Forderung die Natur eines auf einer oder auf beiden Seiten subjectiv-dinglichen Rechts annehme; die innere Bedeutung derselben, sowie ihre Entstehungs- und Erlöschungsgründe werden aber zugleich dadurch bestimmt, daß in einigen Fällen dem Berechtigten auch an der Sache selbst, durch deren Besitz eine Person Subject der Verpflichtung wird, ein Recht zusteht, während dieß in andern Fällen ganz fehlt.

---

12) Seuffert, das Baurecht, die Reallasten und das Näherrecht. §. 1. S. 72.

13) Th. L. Runde, die Rechtslehre von der Leibzucht Th. II. §. 26. (1805.)

14) Eichhorn, Einleitung in das deutsche Privatrecht §. 162.

„In den letzteren behält das Rechtsverhältniß durchaus die Natur einer Obligatio, und ist den Rechten an Sachen insofern analog, daß es als **subjectiv-dingliches Recht** wie ein Servitut, gegen jeden, der die Sache besitzt, oder sich in einem diesem analogen Verhältniß befindet, als eine Beschränkung der natürlichen Freiheit des Eigenthums geltend gemacht werden kann. Hierauf beruht jedoch vornämlich nur die Natur der Klage; hingegen läßt sich hieraus keineswegs herleiten, daß es auch in Ansehung der **Entstehungsgründe** den Servituten gleichgestellt werden müsse ꝛc."

Als **dingliche Forderungsrechte** bezeichnet die Reallasten **Mittermaier** in der oben angeführten ersten Ausgabe seiner Grundsätze des deutschen Privatrechts [15]), ebenso **Ortloff** [16]). Zu den gemischten Rechtsverhältnissen rechnen die Reallasten auch **Wächter** [17]), **Bluntschli** [18]) und **Beseler** [19]). Wächter erklärt zwar die Reallast als *„ein Recht auf bestimmte positive Leistungen, welches unmittelbar gegen ein Gut geht, so daß von jedem Besitzer des Guts als Solchem die Leistung gefordert werden kann,"* hält jedoch die **verfallene Leistung** nicht für eine **dingliche Last**, sondern für eine **persönliche Schuld** desjenigen Besitzers des Guts, zu dessen Besitzzeit sie verfiel.

Ganz ähnlich **Beseler**: „Es ist also ein gemischtes Rechtsinstitut anzunehmen, bei welchem dingliches und persönliches Rechtsverhältniß zusammentreffen, und zwar nach dem heutigen Rechtssystem in folgender Weise: dem Berechtigten steht ein dinglicher Anspruch unmittelbar an dem belasteten Grundstücke zu, in Folge dessen er von dem Besitzer als solchem ohne besondern Obligationsgrund die einzelne Leistung verlangen kann. Dieser Anspruch auf die einzelne fällig gewordene Leistung ist aber ein persönlicher."

---

15) Mittermaier, Grundsätze des gemeinen deutschen Privatrechts. 1824. §. 229 f. Vergl. auch denselben, Lehrbuch des deutschen Privatrechts. 1821. §. 325.

16) Ortloff, Grundzüge eines Systems des deutschen Privatrechts. 1823. S. 413.

17) Wächter, Erörterungen aus dem römischen, deutschen und württembergischen Privatrechte (1845), Heft 1. S. 121. 127 f.

18) Bluntschli, deutsches Privatrecht (1853) Bd. 1. S. 440 ff.

19) Beseler, System des gemeinen deutschen Privatrechts Bd. III. (1855) S. 138.

Bluntschli giebt keine Definition, sondern mehr eine Beschreibung der Reallasten, indem er an ihre Entstehung anknüpft und hieraus ihren dinglichen Character ableitet: „ . . . . die Geschichte lehrt, daß die Reallasten aus einer Herrschaft oder Hoheit des Berechtigten über die Güter hervorgegangen sind, somit das dingliche Element nicht eine Zugabe, sondern das Wesen ist des ganzen Verhältnisses, und sicher war dem Grund- oder Vogteiherrn der Gedanke fremd, die abhängigen Grundstücke seines Gebiets als besondere Personen anzusehen. — Oberherrlichkeit irgend einer Art über die belasteten Güter ist der Kern dieser Realrechte. Sie bewährt sich in den Reallasten bald nur zum Zeichen ihres Ansehens, bald zu wirklicher realer Nutzung (Ehrenzinse und Ehrendienste im Gegensatz zu Nutzzinsen und Nutzdiensten). Auf dieser mittelalterlichen Oberherrlichkeit beruht die Dinglichkeit des Realrechts, welche sich immer in einer Gewere über das pflichtige Gut äußert. In diese dingliche Hülle ist dann allerdings eine Forderung eingeschlossen, nicht an das Gut, sondern an den jeweiligen Besitzer desselben. Insofern liegt eine Mischung von dinglichen und persönlichen Elementen vor, welche zwar unserem modernen Rechtsbewußtsein mißfällt, dessen ungeachtet aber nur mit der Zerstörung des ganzen Instituts zu beseitigen ist. In der alten Zeit war das dingliche Element — die so bewährte Herrschaft über die Güter — Jedermann offenbar. Später aber ist eben der Kern des Instituts verdorrt und verfault, und so jenes Element verdunkelt worden. Indessen kann auch jetzt noch nicht davon abgesehen werden, weil die meisten noch vorhandenen Reallasten eben aus jener Vorzeit stammen, und verhältnißmäßig nur äußerst wenige von neuerem Datum sind. Für die letzteren ist es nun allerdings möglich, — und einzelne Fälle der Art kommen schon im Mittelalter vor — daß bei ihrer Entstehung nicht die dingliche Herrschaft, sondern die persönliche Forderung als das Wesentliche betrachtet wurde, und sie der Neigung eine Forderung zu fundiren ihr Dasein zu verdanken hatten. Auch sagt diese Auffassung dem modernen Rechtsgefühl mehr zu, und es ist nicht undenkbar, daß in Gestalt fundirter Schulden auch in Zukunft neue (wesentlich persönliche) Reallasten sich wieder bilden, während die alten, an die Herrschaft erinnernden (wesentlich dinglichen) Reallasten allmälig verschwinden. Aber auch die später entstandenen Reallasten sind doch meiſtens den früheren nachgeahmt, und es iſt — abgeſehen von dem Inſtitut der Gülten, welches den Uebergang aus dem älteren zu dem neueren Rechte bildet — nicht zu einer Durchbildung des jüngeren Gedankens gekommen."

Endlich kann zu denjenigen, welche in den Reallaſten eine Miſchung dinglicher und perſönlicher Elemente erblicken, auch Schenk [20] gerechnet werden, obgleich er dieſelben allerdings nur als ein Inſtitut deutſchrechtlich dinglichen Characters bezeichnet. Dieſe deutſchrechtliche Dinglichkeit findet er nämlich gerade in der Verpflichtung einer Perſon durch den Beſitz eines Grundſtücks. Er faßt das Reſultat ſeiner Deduction über die Natur der Reallaſten dahin zuſammen:

„Die beſprochenen Reallaſten ſind ein rein deutſches Inſtitut dinglichen, nicht aber römiſch=, ſondern deutſchrechtlich dinglichen Characters, welches als eine ſelbſtändige Schöpfung ſeinem Inhalt und Weſen nach durch den damit verfolgten Zweck derartig individualiſirt ſich zeigt, daß alle Conſequenzen aus etwa vergleichbar erſcheinenden andern, insbeſondere römiſchen Rechtsſyſtemen und Rechtsbegriffen auf daſſelbe für unanwendbar und nicht maßgebend ſich darſtellen. Es erſcheint daher auch völlig unzuläſſig, aus römiſch= rechtlicher Dinglichkeit, welche von deutſch= rechtlich dinglicher Connexion eines Rechtsverhältniſſes mit einem Grundſtücke ſich weſentlich unterſcheidet, Conſequenzen zu Gunſten der Haftpflicht des Nachbeſitzers des bezüglichen Grundſtücks für die von ſeinem Vorbeſitzer rückſtändig gelaſſenen einzelnen Realleiſtungen ziehen zu wollen; vielmehr überkommt jener deutſchrechtlich dinglichen Connexion zu Folge der Nachbeſitzer, wenn man vom Rentenkaufe und etwa noch von der Deich= und Sielaſt abſieht, auch Vertrag und Univerſalſucceſſion nicht ein Anderes begründet haben, regelmäßig nur zu den während ſeines Grundſtücksbeſitzes fälligen Leiſtungen die Pflicht."

Dieſe Zuſammenſtellung der neueren Hauptanſichten über die Natur

---

20) Dr. Schenk, Appellationsgerichts-Präſident zu Altenburg: Ein Votum über die Natur der Reallaſten mit Beziehung auf die Frage nach der Haftpflicht des Nachfolgers im Grundbeſitze für die Rückſtände aus der Zeit ſeines Beſitzvorgängers ꝛc. in der Zeitſchrift für Rechtspflege und Verwaltung zunächſt für das Königreich Sachſen. Neue Folge. Bd. XIV. Heft 4. S. 335 ff.

der Reallasten liefert den Beweis für die Richtigkeit meiner obigen
Behauptung, daß eine Einigung über die vorliegende Frage noch
keineswegs erfolgt sei, sie zeigt zugleich, daß die neuesten Bearbeiter
unseres Gegenstandes sich zur Annahme eines gemischten, dinglich-
obligatorischen Characters der Reallasten hinneigen, ohne gleichwohl
genügende innere Rechtsgründe für ihre Ansicht aufzustellen. Einer
besonderen Critik der einzelnen hier mitgetheilten Ansichten glaube
ich mich hier überheben zu können, da sie theilweise bereits widerlegt
sind, im Uebrigen aber bei der Ausführung und Begründung meiner
eigenen Ansicht sich mehrfach Gelegenheit bieten wird, auf theils
verwandte, theils entgegenstehende Ansichten einzugehen, resp. sie zu
widerlegen.

Wenn wir nun eine Untersuchung über die Natur der Reallasten anstellen, so muß unbedingt als erste Frage die aufgestellt
werden: sind sie ein urdeutsches Institut, oder sind sie unter dem
Einflusse des römischen Rechts entstanden, oder haben sie wenigstens
unter demselben ihre bestimmte Gestalt erhalten? um darnach entscheiden zu können, ob sie nach deutschem oder nach römischem Rechte
beurtheilt werden müssen. Diese Frage ist leicht und befriedigend
zu beantworten, und herrscht über dieselbe jetzt auch wohl kein
Zweifel mehr: die Reallasten sind nicht nur ein urdeutsches Institut, sondern sie hatten ihre rechtliche Gestaltung auch schon vollständig vor Einführung des römischen Rechts erhalten, wie die
Quellen aus dem 9. bis 14. Jahrhundert in Menge, Capitularien, Urkunden, Weisthümer und Stadtrechte beweisen, so z. B.
Cap. II. a. 805. c. 20: Census regalis, undecunque legitime
exiebat, volumus ut inde solvatur, sive de propria persona ho-
minis, sive de rebus. Vgl. überhaupt die bei Kraut S. 276—
283 angeführten Stellen. Ferner eine Urkunde aus dem Jahre
815 bei Meichelbeck[21]), worin es heißt: „in hoc enim Hitto
episcopus jam dicto Huuezzino in beneficium ipsam concessit ecclesiam ad suam vitam, eo modo, ut ipse Huuezzi .... censum de
ipsa ecclesia redditurum wadiavit in manus Hittonis Epi, hoc
est omni anno una carrada de cervisa, duos modios de farina,

---

21) Meichelbeck, Historia Frisingensis, I, 2. Nr. 336. Vgl. auch
Häberlin, systematische Bearbeitung der in Meichelbecks Historia Frisingensis enthaltenen Urkundensammlung S. 207 ff.

una friskinga, duos pullos, auca I." Eine andere aus dem Jahre 825 [22]), in welcher ein Capellanus Wago der Kirche zu Freising eine bedeutende Schenkung gemacht, zählt am Schluffe die Barscalci auf, welche diese der Kirche geschenkten Ländereien zur Benutzung erhalten, und den Zins und die Dienste, die sie davon zu leisten haben: „Isti sunt liberi homines, qui dicuntur Barscalci, qui et cum Wagone coram multis complacitaverunt, ut ecclesiasticam acceperunt terram, de ipsa terra condixerunt facere servitium. Isti sunt Saxo, Oadalmunt, Toto, Sigadeo, Deotmar, arant dies III, tribus temporibus in anno et secant tres dies, illud collegunt et ducunt in horrea; Wellimann, Cozpold et Waldker arant sicut supra, et secant et ducant in horrea, et reddant modios XV, ex his tres de ordea, una friskinga valente saicas II, etc. ... istud firmiter condictum est, ut eis nullus amplius majorem servitium injungere valeat, sed itinera vicissim agant.

Interessant ist noch eine Urkunde aus dem Jahre 1286 [23]), in welcher ein Graf Albert von Görz in Tyrol für sich und seine Erben dem Bischof von Freising von seinen Gütern bei Schönberg eine Rente von 50 Mark schenkt, die er jedoch von ihm als Lehn zurückempfängt; dann heißt es weiter: „nomina autem praedictorum reddituum sunt haec: in villa Traegeren sunt decem et octo huoebe, quarum septem sunt culte et inhabitate; in villa Schependorf sunt duodecim huoebe, quarum etc. — Quaelibet huoebarum soluit singulis annis unum modium tritici, quinque Mes siliginis, decem Mes avene, unum chaufmes fabarum et unum chaufmes pulcium, unum porcum valentem ad minus denarios triginta, in festo Georii ovem cum agno valentem viginti quatuor denarios, in Augusto unum Vlaischfrisching valentem denarios duodecim, sex Ochsenphenning pro oleo, et tres denarios pro jure lini, praeter herbergas et steuram, quae recipitur semper anno secundo, quilibet mansus cultus secundum redditus denariorum solvit unam Marcam minus denariis vigenti propter herbergas et steuram, sicut Dn. Diet. de Schoenberch per singula specificavit."

In einer Urkunde, wahrscheinlich aus dem Anfang des 12. Jahr-

---

22) Meichelbeck I, 2. Nr. 481.

23) Meichelbeck II, 2. Nr. 188.

hunderts [24]), restaurirt ein Graf Engelbert von Halle und Wasserburg das Kloster zu Attila (monasterium Attilense), und schenkt ihm unter Anderm auch den Zehnten von allen seinen Gütern: „De cunctis vero, quae possideo in omnibus castris meis Wazzirburc, Viechtinstein, Grizinstein, Werberc, pecorum videlicet, carnium, caseorum, volatilium et omnium victualium meorum decimas Attilensi monasterio contradidi. ...“

Diese Urkunden mögen genügen, um zu beweisen, daß schon vor Einführung des römischen Rechts in Deutschland Zins, Zehnten, Dienste und Renten bekannt und fest ausgebildet waren. Das römische Recht erlangte nur auf die wissenschaftliche Behandlung der Reallasten Einfluß, indem man seit der Einführung desselben in Deutschland versuchte, dieselben unter irgend einen römischen Begriff zu bringen, oder nach römischen Rechtsregeln zu behandeln. Allein da eben die Reallasten bei Einführung des römischen Rechts ein bereits vollkommen fertiges Institut des deutschen Rechts waren, welches unter keine Vorschrift des römischen Rechts genau paßte, da insbesondere auch die römischen Grundsätze über die öffentlichen Grundlasten und Steuern wegen des Einflusses der privilegia fisci auf dieselben nicht anwendbar waren, so ist eben durch das Hineinziehen des römischen Rechts, durch den Versuch, die Reallasten nach römischem Muster zu bilden, die unendliche Verwirrung in die Lehre von den Reallasten gebracht, die noch bis auf den heutigen Tag darin herrscht. Erst die neueren Bearbeiter der Lehre von den Reallasten haben versucht, dieselben aus dem deutschen Rechte zu erklären, die meisten haben sich aber doch von dem Einfluß des römischen Rechts nicht ganz frei machen können. Diesen Einfluß finden wir allerdings bei Mehreren nicht, so z. B. nicht bei Bluntschli, nicht bei Schenk, welcher letztere in seiner, leider sehr holperig geschriebenen Abhandlung doch manche gute Gedanken hat.

Sollen die Reallasten richtig erklärt werden, so darf diese Erklärung unbedingt nur aus dem deutschen Rechte hergenommen, so darf ihre Natur insbesondere nur aus dem deutschen Rechte entwickelt werden. Will man Analogien im römischen Recht aufsuchen, so mag das geschehen; sie dürfen aber nur als Analogien

---

24) **Meichelbeck** II, 2. Nr. 25. Vgl. I, 1. pag. 282.

aufgefaßt, und dürfen namentlich keine Consequenzen daraus für das deutsche Institut der Reallasten gezogen werden.

Da sich die ganze Untersuchung über die Natur der Reallasten um die Frage dreht: ob dinglich, ob persönlich oder obligatorisch? so muß zunächst der Begriff der Dinglichkeit selbst festgestellt, namentlich untersucht werden, ob das deutsche Recht den scharfen Begriff der römischen Dinglichkeit und Persönlichkeit kennt, oder ob die deutschrechtliche Dinglichkeit von der römischen verschieden ist.

Wächter [25]) stellt die verschiedenen Bedeutungen zusammen, in welchen die Ausdrücke dinglich und persönlich, dingliches und persönliches Recht gebraucht werden, will aber als die eigentlich allein richtige Meinung nur diejenige gelten lassen, die sich auf den unmittelbar nächsten Gegenstand des Rechts bezieht, so daß man also unter persönlichen Rechten nur die Forderungsrechte, oder Rechte aus Obligationen, unter dinglichen dagegen die unmittelbar gegen eine Sache gehenden Rechte zu verstehen habe [26]). Das ist allerdings der scharfe römische Begriff der persönlichen und dinglichen Rechte, der obligationes und der jura in re; ein persönliches Recht ist das auf einem speciellen Rechtsgrunde beruhende Recht einer bestimmten Person gegen eine bestimmte andere Person, vermöge dessen jene von dieser eine bestimmte Handlung oder Leistung zu fordern befugt ist; ein dingliches Recht dagegen ist ein solches, vermöge dessen der Berechtigte befugt ist, unmittelbar an oder mit bestimmten Sachen gewisse Handlungen vorzunehmen.

Daß dieser so strenge Begriff der dinglichen und persönlichen Rechte nicht genügt, um alle möglichen Arten von Rechtsverhältnissen darunter zu vertheilen, dafür sprechen wohl hinlänglich die Versuche, die Ausdrücke dinglich und persönlich auch in andern Bedeutungen zu gebrauchen, wobei allerdings, wie Wächter a. a. O. ganz richtig bemerkt, mancherlei Unrichtigkeiten vorgekommen sind; daß aber namentlich im deutschen Rechte sich Verhältnisse gebildet haben, welche unter den strengen Begriff der römischen Dinglichkeit und Persönlichkeit nicht passen, daß das deutsche Recht diesen scharfen Gegensatz der dinglichen und persönlichen Rechte,

---

25) Wächter a. a. O. H. 1. S. 107 ff.

26) Vgl. auch Wächter a. a. O. S. 88 ff.

wie das römische Recht, nicht kennt, dafür spricht die Geschichte des deutschen Rechts [27]). Es braucht deßhalb nur an die Gewere erinnert zu werden, die im römischen Recht kein strenges Analogon findet, die sowohl dingliche als persönliche Rechte umfaßte; es braucht ferner nur auf die Ausdrucksweise in alten Urkunden hingewiesen zu werden, die, indem sie ganz dasselbe Verhältniß bezeichnet, bald die Sache, bald die Person als verpflichtet nennt, indem es bald heißt: "der Hof gilt oder zinst," bald "von dem Hof wird gezinst, gedient, oder der Besitzer des Hofs dient davon" [28]), so daß anscheinend in dem einen Fall der Zins eine Last des Grundstücks, also dinglich ist, in dem andern eine persönliche Schuld des Besitzers, während doch, wie gesagt, das Verhältniß in beiden Fällen gleich ist. Es ist dadurch hinlänglich bewiesen, daß das ältere deutsche Recht den scharfen Unterschied zwischen Rechten, die ausschließlich gegen die Sache, und Rechten, die ausschließlich gegen die Person gerichtet sind, also zwischen dinglichen und persönlichen Rechten im römischen Sinne nicht kennt. So wird namentlich in einer großen Anzahl Urkunden bei Meichelbeck stets der Besitzer genannt, der von einem Hof, einem Acker, einer Wiese, einem Haus so und so viel Zins gibt, während in anderen wiederum die Höfe und Häuser selbst als zinspflichtig aufgeführt werden. Dabei ist die Ausdrucksweise ganz gleich, einerlei, ob der Zins von leihweise besessenen oder von eigenen Gütern gegeben wird. So z. B. verkauft in einer Urkunde aus dem Jahre 1487 [29]) der Oberste Stadtrichter von München Oswold von Weichs zu Weichs für sich, seine Ehefrau und seine Erben seinen eigenen Zins und Gülte, "so ich erkhaufft und gehabt hab aus den hernach geschriben stukhen und gründten etc." Unter den verschiedenen Zinsen kommen dann z. B. vor: "Item Albrecht Brorsch ain pfunt Ferner aus ainem Akher. Item Hans Mosch ain pfunt Ferner aus seinem eigen Haus gelegen

---

27) Vgl. B. Platner, über die historische Entwicklung des Systems und des Charakters des deutschen Rechts, vorzugsweise des Privatrechts Bd. 1. Marburg 1852.
28) Vgl. Häberlin a. a. O. S. 209 ff. und die oben angeführten Urkunden aus Meichelbeck.
29) Meichelbeck II, 2. Nr. 356 b.

zu Partenkürchen." So wechseln in dieser Urkunde, indem immer
nur der Zinspflichtige namhaft gemacht wird, Zinsen und
Gülten aus eignen Häusern, mit solchen, deren Eigenthumsver=
hältniffe nicht erwähnt werden, und Gülten, bei denen nur der
Zinspflichtige, aber kein Grundstück genannt wird, wie z. B.
„Item Clas Eysenschmied vier pfunt Ferner, item Saper ainen
Reynischen Gulden und drei Kreitzer etc."

In einer Urkunde über einen Tausch zwischen Wilhelm, Pfalz=
graf bei Rhein, Herzog in Ober= und Niederbayern und dem
Reichserzkanzler und Kurfürsten Ernst, Erzbischof von Cöln, Bi=
schof von Lüttich, Administrator der Stifte Münster, Hildesheim
und Freising ꝛc. aus dem Jahre 1597 [30]) werden die verschiedenen
Höfe mit ihren derzeitigen Besitzern genannt, „welche davon zu
Gült dienen," z. B. der „hofmair hof zu Oberhuml, auf welchem
derzeit Veith Hofmayr freystifts weis sitzt, und jehrlichen hievon zu gilt diennt etc.," ferner „der Kirchmair hof zu clain
Viecht, welchen derzeit Leonhard Kirchmaier für Erbrecht besitzt,
und jehrlichen dienet etc." Bei einigen Höfen sind zwar die
Worte: „hievon zu gilt" ausgelaffen, müssen aber nach dem ganzen
Inhalt jedenfalls supplirt, und das Wort: dienet unbedingt auf
den Besitzer, nicht auf den Hof bezogen werden.

Dagegen werden in einer Urkunde aus dem Jahre 1418 [31]) die
Höfe, Häuser, Grundstücke selbst als so und so viel „geltend"
aufgezählt, z. B. „ein Hoff zu Aufheim, genannt der Rudelhof,
und gilt aindlef schilling etc. ... ein gut zu Schlipss gilt
1 pfunt Münchener phenning — 3 tagewerch Wismat ... gelten
14 pfunt Münchener phenning. ... Item zu Freysing in der statt
aus des Zurnhausers Haus 2 pf. M. ph. etc. —

Diese Urkunden, deren Zahl noch sehr vermehrt werden könnte,
und mit welchen die von Andern, z. B. von Duncker und Re=
naub angeführten und damit vollkommen übereinstimmenden ver=
glichen werden können, liefern die Belege für den oben aus den
darin gebrauchten Ausdrücken geführten Beweis, daß man im
deutschen Recht nicht so streng, wie im römischen, zwischen ding=
lichen und persönlichen Rechten, resp. Lasten, unterschied, weil die

---

30) Meichelbeck II, 2. Nr. 399.
31) Meichelbeck II, 2. Nr. 818.

Verhältnisse, die in ihnen berührt werden, die Zinspflichtigkeit der Güter und Grundstücke, in allen dieselben oder doch höchst ähnliche sind, für dieselben aber bald die eine, bald die andere Ausdrucksweise gebraucht, bald das Grundstück, bald der Besitzer als zinspflichtig genannt wird. Wollte man etwa einwenden, in dem einen Falle, wo die Besitzer der Höfe als zinspflichtig genannt werden, sei der Zins eine Folge der Hörigkeit oder Gutsunterthänigkeit, und eben deßhalb eine persönliche Last des Besitzers, im andern, wo das Gut als zinspflichtig bezeichnet wird, eine auf dem Gut haftende Reallast, so muß dieser Einwand als durchaus unbegründet zurückgewiesen werden, da er sich einmal nicht aus den Urkunden beweisen läßt, dann aber auch die rechtliche Auffassung des Zinses von erblichen Leihgütern und des von eignen Gütern im deutschen Recht in keiner Weise verschieden ist.

Wenn wir so nachgewiesen zu haben glauben, daß das ältere deutsche Recht, welches durchweg ein volksthümliches war, welches sich aus den Verhältnissen, aus dem Leben heraus entwickelte, und diesen Verhältnissen sich anpaßte, nicht aber die Verhältnisse unter ein bestimmtes System zwängte, jenen scharfen Unterschied des römischen Rechts zwischen dinglich und persönlich nicht kannte, während wir hinzufügen müssen, daß es gleichwohl doch auch Sachen und Personen und folglich auch Rechte an Sachen und Rechte gegen eine Person, oder dingliche und persönliche Rechte unterschied, so kommen wir zu dem Schluß, daß die deutsche Dinglichkeit von der römischen verschieden gewesen seyn müsse. Und so ist es in der That; man bezeichnet im älteren deutschen Rechte auch diejenigen Lasten als Lasten einer Sache, eines Grundstücks, mithin als dingliche Lasten, welche, ohne dem Berechtigten von vorneherein, oder principaliter ein unmittelbares Recht gegen die Sache zu geben, jeden Besitzer derselben zu gewissen Leistungen verpflichten, Lasten, welchen durch ihre Anknüpfung an ein Grundstück gleichsam der Charakter der Ewigkeit, der ewigen Dauer gegeben wird, Lasten ferner, an welchen umgekehrt dem Berechtigten ein dingliches Recht, die Gewere zugeschrieben wird, welche folgeweise auch nur in der altdeutschen Weise durch Auflassung begründet werden konnten, woraus umgekehrt folgt, daß diejenigen Rechte, welche nur durch Auflassung begründet werden konnten, als dingliche aufgefaßt werden müssen.

So haben wir einen deutschrechtlichen Begriff der Dinglichkeit gefunden, der allerdings von dem römischrechtlichen verschieden, der namentlich weiter oder umfassender ist, als dieser, da er nicht nur solche Lasten umfaßt, welche in der Art auf einer Sache ruhen, daß die denselben entsprechenden Rechte direct und unmittelbar gegen die Sache selbst ausgeübt werden können, sondern auch solche, welche nur in der Weise auf der Sache ruhen, daß dadurch, d. h. durch die Last jeder Besitzer der Sache zu bestimmten Leistungen oder Handlungen verpflichtet wird, und welche die Sache selbst erst dann angreifen, wenn der Besitzer seine Verpflichtungen nicht mehr erfüllen kann.

Den Begriff einer deutschrechtlichen, von der römischen verschiedenen Dinglichkeit haben neuerdings auch Gengler [32]) und Schenck [33]) aufgestellt, obgleich sie ihn nicht so präcis formulirt haben als hier geschehen ist.

An diesem deutschrechtlichen Begriff der Dinglichkeit müssen wir bei Beantwortung der Frage über die rechtliche Natur der Reallasten entschieden festhalten, während wir den römischen aus der Untersuchung durchaus verbannen müssen; schon Schenck bemerkt ganz richtig, daß die Quelle alles Streits über unsere vorliegende Frage in der Vermengung, resp. Identificirung römischrechtlicher und deutschrechtlicher Dinglichkeit zu suchen sei.

Wenn wir nun näher auf die Frage über die rechtliche Natur der Reallasten eingehen, so müssen wir zunächst versuchen, die herrschenden Ansichten, so weit sie unrichtig sind, zu widerlegen.

Die eine Hauptansicht erklärt die Reallasten für dingliche Lasten, resp. Rechte im gewöhnlichen, d. h. im römischrechtlichen Sinne. Diese Ansicht ist unrichtig; der Charakter der römischrechtlichen Dinglichkeit ist, daß der Berechtigte mit oder an der Sache, woran ihm das Recht zusteht, selbst und unmittelbar, d. h. ohne Vermittlung eines Dritten Etwas vornehmen kann; so kann der Eigenthümer mit seiner Sache thun und machen, was er will, vorausgesetzt, daß er dadurch nicht Rechte Dritter verletzt; so besteht ferner das Wesen der Servituten ja gerade darin, daß der Eigenthümer der belasteten Sache die Handlung des Servitutbe-

---

[32) Gengler a. a. O. S. 296.

33) Schenck a. a. O. S. 306 ff.

rechtigten dulden muß, daß er Etwas nicht thun darf, was er ohne das Recht des Servitutberechtigten thun dürfte, daß also der Servitutberechtigte ohne alle Mitwirkung von des Andern Seite seine Servitut ausüben kann. Ferner gehen die römisch-dinglichen Rechte unmittelbar gegen die Sache: der Pfand-gläubiger nimmt die Sache selbst in Anspruch, um wegen seiner Forderung befriedigt zu werden; der Servitutberechtigte geht oder fährt über das fremde Grundstück, er treibt sein Vieh auf dasselbe, er leitet seine Dachtraufe auf des Nachbars Grundstück; der Ususfructuarius, der Emphyteuta gebraucht und be-nützt die fremde Sache selbst und unmittelbar, er besitzt sie, er zieht die Früchte aus derselben, wie der Eigenthümer, u. s. w.

Die deutschen Reallasten geben dem Berechtigten ein solches unmittelbares Recht an der Sache oder gegen die Sache nicht. Wenn auch der Zehntherr den Zehnten vom Zehntacker, der Zins-herr den Zins von dem Zinspflichtigen selbst holen muß, so liegt doch einestheils in diesem Selbstholen nicht das Wesen des Zehnten und Zinses, da der Zins sehr oft, der Zehnten wenigstens mitunter auch gebracht werden muß, anderntheils aber geht selbst das Holen nicht unmittelbar gegen das Grundstück, worauf die Zehnt- oder Zinslast ruht, sondern eben nur auf den Zehnten oder Zins, und ebenso kann ferner der Zehnt- und Zinsherr sein Recht nicht durchaus selbstständig und unabhängig von der Person des Besitzers des belasteten Grundstücks ausüben, da er unbedingt der Mitwirkung desselben bedarf, dieser also jedenfalls zu einer Handlung oder Leistung verpflichtet ist. Der Zehntpflichtige muß das Korn mähen und aufbinden, juristisch ausgedrückt, er muß die Separation der Früchte vornehmen, und überdieß dem Zehntherrn die Anzeige von der statt-gehabten Separation machen, um ihn dadurch in den Stand zu setzen, sein Recht auszuüben; der Zinspflichtige muß, selbst wenn der Zinsherr den Zins zu holen hat, ihm denselben doch geben, oder wenigstens anweisen. Selbst da, wo ein Naturalzins vorkommt, wo z. B. gewisse Holzdeputate als Reallasten bestehen, und der Berechtigte das Holz nicht nur selbst holen, sondern auch selbst hauen muß, ist er dennoch an die Mitwirkung des Waldeigenthü-mers gebunden, indem dieser ihn anzuweisen hat, wo er sein Deputat, seinen Holzzins hauen kann. Daß endlich auf die Frohn-den oder Dienste, welche allerdings Renaud gegen die gemeine

11 *

Meinung und gegen die Quellen nicht zu den Reallasten rechnen
will, der Begriff der römischen Dinglichkeit nicht anwendbar ist,
bedarf wohl keiner weiteren Ausführung, da hier das Recht des
Dienstherrn ja gerade auf bestimmte Handlungen geht, die ihm
von, d. h. aus einem Hofe, sei es von dem Besitzer selbst, sei es
von dessen Knechte geleistet werden müssen.

Wenn Duncker, der in seiner Personificationstheorie das
Dinglichkeitsprincip auf die Spitze treibt, den Beweis für seine
Ansicht besonders darin finden will, daß der Zinsherr oder Renten=
käufer, im Falle der Zins oder die Rente nicht gezahlt wird, das
Recht hat, sich an das Grundstück selbst zu halten, z. B. wie es in
den Goslarer Statuten bei Duncker heißt: „so schall he
seck des huses underwinden mit gerichte und schall seck dat laten
egenen" —, so ist darin allerdings eine Dinglichkeit der Reallasten
anerkannt, anerkannt, daß die Reallasten auf dem Grundstücke haften,
aber weder bewiesen, daß das Grundstück der eigentliche Schuldner
sei, noch auch, daß die Reallasten dingliche Rechte im römischrecht=
lichen Sinne seien mit allen Consequenzen, die aus diesem Begriff
sich ergeben.   Dazu würde erforderlich seyn, daß sie nicht nur
schließlich, gleichsam in letzter Instanz, wenn der Besitzer leistungs=
unfähig ist, gegen das Grundstück selbst gehen, sondern daß sie von
vorn herein, principaliter gegen das Grundstück von dem Berech=
tigten ausgeübt werden könnten.   Dieser Beweis dürfte aber wohl
unmöglich seyn, da die sämmtlichen Quellen das directe Gegentheil
enthalten, d. h. den Besitzer des belasteten Grundstücks zunächst
als leistungspflichtig bezeichnen.   Da dem so ist, so können wir die
Reallasten auch nicht als dingliche Rechte im römischrechtlichen Sinne
bezeichnen.   Weil dieses nicht möglich ist, so sind Andere in das
entgegengesetzte Extrem verfallen, und haben, auch vom römischen
Standpunkt aus, die Reallasten für persönliche oder Forderungs=
rechte erklärt.   Allein daß sie auch keine Forderungsrechte sind, folgt
hinlänglich aus den theils hier schon, theils von Duncker, Renaud,
Gengler u. A. beigebrachten Quellenzeugnissen, in denen sie stets
mit einem Grundstücke in Verbindung gebracht werden; es folgt
ferner aus der älteren Volks= und Rechtsansicht, welche dem Be=
rechtigten eine Gewere, später den Besitz an der Reallast ein=
räumte, und zur Begründung derselben gerichtliche Auflassung
verlangte, so wie zur Verfolgung derselben eine dingliche Klage

zuließ. Selbst diejenigen, welche sie für Forderungsrechte erklären, bezeichnen sie doch nicht als-reine Forderungsrechte, indem die Aeltern sie für mit einer Hypothek verbundene Forderungsrechte halten, Hillebrand für Forderungsrechte im Gewande des Immobiliarsachenrechts, Gerber für Forderungsrechte, welche durch die Anknüpfung an ein Grundstück perpetuirt sind, derer zu geschweigen, welche.sie für dingliche Forderungsrechte erklären.

Dagegen haben Wächter und Beseler das Verhältniß durchaus richtig aufgefaßt, ohne jedoch den Rechtsgrund anzugeben, aus welchem, während die Reallast selbst als Ganzes als dingliche Last auf dem Gute haftet, das Rechtsverhältniß, sobald eine einzelne Leistung verfällt, in Bezug auf diese verfallene Leistung in ein reines Forderungsrecht übergeht. Beide deuten durch die Definition der Reallasten an, daß sie nicht im streng römischen, sondern im deutschen Sinne die Reallasten für dinglich halten, während Gengler und Schenck ausdrücklich erklären, daß die Dinglichkeit nur im deutschrechtlichen Sinne aufzufassen sei.

Und somit komme ich zur Entwicklung meiner eigenen Ansicht von der Natur der Reallasten, deren Definition zunächst angegeben werden soll:

> Eine Reallast ist eine auf einem Grundstücke haftende Last, welche jeden Besitzer desselben zu Gunsten des Berechtigten zu gewissen Leistungen verpflichtet.

Sie ist eine auf einem Grundstücke haftende Last, eine Last, die mit einem bestimmten Grundstücke untrennbar verbunden ist, so untrennbar, daß sie nur durch ihre Aufhebung, Ablösung oder Beendigung von demselben getrennt, aber nicht von einem Grundstücke auf ein anderes übertragen werden kann. Sie ruht so fest auf dem Grundstücke, daß die einzelnen Leistungen, wenigstens bei den ältesten und ursprünglichen Reallasten, bei dem Zehnten und Zins, gerade aus dem Grundstücke, d. h. von dem Besitzer des Grundstücks entrichtet, die Dienste von dem Besitzer selbst, oder von seinen auf dem Hof dienenden Knechten geleistet werden müssen. Hieraus folgt, daß wenn der Besitzer die einzelnen Leistungen zu entrichten nicht mehr im Stande ist, schließlich das Grundstück selbst für dieselben haftet, von dem Berechtigten in Anspruch genommen werden kann. Hierdurch ist hinlänglich der dingliche Charakter der Reallasten bewiesen; daß sie aber keine dinglichen Rechte resp. Lasten im römischrechtlichen Sinne sind, das folgt aus der eigenthümlichen Beschaffenheit der Last selbst. „Die Last ist nämlich nicht, wie z. B. die römischen Servituten, von der Art, daß sie dem Berechtigten die Befugniß ertheilt, selbst unmittelbar mit oder an der Sache Etwas vorzunehmen, sondern vielmehr von der Art, daß durch dieselbe jeder Besitzer des belasteten Grundstücks zu bestimmten Leistungen verpflichtet wird. Es schließt also die auf dem Grundstück haftende Last ein: Verpflichtung einer Person in sich. Diese Verpflichtung zu bestimmten einzelnen Leistungen ist der Zweck und Inhalt der Reallast; die Reallast besteht gerade in der Verpflichtung zu diesen einzelnen Leistungen. Ein Grundstück, als leblose Sache, kann nicht zu Handlungen verpflichtet seyn; deßhalb kann Subject dieser Verpflichtungen nur der Besitzer derselben seyn. Diese Verpflichtung ist aber noch lange keine Obligation im römischrechtlichen Sinne, d. h. sie ist kein rein persönliches Rechtsverhältniß zwischen dem Besitzer des belasteten Grundstückes und dem Berechtigten. Sollte dieses der Fall seyn, dann müßte unbedingt ein bestimmter Rechtsgrund für ein solches Obligationsverhältniß vorhanden seyn; ein solcher könnte aber in dem bloßen Besitz eines gewissen Grundstücks nicht liegen, wenn nicht eben der Berechtigte gerade an diesem Grundstücke, oder gegen dieses Grundstück ein bestimmtes Recht hätte. Es kann also diese Verpflichtung des Besitzers zu bestimmten Leistungen rechtlich gar nicht anders erklärt werden, als aus einem dem Berechtigten gegen das Grundstück selbst zustehenden Rechte. Dieses Recht des Reallastberechtigten an dem belasteten Grundstücke ist der Rechtsgrund der Verpflichtung des Besitzers desselben zu bestimmten Leistungen; diese Verpflichtung ist nur eine Folge der eigenthümlichen Beschaffenheit des Rechts; sie ist der eigentliche Inhalt desselben; das Recht geht eben auf eine bestimmte Handlung oder Leistung des Besitzers des Grundstücks, ohne Rücksicht auf seine Persönlichkeit. Daraus folgt aber eben, daß die Verpflichtung keine Obligation im römischen Sinne, sondern daß das ganze Recht, die ganze Last entschieden dinglich ist, d. h. ein Recht an der Sache, eine auf der Sache ruhende Last. Allerdings ist ein solches Verhältniß dem römischen Recht fremd, allein wir haben es ja hier auch mit einem deutschen Rechtsinstitut zu thun, das eben nach deutscher Rechtsanschauung behandelt und erklärt werden muß. Die eigenthümlichen ältern deutschen agrarischen und Besitzverhältnisse brachten aber gerade dergleichen Verhältnisse mit sich, ja machten sie nothwendig, und als sie einmal da waren, da bildete auch der drastische Sinn des deutschen Volks dafür bestimmte Rechtsanschauungen, die den Verhältnissen durchaus entsprechend waren, und für dieselben schuf er wieder bestimmte höchst bezeichnende, lebendige Formeln:

„der Hof zinst, der Acker dient, die Wiese gilt; der Hofmaier dient von dem Hof u. s. w."

Die Beweise hiefür so wie folgeweise für die eben ausgeführte deutschrechtliche Dinglichkeit der Reallasten liefern die Quellen. Zuerst mögen die oben angeführten Urkunden aus Meichelbeck genannt werden: in der Urkunde Nr. 336, I, 2 vom Jahre 815 heißt es: census de ipsa ecclesia redditurum wadiavit; in der Urkunde Nr. 481, I, 2, vom Jahre 825: de ipsa terra condixerunt facere servitium. Hier verpflichten sich die Besitzer von Kirchengütern beim Empfang derselben von den Grundstücken Zins zu geben, oder Dienste zu thun In der Urf. Nr. 188, II, 2 vom Jahre 1286 werden die Grundstücke selbst als zinspflichtig genannt: quaelibet huoebarum solvit singulis annis etc. Die rechtliche Natur des Zinses als einer Last, die aus dem Hause, oder von dem Hofe durch den Besitzer geleistet werden muß, springt in den Urkunden Nr. 356 de 1487, Nr. 399 de 1597, II, 2 recht deutlich in die Augen, indem es in ersterer heißt:... Albrecht Brorsch ein pfunt Ferner aus ainem Akher, Hans Mosch ain pfunt Perner aus seinem aigen Haus; in der letztern dagegen: der Hofmaier hof — auf welchem — Veith Hofmayr — sitzt, und jehrlichen hievon zu gilt diennt etc.

In andern Urkunden wird der Zins noch entschiedener als eine Last des Grundstücks bezeichnet, indem, wie in der oben citirten vom Jahre 1286 die Güter und Höfe selbst als zinspflichtig genannt werden, z. B. in den Urf. Nr. 388, II, 2 vom Jahre 1418, worin es heißt: ein Hoff zu Aufhaim — und gilt aindlef schilling — ein gut zu Schlipss gilt 1 pfunt — 3 tagewerck Wismatt — gelten 14 ß — in der statt — aus dem — Haus 2 Pf. etc.

Ferner in einer Urkunde aus dem Jahre 1515 [34]): Item den

---

34) Meichelbeck II, 2 Nro 372ᵇ.

Sedlhof zu Dorfakher, dient jerlich sechs schäffl korn, sechs schäffl habern, zway schäffl waitzen, zway schäffl gersten, ain pfundt und vier schilling Wisgilt, zwelff hüner, zwelff chäs, vier gäns, zway hundert ayr, zwo Stüffthennen, vier und zwaintzig pfenning ehrung. — Item die Hube zu Pergkhausen, dient jährlich etc. — So werden in dieser Urkunde eine Menge Höfe und Güter genannt, von denen sämmtlich es heißt: und dient, oder und giebt. In einer Urkunde aus dem Jahre 1530 [35]) wird bald das Gut, bald der Besitzer als so und so viel dienend genannt. Item der Sedlhof dient jerlich an korn etc. — das gütl und bad zu indern Pietelbach, darauf jetzt der bader sitzt, welcher jährlich dient an geldt drey pfunt pfening etc. Dann wieder: Item das gietl daselbs, darauf Schmid sitzt, dient jährlich etc. — die Hoffstatt daselbs, darauf Neumayrin sitzt, dient jährlich — Item das Guet zu Obern Dorff, welches jährlich dient — — etc. und so noch eine Menge anderer Güter.

Beweise für die oben ausgeführte Natur der Reallasten liefern ferner noch andere, bereits von Andern, z. B. von Duncker an-geführte Urkunden, so auf S. 49 Note 62 das Schöffenurtheil in den Worten ... des jehrlichen cinses, der uff demselben erbe stet; ferner besonders die auf den Seiten 84—88 mitge-theilten Urkunden, namentlich die Urkunde vom Jahre 1310 aus Ried, cod. chron. dipl. ep. Ratisb. T. II. Nr. 783, worin besonders die Worte: ita videlicet quodsi heredes — vel quicunque ad quem domus ipsa cum onere suo transierit — censum per-scriptum solvere neglexerit. In dieser Urkunde ist der Zins nicht nur ganz deutlich als eine auf dem Hause ruhende, sondern auch als eine solche Last bezeichnet, welche jeder Besitzer des Hauses zu zahlen verpflichtet ist.

Die übrigen von Duncker angeführten Stellen bezeichnen zwar sämmtlich nur schlechthin das Grundstück als zinspflichtig, allein daß dieß nur von einer Belastung des Grundstücks in dem Sinne verstanden werden darf, in welchem hier die Reallasten er-klärt sind, das folgt theils aus der obigen Entwicklung der Natur der Reallasten, theils aus den hier aus Meichelbeck mitgetheilten Urkunden, welche hinlänglich jenen Sprachgebrauch: das Gut, der,

---

35) Meichelbeck II, 2 Nro 381.

Hof gilt oder dient, erklären, indem aus ihnen erhellt, daß diese Ausdrucksweise ganz gleich ist mit der: von dem Hofe, aus dem Hause wird gedient, oder dient der N. N. (der Besitzer) ꝛc.

Da hier der Beweis versucht ist, daß die Reallasten dingliche Lasten, resp. Rechte in deutschrechtlichem Sinne seien, und daß die deutschrechtliche Dinglichkeit von der römischrechtlichen verschieden, d. h. daß sie weiter oder umfassender sei, als diese, daß sie also diese mit in sich schließe, so daß daher das Recht, was in römischrechtlichem Sinne ein dingliches ist, entschieden auch im deutschrechtlichen Sinne als dingliches bezeichnet werden muß, daß aber die deutsche Dinglichkeit noch andere Verhältnisse umfasse, welche unter den römischen Begriff derselben nicht fallen, daß eben deßhalb auch die Consequenzen des römischen Begriffs der Dinglichkeit nicht auf die deutsche angewandt werden können, wohl aber die Beweise für das Vorhandenseyn der römischen Dinglichkeit auch als solche für die deutsche Dinglichkeit gelten müssen, so können die Beweise, welche die verschiedenen Gelehrten für die Dinglichkeit der Reallasten beigebracht haben, auch hier als solche benutzt werden. Dahin gehört zunächst der Umstand, daß das ältere Recht dem Berechtigten an dem Zins, an den Gülten und Zehnten eine Gewere, das neuere den Besitz, oder Quasibesitz einräumt. Den Beweis dafür haben Duncker [36]) und Renaud zur Genüge geführt, indem sie eine große Anzahl Urkunden dafür beibringen, daß das ältere Recht eine Zinsgewere, eine Gewere oder einen Besitz am Zins, Zehnten und an den Gülten anerkennt [37]). Es mag hier nur noch hinzugefügt werden, daß in den Urkunden in Beziehung auf Nutz und Gewere, auch in Beziehung auf die Art der Uebergabe gar kein Unterschied gemacht wird zwischen Gütern aller Art, und Zins, Zehnt und Gülten, so daß also auch an diesen, an Zins, Zehnt, Gülten, wie an Grundstücken die Gewere eingeräumt wird,

---

36) Duncker über den Quasibesitz der auf Grund und Boden radicirten eigenthümlich deutschen Rechte, und den possessorischen Schutz derselben, in der Zeitschrift für deutsches Recht Bd. 2. S. 26—114; vgl. insbesondere S. 40—49.

37) Vgl. auch die von Renaud a. a. O. S. 70, und Duncker, Reallasten S. 71 angeführten Stellen.

wie z. B. in einer Urk. aus dem Jahre 1489 [38]): Ein Otto von Zelfhing und seine Hausfrau Agnes verkaufen für sich und alle ihre Erben dem Bischof Sirtus von Freysing alle ihre „güetter und stukh", nämlich: „Von erst zu Diepoltenstorff von ainem halben lehen fünf schilling pfenning an unser Frauen tag zu der Diennstzeit, und wann das guett verhandelt wird, so geit man davon zu ablait sechzig pfenning, und zu anlait auch als vill. Item zu Trautmansperg ain lehen, dient ain pfunt pfenning zu unser Frauen tag zu der diennstzeit, zway Herbst Hüner oder vier pfenning, zwo Vaschang Hennen oder für jetzt vier pfenning, zu Weynachten zwelf pfenning. Item von ainer Hoffstatt daselbst drey schilling etc. — Item von ainem Wuergraben 36 pfenning zu sanct Jörgen tag. Item in Niderpfleger Reutt ganntzen zehent grossen und klainen, davon man jährlichen dient 40 pfenning. Item zu der Niedern oder am Vochtlehen auf ainen zehent, davon man jährlichen dient 80 pfenning. Item zu N. Stampffenau drey metzen Markhfüetter — item zu Haus Maning sechs metzen Markhfuetter — item von ainer Vischwayd zu Scharffenfeld ain pfund pfenning. — Item der klain zehent in Ambstetter und Winkhler pfarr, davon man jährlichen dient sechs pfund pfenning. Die obengenannten güetter und stukh seynd alle ledig und freys aigen mit allen ihren zugehörungen, Diensten, Ehren, Rechten, als würs und unser Vodern die untzt (biß) her in berüebter gewer ingehabt, und von alter herkommen sein. Und aus unser nutz und gewer in der vorgenanten, u. gn. Herrn v. Fr. nutz und gewer mit gantzer verzicht eingeantwortt; also das sein Fürstlich Genad und all sein nachkhommen Bischoff dieselben obberührten güether und stukh mit allen ihren zugehörungen und diensten nun hinfür innhaben, nutzen und nüssen sollen und mügen etc.

In einer Anzahl anderer Urkunden wird ganz ähnlich Nuß und Gewere an Gütern, Zins, Renten, Gülten, Zehnten, Diensten von dem Tradenten dem Empfänger eingeräumt. An persönlichen Rechten oder Forderungen giebt es keine Gewere, deßhalb ist in jenen Urkunden ein bestimmter Beweis für die Dinglichkeit der Reallasten zu finden. Ja noch mehr: aus denselben Urkunden folgt auch noch, daß Zinsen, Gülten, Renten, Zehnten

---

38) Meichelbeck II, 2 Nro 358.

und Dienste den unbeweglichen Sachen gleich geachtet, und daß wie bei diesen, so auch bei jenen die Auflassung erforderlich war, um entweder dergleichen Rechte für Jemanden zu bestellen, oder um bereits bestehende derartige Rechte auf Andere zu übertragen; und darin liegt ebenfalls ein Beweis für ihre Dinglichkeit, da persönliche Forderungen weder den unbeweglichen Sachen gleich geachtet werden, noch eine Auflassung bei ihnen Statt findet. Die Nothwendigkeit der Auflassung zu Errichtung und Uebertragung der Reallasten hat überdieß Duncker ebenfalls nachgewiesen, so daß ich mich hier dieses Beweises überheben kann; die Gleichstellung der Reallasten mit den Immobilien ergiebt sich außer jenen Urkunden z. B. ganz entschieden aus der Frankfurter Reformation von 1578 Th. II. Tit. 3, §. 21. „Mit den jährlichen Pensionen und Gülten, so auf Häusern oder andern liegenden Gütern verkauft werden, dieweil dieselben für unbeweglich liegend Gut geachtet, so soll es damit allermaßen, wie hierbei von andern liegenden Gütern statuirt worden, gehalten werden."

Es ist hier noch einer Ansicht Duncker's, v. Wächter's u. A. zu gedenken, wonach die auf dem gutsherrlich-bäuerlichen Verhältnisse beruhenden Lasten, oder genauer, die von dem Besitzer eines leihweis, jedoch erblich besessenen Guts dem Gutsherrn zu entrichtenden Leistungen keine Reallasten, sondern persönliche, auf dem Leihvertrage beruhende Verpflichtungen seyn sollen, womit auch Gengler übereinstimmt, indem er die Reallastberechtigung als ein dingliches Recht an fremder Sache bezeichnet. Nach der hier entwickelten Ansicht von der Natur der Reallasten kann jene Meinung nicht als richtig anerkannt werden; sie ist noch eine Reminiscenz an die römische Servitutenlehre, wonach Niemandem seine eigene Sache dienen kann (nemini res sua servit). In den Reallasten kann eine Beschränkung des Eigenthums, wie in den Servituten, nicht gefunden werden; sie sind vielmehr auf dem Grundstücke haftende Lasten, welche jeden Besitzer zu gewissen Leistungen verpflichten; die der Reallast gegenüber stehende Berechtigung ist also ein Recht an der Sache, wodurch der Besitzer zu bestimmten Leistungen verpflichtet wird. Eine solche auf einem Grundstücke ruhende Last läßt sich aber nicht nur bei Gütern denken, die im Eigenthum des Besitzers stehen, so daß hier allerdings dem Reallastberechtigten ein Recht an einer fremden Sache zusteht,

fonbern auch bei Gütern, an welchen der Befitzer nur ein nutzbares
Eigenthum, oder wenigftens ein erbliches Benutzungsrecht hat, gegen=
über dem Eigenthümer oder Obereigenthümer. Ein folches Verhältniß
widerfpricht durchaus nicht der Natur der Sache. Um daffelbe zu
erflären, muß auf das Leben gefehen werden: ein Grundherr, der
einzelne Güter zu erblicher Leihe, Erbpacht oder nutzbarem Eigenthum
austhut, verzichtet auf lange Zeit, auf Generationen, auf den Selbft=
befitz feines Guts oder Hofs; er übergiebt denfelben dem Colonen,
dem Erbpächter faft wie fein Eigenthum, mit den meiften Eigen=
thumsrechten; fich felbft behält er nur noch einige wenige Rechte an
feinem Hofe vor, fo das Rückfallsrecht, fo das Recht, von dem Be=
fitzer gewiffe Leiftungen zu fordern. Wie das Rückfallsrecht, fo fteht
ihm auch diefes Recht auf gewiffe Leiftungen an dem Gute felbft
zu; es muß diefes Recht hier fogar als ein Ausfluß feines Eigen=
thums am Gute, alfo entfchieden als ein dingliches Recht aufge=
faßt werden. Er legt die Laft auf das Gut, er verknüpft fie un=
trennbar damit, er verleiht es nur mit diefer Laft; nur mit diefer
Laft kann es auf die weiteren Befitzer übergehen, wenn gleich jeder
neue Befitzer zur Erwerbung des Guts einer erneuerten Verleihung
von Seiten des Gutsherrn bedarf. Daß die dem Gute auferlegte
Laft nach ftattgehabtem Rückfalle aufhört oder erlifcht, verfteht fich
von felbft, allein es ift das durchaus nichts Eigenthümliches diefer
Art der Reallaften, da jede Reallaft durch Confolidation er=
lifcht. Außer diefem aus der Natur der Sache hergenommenen
Beweife, daß auch die bei der erblichen Verleihung von Gütern von
dem Gutsherrn vorbehaltenen Leiftungen Reallaften find, liefern
fowohl die Rechtsgefchichte, als auch die Quellen, insbefondere die
Urkunden zahlreiche Beweife für diefelbe Anficht. Zunächft lehrt die
deutfche Rechtsgefchichte, daß der ältefte Zins jedenfalls ein refervir=
ter Zins, d. h. ein bei Verleihung des Guts vorbehaltener Zins
war, daß fich ein folches Zins= und Dienftverhältniß zuerft ent=
fchieden zwifchen dem Herrn und feinen Hinterfaffen, d. h. den auf
feinen Gütern gefeffenen Freien und Unfreien ausbildete, welche den
Dienft leifteten, den Zins entrichteten gleichfam als Entfchädigung
für den Befitz und die Benutzung des Hofs, und daß erft fpäterhin
nach dem Vorgange diefes gutsherrlichen Zinfes auch eigenen Gütern
entweder vom Befitzer ein Zins z. B. zu Gunften der Kirche, auf=
erlegt, oder aber auch vom Vogt oder Gerichtsherrn von eigenen

oder Freigütern ein Zins auf Grund der Schuß= oder Gerichts=
herrlichkeit gefordert wurde, während die Kirche allgemein den Zehn=
ten in Anspruch nahm. Endlich reden auch die oben zahlreich mit=
getheilten Urkunden zum großen Theil von den auf leihweis be=
seffenen Gütern und Höfen ruhenden Reallasten, indem darin die
der Kirche geschenkten Güter, Höfe und einzelnen Grundstücke auf=
gezählt, zugleich aber auch die darauf ruhenden Lasten, zu welchen
die Besitzer verpflichtet sind, genau angegeben werden. Diese Lei=
stungen sind häufig der einzige reelle Vortheil, den die Kirche von
solchen Schenkungen hat. Ja häufig werden die Besitzer der ver=
schenkten oder verkauften Höfe genannt, die auch nach der Veräuße=
rung darauf sitzen bleiben, und den auf den Gütern haftenden Zins
nach wie vor zu entrichten haben, ein hinlänglicher Beweis, daß
der Veräußerer an denselben nur das Eigenthum, aber nicht den
Besitz hat, daß die von ihm veräußerten Güter vielmehr von ihm
an Andere zu Besitz und Benutzung, zu Nutz und Gewere verliehen
sind, daß mithin in solchen Urkunden von den auf leihweise, je=
doch erblich besessenen Gütern und Höfen ruhenden Zinsen, Zehnten
und Diensten die Rede ist, und daß, da in der Ausdrucksweise, in der
Bezeichnung dieser Lasten durchaus kein Unterschied gemacht wird,
einerlei ob sie auf eigenen oder leihweise besessenen Gütern ruhen,
entschieden auch die letzteren als den ersteren gleich, d. h. als Real=
lasten angesehen werden müssen.

So glaube ich den Beweis genügend geführt zu haben, daß
hinsichtlich der Natur der Reallasten als dinglichen Lasten kein
Unterschied Statt finde zwischen den auf eigenen und den auf
leihweise, jedoch erblich besessenen Gütern ruhenden Lasten, daß
insbesondere die letzteren keine Obligationen sind.

§. 2. Die einzelnen Leistungen.

Bisher war immer nur von der Reallast als Ganzem die Rede
und wurde diese als eine auf dem Grundstück haftende Last,
und folgeweise das ihr gegenüberstehende Recht, für welches be=
kanntlich auch der Ausdruck Reallast gebräuchlich ist, als ein
dingliches Recht im deutschrechtlichen Sinne, d. h. als eine eine
Verpflichtung des Besitzers zu gewissen Leistungen enthaltendes Recht
an dem Grundstücke bezeichnet. Dagegen geschah der einzelnen
Leistungen bisher noch keine Erwähnung; da aber bekanntlich

auch die Frage sehr bestritten ist, ob die einzelnen Leistungen die=
selbe Natur haben wie die Reallast als Ganzes, und ob folgeweise
die verfallenen Leistungen auch von jedem Nachfolger im Besitz, oder
nur von dem Besitzer gefordert werden können, zu dessen Besitzeit
sie verfielen, so muß hievon jetzt noch näher gehandelt werden.

Wächter erklärt die verfallenen Leistungen für eine per=
sönliche Schuld desjenigen, zu dessen Besitzeit sie verfielen;
Beseler den Anspruch auf die einzelne fällig gewordene
Leistung für einen persönlichen; Bluntschli referirt die ver=
schiedenen Meinungen: „die ältere und strengere Meinung läßt
dafür (für die Rückstände) auch den späteren Besitzer einstehen,
unter dem sie nicht aufgelaufen sind. — Aber schon frühzeitig treffen
wir auf eine andere Ansicht, nach welcher das Recht auf die Rück=
stände nur noch als eine persönliche Forderung behandelt
wird, welche nicht mehr gegen den Grundbesitzer als solchen, sondern
nur gegen den geltend gemacht werden darf, welcher dieselben ver=
schuldet hat, und gegen dessen Erben. Diese Meinung entkleidet
dann die Forderung auf die Leistung der Rückstände des dinglichen
Charakters einer Reallast, und schützt dieselbe nur noch als laufende
Forderung". Daß Bluntschli dann die letztere Meinung für die
richtigere hält, erklärt er durch den Schlußsatz: „der neueren Rechts=
bildung entspricht die letztere Auffassung besser, theils weil jene
überhaupt geneigt ist, dem persönlichen Elemente in der Reallast
eher als der dinglichen Gewere das Hauptgewicht beizulegen, theils
weil sie zu der Sicherheit des heutigen Creditsystems besser paßt."
Auch Schenck ist dieser Ansicht, und nach einer Note zur Ueber=
schrift seiner citirten Abhandlung hat das Appellationsgericht zu
Altenburg dieselbe ebenfalls angenommen, und durch sein Urtheil
sanctionirt.

In der That ist auch diese Auffassung der verfallenen oder
rückständigen Leistungen als eine persönliche Schuld die
einzig richtige; allein wie geht es zu, daß sich eine dingliche
Last in eine persönliche Schuld verwandelt? Die genannten
Gelehrten bleiben uns die Beantwortung dieser Frage schuldig;
Schenck hat zwar bei seiner Abhandlung gerade vorzugsweise die
Natur der verfallenen Leistungen im Auge gehabt, allein seine deß=
fallsige Beweisführung ist so schwach und ungenügend, so ohne
alle Angabe eines inneren, oder Rechtsgrundes, daß wir die Frage

dadurch in keiner Weise als gelöst betrachten können. Hier soll daher versucht werden, jene Frage zu beantworten, und den Rechtsgrund dieser Umwandlung der einzelnen verfallenen Leistungen in eine persönliche Schuld zu entwickeln.

Die Reallast ist eine auf dem Grundstücke haftende Last, welche jeden Besitzer zu bestimmten Leistungen zu Gunsten des Reallastberechtigten verpflichtet. Die eigenthümliche Beschaffenheit der Reallasten bringt also eine Verpflichtung des Besitzers des Grundstücks mit sich; der Besitzer ist verpflichtet, zur bestimmten Zeit den Zins zu entrichten. Diese Pflicht zu der einzelnen Leistung ist zunächst nur die nothwendige Folge der Beschaffenheit der Reallast, sie ist der eigentliche Inhalt des ganzen Instituts; sie muß daher auch mit der Reallast ganz gleicher, also dinglicher Natur seyn. Wollten wir sie als persönliche Schuld auffassen, so müßte es doch für die auffallende Erscheinung, daß der Inhalt oder Zweck eines Instituts anderer rechtlicher Natur sei, als das Institut selbst, einen Rechtsgrund geben: ein solcher ist aber entschieden nicht vorhanden, er kann nicht vorhanden seyn, weil eben die Pflicht zu einzelnen Leistungen ja Nichts ist, als der Inhalt, als der Zweck der auf dem Grundstück haftenden Reallast. Aus diesem Verhältniß der einzelnen Leistung zu der Reallast als Ganzes folgt entschieden, daß jene durchaus keine andere rechtliche Natur haben kann, als diese.

Wenn dagegen der durch die auf dem Grundstücke ruhende Reallast zu den einzelnen Leistungen verpflichtete Besitzer in der Erfüllung seiner Pflicht sich säumig oder nachläßig zeigt, wenn er sich eine mora in der Erfüllung zu Schulden kommen läßt, so macht er sich durch diese seine Verschuldung, durch seine mora persönlich für die rückständige Leistung verantwortlich; es wird dadurch die einzelne fällige Leistung in eine persönliche Schuld des säumigen Besitzers verwandelt. Die Mora des Besitzers des verpflichteten Grundstücks in der Entrichtung der einzelnen fälligen Leistung ist also der Rechtsgrund der Verwandlung der rückständigen oder verfallenen Leistungen in eine persönliche Schuld desjenigen, unter dessen Besitz dieselben verfallen sind. Diese mora ist entschieden auch dann vorhanden, wenn der Pflichtige nicht aus Nachläßigkeit, sondern aus irgend einem an

dern ungenügenden Grunde die Zahlung nicht leistet; er befindet
sich mit der Erfüllung seiner Pflicht in mora, mag der Grund seiner Nichterfüllung seyn, welcher er will. Hier haben wir ein bestimmtes Factum, eine bestimmte Thatsache, eine Handlung, oder
besser Unterlassung des durch die auf dem Grundstück haftende Last
Verpflichteten als Rechtsgrund für die Entstehung eines persönlichen
oder Forderungsrechts, einer persönlichen Schuld. So lange der
Besitzer des Grundstücks die ihm durch die darauf ruhende Last
auferlegte Pflicht erfüllt, wird er gleichsam als mit dem Grundstück identisch angesehen; sobald er aber seine Pflicht verletzt, sobald
er sich eine Versäumniß zu Schulden kommen läßt, sobald er die
Erfüllung der zu Recht bestehenden Leistungen verweigert, tritt er
aus dieser innigen Verbindung mit dem Grundstück heraus, weil
er eben durch seine Schuld jenem keine Last aufbürden kann;
er macht sich allein verantwortlich für die Folgen seiner Pflicht-
verletzung, seiner Mora, er begründet dadurch eine Art Privat-
strafe, die nur ihn, als den Schuldigen, allein treffen kann. Deßhalb können die Rückstände, und zwar nicht blos die älteren, sondern
die einzelnen Leistungen, sobald sie verfallen sind, nicht als
dingliche Last des Grundstücks behandelt, nicht von jedem Besitzer
derselben gefordert werden, sondern als persönliche Schuld
nur von demjenigen, der sie nicht entrichtet hat, und
von seinen Erben.

Daß das ältere Recht die Sache schon in dieser Weise aufgefaßt hat, dafür liefert der sog. Rutscherzins den Beweis, der
als Strafe des säumigen oder zinsfälligen Besitzers des zinspflichtigen Guts erscheint. Ja auch diejenigen Quellenzeugnisse, welche
das Gut als zinsfällig bezeichnen, sowie diejenigen, welche
dem Zinsherrn das Recht geben, wegen verfallenen Zinses „auf
der Were" zu pfänden, und wenn er kein Pfand findet, sich das
Grundstück vom Richter zusprechen zu lassen, oder es zu veräußern,
um so zu seinem Zins zu kommen, bestätigen die oben von mir
aufgestellte und entwickelte Ansicht, daß die verfallenen Leistungen
eine persönliche Schuld des Besitzers sind. Es wird nämlich in
allen gleich mitzutheilenden Stellen vorausgesetzt, daß der säumige Zinspflichtige zur Zeit, als der Zinsherr die ihm vom
Recht zugestandenen Maßregeln unternimmt, um wegen des verfallenen Zinses befriedigt zu werden, noch auf dem Gute sitzt.

Diese Maßregeln sind zunächst die Zinsbuße, die für jeden Tag, den der Zins zu spät abgeliefert wird, gezahlt werden muß; dann das Pfändungsrecht des Zinsherrn, und als letztes Mittel, gerichtlicher Verkauf oder Adjudication des Guts an den Zinsherrn, wenn der Zinspflichtige ihm nicht in anderer Weise gerecht werden kann. Der Zinspflichtige verliert also zur Strafe für seine Saumseligkeit in der Entrichtung des Zinses, für seine Mora, schließlich das Gut selbst. Daß aber das Gut schließlich selbst in Anspruch genommen werden kann, das ist wieder eine Folge des dinglichen Charakters der Reallast, eine Folge davon, daß die Reallast auf dem Gute selbst haftet, so daß dieses daher auch, wenn sie in keiner andern Weise entrichtet werden kann, dem Reallastberechtigten mit seiner Substanz haftet. Es kann aber diese Haftung des Grundstücks mit Duncker nicht als ein Beweis dafür angeführt werden, daß auch die rückständigen Leistungen dinglicher Natur seien und von jedem Besitzer des Guts gefordert werden können, da in allen Stellen ganz entschieden, wie oben bereits bemerkt, der säumige Zinszahler noch als im Besitze des Guts befindlich vorausgesetzt wird.

Aus den einzelnen Stellen wird dies noch deutlicher erhellen. Zuerst möge die Stelle aus dem Schwabenspiegel Kap. 69 folgen: Swer zins von guote geben sol, der sol in geben uf den tac, der im bescheiden wirt so man im das guot lihet. Diese Worte sind zunächst ein sprechender Beweis für die oben entwickelte deutschrechtliche dingliche Natur der Reallasten: es liegt in denselben ganz entschieden, daß der Zins als auf dem Gute ruhend, als mit ihm untrennbar verbunden gedacht wird, und daß die Pflicht zur Zahlung des Zinses ganz von selbst mit dem Besitzerwerb des Guts auf den Besitzer übergeht, da es in dieser Beziehung nur ganz einfach heißt: bei der Verleihung wird dem Erwerber des Guts nur ganz einfach der Tag bezeichnet, an welchem er den auf dem Gute haftenden Zins zahlen soll. Es steht Alles, Zins und Zahlung, schon vor der Verleihung des Guts längst fest; bei derselben wird nur gesagt: so und so viel Zins haftet auf dem Gut, und an dem und dem Tage ist er fällig. Darin ist hinlänglich die enge Verbindung des Zinses mit dem Gut ausgesprochen, hinlänglich die Meinung widerlegt, als beruhe er auf einer Obligation, auf einer persönlichen Verpflichtung des Besitzers. „Unde git er, heißt es dann weiter im den zins des tages nit, er muozen zwivalten gelten des nästen tages darnach, unde alle tage als vil, di wile er den zins inne hat [39]). unde als des zinses so vil wirt, als das guot allez wert ist, so sol sich der herre des guotes underwinden mit des richters boten." Es ist das Nichts, als die Zinsbuße, welche den säumigen Zinsmann, trifft. Er hat für jeden Tag, den er sich in mora befindet, den Betrag des Zinses als Strafe zu erlegen; summt sich diese Strafe so sehr auf, daß sie dem Werth des Guts gleichkommt, dann verliert er dieses selbst ebenfalls zur Strafe. Darin ist doch klar und deutlich ausgesprochen, daß der verfallene Zins eine persönliche Schuld des Zinsmanns ist; daß der Zinsherr sich schließlich an das Gut selbst halten kann, ist ganz natürlich, weil der Zinsmann ihm in keiner andern Weise wegen der rückständigen Zinsen gerecht werden kann, als durch Abtretung des Guts. In keiner Weise ist aber in obiger Stelle auch nur angedeutet, daß der rückständige Zins auf dem Gute hafte, und daß der Zinsherr auch gegen den nachfolgenden Besitzer wegen des unter dessen Vorgänger verfallenen Zinses das Gut in Anspruch nehmen könne; und nur dadurch würde sich die dingliche Natur der Rückstände äußern. Es heißt ja ausdrücklich: er, d. h. der den Zins nicht auf den Tag bezahlt, also: er muozen zwivalten gelten; der ganze folgende Satz steht hiermit in so nothwendigem inneren Zusammenhange, daß sich gar keine andere Erklärung denken läßt, als die obige, d. h. Er verliert zur Strafe schließlich das Gut.

In ganz gleicher Weise sind auch die von Duncker und Gengler angeführten Stellen aus den Goslarer Statuten und dem Freiburger Stadtrecht zu erklären: Goslarer Stat. S. 21. Z. 1—10: „Weme sin hustins wert untseten, de mach dene panden up der werè. Vint he aver dar nicht to pandene, so neme he den richtere unde twene negbere oder andere guder lüde twene oder mer dar to, unde bewise en dat he dar nicht to pandene vinde vor sinen tins. Wert eme nu sin tins nicht untworren binnen emme verndel jares na der tid dat he dat alsus gheeschet heft mit gerichte, so scal he sek des huses underwinnen mit gerichte unde scal sek dat laten eghenen unde vredewerken unde besitten dat also der stat recht is. Seder der tid ne heft jene

---

39) Vgl. auch Sachsensp. I. Art. 54. §. 2.

dar nicht mer an, des dat hus ghewesen hadde." Wenn irgend
noch Zweifel über den Sinn dieser Bestimmung entstehen sollten,
daß nämlich das Pfänden und schließlich die gerichtliche Unterwin=
dung des Hauses, wenn gleich die letztere das Haus selbst betrifft,
doch nur zur Strafe des saumseligen Zinsmanns gereichen, und
daß überhaupt das ganze Verfahren nur gegen diesen gerichtet ist,
so würden dieselben durch den Schlußsatz gänzlich beseitigt, worin
mit dürren Worten gesagt ist, daß der frühere zinsfällige Besitzer
des Hauses dieses durch die gerichtliche Unterwindung verloren habe.

Die Stelle aus dem Freiburger Stadtrecht[40]), obgleich sie
des Zinsmanns selbst nicht erwähnt, und am Schluß vor der ge=
richtlichen Unterwindung oder Zueignung noch das dreimalige Auf=
gebot fordert, ist doch auch ganz in derselben Weise zu erklären,
wie die vorstehende Stelle aus den Goslarer Statuten.

Einen unwiderleglichen Beweis für die Richtigkeit meiner An=
sicht von der Eigenschaft des verfallenen Zinses als Schuld des Zins=
manns liefert die Oeffnung von Lauffen: „Wer aber, daz
yeman sumsälig wurd an dem zins, so mag ains bischofs pfläger
ainen vogt ald sinen botten zü im nëmen und mag darumb pfen=
den zü dem hus ald zü der hoffstatt, die in dez gutt gehörend,
ob er da phand vindet, untz daz er gewärt wird —. wer aber,
das sie nit phand funden, so mugent sie daz hus und hoffstatt,
acker, wisen, — oder was denn zü dem gütt gehört angriffen,
mit versetzen ald mit verkauffen, als verr, untz das sie der
zins die je denn uszstand und der frëvlin, die denn
vor der zins wegen gevallen sind, gentzlich gewert
werden." Auch hier ist der Zinsmann verpflichtet, den auf dem
Gut haftenden Zins zu zahlen; geräth er damit in mora (wird er
saumselig), so hat der Zinsherr das Recht, mit Zuziehung des
Richters in dem Haus oder auf der Hofstatt zu pfänden, und wenn
er Nichts zu pfänden findet, das Haus und die Hofstatt mit allem
Zubehör zu versetzen oder zu verkaufen, bis er wegen des aus=
stehenden Zinses und wegen der Strafen, die des aus=
stehenden Zinses wegen verfallen sind, vollständig be=
friedigt wird. Also um das nöthige Geld zur Bezahlung des
rückständigen Zinses und der Zinsbußen, der Zinsstrafen,

---

40) Bei Dunker, Reallasten, S. 74.

zu erhalten, wird Haus und Hof verkauft! Zu wessen Nachtheil kann das anders gereichen, wer anders kann davon getroffen werden, als der säumige Zinsmann? Wer anders kann gestraft werden, als der Schuldige?

Ja eine andere Stelle aus derselben Lauffener Oeffnung ist fast noch deutlicher: „Wër ouch, das dahein hüber oder schüposser sinen zins gentzlich versäss drei jar daz er nichts daran gëb, so wër daz güt zinsvellig und möcht es dann ain bischoff lichen under den genossen wem er welt." Die gesperrten Worte heißen: so ist das Gut verfallen, d. h. so verliert der Zinsmann sein Gut und kann der Bischof es unter den Genossen verleihen, wem er will. Es ist also auch hier nur von der Strafe des säumigen Zinsmanns die Rede. Wenn der Nachfolger im Besitz, derjenige, welchem der Bischof das Gut nunmehr verleiht, für den rückständigen Zins haften sollte, dann hätte dies unbedingt gesagt werden müssen, es heißt aber nur: der Bischof kann es verleihen, wem er will; von einem Uebergange des rückständigen Zinses auf den neuen Erwerber des Guts ist keine Rede und kann keine Rede seyn. Der säumige Zinsmann wird für seine Nachlässigkeit durch Verlust des Guts gestraft, das Gut selbst ist zinsfällig, d. h. das Gut selbst verfällt, wird eingezogen, wenn in drei Jahren kein Zins gezahlt wird; damit ist diese Sache abgemacht, der säumige Zinsmann für seine Nachlässigkeit gestraft; mit der Wiederverleihung beginnt ein ganz neues Rechtsverhältniß zwischen dem neuen Zinsmann und dem Bischof, in welches die durch die Einziehung des Guts getilgten Rückstände nicht mit übergehen können.

Für die Auffassung des Rutscherzinses als Strafe möge noch eine Urkunde aus Meichelbeck[41]) aus dem Jahre 1265 angeführt werden: Nos Chunradus D. gr. Pr. ep. notum esse volumus, —, quod cum homines constituti in praediis nostris R. et M. a Leupoldo de Sachsengange fidele nostro insulam — Chleinwerde, quam etiam idem Leupoldus a nobis in feodo tenuit, in suos communes usus perpetuos comparassent, sub pensione tamen unius librae; ipsi Leupoldo et suis heredibus annuatim in festo S. Georii persolvenda, adjecta poena dupli, si

---

41) Meichelbeck II, 2. Nr. 76.

quando promisso die non foret talis pensio persoluta, dicti homines de R. et M. de consilio et voluntate nostra datis praedicto Leupoldo octo libris Wiennensis monetae praedictam insulum : libere et absolute (zinsfrei) suis usibus conquisierunt perpetuo servituram, eximentes se a pensione librae memoratae et a poena dupli, quae in primo contractu fuerat constituta. — Daß hier unter dem einen Pfund Wiener Münze ein Zins, und unter der poena dupli die Zinsbuße zu verstehen sei, bedarf wohl keiner weiteren Ausführung; es liegt darin aber der Beweis, daß die Zinsbuße als Strafe aufgefaßt wurde. Auch der weitere Inhalt der Urkunde ist an sich klar: die Erwerber der Insel verpflichten sich zu einem jährlichen Zins, und zu einer Zinsbuße im Falle sie säumig in der Zinszahlung sind, lösen dann aber Zins und Zinsbuße durch eine Kapitalzahlung ab.

Daß auch das neuere Recht die Zinsrückstände nicht als dingliche Last des Grundstücks, sondern als persönliche Schuld des Besitzers auffaßt, dafür spricht z. B. der Cod. Max. Bav. civ. II, 10. §. 4. (bei Kraut) 7mo: „Haftet der Gutsinhaber für die von seinem Vorfahren etwan verfallen- und rückständige Zehenden nicht, er sei dann successor universalis;" und ebenso das badische Landrecht, (Code Nap. für Baden) §. 710: „Das Grundeigenthum des Guts oder ein dritter Besitzer des letzteren kann für Gülterückstände nicht angegriffen werden."

Daß nach dem Jus provinciale Ducat. Prussiae vom Jahre 1620 [42]) auch die Zinsrückstände auf dem Gute haften, und mit dem Gute die Pflicht zur Bezahlung derselben auf jeden Erwerber übergehen soll, kann nicht als Gegenbeweis gegen die oben vertheidigte und durch Quellenzeugnisse belegte Ansicht angeführt werden, da darin nur eine Ansicht der brandenburgischen Gesetzgeber ausgesprochen ist, welche schon seit dem 16. Jahrhundert vielfach vom gemeinen Rechte abweichende Bestimmungen erließen,

---

42) Jus prov. ducat Prussiae L. 4. tit. 6. art. 3. §. 1. Si quis fundum debentem censum vel alia onera emat, — ad onera census, non. saltem futuri, sed etiam ad ejus reliqua praestanda et solvenda obligatur. Census enim et publicarum pensitationum onera realia sunt, quae personam minime concernunt, sed cum ipsa re in emptorem transeunt.

· Daß dagegen die hier vertheidigte Ansicht, wonach die rück=
ständigen Leistungen durch die mora des Besitzers des mit der
Reallaſt behafteten Guts zu einer perſönlichen Schuld deſ=
ſelben werden, auch ſchon Wächter, Beſeler und Bluntſchli
vorgeſchwebt hat, geht daraus hervor, daß ſie ganz richtig nur die
fällig gewordenen, oder die rückſtändigen Leiſtungen für
eine perſönliche Schuld erklären.

§. 3 Klagen.

Aus der hier entwickelten Anſicht über die Natur der Reallaſten
und der rückſtändigen Leiſtungen ergibt ſich auch die Beantwortung
der Streitfrage über die zuſtändigen Klagen. Die Mehrzahl der
Juriſten, namentlich der älteren, hat nach Analogie der Servituten,
die actio confessoria und die actio negatoria utilis für die zuläßige
Klage erklärt, die erſtere namentlich ohne Unterſchied, ob auf An=
erkennung des Rechts überhaupt, oder auf Bezahlung der einzelnen
fälligen Leiſtung geklagt wird. Dem älteren deutſchen Recht ſind
dieſe römiſchen Klagen ſelbſtredend fremd; auch liefern die
Quellen des deutſchen Rechts uns keinen Beweis dafür, welche Klage
in dem einen oder andern Falle angeſtellt zu werden pflegte. Es
muß daher die Klage nach der Natur des zu verfolgenden Rechts
beſtimmt werden. Da nun das der Reallaſt gegenüberſtehende Recht
ein deutſchrechtlich dingliches Recht iſt, ſo ſteht dem Berechtigten
auf Anerkennung dieſes Rechts, d. i. auf Anerkennung der Real=
laſt als Ganzes entſchieden eine dingliche Klage zu. Will man
dieſe Klage actio confessoria nennen, oder nach Analogie derſelben
behandeln, ſo dürften dem erhebliche Gründe nicht entgegenſtehen,
obgleich es jedenfalls richtiger iſt, mit dieſem rein deutſchrechtlichen
Inſtitute keine römiſche Klage zu verbinden, ſondern nur eine deutſche
Klage zuzulaſſen. Dieſe Klage geht zunächſt, wie geſagt, auf An=
erkennung der Reallaſt als Ganzes; darin liegt aber zugleich auch
implicite die Klage auf Anerkennung der Verpflichtung zu den ein=
zelnen Leiſtungen, ſo daß alſo durch das die Reallaſt anerkennende
Urtheil der Beſitzer des belaſteten Grundſtücks zugleich auch zur
Entrichtung der einzelnen Leiſtungen verurtheilt wird.

Wenn es ſich dagegen um die Einklagung fälliger oder rück=
ſtändiger Leiſtungen handelt, ſo kann nur eine perſönliche Klage
auf Entrichtung der einzelnen fälligen Leiſtung angeſtellt werden,

weil nach der obigen Ausführung die einzelne fällige Leistung entschieden eine persönliche Schuld dessen ist, der sie hat verfallen lassen. Dabei ist es einerlei, ob die Leistungen nicht erfolgt sind,
weil der Pflichtige die Reallast nicht anerkennt, oder aber aus irgend einem andern Grunde; auch im ersteren Falle kann die einzelne fällige Leistung mit einer persönlichen Klage in Anspruch genommen werden, da dieselbe ja in keiner Weise den Beweis der
Existenz der Reallast ausschließt, wenn diese vom Beklagten ge-
leugnet wird; ja wenn der Pflichtige nicht mehr im Besitze des
Guts ist, dann ist nur eine persönliche Klage zulässig, während
allerdings, wenn er noch im Besitze ist, auch mit einer dinglichen
Klage auf Anerkennung der Reallast geklagt werden kann.

Wie man die Klagen nennen will, darauf kann nichts ankommen; die persönliche Klage ist eine einfache Schuldklage auf
Entrichtung einer persönlichen Schuld; eben deßhalb kann sie auch
nur gegen den Schuldner und dessen Erben, aber nicht gegen jeden
Besitzer des pflichtigen Guts angestellt werden.

Behauptet der Besitzer eines Guts die Freiheit desselben von
einer in Anspruch genommenen Reallast, so hat er zur Durchführung
dieser Behauptung eine dingliche Klage, für welche allerdings
die Analogie der actio negatoria ganz gut paßt.

Es ist nicht meine Absicht, mich hier weiter über die Klagen
auszulassen; es kam mir nur darauf an, die rechtliche Natur der
Reallasten festzustellen, und die damit unmittelbar zusammenhängenden Fragen kurz zu berühren, indem ich einer späteren Abhandlung
einige andere in die Lehre von den Reallasten einschlagenden Fragen
vorbehalte. Das Resultat meiner Ausführung fasse ich zum Schluß
noch kurz dahin zusammen:

Die Reallasten sind auf der Sache haftende Lasten, welche eine
Verpflichtung des Besitzers derselben zu bestimmten Leistungen zu
Gunsten eines bestimmten Berechtigten in sich schließen, oder zum
Zweck haben; das der Reallast gegenüberstehende Recht ist ein
deutschrechtlich-dingliches Recht, dessen Charakter darin besteht, daß es mit der Sache in der Art untrennbar verbunden ist,
daß es gegen jeden Besitzer derselben ausgeübt werden kann, und
daß schließlich im Unvermögensfalle des Besitzers die Sache selbst
mit ihrer Substanz dem Berechtigten haftet. Wie die Reallast als
Ganzes, müssen auch die einzelnen Leistungen nothwendig ding-

licher Natur seyn, weil sich die Reallast allein durch sie äußert, weil sie der eigentliche Inhalt und Zweck derselben sind. Da nun aber das Wesen der Reallast in der Verpflichtung des Besitzers der belasteten Sache zu den einzelnen Leistungen besteht, so macht dieser durch Vernachlässigung oder Nichterfüllung seiner Pflicht sich auch persönlich für die daraus hervorgehenden Folgen verantwortlich, so daß also die rückständigen Leistungen durch die Mora des Besitzers der belasteten Sache in eine persönliche Schuld desselben verwandelt werden. Eben deßhalb können auch die verfallenen oder rückständigen Leistungen nur mit einer persönlichen Klage von dem Schuldner und dessen Erben, nicht aber mit einer dinglichen von jedem Besitzer der Sache gefordert werden, während allerdings auf Anerkennung der Reallast als Ganzes dem Berechtigten eine dingliche Klage zusteht.

Anmerkung.

Die Schlußfolgerung des Herrn Verfassers: weil der Besitzer der belasteten Sache durch Nichterfüllung der schuldigen Leistung sich auch persönlich für die Folgen seiner Säumniß verantwortlich mache, so können die verfallenen Leistungen nur mit einer persönlichen, nicht auch mit einer dinglichen Klage gefordert werden — scheint doch sehr gewagt zu seyn. Der Besitzer des pflichtigen Guts kann sich „auch" noch persönlich für die Reallast verbindlich gemacht haben, ohne daß diese oder ihr Ausfluß, das Recht auf die einzelne Leistung, deßhalb aufhörte, dinglich zu seyn. Der Verf. selbst sagt S. 161 ganz richtig: „die Pflicht zu der einzelnen Leistung ist zunächst nur die nothwendige Folge der Beschaffenheit der Reallast; sie ist der eigentliche Inhalt des ganzen Instituts; sie muß daher auch mit der Reallast ganz gleicher, also dinglicher Natur seyn." Welcher Rechtsgrund sollte nun die Umwandlung der an sich realen Verpflichtung in eine blos persönliche bewirken? Zu einer Entbindung des Guts von der ihm aufliegenden Leistung, wenn man so sagen darf zu einer novatio privativa, kann doch die einseitige Handlung oder Unterlassung des jeweiligen Besitzers nicht genügen. Ist denn aber überhaupt das Fälligseyn einer Verbindlichkeit identisch mit mora oder Verzug? Die Mora setzt in der Regel voraus eine verschuldete Verzögerung, eine wirkliche Säumniß. Streng auf den Tag hin wird aber meist nicht bezahlt. (Das preußische allgemeine Landrecht Th. I, Tit. 18. §. 750 gestattet, wenn nichts Anderes bestimmt ist, den Erbzins oder Canon zwischen Michaelis und Martini zu erlegen.) Sollte nun deßhalb, weil nicht gleich im ersten Momente bezahlt worden, das Subject der Leistung ein anderes werden? Wie ferner, wenn der Zins geholt werden muß und der Berechtigte nicht gleich im Augenblicke des Verfalls kommt, um ihn zu empfangen? Eine mora solvendi findet hier nicht statt; eher eine mora accipiendi, und doch soll die gleiche Rechtsfolge eintreten. Die Mora des Schuldners begründet Rechte für den Gläubiger: auf Verzugszinse und Schadensersatz; nach der obigen Theorie aber würde nicht blos der zeitherige Besitzer gestraft, sondern auch der Berechtigte — durch Verwandlung der realen Leistungspflicht in eine persönliche. Das dingliche Klagerecht auf Erfüllung der Reallast würde überhaupt nie zur Wirklichkeit kommen: vor der Verfallzeit nicht, weil hier der dies noch nicht eingetreten; nachher nicht, weil jetzt nur noch eine persönliche Forderung stattfände. Wie vereinigt sich damit der Grundsatz, daß die Pflicht zu der einzelnen Leistung mit ihrer Quelle, der Reallast als Ganzem, gleicher dinglicher Natur sei?

Kaum bedarf es noch der Bemerkung, daß es den bestehenden Rechtsgrundsätzen nicht entspreche, eine derartige Wirkung des Verzugs, wie die Veränderung des Subjects der Leistung, von selbst eintreten zu lassen. Es kann ein Strafzins, ein sog. Rutscherzins (census promobilis), oder auch die Absetzung des säumigen Gutsbesitzers vertragsmäßig oder statutarisch festgesetzt seyn; was folgt aber aus dem Vorkommen solcher persönlich nachtheiligen Folgen für die vorliegende Frage? Doch nicht, daß der Gutszins selbst ein persönlicher sei? Daß der Besitzer als solcher leistungspflichtig ist, liegt in dem Begriffe und in der Natur einer Reallast. Kommt er in Verzug, so haftet er aus dem Verzug; aber der Berechtigte verliert deßhalb nicht die Ansprache an das Gut oder dessen jeweiligen Besitzer wegen der fälligen Leistung. Auch die S. 163—166 angeführten Stellen sagen dieß nicht. Die Landesgesetze sind wie die Schriftsteller bald für die Haftbarkeit des Gutsnachfolgers, bald gestatten sie nur denjenigen Besitzer, unter welchem die Leistung verfallen, deßhalb in Anspruch zu nehmen. Der bayrische Codex Maximilianeus, welchen der Verf. S. 167 für die letztere Ansicht citirt, spricht nur von dem Zehnten, der in der Regel auf dem Gute geholt wird. Das badische Landrecht II, 5. §. 710 f. h. aber beruht auf dem Streben nach Erleichterung des Grundbesitzes; daher der Satz: das Grundeigenthum des Guts oder ein dritter Besitzer des letztern kann für Gültrückstände nicht angegriffen werden. Beiden Territorial-Gesetzgebungen steht entgegen nicht blos das preußische Landrecht von 1620, sondern auch die österreichische Verordnung vom 18. April 1784, welche nur zur Anstellung der Klage gegen den nachfolgenden Besitzer eine dreijährige Frist bestimmt (mein Privatrecht §. 255. Note 8) und noch das bürgerliche Gesetzbuch §. 928, wo allgemein ausgesprochen ist: „Schulden und Rückstände, welche auf der Sache haften,

müssen stets vertreten werden." Das württembergische Recht (Prioritätsgesetz von 1825. Art. 4. Nr. 4) räumt den laufenden, sowie den von den
zwei nächst vorangegangenen Jahren rückständigen Realrenten, oder aus dem
Realverbande schuldigen Geld- oder Natural-Leistungen, namentlich dem auf
einem Realrechte beruhenden Leibgeding ein unbedingtes Vorzugsrecht erster
Klasse im Gante des Pflichtigen ein; ein Mittelweg, welchen das Gesetz gewählt hat, um den Anspruch auf Sicherheit, welcher dem Realberechtigten
zukommt, mit den Zwecken des neuen Pfandgesetzes in Uebereinstimmung zu
bringen. Auch das Unterpfandsrecht und die dadurch begründete Priorität
zweiter Klasse bei einem verzinslichen Darlehen erstreckt sich in gleicher Weise
nur auf den Zins vom laufenden Jahre und den Rückstand von zwei Jahren.
(Pfandgesetz Art. 54. 255. Prioritätsgesetz Art. 9.) Mit dem eingeräumten
beschränkten Vorzug ist also noch nicht entschieden, daß die rückständige Leistung
eine rein persönliche Schuld sei oder daß dieselbe auch dann jenes Vorzugsrecht genieße, wenn der Gantmann das belastete Gut vor dem Gante veräußert hat. Auf die Ansichten der Schriftsteller, namentlich v. Wächter's
(Erörterungen Heft 1. S. 130 f.), welcher meiner Auffassung in dem württembergischen Privatrecht mehrfach entgegentritt, kann hier nicht eingegangen
werden.

Reyscher.

VI.

Die Talion im altdeutschen Rechte.

Von

Eduard Osenbrüggen.

Mit Beziehung auf das bekannte SI MEMBRUM RUPIT der XII Tafeln erklärt Festus die talio durch par vindicta. Bei membrum ruptum ist das tale, das Entsprechende, das Gleiche, ein membrum ruptum. In's Deutsche läßt sich talio zwar am besten durch Vergeltung oder Wiedervergeltung übersetzen, allein es ist rathsamer, für die folgende Untersuchung das Wort Talion festzuhalten, das im juristischen Sprachgebrauch eine ganz feste Haltung hat und durchaus als eingebürgert in der deutschen Rechtssprache betrachtet werden kann. Vergeltung (Wiedervergeltung) geht theils weit über das juristische Gebiet hinaus, theils wird es in der Sprache der deutschen Strafrechtswissenschaft der Talion gegenüber als ein weiterer und auch als ein veredelter Begriff genommen, so daß in dem Fortschreiten von der Talion zu der Wiedervergeltung als Folge der Rechtsverletzung ein Sieg der Gerechtigkeit liegt. Die Strafrechtstheorie von Hegel wie von Kant wird Vergeltungstheorie genannt; bei dem Worte Talion denkt jeder Jurist an bekannte Bestimmungen des mosaischen Rechts und die lex SI MEMBRUM RUPIT, also an eine spezifische, materielle Gleichheit, an einen Rückschlag gerade derselben Verletzung auf den Verletzer. Um den Unterschied der Talion und der Vergeltung deutlich hervortreten zu lassen, hat Berner [1] das Verhältniß von Tausch und Kauf in den Vergleich gezogen, geht, nach dem Vorgange von Hegel, auf den Begriff des Werthes, als des inneren Gleichen, ein und gelangt zu dem Satze, daß der Verbrecher die Strafe be=

---

1) Archiv des Criminalrechts. 1845. S. 160.

kommen solle, welche sein Verbrechen werth sei. Bei der Talion
glaubte man zwar auch dieses zu erreichen, man glaubte, zu einem
membrum ruptum sei das Gleiche, also auch das dem Werthe der
Verletzung Entsprechende, ein zweites membrum ruptum; aber indem so die Verletzung nur ganz äußerlich aufgefaßt, nicht die Verschuldung des Urhebers derselben gewürdigt wurde, entstand bei
scheinbarer äußerer Gleichheit große Ungleichheit. Auch zeigt das
hinzugefügte: ni cum eo pacit, daß eine andere Form der Vergeltung nicht blos daneben, sondern davor Berechtigung hatte, und so
wie hier die Talion eine bedingte ist, so tritt sie auch sonst in der
Geschichte des Strafrechts selten rein auf. Unrichtig ist es aber,
wenn Rein [2]) in Beziehung auf die XII Tafeln sagt: „Talio ist
nicht mehr wörtlich als materielle Wiedervergeltung zu nehmen,
sondern als Abkaufen der talio, deren Schätzung freilich zunächst
von dem Verletzten abhing.“ Die Anwendung der Talion ist durch
das hinzugesetzte: ni cum eo pacit reducirt, aber ihr Begriff ist
derselbe geblieben. Sie mag, wo Einer dem Andern ein Glied abgeschlagen hatte, in Rom so wenig ausgeführt sein als das partés
secare der XII Tafeln bei dem Zahlungsunfähigen, aber es wird
kein Römer die talio anders als im Sinne der materiellen Wiedervergeltung verstanden haben.

In welcher Weise und in welchem Umfange findet
sich die Talion im altdeutschen Rechte anerkannt?

Eine Andeutung, wie diese Frage zu beantworten sei, gibt
J. Grimm [3]), wenn er sagt: „Auch die Bußen, welche das Gesetz statt der Selbstrache erlaubt zu nehmen und zwingt zu entrichten, ruhen auf dem Grundsatz der Vergeltung, die aber in Deutschland niemals strenge Talion war, sondern Zurückführung des Schadens auf Geld und Geldeswerth“ und hinzufügt: „Unter Deutschen
war dieß (nämlich eine Talion, wie sie nach mosaischem und alt-
römischem Recht für Todschlag und Leibesverletzungen galt) nur im
Fehdezustand möglich, d. h. wenn der Beleidigte keine Buße för-
derte, oder der Beleidiger die geforderte nicht zahlte.“ Die so ausgesprochene Ansicht muß beim ersten Anhören auffallen, da ja in
so vielen Stellen der deutschen Rechtsquellen eine Talion, wie die

---

2) Criminalrecht der Römer. S. 358.
3) Deutsche Rechtsalterthümer. S. 647.

des mosaischen Rechts und der XII Tafeln erwähnt ist, aber diese Stellen kennt niemand besser als Grimm, sein Blick beherrscht das ganze große Gebiet, und daher verdient jener Ausspruch die größte Beachtung:

„Ganz anders als Grimm hat sich kürzlich (1855) Dubs geäußert, in der viel Scharfsinniges, aber manches Unhistorische enthaltenden Einleitung zu seinem Entwurfe eines Strafgesetzbuches für den Kanton Zürich. In Beziehung auf den Zweck der Strafe sagt er: „Die ursprünglichste Anschauung ist die, welche in der Strafe die Wiedervergeltung (Talion) sucht. Auf dieser Grundlage ruhten die Gesetzgebungen von Moses und Mahomed, die XII Tafeln Roms, die Strafgesetzgebung von Athen und diejenige der alten Deutschen. Die Wiedervergeltung wurde in gleichartigster Form bewerkstelligt: Leben um Leben, Aug um Aug, Zahn um Zahn, und der Beschädigte selbst oder dessen nächster Verwandter (Bluträcher) übernahm die Strafvollziehung." Der Rechtshistoriker muß sich versucht fühlen, jede Partikel dieses Satzes zu bestreiten; in Betreff des altdeutschen Rechts ist hier weder die Talion von der Privatrache geschieden, noch das Compositionensystem berücksichtigt. Daß die Talion nicht die Grundlage der „Strafgesetzgebung der alten Deutschen" war, wird aus der folgenden Untersuchung hervorgehen; so wie auch namentlich, daß, wenn gleich in der Entwicklung des Strafrechts sich die Talion an die Rache anschließt, doch die Privatrache und die Talion nicht zu confundiren sind, was selbst bei gründlichen Rechtshistorikern vorkommt [4]).

§. 1. Wenn noch jetzt auf einzelne Arten der Menschentödtung die Todesstrafe gesetzt ist, so kommt in den betreffenden Fällen zwar der Satz „Leben gegen Leben" zur Anwendung, aber durchaus nicht auf Grundlage der Talion, so daß gerade deßhalb das Leben des Einen vernichtet werden müßte, weil er das Leben des Andern vernichtet hat, sondern weil in den ausgezeichneten Fällen der Tödtung, wie bei einigen anderen sehr schweren Verbrechen, die höchste Strafe gerecht erscheint und als solche die Todesstrafe genommen wird. Ebenso dürfen wir auch nicht ohne Weiteres annehmen, daß da, wo im altdeutschen und älteren germanischen Rechte dem Mörder der Tod gedroht ist, dieß ein Ausdruck der Talion sein soll, son-

---

4) Z. B. Segesser, Rechtsgesch. der Stadt und Republik Luzern II, 603.

dern wie oft bei Friedensbruch und bei den gegen das politische
Gemeinwesen direkt gerichteten Verbrechen, erschien bei gewissen
Tödtungen die Vernichtung des Thäters als öffentliche Strafe noth=
wendig [5]. Diese Vernichtung bestand nicht blos in der Entziehung
des Lebens, sondern alles dessen, was seine Persönlichkeit ausge=
macht hatte, daher die Einziehung seines Vermögens, die aber in
unzähligen Rechtsdenkmälern zu Gunsten seiner Familie beschränkt ist.

Wir stoßen aber in den altdeutschen Rechtsquellen auch auf
Stellen, in denen die auf Menschentödtung gesetzte Entziehung des
Lebens des Thäters in einer Form eingeführt wird, die das Prinzip
der Talion erkennen läßt.

Desterr. Landrecht (13. Jahrh.) §. 5: „Wer den andern toet
an Recht, da gehoert ein tod wider den andern, ein glidt wider
das ander, er leg es dann mit guet oder mit gepet ab, und geb
dem Richter dew wandl nach des Lands gewonhait." Hier zeigt
die Zusammenstellung von „ein tod wider den andern" mit „ein
glidt wider das ander" die Talion an.

In süddeutschen, besonders in schweizerischen Rechtsquellen wird
die Talion bei der Tödtung durch den Ausdruck „bar gen bar"
oder „baar gegen baar" bezeichnet.

Carl's IV. Rechtsbrief für Reutlingen 1349 (Lünig's Reichs=
archiv P. Spec. Cont. IV. Pars II. p. 308): „Wer den Todtschlag
thuet, wird er begriffen in dem Zehenden, so stellet man Par
gegen Pare ꝛc."

Dingrodel von Kirchzarten 1395 (Grimm Weisth. I, 333):
„Sleht auch einer den andern ze tode, und wirt der begriffen, der

---

5) Ritter= und Landrecht der Grafschaft Berg §. 6: „Die hoichste broiche
is dat lyff." (Lacomblet, Archiv für die Gesch. des Niederrheins
I, 1. S. 83.) — Als einen Anklang an die Talion darf man es
wohl nehmen, wenn den Mordbrenner gerade die Feuerstrafe treffen
sollte, der Münzfälscher „gesiebet" wurde (Rechtsbuch nach Dist. IV,
17, 4. Regensburger Stadtrecht S. 55. Grimm, Weisth. I, 547).
Langenbeck in der Glosse zum Hamburger Stadtrecht 1497. D. XVIII,
wo die letztere Strafe gedroht ist, sagt: „Duth kumpt darvan, dath he
bruket der valscheit des penninges dorch dat sebent, umme witt tho
maken den pennink mith dem winstene — darumme botet he wedder
mit der pine des sebendes, alse busse text secht." Vgl. auch Grimm
R.=A. 740.

den schaden het getan, da sol man bare gen bare stoßen, ist das man klaget."

Rechtsbuch von Memmingen 1396. Art. V. (Freyberg's Sammlung histor. Schriften V. S. 256): „und ist, das sy schulbig werbent, jr sye ainer oder mer, so sol man zuo jn richten, baur gen baur⁶), alz recht ist."

Richtebrief der Bürger von Zürich 1304. Art. 16ᵃ. (Archiv für schweiz. Gesch. V. S. 161): „Ist aber dz der lantman einen bur= ger alb einen andern lantman, alb der in der stat wonet, ze tod slat, so git er 20 march ze buosse. Wirt er aber uf der getatt oder dar nach in unser stat gefangen, so sol man inn antwurten für den vogt, alb wer an des vogtes stat sitzet. Und sol man ab im rich= ten Bar gen Bar nach urteil. Wer aber zu den ziten, dz man ab sölichen lantlüten alb von deheinem andern schedlichen Man, der den tod verschuldet hett, richten sölt, enkein vogt — so mugent der burgermeister und die Rätt Zürich ab allen lüten, die den lib ver= schuldent, Richten nach Recht." Dieser Art. 16ᵃ findet sich nicht in der älteren Recension des Richtebriefs, die vor 1300 gemacht ist, ist auch zu der jüngeren Recension erst später, auf einem angehef= teten Blatte hinzugekommen, wie der Herausgeber angibt. — Oeff= nung von Kyburg (zweite Hälfte des XV. Jahrh.?) §. 3 (Grimm Weisth. I, 18): „Item wer den andern von dem leben zu dem tod bringt mit sin selbs gewalt, wirtt der begriffen, so sol man richten bar gen bar ꝛc." Ebenso die Offnung von Neerach §. 14 (Schauberg's Beiträge III. S. 403). — Züricher „Satzung der Todschlagen" aus dem Anfange des XVI. Jahrh. (Schauberg's Zeitschr. I, 370): „So einer an dem andern — einen todschlag thuott, und derselb so den todschlag gethan hätt, nit zuo der notwer geträngt ist, der sol zuo stund wo er mag betretten vengklich ange= nomen und zuo sinem lib und guott, namlich bar gegen bar ge= richt — werden ꝛc." Hier ist von jüngerer Hand die Bemerkung hinzugefügt: „Dise Satzung bestuend kein lange zyt, sonders wart die alt widerumb angenommen." Die alte Satzung ist nach Schau= berg's unzweifelhaft richtiger Bemerkung die auf S. 367 unter Nr. 2 abgedruckte, nach welcher der Todschläger der Stadt 20 Mark

---

6) Zu der Form dieses Wortes ist zu bemerken, daß in dem Rechtsbuche taut für tat, raut für rat, aucht für acht u. dgl. vorkommt.

Silbers geben und die Stadt räumen soll. Hiezu findet sich (im schwarzen Buch) die Randglosse: „Es war vor baar gegen baar, mocht aber nicht erlitten werden."

Offnung zu Tablatt 1471 (Grimm Weisth. I, 231): „Item, wenn ainer ainen liblos tütt, mag man denn den sächer begryffen, so richt man bar gen bar; tuett aber ainer den andern liblos in aym fryden[7]), und ergryfft man jnn, so richt man zuo jm, als zuo ainem mörder."

Stadt= und Amtbuch von Zug 1432. §. 25 (Zeitschrift für schweiz. Recht I. Rechtsq. S. 18): „Wer den Andren liblos tuot — da sol man erteilen und richten bar gegen bar rc."

Straf= und Bußenrodel der Höfe Wollerau und Pfäffikon 1484. §. 15 (Kothing, die Rechtsquellen der Bezirke des Kan= tons Schwyz S. 51): „Item erschlüeg ein gast ein hoffman und der ergrifen wurde, da sol bar gegen bar gan, deß gelichen ob ein gast den andern liblos detty — da sol ouch bar gen bar gan."

Landesordnung von Basel §. 61 (Zeitschrift für schweiz. Recht III, 1. S. 47): „Wer den anderen zu Tod schlägt oder sticht, da geht baar gegen baar, wie ja der Tod geligt rc."

Haltaus, der kein anderes Zeugniß als das Privilegium von Reutlingen in seinem Glossarium anführt, erklärt den Ausdruck „bar gegen bar setzen" durch: feretrum feretro i. e. occisum occiso iure talionis opponere. Darnach wäre also die Talion hier in einer eigenthümlichen symbolischen Weise bezeichnet. Wenn man den in den angeführten Stellen mehrfach vorkommenden Ausdruck „baar gen baar richten" für sich allein ansieht, könnte man geneigt sein, das Wort „baar" in einem ähnlichen Sinne zu nehmen, als es in

---

7) Zu dieser Unterscheidung von Mord und Todschlag (ehrlichem und un= ehrlichem Todschlag) s. const. Henrici II. Imp. a. 1019. §. 3 (Pertz Mon. IV, 38), Augsburger Stadtrecht S. 53. Züricher Richtebrief I, 1—3. 42. Offnung von Kyburg §. 5. Straf= und Bußenrodel der Höfe Wollerau und Pfäffikon 1484. §. 10. Zusatz zum Stadt= und Amtbuch von Zug 1432. §. 71. 72. Bluntschli, R.=G. I. S. 409. 412. Blumer, R.=G. I. S. 428. Bluntschli's Vermuthung, als sei im Kyburgerrecht §. 3. 4 nur von unredlichen Todschlägen die Rede, wird widerlegt durch die Offnung von Tablatt.

unserer Sprache meistens vorkommt [8]), und in der fraglichen Wen=
dung eine Hinweisung auf die Buße oder das Wehrgeld zu sehen,
aber dem steht der Inhalt jener Zeugnisse durchaus entgegen, wie
auch der Ausdruck grade der älteren derselben. Die Erklärung
von Haltaus ist unzweifelhaft richtig, so daß also das nur bei
der Tödtung vorkommende „bar gegen bar" dem caput pro capite, Hals gegen Hals (Rechtsb. nach Dist. IV, 45, 27) entspricht.

Im Jahr 1461 wurde Hans Vogler am Fischmarkt in Luzern
enthauptet, weil er in der Stadt einen Bürger erstochen hatte, un=
geachtet letzterer der Anfänger gewesen war, und nach dem Raths=
buche war im Erkenntnisse der Ausdruck gebraucht: „und richt man
bar gegen bar" [9]). Wenn in diesem Falle die Hinrichtung erfolgte,
obgleich Hans Vogler in der Nothwehr gehandelt hatte, wie Se=
gesser annimmt, so lag in der Talion ein sehr rohes Strafrecht,
aber wir kennen doch die Umstände des Falles nicht zur Genüge.

In dem Rechtsbuch von Memmingen (1396) ist das zweimal
erwähnte „richten baur gen baur" in einen Zusammenhang gebracht
mit dem Bahrrecht. Drei vom Gericht dazu bestellte und in Eid
genommene ehrbare Männer sollen die Wunden des auf der Bahre
liegenden Leichnams beschauen; dann sollen der oder die Angeschul=
digten zu der Bahre hinstehen und einen gelehrten Eid schwören zu
Gott und allen Heiligen, daß sie an dem Todschlag unschuldig
seien „mit räten und mit getäten." Darauf sollen jene drei Män=
ner die Wunden wiederum beschauen, und ist es, daß sie auf ihren
Eid sagen, daß sich die Wunden nicht kenntlich verändert haben,
so sind die Angeschuldigten des Todschlags ledig; sagen sie aber
oder der Mehrtheil von ihnen auf ihren Eid, daß sich die Wunden
kenntlich verändert haben, so sind sie des Todschlags schuldig, „und
sol man denn zuo in richten baur gen baur." Das Landbuch von
Schwyz I, 14: „Wirt der totte blutende, so soll man den schul=
digen auch tötten, und soll inn davor nieman schirmen." Hiernach
ist ein Zusammenhang der, besonders häufig in den altschweizeri=
schen Rechtsquellen vorkommenden bildlichen Redensart mit dem

---

8) S. auch Stadt= und Amtbuch von Zug 1566. Art. 46 (von Wetten)
„und bars gegen barem gsetzt wurde."

9) Segesser, Rechtsgesch. von Luzern II, 666, vgl. Simler, von dem
Regiment der Eydgenoßschaft, fortgesetzt von Leu S. 540.

Bahrrechte, welches eben auch in der Schweiz sehr gebräuchlich war [10]), und dessen Grundvorstellung noch nicht im Volke verschwunden ist, sehr wahrscheinlich.

Die Talion bei der Tödtung ist zwar an den genannten Stellen nicht ausdrücklich als aus dem mosaischen Rechte hergeleitet eingeführt, wie an einigen im folgenden §. zu nennenden Stellen, welche die Talion bei Körperverletzung betreffen, aber sehr wahrscheinlich ist es doch, daß das mosaische Recht die Quelle sei, dessen Talion, indem man auf ihr Wesen [11]) nicht gründlich einging, sich leicht anschloß an die germanische Blutrache. In dem alten flandrischen Rechte, dessen betreffende Zeugnisse bis in das XI. Jahrhundert zurückführen, ist nach Warnkönig [12]) die Talion einer der Fundamentalsätze des Criminalrechts, und die Fassung der Zeugnisse, aus denen er dieses Resultat zieht, erinnert zu sehr an das mosaische Recht, als daß nicht dieses als Quelle anzusehen wäre. Keure von Grammont (1068?) §. 11: „Praeterea si quis aliquem occiderit, vel membris truncaverit, caput pro capite, membro pro membro, nisi se defendendo hoc fecerit." Keure von St. Omer (1127) §. 20: „Secundum quantitatem — scilicet oculum pro oculo, dentem pro dente, caput pro capite." S. auch Keure von Incourt art. 3; von Diest art. 1; von Brüssel 1229 Art. 2; von Hulpe 1230 Art. 1 [13]). Auch der Schwabensp. c. 172 vgl. mit c. 150 (Wackern.) läßt sich dafür anführen, daß hier eine zeitweilige Reception des mosaischen Rechts stattfand.

Die Vergeltung wurde im alten germanischen Rechte regelmäßig durch Geldbußen, bei der Tödtung durch die Zahlung des Wehrgeldes, bewerkstelligt; die Vergeltung durch Talion war ihm fremd. Erst wenn die Buße nicht gezahlt wurde, hatte die allmählig immer weiter zurücktretende Privatrache Berechtigung. Von dieser Rache aus mochte die in die Hand des Richters gelegte Talion („baar gegen baar richten, ertheilen", s. auch §. 2. S. 180) als ein Fortschritt angesehen werden, sie ruhte ja auch auf

---

10) Anshelm's Berner Chronik III, 254. Blumer I, 537. Segesser II, 701. 706.

11) Saalschütz, das mosaische Recht II. c. 57.

12) Flandrische Staats- und Rechtsgeschichte III, 1. S. 153. 159.

13) Coetsem, du droit pénal au XIIIe siècle dans l'ancien duché du Brabant (Gand. 1857).

dem göttlichen Gesetze. Aber das göttliche Gesetz, für eine andere Zeit und ein anderes Volk gegeben, wurde nur oberflächlich aufgefaßt. Das müssen wir wenigstens annehmen, wenn die betreffende Darstellung des mosaischen Rechts bei den neuesten Bearbeitern desselben richtig ist. Daß das alte Compositionensystem durch die Reception der Talion nicht außer Kraft gesetzt wurde, diese vielmehr an die Stelle der subsidiären Privatrache treten sollte, zeigt das oben angeführte österreichische Landrecht, in welchem die Talion bei der Tödtung nur als eine eventuelle hingestellt ist, so daß die Composition noch primo loco dastand, im Falle der Unfähigkeit oder Weigerung die Buße und Wedde zu zahlen erst die Talion eintreten sollte. Dafür sprechen auch mehrere der im §. 2. anzuführenden Stellen, welche die Talion bei Körperverletzungen behandeln. In den anderen oben genannten Stellen, welche die Talion bei dem Todschlage mit dem Bilde „bar gegen bar" bezeichnen, ist aber schon eine andere Auffassung. Die Talion ist dort nicht subsidiär, sondern daß „Leben gegen Leben" hingegeben werde, erschien als eine gerechte Strafe. Allein, wenn sie angewendet werden sollte, sah man doch, daß sie als Prinzip durchgeführt der Gerechtigkeit nicht entspreche, daher hatte sie nur eine vorübergehende Geltung. Sehr belehrend ist in dieser Beziehung das oben S. 175 aus den zürcherischen Rechtsquellen Angeführte. Der Art. 16ᵃ ist eine Novelle zum Richtebrief, welcher die Talion nicht kannte, und in den angeführten Randglossen zu den späteren Rathsverordnungen haben wir zuverlässige historische Zeugnisse, daß die Talion nur eine ephemere Geltung auf dem Papier hatte.

§. 2. Auf die Talion bei Körperverletzungen bezieht sich eine Reihe von Quellenzeugnissen, von denen mehrere dieselbe ausdrücklich auf das mosaische Recht zurückführen.

I. Stadtrecht von Ens 1212. §. 5: „Si autem aliquis civium alicui amputaverit manum vel pedem vel oculum vel nasum vel aliquod tale membrum, judici pro pena det decem talenta, illi qui dampnum recepit totidem. Si vero is qui dampnum fecit denarios habere non poterit, judicetur de ipso secundum legem, oculum pro oculo, manum pro manu et sic de ceteris membris. — §. 7: Item quicunque alteri amputaverit digitum, vel ita vulneraverit, quod detrimentum membrorum patiatur, judici det tria talenta, illi qui dampnum pertulit tria. Si vero denarios habere non poterit, eodem

13 *

modo puniatur etc." Daran schließen sich die Wiener Stadtrechte
1221. §. 10. 12. 13. 1244. 1278. §. 13. 14. 16; von Haimburg
S. 54 (Meiller); von Brünn 1243. §. 9. 10; von Wiener-Neu=
stadt [14]) c. 19, dessen Form schon verändert ist: De amputatione
membrorum. Item si nasum vel totam linguam amputaverit,
det X talenta judici et suum nasum vel linguam redimat ab offenso
sicut poterit. Quod si facere non potuerit, tunc de ipso secundum
legem institutam a Domino judicetur, i. e. nasum pro nasu, linguam
pro lingua judex jubeat amputare, sed ex tunc sic punitus nihil
plus dabit judici nec actori. Item quoque dicimus de oculo, manu
et pede, et omnibus aliis membris, in quibus, si reus non habens
(habeat) redemtionem nec remissionis gratiam reveniat in emendis
apud offensum, tunc secundum legem divinam puniat eum judex et
tunc nihil dabit de rebus suis neque judici nec offenso."

Hieraus ist wichtig:

1) Während in dem Stadtrechte von Ens nur gesagt ist: judicetur de ipso secundum legem OCULUM PRO OCULO MANUM
PRO MANU, und diese lex dadurch schon sehr kenntlich gemacht
wird, heißt es im Stadtrecht von Wiener-Neustadt: secundum legem
institutam a Domino und nachher secundum legem divinam.

2) Die Ausführung der subsidiären Talion fällt dem Richter
anheim, wie im mosaischen Recht [15]), nicht dem Kläger, und darin
tritt sehr deutlich der Unterschied von der Privatrache hervor, an
welche sich zwar die Talion anschließt, aber als ein Fortschreiten
von der Rache zum Recht.

3) Kommt es zur Ausführung der Talion, so hat der Ver=
letzer und Beklagte damit vollkommen gebüßt, vgl. Schwsp. 150
bei Wackern. (176 bei Laßberg.)

4) Wie die XII Tafeln die Talion auf das membrum ruptum
beschränken [16]), so sehen wir in jener Gruppe von Stadtrechten,

---

14) Nach der gewöhnlichen Annahme stammt dieses Stadtrecht aus dem
    XIII. Jahrh. (1221—1230), nach v. Meiller's Vermuthung gehört
    es, in der bekannt gewordenen Fassung, erst dem Ende des XIV. Jahrh.
    an, und für diese Vermuthung sprechen die bedeutenden Abweichungen
    desselben von den Stadtrechten derselben Familie.

15) Winer, bibl. Realwörterbuch, Art. Beschädigung. Saalschütz,
    mosaisches Recht II, 450. 452. Anm. 567.

16) Zu beachten ist auch, daß 3 Mos. 24,.20 steht: „Bruch für Bruch,

wenn sie auch nicht vollkommen im Detail mit einander überein=
stimmen, die Talion zunächst firirt für das Abhauen eines Gliedes [17]);
daran reihen sich aber Lem und Libeschaert (Wien 1221. S. 11. 13).

II. Außer dem die Satzungen des mosaischen Rechts buchstäblich
einführenden c. 172 W. (201 L.) des Schwabenspiegels nimmt
c. 150 dieses Rechtsbuchs unsere Aufmerksamkeit in Anspruch. Es
heißt dort: „Swer dem andern den munt ab snidet oder die nasen
oder diu oren, oder diu ougen uz stichet, oder die zungen uz snidet:
dem sol man daz selbe tuon. swer den andern lemet, dem sol man
die hant abe slan. Swer dem andern vinger oder zehen abe sleht,
da hoeret umbe jeglichen vinger unde zehen ein besunderliche buoze.
der einem einen zant uz sleht, dem sol man daz selbe tuon. Man
sol dem rihter dohcine buoze geben swa ez also gerihtet wirt. unde
büezet man aber jenem mit phenningen, so muoz man dem rihter
ouch mit phenningen büezen.“ Wenn man hiemit vergleicht das
Stadtrecht von Augsburg S. 71. Absatz 1, Ruprecht von Freising
I, 113. II, 8. 9, das baierische Landrecht (Kaiser Ludwig's Rechtsb.
1346) 164, das Münchener Stadtrecht (Rudolphinum) 1294. S. 21,
so findet man zwar keine völlige Uebereinstimmung in der Bezeich=
nung der Körperschäden, bei denen die Talion (subsidiär) eintreten
kann, doch wesentlich sind die Verschiedenheiten nicht. Allein sehr
groß ist die Abweichung des Schwsp. c. 150 von dem entsprechen=
den Artikel des Sachsenspiegels II, 16. In diesem ist von der
Talion noch gar nicht die Rede, denn wenn es im S. 2, ähnlich
wie im Schwsp., heißt: „Sve den anderen lemet oder wundet,
wirt se des beredet, man sleit ime de hant af“, so sind da nicht
Hand und Hand in Parallele gesetzt, sondern das für Friedensbruch
sehr gewöhnliche Abhauen der Hand soll eintreten, welches Glied
auch gelähmt und gewundet sein mag, und gerade an der Stelle,
wo der Schwsp. die mosaische Talion einführt, setzt der Sachsensp.
S. 5 als Folge die Zahlung des halben Wehrgeldes. Im Sach=
senspiegel haben wir also noch das Compositionensystem, im Schwa=
benspiegel, für den die heilige Schrift so vielfach benutzt ist, die
jenes System für bestimmte Fälle zurückdrängende Talion. Das

Auge für Auge, Zahn für Zahn“, nicht, wie Luther übersetzt hat:
„Schade um Schade 2c.“
17) Vgl. die Keure von Brüssel 1229. Art. 2.

Stadtrecht von Goslar 85, 23. 24 (Göschen), freilich nicht ganz
übereinstimmend mit dem Sachsenspiegel, hat auch noch das Compositionensystem festgehalten, so wie das Rechtsbuch nach Dist. IV,
45, 25 vgl. IV, 7, 4, aber Dist. 27 weist ein Nebeneinander des
alten einheimischen und des neuen fremden Rechts auf, welches als
ius divinum leicht Eingang fand.

§. 3. Weit früher als die Talion bei Tödtung und Körperverletzung kommt im germanischen Recht ein ähnlicher Rückschlag
vor in einem anderen Falle, den wir vorläufig als falsche Anklage bezeichnen wollen, obgleich diese Bezeichnung dessen Umfange
nicht ganz entspricht.

Im mosaischen Recht ist über diese Talion nicht bestimmt, wohl
aber über die Talion des falschen Zeugen (5 Mos. 19, 18 ff.). Im
römischen Recht ist calumnia oder böswillige Anklage ein fester Begriff [18]), und als ihre regelmäßige Straffolge erscheint in der Kai-
serzeit die Talion, so daß den calumniator gerade die Strafe treffen
sollte, welche im Falle der Ueberführung den Angeklagten getroffen
haben würde [19]).

Von den germanischen Volksrechten haben die lex Salica, die
lex Ribuaria und die lex Alemannorum diese Talion nicht. Die
lex Sal. XXI und lex Rib. XXXVIII setzen auf die Anklage eines
Unschuldigen bei'm Könige eine hohe Buße (vgl. lex Fris. III. §. 9),
und die lex Alem. XLIV bestimmt nur Folgendes: „Si quis liber
libero crimen aliquod mortale imposuerit et ad Regem aut ad Du-
cem eum accusaverit, et inde probata res non est, nisi quod ipse
dicit, liceat illi alio cui crimen imposuit, cum tracta spata se ido-
neare contra illum alium. De minoribus autem culpis, sicut Duci
placet, ita fiat inter eos." Das Edictum Rotharis 9 leitet schon
zur Talion hinüber: „Et si ei probari non potuerit, et cognoscitur
quod dolose accusasset, tunc ipse, qui accusaverit, et probare non
potuerit, widrigeld suum componat, medietatem Regi, et medietatem
ei, cui crimen injecerit." Die lex Bajuv. VIII, 17 verkündet aber
direkt das Prinzip der Talion: „Si quis contra caput alterius falsa
suggesserit, vel pro quacunque invidia de iniusta re accusationem
commoverit, ipse poenam vel damnum, quod alteri intulit, excipiat."

---

18) Rein, röm. Criminalrecht. S. 807 ff.
19) Geib, Gesch. des röm. Criminalprocesses. S. 578 ff.

S. auch lex Burgund. praef., lex Wisig. VI, 1, 6. VI, 4, 5. VII, 1, 1. VII, 1, 5.

Ueber den (außergerichtlichen) Vorwurf eines Verbrechens überhaupt bestimmt das Kaiserrecht II, 21 (Endemann): „Sagit ein mensche ein laster uf daz ander, der sal es mit rechten gezugen zu bringen; tut er bez nit, man sal das laster an im richten, glicherwise als er selber ez getan heite. Sint gesc. stet: wer unschulde zu schulden wil machen, den sal man richten nach der schulde." S. auch das Augsb. Stadtrecht S. 68. Abs. 4, und das Berliner Stadtbuch 1397 (Fidicin, historisch=diplom. Beiträge I. S. 136)[20]).

Wilda[21]) ist der Meinung, der in germanischen Rechten vorkommende Grundsatz, daß den Verläumder, d. i. verläumberischen Ankläger die Talionsstrafe treffen solle, sei erst aus fremden Rechten eingedrungen. Dagegen hat Schauberg[22]) sehr triftige Einwendungen gemacht, indem er zunächst zugibt, daß jene Ansicht mit Rücksicht auf die lex Wisigothorum, Bajuvariorum und Burgundionum richtig sein könne, daß aber der Grundsatz der Talion hier ein so nahe liegender und natürlicher sei, daß er gewiß ursprünglich in gleichem Maaße den Germanen wie den Römern angehörte; nach Wilda's eigener Anführung finde sich der Grundsatz im alten norwegischen Rechte, welches ihn doch wohl nicht dem römischen Rechte entlehnt habe, und zur Widerlegung Wilda's könne man besonders das häufige Auftreten des Grundsatzes in den altschweizerischen Rechtsdenkmälern benützen. Die letztere Bemerkung ist gewiß, neben der Hinweisung auf die alten scandinavischen Rechte, sehr wichtig; wenn es sich um einen Grundsatz des mosaischen Rechts handelte, so wäre eine Uebertragung desselben in das altschweizerische Recht wohl denkbar, hinsichtlich des römischen Rechts ist dieß aber sehr unwahrscheinlich.

Schauberg a. a. O. hat die hieher gehörigen, überaus zahlreichen Stellen aus dem altzürcherischen Rechte[23]) sorgsam zusammengestellt und mit schätzbaren Anmerkungen begleitet. Blumer[24])

---

20) Vgl. Hälschner, Gesch. des brandenb.=preuß. Strafrechts. S. 55.

21) Strafrecht der Germanen. S. 960.

22) Beiträge zur zürcherischen Rechtspflege. III, 404.

23) Vgl. Bluntschli II, 52.

24) Staats= und Rechtsgeschichte der schweizerischen Demokratien I. S. 409 539. Anm. 16.

gibt Belege aus den Rechtsbüchern der Urkantone. Als wichtig ist noch hinzuzufügen, außer einer Stelle des Richtebriefs von Zürich (ältere Recension S. 46, jüngere III, 9) und des ältesten Bürger= buchs von Luzern 1373 [25]), der Art. 50 der jetzt gedruckten Landes= ordnung von Basel (Zeitschrift für schweizerisches Recht III, 1. S. 49): „Schuldiget einer den andern eines Mords, Diebstahls, Ketzerei, Raub, Brands oder dergleichen Unthaten, und er das nicht erweisen kann, mit sieben unwidersprochenen Männern, Persohnen, Frömbden oder einheimischen, der besseret ihm sein Fußstapfen ꝛc."; ferner ein Gesetz für Liestal 1411 (Bruckner's Merkwürdigkeiten der Landschaft Basel, Stück X. S. 1097) „—: der bessert in sine fußstaffen und umbrisset man im die süße oder erloupt ime den kampff." Das ältere Zeugniß im Richtebrief von Zürich lautet: „Swer offenlich vür den Rat gat und jemannen dur muotwillen beklagt ald leidet dur vyendschaft umb dekein unzucht dü im nicht geschehen ist swas der schuldige zu buoße git als vil git der leider", und die Offnung von Kyburg §. 6 (Grimm, Weisth. I, 18): „Wer ouch den andern man oder frowen schuldiget und ziehet, das im ere libe oder glid antrifft, und das uff die selben personen, so er geschuldiget hat, nit bringt, der oder die sol in sölicher geschul= diguotten personen fußstapfen stan, und alles das darumb dulden und liden, das sy geduldet und gelitten müstend haben, ob es uff sy gebracht worden wäre."

Bei der Uebersicht dieses Apparats in den altschweizerischen Rechtsquellen treten besonders folgende Punkte hervor:

1) Die gerichtliche und außergerichtliche Anschuldigung (das Zureden, die Zuredung) sind nicht überall streng gesondert. Die außergerichtliche Anschuldigung eines Verbrechens ging in eine ge= richtliche über, wenn der Anschuldiger den Zusatz machte, er wolle seine Angabe beweisen: „Ob dehein Mensche ze dem andern spreche: du bist ein morder oder ein Tieb oder ein Ketzer und wil dich des wysen ꝛc." [26]).

2) Die Talion ist sehr passend mit dem Bilde von den Fuß= stapfen bezeichnet. Aehnlich in einem Frankfurter Straffalle vom Jahre 1479: „synen fuß an syn stat stelle", wofür in dem vor=

---

[25]) Abgedruckt bei Segesser II, 617.
[26]) Segesser II, 682.

angegangenen Falle von 1473 gesagt ist: „in die pyne und schult darinne er ym gerne rechtlichen bracht gehabt hette verfallen solle syn" [27]). Jenes Bild (von den Fußstapfen) ist aber nicht überall in derselben Weise aufgefaßt und ausgedrückt. Das Ursprüngliche ist wohl „er soll in desselben Fußstapfen stehen" [28]). Wenn es an einigen Stellen heißt: „er bessere ihm seine Fußstapfen", so ist da das halb ausgeprägte Bild und der Gedanke, daß die Besserung adäquat seyn soll, zusammengeschoben. Nachdem in der basler L.O. zuerst diese Form gebraucht ist, heißt es im Folgenden: „derselb soll gleich zu Fußstapfen hinder dem Gericht in Haft genommen werden", wobei man an das lateinische e vestigio denken muß. Das Gesetz für Liestal hat auch zuerst die Wendung „ver bessert ihm seine Fußstapfen", dann aber die merkwürdige Fortsetzung: „und umbrisset man im die Füße oder erleupt ime den kampff". Dieses „Umreißen der Füße" läßt sich vielleicht so erklären, daß, da Kläger und Beklagter im Gerichte auf bestimmten Plätzen und zwar sich gegenüber standen [29]), im Fall sich die Anklage als falsch erwies, der Kläger sofort umgewendet und an den Platz des Be= klagten gestellt werden sollte. Man kann mit dem so aufgefaßten Bilde in Verbindung setzen das von dem Kläger und Beklagten als Kämpfern gebrauchte Bild in den Formeln: Fuß halten, Fuß bei Fuß setzen 2c. [30]).

3) Das alte Talionsprinzip wurde allmählig abgeschwächt, indem eine Strafe an Ehre und Gut an die Stelle der Talion treten konnte; auch indem eine Unterscheidung der schwereren und leichteren Anschuldigungen gemacht oder darauf Rücksicht genommen wurde, ob die Zuredung aus Leichtfertigkeit und im Zorn geschehen war, eine sonstige Ausgleichung gestattet wurde.

4) Die Talion ist nicht blos für die böswillige Anklage, die calumnia des römischen Rechts [31]), gedroht, sondern für die falsche Anschuldigung d. h. eine solche, die nicht erwiesen wurde. Daher

---

27) Thomas, Oberhof S. 397.

28) vgl. die Urkunde von 1448 bei J. von Arx, Geschichten des Cantons St. Gallen II, 609 Anm. b.

29) Grimm, R.A. 808.

30) Haltaus S. 578.

31) Pauli S. R. I. 5, 1: »calumniosus est, qui sciens prudensque per fraudem negotium alicui comparat.«

heißt es in der Offnung von Kyburg: „und das uff die selben personen nit bringt", in der Baseler L.O.: „und er das nicht erweisen kann mit sieben unwidersprochenen Männern", und ganz ähnlich in den sonstigen schweizerischen Quellen. Diese Auffassung tritt durchweg hervor in den Quellen des deutschen Mittelalters wie des älteren germanischen Rechts: „si convincere eum non potuerit", „si non probaverit" etc. vgl. Sachsensp. I. 50 §. 1, Rechtsbuch nach Dist. IV, 23, 15. Es ließ sich zwar in vielen Fällen daraus, daß jemand die Wahrheit seiner Anschuldigung nicht gerichtlich erhärten konnte, der Rückschluß auf die Böswilligkeit seiner Beschuldigung machen (Edictum Rotharis 9 f. oben S. 182), aber doch nicht nothwendig, und auf das Objective kam es eben an, ob er seine Behauptung processualisch durchführen konnte oder nicht. Ein merkwürdiger Rechtsfall aus dem XV. Jahrh. zeigt, wie weit bisweilen die Consequenz hinsichtlich der Talion bei nicht vollständig durchgeführter Sache ging [32]).

Ein reicher Bürger von Breslau, Hans Rintfleisch, reiste seines Handels wegen nach Polen. Als er in der kleinen Stadt Ploczk (Ploczkow) im Wirthshause eingekehrt war, entwendete ihm der Wirth 500 Dueaten. Er belangte diesen wegen des Diebstahls gerichtlich. Aus Furcht vor der Marter bekannte der Wirth die That und erbot sich das gestohlne Geld wieder herauszugeben. Dieß und sonst nichts weiter verlangte auch der Gast; allein die Richter und die Schöppen der Stadt drangen darauf, daß ihren Gesetzen ein Genüge geschehe, welche forderten: daß der Kläger den Dieb mit den Händen an den Galgen henken, oder, wenn er sich dessen weigerte, selbst vom Diebe gehenkt werden sollte, wofern der dazu bereit wäre. Welches der Wirth den Augenblick zu thun auf sich nahm. Da der Gast dieß hörte, war er vor Schrecken ganz außer sich, bat aufs Innigste ihm doch diese Schande zu erlassen und bot ihnen das ganze gestohlne Geld an, wenn sie ihn nur ohne Schimpf lebendig fortließen. Richter und Schöppen der Stadt aber erwiederten, sie dürften wider ihr Recht und Gesetz nichts thun. Da sah sich Hans Rintfleisch in die traurige Nothwendigkeit

---

32) Sam. Benj. Klose, Darstellung der inneren Verhältnisse der Stadt Breslau vom J. 1458 bis zum J. 1526, herausg. von Stenzel im dritten Bande der Scriptores rerum Silesiacarum (1847).

gesetzt, den Dieb selbst zu henken, wollte er nicht von dem Diebe gehenkt werden.

Hans Rintfleisch scheint bald nach dieser Begebenheit gestorben zu seyn (1478), allein die üble Nachrede ging auf seinen Sohn Christoph über, so daß dieser, obgleich einem der angesehensten Geschlechter Breslau's angehörig, in seinem städtischen Amte sich behaupten konnte. Nichts half ihm die von Seiten der Stadt Plocsk ausgestellte Urkunde über das mit Nothwendigkeit zur Anwendung gekommene Recht, nichts der Brief Königs Wladislaw's (1502), in welchem eine Pön von 100 Mark feinen Silbers demjenigen gedroht wurde, der jene That des Vaters dem Sohne, seinem Geschlechte, Erben und Nachkommen aufrücken würde: die öffentliche Meinung war nicht zu bewältigen.

Dieser Fall dreht sich zwar zunächst um eine polnische Rechtssitte, die aber in ihrem Kerne ganz germanisch ist. Wenn es in der Chronik heißt: „Hans R. hat durch Zwang und Benotigung des Rechten seinen Dieb und Beschädiger rechtfertigen müssen", so sehen wir daraus, daß die Execution des Verurtheilten als Act der Vergeltung und Rache und als Schlußhandlung des von der Privatanklage beherrschten Processes auch noch unter diesem Prinzip steht. Der Dieb wurde wie ein Schuldner dem bestohlenen und obsiegenden Kläger zugesprochen und mußte, mit dem Halse, ihm die Schuld büßen (condemnare alicui aliquem). Die Idee der Strafe als Folge des Friedensbruchs und Sühne für die Verletzung der Rechtsordnung machte sich aber allmählig in so weit geltend, als der obsiegende Kläger seinem Diebe nicht wie seinem Geldschuldner die Schuld erlassen durfte, denn der Dieb war sein Dieb und des Landes Dieb [33]). Zwar sagt ein Edictum Chilperti regis aus dem VI. Jahrh. (Pertz Mon. IV, 11): „nos ordinamus, cui malum fecit, tradatur in manu et faciant exinde quod voluerint" [34])

---

33) Homeyer, Richtsteig S. 445.
34) lex Wisig. IV, 2. 2. vgl. Warnkönig, flandr. Staatsgesch. III, 1. S. 161. Grimm R.A. 742 Anm. Die von Grimm angeführte lex Bajuv. II, 1 läßt sich zwar hieher ziehen, indem im §. 1 von dem, der einen Mordanschlag gegen den Herzog gemacht hat, gesagt wird: »in Ducis sit potestate homo ille et vita illius«, aber mit derselben Wendung ist die Rechtsfolge bezeichnet, wo der Herzog nicht der direct und persönlich Angegriffene ist, beim Landesverrath im §. 3. vgl. II, 4, 4.

aber in einem Capituläre Carl's d. Gr. vom J. 801 (Pertz Mon. III, 84) heißt es: „Si quis latronem morte dignum sibi ad occidendum traditum servaverit et vitam indigno concesserit, medietatem damni, propter quod traditus est, componat. Et idem latro, si rursum in latrocinio fuerit comprehensus, quod prius debuerat, capitalis sententiae debitum exsolvat".

Daß die Hinrichtung oft dem obsiegenden Kläger anheimfiel, ist eine bekannte Thatsache [35]). Speziell auf das Henken der Diebe beziehen sich mehrere von Dreyer [36]) angeführte Zeugnisse. Das Stadtrecht von Schleswig Art. 20 bestimmt: „de begript sinen deeff, de bringe eene mit den Händen uppe den Rüggen gebunden to dem Dinge und henge en", und in einem Vertrage der Eiderstädter und Ditmarscher vom Jahre 1417 [37]) heißt es: dejene schall ehm (den deeff) hengen dem dat Guth gestohlen is". In dem von Dreyer [38]) erwähnten alten frisischen Landrecht ist aber dem bestohlnen Manne anheimgestellt, ob er den Dieb selbst henken oder solches mit seinem Gelde von einem Andern erkaufen wolle. Wer sich mit Geld zur Hinrichtung dingen ließ, wurde mit anderen Augen betrachtet als derjenige, welcher dieselbe als einen Act der Rache und seines Rechts vollzog und die sich verbreitende Ansicht von der Unehrenhaftigkeit des Gewerbes eines Scharfrichters ist sicherlich darauf zurückzuführen [39]). Man kann in den Vergleich ziehen den Mackel, welcher

---

III, 15. In den flandrischen Rechtsquellen heißt es oft, der Verbrecher sei in potestate, in gratia, in misericordia domini, comitis, cum vita. et bonis oder salva vita et membris s. Warnkönig III, 1. S. 163. Keure von Löwen 1211 §. 2. 8; von Incourt 1226 §. 9; von Hulpe Art. 7. 14 (bei Coetsem, du droit pénal etc.) vgl. Reinh. Schmid, Glossar zu den Gesetzen der Angelsachsen (2. Aufl.) s. v. misericordia regis.

35) Grimm R.A. 882.

36) Nebenstunden S. 181; Sammlung verm. Abhandlungen I, 204. III, 1429. vgl. Maurer, Gesch. des altgerm. Gerichtsverfahrens S. 244. Grimm R.A. 882.

37) Westphalen, Mon. III, 1760.

38) s. auch Wiarda, Asegabuch S. 78.

39) Jäger, schwäbisches Städtewesen I. S. 306. vgl. S. 168 meint, mit der Verbreitung des römischen Rechts in Deutschland sei die Verachtung, in welcher der römische Carnifex gestanden, auf den deutschen Nachrichter übergegangen; s. aber Marezoll, die bürgerliche Ehre S. 384.

ben gedungenen Kämpen anklebte. Der obige Breslauer Fall ist aus einer Zeit, als angestellte und besoldete Scharfrichter schon gewöhnlich waren und bei den Breslauern war bereits die Ansicht durchgedrungen, daß das Hinrichten überhaupt eine ehrenrührige Handlung sei, während in Ploczk noch die alte Sitte bestand.

Den interessantesten Punkt in jenem Rechtsfalle, die Alternative, welche dem Kläger gestellt wurde, führt die vom Rathe der Stadt Ploczk in dieser Sache ausgegangene lateinische Urkunde richtig auf das Prinzip der Talion zurück: „a veteri apud nos consuetudinem certam fuisse: quod si quis alterum de furto, alia de re capitali, facinore criminaliter convenerit, actionemque suam ita intendit et prosequutus est, ut conventus super hujusmodi furto vel facinore convinceretur, et sic convictus ultimo supplicio deputaretur, cum non esset lictor, qui justitiam exequeretur, ipse actor talem exequutionem facere secundum convicti demerita vel suspendendo aut alias, prout jure congruebat, ex consuetudine cogebat de necessitate, nisi periculum corporis et talionis penam voluisset incurrere." Es ist hier der Grundsatz der Talion bis zur äußersten Consequenz durchgeführt. Hans R. war als Kläger aufgetreten und durfte nun nicht mehr zurücktreten; er mußte „seine Klage vollführen", die „Rechtfertigung" vollständig leisten, wollte er nicht als der unterliegende Theil gelten. Daß der Dieb schuldig befunden war, genügte nicht; es fehlte noch der Schlußact der Rechtfertigung, die „peinliche und endliche Rechtfertigung" [40]), welche nach der in Ploczk noch nicht untergegangenen Sitte der Bestohlene an seinem Diebe selbst zu vollziehen hatte: dieß war sein Recht und seine Pflicht. Hier ist ein Prinzip oritrirt, welches nach dem Recht des Ssp. und Schwsp. das Maaß der Anwendung finden soll, daß nur der im gerichtlichen Zweikampf unterliegende Kläger und wenn er die angefangene Klage nicht bis zum Urtheil vollführte, zu büßen hatte, Ssp. I, 53 §. 1. 62 §. 4. II, 8. Schwsp. 348. [41]).

§. 4. Eine Anwendung der strengen, unbedingten Talion auf einen speziellen Fall der falschen Anschuldigung tritt in den deutschen Rechtsquellen in ausgezeichneter Weise hervor, nämlich der Fall, wenn jemand böswillig Andere des Diebstahls beschuldigte. Augs-

---

40) Haltaus, Glossar. s. v. Rechtfertigung S. 1525.
41) Walter, deutsche Rechtsgesch. §. 720.

burger Stadtr. S. 67: „Stilt ein man im selber und zihet es
andere lute. enbristet im der der sol stan in allen den schulden als
der den er da geziegen hat. unde ist des gutes sähzik oder drüber
so sol man in henchen. Ist sin minner so sol man in an den
schreiat slahen und durch die zene brennen". Der Schwsp. 192
(Ruprecht von Freis. I, 150; Kulm V, 35; Stadtrecht von Freising
S. 170) liefert ein Bild dieses Falles, den die Rubrik mit den
Worten „der im selber stilt" [42]) einführt: „Unde ist daz ein man
bi liuten sizet, unde er hat in sinem biutele phenninge, unde er
snidet sin selbes biutel abe unde birget den, unde zihet des die bi
im sint gesezen; oder er nimet die phenninge uz dem biutel, unde
gihet si habenz genomen ꝛc. ꝛc." Am Schlusse des Artikels ist als
Grund der Talionsstrafe angegeben: „daz ist von der grozen valsch=
heit, daz er ander liute gehoenet hat, unde den ir lip wolde nemen".
Ein Fall der erkannten, aber wegen der Intervention eines Bischofs
nicht ausgeführten Talion auf diesem Grunde, findet sich im Anhang
IV, Nr. 1 des Bamberger Stadtrechts, bei Zöpfl S. 139.

§. 5. Eine Talion wie bei der falschen Anklage soll eintreten,
wenn jemand den bei einer Sühne für sich selbst gelobten Frieden
dadurch bricht, daß er den durch die Sühne beseitigten Anspruch
dennoch erhebt. In diesem Falle verwirkt er diejenige Leibesstrafe,
welche er gegen seinen Gegner beantragt hatte, „des he over jenen
gerede", Richtsteig c. 41 §. 9 (dazu Homeyer S. 447). Hier
ist die Rechtsfolge für die besondere Form des Friedensbruchs in
das Verhältniß der Talion gebracht, während Ssp. III, 9 §. 2
gesagt ist, daß, wenn ein Mann den Frieden breche, den er für
sich selber gelobte, es ihm an den Hals gehe, im Gegensatz zu dem
Falle, wo jemand den Frieden für einen Andern gelobt hat und

---

42) Die Vermutbung, zu welcher diese Rubrik führen könnte, als sei nach
altdeutschem Rechte ein Diebstahl an der eigenen Sache möglich ge=
wesen, verschwindet gänzlich, wenn man den im Texte des Artikels
beschriebenen Sachverhalt ansieht. Das Entwenden einer res intertiata
(Pertz Mon. III, 118 §. 13. 443. §. 16) konnte allerdings Diebstahl
seyn, weil der Entwender eine solche Sache nicht als die eigene an=
sehen durfte. Die in einer flandrischen Keure von 1226 §. 19. 20.
(Warnkönig II, 2. Urk. S. 246) mit einer hohen Buße bedrohten
Fälle enthalten einen Eingriff in fremde Rechte, sind aber nicht als
Diebstahlsfälle bezeichnet.

nur in eine Vermögensstrafe verfällt. Jene Form des Friedensbruchs gehört auch schon zu den Friedensbrüchen mit Werken, die an den Hals gehen, während der Friedensbruch mit Worten „an die Pfenning" geht, Prager Rechtsbuch 130. — Sehr zu beachten ist übrigens für die obige Bestimmung des Richtsteigs der Unterschied der Sühne und des für eine Zeit gelobten Handfriedens [43]).

§. 6. Der falschen Anklage steht nahe das falsche Zeugniß in peinlicher Sache, welches die P.G.O. Art. 68 mit Talion bedroht. Daran schließt sich Art. 107: „Wo aber eyner durch seinen falschen eybe jemand zu peinlicher straff schwüre, der selbig soll mit der peen, die er felschlich auff eynen andern schwüre gestrafft werden". Einen solchen Eid kann aber nicht blos der Zeuge schwören, sondern auch der Ankläger und der welcher sich für den Geschädigten ausgibt.

Die P.G.O. ist wohl hierin dem mosaischen Rechte gefolgt. Nach V Mos. 19, 19. soll dem falschen Zeugen in peinlicher Sache oder wo das Zeugniß die Tendenz hat, jemanden an Leben, Leibe oder Eigenthum Schaden zu verursachen [44]), dadurch sein Recht werden, daß man „ihm thue, wie er gesonnen war, seinem Nächsten zu thun — Leben für Leben, Auge für Auge, Zahn für Zahn, Hand für Hand, Fuß für Fuß."

Ebenfalls der falschen Anklage verwandt ist der P.G.O. Art. 110 behandelte Fall der Schmähschrift. Heffter [45]) nennt die 1. un. C. de famosis libellis nach der Auslegung der Glosse die unstreitige Quelle dieses Artikels, womit doch wohl zu viel gesagt ist. Daß dem Redactor des Art. 110 (Art. 134. der Bamb.) für die Fest= stellung des Begriffs der „Schmachschrift" das römische Recht vor= schwebte, ist nicht zu bezweifeln, da ja sogar die Erklärung „zu latein libell famos genannt" beigegeben ist, aber hinsichtlich der Be= strafung weichen doch Art. 110 und 1. un. C. cit. bedeutend von einander ab, indem diese lex gerade die Talion nicht nennt. Die Analogie der Talion für die falsche Anklage nach dem altherge= brachten einheimischen Rechte (s. oben §. 3) mag für den Art. 110 der P.G.O. bestimmend gewesen seyn, zumal da die einheimischen Rechte nicht immer die falsche gerichtliche und außergerichtliche An= schuldigung sonderten (s. oben S. 184).

---

43) Coetsem a. a. O. cap. III.
44) Saalschütz II, 440. 448.
45) Lehrbuch des Strafrechts §. 314.

§. 7. Sachsensp. II, 13 §. 2: „Svelk richtere ungerichte nicht ne richtet, die is des selven gerichtes sculdich, dat over jenen solde irgan" [46]) (Weichbild Art. XVIII, Ausg. von Thüngen). Die entsprechende Stelle im Schwsp. c. 149 (W.) lautet: „Swelich rihter daz enrihtet, swenne ez im geklaget wirt, unde vor dem ez erziuget wirt: über den sol der herre rihten von dem er daz gerihte hat unde also: swaz der rihter jenem solte han getan, daz sol im der ober rihter tuon" (Rupr. von Freising I, 113). Diese Talion für den Richter, der (die im Vorhergehenden genannten) Ungerichte nicht richtet, wird in der Ausgabe Wackernagel's mit den Worten auf das mosaische Recht zurückgeführt: „daz erziuget man in Moyses buochen, do in unser herre die einlif rihter hiez haben". Bei Laß=berg c. 174 steht dafür: „daz haben wir gut urkunde in Moyses buche. alse hie vor in disem buche stat." Daß Moses elf Richter wegen verweigerter Justiz auf Befehl des Herrn habe aufhängen lassen, steht wohl nirgends; möglich ist es jedoch, daß dem Schreiber jener historischen Notiz IV Mos. 25, 4., auf welche Stelle Wacker=nagel verweist, vorgeschwebt hat, so daß er mit sehr gesuchter, künstlicher Combination daraus seine Notiz herleitete. Der Satz, wie wir ihn im Sachsenspiegel finden, enthält aber die Vorschrift einer so naheliegenden einfachen Ausgleichung, daß er sehr wohl im alt= deutschen Rechte, ohne Zuthun eines fremden Rechts, entstehen konnte.

§. 8. Ueber denjenigen, der einen wegen Ungericht Beklagten gewaltiglich dem Gerichte entführt, bestimmen der Ssp. und Schwsp., aber nicht ganz gleichmäßig.

Ssp. III, 9 §. 5: „Svelk man enen beklageden man um un= gerichte geweldichlike deme gerichte untvort, wert he gevangen mit gerüchte, he sal gelike pine jeneme liden. Kumt aver he enwech, man vervestet ine altohant, of man ine in der hanthaften dat gesen hevet unde bescriet mit deme gerüchte, unde man dat getügen mag." (Rechtsbuch nach Dist. IV, 37. Hamburg 1270. X, 1. [47]).

Schwsp. 219: „Swer einen beklageten man umbe ungerihte dem gerihte mit gewalt nimet, der sol in der selben schulde sin als

---

46) Homeyer, der Richtsteig Landrechts S. 418.
47) Ueber das alte lübische Recht s. Cropp in den criminalistischen Bei= trägen von Hudtwalker und Trummer II. S. 393. Hach, das alte lübische Recht S. 533.

jener was. Ist aber daz er in wider für bringet, er ist der schulde ledic: er muoz aber dem rihter den gewalt büezen den er an dem gerihte hat getan[48])."

. Daß hier römisches Recht eingewirkt habe, ist nicht wahrscheinlich, denn 1. 4. C. de cust. reorum, die etwa in Betracht kommen könnte, insofern dort eine Art Talion gedroht ist, bezieht sich nur auf Gefangenwärter, über den das älteste straßburger Recht Art. 18 und das augsb. Stadtr. S. 106 in derselben Weise wie die Coberstelle bestimmen, schon vor der P.G.O. Art. 180. Es ist vielmehr derjenige, welcher einen um Ungericht Beklagten mit Gewalt dem Gerichte entführt, nach der Analogie des Bürgen behandelt, mit dem der Ssp. III, 9 beginnt, vgl. I, 65. §. 3. Nach dem Ssp. hatte, wer sich verbürgte, einen um Ungericht Beklagten vorzubringen und dieses nicht konnte, dem Kläger das Wehrgeld und dem Richter die Webbe zu zahlen. Der Schwsp. ist strenger[49]); in den verschiedenen Texten finden sich aber hinsichtlich dieser Strenge nicht unbedeutende Differenzen.

. Den Grundsatz der Gleichstellung des Bürgen mit dem Ausgebürgten, der nicht vor Gericht erscheint, spricht allgemein aus c. 81 W. (c. 100 L.): „er muoz allez daz liden, daz jener solte liden," und c. 217 W.: „er muoz dieselben buoze liden, die jener liden solde, ob diu schulde uf in erziuget wirt, ez si umbe den totslag oder umbe ander schulde." Dagegen fährt c. 265 L. nach demselben Anfange fort: „Ez sol nieman burge werden umbe den totslag. wirt aber ieman burge umbe den totslag. man toetet in alse jenen. daz ist also gesprochen. waz der man tot[50]) do

---

48) Die Stelle in Heinrici reg. Treuga Art. 9, auf welche Laßberg zu Art. 267 zurückweist, hat eine ganz andere Bedeutung.

49) Klenze's Lehrb. des Strafverfahrens S. 56. v. Platner, die Bürgschaft S. 75 ff.

50) Die Stelle ist unrichtig gedeutet von Platner S. 81: „„Diese Verbindlichkeit des Bürgen ging sogar soweit, daß er selbst dann, wenn er den Verbürgten nicht stellen konnte, weil er todt war, mit seiner Person für das Verbrechen des Verbürgten haften mußte." Aus dem Zusammenhange tritt die Verschiedenheit der beiden Fälle hervor, ob der Verletzte zur Zeit der Uebernahme der Bürgschaft schon todt war oder noch lebte. Nach dem Ssp. III, 10. §. 1 hatte, wenn der um Ungericht Beklagte vor dem Termin seines Erscheinens im Gericht

er burge wart. den man lobete für ze bringen. er ſtirbet für in. und
wirt ein man burge. eins mannes für zebringenne. unde er hat
einen gewundet der lebet dannoch. unde ſo er in für bringen ſol.
ſo iſt er tot. er muz an ſiner ſtat ſterben. ob er in niht
für bringen mag. er habe danne mit worten gedinget. ob er ſturbe
daz er nüt buzſte." (ſ. auch Anm. 15 zu c. 217 W.) Hier haben
wir die craſſe Talion und die ſtärkſte Anwendung der alten Parö=
mie „Bürgen ſoll man würgen." S. auch Stadtrecht von Ens 3,
von Wien 1221, §. 9, Haimburg S. 53, prager Rechtsbuch 129.
Gegen dieſe Strenge das brünner Schöffenbuch nr. 38.

Das Verbot der Zulaſſung von Bürgen um Todſchlag in c.
265 L. vgl. 152 ſtellt ſich nach c. 277. L. vgl. c. 79. I. als mo=
dificirt heraus: „Der rihter ſol deheinen burgen nemen ane den
clager. daz umbe den totſlag iſt. oder umbe den rehten [51]
ſtrazroub." Das Hamburger Stadrecht 1270. IX, 9. 1292. M.
VIII. 1497. C. XI. verbietet die Bürgſchaft für Diebſtahl, Mord,
Raub und dergleichen, wenn die That handhaft iſt. Lappen=
berg weiſt darauf hin, daß hier eine gewiſſe Beziehung zu Sſp.
III, 35. §. 1 ſtatthabe.

Eine ähnliche Strenge, wie gegen den Bürgen in dem ge=
nannten Falle, die, wenn ſie überhaupt je etwas mehr als eine
auf dem Papier ſtehende juriſtiſche Conſequenz geweſen iſt, bald
der fortſchreitenden Erkenntniß von der Aufgabe des Strafrechts
weichen mußte, trat auch ein, wenn jemand einem dem gerichtlichen
Verfahren oder der Strafe ſich Entziehenden den Schutz ſeines
Hauſes gewährte, ohne die Bürgſchaft für ihn übernommen zu ha=
ben. War ein aus ſolchem Grunde Flüchtiger in ein fremdes
Haus gekommen, ſo war die erſte Frage, ob der Wirth des Hauſes
ihn zur rechten Zeit dem Gerichte ſtellen oder überhaupt für ihn ein=
ſtehen wolle. Statut von Arnſtadt 1543 Art. 14: „das der haus=
wirt will dafur gut ſein denen zu ſtellen zu recht." Rechtsbrief
Kaiſer Rudolf I. für Solothurn 1280: „dum tamen is, ad domum
cujus fugerit, velit ac poſſit pro ipso in judicio reſpondere et ad

---

geſtorben war, deſſen Bürge nur den Todten zu bringen und war
dann ledig, vgl. Stobbe, zur Geſchichte des deutſchen Vertragsrechts
S. 118.

51) S. dieſe Zeitſchrift XVIII. S. 88.

hoc idoneus inveniatur." Hiernach soll also nach der allgemeinen Regel geprüft werden, ob der Hauswirth sich zum Bürgen in der Sache qualificire. Aber auch wenn der Hauswirth nicht als Bürge constituirt war und demjenigen den Schutz seines Hauses verlieh, den er nicht schützen durfte, so sollte gegen ihn eine Rechtsfolge eintreten, wie nach strengem Rechte gegen den Bürgen in dem oben besprochenen Falle, es soll ihn dieselbe Strafe oder Buße treffen, die seinen Schützling trifft oder treffen müßte [52]). Henrici IV Imp. const. pacis Dei 1083 (Pertz Mon. IV. p. 59. 60): „Qui excommunicatum vel quibuslibet sceleribus damnatum sciens receperit et contra leges vel divinas vel humanas defenderit, sententiam damnati defensor subeat." Friderici I. const. contra incendiarios 1187 (Pertz Mon. IV, 185): „Quodsi nec dominus, nec vasallus vel consanguineus fuerit, persequentibus eum statim repraesentet, vel cum eo in eadem culpa sit." Zwischen diesem Falle und dem des Bürgen besteht aber der wesentliche Unterschied, daß hier der Schutzgebende nicht blos subsidiär und eventuell haftete, sondern wie sein Schützling neben diesem gestraft oder gebüßt werden sollte, denn er wurde schon als in dem Gebiete der strafbaren Beihülfe und Begünstigung von Verbrechen und Verbrechern stehend behandelt, während der Bürge, wenn auch gegen ihn bei Abwesenheit des Verbürgten das strenge Recht geltend gemacht wurde, an seiner Ehre unangetastet blieb, Ssp. I, 65. §. 3 mit der Glosse. Schwsp. 404 a. E. (W.).

Es werden zwar in den altdeutschen Rechtsquellen die Fälle der Aufnahme eines noch nicht verurtheilten flüchtigen Verbrechers und eines (in contumaciam) Verurtheilten unterschieden, aber auch in dem letzteren Falle sollte nicht immer die vollständige Talion eintreten. In der luzerner Landgerichtsordnung vom Ende des XV. oder Anfange des XVI. Jahrhunderts heißt es: „welcher diesen Todschläger (der „„verrufen"" und für erblos, elos und rechtlos erklärt ist) wissentlich in dieser Stadt Luzern „„huset oder hofet""" — der wäre in allen Schulden und Banden, wie der genannte Todschläger „„on allein den tod"""" [53]).

Als charakteristisch ist noch hinzuzufügen, daß von dem bauern-

---

52) Osenbrüggen, Hausfrieden S. 41.
53) Segesser II, 710.

den Schuße, den jemand einem vor der Rechtsverfolgung in sein
Haus Fliehenden gewährte, dem „Hausen und Hofen," der augen-
blickliche Schuß unterschieden wurde, den die „gastliche Liebe" und
die „Hausehre" gebot [54]). Schwsp. 233 W.: „Ein jeglich man
mac einen aehter wol über naht behalben joch mit wizen, unde er
sol in des morgens lazen riten. Daz ist gesezet durch des mannes
Husere," s. auch c. 132 W. Landfrieden Rudolf I. von 1281. §. 37
(Pertz Mon. IV, 429). Auch persönliche Verhältnisse wurden dabei berücksichtigt Nach der angeführten strengen const. contra incendiarios ist der Burgherr, wenn er Lehnsherr oder Vasall oder
Blutsverwander des zu seiner Burg geflohenen Brandstifters ist,
nicht verpflichtet, ihn den Verfolgern auszuliefern, sondern er mag
ihm helfen, daß er aus der Burg in den Wald komme oder sonst
wohin, wo er Sicherheit zu finden glaube.

Wenn man gleich bei Nennung der Talion zunächst an die
spezifische Vergeltung denkt, welche nach mosaischem Recht bei
Tödtung und Körperverletzung, nach den XII Tafeln bei Glied-
bruch eintreten konnte, ist es doch dem Buchstabensinne des Wortes
durchaus angemessen, auch die übrigen im Vorstehenden durchge-
musterten Fälle unter diese Rubrik zu stellen. Zum Begriff der
talio gehören immer zwei Größen, deren eine von der andern gedeckt werden soll und bei sonstiger Verschiedenheit der Fälle ist
überall ein Gesetztes, dem ein eben Solches gegenübergesetzt wird,
um jenes zu vergelten. Ihrem Ursprunge und Herkommen nach
sind aber die Fälle verschieden. Die Talion bei der falschen Anklage ruht auf einem Gerechtigkeitsgefühl und Glauben, daß ein
solcher Angriff auf die Ehre und die Existenz eines Menschen auf
den Angreifer zurückfallen müsse, wie es bei sonstigen Angriffen im
Leben wehrhafter Menschen geschehe und dieses Gerechtigkeitsgefühl
hatten die alten Deutschen nicht von außen her zu entlehnen. Die
Talion ferner in den mit der Bürgschaft zusammenhängenden Fällen
ist so wenig aus der Fremde entnommen als die Bürgschaft selbst.
Anders verhält es sich aber mit der Talion bei Tödtung und Körperverletzung. Dafür hatte das germanische und altdeutsche Recht
(Sachsenspiegel) eine andere Art der Ausgleichung. Als jedoch

---

54) Hausfrieden S. 54.

das alte Compoſitionenſyſtem ſeine Feſtigkeit verlor, ein neues Strafrecht, auf einer anderen Grundanſchauung ruhend, wie es durch die fremden Rechte und die das Einheimiſche und Fremde vermittelnde Carolina demnächſt geſchaffen wurde, nur noch im Werden begriffen war, da machte ſich zeitweilig die Talion des ius divinum als Princip geltend, konnte aber keinen Beſtand er= langen, da ſie zwar ein Maß der Vergeltung in ſich tragend ein Fortſchritt war von der maßloſen Privatrache, dennoch bei dem Vordringen des Poſtulats der Werthſchätzung des Verbrechens nach ſeiner inneren Seite als ein noch rohes Strafrecht erſcheinen mußte. Saalſchütz führt einen bemerkenswerthen Ausſpruch Salvador's über die moſaiſche Talion an und ſtimmt demſelben bei: „la peine du talion est un principe plutôt qu'une loi. Comme loi, elle ne peut pas, elle ne veut pas, en général, être exécutée." Daß man die Talion des göttlichen Geſetzes im deutſchen Mittelalter ſo auf= faßte, iſt nicht zu glauben, aber, wenn es ſich um ihre Anwendung handelte, kam man doch zu einem ähnlichen Reſultat und ſie hatte nur eine ſporadiſche vorübergehende Geltung in der Zeit, welche der Bildung eines neuen gemeinen deutſchen Strafrechts als Gäh= rungsperiode vorangieng.

VII.

Die Wandelbarkeit des ehelichen Güterrechts nach Stand und Wohnort.

Von

J. Bremer,

Secretär des Oberappellationsgerichts (der vier freien Städte) in Lübeck.

Die Streitfrage, ob das Güterverhältniß zwischen Ehegatten nach den Gesetzen des Wohnortes oder der belegenen Sache zu beurtheilen (wobei weiter in Frage kam, ob die Gesetze der belegenen Sache bloß auf die unbeweglichen oder auch auf die beweglichen Sachen anzuwenden), kann als erledigt angesehen werden, indem seit längerer Zeit Theorie und Praxis sich dafür entschieden haben, daß das Güterrecht der Ehegatten durch die Gesetze des Wohnortes bestimmt werde. In früherer Zeit hat unläugbar die Ansicht, daß das Güterverhältniß nach den Gesetzen der belegenen Sache zu beurtheilen sei, sich vielfach geltend gemacht, wenn auch die Behauptung Hommels [1]), daß sich der Gerichtsgebrauch für diese Ansicht entschieden habe, selbst für die damalige Zeit zu weit gehen mag [2]); diese Ansicht hat namentlich in einzelne Territorialgesetze Eingang gefunden, z. B. in das Rescript für Holstein vom 11. Januar 1745, welches das mit dem Güterrecht zusammenhängende Erbrecht der Ehegatten auf die „dem juri Saxonico unterworfenen Güter" beschränkt. — Wenn nun die mehrberegte Ansicht in der deutschen Rechtswissenschaft keine entschiedene Vertretung mehr findet [3]), und gleichfalls von der Praxis verlassen ist; jene Streitfrage demnach als veraltet angesehen werden

---

1) Rhapsodia quaest. obs. 409. 15.
2) Vgl. Wächter im Archiv für civ. Praxis. Bd. 25. S. 48. Anm. 261.
3) Pütter, das practische europäische Fremdenrecht S. 44—51 erkennt von seinem eigenthümlichen Standpuncte aus noch das Gesetz der belegenen Sache in gewisser Beziehung als wirksam an.

darf; so ist dagegen die Frage, ob auf die Gesetze des ersten
oder des jedesmaligen Wohnortes zu sehen, oder mit anderen
Worten, ob das Güterrecht der Ehegatten mit den Gesetzen, welchen
die Ehegatten für ihre Personen durch Wohnort und Stand unterworfen sind, wandelbar sei oder nicht, bis auf den heutigen
Tag streitig geblieben.

So weit das preußische Landrecht gilt, steht die Unwandelbarkeit des Güterrechts fest, jedoch mit einer erheblichen Beschränkung. Das preußische Landrecht Th. 1. S. 351. 352. verordnet nämlich, daß die Veränderung des Wohnortes in der Regel
nichts an den ehelichen Güterrechten verändere, daß jedoch bei
Verlegung des Wohnsitzes von einem Orte, wo keine Gütergemeinschaft gilt, nach einem anderen, wo selbige Statt findet, die
an dem letzteren Orte von den Ehegatten vorgenommenen Handlungen in Beziehung auf dritte Personen nach den Regeln der
Gütergemeinschaft zu beurtheilen sind. In dem Gebiete des gemeinen Rechts ist nur von wenigen Gesetzgebungen über diese
Frage entschieden worden. So ist in dem älteren Theile des
Herzogthums Oldenburg durch eine Verordnung vom 22. Dec.
1833 die Unwandelbarkeit festgestellt, mit einer ähnlichen Beschränkung, wie in dem preußischen Landrechte, hinsichtlich der an einem
neuen Wohnorte gemachten Schulden [4]). In dem Königreiche Hannover ist die Unwandelbarkeit, und zwar unbeschränkt, als gesetzlich angeordnet zu betrachten; es ist nämlich in Folge mehrerer
gleichförmiger Entscheidungen des Oberappellationsgerichts zu Celle
im Jahre 1845 mit landesherrlicher Genehmigung als „Präjudiz"
bekannt gemacht: daß für das Verhältniß der Ehegatten in Ansehung des Vermögens die Veränderung ihres bisherigen Wohnortes, so fern nicht an dem neuen Wohnorte hinsichtlich der Vermögensverhältnisse unbedingt gebietende Gesetze gelten, ohne Einfluß bleibt; doch wird sicherem Vernehmen nach hinsichtlich der
Verhältnisse bei Meiergütern in der Praxis eine Ausnahme anerkannt. In Lippe-Detmold ist durch die Verordnung über die
eheliche Gütergemeinschaft von 1786 [5]) S. 1. u. 2. vorgeschrieben,
daß alle in der Grafschaft wohnenden Ehegatten in allgemeiner

---

4) Runde, deutsches eheliches Güterrecht. Anhang VI. S. 493. 494.
5) Daselbst. Anhang VIII. S. 511 u. fg.

Gütergemeinschaft leben, wenn sie auch erst nach geschlossener Ehe sich daselbst niedergelassen haben; zugleich aber auch merkwürdigerweise §: 32: daß die Uebersiedlung der Ehegatten in ein anderes Land keine Aufhebung der Gütergemeinschaft bewirken solle. — In einigen städtischen Statuten ist die Wandelbarkeit anerkannt.

Demnach ist in den meisten Ländern des gemeinen Rechts die Entscheidung dieser Frage der Praxis und der Wissenschaft anheim gegeben.

Es ist behauptet worden, daß in der Praxis die Ansicht von der Unwandelbarkeit die vorherrschende sei [6]. Gegen die Richtigkeit dieser Behauptung lassen sich Zweifel erheben. Allerdings haben sich mehrere deutsche höchste Gerichte, nämlich außer dem Oberappellationsgerichte zu Celle, auch die Oberappellationsgerichte zu München, Kassel, Darmstadt und Wiesbaden für die Unwandelbarkeit entschieden [7]. Das Oberappellationsgericht zu Jena dagegen hat in zwei diese Streitfrage berührenden Erkenntnissen sich weder für die Wandelbarkeit, noch für die Unwandelbarkeit mit Entschiedenheit ausgesprochen, und in einem dieser Fälle sich allem Anscheine nach mehr der Ansicht der Wandelbarkeit zugeneigt [8]. Das schleswig-holstein-lauenburgische Oberappellationsgericht zu Kiel hat mit Entschiedenheit den Grundsatz der Wandelbarkeit als den richtigen anerkannt [9]. Ueberdies können Entscheidungen der höchsten Gerichte noch nicht als untrügliche Kennzeichen einer herrschenden Praxis gelten. Es ist weder etwas Unerhörtes, noch etwas Abnormes, daß sich bei den Unter- und Mittelgerichten eines Landes eine den Ansichten des höchsten Gerichtes nicht entsprechende Praxis längere Zeit erhält, und daß

---

6) Beseler, System des deutschen Privatrechts Bd. 2. S. 384. — v. Holzschuher, Theorie und Casuistik des gemeinen Civilrechts Bd. 3. S. 33. will für den Collisionsfall verschiedener Gesetze desselben Staates die Frage als abgemacht ansehen!

7) Pfeiffer, practische Ausführungen Bd. 2. S. 271. 488. — Zeitschrift für deutsches Recht Bd. 5. S. 356 — 358. — Seuffert, Archiv für Entscheidungen der höchsten Gerichte Bd. 1. S. 155. 156. Bd. 10. 322. 323.

8) Ortloff rc. juristische Abhandlungen. Bd. 1. S. 464—469.

9) Seuffert Archiv Bd. 7. S. 162—165.

von den untergeordneten Gerichten lange Zeit hindurch befolgte und hartnäckig festgehaltene Grundsätze am Ende bei dem höchsten Gerichte Eingang finden; wenn gleich öfterer bei einem Kampfe zwischen den Ansichten des höchsten Gerichts und einer in den unteren Gerichtskreisen wurzelnden Praxis Erstere zuletzt den Sieg davon tragen. Gerade für die hier in Rede stehende Streitfrage dürfte die Praxis eines Landes weniger von den Entscheidungen des höchsten Gerichtes abhängig sein. Da nach dem Tode von Ehegatten häufig Auseinandersetzungen zwischen den Betheiligten hinsichtlich der beiderseitigen Güter unter Leitung und Mitwirkung der Gerichte Statt finden (namentlich bei dem Vorhandensein unmündiger Erben), ohne daß es überhaupt zu einem Streite kommt: so kann in Hunderten von Fällen der Grundsatz der Wandelbarkeit von Gerichtsbehörden zur Anwendung gebracht worden sein, ohne daß ein einzigesmal Veranlassung gegeben wäre, die Sache vor ein höheres Gericht zu bringen. Die Ortsgerichte werden aber durchgängig geneigter sein, das in ihrem Sprengel, an dem letzten Wohnorte der Ehegatten, als das an dem ersten Wohnorte derselben geltende Recht anzuwenden, da die Ausmittelung des am ersten Wohnorte geltenden Rechts meistens erhebliche, mitunter unüberwindliche Schwierigkeiten mit sich führt. Dazu kommt, daß gerade in Beziehung auf diese Frage ein Wechsel der Ansichten sich auch bei den höchsten Gerichten mehrfach gezeigt hat; wenigstens berichtet der eifrigste Vertheidiger der Unwandelbarkeit, Funk [10] (1838), „daß über diese Frage ein ganz ungewöhnliches Schwanken in den Meinungen der ausgezeichnetsten Rechtsgelehrten, ja ganzer Spruch= und Rechtscollegien Statt gefunden habe, und daß wenn eine Meinung ein Jahrzehnd lang vorherrschend gewesen sei, wiederum die entgegengesetzte die Oberhand gewinne; daß, während früher die Ansicht von der Unwandelbarkeit in den höchsten Gerichten überwogen habe, jetzt seit einigen Jahren sowohl von hohen Gerichten, als Spruchcollegien fast immer nach dem Grundsatze der Wandelbarkeit entschieden werde, eine Erscheinung, deren Grund hauptsächlich darin zu finden sein möchte, daß Eichhorn der Wandelbarkeitstheorie beigetreten sei." Ein Wandel der Ansichten zu Gunsten der Wandel=

---

10) Im Archiv für civ. Pr. Bd. 21. S. 368. 369.

barkeit könnte jetzt wieder um so leichter eintreten, da die Annahme eines stillschweigenden Vertrages, welche den meisten bisherigen Entscheidungen höchster Gerichte für die Unwandelbarkeit zu Grunde liegt [11]), jetzt von Vielen wieder aufgegeben wird, und gegen dieselbe sich namentlich auch Savigny erklärt hat. — Wenn indessen auch wirklich in einigen Ländern sich ein fester Gerichtsgebrauch für die Unwandelbarkeit gebildet hätte, wie andrerseits in einigen Gegenden Norddeutschlands die Wandelbarkeit als unzweifelhaften Rechtens gilt: so bleiben noch immer manche Gebiete übrig, in welchen die Praxis sich nicht entschieden hat. In mehreren Gegenden ist ein Schwanken der Gerichte wahrgenommen worden [12]); in anderen hat sich bei dem Mangel an Streitfällen keine bestimmte Ansicht bei den Gerichten festsetzen können, so namentlich in dem Herzogthume Braunschweig, woselbst sicherem Vernehmen nach wenigstens seit langer Zeit die hier beregte Frage nicht zu gerichtlicher Entscheidung gelangt ist. Diese Frage ist demnach für manche deutsche Länder auch in der Praxis eine offene, und sie ist für alle Gegenden, in welchen sie nicht durch Gesetz oder Gewohnheitsrecht entschieden ist, eine Frage von erheblicher practischer Wichtigkeit.

Wiederholt ist behauptet worden, daß die Mehrzahl der Rechtsgelehrten auf der Seite der Unwandelbarkeit stehe; man hat diese Ansicht als die opinio communis bezeichnet, sie wird noch jetzt von Einigen die herrschende Ansicht genannt [13]). Aber auch von der anderen Seite ist die Behauptung vorgekommen, daß in der neueren Zeit die Wandelbarkeit von den Theoretikern am allgemeinsten anerkannt sei [14]). Für die wissenschaftliche Betrachtung ist es von untergeordnetem Werthe, wohin sich die Mehrzahl der

---

11) Bülow und Hagemann, practische Erörterungen. Bd. 6. S. 140 bis 146. — Pfeiffer a. a. O. S. 263—271. — Zeitschrift für deutsches Recht a. a. O.

12) Mittermaier, Grundsätze des deutschen Privatrechts §. 400. Anm. 6. — Runde a. a. O. S. 222.

13) Lauterbach, diss. t. 3. p. 641. — Hofacker, princ. jur. Rom. §. 143. — Wächter im Arch. für civ. Pr. Bd. 25. S. 49. — Beseler a. a. O.

14) Falk, Handbuch des schleswig-holsteinischen Privatrechts. Bd. 1. S. 150.

Schriftsteller neigt; wenn man indessen die Reihen der Schriftsteller übersieht, welche sich für' die eine und die andere Ansicht erklärt haben [15]), so möchte man ein entschiedenes Ueberwiegen einer Ansicht in der Literatur nicht anerkennen können [16]). Bluntschli [17]) bezeichnet diese Streitfrage als eine sehr zweifelhafte, ohne sich selbst für eine oder die andere Ansicht zu entscheiden, und er spricht die Meinung aus, daß ohne Einschreiten der Gesetzgebung schwerlich eine der beiden entgegengesetzten Ansichten zu allgemeiner Herrschaft gelangen werde.

Es ist indessen in neuerer Zeit die Unwandelbarkeit von mehreren Schriftstellern mit größerem Aufwande vertheidigt worden [18]), und es wird daher bei diesem Stande der Streitfrage eine ausführlichere Darlegung der für die Wandelbarkeit sprechenden Gründe gerechtfertigt erscheinen.

§. 1.

Es wird diese Streitfrage gewöhnlich nur mit Rücksicht auf den Wechsel des Wohnsitzes behandelt. Sofern das in einem Lande oder Bezirke geltende Güterrecht sich lediglich nach örtlichen Gränzen bestimmt, ist freilich der Wohnsitz entscheidend. Es kann aber das Güterrecht auch nach dem Stande der Ehegatten verschieden sein; und wenn in einem und demselben Lande das Güterrecht theils nach dem Stande, theils nach verschiedenen Bezirken, nach Landrecht und Ortsstatuten, verschieden ist: so wird in der Regel der persönliche Gerichtsstand den Ausschlag geben, es ist dann im Allgemeinen der Gerichtsstand als dasjenige zu bezeichnen, auf dessen Wechsel es ankommt [19]). Indessen ist der Gerichtsstand doch nicht immer entscheidend; es kann bei

---

15) Ueber die Literatur dieser Streitfrage darf verwiesen werden auf Mittermaier a. a. O. Anm. 6. u. 8.

16) Vgl. Schäffner Entwickelung des internationalen Privatrechts §. 140.

17) Deutsches Privatrecht. Bd. 2. §. 164.

18) Pfeiffer a. a. O. S. 263—271. — Funk im Arch. für civ. Pr. Bd. 21. S. 368—390. Bd. 22. S. 99—126. — Wächter im Arch. für civ. Pr. Bd. 25. S. 49—80. — Savigny, System Bd. 8. S. 328—334. — Schüler in Ortloff 2c. juristische Abhandlungen und Rechtsfälle. Bd. 1. S. 450—484.

19) Funk a. a. O. Bd. 21. S. 369. 372.

gleichem Gerichtsstande das Güterrecht von anderen Standes-. und
Berufsverhältnissen abhängig sein. So gilt in Frankfurt a. M.
für Handwerksleute, Weingartsarbeiter, Tagelöhner u. s. w. all=
gemeine Gütergemeinschaft, für die übrigen Berufsstände Errungen=
schaftsgemeinschaft; es kommt vor, daß in einem und demselben
Landbezirk das Güterrecht der demselben Gerichtsstande unterwor=
fenen Einwohner nach den verschiedenen Eigenschaften der Grund=
stücke (Meierhöfe und freie Bauernhöfe) verschieden ist. Insbe=
sondere aber ist seit der Neugestaltung des Gerichtswesens in
mehreren deutschen Ländern, seit Aufhebung des privilegirten Ge=
richtsstandes und seit Errichtung von Kreisgerichten, deren Bezirk
mehrere verschiedenen Statuten unterworfene Ortschaften umschließt,
der Gerichtsstand in diesen Ländern nicht mehr entscheidend. Es
läßt sich demnach die Frage dahin feststellen: ob sich das Güter=
recht der Ehegatten bei Veränderung des Wohnsitzes oder
des Standes nach den an ihrem Wohnorte für alle Einwohner
oder für besondere Klassen und Standesgenossen geltenden Gesetzen
verändere oder nicht. — Da indessen zwischen Gesetzen, welche für
verschiedene Klassen der Unterthanen gelten, dasselbe Verhältniß der
Coordination Statt findet, wie zwischen Gesetzen verschiedener Be=
zirke, und daher bei einem Widerstreit der Gesetze im Wesentlichen
dieselben Grundsätze zur Anwendung kommen müssen, ob jemand
durch Veränderung seines Wohnortes oder seines Standes unter
ein anderes Recht tritt: so wird im Nachstehenden vorzugsweise die
Ortsveränderung ins Auge gefaßt werden können.

Dabei wird es keiner Unterscheidung bedürfen, ob bei einer
Ortsveränderung die Ehegatten nach einem anderen Staate oder
nach einem anderen Theile desselben Staates ziehen, ob es sich um
eine Collision der Gesetze verschiedener Staaten oder verschiedener
Staatstheile handelt. Es ist freilich bestritten, ob die Collision
der Gesetze verschiedener Staaten und die der Gesetze verschiedener
Staatstheile nach gleichen Grundsätzen zu lösen. Gegen die Gleich=
stellung hat man namentlich eingewandt, daß die Gesetzgebung alle
unter ihr erworbenen Rechte auch schützen müßte, was im Ver=
hältnisse unabhängiger Staaten zu einander nicht so unbedingt
gelte [20]); man hat ferner aus dem Begriffe der „Staatssouverainität",

---

20) Wächter, im Arch. für civ. Pr. Bd. 25. S. 3.

als „der höchsten Ehre der Staaten, der Grundlage und dem
Rechte des Rechts" (!) eine Grundverschiedenheit des Verhältnisses
zwischen den Gesetzen verschiedener Staaten von dem zwischen den
Gesetzen verschiedener Staatstheile ableiten wollen [21]. Allerdings
können in dieser Hinsicht Staatsverträge, besondere Einrichtungen
und positive Gesetze eine Verschiedenheit begründen; sofern aber
eine Verschiedenheit nicht positiv begründet ist, wird bei der völker=
rechtlichen Gemeinschaft und dem gegenseitigen Verkehr aller christ=
lichen Staaten unter einander wenigstens für das bürgerliche Recht
die Collision der Gesetze verschiedener Staaten und die Collision
verschiedener Particularrechte desselben Staates nach gleichen Grund=
sätzen behandelt werden dürfen, wie namentlich von Savigny [22]
vertheidigt wird. In allen durch christliche Bildung mit einander
verbundenen Staaten wird jetzt gegenseitig das in einem anderen
Staate geltende Recht als ein solches, als dortiges Recht; es
wird der Erwerb und Verlust von Rechten, welche nach den Ge=
setzen eines Staates eintreten, als rechtlicher Erwerb und Ver=
lust in dem anderen Staate anerkannt. Eine solche gegenseitige
Anerkennung des fremden Rechts ist für die Rechtssicherheit in dem
Handel und Verkehr zwischen verschiedenen Staaten nothwendiges
Erforderniß, ist sittlich geboten und in der Praxis der durch gleiche
Bildung verbundenen, namentlich der deutschen Staaten festgestellt.
Ein Mehreres, als diese gegenseitige Anerkennung des in einem
anderen Gebiete geltenden Rechts, als Achtung und Schutz der
nach den Gesetzen des anderen Gebietes erworbenen Rechte, ist
(von gegenseitiger Rechtshülfe im Processe abgesehen) auch durch
die Verbindung mehrerer unter verschiedenen Gesetzen stehender
Gebiete zu einem Staatsganzen für das bürgerliche Recht nicht
gegeben. Bezirke eines und desselben Staates stehen in Beziehung
auf das bürgerliche Recht oft wie verschiedene Staaten neben ein=
ander mit völlig verschiedener Grundlage des Rechts, und die
Gesetzgebung muß sich, mag sie auch durch eine und dieselbe Person
geübt werden, doch als eine verschiedene für jeden Bezirk ansehen,
auf wesentlich verschiedener Grundlage fortbauen; die Staatsein=
heit hindert nicht, daß Rechtsverhältnisse, welche in einem Staats=

---

21) Pütter, ebendaselbst. Bd. 37. S. 387.
22) System Bd. 8. S. 23—29. — Vgl. auch Schäffner a. a. O. S. 1.

theile durch die Gesetze geschützt sind, in einem anderen Theile keine Anerkennung finden. Nach der mannichfachen Weise, wie verschiedene Gebiete und Bezirke staatsrechtlich verbunden sein können, und in Deutschland mit einander verbunden sind, läßt sich hinsichtlich der für die Collision der Gesetze aufzustellenden Grundsätze ein reiner Gegensatz zwischen souvrainen Staaten und Staatstheilen nicht durchführen. Es gibt in Deutschland souvraine Staaten oder Gebiete, welche nicht nur durch gemeinsame Rechts- und Gerichtseinrichtungen mit einander verbunden sind, sondern welchen auch einzelne Bezirke und Ortschaften gemeinschaftlich angehören; und es würde nichts verkehrter und den geschichtlich gegebenen Zuständen weniger entsprechend sein, als wenn man bei solchen Verhältnissen die Grundsätze über die Collision der Gesetze von der Souverainität des Staatsoberhauptes ableiten wollte. Jedenfalls möchte nicht ersichtlich sein, weshalb in Beziehung auf das eheliche Güterrecht und dessen Veränderlichkeit oder Unveränderlichkeit von verschiedenen Grundsätzen auszugehen wäre, je nachdem es sich um die Gesetze verschiedener Staaten oder verschiedener Staatstheile handelt, und somit wird hier von solcher Unterscheidung im Allgemeinen abgesehen werden können.

§. 2.

Da in einigen Ländern und Landestheilen über die Frage, ob das Güterrecht wandelbar oder unwandelbar sei, durch Gesetz oder durch Gewohnheit entschieden ist: so ergibt sich eine neue Collision der Gesetze, wenn Ehegatten aus einem Bezirk, in welchem Unwandelbarkeit feststeht, in einen Bezirk ziehen, in welchem der entgegengesetzte Grundsatz gilt, und umgekehrt. Diese Collision scheint an sich keine Schwierigkeit darzubieten; sie wird jedoch bei ihrem Zusammenhange mit unserer Hauptfrage und mit Rücksicht auf die aus ihr sich ergebenden Folgen hier zunächst in Betracht gezogen werden dürfen.

Wenn in einem Lande (einer Landschaft oder Stadt) die Frage über Wandelbarkeit oder Unwandelbarkeit des Güterrechts durch Gesetz oder Gewohnheit entschieden ist, hierfür eine positive Norm vorhanden ist: so wird für alle in diesem Gebiete wohnenden Ehegatten, so lange sie in demselben bleiben, mithin für alle einwandernden Ehegatten von dem Augenblicke ihrer Niederlassung an, die in dem Gebiete geltende Norm der Wandelbarkeit oder Unwandelbarkeit zur Anwendung kommen müſſen. Dieſes ergibt ſich aus der Territorialität des Rechts und aus der anzuer= kennenden gleichen Wirkſamkeit der Geſetze eines jeglichen Landes. Das Wandelbarkeit oder Unwandelbarkeit vorſchreibende Geſetz kann erſt von dem Augenblicke der Niederlaſſung an wirkſam wer= den, weil bis zur Niederlaſſung in dem dieſem Geſetze unterwor= fenen Gebiete das Geſetz des Gebietes, in welchem die Ehegatten bis dahin wohnten, wirkſam ſein mußte. Andererſeits muß aber die Wirkſamkeit des über Wandelbarkeit und Unwandelbarkeit ent= ſcheidenden Geſetzes mit der Ueberſiedelung der Ehegatten nach einem anderen Gebiete aufhören, weil ſie von da an dem Geſetze ihres neuen Wohnſitzes unterworfen werden.

Iſt nun durch das poſitive Recht eines Landes die Wandel= barkeit feſtgeſtellt: ſo ergibt ſich die Wirkſamkeit dieſes Geſetzes für einziehende Ehegatten ſehr einfach. Das Güterrecht richtet ſich dann nach den Geſetzen des Ortes, an welchem ſie ihren Wohnſitz nehmen, ohne Rückſicht darauf, ob in dem Lande, aus welchem ſie gekommen ſind, Wandelbarkeit oder Unwandelbarkeit gilt; es bedarf dann keiner Frage nach dem an ihren früheren Wohnörtern geltenden Güterrecht. So tritt für Ehegatten, welche bisher in dem Königreiche Hannover gewohnt haben, und deren Güterverhältniß dort, wenn ſie auch mehrere verſchiedenen Geſetzen unterworfene Wohnſitze gehabt, ſich lediglich nach dem Recht des erſten Wohnortes beſtimmte, ſo wie ſie nach Schleswig = Holſtein ziehen, kraft des in dieſen Herzogthümern geltenden Grundſatzes der Wandelbarkeit ein Wandel ein; ihr Güterverhältniß iſt jetzt nach dem Geſetze des neuen Wohnortes zu beurtheilen, und ver= ändert ſich, ſo oft ſie innerhalb der beiden Herzogthümer in einen unter anderen güterrechtlichen Normen ſtehenden Bezirk hinüber= ziehen. Es bedarf für ihr Güterrecht nicht die Frage, ob ſie aus dem Königreiche Hannover oder woher ſonſt gekommen ſind, noch an welchem Orte des Königreiches Hannover ſie ihre Ehe be= gonnen haben, ob auf dem Lande, oder in Lüneburg, Oſterrode, oder einer anderen mit einem Statut verſehenen Stadt.

Nicht ſo einfach iſt die Sache, wenn Ehegatten in ein Land einziehen, in welchem Unwandelbarkeit gilt. Hier muß ſo= fort mit der Niederlaſſung der Ehegatten der Grundſatz der Unwan=

delbarkeit seine verneinende und conservirende Wirkung
äußern. Da die Veränderung des Wohnortes keine Veränderung
des bisher bestehenden Güterrechts hervorbringen darf: so muß
das Güterrecht, welches unmittelbar vor der Niederlassung be=
stand, fortdauern. Um dieses nunmehr unwandelbar gewordene
Güterrecht zu bestimmen, muß man jedesmal ermitteln, wo die
Ehegatten früher gewohnt, und welche Gesetze, sowohl hinsichtlich
der Beschaffenheit des Güterverhältnisses, als hinsichtlich der Wan=
delbarkeit oder Unwandelbarkeit an früheren Wohnörtern gegolten
haben; denn da die nach den Gesetzen des jetzigen Wohnortes ein=
getretene Unwandelbarkeit den nach den Gesetzen früherer Wohn=
örter eingetretenen Wandel nicht ungeschehen machen kann: so darf
nicht ohne Weiteres auf den ersten Wohnort nach Schließung der
Ehe zurückgegangen werden. Der in einem Lande festgestellte
Grundsatz der Unwandelbarkeit hat also nur für alle Ehegatten,
welche ihre Ehe in diesem Lande begonnen haben, die Bedeutung,
daß das Güterrecht des ersten Wohnortes fortdauert; für ein=
wandernde Ehegatten und im Verhältnisse zu dem in einem anderen
Lande geltenden Grundsatze der Wandelbarkeit gestaltet er sich da=
hin, daß das Güterrecht des bisherigen letzten Wohnortes
aufrecht erhalten wird.

§. 3.

Für die Frage, was in den Ländern des gemeinen Rechts, in
welchen Wandelbarkeit oder Unwandelbarkeit durch eine positive
Norm nicht festgestellt werden, Rechtens sei, wird das römische
Recht keine Entscheidung liefern können. Mehrere Vertheidiger der
Unwandelbarkeit haben sich freilich auf dieses, namentlich auf l. 65.
D. de judiciis und l. 35. §. 1. D. de reg. jur. berufen. Die letztere
Stelle ist offenbar zu allgemeinen Inhalts, als daß aus derselben
positiv die Unwandelbarkeit des ehelichen Güterrechts abgeleitet
werden könnte. Die erstere behandelt nur die Competenzfrage: für
die Klage auf Zurückgabe der Dos, und auch wenn man die in
ihr enthaltene Entscheidung auf die Collision der Gesetze hinsichtlich
des Güterrechts ausdehnen dürfte: so würde nur folgen, daß es
für die Entstehung eines bestimmten Güterrechts nicht auf den Ort
ankomme, wo die Ehe vollzogen worden, sondern auf den Wohn=
ort der Ehegatten; nicht aber, daß der erste Wohnort für die

ganze Dauer der Ehe maßgebend sei. Es werden aber überhaupt die leitenden Grundsätze für die Lösung der Collision gleichzeitiger Gesetze nicht in dem römischen Recht gesucht werden dürfen, da den Römern weder eine solche völkerrechtliche Gemeinschaft, eine solche gegenseitige Rechtsanerkennung unabhängiger Staaten unter einander, wie sie zu unserer Zeit gegeben sind, noch, wenn dieselben gleich Particulargesetze für einzelne Staatstheile, namentlich für Städte hatten, ein solches Nebeneinanderbestehen verschiedener umfassender Stadt= und Landrechte bekannt war, wie sie in den meisten deutschen Staaten vorkommen; und ein Blick auf die neuesten Bearbeitungen der Lehre von der Collision der Gesetze hinsichtlich des Orts wird alsbald die Ueberzeugung gewähren, daß die Hauptgesichtspunkte für diese Lehre nicht dem römischen Rechte zu entnehmen sind [23]). Insbesondere würde, was die aus der Natur des ehelichen Güterrechts für unsere Streitfrage abzuleitenden Grundsätze betrifft, eine Berufung auf das römische Recht, wenn dasselbe auch hierher zu ziehende Aeußerungen enthielte, deshalb zurückzuweisen sein, weil die Aufnahme des römischen Rechts, als eines allgemeinen Hülfsrechts, in Beziehung auf das Güterrecht der Ehegatten entschieden geläugnet werden darf. Hat auch das römische Recht in einigen Gegenden Deutschlands, namentlich für die höheren Stände, großen Einfluß auf die Gestaltung des Güterrechts geübt, deutsche Rechtsgrundsätze mehr oder weniger zurückgedrängt und umgestaltet; so ist es doch nie zu solcher allgemeinen Geltung gelangt, daß man es auf gleiche Weise, wie in den meisten übrigen Rechtsgebieten als aufgenommenes Hülfsrecht anerkennen kann; vielmehr läßt sich die Ansicht geltend machen, daß selbst da, wo im Uebrigen das römische Dotalrecht Aufnahme gefunden, gewisse deutsche Rechtsgrundsätze (im Zweifel, wenn nicht Gesetz oder Herkommen entschieden dagegen sprechen), namentlich der Rechtsgrundsatz des ungezweiten Guts während der Dauer der Ehe, als Hülfsrecht zur Anwendung kommen müssen [24]).

Da es jetzt als nicht mehr streitig betrachtet werden darf, daß das eheliche Güterrecht sich nach den Gesetzen des Wohnortes

---

23) Vgl. Schäffner a. a. O. S. 16. 17.
24) Vgl. Bluntschli a. a. O.

richtet, und da es lediglich die Veränderlichkeit des Wohn=
ortes ist, auf welche es für die hier zu behandelnde Streitfrage
ankommt; so bedarf es nicht einer näheren Prüfung der höchsten
Grundsätze, welche man für die so schwierige als streitvolle Lehre
von der Collision der Gesetze aufgestellt hat. Es genügt, die
Regel nachzuweisen, daß bei den nach den Gesetzen des Wohn=
ortes zu beurtheilenden Zuständen und Verhältnissen auf die Ge=
setze des jedesmaligen, gegenwärtigen Wohnortes zu sehen
ist, und daß zu einer Ausnahme von dieser Regel für das ehe=
liche Güterrecht kein Grund vorhanden ist.

Die Regel, daß, wo ein Zustand oder Verhältniß nach den
Gesetzen des Wohnortes zu beurtheilen ist, das Recht des gegen=
wärtigen, nicht des früheren Wohnortes zur Anwendung
kommt, daß mit dem Wohnorte auch das Recht sich ändert, ergibt
sich aus der Territorialität im Gegensatze zu der Persönlich=
keit oder Nationalität des Rechts. Abgesehen von dem namentlich
von Eichhorn, Göschen und Puchta vertheidigten Satze, daß
jeder in allen ihn betreffenden Rechtsverhältnissen in der Regel
nach den Gesetzen seines Wohnortes zu beurtheilen sei, sind doch
durchgehends die Rechtslehrer darin einverstanden, daß persönliche
Zustände, Ehe= und Familienverhältnisse, das Vermögen der Per=
son als ein Ganzes, nach den Gesetzen des Wohnortes zu beur=
theilen sind; mithin jeder in den allgemeinsten und wichtigsten
Beziehungen diesen Gesetzen unterworfen ist. Der Ort, dessen
Gesetze eine so umfassende Herrschaft über die Person und die
selbige umgebenden Verhältnisse gewinnen, ist nicht der Ort der
Geburt, nicht der ursprüngliche Heimathsort, als solcher, sondern
eben der jedesmalige Wohnort; ist der Ort, an welchem je=
mand entweder von seiner Geburt oder Erziehung an geblieben ist,
oder sich später, sei es nach eigener freier Wahl oder durch den
Willen Anderer genöthigt, bleibend niedergelassen, und welcher sich
zum Mittelpunkte seiner Bewegung in allen seinen Rechtsverhält=
nissen gebildet hat. Da nun, seitdem der Grundsatz der Persön=
lichkeit oder Nationalität des Rechts keine Geltung mehr hat, der
sich Uebersiedelnde nicht die Gesetze mit sich nimmt, unter welchen
er früher lebte, vielmehr aus deren Herrschaft heraustritt; und da
die Gesetze jedes neuen Wohnortes gleiche Kraft haben, wie die
des früheren, mit dem Erwerbe eines neuen Wohnsitzes eine gleiche

Unterwerfung unter die Ortsgesetze verbunden ist, wie sie durch den früheren Wohnsitz begründet war: so ist damit nothwendig gegeben, daß für die den Gesetzen des Wohnortes unterworfenen Zustände und Rechtsverhältnisse auf den jedesmaligen Wohn= ort zu sehen ist, also mit dem Wohnorte auch das Recht sich verändert. Dieses gilt auf gleiche Weise hinsichtlich der schon an dem früheren Wohnorte, wie hinsichtlich der an dem jetzigen Wohnorte begründeten Rechtsverhältnisse, denn die Gesetze, unter welchen ein Rechtsverhältniß entstanden ist, sind des= halb, weil sie bei der Entstehung wirksam waren, doch nicht für die ganze Dauer des Rechtsverhältnisses und hinsichtlich seiner Wirkungen in einem unter anderen Gesetzen stehenden Gebiete maßgebend [25]).

Dieser Satz, daß für die nach den Gesetzen des Wohnortes zu beurtheilenden Rechtsverhältnisse die Gesetze des gegenwärtigen, nicht des früheren Wohnortes zur Anwendung kommen, ist als Regel anerkannt [26]). Es kann jedoch ein Verhältniß mit den Ortsrechten, unter deren Herrschaft es entstand, in dem Maaße verwachsen, von denselben dergestalt abhängig sein, daß auch nach eingetretener Veränderung des Wohnortes ein Nachwirken der bei der Entstehung wirksam gewordenen Gesetze anerkannt, für die rechtliche Beurtheilung des Verhältnisses auf die Gesetze des Ent= stehungsortes zurückgegangen werden muß. Für ein solches Nach= und Hinüberwirken der Gesetze des früheren Wohnortes muß aber immer eine aus der Natur des Verhältnisses sich ergebende Noth= wendigkeit nachgewiesen werden; und wo sich diese nicht nach= weisen läßt, da muß mit dem Wechsel des Wohnsitzes das Gesetz des bisherigen Wohnortes seine Geltung verlieren, und die Herr= schaft des an dem neuen Wohnorte geltenden Gesetzes eintreten.

Der Begriff der Ehe ist bei allen gebildeten, bei allen christ= lichen Völkern, ist nach römischem, deutschem und kanonischem Rechte im Wesentlichen derselbe. Mehr oder weniger verschieden sind aber in den verschiedenen Ländern, auch innerhalb des Ge= bietes des gemeinen Rechts, die für Eingehung einer Ehe in

---

25) Vgl. Savigny a. a. O. S. 132. 133. Wächter im Arch. für civ. Pr. Bd. 25. S. 32. 33.

26) Savigny a. a. O. S. 166.

Betracht kommenden Erfordernisse und Bedingungen, so wie die rechtlichen Folgen und Wirkungen einer Ehe. Die Frage, ob eine als Ehe eingegangene Verbindung gültig oder ungültig sei, muß nach dem Gesetze des ersten Wohnortes beantwortet werden; es folgt dieses aus dem Wesen der Ehe, als einer für das ganze Leben eingegangenen, besonders geheiligten Verbindung, welche, wenn nicht ihr Begriff aufgehoben werden soll, sich nicht nach dem Wechsel des Wohnsitzes bald zu einem verbotenen Concubinate, bald wieder zu einer rechtmäßigen Ehe gestalten kann; so wie auch durch Eingehung der Ehe für jeden Ehegatten ein Recht auf Fort= dauer dieser Verbindung erworben wird. Anders verhält es sich mit den rechtlichen Wirkungen und Folgen der Ehe. Die aus der sittlichen Natur der Ehe unmittelbar sich ergebenden Wirkungen sind freilich im Wesentlichen überall dieselben; dagegen können die weiteren Folgen und Wirkungen, sowohl in Betreff des Ver= hältnisses der Ehegatten zu einander, als in Beziehung auf ihre Kinder, und in dem Verhältnisse zu dritten Personen, sehr ver= schieden sein, und sich nach den Gesetzen des jedesmaligen Wohn= ortes ändern, ohne daß dadurch das Wesen der Ehe berührt wird. Diese Folgen und Wirkungen müssen also der Regel unterliegen, daß sie nach den Gesetzen des jedesmaligen Wohnortes zu be= urtheilen sind, wie solches auch in den meisten Beziehungen, z. B. hinsichtlich der Ehevogtei, der Vertretung eines Ehegatten durch den anderen, der Alimentationsverbindlichkeit, der Rechte und Pflichten im Verhältnisse zu den Kindern, selbst der zeitweiligen Trennung und der Ehescheidung, allgemein anerkannt wird.

Auch das gesetzliche Güterrecht ist eine rechtliche Folge der Ehe, muß daher als solche der Beurtheilung nach den Gesetzen des jedesmaligen Wohnortes unterliegen, wenn sich nicht aus der eigenthümlichen Natur des ehelichen Güterverhältnisses eine nothwendige Mitnahme der an dem ersten Wohnorte geltenden Gesetze nach jedem späteren Wohnorte ergibt.

§. 4.

Es sind demnach die einzelnen Gründe zu prüfen, aus welchen man die Nothwendigkeit einer solchen Mitnahme hat nachweisen wollen.

1. Man hat geltend gemacht, daß der Wandel des Güter=

rechts zu großen Unbequemlichkeiten und Schwierigkeiten
führe, welche vermieden würden, wenn das mit der Schließung
der Ehe nach den Gesetzen des ersten Wohnortes eintretende
Güterrecht unwandelbar bliebe.

Unbequemlichkeiten und Schwierigkeiten in der Anwendung be=
rechtigen uns weder, einen aus inneren Gründen als unumstößlich
erkannten Rechtssatz zu verlassen, noch enthalten sie an sich schon einen
Beweis gegen die Richtigkeit des Satzes; indessen ist es doch nicht
zu übersehen, daß es Zweck der Rechtsregel ist, das wahre und
gleichförmige Interesse der Betheiligten zu förbern [27]; und man
darf im Zweifel annehmen, daß ein Satz, der zu übermäßigen
Schwierigkeiten, und dadurch zu Nachtheilen für die Betheiligten
führen würde, nicht in dem Geiste und der Absicht der Gesetze liege.

Allerdings kann der mit Veränderung des Wohnortes oder
Standes eintretende Wechsel des Güterrechts einige Unbequemlich=
keiten und Schwierigkeiten mit sich führen, diese sind aber gar
nicht zu vergleichen mit den Schwierigkeiten, welche aus der Un=
wandelbarkeit hervorgehen. Bluntschli [28] hebt hervor, wie es
in jeder größeren Stadt fast unmöglich sein werde, die von hun=
dert verschiedenen Orten dorthin ziehenden Ehegatten nach hundert
verschiedenen Eherechten zu beurtheilen. Aber nicht bloß die große
Zahl der verschiedenen deutschen Güterrechte macht die Sache so
schwierig; unter den zahlreichen Güterrechten Deutschlands gibt es
nicht wenige, deren richtige Auffassung an sich sehr schwer ist,
über welche man durch Bücher und auf schriftliche Anfragen nicht
leicht ins Klare kommen wird, in welche selbst der Rechtskundige
sich hineingelebt haben muß, wenn er sie mit einiger Sicherheit
anwenden soll. Sehr viele ergeben sich nur aus einzelnen mehr
oder minder unvollständigen Aeußerungen älterer Statute oder grün=
den sich auf Gewohnheitsrecht; auch setzt die genügende Kunde des
Güterrechts oft genaue Bekanntschaft mit anderen Lebensverhält=
nissen, z. B. mit eigenthümlicher bäuerlicher Wirthschaft, voraus.
Die Schwierigkeit, das zur Anwendung kommende Güterrecht zu
ermitteln, wird aber um so größer, wenn der Wohnort mehrfach
gewechselt werden, und dabei die oben (§. 2.) hervorgehobene

27) Savigny a. a. O. S. 116.
28) A. a. O. S. 258.

Collision der die Wandelbarkeit oder Unwandelbarkeit feststellenden Gesetze eintritt. Es genügt dann keinesweges, zu ermitteln, welchen Wohnsitz die Ehegatten bei Eingehung der Ehe gehabt haben, und welches Güterrecht dort gilt; sondern es muß die Nachforschung auf die Einwirkung der Gesetze und Gewohnheiten der verschiedenen Länder, in welchen die Ehegatten Wohnsitze gehabt haben, hinsichtlich der Wandelbarkeit oder Unwandelbarkeit erstreckt werden. Zunächst wird zu fragen sein, ob nach dem Rechte des vorletzten Wohnortes Wandelbarkeit oder Unwandelbarkeit gelte. Ist Ersteres der Fall, so hat die Nachforschung glücklicherweise ein Ende; es ist dann das Güterrecht dieses vorletzten Wohnortes zur Anwendung zu bringen. Gilt aber auch dort Unwandelbarkeit, so muß der weiter vorhergehende Wohnort und der dort geltende Grundsatz der Wandelbarkeit oder Unwandelbarkeit ermittelt, und so oft an einem früheren Wohnorte Unwandelbarkeit gefunden wird, weiter zurückgegangen werden, bis man zu einem Orte, an welchem Wandelbarkeit gilt, oder zum ersten Wohnorte gelangt. Diese in solchem Maaße gehäuften Schwierigkeiten werden freilich in der Mehrzahl der Fälle nicht eintreten, aber sich auch nicht ganz selten darbieten, da mit manchen Berufsarten wiederholter Wechsel des Wohnortes verbunden zu sein pflegt, mitunter auch in Folge von bürgerlichen Unruhen und Kriegsereignissen Hunderte von Familien ihre Heimath verlassen, und dann gewöhnlich mehrmals ihren Wohnsitz verändern. Die Schwierigkeit läßt sich dadurch nicht beseitigen, daß man dem Richter gestattet, von den Betheiligten den Nachweis des fremden Gesetzes zu verlangen, denn, wo Unwandelbarkeit gilt, bedarf es, damit das Gesetz des ersten Wohnortes zur Anwendung komme, gar keiner Berufung von Seiten einer Parthei, das Gesetz des letzten Wohnortes hat an sich keine Geltung; und überdies würde die Schwierigkeit an sich nicht im Geringsten vermindert werden, wenn den betheiligten Privatpersonen die Ausmittelung obläge. Noch weniger wird man den von Schäffner [29] vorgeschlagenen Ausweg billigen, daß der Richter, wenn er mit dem am Matrimonialdomicil geltenden Gesetze nicht bekannt sei, dann das an dem späteren Domicil geltende anzuwenden habe; denn dabei würden

---

[29] A. a. O. S. 143.

Wandelbarkeit und Unwandelbarkeit in jedem einzelnen Falle von
der geringeren oder größeren Kunde des einzelnen Richters ab=
hängig sein. — Alle diese oft unüberwinnlichen Schwierigkeiten
fallen bei der Wandelbarkeit des Güterrechts weg; hier hat die
jedesmalige Veränderung des Wohnortes dieselbe Wirkung, welche
die Eingehung der Ehe oder die erste Niederlassung nach einge=
gangener Ehe hervorbringt; statt der Güterverhältnisse, in welchen
sich beide Ehegatten vorher befanden, treten nun die durch das
Recht des neuen Wohnortes gegebenen ein. Wo Wandelbarkeit
gilt, werden Ehegatten, welche ihren Wohnort mehrmals gewech=
selt haben, wenn sie mit Rücksicht auf zu errichtende letztwillige
Verfügungen oder andere Rechtsgeschäfte das zwischen ihnen be=
stehende Güterrecht kennen zu lernen wünschen, bei Rechtskundigen
des Ortes Auskunft erhalten können; gilt aber an dem jetzigen
Wohnorte Unwandelbarkeit, so wird es oft sehr schwierig, mit=
unter ganz unthunlich sein, sich solche Auskunft zu verschaffen. Es
braucht hierbei nur vorausgesetzt zu werden, daß die Ehegatten
in mehreren deutschen Ländern gewohnt haben, der Fälle gar nicht
zu gedenken, wenn sie etwa in verschiedenen Staaten Amerikas
wechselnde Wohnsitze gehabt hätten.

Der Grundsatz der Unwandelbarkeit, mag er auf Gesetz oder
Gewohnheit beruhen, oder als wissenschaftliche Ansicht sich geltend
machen, wird mithin nothwendig zu Rechtsunsicherheit, zu Irr=
thümern, zu unrichtiger und mangelhafter Rechtsanwendung führen.
In vielen Fällen wird das Recht, welches nach dem Grundsatze
der Unwandelbarkeit gelten sollte, gar nicht zur Anwendung kommen.
Mitunter, und für die Betheiligten dürfte das meistens das Er=
sprießlichste sein, wird man leicht die Anwendbarkeit des an einem
früheren Wohnsitze geltenden Rechts ganz übersehen, z. B. wenn
Ehegatten vor vielen Jahren eingewandert, seitdem aber immer
an demselben Orte geblieben sind. Für die Richtigkeit eines Grund=
satzes, dessen Anwendung mit solchen Schwierigkeiten verknüpft ist,
und dessen irrthümliche Nichtanwendung als ein glückliches Versehen
betrachtet werden kann, dürfte nicht die Vermuthung sprechen.

§. 5.

2. Für die Unwandelbarkeit hat man sich auf das Interesse
der Gläubiger berufen, welches bei Wandelbarkeit des Güter=

rechts gefährdet werde. — Da andererseits bei Unwandelbarkeit
des Güterrechts leicht die späteren Gläubiger aus Unkunde in
Nachtheile gerathen können: so ist von einzelnen Gesetzgebungen
der künstliche Ausweg ergriffen worden, daß ein zweifaches Güterrecht anerkannt wird, ein unwandelbares des ersten Wohnortes
für die Ehegatten unter einander, und ein wandelbares nach dem
jedesmaligen Wohnorte sich richtendes im Verhältnisse zu den
Gläubigern. Daß ein solcher Dualismus ganz eigenthümliche
Schwierigkeiten und Conflicte herbeiführen müsse, dürfte zu Tage
liegen.

Die Berufung auf das Interesse der Gläubiger, welche namentlich von Funk [30]) mit großem Eifer geltend gemacht wird,
verdient kaum eine Widerlegung. Das güterrechtliche Verhältniß
der Ehegatten zu einander kann allerdings auch für die Gläubiger
des einen und des anderen Ehegatten mittelbar wirksam werden,
denselben für die Realisirung der Forderungen zum Vortheile oder
Nachtheile gereichen, auf gleiche Weise, wie jede andere Ver-
mögensveränderung; aber umgekehrt kann der Umstand, daß die
Ehegatten Schulden haben, auf die Entstehung, Fortdauer oder
Veränderung des ehelichen Güterrechts nicht von rechtlichem Einflusse sein. Es würde eine Verwechselung von Grund und
Folge sein, wenn man den obligatorischen Verhältnissen, in
welchen die Ehegatten zu dritten Personen stehen, eine Einwirkung
auf die Natur des ehelichen Güterrechts beilegen wollte; das bloße
Interesse der Gläubiger kann nicht den Ausschlag geben, wie
sich das Verhältniß zwischen den Ehegatten gestalte. Selbst von
dem Standpunkte einer principlosen Billigkeit ist nicht wohl einzusehen, weshalb gerade in Beziehung auf die Veränderung des
ehelichen Güterrechts dem Interesse der Gläubiger eine so besondere
vorsorgliche Rücksicht zugewandt werden möchte. Man müßte dann
auch die Entstehung des gesetzlichen Güterrechts bei Eingehung
der Ehe von vorhandenen Forderungen der Gläubiger mehr oder
weniger abhängig sein lassen. Das römische Recht gibt ohne Rücksicht auf vorhandene Schulden des Ehemannes der Frau ein pri-
vilegirtes Pfandrecht wegen der Dos, ein Pfandrecht wegen der
Paraphernalien und der donatio propter nuptius. Nach deutschen

---

30) Archiv für civ. Pr. Bd. 21. S. 372—380.

Rechtsgrundsätzen tritt ohne Rücksicht auf die Schulden der Ehe=
gatten das gesetzliche Güterrecht ein, und die Ehegatten werden
durch bestehende Schulden nicht gehindert, statt des gesetzlichen
Güterrechts von Anfang an, oder später, ein vertragsmäßiges
festzustellen. Wie überhaupt jemand, welcher einem Anderen schul=
dig ist, dadurch in seiner Vermögensverwaltung nicht beschränkt,
nicht gehindert wird, Societäten und andere obligatorische Ver=
hältnisse einzugehen, seine Sachen zu verpfänden und zu veräußern:
eben so wenig kann das Vorhandensein von Schulden dem Ein=
tritte eines Güterverhältnisses entgegenstehen, welches sonst nach
der Natur des Gesetzes ins Leben treten müßte.

§. 6.

3. Mit größerem Scheine berufen die meisten Vertheidiger
der Unwandelbarkeit sich auf das Interesse der Ehefrau,
auf die Nachtheile, denen bei der Wandelbarkeit des Güterrechts
durch die Befugniß des Mannes, den Wohnort zu verändern, die
Ehefrau ausgesetzt sein würde. Von diesem Gesichtspunkte aus
erblickt Funk [31] in der Wandelbarkeit eine Aufhebung des Grund=
satzes von Treu und Glauben, einen Verstoß gegen die für die
administratio bonorum geltenden Rechtsgrundsätze, eine Legalisirung
von Willführ, Raub und Tyrannei; Seuffert [32] bezeichnet
es als eine Ungereimtheit, daß der Ehemann mittelst des
Rechts der Wohnortsveränderung willführlich eine Veränderung in
den Rechten der Ehefrau solle bewirken können; Savigny [33]
meint, daß mit Rücksicht auf die Lage der Frau ein unbefangenes
Rechtsgefühl für die Unwandelbarkeit spreche, und daß die
einseitige Macht des Mannes über die Rechte der Frau, welche
er durch Veränderung des Wohnsitzes üben könne, durch nichts zu
rechtfertigen sei.

Die Erwägung der Lage, in welcher bei dem Rechte des
Mannes, den Wohnort zu wählen, die Frau sich befinde, ist aller=
dings geeignet, auf den ersten Anblick einen gewissen Eindruck zu

---

31) Arch. für civ. Pr. Bd. 21. S. 100. Bd. 22. S. 99—115.
32) Commentar über die bayerische Gerichtsordnung von 1753. S. 312.
     Archiv für Entscheidungen der obersten Gerichte Bd. 7. S. 165. 166.
33) A. a. O. S. 330.

Gunsten der Unwandelbarkeit hervorzubringen; ja sie scheint sogar einen apagogischen Beweis gegen die Wandelbarkeit zu liefern. Wie ungleich auch in mancher Beziehung die Rechte des Mannes und der Frau sind, so ist doch die Frau hinsichtlich der Güterverhältnisse keinesweges der Willkühr des Mannes Preis gegeben; den Gesetzen, welche die Form des Güterrechts bestimmen, ist der Mann auf gleiche Weise, wie die Frau, unterworfen; hinsichtlich der Wirksamkeit dieser Gesetze besteht zwischen ihnen Rechtsgleichheit. So wenig der Mann bei Eingehung der Ehe einseitig bestimmen kann, welches Güterrecht bestehen soll; eben so wenig kann er späterhin das durch Vertrag oder Gesetz festgestellte Güterrecht einseitig verändern. Da nun dem Manne die Befugniß zusteht, für sich und seine Ehefrau den Wohnort zu wählen und zu verändern: so würde er bei Wandelbarkeit des Güterrechts durch Veränderung des Wohnortes einseitig und willführlich eine ihm beliebige, der Frau nachtheilige Aenderung des Güterrechts herbeiführen können, welches aber der Natur der für beide Ehegatten mit gleicher Wirksamkeit geltenden güterrechtlichen Normen widersprechen würde. Also kann das Güterrecht nicht wandelbar sein.

Die Unrichtigkeit dieser Schlußfolgerung läßt sich indessen leicht nachweisen. Wenn zwei Rechtsgrundsätze in ihren Folgen mit einander in Widerstreit gerathen, so folgt daraus noch nicht die gänzliche Unrichtigkeit des einen Rechtsgrundsatzes; sondern es würde höchstens die Nothwendigkeit einer Ausgleichung durch Beschränkung des einen oder des anderen Grundsatzes oder beider gegeben sein. So wenig an den Orten, an welchen durch Gesetz oder Gewohnheit die Wandelbarkeit des ehelichen Güterrechts feststeht, aus dieser Wandelbarkeit gefolgert werden kann, daß dem Manne die einseitige Wahl des Wohnortes nicht zustehe, eben so wenig ist der umgekehrte Schluß zulässig. In allen Fällen, namentlich, in welchen bei angenommener Wandelbarkeit durch Verlegung des Wohnsitzes nach einem anderen güterrechtlichen Gesetzen unterworfenen Orte die Veränderung des Güterrechts der Frau nicht nachtheilig sein würde, z. B. wenn die Frau mehr Vermögen eingebracht hat, als der Mann, und an dem ersteren Orte umfassendere Gütergemeinschaft, an dem zweiten beschränktere oder gar keine Statt findet, oder wenn die Frau weniger eingebracht hat, und der

Wohnortswechsel größere Gemeinschaft herbeiführt, würde es an jedem Grunde fehlen, die Freiheit des Mannes in der Wahl des Wohnortes zu beschränken, oder mit Rücksicht auf das Interesse der Frau die Wandelbarkeit des Güterrechts auszuschließen. Es würde also, damit das Interesse der Frau gesichert werde, genügen, wenn man für diejenigen Fälle, in welchen der Wechsel des Wohnortes eine der Frau möglicherweise nachtheilige Veränderung des Güterrechts herbeiführen würde, die Pflicht der Frau, dem Manne zu folgen, und die Wandelbarkeit des Güterrechts der Beschränkung unterwürfe, daß die Frau Aufrechthaltung des bisherigen Güterrechts für die Zukunft mittelst eines Rechtsgeschäfts zu verlangen berechtigt sei, wie mehrere Schriftsteller [34]) eine solche Befugniß der Frau haben einräumen wollen.

Indessen wird auch nicht einmal eine solche Beschränkung sich rechtfertigen lassen. Daraus, daß der Mann das durch Eingehung der Ehe begründete Güterrecht nicht willführlich ändern kann, folgt nicht, daß er nicht durch Veränderung des Wohnortes mittelbar eine Veränderung des Güterrechts herbeiführen könne. Das Recht des Mannes, den Wohnsitz für sich und seine Frau zu wählen, die Pflicht der Frau, ihm zu folgen, der Grundsatz, daß der Wohnsitz des Mannes auch zugleich für die Frau gelte, sind in dem deutschen, wie im römischen Rechte, fest begründet. Daß der Mann nicht an die Stelle des gesetzlichen Güterrechts willführlich ein anderes setzen kann, folgt eben aus seiner Unterwürfigkeit unter die Gesetze seines Wohnortes; es verlieren aber diese Gesetze für ihn ihre Geltung, so wie er sich durch Veränderung des Wohnortes der bisherigen Unterwürfigkeit entzieht. Dasselbe findet auch in vielen anderen Beziehungen und Verhältnissen, namentlich im Verhältnisse des Vaters zu den Kindern, Statt. Der Vater kann an seiner durch die Gesetze des Wohnortes festgestellten Verbindlichkeit zur Alimentation seiner Kinder, zur Dotirung seiner Tochter nichts ändern; aber er kann sich der Herrschaft solcher Gesetze durch Veränderung des Wohnortes entziehen.

---

34) Struben, rechtl. Bedenken Th. 4. Nr. 70. — Philipps, Grundsätze des deutschen Privatrechts Bd. 2. S. 184. — Paulsen im staatsbürg. Magazin Bd. 2. S. 327. — S. dagegen Pfeiffer, practische Ausführungen Th. 2. S. 266.

Mit dem Rechte des Mannes, den Wohnort zu wählen, mit seiner Stellung, als Haupt der Familie, ist ihm allerdings die Möglichkeit gegeben, seine Frau und seine Kinder unter die Herrschaft anderer Gesetze zu bringen, mithin auch für die zwischen ihm, der Frau und seinen Kindern bestehenden Verhältnisse eine Veränderung des Rechts zu bewirken, welche er ohne Wohnortsveränderung nicht hätte herbeiführen können. In dieser Beziehung besteht in den gegenseitigen Rechten der Ehegatten eine entschiedene Ungleichheit, und die Möglichkeit des Mißbrauchs ist kein Grund, das Recht zu läugnen, oder selbiges seiner Natur widersprechenden Beschränkungen zu unterwerfen. Es ist in Beziehung auf die ehelichen Verhältnisse dem Manne sogar die Möglichkeit gegeben, durch Verlegung seines Wohnsitzes eine Veränderung solcher Normen herbeizuführen, deren Wirksamkeit er bei Verbleiben an demselben Wohnorte selbst mit Zustimmung der Frau nicht hätte ausschließen oder abändern können, der gesetzlichen Vorschriften über die Handlungsfähigkeit der Frau, über Ehevogtei, Alimentationspflicht, Ehescheidung u. s. w. Durch die Verlegung des Wohnsitzes tritt die Frau nebst den Kindern, es tritt die Familie unter das Recht des neuen Wohnortes, mag dieses Recht der Frau in ihrem Verhältnisse zum Manne günstiger oder ungünstiger sein, mag es ihre Handlungsfähigkeit, ihre Befugnisse hinsichtlich der Güterverwaltung erweitern oder beschränken, nicht kraft eines dem Manne zustehenden Rechts, die Rechtsverhältnisse der Familie zu bestimmen, sondern weil diese Verhältnisse nach den Gesetzen des Wohnortes zu beurtheilen sind.

Sind die ehelichen Verhältnisse im Allgemeinen nach dem Gesetze des jedesmaligen Wohnortes zu beurtheilen, so wird man auf dem Wege juristischer Logik aus dem Gesichtspunkte der abhängigen Stellung der Frau, eine Ausnahme für das eheliche Güterrecht nicht nachweisen können; man wird vielmehr der Bemerkung Wächters [35]) beipflichten müssen, daß der aus der Stellung der Frau entnommene Grund für die Unwandelbarkeit ein bloß legislativer sei, und daß der Umstand, daß das Gegentheil für die Frau hart oder nachtheilig sein würde, ihr ein Recht auf Fortbestand des ersten Güterverhältnisses nicht geben

---

35) Im Arch. für civ. Praxis Bd. 25. S. 55.

könne. So wenig ein Recht, welches möglicherweise gemißbraucht
werden und unter Umständen hart erscheinen kann, deshalb als
eine Ungereimtheit bezeichnet werden darf; eben so wenig kann
zugegeben werden, daß ein unbefangenes Rechtsgefühl sich
gegen die Anerkennung der Wandelbarkeit sträube. Wenn man
auf dem Boden des justinianeischen Rechts steht, nach welchem die
beiderseitigen Güter mit gleichen Befugnissen beider Ehegatten getrennt verbleiben, und nur die (freilich als Regel vorkommende)
Dos eine Art der Gütereinigung darbietet: so wird man in der
Möglichkeit, daß der Mann durch Verlegung des Wohnsitzes das
Güterverhältniß verändere, eine Versagung des Rechtsschutzes für
die Frau erblicken können. Anders wird sich aber das Rechtsgefühl bestimmen, wenn man von deutschen Rechtsbegriffen ausgeht,
welche überhaupt, insonderheit hinsichtlich der ehelichen Verhältnisse,
mehr von sittlichen Ideen getragen werden, und nach welchen der
Schutz der Frau zunächst in das Mundium des Mannes und die
Vertretung durch ihn gelegt ist. Die älteren Grundsätze des deutschen Rechts, nach welchen alles, was die Frau in die Ehe brachte,
oder später erwarb, kraft der Ehevogtschaft mit dem Vermögen
des Mannes zu einer nur als sein Gut geltenden, seiner unbeschränkten Verfügung unterworfenen Masse verschmolz, haben sich
freilich in dem Laufe der Zeit zu den verschiedenartigsten Güterrechten umgestaltet; es hat sich aber bei aller Verschiedenartigkeit
der Güterrechte in dem Volks- und Rechtsleben der Grundgedanke
noch erhalten, daß während der Ehe kein getrenntes Gut sei, und
dem Manne, als Vormund und Vertreter seiner Frau, die Verwaltung des beiderseitigen Guts gebühre. Bei der ganzen Stellung,
welche nach Recht und Sitte der Mann seiner Frau gegenüber
noch heute einnimmt; bei seinem Rechte zu verlangen, daß die
Frau ihm in entfernte Weltgegenden folge, würde der Schutz,
welchen die Unwandelbarkeit der Frau verleihen soll, ein höchst
unsicherer und mangelhafter bleiben; während andererseits das
Suchen eines solchen Schutzes schon den Gedanken eines gestör-
ten ehelichen Verhältnisses voraussetzt. Mit der vorwiegend sittlichen Natur der Ehe und den Grundsätzen des Christenthums über
das Verhältniß der Ehegatten zu einander, wie mit den Grund-
begriffen des deutschen Rechts, steht es durchaus im Einklange,
daß die Ehefrau, welche ihr ganzes Lebensglück in die Hände des

Mannes legt, welche in sein Recht, unter seinen Schutz tritt, bei
Veränderung des Wohnsitzes auch hinsichtlich der Güterverhältnisse
zugleich mit ihrem Manne unter das Recht des von ihm gewählten
neuen Wohnortes trete. Daher wird man auch nicht finden, daß
in Ländern, in welchen die Wandelbarkeit entschieden Rechtens ist,
das Rechtsgefühl sich gegen dieselbe sträube.

Es sieht überdies, auch von dem legislativen Standpunkte
betrachtet, mit der Gefahr für die Ehefrau bei weitem nicht so
schlimm aus, als man vorauszusetzen geneigt ist. Zunächst darf
man nicht in jeder Veränderung, durch welche die Befugnisse des
Mannes sich erweitern, einen Nachtheil für die Frau erblicken.
Das Gesetz eines jeglichen Ortes sieht das durch dasselbe festge=
stellte Güterrecht als das den Verkehrsverhältnissen des Ortes
oder der Gegend und der vorherrschenden Lebensweise entsprechende
an, und bei den verschiedensten Güterrechten bleibt sich die fac =
tische Lage der Ehegatten gleich, das beiderseitige Vermögen muß
ihnen gemeinschaftlich dienen, also daß der Wechsel des Rechts
ihnen in den meisten Fällen gar nicht bemerklich werden wird.
Ferner ist die Wahl eines neuen Wohnortes, wenn dieselbe auch
(abgesehen von den Ausnahmen, welche durch Versetzung eines
Beamten, Strafhaft, Verstrickung und Verbannung eintreten) ge=
setzlich dem Manne zusteht, doch in den meisten Fällen nicht eine
That willkührlicher Beliebung; in der Regel wird bei Veränderung
des Wohnsitzes der Mann durch Umstände bestimmt, für welche es
auf das eheliche Güterverhältniß gar nicht ankommt. Daß ein
Mann sich zu der Verlegung des Wohnsitzes entschlossen hätte, um
zum Nachtheile der Frau und zu seinem Vortheile das Güterrecht
zu ändern, wird unter mehreren Tausend Fällen des Umzuges
kaum einmal vorkommen; wird um so seltener vorkommen, da, die
Wandelbarkeit vorausgesetzt, der Mann nicht durch zeit=
weilige Niederlassung an einem Orte für immer das Güterrecht
nach seinem Gefallen gestalten kann. Den meisten Rechtskundigen
werden aus eigener Erfahrung oder aus Mittheilungen Fälle be=
kannt sein, daß jemand seinen Wohnort verändert habe, um zum
Behufe der Eingehung oder Auflösung einer Ehe sich den
Verboten oder Schwierigkeiten der an dem bisherigen Wohnorte
geltenden Gesetze zu entziehen; es liegt ein solcher Ausweg um so
näher, da der Vereinigte oder Geschiedene, um die Ehe oder

Scheidung aufrecht zu erhalten, nicht nothwendig an demselben Orte zu bleiben braucht. Dagegen wird man in den Ländern und Gebieten, in welchen Wandelbarkeit unzweifelhaften Rechtens ist, nicht leicht einen einzigen Fall nachweisen, daß ein Ehemann das Recht, einen neuen Wohnort zu wählen, in der Absicht und lediglich zu dem Zwecke gemißbraucht habe, sich zum Nachtheil seiner Frau in Vortheil zu setzen. (S. unten §. 14.) Gesetze und Rechtsgrundsätze können sich aber vernünftigerweise nur nach dem gestalten, was sich als das Gewöhnliche im Leben ergibt, und der Inhalt der l. 3—6. D. de legibus wird zu allen Zeiten und bei allen Völkern als eine Wahrheit anerkannt werden müssen.

§. 7.

4. Den Hauptbeweisgrund für die Unwandelbarkeit bildet die Annahme eines stillschweigenden Vertrages. Es soll nämlich, wenn bei Eingehung einer Ehe eine besondere ausdrückliche Vereinbarung über das Güterverhältniß nicht getroffen worden ist, in der Schließung der Ehe selbst zugleich ein stillschweigender Vertrag über Annahme des an dem ersten Wohnorte geltenden Güterrechts enthalten sein, von gleicher Bedeutung und Wirksamkeit, als wenn die Ehegatten den Inhalt des gesetzlichen Güterrechts zum Gegenstande eines ausdrücklichen Vertrages gemacht hätten. Diese Annahme eines stillschweigenden Vertrages wird von den meisten Vertheidigern der Unwandelbarkeit in den Vordergrund gestellt; auf selbige sind namentlich die Entscheidungen der höchsten Gerichte, welche sich für die Unwandelbarkeit ausgesprochen haben, gegründet.

Gegen die von mehreren Seiten erhobenen Einwürfe ist diese Ansicht namentlich von Wächter [36]) und Schüler [37]) vertheidigt worden. Ersterer hebt im Wesentlichen Folgendes hervor: „Ein Dispositivgesetz, welches die Folge eines Rechtsgeschäfts näher bestimme, gestatte nicht bloß dem Privatwillen eine Abweichung durch entgegengesetzte Feststellung, sondern wolle für den Fall, daß eine solche Abweichung nicht getroffen sei, den unvollständig ausgedrückten Privatwillen ergänzen; es sei dann das

---

36) A. a. O. S. 44—54.
37) In Ortloff rc. juristischen Abhandlungen Bd. 1. S. 450—484.

Gesetz als Auslegung dieses Privatwillens, und sein Inhalt als in diesen Willen aufgenommen zu betrachten. Wie bei Abschluß eines Kaufes oder einer Miethe, wenn bloß Gegenstand und Preis genannt werden, es in dem Willen der Contrahenten liege, daß in dem unbestimmt Gebliebenen das Gesetz den Vertrag ergänze, und das Gesetz eben nur näher bestimmen wolle, wie der in dem Vertrage ausgesprochene Wille aufzufassen sei: so sei auch anzunehmen, daß der Wille der Ehegatten bei Eingehung der Ehe auf Annahme des gesetzlichen Güterrechts für diese Ehe gerichtet sei." Schüler schließt sich dieser Auffassung, als einer „tief in der Natur der Sache begründeten Rechtsanschauung", an, und beruft sich außerdem namentlich auf den Gang, welchen die Ausbildung des deutschen statutarischen ehelichen Güterrechts genommen habe, und auf den Umstand, daß das den Ehegatten statutarisch zustehende gegenseitige Erbrecht durch einseitige letztwillige Verfügung eines Ehegatten dem anderen nicht entzogen werden könne.

In neuester Zeit haben selbst mehrere Vertheidiger der Unwandelbarkeit sich gegen die Annahme eines stillschweigenden Vertrages erklärt, und es dürfte sich klar nachweisen lassen: A. daß diese Ansicht von einer unrichtigen Auffassung des Dispositivgesetzes ausgeht; B. daß in der Eheschließung die für einen Vertrag über das Güterrecht nothwendige beiderseitige Willensthätigkeit nicht gegeben ist; C. daß überdies der Inhalt des vermeintlichen Vertrages willkührlich zu eng angenommen wird.

A. Soll aus dem Nichtdasein eines ausdrücklichen Vertrages über das Güterverhältniß das Dasein eines stillschweigenden folgen, so müßte sich nachweisen lassen, daß ohne Vertrag ein güterrechtliches Verhältniß zwischen Ehegatten überhaupt nicht entstehen könne. Es bedarf aber das Gesetz, welches an das Bestehen der Ehe ein bestimmtes Güterverhältniß zwischen den Ehegatten als Folge ihrer ehelichen Verbindung knüpft, für seine Wirksamkeit nicht erst eines auf seinen Inhalt gerichteten besonderen Vertrages. Muß man aber, auch ohne Voraussetzung eines auf den Inhalt des Gesetzes gerichteten Vertrages, das Gesetz an sich als wirksam anerkennen: so ist nicht einzusehen, mit welchem Rechte man für die Frage, wie weit die Wirkung des Gesetzes reiche, einen stillschweigenden Vertrag zu Grunde legen dürfe; selbst wenn man annehmen könnte, daß bei Eingehung der Ehe beiden Ehegatten der Inhalt des gesetzlichen Güterrechts, wenigstens in den Hauptzügen, bekannt gewesen sei und vor Augen geschwebt habe. Mag man immer, um den Gegensatz zu absoluten Gesetzen ins Licht zu stellen, diejenige Gattung von Rechtsregeln, welche dem individuellen Willen freie Macht läßt, für ein bestimmtes Rechtsverhältniß andere selbstgewählte Normen an die Stelle der gesetzlichen zu setzen, als subsidiare bezeichnen, sie als Ergänzung des unvollständig gebliebenen Willens betrachten: so darf man doch den Grund für die Wirksamkeit solcher Rechtsregeln in jedem einzelnen Falle nicht in dem Willen derjenigen suchen, welche bei ihren unter eine Rechtsregel dieser Art fallenden Handlungen von ihrer Befugniß, andere Normen aufzustellen, keinen Gebrauch gemacht haben. Aus dieser Unterlassung, dieser rein negativen Thätigkeit kann unmöglich eine positive Norm hervorgehen. Wäre die Geltung der gesetzlichen Vorschriften über die Folgen eines Rechtsgeschäfts nur aus einem stillschweigenden Vertrage der betheiligten Personen abzuleiten: so müßte dem Rechtsirrthume die ausgedehnteste Wirksamkeit beigelegt werden; man müßte jede gesetzliche Folge eines Vertrages ausschließen, über welche erweislich auch nur Einer der Theilnehmer sich im Irrthume befunden hätte, denn es wäre dann über diese Folge die Willenseinstimmung nicht vorhanden, welche das Wesen des Vertrages ist, und ohne welche so wenig ein stillschweigender als ein ausdrücklicher Vertrag gedacht werden kann. So würde derjenige Verkäufer zur Evictionsleistung oder zur Haftung wegen verborgener Fehler nicht verbunden sein, welcher erweislich bei Abschluß des Verkaufs der Meinung gewesen wäre, daß er durch Uebergabe der verkauften Sache allen seinen Verbindlichkeiten aus dem Verkaufe volle Genüge leiste, und zu einer Gewährleistung nicht verbunden sei; es würde bei dem Mangel gegenseitiger Willensübereinstimmung in diesem Punkte ein stillschweigender Vertrag, durch welchen der Verkäufer sich zur Gewährleistung verpflichtet hätte, nicht angenommen werden dürfen. Räumt man nicht ein, daß durch einen Rechtsirrthum über die gesetzlichen Folgen eines Vertrages, über die sogenannten naturalia negotii, die diese Folgen feststellende Gesetzvorschrift ihre Geltung verliere: so darf man auch

den Eintritt der gesetzlichen Folgen nicht auf einen stillschweigenden
Vertrag gründen.

Ist es im Allgemeinen nicht richtig, die in Ermangelung aus=
drücklicher Beredung nach gesetzlicher Vorschrift von selbst eintre=
tenden Folgen eines Vertrages aus besonderen stillschweigenden
Nebenverträgen abzuleiten: so ist es noch weniger zulässig die
Wirksamkeit des gesetzlichen Güterrechts auf einen mit der Ehe=
schließung gegebenen stillschweigenden Gütervertrag zu gründen.
Das Dasein der Ehe ist freilich Voraussetzung für das Eintreten
des gesetzlichen Güterverhältnisses, allein Letzteres als ein naturale
negotii der Eheschließung aufzufassen, würde der Bedeutung der
Ehe in unserem Rechtsleben nicht entsprechen. Schon die verschie=
denartigen Formen, unter welchen überall Eingehung der Ehe und
Verträge über das Güterrecht abgeschlossen werden, treten der
Anschauung entgegen, letztere als eine Ergänzung der Eheschließung
zu betrachten. Während Nebenberedungen über die Folge von Ver=
trägen gewöhnlich und am passendsten zugleich mit der Hauptbe=
redung durch ein und dasselbe Rechtsgeschäft getroffen werden,
duldet der Act der Eheschließung keine gleichzeitige Aufnahme von
Vertragsbestimmungen über das Güterrecht; und in einem Act,
welcher einen ausdrücklichen Vertrag nicht zuläßt, dürfte doch wohl
noch weniger ein stillschweigender gefunden werden. Nach Parti=
cularrecht ist die Errichtung von Ehepacten häufig an Voraus=
setzungen und Formen gebunden, deren es für Eingehung einer
Ehe nicht bedarf. In einigen Ländern, in welchen Geschlechts=
curatel besteht, kann das mündige Frauenzimmer ohne Beistand
eines Curators wohl eine Ehe eingehen, nicht aber gültig einen
Vertrag über das Güterverhältniß schließen. Tritt nun in solchen
Fällen, wo es an der Voraussetzung für gültige Ehepacten man=
gelt, dennoch das gesetzliche Güterrecht ein, was wohl nicht be=
zweifelt wird; so kann dieser Eintritt nicht auf einem Vertrage be=
ruhen; oder man müßte in dieser Beziehung eine stillschweigende
Dispensation von Seiten der Gesetzgebung für stillschweigende Ver=
träge annehmen. Bei der Annahme des stillschweigenden Ver=
trages müßte man ferner den Eintritt des gesetzlichen Güterrechts
in allen Fällen ausschließen, wenn beide Ehegatten die vertrags=
mäßige Feststellung eines von dem gesetzlichen abweichenden Güter=
rechts für ihre Ehe entschieden beabsichtigt, die Errichtung eines

beſonderen Vertrages aber nicht zu Stande gebracht, weil ſie etwa
über einzelne Beſtimmungen nicht hätten einig werden können,
oder wegen zufälliger Hinderniſſe die Ausführung verſchoben hätten;
oder wenn auch nur ein Ehegatte die Feſtſtellung eines abweichen=
den Güterrechts verlangt hätte; denn in ſolchen Fällen würde die
Annahme eines auf das geſetzliche Güterrecht gerichteten ſtill=
ſchweigenden Vertrages wegen der klar vorliegenden entgegenge=
ſetzten Willensrichtung unmöglich ſein. Soll dennoch in ſolchen
Fällen, ſo wie in dem Falle eines Irrthums über den Inhalt des
geſetzlichen Güterrechts, dieſes in Wirkſamkeit treten: ſo muß die
Wirkſamkeit auf einem anderen Grunde beruhen, als auf dem
übereinſtimmenden Willen der Ehegatten.

Die Betrachtung des geſchichtlichen Ganges, welchen
die Bildung des ſtatutariſchen ehelichen Güterrechts genommen hat,
möchte keinesweges geeignet ſein, die Annahme eines ſtillſchweigen=
den Vertrages zu retten. Es muß zugegeben werden, daß das
ſtatutariſche Güterrecht wenigſtens an vielen Orten unter Einwir=
kung der häufig vorkommenden gleichartigen Eheverträge ſich aus=
gebildet hat, daß in den Zeiten, als das ältere deutſche Güter=
recht ſich umzugeſtalten begann, und den neuen Verkehrsverhält=
niſſen, namentlich in den Städten, nicht mehr entſprach, während
andererſeits auch die das Eherecht betreffenden Beſtimmungen des
eindringenden römiſchen Rechts den deutſchen Anſchauungen nicht
zuſagen konnten, es gewöhnlich wurde, bei Eingehung der Ehe
durch Vertrag feſtzuſetzen, wie es hinſichtlich des Güterrechts wäh=
rend der Ehe und nach Auflöſung derſelben gehalten werden ſolle;
daß der ſich häufig wiederholende Inhalt ſolcher den Orts= und
Standesbedürfniſſen ſich anſchließenden Verträge zu einer Orts=
und Standesgewohnheit ſich geſtaltete, und demnächſt in die Statute
Aufnahme fand. Allein aus dieſem Gange der Rechtsbildung folgt
nicht, daß jetzt ganz allgemein das geſetzliche Güterrecht nur kraft
des Willens der Ehegatten, welche keine abweichenden Be=
ſtimmungen getroffen haben, für jede einzelne Ehe wirkſam werde.
Die Berufung auf jene Art der Rechtsbildung würde größtentheils
nur für das Güterrecht der Städte und der höheren Stände zu
treffen, nicht aber für manche Landſchaftsrechte, insbeſondere nicht
in den Gegenden, wo das römiſche Dotalrecht, ſei es mehr oder
weniger rein, oder in Vermiſchung mit allgemeinen deutſchen Rechts=

16 *

grundfätzen, namentlich mit dem Grundfaße des ungezweiten Gutes, zur Herrschaft gelangt ist. Es kommt aber überhaupt für die Natur einer dispositiven Rechtsregel nicht darauf an, auf welchem Wege der Rechtserzeugung dieselbe znm Dasein gelangt ist; wir dürfen derjenigen Rechtsnorm, welche sich zunächst durch häufige Aufnahme in Verträge geltend gemacht, und in Folge davon allmählich zu einer festen Rechtsgewohuheit sich gestaltet hat oder von der Gesetzgebung in das geschriebene Recht aufgenommen worden ist, keine geringere oder größere Wirksamkeit beilegen, als denjenigen Normen, bei welchen sich eine gleiche Entstehungsart nicht nachweisen läßt. Das positive Recht gilt kraft der allgemeinen Anerkennung, welche ihm im Volke und Staate zu Theil geworden, nicht kraft der Anerkennung von Seiten der Einzelnen, auf deren Verhältnisse es zur Anwendung kommt.

Schüler bringt ferner die angenommene Vertragsmäßigkeit des gesetzlichen ehelichen Güterrechts mit der Frage in Verbindung, ob das den Ehegatten statutarisch zustehende gegenseitige Erbrecht durch einseitige letztwillige Verfügung eines Ehegatten dem anderen entzogen werden könne. Darin, daß in Deutschland die Unentziehbarkeit der ehelichen Successionsrechte gegen das römische Princip der unbeschränkten Testamentserrichtung den Sieg zu erhalten gewußt habe, und von den Rechtslehrern und Practikern in Deutschland in Ermangelung entgegenstehender Particulargesetze als geltendes Recht von jeher anerkannt worden sei, findet er einen Beweis, daß dieses Erbrecht, mithin auch das eheliche Güterrecht überhaupt, auf einem in der Eingehung der Ehe liegenden Vertrage beruhe; indem er davon ausgeht, daß eine Pflichttheilsberechtigung, deren Annahme nur in der romanisirenden Anschauungs- und Ausdrucksweise der Juristen zu suchen sei, nicht ohne positives Gesetz entstehen könne, ein solches aber in den meisten deutschen Staaten fehle, mithin das Erbrecht der Ehegatten, als ein gesetzliches Erbrecht, durch testamentarische Anordnung müsse ausgeschlossen werden können, folglich der Grund der Unentziehbarkeit nur darin liegen könne, daß dieses Erbrecht nicht als ein gesetzliches, sondern als ein auf Vertrag beruhendes angesehen werde. — Es darf wohl als gemeines deutsches Recht anerkannt werden, daß das eheliche Erbrecht, wenn es mit dem Güterverhältnisse während der

Ehe zusammenhängt, und sich als eine Fortwirkung dieses Ver=
hältnisses, und nicht als eine von dem Güterrecht völlig unab=
hängige Intestaterbfolge darstellt [38]), durch einseitige letztwillige
Verfügung nicht ausgeschlossen oder geschmälert werden könne; auch
mag man mit Grund bezweifeln, ob es richtig gewesen, die Un=
antastbarkeit dieses ehelichen Erbrechts unter den Gesichtspunkt der
römischen Pflichttheilsberechtigung zu bringen: dennoch läßt
sich aus der eigenen Natur des ehelichen Erbrechts die Unantast=
barkeit auch ohne Annahme eines zu Grunde liegenden Vertrages
sehr wohl erklären. Auch die Gesetzgebung Justinians kennt ein
Erbrecht der Ehegatten, welches seinem ganzen Umfange nach
gegen Entziehung und Schmälerung durch letztwillige Verfügung
geschützt ist, ohne daß diese Unentziehbarkeit eigentlich in das In=
officiositätssystem gehört oder gar auf Vertrag gegründet wäre [39]).
Die Unantastbarkeit des mit dem Güterverhältnisse während der
Ehe in Verbindung stehenden ehelichen Erbrechts erklärt sich ein=
fach daraus, daß dasselbe die gesetzliche Wirkung eines unter
Lebenden vollständig begründeten Rechtsverhältnisses ist,
eines Rechtsverhältnisses, welches in seinen Wirkungen nicht von
der willführlichen einseitigen Verfügung eines Ehegatten abhängig
sein kann. Die den Erwerbsgrund für dieses Recht bildende That=
sache ist die dem Tode vorhergehende Ehe; während das reine
Intestaterbrecht, welches das römische Recht dem testamentarischen
Erbrecht nachgesetzt hat, erst nach dem Tode des Erblassers seine
Entstehung nimmt. Die der eigentlichen Intestaterbfolge vorgehende
testamentarische Erbfolge des römischen Rechts dürfte daher auf
dasjenige, was in Folge des ehelichen Güterrechts dem überleben=
den Ehegatten aus dem Nachlasse des Erstverstorbenen gebührt,

---

38) Hängt das durch die Successionsordnung eines Landes den Ehegatten
eingeräumte Erbfolgerecht mit dem ehelichen Güterrecht nicht zusam=
men, stellt es sich als reine Intestaterbfolge dar, so wird es gleich
dem Erbrechte der Seitenverwandten durch einseitige testamentarische
Anordnung ausgeschlossen werden können, wie solches im Herzogthum
Braunschweig anerkannt wird. Vgl. Steinacker, Privatrecht des
Herzogthums Braunschweig. S. 637. 647.
39) Es möchte doch schwer sein, mit Löhr, Archiv für civ. Pr. Bd. 22.
S. 4. in der Nov. 53. c. 6. die Andeutung eines stillschweigenden
Vertrages zu finden.

keine Anwendung finden; und wenn gleichfalls bei Erbgütern das Recht des angebornen Erben sich der römischen Testirungsbefugniß entzogen hat, wenn da, wo der Unterschied zwischen Erb- und wohlgewonnen Gut besteht, das Erstere durch letztwillige Verfügung dem nächsten Erben nicht entzogen werden kann: so bedarf es um so weniger der Annahme eines stillschweigenden Vertrages, um die Erscheinung zu erklären, daß das eheliche Erbrecht von dem Bereiche des römischen Testaments ausgeschlossen geblieben ist.

B. Der stillschweigende und der ausdrückliche Vertrag unterscheiden sich nur durch die Art und Weise, wie der übereinstimmende Wille der Theilnehmer sich kund thut; die Erfordernisse sind bei beiden dieselben. Wenn Runde [40]) gegen die Annahme eines stillschweigenden Vertrages eingewandt hat, daß ein solcher Vertrag die Kenntniß des gesetzlichen Güterrechts voraussetze, welche oft nicht vorhanden sei; so darf man der Entgegnung Wächters beipflichten, daß man wohl auf ein Gesetz contrahiren könne, ohne dessen Inhalt genau zu kennen. Allein die Annahme eines stillschweigenden Vertrages setzt das Bewußtsein einer Vereinbarung, einer Begründung von gegenseitigen Rechten und Verbindlichkeiten mittelst gegenseitiger Willenserklärung voraus, setzt voraus, daß beide Theile den bestimmten Willen haben, sich auf das gesetzliche Güterrecht gegenseitig zu verpflichten, und daß diese Willenseinstimmung gegenseitig kund geworden. Diese Voraussetzung ist in der Eingehung einer Ehe nicht gegeben. Bei obligatorischen Verträgen läßt sich noch mit größerem Scheine das Vorhandensein eines stillschweigenden Nebenvertrages über alle in dem Hauptvertrage nicht genannten, nach dem Gesetze eintretenden Wirkungen und Folgen des Geschäftes annehmen; eine solche Annahme wird in der Regel, wenn auch nicht hinsichtlich der entfernteren, seltener eintretenden, so doch hinsichtlich der näheren und gewöhnlichen Folgen, der wirklichen Willensrichtung der Theilnehmer entsprechen. Wenn bei dem Abschlusse eines Kaufes bloß Gegenstand und Preis ausdrücklich genannt sind: so werden doch in der Regel beide Theilnehmer stillschweigend vorausgesetzt haben, daß der Verkäufer sofort tradiren, die Sache in der versprochenen Beschaffenheit mit Allem, was zu ihr gehört, liefern, der Käufer

---

40) A. a. O. S. 218.

bei dem Empfange den Preis zahlen solle. Eine solche gegenseitige auf das gesetzliche Güterrecht gerichtete Willensthätigkeit läßt sich bei Eingehung der Ehe nicht voraussetzen. Selbst wenn man die Ehe als einen Vertrag auffaßt, wogegen sich bekanntlich manche Rechtslehrer erklären, so ist sie doch ein Vertrag ganz eigenthüm= licher Art, von den obligatorischen Verträgen wesentlich verschieden; es ist bei Eingehung der Ehe der Wille der Ehegatten auf Grün= dung eines Lebensverhältnisses, nicht einer oder mehrerer Obligationen gerichtet, und dieser auf Gründung des ehelichen Lebensverhältnisses gerichtete Wille kann ohne jeglichen Gedanken an ein bestimmtes Güterrecht vorhanden sein. Man ist freilich so weit gegangen, den Ehegatten einen stillschweigenden Vertrag in das Gewissen zuschieben, und zu behaupten, daß sie die Ehe unter Leitung der Vernunft schließen, daher auch an ihre Vermögens= angelegenheiten und eine Norm für selbige denken, das Güterrecht ins Auge fassen müßten [41]). Wenn aber auch bei Heirathsent= schließungen in der Wirklichkeit meistens die gegenseitigen Ver= mögenszustände nicht unbeachtet bleiben: so folgt daraus nicht im Geringsten, daß die Heirathenden eine bestimmte Güterform ins Auge gefaßt, geschweige denn, daß sie das gesetzliche Güter= recht ihres Wohnortes als eine kraft ihres beiderseitigen Willens nunmehr für sie ins Leben tretende Norm sich gedacht haben. Da bei der mit der Ehe gegebenen Gemeinschaft aller Lebensverhält= nisse, wie verschieden die Güterrechte sind, doch immer das Ver= mögen des einen Ehegatten auch dem anderen zu Gute kommt: so wird in den allermeisten Fällen den angehenden Ehegatten, auch wenn sie bei der Verlobung gegenseitig die Vermögenszustände in Betracht gezogen haben, der ihnen in Aussicht gestellte Genuß der beiderseitigen Güter genügen; sie werden dem besonderen gesetzlichen Güterrechte keine Aufmerksamkeit zuwenden, sich um dasselbe gar nicht kümmern; es wird bei dem Ueberwiegen der den Erwar= tungen der Ehegatten genügenden factischen Gemeinschaft und bei der vorherrschend sittlichen Natur der Ehe das Güterrecht sich meistens dem Bewußtsein der angehenden Ehegatten, namentlich der Ehefrau, gänzlich entziehen.

Da ein stillschweigender Vertrag sich nicht nachweisen

---

41) Georgii im Arch. für civ. Pr. Bd. 3. S. 176.

läßt, so müßte man, um das gesetzliche eheliche Güterrecht aus dem Gesichtspunkte des Vertrages zu beurtheilen, einen Vertrag fingiren. Eine solche Fiction ist in den das Güterrecht betreffenden Rechtsquellen durchgehends nicht zu finden (auch schwerlich in der von Schüler angezogenen Stelle der Frankenhäuser Statuten von 1558), und daß Justinian, als Gesetzgeber, bei Verschmelzung der rei oxoriae actio und der ex stipulatu actio die Fiction einer Stipulation aufgestellt hat, berechtigt uns nicht, weitere Fictionen für das eheliche Güterrecht nach Belieben zu schaffen.

C. Gegen die Begründung der Unwandelbarkeit durch Annahme eines stillschweigenden Vertrages hat man eingewandt, daß bei jeder Verlegung des Wohnsitzes nach einem anderen Gesetzen unterworfenen Orte ein neuer das Güterrecht des neuen Wohnortes in sich aufnehmender Vertrag vorausgesetzt werden müsse, sofern nicht die Frau bei Veränderung des Wohnortes die Aufrechthaltung des bisherigen Güterrechts ausbedungen habe [42]). Ist auch dieser Einwand nicht zutreffend, weil aus der bloßen Unthätigkeit der Frau ihre Theilnahme an Aufhebung eines bestehenden und Gründung eines neuen Vertrages nicht gefolgert werden darf: so wird sich dennoch aus der Ausnahme, daß in jeder Eheschließung zugleich ein stillschweigender Vertrag über das Güterrecht enthalten sei, die Unwandelbarkeit nicht ergeben. Will man in der unterlassenen Errichtung eines ausdrücklichen Vertrages eine positive gegenseitige Willensbestimmung finden, so kann der Inhalt derselben doch nur allgemein dahin angegeben werden, daß für die eingegangene Ehe die durch das Gesetz bestimmte Güterform Statt finden solle. Da die Ehe nicht für einen bestimmten Ort, ein bestimmtes Land geschlossen wird, sondern für das ganze Leben und für alle wechselnden Schicksalsfälle: so ist gar kein Grund vorhanden, den stillschweigenden Vertrag auf das gesetzliche Güterrecht des ersten Wohnortes zu beschränken, und die Güterrechte aller künftigen Wohnörter auszuschließen. Wenn die angehenden Ehegatten stillschweigend oder ausdrücklich darüber einverstanden sind, hinsichtlich ihrer Güterverhältnisse lediglich das

---

42) Struber a. a. O. Pütter, das practische europäische Fremdenrecht. S. 46.

Gesetz walten zu lassen; so wollen sie die Herrschaft des Gesetzes eben nur in dem Umfange und mit der Wirkung, wie sie durch die Natur des Gesetzes selbst gegeben ist; sie wollen die Herrschaft des Gesetzes weder beschränken noch erweitern. Ist nicht durch das Gesetz selbst oder durch Gewohnheit und allgemein verbreitete Ansicht ohnehin die Unwandelbarkeit schon festgestellt: so fehlt es an jeglichem Grunde anzunehmen, daß die Ehegatten bei Eingehung der Ehe das Güterrecht des ersten Wohnortes als ein für die ganze Ehe wirksames sich gedacht, selbiges als ein bleibendes und unveränderliches zum Gegenstande ihres stillschweigenden Vertrages gemacht haben; sie können, da es einer Kenntniß der einzelnen Güterrechte zu diesem Behufe nicht bedarf, vernünftigerweise eben so gut über die Annahme des Güterrechts eines jeden künftigen Wohnortes stillschweigend einverstanden gewesen sein. Aus der stillschweigenden Anerkennung dessen, was überhaupt gesetzlich ist, kann sich über die Natur und Wirksamkeit des Gesetzes nichts ergeben.

§. 8.

5. In der Annahme eines stillschweigenden Vertrages findet Wächter den einzigen haltbaren Grund für die Unwandelbarkeit, und gibt zu, daß ohne diese Annahme allein das an jedem Wohnorte geltende Gesetz Grund und Voraussetzung des Güterverhältnisses sei, sich auch kein Argument nachweisen lasse, aus welchem sich ein Recht der Frau auf die Fortdauer des ersten Güterverhältnisses ergebe. Dagegen hat Savigny[43] unter Verwerfung der Ansicht des stillschweigenden Vertrages, die Unwandelbarkeit vorzugsweise auf eine freie Unterwerfung der Ehegatten unter das gesetzliche Güterrecht des ersten Wohnortes gründen wollen, eine Ansicht, welche sich auch schon bei einigen älteren Schriftstellern findet. Diese Unterwerfung soll sich von dem stillschweigenden Vertrage dadurch unterscheiden, daß für dieselbe ein positives Wollen mit bestimmtem Bewußtsein, wie es für den Vertrag vorausgesetzt werden müßte, nicht erfordert, „vielmehr hier nur das dem inneren Bedürfnisse Entsprechende, als gewollt, in Kraft einer allgemeinen Rechtsregel vorsorglich angenommen

---

43) A. a. O. S. 331.

wird, so lange nicht ein bestimmt widersprechender Wille vor=
liegt" [44]).

Wenn auch in manchen Collisionsfällen, namentlich, wo es
sich um die Wirksamkeit und Auslegung obligatorischer Verträge
handelt, eine Rücksicht auf den anzunehmenden Willen der Bethei=
ligten, die Frage, ob dieselben das Recht des einen oder des an=
deren Ortes (des Wohnortes, des Ortes der Handlung, des
Erfüllungsortes) vorausgesetzt haben, entscheidend sein kann; so
möchte doch der ausgedehnte Einfluß, welchen Savigny in der
Lehre von der Collision örtlicher Gesetze dem freien Willen der
betheiligten Personen, der freiwilligen Unterwerfung unter die Ge=
setze eines bestimmten Gebiets, einräumt, schwerlich zu rechtfertigen
sein. Wäre insbesondere der Eintritt des gesetzlichen Güterrechts
nur aus einer freien Unterwerfung zu erklären, so müßte dieser
Eintritt an dem ersten Wohnorte ausgeschlossen sein, wenn etwa
unmittelbar vor Eingehung der Ehe ein Ehegatte ohne Wissen des
anderen vor dem Richter, einem Notar oder Zeugen sich gegen
die Geltung dieses Güterrechts verwahrt hätte; denn hier läge ein
der Annahme der Unterwerfung „bestimmt widersprechender
Wille" vor. Allerdings kann man von Jedem, der sich irgendwo
wohnhaft niederläßt, bei jeder den Erwerb oder Verlust von
Rechten nach sich ziehenden freien Handlung, eine Unterwerfung
unter die Gesetze annehmen; man kann namentlich von Allen,
welche in ein Rechtsverhältniß eintreten, ohne durch besondere
Rechtsgeschäfte nähere Bestimmungen zu treffen, somit auch von
Ehegatten, welche keine Ehepacten errichten, sagen, daß sie sich
lediglich den bestehenden Gesetzen unterwerfen. Es ist dabei die
Annahme gar nicht nöthig, daß der Handelnde an die Gesetze,
welche jetzt für ihn wirksam werden, gedacht, daß er die gesetz=
lichen Folgen seiner Handlung ins Auge gefaßt habe; aber hat er
an die Gesetze gedacht, so muß er vernünftigerweise ihre Geltung
vorausgesetzt haben. Eine Unterwerfung in diesem Sinne wird
weder durch den Mangel eines auf die gesetzliche Folge gerichteten
Willens, noch selbst durch eine erweislich entgegengesetzte Willens=
richtung, sofern diese sich nicht in einem zur Abwendung der gesetz=
lichen Folge geeigneten Rechtsgeschäfte bethätigt hat, ausgeschlossen;

---

44) A. a. O. S. 110—112.

allein eben so wenig kann durch eine solche reine Passivität dem Gesetze eine Wirksamkeit oder eine Dauer seiner Wirksamkeit verliehen werden, welche dasselbe, von der Hypothese der Unterwerfung abgesehen, nicht schon an sich haben würde.

Ueberdies würde aus der freiwilligen Unterwerfung, selbst bei dem Einflusse, welchen Savigny ihr einräumt, sich nicht die Unwandelbarkeit des Güterrechts ergeben. Beruht das gesetzliche Güterrecht auf der in der Wahl eines Wohnortes enthaltenen freiwilligen Unterwerfung, so muß dasselbe mit dem Wegzuge aus diesem Gesetzsprengel aufhören; denn es fehlt an jeglichem Grunde anzunehmen, daß sich die Ehegatten dem Gesetze des ersten Wohnortes über die Dauer ihres dortigen Verbleibens hinaus haben unterwerfen wollen. Ferner muß, wie schon Mävius[45]) hervorgehoben hat, bei der Begründung eines neuen Wohnortes auch eine neue Unterwerfung angenommen werden. Daß der Mann, welchem zunächst die Wahl des Wohnortes zusteht, sich den Gesetzen jedes neuen Wohnortes unterwerfe, kann offenbar keinem Zweifel unterliegen. Eine gleiche Unterwerfung der Frau würde jedenfalls darin liegen müssen, wenn diese, sei es mit völlig freier Zustimmung zu der von dem Manne getroffenen Wahl oder in Unterwerfung unter seinen Willen, ihm ohne alle Verwahrung nach dem neuen Wohnorte folgt. Indessen bedarf es gar nicht einer Rücksicht auf die Willensbeschaffenheit der Ehefrau zur Zeit des jedesmaligen Wohnortswechsels. Da die Wahl des Wohnortes gesetzlich dem Manne zusteht, so legt die Frau durch Eingehung der Ehe die Wahl ihres künftigen Wohnortes gänzlich in die Hände des Mannes; sie unterwirft sich zugleich für alle ihre Rechtsverhältnisse, so weit sie nicht durch vertragsmäßige Feststellung dem Wechsel entzogen sind, im Voraus den Gesetzen eines jeden künftigen von dem Manne zu wählenden Wohnortes; sie wird, da der Wohnort des Mannes als solcher zugleich der ihrige ist, bei jedem Wohnortswechsel in Beziehung auf die Unterwerfung unter die Gesetze des Ortes durch den Mann vertreten. Der Gesichtspunkt der freiwilligen Unterwerfung würde demnach nur zur Wandelbarkeit des Güterrechts führen.

Die Versuche, durch Zurückgehen auf den positiven oder

---

45) Comment. ad jus Lubec. II. 2. Art. 12. n. 401.

negativen Willen der Ehegatten, durch Annahme eines stillschweig=
genden Vertrages oder einer freien Unterwerfung, die Unwandel=
barkeit nachzuweisen, stellen sich gleichmäßig deshalb als unzulässige
Operationen dar, weil es für die Entstehung des gesetzlichen Güter=
rechts in, jedem einzelnen Falle einer Vermittelung zwischen dem
Gesetze und dem nach selbigem zu beurtheilenden Verhältnisse durch
die Willensbeschaffenheit der betheiligten Personen nicht bedarf.
Das gesetzliche Güterrecht ist eine gesetzliche Folge der Heirath,
welche ohne Rücksicht auf die Absichten und Ansichten der Ehegatten
auf gleiche Weise eintritt, wie jede andere gesetzliche Folge. Das
Gesetz kann seine Wirksamkeit, seine nähere Bestimmung nicht durch
den Willen der Ehegatten erlangen; umgekehrt würde der Wille
der Ehegatten, wenn es auf dessen Erforschung ankäme, im
Zweifel als dem Gesetze sich fügend anzunehmen sein. Durch Be=
rufung auf den Willen der Ehegatten wird man immer nur mit
Hülfe einer petitio principii zur Unwandelbarkeit des Güterrechts
gelangen.

§. 9.

6. Neuere Schriftsteller haben ohne Berufung auf den Willen
der Ehegatten die durch einmalige Einwirkung der Gesetze her=
vorgebrachte Gestaltung des Güterverhältnisses als eine an sich
dauernde bezeichnet. So stellt namentlich Walther[46]), welcher
sowohl die Annahme eines stillschweigenden Vertrages, als die
einer freien Unterwerfung für unzutreffend erklärt, den Satz auf:
daß die durch Vertrag oder durch das Gesetz (des ersten Wohn=
ortes) gebildete Güterform nach der Natur der Sache als ein
bleibender, die Ehegatten umgebender Kreis von Rechtsver=
hältnissen anzusehen sei, der so wenig durch eine neue Gesetzge=
bung, als durch einen Wechsel des Wohnortes, verändert werden
könne.

So richtig dieser Satz in seiner ersten, die Wirkung des Ver=
trages betreffenden Hälfte ist; so sehr ermangelt er des Beweises
in Ansehung des lediglich auf dem Gesetze beruhenden Güterrechts.
Darf man dieses nicht durch einen stillschweigenden Vertrag er=

---

46) System des deutschen Privatrechts. §. 229. — S. auch Gerber,
deutsches Privatrecht §. 508.

klären: so fehlt es auch an jeglichem Grunde, dasselbe hinsichtlich der Dauer dem vertragsmäßigen an die Seite und gleich zu stellen. Die Unwandelbarkeit des durch Vertrag festgestellten Güterrechts folgt nicht aus der Natur eines Güterverhältnisses überhaupt, sondern aus der Natur und dem Inhalte des für die ganze Zeit der Ehe abgeschlossenen Vertrages, folgt daraus, daß die Ehegatten durch vertragsmäßige Feststellung einer von dem Gesetze abweichenden Norm die Einwirkung des zur Zeit der Eingehung der Ehe an ihrem ersten Wohnorte geltenden Gesetzes, wie künftiger und an späteren Wohnorten geltender Gesetze, ausgeschlossen, sich gegenseitig für die Dauer der Ehe durch den Vertrag und an die in demselben aufgestellte Norm gebunden haben. Diese Folge des Vertrages läßt sich nicht auf das gesetzliche Güterrecht ausdehnen. Beruht das gesetzliche Güterrecht nicht auf gegenseitiger Vereinbarung, tritt dasselbe ohne alle Willensthätigkeit der Ehegatten lediglich kraft des Gesetzes ein: so läßt sich aus diesem Verhältnisse ein gegenseitiges Recht jedes Ehegatten dem anderen gegenüber auf fortdauernde Wirksamkeit des an dem ersten Wohnorte geltenden Gesetzes nicht nachweisen. Die durch Eingehung der Ehe begründete Gemeinschaft aller Lebensverhältnisse, welche mehr sittlicher, als rechtlicher Natur ist, muß freilich eine bleibende sein; sie gehört zum Wesen der Ehe, auf sie hat jeder Ehegatte für die ganze Dauer der Ehe ein erworbenes Recht. Diese bleibende Gemeinschaft kann aber mit jeder Güterform bestehen; die durch das Gesetz des einzelnen Ortes bestimmte Güterform ist eine zufällige Folge der Ehe, deren Veränderlichkeit mit der bei jeder Ehe gegebenen wesentlichen Gemeinschaft und mit den durch die Ehe begründeten gegenseitigen Rechten der Ehegatten nicht in Widerspruch tritt.

Allerdings läßt sich zwischen dem gesetzlichen und dem vertragsmäßigen Güterrechte eine Parallele aufstellen, welche aber ein anderes Ergebniß, als das von Walther gefundene, liefert. Wie das auf Vertrag beruhende Güterrecht durch einen neuen Vertrag aufgehoben und verändert wird: so muß das auf Gesetz beruhende mit dem Gesetze sich verändern, muß aufhören, wenn die Voraussetzung seines Eintritts, das Wohnen der Ehegatten in dem Bereich des Gesetzes, aufhört.

§. 10.

Die in dem Vorstehenden (§. 4—9.) behandelten Versuche, die Unwandelbarkeit des Güterrechts nachzuweisen, dürfen dennoch als mißlungen betrachtet werden, und als nicht geeignet, hinsichtlich des Güterrechts eine Ausnahme von der Regel zu begründen, daß es bei den nach den Gesetzen des Wohnortes zu beurtheilenden Rechtsverhältnissen auf den jedesmaligen, nicht auf den ursprünglichen Wohnort ankomme. (S. oben §. 3.) Das besondere Güterrecht, als eine nicht zum eigentlichen Wesen der Ehe gehörige gesetzliche Folge der Ehe, muß, wie jede andere gesetzliche Folge, nach den Gesetzen beurtheilt werden, welchen die Ehegatten hinsichtlich ihrer persönlichen Zustände, ihrer Familienrechte und ihres als ein Ganzes gedachten Vermögens unterworfen sind, muß also mit Wohnort und Stand wandelbar sein, es wäre denn, daß aus dem Geiste des das Güterrecht betreffenden Gesetzes sich eine solche Natur der in diesem Gesetze enthaltenen Rechtsregel nachweisen ließe, daß dieselbe, einmal zur Herrschaft gelangt, dem beherrschten Verhältnisse als eine immerwährende ankleben, demselben eine bleibende jeder Veränderung des Ortes und des Standes trotzende Form geben müsse.

Dieses hat Savigny [47]) nachzuweisen versucht, indem er die Frage aufwirft: für welche Personen ein das Güterrecht bestimmendes Gesetz zu verfügen die Absicht habe? und die Antwort gibt: „Gewiß denke der Gesetzgeber an alle Ehen, welche in seinem Bereiche gegründet wären; für diese wolle er das vorschreiben, was er theils an sich für das Zuträglichste, theils der bisherigen Sitte des Landes entsprechend halte; es sei aber kein hinreichender Grund vorhanden, diese Regel auch den anderwärts begründeten, einwandernden Ehen aufzudrängen; und wenn das Gesetz, seiner wahrscheinlichen Absicht nach auf die einwandernden Ehen nicht zu beziehen sei, so habe der Grund seine Kraft verloren, welchen man für die Wandelbarkeit daraus entnehme, daß das eheliche Güterrecht lediglich aus dem an dem Wohnsitze geltenden Gesetze entstehe."

Die Bedenklichkeit einer solchen Argumentation muß sofort in

---

47) A. a. O. S. 332. 333.

die Augen fallen. Es soll, ungeachtet der allgemeinen Fassung des gedachten Gesetzes, als wahrscheinlich angenommen werden, daß der Gesetzgeber an einwandernde Ehegatten nicht gedacht habe; ferner, daß er, wenn er an selbige gedacht hätte, hinsichtlich der unter der Herrschaft anderer Gesetze eingegangenen Ehen eine Ausnahme vorgeschrieben haben würde. Dieses soll wahrscheinlich sein, nicht weil für eine solche Absicht des Gesetzgebers ein historischer Grund vorläge, nicht nach dem Zusammenhang dieses Gesetzes mit anderen Gesetzen: sondern lediglich weil durch eine solche Beschränkung ein vermeintlich besseres Resultat erreicht, nämlich dem Manne die Möglichkeit entzogen werden würde, durch Veränderung des Wohnsitzes eine Aenderung des Güterrechts herbeizuführen. Es darf gegen diese Argumentation auf einen anderen Ausspruch desselben Rechtslehrers verwiesen werden, daß unter allen Hülfsmitteln der Auslegung der innere Werth des Resultats das gefährlichste sei, indem bei Anwendung desselben am leichtesten die Gränze der Auslegung überschritten und in das Gebiet des Gesetzgebers hinüber gegriffen werde [48]). Eine Ueberschreitung der Gränzen der Gesetzanwendung, ein Uebergriff in das Gebiet der Gesetzgebung möchte gegeben sein, wenn man, bloß um ein zweckmäßigeres Resultat zu erzielen, ein allgemein gefaßtes Gesetz als ein mit einer wesentlichen Beschränkung versehenes behandeln wollte.

Bei richtiger Auffassung wird übrigens die Frage, was in der Absicht, dem Geiste der das Güterrecht betreffenden Gesetze liege, nur zur Annahme der Wandelbarkeit führen können.

Auf die von Savigny weiter aufgeworfene Frage, ob es des Gesetzgebers Absicht habe sein können, die Regel seines Gesetzes auch einwandernden Ehegatten aufzudrängen, darf nämlich unbedenklich geantwortet werden, daß dieses sehr wohl seine Absicht gewesen sein könne, und daß diese Absicht der Natur und dem Zwecke des Gesetzes mehr entsprechend sein würde, als die entgegengesetzte. In der Aufgabe eines jeden Gesetzes liegt es, Einheit und rechtliche Gleichartigkeit in den denselben unterworfenen Verhältnissen anzustreben. Wenn die Herrschaft eines örtlichen

48) Savigny, System. Bd. 1. S. 225.

Gesetzes die aus einem anderen Gesetzsprengel einwandernden Personen und ihre mitgebrachten Verhältnisse erfaßt: so darf dieses nicht als ein „Aufdrängen" bezeichnet werden, so fern durch diesen Ausdruck ein nicht gerechtfertigter unnatürlicher Zwang angedeutet werden soll; es liegt solches Erfassen vielmehr in der Oertlichkeit der Rechtsnorm, in der Allgemeinheit der gesetzlichen Regel. Man darf ferner annehmen, daß der Gesetzgeber das von ihm festgestellte Güterrecht für das unbedingt oder relativ beste halte. Hätte er sich allein oder doch vorzugsweise von dem Gedanken leiten lassen, ein dem Wesen der Ehe an sich, dem sittlichen Verhältnisse der Ehegatten zu einander möglichst entsprechendes Güterrecht anzuordnen: so ist nicht einzusehen, weshalb er von der Wohlthat dieses Gesetzes diejenigen Ehegatten hätte ausschließen wollen, welche früher unter einem minder vollkommenen Gesetze gelebt haben. Hätte der Gesetzgeber einen weniger idealen Standpunkt eingenommen, wären es vorzugsweise die althergebrachten Volkssitten, die anderweitigen bürgerlichen Einrichtungen, die vorwaltenden Erwerbs- und Verkehrsverhältnisse gewesen, welche ihn geleitet hätten; hätte er das Güterrecht der Eigenthümlichkeit des Volkes und Landes oder eines einzelnen Ortes, der Lebensweise und den durch örtliche Verhältnisse bestimmten Bedürfnissen der Einwohner anpassen wollen: so fehlt es gleichfalls an einem genügenden Grunde, anzunehmen, daß der Gesetzgeber von der Herrschaft seines Gesetzes alle einwandernden Ehegatten habe ausschließen wollen, weil dieselben früher unter einem Güterrechte gelebt haben, welches den eigenthümlichen Verhältnissen ihres früheren Wohnortes entsprechen mochte, aber den Verhältnissen nicht entspricht, in welche sie durch die Wohnortsveränderung jetzt eingetreten sind.

Die Frage, ob der Gesetzgeber einwandernde Ehegatten habe dem Gesetze unterwerfen wollen, ist aber nicht richtig gewählt; sie ist nicht zutreffend, wenigstens nicht erschöpfend. Für die Unwandelbarkeit handelt es sich ja gerade um die nachhaltige, fortdauernde Wirksamkeit des an dem ersten Wohnorte geltenden Gesetzes, und es muß also gefragt werden: „Hat der Gesetzgeber sein Gesetz, nicht für den seiner Gesetzgebung unterworfenen Bezirk, sondern für alle Länder der Erde erlassen, hat er den innerhalb seines Gesetzsprengels ihre Ehe beginnenden Gatten eine Norm für die ganze Dauer ihrer Ehe, namentlich auf den Fall der Auswanderung eine sie in alle Länder der Welt begleitende Norm mitgeben wollen? Dem Gesetzgeber liegt, wenigstens in der Regel, nicht daran, die Verhältnisse der aus seinem Staate wegziehenden Personen auch nach ihrer Niederlassung in anderen Staaten zu ordnen; und man darf nicht voraussetzen, daß ihm bei Erlassung eines Gesetzes eine solche Absicht vorgeschwebt habe. Aber selbst wenn man annehmen dürfte, daß die Gesetzgebung in ihrer Thätigkeit immer auch namentlich das Wohl der Auswandernden ins Auge faßte: so würde daraus noch nicht folgen, daß es ihre Absicht gewesen sei, auswandernden Ehegatten ein unwandelbares Güterrecht mitzugeben, denn der Gesetzgeber kann unmöglich wissen, ob dieses Mitgeben den Ehegatten wirklich zum Wohle gereichen werde. Schwerlich können deutsche Gesetzgebungen es für ihre Aufgabe halten, für die große Zahl der jährlich auswandernden Ehegatten das Güterrecht festzustellen, welches nach ihrer Niederlassung am Missouri und Mississippi gelten soll; und selbst innerhalb Deutschlands wird, z. B. die badische Regierung sich nicht angelegen sein lassen, das Güterrecht derjenigen Ehegatten zu bestimmen, welche aus Baden weg nach Hamburg oder Lübeck ziehen. Läßt man den Gesetzgeber die Folgen seines Gesetzes beachten, nach Gründen der Zweckmäßigkeit handeln, so ist noch weniger Grund, ihm eine auf Unwandelbarkeit des Güterrechts gerichtete Absicht unterzuschieben. Sollten alle aus den verschiedensten Ländern Europas nach Amerika ziehenden Ehegatten die Güterrechte ihres früheren Wohnortes mitbringen, so würde wenigstens in den der Einwanderung am meisten ausgesetzten Gegenden Nordamerikas eine Buntscheckigkeit entstehen, welche nur zur größten Verwirrung und Rechtsunsicherheit führen könnte. Auch führt bei dem Zusammenhange des Güterrechts mit anderen Rechtseinrichtungen die Unwandelbarkeit zu Anomalien und Widersprüchen (wie unten näher dargelegt werden wird), welche hervorzurufen vernünftigerweise nicht in der Absicht des Gesetzgebers liegen kann. Dagegen möchte sich für die Unwandelbarkeit dem Gesetzgeber nur ein einziges Moment darbieten, daß nämlich durch dieselbe der Ehemann gehindert werde, seine Befugniß, den Wohnort zu verändern, zum Nachtheile der Frau zu miß=

brauchen, ein Moment, welches nicht einmal allgemein für Unwandelbarkeit spricht, welches die mit der Unwandelbarkeit verbundenen Nachtheile nicht aufwiegen kann, und hinsichtlich dessen namentlich zu beachten ist, daß, wenn bei der Wandelbarkeit in dieser Beziehung die Frau weniger geschützt erscheint, dieses gerade der Natur des ganzen ehelichen Verhältnisses, als eines mehr unter den Schutz der Sitte, als des Rechts gestellten entspricht [49].

Zu demselben Ergebnisse gelangt man, wenn man die unter einer und derselben Gesetzgebung stehenden verschiedenen Güterrechte ins Auge faßt. Die Gesetzgebung, welche für verschiedene Landestheile verschiedene Güterrechte feststellt, oder die althergebrachten bestehen läßt, in einer Landschaft sächsisches Güterrecht, in einer andern Errungenschaftsgemeinschaft, in einer dritten allgemeine Gütergemeinschaft, dabei noch vielleicht in einzelnen Städten besondere Güterrechte, erkennt dadurch jedes als für seinen Bezirk passend, den Sitten, Gewohnheiten, Verhältnissen und Bedürfnissen der Einwohner entsprechend an; es ist nicht einzusehen, wie es in der Absicht der Gesetzgebung liegen könne, daß den aus dem einen Bezirk in den anderen ziehenden Ehegatten das den Verhältnissen des neuen Wohnortes entsprechende Güterrecht vorenthalten, durch Mitgabe des nur für den ersten Bezirk passenden Güterrechts die örtliche Regel gestört werden solle.

§. 11.

Bei einer Betrachtung der in Deutschland geltenden Güterrechte nach ihren gemeinsamen Merkmalen, dem Gange ihrer Entwickelung und ihrem Zusammenhange mit anderen Rechtseinrichtungen wird sich noch entschiedener die Wandelbarkeit, als im Geiste der Gesetze und Gewohnheiten liegend, ergeben müssen.

Die in Deutschland vorhandenen verschiedenen Gestaltungen des Güterrechts haben sich nicht nur unter Einfluß der über eheliches Mundium und Handlungsfähigkeit der Frauen herrschenden Grundsätze ausgebildet, sondern stehen auch noch mehr oder weniger mit diesen Grundsätzen in Verbindung. Da eheliches Mundium, Handlungsfähigkeit der Frau, Verwaltungsrecht des-

---

49) Vgl. Savigny, System. Bd. 1. S. 350. 351. namentlich Anm. g.

Mannes, als persönliche Zustände, lediglich nach den Gesetzen des jedesmaligen Wohnortes zu beurtheilen sind: so muß schon die Verschiedenheit der hinsichtlich dieser Zustände geltenden Grundsätze bei Veränderung des Wohnsitzes einen erheblichen Einfluß auf die Güterverhältnisse der Ehegatten äußern. Wenn aus einem Orte, an welchem römisches Güterrecht in dem Maaße gilt, daß die Paraphernalgüter nicht unter die Verwaltung des Mannes fallen, vielmehr die Frau ohne alle Mitwirkung des Mannes über selbige verfügen und sich verbindlich machen kann, die Ehegatten nach einem Orte ziehen, wo die volljährigen Frauenzimmer der Geschlechtscuratel unterworfen sind, die Frau ohne Zustimmung des Mannes keine Verbindlichkeit eingehen, nichts veräußern kann, dem Manne die ausschließliche Verwaltung aller der Frau gehörigen Güter, die Vertretung der Frau in allen vermögensrechtlichen Angelegenheiten zusteht: so tritt durch solche Ortsveränderung immer eine wesentliche Veränderung in der rechtlichen Stellung der Ehegatten zu einander hinsichtlich des Vermögens ein, und die Annahme, daß gleichwohl das Güterrecht des ersten Wohnortes geltend bleibe, würde zu starken Anomalien und schwer zu lösenden Widersprüchen führen. Andererseits würde dasselbe eintreten, wenn aus einem Orte, wo allgemeine Geschlechtscuratel und strenge Ehevogtei bestehen, die Ehegatten nach einem Orte ziehen, wo hinsichtlich der Handlungsfähigkeit die Frau dem Manne völlig gleich gestellt ist, und wenn dennoch das an dem ersten Wohnorte geltende in seinen Eigenthümlichkeiten mit jenen Rechtseinrichtungen eng zusammenhängende Güterrecht fortdauern sollte.

Die verschiedenen deutschen Güterrechte haben sich ferner ausgebildet im Zusammenhange mit Standes- und Berufsunterschiedenheit, mit der rechtlichen Verschiedenheit beweglicher und unbeweglicher Güter, mit den vorwaltenden Bedürfnissen des Verkehrs. In vielen deutschen Ländern hat sich das Güterrecht des Adels von dem der übrigen Stände geschieden; in einigen bewirkt der höhere Stand überhaupt, der mit Rang, Staatsdienerschaft oder Besitz eines befreiten Grundstücks verbundene höhere Gerichtsstand, eine Ausnahme von dem landrechtlichen oder statutarischen Güterrechte. Andererseits kommt es vor, daß Hörigkeit und Gutsunterthänigkeit von dem gemeinen Güterrecht ausschließen, und in einzelnen Landbezirken findet sich Verschiedenheit des Güterrechts nach der

Verschiedenheit der bäuerlichen Grundstücke. Wo in einem und demselben Bezirke eine Verschiedenheit des Güterrechts nicht besteht, da haben doch meistens erschwerte oder freiere Veräußerlichkeit und Theilbarkeit der Grundstücke, Ueberwiegen des unbeweglichen oder des beweglichen Guts in den Verkehrsverhältnissen, Vorherrschen des Landbaues oder anderer Gewerbe, einen unverkennbaren Einfluß auf die Gestaltung des Güterrechts gehabt. Namentlich erklären sich die eigenthümlichen Güterrechte der städtischen Statute dadurch, daß bei zunehmendem Handel und Gewerbe und bei dem Ueberwiegen des Geldvermögens die Bestimmungen des Landrechts den städtischen Verkehrsverhältnissen nicht genügten, der erforderlichen größeren Beweglichkeit der Güter nicht entsprachen. Wo nun das Güterrecht nach dem Stande verschieden ist, da wird man, selbst von dem Standpunkte der freien Unterwerfung aus, schwerlich behaupten wollen, daß die Ehegatten, welche keinen Vertrag über die Güterverhältnisse geschlossen haben, deshalb auch auf den Fall einer Standeserhöhung sich dem bei Eingehung der Ehe wirksam gewordenen Güterrechte für immer haben unterwerfen, daß namentlich die Ehefrau auf die etwa den Wittwen des höheren Standes nach dem besonderen Güterrecht dieses Standes zukommenden Vermögensvortheile im Voraus habe verzichten wollen. Eben so wenig hat man Grund, der Gesetzgebung die Absicht unterzulegen, daß von dem als Attribut des höheren Standes anerkannten besonderen Güterrecht diejenigen Ehegatten ausgeschlossen sein sollen, welche ihre Ehe in einem anderen Stande begonnen haben. Wo das Güterrecht eines Bezirkes oder Landes sich von dem eines anderen im Zusammenhange mit der verschiedenen rechtlichen Natur der Grundstücke oder mit der Verschiedenheit der vorwaltenden Lebens- und Berufsweise unterscheidet, da tritt derselbe Gesichtspunkt ein, wie bei der Verschiedenheit des Güterrechts nach dem Stande; es kann einem Gesetze, welches für einen gewissen Bezirk, unter der Voraussetzung der daselbst vorwaltenden Lebens- und Berufsverhältnisse und diesen anpassend, ein Güterrecht festgestellt hat, nicht die Absicht beigemessen werden, auch in einem anderen Bezirk Anwendung zu finden, in welchem andere Lebens- und Berufsverhältnisse vorherrschen, unter deren Einfluß sich ein von jenem verschiedenes Güterrecht ausgebildet hat. Am einleuchtendsten möchte sich durch Betrachtung des Gegensatzes zwischen

Land= und Stadtrechten herausstellen, daß aus dem Zusam=
menhange des Güterrechts mit Erwerbs= und Verkehrsverhält=
nissen die Wandelbarkeit folge. Die städtischen Güterrechte schließen
sich in ihren Grundzügen durchgehends mehr oder weniger dem
Landrechte an, sind aus diesem hervorgegangen, enthalten aber
dennoch mit Rücksicht auf die eigenthümlichen Verkehrsverhältnisse
in den Städten meistens so abweichende Bestimmungen, daß die
Beibehaltung des landrechtlichen Güterrechts für Ehegatten, welche
von dem Lande in die Stadt gezogen sind, als eine seltsame Ano=
malie erscheinen würde. Das städtische Güterrecht stellt sich über=
dies als ein Standesrecht, als ein Vorrecht der städtischen Ge=
meinbegenossen dar; und schwerlich möchte es um die Zeit des
Aufblühens der Städte den Verfassern, Aufzeichnern und Hand=
habern der Stadtrechte haben einfallen können, anzunehmen, daß
Bürger der Stadt, welche verehelicht aus anderen Gebieten ein=
gezogen, hinsichtlich ihrer ehelichen Güterverhältnisse unter einem
anderen Rechte stehen könnten, als demjenigen, mit welchem die
Stadt bewidmet worden. In einzelnen Stadtrechten sind uns über=
dies bestimmte Zeugnisse der Ansicht gegeben, daß die in der Stadt
sich niederlassenden Ehegatten unter das daselbst geltende Güter=
recht treten. Das offenburger Statut [50] verordnet ausdrück=
lich, daß diejenigen Ehegatten, welche nach Offenburg gezogen sind,
und ohne vorherige Eheberedung das Bürgerrecht erworben haben,
dem dortigen Güterrecht unterworfen sein sollen. Die danziger
Willkühr, welche Ehepacten in der Regel nur dann als gültig an=
erkannt, wenn sie vor der Ehe geschlossen worden, gestattet den
anderswoher einziehenden Ehegatten, welche bisher keine Ehepacten
errichtet haben, eine Frist von sechs Wochen, innerhalb welcher
sie durch Ehepacten den Eintritt des an dem Orte geltenden Güter=
rechts abwenden können [51]. Aus der Bestimmung des lübschen
Rechts 2, 2. Art. 10. folgt mittelst des Schlusses a majore ad
minus, daß einziehende Ehegatten dem lübschen Güterrecht unter=
worfen werden, und es ist diese Stelle von Mävius an bis auf
den heutigen Tag also aufgefaßt worden. Während

---

50) Scherer a. a. O. Th. 2. S. 307.

51) Philipps, die Lehre von der ehelichen Gütergemeinschaft. S. 106.
u. 128.

solchergestalt einzelne Stadtrechte die Wandelbarkeit des Güterrechts bei einer Niederlassung in der Stadt anerkennen, wird man schwerlich in älteren Statuten den entgegengesetzten Grundsatz angedeutet oder ausgesprochen finden.

Insbesondere aber steht das Güterrecht in einem engen Zusammenhang mit dem Erbrechte. Die Grundsätze über Erbfähigkeit der Weiber, über die besondere Erbfolge in die liegenden Gründe und in die fahrende Habe mußten nothwendig auf die ehelichen Güterverhältnisse einwirken, und bekanntlich sind die neueren verwickelten Gestaltungen des ehelichen Güterrechts großentheils aus den bedeutenden Veränderungen hervorgegangen, welche das deutsche Erbrecht in dem Laufe der Zeiten erlitt. Andererseits mußte das eheliche Güterrecht in seiner weiteren Ausbildung wieder auf das Erbrecht der Blutsfreunde zurückwirken, es mußte in Folge der Einigung der beiderseitigen Güter unter die Gewere des Mannes ein eigenthümliches Verhältniß zwischen den Erbrechten der Blutsfreunde und den Rechten des überlebenden Ehegatten aus der ehelichen Genossenschaft entstehen. Die Verbindung zwischen dem Güterrechte und dem Erbrechte hat sich nun so fest und so eng gestaltet, daß in den meisten Statuten das eheliche Güterrecht vorzugsweise aus dem Gesichtspunkte des Erbrechts betrachtet wird, und der Inhalt des geltenden Güterrechts oft nur aus den Bestimmungen sich erkennen läßt, welche ausdrücklich als erbrechtliche bezeichnet werden. Diese Behandlung des eigentlichen Erbrechts und des ehelichen Güterrechts aus einem und demselben Gesichtspunkte darf nicht aus einer etwa durch Verwechselung ähnlicher Verhältnisse veranlaßten unrichtigen oder wenigstens mangelhaften Auffassung erklärt werden; sie entspricht vielmehr den Grundansichten des deutschen Rechts, aus welchen die näheren Bestimmungen der Statute über Erbfolge und eheliche Güterverhältnisse hervorgegangen sind. Bei der Ungezweitheit des beiderseitigen Guts während der Ehe, der Ehevogtschaft des Mannes und der ihm an den beiderseitigen Gütern zustehenden Gewere mußte nach Auflösung der Ehe durch den Tod des Mannes die Ehefrau zu der gesammten bisher unter die Hand des Mannes vereinigten Gütermasse in einem gleichartigen Verhältnisse stehen, wie die erbberechtigten Blutsfreunde des Verstorbenen; es fielen ihr aus dieser Masse gewisse Theile, die übrigen den Blutsfreunden zu; und wenn auch der Grund ihrer Gewere ein anderer war, als der der Gewere der Blutsfreunde, so tritt doch das ihr bereits während der Ehe zuständig gewesene Recht an den Gütern in eine neue Gestalt, erscheint als eine Nachfolge in die Gewere des Mannes. Es zerfällt aber das beiderseitige gesammte Gut nach Auflösung der Ehe durch den Tod nicht rein in seine ursprünglichen von jeder Seite eingebrachten Bestandtheile; es spricht sich vielmehr in allen deutschen Erb= und Güterrechten ein gewisses Streben dahin aus, daß der überlebende Ehegatte nicht leer aus dem Gute zu scheiden brauche, an welchem er durch die eheliche Genossenschaft Antheil gehabt; es fällt meistens dem Ueberlebenden an dem bei= derseitigen Gesammtvermögen ein Theil ohne Rücksicht auf den Ursprung zu. Je weniger das beiderseitige Gut nach Auflösung der Ehe in seine ursprünglichen Bestandtheile zerfällt, je mehr dieses Gut im Verhältnisse zwischen dem überlebenden Ehegatten und den erbberechtigten Blutsfreunden des Verstorbenen als eine einzige Masse behandelt wird, desto mehr tritt der nachlebende Ehegatte zu dieser Masse in die Stellung eines Erben. Wo bei eigentlicher Gütergemeinschaft oder ohne solche eine Sonderung nach Quotentheilen erfolgt, insbesondere wo der Quotentheil des über= lebenden Ehegatten verschieden ist, je nachdem gemeinschaftliche Kin= der oder andere Blutsfreunde, als Erben des Verstorbenen, und in dem ersteren Falle, je nachdem mehr oder weniger Kinder vor= handen sind: da entspricht es der neuen Phasis, in welcher das Recht des Ueberlebenden jetzt hervortritt, selbiges als ein Erbrecht aufzufassen. So wird in den meisten älteren Statuten namentlich das ganze aus dem Güterverhältnisse hervorgehende Recht der Frau nach dem Tode des Mannes als ein Erbrecht aufgefaßt; es ent= steht für sie ein neuer Anfallstitel. Aber auch das Recht des Mannes finden wir häufig unter denselben Gesichtspunkt gebracht; er gewinnt das, was ihm von den beiderseitigen unter seine Gewere vereinigten Gütern, als nunmehr ihm allein und unbeschränkt ge= höriges, verbleibt, unter einem neuen Titel. Dieses ging nach lübschem Rechte so weit, daß sämmtliche unbeweglichen Güter der beiden Ehegatten bei der Theilung des Ueberlebenden mit Kin= dern sowohl für den überlebenden Mann, als für die überlebende Frau die Natur der Erbgüter annahmen, ohne Unterschied, ob sie von dem überlebenden oder von dem verstorbenen Ehegatten herrührten [52]). — Wo nun von den Gesetzen das Güterverhältniß der Ehegatten entschieden aus dem Gesichtspunkte des Erbrechts behandelt wird, da möchte dadurch gegeben sein, daß das Güter= recht, gleich wie das Erbrecht, nur nach den Gesetzen des letzten Wohnortes zu beurtheilen ist. Aus dem engen Zusammenhang der deutschen Güterrechte mit dem Erbrechte darf aber überdies allge= mein gefolgert werden, daß nach deutschen Rechtsbegriffen und nach dem Geiste der Gesetze das Güterverhältniß der Ehegatten nicht als ein festes, abgeschlossenes obligatorisches Rechtsverhältniß zu betrachten ist, sondern als ein Zustand, welcher, wie Familienzu= stände überhaupt und insbesondere wie das gegenseitige Erbrecht der Blutsfreunde, in seiner rechtlichen Natur mit der Veränderung der für persönliche Zustände geltenden Gesetze dem Wandel unter= liegt. — Bei dem Zusammenhange des Güterrechts mit dem Erb= rechte würde die Unwandelbarkeit des Güterrechts zu Widersprüchen führen, zu deren Lösung weder der von Savigny [53]) und An= deren aufgestellte Grundsatz ausreicht, daß zu unterscheiden sei, ob der Anspruch des überlebenden Ehegatten aus eigentlicher Intestat= erbfolge oder aus der bloßen Fortwirkung der Güterverhältnisse sich ableiten lasse, noch die Annahme Pfeiffers [54]), daß das Recht auf eine statutarische Portion immer nach dem Rechte des ersten Wohnortes zu beurtheilen sei. Jene Unterscheidung ist na= mentlich nicht ausführbar, wo dasjenige, was der überlebende Ehegatte empfängt, nach Inhalt der Gesetze offenbar sowohl eine Abfindung des Ueberlebenden wegen seines Antheils an dem bei= derseitigen Gut, als auch zugleich eine Bereicherung desselben aus dem Vermögen des Verstorbenen sein soll, ohne daß es sich nach diesen beiden Gesichtspunkten in Theile zerlegen ließe. Die Beur= theilung des deutschen ehelichen Erbrechts nach den Gesetzen des ersten Wohnortes ohne Unterschied würde jedenfalls da nicht mit der Absicht der Gesetze in Einklang zu bringen sein, wo das Erb= recht der Ehegatten aus der Verbindung mit dem ehelichen Güter= recht getreten und lediglich in der Erbfolgeordnung beibehalten worden ist. So besteht in dem Herzogthume Braunschweig ein

---

52) Pauli, Abhandlungen aus dem lübischen Rechte Th. 2. S. 129 u. fg.
53) System Bd. 8. S. 336.
54) Practische Ausführungen Th. 2. S. 267 u. fg.

von dem jetzt dort geltenden Güterrecht (dem römischen Dotalrecht) völlig unabhängiges Erbrecht der Ehegatten; der überlebende Ehegatte erhält neben Descendenten Kindestheil, neben Ascendenten die Hälfte des Nachlasses, und schließt Seitenverwandte gänzlich aus [55]). Dieses Erbrecht des überlebenden Ehegatten muß in Braunschweig ohne Rücksicht auf das Güterrecht zur Anwendung kommen; man würde aber offenbar gegen die Natur dieses Erbrechts, als auch gegen den Geist der an dem ersten Wohnorte geltenden das Güterrecht betreffenden Gesetze handeln, wenn man von eingewanderten Ehegatten dem Ueberlebenden bei der Concurrenz mit Kindern oder Ascendenten auch noch die aus dem Güterrecht des ersten Wohnortes sich ergebenden Vermögensvortheile zuwenden wollte. Wo, wie es nach den Gesetzen und Gewohnheiten mancher Landbistricte Rechtens ist, bei bäuerlichen Grundstücken der überlebende Ehegatte, dem das Grundstück nicht gehört, sein Eingebrachtes nicht zurückerhält, dagegen einen Anspruch auf Interimswirthschaft und Leibzucht hat, da würde es zu einer eigenthümlichen Collision führen, wenn man das gänzlich abweichende Güterrecht eines früheren Wohnortes zur Anwendung bringen wollte. Wäre z. B. das Güterrecht des ersten Wohnortes, welches fortdauern sollte, das des völlig getrennten Guts, so würde man, sowohl wenn man dem überlebenden Ehegatten das Recht auf Interimswirthschaft und Leibzucht unbedingt beilegen oder absprechen wollte, in einen offenbaren Widerspruch mit der Absicht des die bäuerlichen Verhältnisse des letzten Wohnortes normirenden Gesetzes gerathen können; es würde der Absicht des Gesetzes widersprechen, wenn dem Ehegatten, der nichts eingebracht hat, Leibzucht und Interimswirthschaft abgesprochen würde, da die Versorgung des unvermögenden überlebenden Ehegatten durch das Gesetz bezweckt wird; man würde aber nicht weniger dem Gesetze zuwider handeln, wenn man dem überlebenden Ehegatten, welcher nach dem Güterrechte des ersten Wohnortes sein Eingebrachtes zurücknimmt, Interimswirthschaft und Leibzucht einräumen wollte, weil das Gesetz diesen Genuß zugleich als Abfindung wegen des Eingebrachten angeordnet hat.

Manche particularrechtliche Anordnungen, das Verfahren bei

---

55) **Steinacker**, Privatrecht des Herzogthums Braunschweig. §. 294.

Erbtheilungen, die Abschichtung und die Vormundschaft betreffend, Einrichtungen zur Sicherstellung unmündiger Erben, Bestimmungen über die Rechte der Aeltern an dem Vermögen der Kinder u. s. w., hängen mit dem Güterrecht des Landes zusammen, setzen mehr oder weniger dieses Güterrecht, namentlich die über Beisitz und fortgesetzte Gütergemeinschaft geltenden Rechte voraus, dienen oft dazu, das Recht des Beisitzes näher zu bestimmen und zu beschränken. Auch hinsichtlich solcher Anordnungen und Einrichtungen würde die Unwandelbarkeit des Güterrechts zu mancherlei Widersprüchen führen.

Aus diesem Zusammenhange des deutschen Güterrechts in seiner vielfachen Gestaltung mit den an jedem Orte geltenden Grundsätzen über Handlungsfähigkeit der Weiber, mit dem ehelichen Mundium und anderen familienrechtlichen Einrichtungen, mit dem Erbrecht, mit Standes =, Berufs = und Verkehrsverhältnissen, ergibt sich die Wandelbarkeit als eine nothwendige Eigenschaft des Güterrechts. Zur Unwandelbarkeit kann man nur gelangen, wenn man das eheliche Güterrecht aus seiner organischen Verbindung mit dem ganzen Familien = und Volksleben losreißt, und es als eine isolirt dastehende Erscheinung auffaßt; wenn man über den engen Zusammenhang hinwegsieht, in welchem die verschiedenen Güterrechte nicht nur in ihrer geschichtlichen Entwickelung und Ausbildung, sondern auch in ihrer jetzigen Gestalt und nach dem klaren Inhalt der meisten geltenden Statute, mit anderen unzweifelhaft nur nach den Gesetzen des jedesmaligen Wohnortes zu beurtheilenden Rechtseinrichtungen stehen.

§. 12.

Wenn demnach die Wandelbarkeit des Güterrechts als in dem gemeinen deutschen Recht gegeben angenommen werden muß: so ist noch die Frage zu berühren, in welchem Umfange die Wandelbarkeit anzuerkennen, ob den an dem neuen Wohnorte geltenden Gesetzen und Gewohnheiten eine unbeschränkte Herrschaft über das Güterverhältniß der sich niederlassenden Ehegatten, oder nur eine durch fortdauernde Nachwirkung der Gesetze eines früheren Wohnortes beschränkte einzuräumen sei. Wie nämlich einzelne Vertheidiger der Unwandelbarkeit aus Sorgfalt für das Interesse dritter Personen in dem Verhältnisse zu den Gläubigern der Ehe=

gatten das Güterrecht für wandelbar erklären [56]): so wollen auch einige Schriftsteller, welche grundsätzlich die Wandelbarkeit vertheidigen, eine Beschränkung derselben eintreten lassen, und den Gesetzen aller früheren Wohnorte eine gewisse Nachwirkung auf die Vermögensverhältnisse der Ehegatten einräumen. Nach dieser vermittelnden Ansicht sollen freilich die Ehegatten kein erworbenes Recht auf Fortdauer der durch das Gesetz des ersten Wohnortes hervorgerufenen Güterform für künftige Wohnörter haben; allein es soll doch hinsichtlich der Güter= und Rechtsverhältnisse, welche vor der Veränderung des Wohnsitzes vorhanden waren, das Gesetz des ersten Wohnortes in Wirksamkeit verbleiben [57]).

Gegen diese Ansicht ist von Savigny [58]) hervorgehoben worden, daß sie an den gewöhnlichen Mängeln halber Maßregeln leide, und daß die nach derselben eintretende Herrschaft der Gesetze verschiedener Wohnörter zu unübersehbaren Verwickelungen und Widersprüchen führen werde, welche so wenig dem Vortheile, als den Wünschen der Ehegatten entsprechen möchten. Man darf aber in der That dieser Ansicht die practische Ausführbarkeit gänzlich absprechen. Nach derselben müßten, wenn nach Beendigung der Ehe eine Auseinandersetzung Statt finden soll, so viele Güter= formen unterschieden werden, als die Ehegatten Wohnsitze unter verschiedenen Gesetzen gehabt haben; es müßte also das beiderseitige Vermögen zunächst nach dem Zeitpunkte jeder Wohnortsveränderung in Theile zerlegt werden. Die Zerlegung in Theile nach verschiedenen Zeitabschnitten widerspricht aber gerade der Natur eines Vermögens, welches einer beständigen Veränderung, einer fortwährenden Ab= und Zunahme, einem Uebergange seiner Bestandtheile aus einer Form in die andere ausgesetzt ist. Eine unerläßliche Voraussetzung für solche Zerlegung würde sein, daß die Ehegatten bei jeder Wohnortsveränderung ein umfassendes Inventar über ihr beiderseitiges Vermögen errichtet hätten; in Erman=

---

56) S. Funk im Arch. für civ. Pr. Bd. 21. S. 372—383. Bd. 22. S. 113. Dagegen Wächter im Arch. Bd. 25. S. 56—60.

57) Kierulff, Civilrecht. S. 79. a. E. — Puchta, Vorlesungen, herausgegeben von Rudorf, Bd. 1. S. 251. — Pütter, das practische europäische Fremdenrecht. S. 43. 44.

58) System Bd. 8. S. 334.

gelung solcher Inventare würde es bei der Auseinandersetzung an
jedem Anhaltspunkte fehlen.

Diese vermittelnde Ansicht, nach welcher ein und dasselbe Ver=
hältniß, die durch die Ehe gegebene Stellung der Ehegatten zu
einander in Beziehung auf die beiderseitigen Güter, zugleich unter
den Gesetzen verschiedener Bezirke stehen soll, läßt sich auch mit
den Gründen, aus welchen überhaupt Wandelbarkeit des ehelichen
Güterrechts folgt, nicht in Einklang bringen. Für dieselbe beruft
man sich darauf, daß durch den Wechsel des Wohnortes das er=
worbene Recht nicht verändert, dem Gesetze des neuen Wohn=
ortes eine rückwirkende Kraft nicht beigelegt werden könne.
Ein erworbenes Recht der Ehegatten unter einander auf Fort=
dauer der Güterform für das an dem ersten Wohnorte vorhandene
beiderseitige Vermögen läßt sich so wenig annehmen, als ein er=
worbenes Recht auf Fortdauer dieser Güterform für alle künftigen
Wohnsitze, da die jedesmalige Güterform eine nach den für die
Personen der Ehegatten geltenden Gesetzen zu beurtheilende recht=
liche Folge der Ehe ist. Hinsichtlich der erworbenen Rechte dritter
Personen wird freilich dem Güterrechte des ersten, und somit auch
jedes folgenden Wohnortes, in so weit eine nachhaltige Wirkung
beigelegt werden müssen, daß die an dem jedesmaligen Wohnorte
rechtsgültig eingegangenen Verbindlichkeiten und vorgenommenen
Veräußerungen durch Verlegung des Wohnsitzes in ein unter an=
deren Gesetzen stehendes Gebiet nicht ungültig werden können;
allein auf Fortdauer der ersten (oder einer folgenden) Güterform
zwischen den Ehegatten kann kein Dritter deshalb ein Recht haben,
weil solches etwa wegen obligatorischer Verhältnisse, in welchem
er mit einem der Ehegatten steht, seinem mittelbaren Interesse ent=
spricht; denn das bloße Interesse gibt noch kein Recht, und kann
namentlich nicht das Rechtsverhältniß zwischen anderen Personen
bestimmen. Da es sich nicht um besondere, von einzelnen That=
sachen abhängige Rechtsverhältnisse, wie bei einzelnen Obligationen
oder bei dinglichen Rechten an einzelnen Sachen handelt, sondern
um das Vermögen, als ein Ganzes, um das Verhältniß, in wel=
ches in Folge der ehelichen Verbindung das Vermögen des einen
Ehegatten zu dem des anderen tritt: so kann man es auch nicht
als eine der Idee der Rechtsordnung oder den gemeinrechtlich an=
erkannten Grundsätzen zuwiderlaufende Rückwirkung bezeichnen,

daß das Güterrecht des neuen Wohnortes das gesammte Ver=
mögen beider Ehegatten erfaßt, und das Güterrecht früherer Wohn=
örter gänzlich aufhebt; sonst müßte eine gleiche Rückwirkung auch
darin gefunden werden, daß das Güterrecht des ersten Wohnortes
nicht bloß die nach Vollziehung der Ehe erworbenen Güter und
begründeten Rechtsverhältnisse, sondern auch die vor der Ehe vor=
handenen umschließt. — Gegenstand des das Güterrecht feststellen=
den Gesetzes ist das gegenwärtige Verhältniß der Ehegatten zu
ihrem beiderseitigen Vermögen. Wie das Güterrecht des ersten
ehelichen Wohnortes das beiderseitige Vermögen ergreift ohne Rück=
sicht auf den Ort, an welchem die Ehe eingegangen ist, oder auf
den Ort, an welchem der eine oder der andere Ehegatte früher
gewohnt hat, ohne Unterschied, wo und wann das Vermögen und
dessen einzelne Bestandtheile erworben worden: so ist nicht einzu=
sehen, warum dem Gesetze eines späteren Wohnortes eine geringere
Wirksamkeit beizulegen wäre, als dem des ersten Wohnortes; warum
dasselbe nicht gleichfalls das Vermögen jedes Ehegatten als ein
Ganzes ergreifen solle. Insbesondere wird es bei dem oben her=
vorgehobenen Zusammenhange des Güterrechts mit den geltenden
Grundsätzen über eheliches Mundium und Handlungsfähigkeit der
Frauen, mit dem Erbrecht u. s. w. nicht als zweifelhaft erscheinen
können, daß sich das Güterrecht eines jeden Wohnortes auf das
gesammte beiderseitige Gut erstrecken müsse; und wo in Statuten
die Wandelbarkeit des Güterrechts ausgesprochen oder angedeutet
ist, da geschieht dieses in solcher Weise, daß die Herrschaft des
an dem neuen Wohnorte geltenden Rechts, so gut in Betreff der
früher, als der später erworbenen Güter und begründeten Rechts=
verhältnisse anerkannt werden muß.

§. 13.

Für die Frage, ob von dem Standpunkte des Gesetzgebers
aus der Unwandelbarkeit oder der Wandelbarkeit der Vorzug zu
geben sei, darf auf die in dem Vorstehenden entwickelten Gründe
(s. oben §. 4. 6. 10. 11.) zurückverwiesen werden, welche auch für
den Gesetzgeber in Betracht kommen und für die Wandelbarkeit
entscheiden müssen. Was die weitere Frage betrifft, ob von der
Gesetzgebung die Wandelbarkeit unbeschränkt anzuerkennen sei,
oder ob die Zweckmäßigkeit erheische, im Interesse dritter Personen

und insbesondere zum Schutze der Ehefrau gegen willkührliche Ver=
änderungen des Güterverhältnisses von Seiten des Ehemannes mit=
telst Wohnortsveränderung vorsorgliche Bestimmungen zu treffen,
so werden selbst Viele, welche nicht die Unwandelbarkeit verthei=
digen, geneigt sein, sich für das Letztere zu erklären. Bluntschli [59]),
welcher sich weder für die Unwandelbarkeit noch für die Wandel=
barkeit hat entscheiden wollen, will von dem Standpunkte der Ge=
setzgebung sowohl die Unwandelbarkeit als die Wandelbarkeit we=
sentlichen Beschränkungen im Interesse dritter Personen unterworfen,
bei Annahme der Wandelbarkeit aber namentlich der Ehefrau die
Befugniß eingeräumt wissen, sichernde Maßregeln gegen Gefähr=
dung ihrer Vermögensrechte bei Veränderung des Wohnortes zu
ergreifen. Von einem neueren Vertheidiger der Wandelbarkeit [60])
werden die von den Anhängern der Unwandelbarkeit aufgeführten
Momente als in legislativer Beziehung der Beachtung würdig
bezeichnet, und es wird den Gesetzgebungen empfohlen, vorsorg=
liche Bestimmungen zum Schutze der Ehefrau gegen willkührliche
Wohnortsveränderungen zu treffen. — Es liegt nicht in dem
Zwecke dieses Aufsatzes, die letztgedachte Frage einer umständlicheren
Erörterung zu unterziehen, und es soll daher hier nur angedeutet
werden, daß überwiegende Gründe gegen die Anordnung vorsorg=
licher Bestimmungen zum Schutze der Gläubiger und der Ehefrau
sprechen möchten.

Warum in Beziehung auf den Wandel des ehelichen Güter=
rechts für das Interesse der Gläubiger ausnahmsweise eine ganz
besondere Vorsorge von der Gesetzgebung zu tragen, den persön=
lichen Forderungen eine dingliche Natur oder ein außerordentliches
Privilegium einzuräumen sei, dafür ist, wie schon mehrfach her=
vorgehoben worden, ein zutreffender Grund nicht leicht zu ersehen,
wenn man nicht viel weiter gehen, und überhaupt jeden Schuldner
in der Verwaltung seines Vermögens beschränken will.

Auch dagegen, daß der Frau die Befugniß eingeräumt werde,
Feststellung des bisherigen Güterrechts durch ein besonderes Ge=
schäft zu verlangen, oder welche vorsorgliche Bestimmung sonst zu
ihrem Schutze gegen Veränderung des Güterrechts durch Wohn=

---

59) Deutsches Privatrecht Th. 2. S. 258—260.
60) Leopold Pfeiffer, das Princip des internationalen Privatrechts S. 65.

ortswechsel getroffen werden möchte, lassen sich erhebliche Bedenken aufstellen. Es läge darin immer eine gewisse Verkümmerung der dem Manne zustehenden Wahl des Wohnortes, eines Rechts, welches mit der Stellung des Mannes in der Familie und seiner Pflicht, für die Ernährung der Seinigen zu sorgen, und für das künftige Fortkommen seiner Kinder Vorbereitungen zu treffen, aufs Genaueste zusammenhängt. Für die allermeisten Fälle der Wohnortsveränderung würde die vorsorgliche Bestimmung unnöthig und überflüssig sein; wo zwischen Ehegatten Eintracht und volles Vertrauen herrscht oder ein entschiedenes moralisches Uebergewicht des Mannes Statt findet, würde sie in der Regel nicht zur Anwendung kommen; ob sie aber in den Fällen, wo sie von der Frau angerufen würde, nicht störend auf das eheliche Verhältniß einwirken und der Frau selbst in anderer Beziehung zum Nachtheil gereichen könnte, möchte wenigstens zweifelhaft sein; so wie sich überhaupt die Tragweite solcher dem sittlichen Wesen der Ehe nicht entsprechenden Beschränkung der Rechte des Ehemannes von vornherein nicht übersehen läßt. Will man der Frau das Recht einräumen, bei Wohnortsveränderungen Aufrechthaltung des bisherigen Güterverhältnisses zu verlangen, so müßte billigerweise dem Manne ein gleiches Recht zugestanden werden; andererseits möchte es aber bedenklich erscheinen, dem Manne, dem die Wahl des Wohnorts zusteht, die Macht zu geben, die Frau von den Vermögensvortheilen auszuschließen, welche die Gesetze des neuen Wohnortes ihr zusprechen. — Will man jedenfalls darin, daß bei Wandelbarkeit des ehelichen Güterrechts die Frau sich das Güterrecht des neuen Wohnortes gefallen lassen muß, einen Mangel an genügendem Rechtsschutz, eine Lücke im Rechte erblicken: so ist zu erwägen, daß das Verhältniß zwischen Ehegatten, auf gleiche Weise wie das Verhältniß zwischen Aeltern und Kindern und wie Familienverhältnisse überhaupt, nur zum geringeren Theile von dem Rechte, mehr von der Sitte beherrscht wird, daß bei diesem Verhältnisse die juristische Seite die geringere ist, daß eine vollständige Herrschaft von Rechtsgesetzen für das Familienverhältniß vernünftigerweise nicht erstrebt werden darf, sondern ein großer Theil desselben dem sittlichen Einflusse überlassen werden muß [61]).

---

61) Vgl. Savigny, System Bd. 1. S. 346 u. fg.

Gegen die Nothwendigkeit und selbst gegen die Zweckmäßig=
keit vorsorglicher gesetzlicher Bestimmungen, durch welche, sei es
im Interesse der Gläubiger oder der Ehefrau, die Befugniß der
Wohnortsveränderung oder die der rechtlichen Natur des ehelichen
Güterverhältnisses entsprechende Wandelbarkeit beschränkt werden
soll, darf namentlich eingewandt werden, daß bisher die Erfah=
rung das Bedürfniß einer solchen Vorsorge nicht
dargethan hat. Von allen Schriftstellern, welche die Wandel=
barkeit als gefährlich darstellen, hat nicht ein Einziger sich auf
Erfahrung berufen, auf Nachtheile, welche im Leben wirklich her=
vorgetreten wären; Alle haben bloß die abstracte Möglichkeit
vor Augen. Die Anordnung vorsorglicher den gegebenen Rechts=
begriffen und der Natur eines Verhältnisses nicht entsprechender
Bestimmungen zur Abwendung von Gefahren aus dem bloßen Ge=
sichtspunkte abstracter Möglichkeit und ohne Rücksicht auf Erfah=
rung würde ein Experimentiren enthalten, vor welchem der
Gesetzgeber sich zu hüten hat. — Daß nach der Erfahrung
unbeschränkte Wandelbarkeit des ehelichen Güterrechts ganz unge=
fährlich sei, dürfte aus Nachstehendem erhellen.

§. 14.

In den seit Jahrhunderten unter gemeinsamer Verfassung,
Gesetzgebung und Rechtspflege vereinigten Herzogthümern Schles=
wig und Holstein findet ein große Verschiedenheit des Güterrechts
nach dem Stande, wie in den einzelnen Landestheilen Statt. In
dem ganzen Lande herrscht die deutsche Grundansicht des unge=
zweieten Guts während der Ehe, die Ehefrau steht mit ihrem ge=
sammten Vermögen unter der Ehevogtschaft des Mannes, der
Mann nimmt ihre Güter in seine Gewere und hat die Verwal=
tung derselben [62]). Im Uebrigen gehen die verschiedenen Güter=
rechte vielfach aus einander. Sie beruhen meistens auf altem
Herkommen, altem Landrecht, alten Statuten; die neuere Gesetz=
gebung ist hinsichtlich derselben wenig, und nur in einzelnen Be=
stimmungen thätig gewesen.

---

62) Falk, Handbuch des schleswig=holsteinischen Privatrechts. Bd. 4.
§. 66. 67. Paulsen, Lehrbuch des schleswig=holsteinischen Privat=
rechts. §. 130. 131.

Die verschiedenen Güterrechte laſſen ſich in folgender Reihen=
folge aufführen:

1. Für die Angehörigen der Univerſität Kiel, für Alle,
welche dem akademiſchen Gerichte unterworfen ſind, gilt das rö=
miſche Recht. Indeſſen leiden die Beſtimmungen des römiſchen
Rechts eine Beſchränkung durch die herkömmliche Geltung der
Grundſätze von dem ungezweiten Gute und der Ehevogtei; alſo
daß der Ehemann die Verwaltung und den Nießbrauch ſämmt=
licher von der Frau eingebrachter Güter hat, und daß alle Güter
der Frau ohne Unterſchied als Dos angeſehen werden, auf welche
das römiſche Dotalrecht Anwendung findet.

2. Für die ſchleswig=holſteiniſche Ritterſchaft hat
ſich auf Grundlage des Sachſenrechts, namentlich der ſächſiſchen
Gerade, unter Einwirkung beſonderer territorialer Gebräuche und
in Verbindung mit den Dotalprivilegien des römiſchen Rechts ein
eigenthümliches Güterrecht (ohne Gütergemeinſchaft) ausgebildet,
welches auf Verlangen der Ritterſchaft im Jahre 1573 von der
Landesherrſchaft mittelſt der Conſtitution „von der Haubenbands=
gerechtigkeit“ beſtätigt und näher feſtgeſtellt worden iſt.

3. In dem größeren Theile des Herzogthums Holſtein,
nämlich in allen Landdiſtricten mit Ausnahme der ſpäter
einzeln hervorzuhebenden, gilt ſächſiſches Güterrecht. Es hat
jedoch hier das alte Güterrecht des Sachſenſpiegels durch Ein=
wirkung des römiſchen Rechts und durch eine Verordnung vom
15. Juni 1742 erhebliche Abänderungen erlitten. Das Verhältniß
während der Ehe iſt im Weſentlichen daſſelbe, wie nach dem
Sachſenſpiegel. Nach dem Tode des Mannes nimmt die Frau
ihr Eingebrachtes, und erhält außerdem, wenn der Mann Leibes=
erben hinterläßt, den vierten, ſonſt den dritten Theil ſeiner dem
„juri Saxonico“ unterworfenen Güter, wogegen ſie keinen Anſpruch
auf Gerade und Mußtheil hat. Der Mann iſt Mobiliarerbe ſeiner
Frau, und bekommt außerdem von ihren ausſtehenden Forderungen
und dem juri Saxonico unterworfenen unbeweglichen Gütern den
vierten Theil. — In einigen Gegenden erhält der Ehegatte, wel=
cher ſich in einen Bauerhof eingeheirathet hat, bei dem Daſein
von Kindern nach Gewohnheitsrecht ſtatt der ſtatutariſchen Portion
einen Altentheil in dem Hofe. — Dieſes Güterrecht gilt zugleich
in dem ganzen Herzogthum Holſtein, mit alleiniger Ausnahme des

s. g. schauenburgischen Antheils, für alle diejenigen, welche, ohne zur Ritterschaft zu gehören, einen höheren Gerichtsstand haben.

4. In den beiden holsteinischen Aemtern Neumünster und Bordesholm gilt nach der richtigeren Ansicht während der Ehe dasselbe Güterrecht, wie in den übrigen Districten des sächsischen Rechts; es ist jedoch nach den „neumünsterschen Kirchspiels= und bordesholmer Amtsgebräuchen" das Erbrecht des Mannes ver= schieden, je nachdem die Ehe beerbt ist oder nicht, das Erbrecht der Frau mit Rücksicht darauf, ob die Ehe ein Jahr oder länger gedauert hat. Einige Schriftsteller nehmen hier eine durch Geburt eines Kindes oder Dauer der Ehe über ein Jahr bedingte all= gemeine Gütergemeinschaft an.

5. In allen holsteinischen Städten mit alleiniger Aus= nahme der Stadt Altona und in den schleswigschen Städten Tondern und Burg gilt das lübsche Recht, und es findet in allen diesen Städten das Güterrecht des lübschen Statuts mit dem Unterschiede der beerbten und unbeerbten Ehe Anwendung.

6. In den beiden Landschaften Norder= und Süderdith= marschen gilt nach dem dithmarsischen Landrechte ein Güterrecht, welches Errungenschaftsgemeinschaft mit manchen eigen= thümlichen Bestimmungen enthält; so steht namentlich der Frau ein Recht auf eine dem Brautschatze gleichkommende Widerlage zu. Zwischen Norderdithmarschen und Süderdithmarschen findet die Ver= schiedenheit Statt, daß eine nach dem Landrechte der Frau zu= stehende statutarische Portion in den beweglichen Gütern des Manes für Süderdithmarschen durch landesherrliche Verordnung aufge= hoben ist.

7. Auf der Insel Fehmern, mit Ausnahme der Stadt Burg, findet Errungenschaftsgemeinschaft Statt, bei welcher je= doch auch Gemeinschaft aller Schulden eintritt.

8. In dem größeren Theile des Herzogthums Schleswig, nämlich in allen Landdistricten mit Ausnahme der Insel Feh= mern, der Landschaft Eiderstedt und einiger friesischen Districte, und in den Städten Hadersleben, Apenrade, Sonderburg und Arröeskiöbing findet nach schleswigschem Landrecht, dem s. g. jütschen Low, eine particulare Gütergemeinschaft Statt, die eingebrachten beweglichen Güter, zu welchen auch die Häuser

gerechnet werden, und die Errungenschaft umfassend. Sondergut sind die eingebrachten Grundstücke und das während der Ehe ein= geerbte Gut, letzteres jedoch nur, wenn nicht auch von der anderen Seite eingeerbt wird, in welchem Falle die beiderseits eingeerbten beweglichen Sachen gemeinschaftlich werden. Eigenthümlich ist, daß bei einer Theilung mit Kindern, der überlebende Ehegatte nur einen Sohnestheil an dem gemeinschaftlichen Gute erhält; wobei dem Manne das während der Ehe erworbene Land voraus und außerdem noch ein Sohnestheil an dem Lande der verstorbenen Frau zufällt. In mehreren Gegenden kommen nach Gewohnheits= recht einzelne Abweichungen von den Grundsätzen des Land= rechts vor.

9. Auf einigen schleswigschen Inseln der Nordsee und in einigen Districten der Nordküste gilt das nordstrander Land= recht, nach welchem zuerst Errungenschaftsgemeinschaft, mit der Geburt eines Kindes aber allgemeine Gütergemeinschaft eintritt, welche auch fortdauert, wenn durch den Tod der Kinder die Ehe wieder unbeerbt wird, jedoch mit der Beschränkung, daß nach dem Tode der Kinder eingeerbtes Land nicht in die Gemeinschaft fällt.

10. In dem schauenburgischen Antheil von Holstein, mit Ausnahme der in diesem Theile liegenden Stadt Altona, hat sich durch Gewohnheit eine allgemeine Gütergemeinschaft gebildet, welche in der Mitte des vorigen Jahrhunderts durch mehrere landesherrliche Verordnungen für die einzelnen Bezirke dieses Lan= destheiles, mit geringer Verschiedenheit in den einzelnen Bezirken, festgestellt worden ist. Sie zeichnet sich durch mehrere Unregel= mäßigkeiten aus; namentlich kann der überlebende Ehegatte wählen, ob er mit den Erben des Erstverstorbenen halbscheidlich theilen, oder ihnen die eingebrachten und eingeerbten Güter des Verstor= benen herausgeben will.

11. Für die Stadt Altona ist durch landesherrliche Ver= ordnungen ein ähnliches Güterrecht festgestellt, welches von Einigen als particulare, von Anderen als allgemeine Gütergemeinschaft aufgefaßt wird.

12. In den beiden holsteinischen Landschaften Kremper und Wilstermarsch gilt nach alter Gewohnheit, dem s. g. Land= und Marschrecht, eine im Wesentlichen regelmäßige allgemeine Gütergemeinschaft.

18 *

13. In der schleswigschen Landschaft Eiderstedt mit Einschluß der Städte Tönning und Garding und einigen benachbarten Districten findet nach dem eiderstedter Landrecht allgemeine Gütergemeinschaft Statt.

14. 15. Nach den in Betreff des ehelichen Güterrechts nur in wenigen minder erheblichen Punkten von einander abweichenden Stadtrechten der beiden schleswigschen Städte Husum und Friedrichsstadt besteht in diesen Städten allgemeine Gütergemeinschaft.

16. 17. 18. Nach den in den wesentlichen das Güterrecht betreffenden Punkten mit einander übereinstimmenden Stadtrechten der schleswigschen Städte Flensburg, Schleswig und Eckernförde findet in diesen Städten allgemeine Gütergemeinschaft Statt. Nach dem Flensburger Stadtrecht erhält die nachlebende Ehefrau, wenn sie mit ihren Kindern zu theilen hat, von dem gesammten beiderseitigen Gute außer einem geringen Voraus nur so viel als Einer ihrer Söhne.

In dem ganzen Lande wird Wandelbarkeit des ehelichen Güterrechts als unzweifelhaft anerkannt. Ueber die Zweifellosigkeit dieses Grundsatzes sind alle neueren Schriftsteller [63] wie die Gerichte des Landes einverstanden. In den neueren Erkenntnissen, welche diese Frage berühren, wird sie als eine längst durch den Gerichtsgebrauch entschiedene, die Wandelbarkeit als ein „uraltes Herkommen" bezeichnet. Die Wandelbarkeit beruht jetzt nicht bloß auf Gerichtsgebrauch, sondern bildet eine eigentliche Rechtsgewohnheit, ist im Volke bekannt [64].

Bei der oben geschilderten Mannigfaltigkeit der Güterrechte

---

63) Scholtz, Concurs und Concursrecht in dem Herzogthume Schleswig. S. 103. — Falk a. a. O. Bd. 1. S. 150. Bd. 4. S. 429. — Paulsen, im staatsbürgerlichen Magazin Bd. 2. S. 324—327. — Derselbe, Lehrbuch des schleswig-holsteinischen Privatrechts §. 138. — Esmarch, Handbuch des Erbrechts in dem Herzogthume Schleswig. S. 58. — Derselbe, das im Herzogthume Schleswig geltende bürgerliche Recht. S. 61.

64) Schäffner a. a. O. S. 150 zieht die Richtigkeit der von Falk behaupteten schleswig-holsteinischen Praxis in Zweifel; dieselbe würde sich durch Hunderte gerichtlicher Theilungsarten von Ober- und Untergerichten aus allen Theilen des Landes näher barthun lassen.

ist eine Veränderung etwas sehr Gewöhnliches. Bei jedem Umzuge aus einem der aufgezählten Bezirke und Oerter nach einem anderen, in der Regel bei jedem Umzuge aus einer Stadt in das anstoßende Landgebiet und umgekehrt, findet Veränderung des Güterrechts Statt; oft schon bei dem Umzuge von einer Seite einer Gasse nach der andern, von einem Hause in das benachbarte, denn Amts-, adelige und klösterliche Gerichtsbezirke erstrecken sich in die Straßen der Städte hinein, und in manchen Städten und Dörfern gibt es einzelne Häuser und Höfe, welche unter den höheren Gerichten stehen. Ohne Veränderung des Wohnortes tritt Wechsel des ehelichen Güterrechts durch Standesveränderung, namentlich durch Erwerb des höheren Gerichtsstandes, ein. Wenn ein in der Stadt Kiel wohnender Untergerichtsadvocat sich verheirathet, so tritt für ihn und seine Frau das Güterrecht des lübschen Rechts ein; wird er darauf zum Professor an der Universität ernannt, so kommt das römische Dotalrecht, und wenn er später in das Oberappellationsgericht eintritt, das sächsische Güterrecht zur Anwendung, ohne daß eine Wohnungsveränderung Statt gefunden.

Wären mit der Wandelbarkeit des Güterrechts so große Gefahren und Nachtheile verbunden, wie Manche annehmen: so hätten sie sich in diesem Lande kund thun müssen; sie sind aber nicht wahrgenommen worden. Der Verfasser dieses Aufsatzes, welcher daselbst drei und zwanzig Jahre als practischer Jurist thätig gewesen, hat nicht von einem einzigen Falle einer Ortsveränderung vernommen, welche zu dem Zwecke, eine Veränderung des Güterrechts zum Nachtheile der Frau oder der Gläubiger herbeizuführen, Statt gefunden hätte, während ihm nicht wenige Fälle von augenscheinlich auf den Nachtheil der Gläubiger berechneten Veräußerungen und anderen Rechtsgeschäften vorgekommen sind. Wenn Funk bei der Wandelbarkeit die Rechte der Frau den Launen des Mannes zum Spielball gegeben sieht, in der Lehre von der Wandelbarkeit eine Quelle des allgemeinsten ehelichen Unglücks erblickt, vor welchem man erschrecken, und welches zu den unseligsten Folgen für die Ehegatten, ihre Kinder und Kindeskinder, namentlich zu Ehescheidungen führen müßte: so weiß die Erfahrung in einem Lande, in welchem Wandelbarkeit herrscht und bei dem Durcheinanderliegen vieler kleiner unter verschiedenen Gesetzen stehender

Bezirke die häufigste Anwendung findet, von solchen nachtheiligen
Folgen gar nichts. In den Jahren 1834 (seit Einführung be=
rathender Stände) bis 1848 hat sich in dem Lande ein Streben
nach Verbesserung mangelhafter Zustände in nicht geringem Um=
fange geltend gemacht; Verbesserungsvorschläge in großer Zahl
sind gemacht von den Ständeversammlungen an die Regierung,
in Petitionen an die Ständeversammlungen, in den Advocaten=
vereinen, in zahlreichen Flugschriften, Zeit= und Tagesblättern;
es ist nicht leicht irgend ein wirklicher oder scheinbarer Uebelstand,
welcher in dem Rechts= und Gerichtswesen bemerkt worden wäre,
ungerügt geblieben; aber gegen die Wandelbarkeit des ehelichen
Güterrechts, oder auch nur für eine Beschränkung derselben oder
für eine Anordnung zur Vorbeugung von Nachtheilen, hat sich
keine Stimme erhoben.

Darin, daß in einem Lande, in welchem so häufig ein
Wandel des Güterrechts vorkommen muß, bei den verschiedensten
Güterrechten sich ohne alle Einwirkung von Seiten der Gesetz=
gebung von Alters her der Grundsatz der Wandelbarkeit gleich=
förmig festgestellt hat und bis jetzt unangefochten erhalten hat, dürfte
auch ein Beweisgrund dafür liegen, daß die Wandelbarkeit dem
Wesen der Ehe und der Natur des ehelichen Güterrechts ent=
spreche; während der entgegengesetzte Grundsatz, wo er sich Gel=
tung verschafft hat, einer abstracten Theorie der Schriftsteller, der
Besorgniß, daß die Frau hinsichtlich ihrer Vermögensrechte der
Willkühr des Mannes Preis gegeben sein möge, insbesondere der
längere Zeit hindurch sehr verbreiteten Ansicht von dem in der
Eheschließung enthaltenen stillschweigenden Vertrage über das
Güterverhältniß sein Dasein verdankt.

Auch in den drei freien Städten Hamburg, Lübeck und
Bremen, in welchen vorzugsweise altdeutsche Rechtsansichten sich
in Wirksamkeit erhalten haben, ist der Grundsatz der Wandelbar=
keit anerkannt geltend, und muß namentlich in Bremen und
Hamburg, sehr oft zur Anwendung kommen. Wenn sich eine Ent=
scheidung des Oberappellationsgerichts zu Lübeck über diese Frage
nicht nachweisen läßt: so erklärt sich dieses wohl nur daraus, daß
dieselbe nicht streitig ist.

VIII.

Das Patronatrecht im Streite mit den Forderungen des oberrheinischen Episcopats.

Von

Dr. jur. W. Kompe.

Es ist eine bekannte Thatsache, daß der oberrheinische Epis=
copat, unter Bezugnahme auf die Denkschriften vom Jahre 1851
und 1853, das Patronat= insbesondere das Präsentationsrecht in
Ansehung einer nicht unbedeutenden Anzahl katholischer Pfarreien,
welche sich seit langer Zeit im Patronate weltlicher Personen be=
fanden, in den letzten Jahren beanstandete, indem der betreffende
Bischof, beziehungsweise Erzbischof in einzelnen Fällen die er=
folgte Nomination oder Präsentation für erledigte Pfarreien nicht
anerkannte, vielmehr die freie Collatur der Pfründen in seiner
Diöcese für sich beanspruchte und letztere in Folge eigner Anord=
nung verwalten ließ, überhaupt aber und allgemein das Ver=
langen stellte, es sollten die Patrone in Fällen eintretender Vacanz
dem bischöflichen Ordinariate den kirchlichen Rechtstitel für das
Patronatrecht nachweisen. Dieser Anspruch des Episcopats richtete
sich nicht allein gegen die Landesherren, welche vermöge des soge=
nannten landesherrlichen oder Staats=Patronats alle Pfründen,
mit Ausnahme der im Privatpatronate stehenden, aus eigner
Machtvollkommenheit vergaben, sondern auch gegen standesherr=
liche und andere Personen, welche bisher unangefochten Patronat=
rechte ausgeübt hatten.

Die hieraus bei Wiederbesetzung von erledigten Pfründen er=
wachsenen Differenzen bilden einen integrirenden Theil des soge=
nannten Kirchenstreits [1]), und sind inzwischen zum Theil durch

---

1) Vgl. hierüber Schletter, Jahrbücher für die deutsche Rechtswissen=
schaft, I. S. 238 f. und diese Zeitschrift, XVII. S. 321.

einzelne Vereinbarungen der Betheiligten beigelegt worden. So regelt z. B. die württembergische Vereinbarung mit Rom vom 8. April, ratificirt den 5. Juni 1857, Art. IV. [2]) das Verhältniß im Allgemeinen dergestalt definitiv, daß der Bischof alle Pfründen zu verleihen haben soll, mit Ausnahme derjenigen, welche einem rechtmäßig erworbenen Patronatrechte unterliegen. Durch ein besonderes Abkommen mit dem Bischof zu Rottenburg wurden sodann die Stellen bischöflicher Collatur und königlichen Patronats ausgeschieden, wobei die Krone unter Verzicht auf das seither ge= übte Staats=Patronat [3]) die ihr zukommenden Laienpatronate und die aus Staatsmitteln dotirten oder redotirten Stellen behielt, der bischöflichen Collatur aber die von den früheren Bischöfen, Dom= capiteln, geistlichen Corporationen und Dignitären verliehenen, aus geistlichen Mitteln neu errichteten oder aufgebesserten Pfründen anheimfallen ließ. Bezüglich derjenigen Kirchenstellen, deren Pa= tronat ursprünglich ein dingliches war, die aber nachmals einem geistlichen Stift oder Kloster incorporirt wurden, behaupteten die bischöflichen Bevollmächtigten, daß das Patronat jedenfalls durch diesen Erwerb von Seite einer geistlichen Person kirchlich geworden sei [4]). Zuletzt fand ein Vergleich dahin statt, daß die eine Hälfte dieser Patronate der Krone, die andere Hälfte dem Bischofe zu= geschieden ward.

---

[2]) Vgl. diese Zeitschrift a. a. O. S. 354. 360. 361. Reyscher, das österreichische und das württembergische Konkordat nebst den separaten Zugeständnissen, Tübingen 1858. 2. Aufl. S. 59. (Im Anhange sind beide Konkordate nebst den ergänzenden Erklärungen abgedruckt.) Fl. Rieß, die württembergische Convention, Freiburg 1858. S. 77.

[3]) Dem Vernehmen nach ist auch die Staatsregierung von Baden ge= neigt, das sogenannte landesherrliche Patronat aufzugeben.

[4]) Diese Ansicht stützt sich auf einige neuere Autoritäten der kathol:chen Kirche (wie Walter, Roßhirt, Schulte), welche an dem Satze festhalten: »Jus patronatus etsi origine fuerit laicale, si tamen illud in ecclesiam, monasterium transferatur ipsa translatione na= turam juris patronatus exuit et evadit ecclesiasticum« (Schmalz= grueber lib. III. tit. 38. n. 23.), und auf einen Bescheid der Rota vom 19. Juni 1705: »Si rex investivit Abbatem de feudo, cui est annexum jus patronatus alicujus ecclesiae, censeatur jus patro= natus ecclesiasticum.«

Nur in provisorischer Weise auf die Dauer von zehn Jahren, wenn nicht in der Zwischenzeit eine definitive Vereinbarung zu Stande kommt, ist dagegen der zwischen dem Fürsten von Hohenzollern und dem Erzbischof von Freiburg bestehende Conflict durch die Uebereinkunft vom Januar 1857 ausgeglichen, indem rücksichtlich einer Anzahl von Pfarreien, bei welchen der Patronats-Rechtstitel als zweifelhaft einer nähern Ermittelung unterzogen werden soll, eine alternirende Besetzung in der Weise festgesetzt ist, daß die in den geraden Monaten (Februar, April, Juni, August, November) eintretenden Erledigungen der bischöflichen freien Collatur, die in den ungeraden Monaten aber der fortdauernden Präsentation des Fürsten heimfallen.

Es gibt nun aber noch eine große Anzahl von Pfründen in der oberrheinischen Kirchenprovinz, bezüglich deren der Streit zwischen dem Episcopat und den einzelnen Patronen noch schwebt. Die Erörterung und Beleuchtung dieser Differenzen vom Rechtsstandpunkte aus bietet ohne Zweifel ein nicht geringes wissenschaftliches Interesse, und es ist dies auch wohl nicht ohne praktische Bedeutung, insoferne dergleichen lediglich objectiv gehaltene und rein wissenschaftliche Betrachtungen dazu dienen können, die das Rechts- und kirchliche Leben wesentlich berührende Streitfrage einer baldigen befriedigenden Erledigung zuzuführen.

Eine eingehende sachliche Behandlung haben die Verhältnisse des Privatpatronats in der oben angedeuteten Richtung neuerlich noch nicht erhalten, wenigstens nicht vor dem öffentlichen Forum, während die übrigen Differenzpunkte in zahlreichen Schriften erörtert worden sind. Der Grund dieser Erscheinung mag wohl mit darin liegen, daß es in den einzelnen Conflictsfällen bezüglich des Privatpatronats vorzugsweise und wesentlich auf die besonderen thatsächlichen Verhältnisse ankommt. Indessen bestehen doch daneben allgemeine Gesichtspunkte, Cardinalgrundsätze, welche für die Streitfrage überhaupt, mithin auch für alle Conflictsfälle mehr oder weniger maßgebend sind.

Diese generellen Grundsätze zusammenzustellen und von ihnen aus das hier vorliegende Rechtsverhältniß zu beleuchten ist Zweck dieses Aufsatzes. Darnach wird sich dann beurtheilen lassen, ob der in Rede befindliche Rechtszustand factisch oder rechtlich von der Art sei, daß für den Episcopat zureichende Veranlassung vorlag,

den Streit überhaupt und namentlich in der Weise, wie es geschehen, zu erheben, ferner ob und in wie weit die von ihm erhobenen Forderungen im Allgemeinen als gegründet sich darstellen,
endlich ob und welche Aenderung des seitherigen Zustands mittelst
Vereinbarung rechtlich geboten erscheine.

§. 1. Geschichtliches.

In Folge der bedeutungsvollen staats = und völkerrechtlichen
Acte zu Anfange unseres Jahrhunderts trat u. A. die Säculari-
sirung fast aller geistlichen Staaten Deutschlands ein, und es fielen
die säcularisirten Länder oder einzelne zur Entschädigung ange-
wiesene Stifter, Klöster und Abteien an weltliche Landesherren,
beziehungsweise nachdem diese zum Theil mediatisirt worden waren,
an Standesherren [5]. Hieher gehört namentlich der Reichsdeputations = Hauptschluß vom Jahre 1803, durch welchen die
„Austheilung und endliche Bestimmung der Entschädigungen" wegen
des auf der linken Rheinseite entstandenen Verlustes auf Grundlage der Entschädigung durch Säcularisationen geregelt wurde.
Nachdem zunächst die Entschädigungsberechtigten und die ihnen
überwiesenen Objecte aufgezählt worden, bestimmt der §. 36.:

> „Die namentlich und förmlich zur Entschädigung angewie-
> senen Stifter, Abteien und Klöster, sowie die der Dispo-
> sition der Landesherren überlassenen, gehen überhaupt
> an ihre neuen Besitzer mit allen Gütern, Rechten, Kapi-
> talien und Einkünften, wo sie auch immer gelegen sind,
> über, sofern oben nicht ausdrückliche Trennungen
> festgesetzt worden sind."

---

5) Diese mediatisirten Reichsstände sind den Landesherren nur als politischer Anwuchs zur Vergrößerung ihres souverainen Gebiets zuge-
fallen (vgl. Kohler, staatsrechtliche Verhältnisse des 2c. Adels in
Deutschland, §. 37.), so daß die Standesherren die durch den Reichsdeputations = Hauptschluß gemachten Erwerbungen, abgesehen von
der Territorialherrschaft (Landeshoheit, Souverainetät), vollständig
behielten. Es ist dieser Gesichtspunkt auch bei dem Patronate von
Bedeutung, indem letzteres, soweit sich dasselbe aus der Säcularl-
sation herleitet, den mittelbar gewordenen Reichsständen verblieb, und
nicht etwa in dem damals in Uebung befindlichen sogenannten landesherrlichen Patronat aufging.

Daß zu diesen „Gütern und Rechten" auch das von jenen aufgehobenen Stiftern 2c. bis dahin ausgeübte Patronat gehöre, scheint damals von keiner Seite bezweifelt worden zu sein, weder von dem Episcopat, noch weniger von den neuen Besitzern der Entschädigungsobjecte; letztere nahmen das Patronat als integrirenden Bestandtheil der überwiesenen Objecte in Besitz und übten es ohne Widerspruch des Episcopats aus. Es liegen Fälle vor, wo ein früherer Kirchenbeamte, z. B. der Abt eines säcularisirten Klosters, von dem neuen Besitzer des letzteren als Pfarrer für eine Pfründe präsentirt worden ist, und den Uebergang des Präsentationsrechts auf diesen neuen Besitzer in Folge des Reichsdeputations-Hauptschlusses ausdrücklich und ohne Widerrede Seitens des Episcopats anerkannt hat [6].

Nach dem Verluste ihrer Landeshoheit entfernten sich die Bischöfe größtentheils aus ihren Ordinariaten, um nicht als Unterthanen ihrer ehemaligen Mitstände leben zu müssen, und überließen, indem sie sich von der Leitung ihrer Diöcesen zurückzogen, das Kirchenregiment den General-Vicaren; insbesondere wurde Seitens der bischöflichen Curien die Collatur der Pfründen, welche zur Zeit der Säcularisation im Patronate eines Domcapitels oder in Verbindung mit den Stiftern, Abteien und Klöstern standen, damals in der Regel nicht ausgeübt, auch nicht beansprucht, vielmehr übten — was das Privatpatronat anlangt — die Besitzer der säcularisirten Stifter 2c. seit deren Besitzergreifung das Präsentationsrecht aus, indem sie in den eintretenden Vacaturfällen einen Geistlichen vorschlugen und der Bischof oder dessen Stellvertreter darauf die kanonische Institution ertheilte [7]. Dieses Verfahren

---

6) Der Papst hat zwar gegen den Reichsdeputations-Hauptschluß protestirt — wie er auch gegen den westphälischen Frieden Protest einlegte —, aber später thatsächlich anerkannt, was offen zuzugestehen das Princip der Kirche ihm untersagte. Richter, Kirchenrecht, §. 82. Dieser Protest, sowie die Note des Cardinals Consalvi vom 10. August 1819 Nr. 15. 36. und das Breve von 1830, „Pervenerat jam pridem", beziehen sich wesentlich auf die Ausübung kirchlicher Rechte von Seiten der weltlichen Regierungen, nicht aber auf das von den Privatpatronen besessene und ausgeübte Präsentationsrecht.

7) Ueber die Abweichung in Württemberg vgl. §. 5. a. E. Die Landes-

bestand seit dem Jahre 1803 bis zu Anfang der zweiten Hälfte unseres Jahrhunderts wohl überall als Regel, dergestalt, daß die Nachfolger und Besitzer der säcularisirten Güter im unbestrittenen Besitze und in der ruhigen Ausübung des Präsentationsrechts bezüglich der betreffenden Pfarreien, welches Recht sie als einen integrirenden Bestandtheil der Entschädigungsobjecte betrachteten, zu der Zeit sich befanden, als solches der Episcopat in Contestation zog. Hierbei wurde auch während der gedachten Zeit weder Seitens des neuen Patrons, noch Seitens des Episcopats zwischen dem persönlichen und dem Präsentationsrechte, welches ursprünglich der Besitzung als dingliche Zubehör anklebte, unterschieden. — Die Ausübung des Rechts erfolgte unter den Augen des Episcopats, mit Wissen und Willen desselben; in einzelnen Fällen ist es als ein wohlbegründetes Recht der dasselbe ausübenden Patrone von Seiten des Bischofs oder dessen Stellvertreters ausdrücklich anerkannt worden.

§. 2. Die Ansprüche des Episcopats und deren Begründung.

In der Denkschrift des oberrheinischen Episcopats vom Jahre 1853 §. 5. wird die Forderung des Episcopats in Ansehung des bischöflichen Collationsrechts folgendermaßen gestellt und zu begründen gesucht:

„Die Bischöfe nehmen für sich die freie Verleihung der geistlichen Aemter als ein unveräußerliches Recht der Kirche und der bischöflichen Jurisdiction in Anspruch. Eine Beschränkung des freien Verleihungsrechts können sie nur da anerkennen, wo ein gesetzliches und zu Recht bestehendes Patronat einem Patrone das Recht verleiht, nicht etwa eine Pfründe zu besetzen, sondern eine taugliche Person zu dieser Stelle dem Bischofe zu präsentiren. Ob und in welchen Fällen aber ein solches Patronatsrecht begründet, und nach welchen Grundsätzen es auszuüben sei, das ist lediglich nach den Grundsätzen des geltenden Kirchenrechts zu beurtheilen" [8].

---

herren übten in den Entschädigungsländern das Nominationsrecht aus, vgl. auch §. 3. a. E.

[8] Im Eingange der Denkschrift wird bemerkt, daß nur solche Anträge, Reklamationen und Bitten gestellt werden, welche in nothwendiger

Weiter behauptet die Denkschrift, daß derjenige, welcher ein Patronat beanspruche, sein Recht strictissime beweisen müsse, denn es
streite die Vermuthung dafür, daß das Patronat ein persönliches
sei, und zwar schon nach der allgemeinen Rechtsregel, wonach bei
einem mit dem gemeinen Rechte im Widerspruche stehenden one-
rosen Rechte die Vermuthung für die geringere Belastung streite,
außerdem aber auch nach der historischen Wahrscheinlichkeit, da
geschichtlich ursprünglich alle Patronate bloß persönliche gewesen
seien.

Dies gelte ganz insbesondere von den, geistlichen Corporationen
zustehenden Patronatsrechten, denn eine Menge dieser Pfründebe-
setzungsrechte sei gar kein Patronat gewesen; wo aber auch ein
wirkliches Patronat früher vorhanden, sei dasselbe ein persönliches
gewesen und mit dem Erlöschen der Corporation erloschen. In
allen diesen Fällen sei also die libera collatio des Bischofs ipso
jure wieder aufgelebt. Nur in den erst zu beweisenden seltenen
Fällen, wo ein Patronat an einem bestimmten Gute haftete [9],
könne von einem Uebergange des Patronats mit dem Gute auf
die Nachfolger die Rede sein. Dabei erklärte der Episcopat
offen, daß seiner Seits eine Succession der weltlichen Fürsten und
Herren in die von den säcularisirten Stiftern und Klöstern inne-
gehabten Patronatsrechte fernerhin nicht mehr anerkannt werde.

Der Streit des Episcopats gegen die einzelnen Patrone
wurde theils dadurch eröffnet, daß der betreffende Bischof das
Verlangen stellte, sie sollten, falls sie das Patronat ferner auszuüben beabsichtigen, den kirchlichen Rechtstitel dem bischöflichen Ordinariate gegenüber nachweisen, theils dadurch, daß der Bischof

---

Consequenz aus dem Wesen und Zwecke der katholischen Kirche sich
ergeben, und im positiven öffentlichen Rechte klar und unzweideutig
begründet seien. Die Quellen dieses positiven Rechts werden dann
in den §§. 3. und 4. angegeben, wogegen zu vergleichen: Schletter
a. a. O. und Richter a. a. O. §. 53. 56. 59. 82. Eichhorn,
deutsche Staats- und Rechtsgeschichte, IV. §. 617. S. 755. 756.

9) Es wird hier der Fall verstanden sein, wo der Besitzer eines Gutes,
welchem ein Laienpatronat als dingliche Zubehör anklebt, dieses Gut
mit dem Patronat auf eine kirchliche Corporation übertrug, letztere
das Patronat bis zur Säcularisation ausübte, und nun jenes Gut
als Entschädigungsobjekt auf einen weltlichen Fürsten überging.

thatsächlich und ohne Weiteres in einzelnen Fällen vorschritt, in=
dem er dem präsentirten Geistlichen die kanonische Institution ver=
sagte, die freie Collatur beanspruchte und die erledigte Pfründe.
nach eigener Anordnung verwaltete. Andererseits stützten die Pa=
trone den Fortbestand ihres bisherigen Rechts hauptsächlich auf
den Erwerb in Folge des Reichsdeputations=Hauptschlusses, inso=
ferne derselbe eine Nachfolge in die Rechte der säcularisirten kirch=
lichen Corporationen begründet, ferner auf die erwerbende be=
ziehungsweise erlöschende Verjährung, und den Verzicht beziehungs=
weise die Anerkennung des Episcopats, endlich auf die dingliche
Natur des Patronats. Hiergegen wendet nun der Episcopat im
Wesentlichen Folgendes ein:

1. Die Ansicht, daß eine Universalsuccession in die Rechte
der säcularisirten Corporationen stattgefunden habe, sei vom Stand=
punkte des göttlichen und positiven Rechts aus ungegründet, des=
halb auch in neuerer Zeit allgemein aufgegeben worden; die bloße
von der öffentlichen Gewalt ausgegangene Thatsache der Säcu=
larisation sei als Gesetz nicht anzuerkennen. Der Reichsdeputations=
Hauptschluß habe über das Patronatsrecht nicht verfügen können,
weil Kirchensachen der Disposition der weltlichen Gesetze entzogen
seien; er habe aber auch nicht beabsichtigt, den Fürsten ein Pa=
tronatsrecht zuzusprechen, vielmehr nur w e l t l i c h e nutzbringende
Güter überwiesen; das Geschäft der Reichsdeputation habe sich
überhaupt nicht auf kirchliche Verfassung und Patronatsrechte be=
zogen. Eben so wenig wolle die Bundesacte Art. 14., da das
Patronat kein weltliches alienirbares, kein Eigenthumsrecht sei,
solches garantiren, d. h. der Kirche entziehen. Es liege mithin —
und dies sei auch die Ansicht aller neueren Canonisten, wie Walter,
Roßhirt, Schulte, Gerlach, Schitling ꝛc. — im Reichs=
deputations = Hauptschluß weder ein staatsrechtlicher, noch ein
kanonischer Grund zum Titel der Universalsuccession vor.

2. Nach dem Tridentinischen Concil (sess. 14. c. 12. 25. c. 9.
de reform.) sei jede factische, auch noch so lange Innehabung
eines Patronats nicht rechtsbeständig und nur zulässig der Titel
der Schenkung, der Stiftung (fundatio aut exstructio ex mera
liberalitate et ex patrimonialibus bonis) und der titulus legitimae
praescriptionis. Der angeblichen Verjährung ständen entgegen
die Einrede des mangelnden Titels (ein solcher sei nach dem

Tridentinischen Concil erforderlich, da von einer praescriptio in-
definita nicht die Rede sein könne), ferner die Einrede der fehlenden bona fides, der vis major (c. 5. de praescript. in VI.).

3. Ein Verzicht sei nicht vorhanden, denn ohne päpstliche
Bestätigung könne das kirchliche Patronat an einen Laien nicht
übergehen; ein Verzicht des Ordinarius, selbst mit der ausdrücklichen Zustimmung des Capitels, sei ohne Consens des Papstes
rechtlich wirkungslos. Es habe aber der Papst gegen die Säcularisation und die daraus entstandenen Folgen protestirt (vgl. oben
§. 1. Not. 6.); die Ordinarien hätten ebenfalls gegen die Ausübung der kirchlichen Rechte von Seiten der Regierungen Protest
eingelegt und seien nur der Gewalt gewichen, sie hätten die Präsentationen der Laien nur quoad factum anerkannt. Ueberdies
könnten, da die kirchliche Jurisdiction seit 1803 bis in die neueste
Zeit gehemmt gewesen sei, die während dieses Zeitraums gesetzten
Thatsachen keine Rechte begründen. Vom Standpunkte des positiven Rechts aus erscheine vielmehr die Ansicht begründet, daß mit
dem Erlöschen der kirchlichen Corporationen auch deren Patronatsrechte erloschen seien, mithin seien die Pfründen der freien bischöflichen Collatur zurückgefallen, weil diese die Regel bilde, und weil
eine Extinctivverjährung ohne die — hier nicht vorhandene —
Acquisitivverjährung nicht bestehe und der Ordinarius nie ein Patronat, sondern das freie Provisionsrecht habe. — Es hätten die
Patronate ohne Unterschied, ob sie dingliche oder persönliche gewesen, der erloschenen kirchlichen Corporation gehört — die Auffassung einiger Canonisten, daß die den Grundstücken und dinglichen Rechten annektirt gewesenen Patronatsrechte denselben auch
jetzt noch annektirt seien, stelle sich als eine irrige, von der Kirche
verworfene dar — und es seien daher alle diese Pfründen nach
dem positiven Rechte freier Collatur.

§. 3. Rechtsquellen und Entscheidungsnormen.

Um die rechtliche Seite des vom Episcopate erhobenen Anspruchs rein vom Standpunkte des bestehenden Rechts aus beurtheilen zu können, ist es vor allen Dingen nöthig, die Rechtsquellen
und Entscheidungsnormen festzustellen, welche bei der Streitfrage
zur Anwendung gelangen müssen.

Der Episcopat bezeichnet nämlich in der Denkschrift seine

Forderungen als solche, welche im „positiven öffentlichen
Rechte klar und unzweifelhaft begründet" seien; er behauptet, nur
auf dem Rechtsboden sich zu bewegen, keine Privilegien, sondern
nur den Schutz des für alle Staatsangehörigen geltenden jus
commune zu beanspruchen, und er bemerkt, daß die betreffenden
Verhältnisse der katholischen Kirche nur nach normalen, nicht
aber nach singulären Rechtsnormen beurtheilt und regulirt werden müßten. Insbesondere wird sich berufen auf die völker-
rechtlich und staatsrechtlich unbedingt, pleno jure stattfindende
Anerkennung der katholischen Kirche in den Territorien der oberrheinischen Kirchenprovinz, sodann auf die Natur und den Umfang
des Rechtsbestands der katholischen Kirche in diesen Territorien,
der sich auf einen unvordenklichen Besitzstand, auf die ausdrückliche
Anerkennung der deutschen Reichsgesetze, insbesondere des westphälischen Friedens und auf die mit Rom abgeschlossenen Vereinbarungen stütze. Dabei wird behauptet, daß auch das
kanonische Recht unbeschränkt und unbedingt in den Vereinsstaaten anerkannt sei.

Im Allgemeinen ist zunächst daran zu erinnern, daß in Folge
der großen politischen Revolution am Anfange unseres Jahrhunderts der Zustand sich entwickelte, gegen welchen der Episcopat in
unseren Tagen ankämpft: bald nach der durch den Frieden von
Lüneville vom 9. Februar 1801 angebahnten und mit dem Reichsdeputations-Hauptschluß vom 25. Februar 1803 ausgeführten
Säcularisation trat die Auflösung des deutschen Reichs und die
Souverainetät der Rheinbundsfürsten ein. Bei der Fortdauer der
Kriege fand sich keine Gelegenheit, die kirchlichen Verhältnisse alsbald zu regeln, und auch auf dem Wiener Congresse (1815) wurde
darüber nichts bestimmt, sondern die Ordnung derselben stillschweigend jedem einzelnen Staate überlassen. Die oberrheinische Kirchenprovinz wurde nun gebildet und ihre Rechtsverhältnisse bestimmt, einerseits durch die päpstlichen Bullen v. J. 1821 (Provida
solersque) und 1827 (Ad dominici gregis custodiam), andererseits
durch die zwischen den betheiligten Regierungen verabredete Verordnung (sog. Kirchenpragmatik) vom Jahre 1830. Zwar wurden
jene Bullen von Staats wegen nur mit einem, die Rechte des
Staats, der Bischöfe und der evangelischen Kirche wahrenden
Vorbehalte publicirt; und andererseits wurde von dem römischen

Stuhle gegen die Verordnung vom J. 1830 Verwahrung eingelegt. Nichts desto weniger erblickten sowohl die Staatsregierungen, als auch der Episcopat, in dem Inhalte dieser Quellen die Grundlage der gesetzmäßigen Ordnung für die katholische Kirche der betreffenden Staaten, und es wurden dieselben bis zu dem Bewegungsjahre 1848 beiderseits anerkannt und vollzogen.

Außer den zwischen den Regierungen und der Curie, und zwischen den Regierungen unter sich getroffenen Vereinbarungen bilden eine Entscheidungsquelle die besonderen Staatsgesetze. Darin wurzelt insbesondere die schon im vorigen Jahrhundert in Deutschland anerkannte und in Uebung befindliche Lehre von dem Majestätsrechte des Staates, dem sogenannten jus circa sacra. Der Episcopat, indem er hiergegen ankämpft, übersieht, daß die Stellung der katholischen Kirche in den deutschen Staaten niemals eine so unabhängige war, wie die Denkschrift annimmt, und daß die heutige Staatsgewalt eben so ausgedehnt ist, wie die von Kaiser und Reich früher war. Es hat auch die katholische Kirche zu den Zeiten des deutschen Reichs einen Rechtsanspruch auf unwandelbare Stabilität ihrer äußeren Stellung im Staate nicht gehabt, noch einen solchen durch den Reichsdeputations-Hauptschluß oder spätere völkerrechtliche Verträge erlangt. Nachdem der ganze Staatsorganismus ein anderer geworden, nachdem die schon früher reichsgrundgesetzlich anerkannten christlichen Bekenntnisse durch die Bundesakte Art. 16. zu gleicher Gemeinschaft staatlicher und bürgerlicher Rechte berufen worden, mußte sich auch die katholische Kirche dem neuen Verbande unterordnen, und sich die Bestimmung des Umfangs ihrer äußern Freiheit im Verhältniß zum Staat und zu anderen Kirchen gefallen lassen. Vermöge der ihr gewährten öffentlichen Religionsübung und ihrer ganzen Rechtsstellung erscheint die katholische Kirche in den deutschen Staaten als öffentliche Korporation. Als solche steht sie unter dem Majestätsrechte des Staates.

Was das vom Episcopat angerufene kanonische Recht anlangt, so kann solches nicht als ausschließende Quelle des „positiven Rechts" und als einzige Entscheidungsnorm wie in Hinsicht auf kirchliche Verhältnisse überhaupt, so auch in Hinsicht auf das Patronatrecht anerkannt werden; es war schon früher nicht unbeschränkt und unbedingt in den Vereinsstaaten recipirt, vielmehr

hatte es nur unter gewissen staatsrechtlichen Modificationen Gel=
tung [10]). Namentlich sind die Bestimmungen des Tridentiner Concils, und vorzugsweise die auf Patronatsverhältnisse sich beziehenden,
in Deutschland nicht überall praktisch geworden [11]). Ueberhaupt ist
es ein unzweifelhafter Grundsatz, daß im Verhältnisse des
Staates zur Kirche die kanonischen Grundsätze als solche keine
gesetzliche Geltung haben [12]). Daraus, daß das kanonische Recht
im Mittelalter eine größere Herrschaft behauptet hat, folgt noch
nicht, daß der heutige Staat demselben willenlos unterworfen ist;
denn das Recht der Vergangenheit ist, blos weil es in der Vergangenheit galt, nicht auch Recht der Gegenwart — die katholische
Kirche steht, wie eine andere Corporation, unter demjenigen Rechte,
welches jetzt den Staatsorganismus begründet und beherrscht [13]).

Auch die gegenwärtige, vom Papste gutgeheißene Disciplin
oder Ordnung der Kirche, die vigens ecclesiae disciplina [14]) ist
als in complexu giltig keineswegs zu betrachten, da bekanntlich
nicht alle Satzungen des päpstlichen Stuhls in Deutschland recipirt
worden sind, die Disciplin der Kirche nicht immer dieselbe war
und der Papst nicht nur sich selbst, sondern auch dem Episcopat
gestattete, je nach Umständen, mit Rücksicht auf die Verhältnisse

---

10) Richter a. a. O. §. 79. Warnkönig, über den Conflict des
Episcopats der oberrheinischen Kirchenprovinz mit den Landesregie-
rungen in denselben. Erlangen 1855. Pehem, Kirchenrecht, Wien
1803. II. §. 250. „Es ist kein Wunder, daß die Praxis vieler Länder
in verschiedenen Stücken von dem allgemeinen jure canonico abweicht, weil sie der Beschaffenheit der Sache angemessener ist, als den
Aussprüchen der Decretalen. Man muß daher auch die Gewohnheiten
des Landes, in dem jeder lebt, beobachten und nicht vernachlässigen."
11) Richter a. a. O. §. 142. not. 8. 10.
12) Richter a. a. O. §. 53. 56. 58. 59. 82.
13) Dies bestreitet aber der Episcopat mit der Behauptung, daß die Kirche
nicht unter dem Staate stehe, daß die Rechte derselben ihr nach gött-
lichem Rechte ipso jure zukommen, daß die im Laufe der Zeiten eingetretenen Modificationen unverbindlich seien. Gibt der Staat diese
Sätze und die daraus folgenden Consequenzen zu, so unterwirft er
sich damit zugleich, indem er auf seine Majestätsrechte verzichtet, der
uneingeschränkten Macht der Kirche.
14) S. über diesen in dem österreichischen und württembergischen Concordate anerkannten Begriff, Reyscher a. a. O. S. 15.

der Zeit und des Orts Aenderungen vorzunehmen. Ueberdies lehrt die Geschichte, daß schon zur Zeit des deutschen Reichs eine gewisse Bevormundung der geistlichen Gewalt durch die weltliche in äußeren Dingen bestand, daß namentlich sehr häufig die Vogtei- und Landesherrlichkeit, wie vormals die königliche Schirmherrlichkeit, dazu diente, um über Kirche und Kirchensatz (dos ecclesiae), gleiche Rechte, wie anderwärts der Stifter und Patron der einzelnen Kirche, auszuüben [15]).

§. 4. Das Patronatrecht in Deutschland [16]).

Die Denkschrift S. 30. bezeichnet das Patronat seinem Begriff und Wesen nach als ein Vorrecht, welches die Kirche einem Wohlthäter erzeigt, als ein rein kirchliches und religiöses Recht, welches nur von denjenigen geübt werden könne, welche wirklich gläubige und treue Mitglieder der Kirche sind.

Es mag hier dahin gestellt bleiben, ob diese Auffassung den Verhältnissen der außerdeutschen Staaten entspricht; darüber besteht

---

15) Vgl. Warnkönig, die staatsrechtliche Stellung der katholischen Kirche in den katholischen Ländern des deutschen Reichs, besonders im achtzehnten Jahrhundert, 1855; diese Zeitschrift, XVII. S. 323 f.; und insbesondere hinsichtlich des Patronats, Eichhorn a. a. O. I. §. 188: "die Könige als Schirmvögte verleihen selbst die einem Patronatrecht nicht unterworfenen Kirchen mit jenen in demselben enthaltenen Rechten, als Beneficien, und späterhin scheinen sich auch andere Kirchenvögte dasselbe oft genug erlaubt zu haben; die Patronatsrechte mögen auf diese Weise eben so häufig als durch Fundation entstanden sein;" vgl. auch §. 191. und Reyscher a. a. O. S. 60.

16) Ueber das Patronatrecht vgl. außer den vorgenannten auch die bei Richter, K.-R. §. 141. citirten Schriftsteller; ferner Gregel, das landesherrliche Patronatsrecht, 1805. Montag, über das alte und neue landesherrliche Patronatsrecht, 1810. Reibel, Diöcesan-Verhältniß, 1806; die hierauf bezüglichen Schriften von Mayer, Oesterlin, Lippert, Kaim, und aus neuer Zeit: Gerlach, das Präsentationsrecht, 1855. Br. Schilling, der kirchliche Patronat; Hinschius, de jure patronatus regio, 1855; derselbe, das landesherrliche Patronatsrecht, 1856. Roßhirt, Canonisches Recht, 1857. S. 168 f. 432 f., und die daselbst citirten Schriften; ferner Schletter a. a. O. I. S. 15. 20.; Pehem, Kirchenrecht, 1803. §. 244 f., daselbst auch die ältere Literatur.

19 *

aber rechtsgeschichtlich kein Zweifel, daß dies für Deutschland, insbesondere für die Territorien der oberrheinischen Kirchenprovinz nicht der Fall ist. Indem ältere Kanonisten das Patronatsrecht überhaupt als eine durch die Dankbarkeit der Kirche gewährte Vergünstigung darstellten, und durch Bezugnahme auf Justinianisches Recht und die Bestimmungen spanischer Synoden begründeten, übersahen sie den innigen Zusammenhang des Patronats mit den das ganze Mittelalter beherrschenden Ideen des Lehens und der Vogtei [17]). Aus beiden sind, wie schon die Namen patronus und senior [18]) andeuten, die Patronate hervorgegangen, und diese Grundlage hat sich in Deutschland fortwährend erhalten, wenn auch die katholische Kirche, namentlich im elften und zwölften Jahrhundert im Besitze ausgedehnter Machtfülle, hiergegen, sowie gegen das weltliche Element überhaupt reagirte und namentlich seit dem dritten Lateranensischen Concil (1179), zum Theil mit Erfolg, die Ansicht in den Vordergrund stellte, daß das Patronat eine aus freiem Willem gewährte Vergünstigung und an die Fundation einer Kirche geknüpft sei.

Schon frühe legten die großen deutschen Grundbesitzer bei ihren Haupthöfen Privatoratorien für sich und ihre Hofhörigen an; diese Privatbethäuser, Kapellen, galten als volles Eigenthum der Gutsherren (patroni) [19]), und letztere stellten ihre Hausgeist-

---

17) Walter, K.-R. (7. Auflage) S. 448. "die fränkischen Könige griffen häufig das Kirchengut an, und gaben einzelne Kirchen an Laien zu Lehen hin. Dieses hatte den Erfolg, daß die Empfänger sich wie deren Eigenthümer betrachteten, und des Widerstrebens der Bischöfe ungeachtet bei der Ernennung der Geistlichen die Hauptstimme führten; ja sie ertheilten als Eigenthümer oder Lehensherren der Kirche den dabei anzustellenden Priestern sogar die Investitur mit dem geistlichen Amte, und übten nun über sie die Rechte, wie über ihre Vasallen." Eichhorn a. a. O. §. 110. 188. 324. 394.

18) Vgl. auch Roth, Beneficialwesen, 1850. S. 371. Richter, a. a. O. §. 141. not. 15.

19) Patronus heißt, übersetzt, der Gutsherr im Verhältnisse zu seinen Gutshörigen, und eben so in dem Verhältnisse zu seinem Bethause und seinen Geistlichen, const. un. C. Th. (5. 11.) und (11. 51.); vgl. auch Pehem, Kirchenrecht, II. §. 244., welcher das Patronatsrecht geistliches Lehensrecht und den Patron Lehenherrn nennt.

lichen willführlich an. Im Laufe der Zeiten verwandelten sich
diese Hauskapellen in Parochialkirchen, bezüglich deren die Guts=
herren und deren Nachfolger, wenn auch nicht Eigenthums=, so
doch Patronatsrechte ausübten. Ueberhaupt standen demjenigen,
auf dessen Grundeigenthum eine Kirche erbaut war, auch wesent=
liche Rechte über dieselbe und ihr Personal als Ausflüsse des
Eigenthums zu [20]), und diejenigen, welche Kirchengüter nach Be=
neficialrecht [21]) besaßen, pflegten auch die Geistlichen anzustellen.
Wenn sich nun auch dieses Besetzungsrecht im Laufe der Zeit in
ein Präsentationsrecht verwandelte, so ist es doch geschichtlich un=
bestreitbar, daß das Patronatsrecht als eine an den Grundbesitz
gebundene Gerechtsame fortwährend sich äußerte, und als dingliche
Gerechtsame auch fortwährend neu entstand [22]).

Wie demnach auf der einen Seite die Ansicht der katholischen
Kirche, es verdanke das Patronat seine Entstehung einem Gna=
denacte der Kirche in Deutschland, nicht überall praktisch geworden,
so ist auf der andern Seite die Thatsache urkundlich nachgewiesen,
daß der dingliche Charakter der Patronate namentlich in Süd=
deutschland die Regel bildet. Dies gilt ganz besonders von den
Patronaten in der oberrheinischen Kirchenprovinz, wie sich aus
einer Reihe von alten Urkunden unzweifelhaft ergibt, und es steht
daher die allgemeine Behauptung der Denkschrift (vgl. oben §. 2.),
daß die Vermuthung gegen die Dinglichkeit und für die persönliche
Eigenschaft der Patronate streite, im Widerspruche mit den ge=
schichtlichen Thatsachen. Ausweislich jener Urkunden, welche bis
in das dreizehnte Jahrhundert hinaufreichen, klebte nämlich einer
großen Anzahl von Ritter= oder Lehengütern, welche im Mittel=
alter von den Besitzern durch Veräußerungsverträge auf Klöster ꝛc.
übertragen worden, das Patronat als eine dingliche Zubehör an,

---

20) Cap. Car. M. a 794. c. 54.

21) Duncker, in dieser Zeitschrift, Bd. 2. S. 50 f. Richter, a. a. O.
S. 272.

22) Walter a. a. O. S. 450. „Häufig hat sich das Patronatsrecht,
wie viele andere Gerechtsame in der deutschen Verfassung so verwan=
delt, daß es wie eine dingliche Zubehör am Gute klebt. Besonders
kommt dies oft bei Lehen= und Rittergütern vor." Richter a. a. O.
(1. Ausgabe) §. 142. lehrt, daß in Deutschland die meisten Patro=
natsrechte an dem Grundbesitze haftende Rechte sind.

und es findet sich in den Vertragsurkunden das Patronat als eine der veräußerten Zubehörungen, Rechte und Gerechtigkeiten namentlich aufgeführt, während dies nicht hätte der Fall sein können, wenn jene Patronate persönliche gewesen wären [23]).

Wenn daher mit gutem Grunde behauptet werden darf, daß für die Dinglichkeit der Patronate in der oberrheinischen Kirchenprovinz die Vermuthung spricht [24]), so läßt sich doch diese Eigenschaft nicht bei allen Patronaten strenge nachweisen, ja es scheint, als ob in einzelnen Fällen ein persönliches Patronat vorliege. Das persönliche Patronat ist nun entweder ein geistliches, insofern es der geistlichen Corporation, oder ein Laienpatronat, insofern es einer weltlichen Person als Theil ihres Vermögens zusteht [25]).

Daß ein bestehendes Patronatsrecht durch Verjährung erworben werden kann (nämlich durch dreißigjährige bei einem Laien- und vierzigjährige bei einem geistlichen Patronate) ist unzweifelhaft [26]). In Beziehung auf die Person des Erwerbers begründet die Confession in Deutschland nach Maßgabe der Bestimmungen

---

23) Persönliche Patronate dürfen nach kanonischem Rechte zum Gegenstand pecuniärer Geschäfte nicht gemacht werden. Walter a. a. O. §. 230.

24) In Württemberg hatte die Krone bisher 521 Pfründen verliehen; in Folge des Concordats wurden hiervon 184 der bischöflichen Collatur überwiesen, während 337 dem Patronat der Krone verblieben, wohl deshalb, weil das Patronat ein dingliches war. Hierbei wurde die Differenz in den Ansichten bezüglich der Pfarrstellen, deren Patronat ursprünglich ein dingliches war, die aber nachmals von einem Kloster mit dem betreffenden Gute erworben und sodann demselben incorporirt worden waren, vergleichsweise dahin beigelegt, daß die betreffenden Stellen zu einer Hälfte dem Bischof zugeschieden wurden, zur andern Hälfte der Krone verblieben.

25) Walter a. a. O. §. 230. Richter a. a. O. §. 141. 142. Rechtslexikon, VI. S. 85. Pehem a. a. O. §. 246. „Wenn das Patronatsrecht einen andern Grund hat (nicht einer kirchlichen Person zusteht), so ist es ein weltliches, auch wenn es zufällig auf eine geistliche Person gekommen wäre.“

26) Pehem a. a. O. §. 261. Richter a. a. O. §. 142. Br. Schilling a. a. O. Gerlach a. a. O. §. 33. bestreitet das und beschränkt die Ersitzung auf den Fall des Erwerbs des Gutes, dem das Patronat zusteht.

des westphälischen Friedens keinen Unterschied, so daß auch Protestanten Patronatsrechte über katholische Pfarreien ausüben dürfen [27]).

Handelt es sich um den Beweis eines Patronatsrechtes, so finden die einschlagenden Vorschriften des Tridentiner Concils in Deutschland keine Anwendung, weil sie hier nicht praktisch geworden sind [28]), vielmehr gelten die im Uebrigen bestehenden Beweis= regeln [29]).

In gleicher Weise verhält es sich mit dem Gerichtsstande. Während nämlich nach den Grundsätzen der Decretalen die Streitig= keiten wegen des Patronats vor das geistliche Gericht gezogen werden und die weltlichen Gerichte nicht einmal in possessorio competent sein sollen, sind dergleichen Processe in Deutschland gleichwohl vor den weltlichen Gerichten verhandelt worden, indem man daran festhielt, daß das Patronatsrecht seiner Natur und Entstehung nach keine geistliche Sache sei [30]). Theils durch die Gesetzgebung der Staaten, theils durch Gerichtspraxis wurde die im kanonischen Rechte ausgesprochene Gerichtsbarkeit der geistlichen Gerichte, wie in andern, so namentlich auch in den Patronats= streitigkeiten mehr und mehr verdrängt, und in unserem Jahrhun= dert steht den weltlichen Gerichten wohl überall in Deutschland die Cognition über Patronatsverhältnisse zu [31]).

Was das landesherrliche Patronat insbesondere betrifft, so ist darüber Folgendes zu bemerken:

Wenn auch nach der Lehre des kanonischen Rechts die Be= stellung der Kirchenämter als ein in der bischöflichen Jurisdiction enthaltenes Recht betrachtet wird und dem Landesherrn als solchem ein Nominationsrecht nicht zugestanden werden will, so ist doch von dieser Lehre in Deutschland schon frühe und in vielen Fällen abgewichen worden. Insbesondere waren es die schutzherrlichen

---

27) Dies wird verneint in der Denkschrift des Episcopats S. 31. vgl. auch Roßhirt, kan. Recht, S. 437. 438. Dagegen Pehem a. a. O. §. 251. Rechtslexikon, a. a. O. S. 85.

28) Richter a. a. O. §. 142.

29) Pehem a. a. O. §. 277.

30) Pehem a. a. O. §. 250. 276.

31) Richter a. a. O. §. 193.

und Vogteiverhältnisse des deutschen Rechts, in Folge deren eine
Beschränkung des bischöflichen Rechts dergestalt eintrat, daß die
Landesherren das Besetzungsrecht ausübten. Schon im sechszehnten
Jahrhundert stand dem Landesherrn in vielen Ländern, z. B. in
Oesterreich, Bayern, das Recht der Investitur in die Temporalien
der Kirchendiener unbestritten zu. Dazu kamen die verschiedensten
Rechtstitel, durch welche die weltlichen Fürsten in den Besitz von
Präsentationsrechten gelangten und häufig wurde ihre Theilnahme
an der Besetzung von Kirchenstellen durch päpstliche Indulte we-
sentlich erweitert. Im Laufe der Zeit betrachtete man diese Rechte
der Landesherren als Ausflüsse der Landeshoheit, und in diesem
Sinne übten jene diese Rechte aus. In Oesterreich wurden die
Beneficien, welche früher dem Präsentationsrechte der aufgehobenen
Stifter und Klöster unterlagen, der landesherrlichen Collation
unterworfen. Nach Eintritt der Säcularisation nahmen sodann die
weltlichen Fürsten Deutschlands, denen geistliche Staaten oder auf-
gehobene kirchliche Corporationen als Entschädigungsobjecte überwiesen worden waren, die Besetzungsrechte dieser säcularisirten
Corporationen in Besitz und übten solche fortwährend aus. Solchergestalt hat sich der Rechtszustand in Deutschland dahin entwickelt, daß der Landesherr die Pfarrstellen besetzte oder deren
Besetzung indirect durch Streichung der personae minus gratae
bestätigte. Will man auch das sogenannte landesherrliche oder
Staatspatronat nicht als ein allgemeines, in der Landeshoheit enthaltenes Recht anerkennen und deßhalb nicht festhalten, so erscheint
doch, auch abgesehen von dem Umstande, daß dieses Staatspatronat in Deutschland seit langen Jahren hergebracht ist und bisher in rechtlicher Uebung war, der Landesherr nach der jetzt bestehenden Verfassung und Staatsordnung in Deutschland eben so
sehr berechtigt als verpflichtet, bei Besetzung der Kirchenämter sich
zu betheiligen, weil die Kirchenbeamten nicht etwa bloße Private
sind, sondern einen öffentlichen Charakter gleich den Staatsdienern
haben und fortwährend in Berührung mit letzteren sind, auch
manche bürgerliche Functionen verrichten, mithin gewissermaßen
Hilfsbeamte des Staates sind. In diesem Sinne ist das Verhältniß in den meisten deutschen Staaten durch Verträge oder
Verwilligungen der Landesherren, unter dem Vorbehalte des landesherrlichen Oberaufsichtsrechts, im Laufe unseres Jahrhunderts

geregelt worden, namentlich auch in der oberrheinischen Kirchen=
provinz.

Gegen diesen gesetzlichen Zustand eröffnete der Episcopat in
der bekannten Weise den Kampf, indem er die einschlagenden
bestehenden Gesetze und Verordnungen, denen er wie jeder Staats=
angehörige Gehorsam eidlich angelobt hatte, für unverbindlich er=
klärte und den landesherrlich Nominirten die Einsetzung verweigerte.
Welchen Erfolg dieser Streit in Württemberg hatte (in Oesterreich
und Bayern reservirte die Regierung die bisher ausgeübten, früher
geistlichen Patronatrechte), ist bereits im Eingange angeführt worden.

§. 5. Das Recht der Kirchenpatrone in der ober=
rheinischen Kirchenprovinz und dessen Geltend=
machung.

Unbestritten sind die Patronatsrechte, welche einst geistlichen
Corporationen zustanden, in Folge des Uebergangs der säculari=
sirten Besitzungen an die neuen Besitzer jedenfalls factisch überge=
gangen, und letztere haben jene Rechte als einen integrirenden
Bestandtheil der Entschädigungsobjecte unbeanstandet und ununter=
brochen während eines halben Jahrhunderts unter den Augen, mit
Wissen und Willen der betreffenden Kirchenobern, wohl auch des
Papstes [32]), ausgeübt. Nach allgemeinen, auch im kanonischen
Rechte anerkannten Rechtsbegriffen [33]) wird nun dem Alter und
Herkommen eine besondere Achtung bewiesen, und der längeren
Uebung, insofern sie nicht eine Sünde einschließt, rechtbildende
Kraft zugestanden; auch hat bekanntlich der hierauf gestützte Be=
sitzstand, die langjährige Dauer eines Rechtsverhältnisses die Ver=
muthung der Rechtmäßigkeit für sich, und es ist der bestehende
Zustand so lange zu achten und nöthigenfalls gerichtlich zu schützen,
bis dessen Unrechtmäßigkeit nachgewiesen worden. Der Episcopat
hat aber diesen fünfzigjährigen Besitzstand der Patrone theils that=
sächlich, — durch Verweigerung der kanonischen Institution der
präsentirten Geistlichen — theils durch die Erklärung gestört, daß

---

32) Insofern nicht wohl angenommen werden kann, daß diese Verhält=
   nisse, welche die katholische Kirche jetzt so sehr urgirt, dem Papste
   unbekannt geblieben sein sollten.

33) Richter a. a. O. §. 181.

das Patronat fernerhin nicht mehr anerkannt werde. Wegen dieser
Verletzung steht den Patronen ohne Zweifel das Recht zu, gericht=
liche Hilfe anzurufen, und es würde der seitherige Besitzstand auf
Anrufen der betreffenden Patrone im Possessorium jedenfalls ge=
schützt werden [34]. Nicht weniger erscheinen die Patrone befugt,
wegen des ihnen bestrittenen Rechts petitorisch vor dem zuständigen
Gerichte Klage zu erheben, und hier würde dann über die beider=
seitigen Ansprüche, was Rechtens, erkannt werden. Auf der an=
dern Seite ist auch dem Episcopate dieser — zur Vermeidung von
Eigenmacht und Selbsthilfe gesetzlich vorgeschriebene — gerichtliche
Weg nicht verschlossen, sofern derselbe sein vermeintlich besseres
Recht den dermaligen Besitzern gegenüber zur Anerkennung bringen
wollte; es steht ihm frei, petitorisch gegen die Patrone zu klagen,
und solchergestalt das Recht da zu suchen, wo es nach den be=
stehenden Gesetzen von Jedermann zu holen ist. Wollte ein gericht=
liches Verfahren als unzuträglich vermieden und eine außergericht=
liche Erledigung des Streits angestrebt werden, so scheinen hiefür
allerdings erhebliche Rücksichten zu sprechen; nur hätte der erste
Schritt nicht eine Verletzung des bisherigen factischen Zustandes,
ein eigenmächtiger Eingriff in den Besitz der Patrone sein sollen.

Beurtheilt man den obwaltenden Streit lediglich vom Stand=
punkte des objectiven Rechts und der einschlagenden gesetzlichen Be=
stimmungen aus, so kommen zunächst die betreffenden thatsächlichen
Verhältnisse, die daraus abgeleiteten Erwerbstitel in Betracht,
welche die Patrone für sich anführen. Insbesondere stützen letztere
ihr Recht:

1. Auf den Erwerb in Folge des Reichsdeputations = Haupt=

---

34) Roßhirt a. a. O. S. 446.: „Besteht über das Patronatsrecht ein
    Proceß, so werden die Grundsätze des Privatrechts in Betracht ge=
    nommen, d. h. der Besitzer des herrschenden Gutes ist auch im Besitze
    des Patronatsrechts, ja es gibt bei dem nicht dinglichen Patronats=
    rechte einen Quasibesitz des Patronatsrechts, und der Betheiligte kann
    schon dadurch das Präsentationsrecht ausüben, es wäre denn, daß er
    in malam fidem versetzt wäre, wo der Bischof die freie Collatur hat.“
    Pehem a. a. O. §. 262. „Ja selbst der redliche Besitzer eines Gutes,
    auf dem das Präsentationsrecht haftet, übt es mit vollem Rechte aus.
    Wird das Gut confiscirt, so fällt das darauf haftende Patronatsrecht
    auf den Fiscus.“

schlusses. Es bestimmt nämlich der §. 36. desselben ganz allge=
mein, daß die Entschädigungsobjecte überhaupt mit allen
Gütern, Rechten und Einkünften an ihre neuen Besitzer übergehen,
und daß nur in dem Falle eine Ausnahme eintritt (d. h. einzelne
Rechte oder Einkünfte nicht übergehen), wo eine Trennung der
Güter und Rechte ausdrücklich festgesetzt worden ist. Eine
solche Ausnahme von der allgemeinen Regel ist aber bezüglich des
Patronats im Reichsdeputations=Hauptschluß überhaupt nicht ge=
macht worden [35]); deshalb und insofern das Patronat als ein
Gut oder Recht sich darstellt, läßt sich wohl nicht ohne Grund
behaupten, daß es ohne Unterschied, ob dasselbe ein dingliches oder
persönliches Recht sei, auf die neuen Besitzer der Entschädigungs=
objecte in Folge jenes staatsrechtlichen Acts übergegangen sei. Das
Patronat stellt sich aber auch als ein „Gut" dar, da mit dem=
selben nicht blos Ehrenrechte und Vorzüge, sondern auch materielle
Vortheile verknüpft sind, z. B. der Anspruch des Patrons auf
Unterstützung im Falle seiner Verarmung, ferner der Bezug von
Taxen von den präsentirten Geistlichen für das Präsentations=
decret [36]). Abgesehen davon aber gewinnt der Inhaber des Pa=
tronats überhaupt einen unschätzbaren Einfluß auf die Kirchenstelle

[35) Wenn auch der Reichsdeputations=Hauptschluß über das Patronat
nicht ausdrücklich verfügt hat, so wird der Uebergang des ding=
lichen Patronats durch diesen Act jedenfalls vermittelt. Wie sich
aus einer Reihe von Urkunden ergibt, hat die Kirche in früheren
Jahrhunderten nicht mitgewirkt, wenn ein Patronat als dingliche
Zubehör eines Guts in Folge Veräußerung des letzteren auf einen
Dritten überging; der Uebergang des Patronats als Pertinenz
des Guts machte sich von selbst. So verhält es sich auch hinsichtlich
der Patronate, welche auf den Grundstücken der säcularisirten Be=
sitzungen dinglich ruhten: mit der Hauptsache, der Besitzung, ging
die dingliche Zubehör nothwendig über. Fälle dieser Art sollten gar
nicht in den Streit hineingezogen werden. Es liegt das auch nicht
in der Absicht der Denkschrift vom Jahr 1853, vielmehr gibt diese
den Uebergang der dinglichen Patronate auf die neuen Besitzer der
säcularisirten Stifter 2c. an sich zu (s. oben §. 2.). Dagegen ist diese
Ansicht, „als eine von der Kirche verworfene," von dem Episcopate
später aufgegeben, und es behauptet nun letzterer, daß alle jene
Pfründen freier Collatur des Bischofs seien.
36) Solche Taxen wurden wenigstens früher von den Patronen bezogen.

und was damit in Verbindung steht, ein höheres Ansehen, eine
bevorzugte Stellung in den betreffenden Kreisen. Die Ansicht, daß
die Säcularisation allerdings einen Erwerbstitel für das Patronat
abgebe, ist denn auch von namhaften Rechtsgelehrten vertheidigt
worden, so z. B. von Klüber, öffentliches Recht (2. Ausgabe)
§. 431 a. not. c.: „In den Entschädigungsländern von 1802 und
1803 fiel das vormalige freie bischöfliche Collationsrecht, dann das
Patronat der aufgelösten Stifter, Abteien und Klöster an die
neuen Besitzer des Landes oder der Stiftung" [37]).

Gibt man indessen selbst zu, daß die libera collatio des Bischofs in Ansehung der nicht dinglichen Patronate [38]) mit dem
Erlöschen der Corporation in Folge der Säcularisation wieder aufgelebt sei, so ist doch die Behauptung des Episcopats ungegründet,
daß dies von den Kirchenobern „sofort" geltend gemacht worden
sei; im Gegentheil hat der Episcopat die libera collatio in Ansehung der in das Privatpatronat übergegangenen Pfründen
regelmäßig weder sofort, noch in den folgenden fünfzig Jahren in
Anspruch genommen, noch weniger ausgeübt, vielmehr ruhig zugelassen, daß die neuen Besitzer als Patrone sich gerirten, namentlich in allen Vacaturfällen präsentirten [39]).

---

37) Hiergegen lehrt Walter a. a. O. §. 230., daß das Patronat durch
gänzliches Aufheben des Amtes oder der Corporation, welcher es
zustehe, erlösche, daß dies namentlich bei der Aufhebung der kirchlichen Institute in der neueren Zeit der Fall sei; aus der Säcularisation lasse sich kein Erwerbstitel bilden; das Patronat sei an die
moralische Person der Corporation, nicht an deren Güter geknüpft
gewesen und an den Bischof zurückgefallen. Die Richtigkeit dieser Ansicht selbst de jure unterstellt, bedarf doch jedenfalls die allgemeine
Behauptung, es sei das Patronat nicht an die Güter der säcularisirten
Kirchenanstalten geknüpft gewesen, als gegen erweisliche geschichtliche
Thatsachen anstoßend, einer genauen thatsächlichen Untersuchung und
Nachweisung in jedem einzelnen Falle. Uebrigens verneint Walter
die Frage, ob das dingliche Patronat mit der Besitzung auf den
neuen Besitzer übergegangen, nicht ausdrücklich; seine Behauptung ist
vielmehr wohl nur auf das persönliche Patronat zu beziehen. Vgl.
auch Pehem a. a. O. §. 248. Reibel a. a. O. S. 109.
38) Für die Dinglichkeit der Patronate streitet übrigens die Vermuthung,
vgl. oben §. 4. not. 20. 21. 22. 23.
39) Die Proteste des Papstes richten sich nur gegen die regierenden

2. Aus dieser Thatsache, daß der Episcopat in den eintretenden Erledigungsfällen von dem „aufgelebten" freien Collationsrechte, während fünfzig Jahren keinen Gebrauch machte, würde nun für ihn, wenn man auch jene Ansicht der Kirche zugibt, doch jedenfalls der Verlust dieses Rechts in Folge des fortgesetzten Nichtgebrauchs (erlöschende Verjährung [40]), nach Umständen ein aus den Thatsachen zu construirender Verzicht), beziehungsweise in Folge der für die Besitzer der Entschädigungsobjecte vollendeten Ersitzung sich ergeben [41]). Nimmt man nämlich selbst an, daß das nicht dingliche Patronatsrecht auf die Nachfolger in die säcularisirten Stifter auf Grund des Reichsdeputations-Hauptschlusses nicht überging, so erscheint doch der Titel der erwerbenden Verjährung zulässig, und es liegen deren Voraussetzungen auch vor. Denn die hier fraglichen Patronatsrechte bestanden ohne Zweifel bereits vor der Säcularisation und nach der letzteren haben die neuen Besitzer der säcularisirten Stifter ꝛc. das Patronatsrecht gutgläubig, ununterbrochen in allen dazu geeigneten Fällen während vierzig Jahren ausgeübt, insbesondere präsentirt [42]). Daß insbesondere ein Titel zur Verjährung [43]) allerdings, sowie auch

Fürsten, beziehungsweise gegen das sogenannte landesherrliche oder Staatspatronat, nicht aber gegen die Privatpatrone.

40) Einer petitorischen Klage des Episcopats gegen die Patrone würde die Einrede der Klagenverjährung mit Erfolg entgegengesetzt werden können.

41) Dasselbe müßte in Ansehung der dinglichen Patronate gelten, wenn letztere nicht schon als Zubehör der säcularisirten Objecte auf die neuen Besitzer übergingen; denn wären auch die dinglichen Patronate mit der Säcularisation der freien bischöflichen Collatur anheimgefallen, so hat doch der Episcopat dieses Recht über fünfzig Jahre hindurch freiwillig nicht ausgeübt, mithin verloren, beziehungsweise es hätten die neuen Besitzer das Präsentationsrecht jedenfalls mittelst Ersitzung erworben.

42) Die Bemerkung des Episcopats, daß die Ordinarien nur der „Gewalt gewichen" seien, und die Präsentationen der „mächtigen Laien" nur quoad factum anerkannt haben, will sich doch wohl nicht auf die Privatpatrone beziehen, da diese bekanntlich weder Gewalt gegen den Episcopat ausüben konnten, noch als „Mächtige" ihm gegenüber erschienen.

43) v. Vangerow, Lehrbuch der Pandekten, §. 318. bis 325. Richter

guter Glauben der Privatpatrone im Allgemeinen vorhanden sei, wird mit Grund nicht bestritten werden können.

Zu diesem allgemeinen Erwerbsgrund, dessen Wirksamkeit aber nur in den bestimmten einzelnen Fällen näher untersucht werden kann, tritt dann noch hier und da ein weiterer, nämlich die vom Episcopat erfolgte Anerkennung des Präsentationsrechts, welche nach dem in Deutschland geltenden Rechte wohl nicht mit der Bemerkung beseitigt werden kann, daß solche ohne Zustimmung des Papstes rechtlich wirkungslos sei [44]).

Die vom Episcopat vorgebrachte Einwendung der höheren Gewalt, welcher er sich habe fügen müssen, kann sich auf die Privatpatrone offenbar nicht beziehen, um so weniger, als ihm der ordentliche Rechtsweg bekanntlich nirgends verschlossen war. Ob und in wie weit insbesondere die kirchliche Jurisdiction, wie der Episcopat meint, in den letzten fünfzig Jahren durch den Einfluß der Staatsregierung gehemmt gewesen, ist jedenfalls irrelevant, weil der Episcopat den Versuch überhaupt nicht gemacht hat, das Patronat auf gerichtlichem Wege zu beseitigen, vielmehr ohne allen und jeden Widerspruch, häufig unter ausdrücklicher freiwilliger Anerkennung des jenseitigen Rechts, den Präsentationen, beziehungsweise Nominationen freiwillig und ohne irgend erdenklichen Zwang die kanonische Institution nachfolgen ließ. Es führt der Episcopat für sich zwar den Satz an: „agere non valenti non currit praescriptio; praescriptionem non inducit longaeva usurpatio et tempore hostilitatis;" indessen trifft dieser hier offenbar nicht zu [45]).

_____

a. a. O. §. 142. Pehem a. a. O. §. 261.; über den sogenannten titulus putativus und dessen Wirkung, vgl. v. Bangerow a. a. O. §. 319. Anm.

44) Abgesehen davon kann aber auch wohl mit Grund angenommen werden, daß die päpstliche Zustimmung wenigstens stillschweigend erfolgte: dem Papste ist das fragliche Verhältniß sicher nicht unbekannt geblieben, er hat dagegen nichts eingewendet, vielmehr das in Uebung befindliche Verfahren geschehen, den daraus entspringenden Zustand bestehen lassen. Die Proteste des päpstlichen Stuhles betreffen dieses Verhältniß nicht, sie richten sich vielmehr nur gegen das landesherrliche Patronatsrecht.

45) Man kann wohl fragen, warum die katholische Kirche, wenn die von

3. Die Ansicht des Episcopats, daß das Präsentationsrecht mit dem Erlöschen der Corporation, welcher solches zustand, erloschen, beziehungsweise daß die freie Collationsbefugniß des Bischofs ipso jure wieder aufgelebt sei, beruht auf der doppelten, bloß hypothetischen Voraussetzung, daß das Präsentationsrecht der Corporation als solcher zugestanden und mit Auflösung dieser erloschen sei. In Ansehung der ersteren Voraussetzung übersieht aber der Episcopat die Thatsache, daß die meisten der hier fraglichen Patronate einem Gute als dingliche Zubehör anklebten, und der Corporation als solcher nie zugestanden haben. Wurde ein solches Gut der Kirche übertragen, so ging damit zugleich das (Laien=) Patronat auf das betreffende Kloster, Stift oder Abtei über, und letztere übte das Präsentationsrecht nun nicht als kirchliche Corporation, sondern als Besitzerin des berechtigten Guts aus [46]). War aber eine im (Laien=) Patronate befindliche Pfarrei einer kirchlichen Stiftung incorporirt, so ruhte das Präsentationsrecht als ein Ausfluß des dinglichen Laienpatronats während der Dauer dieses Verhältnisses; die Incorporation enthält nicht etwa eine Novation, eine Erwerbung des Rechts für die geistliche Corporation als solcher, weil es an den Voraussetzungen der Novation offenbar überall fehlt. Auch wandelt sich durch die erfolgte Incorporation das Nominationsrecht nicht in ein geistliches um;

---

ihr jetzt gestellten Forderungen in der That „in nothwendiger Consequenz aus dem Wesen und Zwecke der Kirche sich ergeben und im positiven Rechte klar und unzweideutig begründet sind", sich nicht für verpflichtet erachtet hat, schon früher diese Ansprüche zu erheben, denselben Weg der Eigenmacht gleich in den ersten Jahren nach der Säcularisation zu betreten? Ein „tempus hostilitatis" dürfte ihr negatives Verhalten um so weniger entschuldigen oder gar rechtfertigen, als sie wohl — selbst auf die Gefahr eines Märtyrerthums — wenigstens den Versuch hätte machen sollen, ihren Anträgen Geltung zu verschaffen. Aus welchem Grunde die letzten vierzig Jahre ein „tempus hostilitatis" für die katholische Kirche in Deutschland, speziell in der oberrheinischen Kirchenprovinz seien, hat der Episcopat nicht erläutert, er konnte das wohl auch nicht, ohne allgemein bekannte geschichtliche Thatsachen zu verläugnen.

46) Das weltliche Patronat bleibt ein weltliches, auch wenn es auf eine geistliche Person kommt, Pehem a. a. O. §. 246.

vielmehr bleibt das weltliche Element des Laienpatronats auch während der Incorporation — gleichsam als jus dormiens — bestehen. Nachdem sich das Verhältniß später gelöst, indem die kirchliche Corporation in Folge der Säcularisation erlosch, ging das Präsentationsrecht, welches dem Gute dinglich anklebt, als Ausfluß des wiedererwachten Laienpatronats kraft der dinglichen Eigenschaft des letztern auf den neuen Besitzer des Guts über.

Hiernach ergibt sich im Allgemeinen folgendes Rechtsverhältniß:

Es stellt sich das vom Episcopat den seitherigen Berechtigten gegenüber beanstandete Patronat in den meisten Fällen als ein dingliches, auf den säcularisirten Entschädigungsobjecten haftendes Recht dar; diese gingen in Folge staats= und völkerrechtlicher Acte mit allen Gütern, Rechten und Einkünften auf die Entschädigungsberechtigten über, und die Rechtsnachfolger in den betreffenden berechtigten Realitäten haben das Präsentationsrecht seit jener Zeit über fünfzig Jahre in gutem Glauben ruhig ausgeübt.

Letzteres ist auch hinsichtlich der nicht dinglichen Patronatsrechte der Fall, so daß, abgesehen von dem Erwerbe in Folge des Reichsdeputations=Hauptschlusses, das Präsentationsrecht jedenfalls durch die vollendete Ersitzung für die Besitzer der Entschädigungsobjecte begründet erscheint.

Hätte der Episcopat mit dem Aufhören der geistlichen Corporationen über die Pfründen, welche bis dahin in Verbindung mit jenen standen, die freie Collatur von Rechtswegen wirklich erworben, so liegt doch immerhin ein nicht zu läugnender Verlust dieses „wieder aufgelebten" freien Collationsrechts vor, nachdem die Kirche über fünfzig Jahre das Präsentationsrecht von Dritten ohne Widerspruch ausüben ließ, letzteres sogar in einzelnen Fällen ausdrücklich anerkannt hat.

Der Anspruch des Episcopats hinsichtlich der Privatpatronate, insbesondere des Präsentationsrechts stellt sich mithin nicht als ein solcher dar, welcher „in nothwendiger Consequenz aus dem Wesen und dem Zwecke der katholischen Kirche sich ergibt und im positiven öffentlichen Rechte klar und unzweifelhaft begründet ist."

Gleichwohl muß der vom Episcopat — nach vorstehender Rechtsausführung ohne zureichende Veranlassung — angeregte Streit

schon aus Gründen des öffentlichen Rechts einer Erledigung zuge=
führt werden. Soll dies im außergerichtlichen Wege erfolgen, so
erübrigt nur der Abschluß einer definitiven Convention oder eines
Provisoriums, wie dies von der Krone Württemberg beziehungs=
weise vom Fürsten von Hohenzollern geschehen ist. Freilich steht
einer solchen gütlichen Ausgleichung der verschiedene principielle
Standpunkt im Wege. Der Episcopat betrachtet den kirchlichen
Standpunkt als ausschließend maßgebend und will höchstens auf
dem Vergleichswege Einiges von dem als Concession zuge=
stehen, was die Patrone von ihrem, dem bestehenden Rechte
und Gesetzeszustand entnommenen Standpunkte aus als ihr wohl=
begründetes Recht ansehen. Voraussichtlich wird die katholische
Kirche den Patronen, namentlich wenn letztere zu den souverainen
regierenden Fürsten nicht gehören, wohl keine größeren Con=
cessionen machen, als der Krone Württemberg gegenüber. Bezüg=
lich der Privatpatronate kommt jedoch in Betracht, daß es sich
hier nicht um Beseitigung des landesherrlichen Patronats handelt,
und daß der Einfluß der Privatpatrone nicht entfernt von der
Bedeutung für die katholische Kirche sein kann, wie der der Lan=
desherren als Inhaber des Staatspatronats.

Die Patronatsverhältnisse in Württemberg [47]) sind in
mancher Hinsicht eigenthümlich gestaltet und geben u. A. zu folgen=
den Betrachtungen Veranlassung:

Bei Besetzung der Kirchenämter concurrirte der Bischof nicht;
die vom Könige zu bestätigenden Vorschläge gingen theils von der
Staatsbehörde (dem katholischen Kirchenrathe) aus, theils wurde
das Patronatsrecht von Laien oder geistlichen Corporationen aus=
geübt. In Folge der Säcularisation gingen nämlich die Patronats=
rechte der für Württemberg bestimmten Entschädigungsobjecte auf
den Landesherrn über und letzterer übte solche seitdem aus; wo das
Patronat Dritten als ein besonderes weltliches Recht zustand (wie
den Mediatisirten als Nachfolgern in säcularisirte Besitzungen),
wurde ein Präsentationsrecht anerkannt [48]), aber die landesherrliche

---

47) Vgl. Lang in der württembergischen Gesetzsammlung, X. §. 13.
S. 181. Warntönig, in dieser Zeitschrift Bd. XVII. S. 360.
L. Reyscher a. a. O. S. 59 f.
48) Die königliche Verordnung vom 8. August 1819, Declaration, be=

Bestätigung beansprucht. Der Art. IV. der württembergischen Ver=
einbarung gesteht nun dem Bischof das — von ihm bis dahin gar
nicht besessene — Recht zu, alle Pfründen zu verleihen, mit Aus=
nahme derjenigen, welche einem rechtmäßig erworbenen Patronats=
rechte unterliegen; in Art. V. wird sodann bestimmt, daß, „wenn=
gleich über das Patronatsrecht das kirchliche Gericht zu entschei=
den hat," die weltlichen Gerichte zuständig sein sollen, „wenn
es sich um ein Laienpatronat handelt, und zwar auch hinsichtlich
der Frage über die Nachfolge in dasselbe; endlich schreibt Art. XII.
vor, daß die mit der Vereinbarung im Widerspruche stehenden
königlichen Verordnungen und Verfügungen außer Kraft treten,
soweit aber gesetzliche Bestimmungen derselben entgegenstehen, diese
geändert werden.

Es liegt jetzt die Frage nahe, welchen Einfluß die württem=
bergische Vereinbarung auf das Patronat, insbesondere das Prä=
sentationsrecht auszuüben vermag. Soweit durch diese Verein=
barung das bestehende Recht abgeändert wird, ist zu ihrer Wirk=
samkeit und Rechtsbeständigkeit überhaupt ein Gesetz nothwendig,
als welches die Vereinbarung an sich nicht betrachtet werden kann.
So lange ein solches Gesetz nicht vorhanden, so lange namentlich
die Stände ihre Zustimmung zu der Vereinbarung nicht ertheilt
haben, kann sich darauf vor den Gerichten nicht berufen werden.
Sollte man auch annehmen, daß das Staatsoberhaupt für sich auf
das ihm zukommende Staatspatronat habe verzichten können, so
erscheint doch die Vereinbarung den Privatpatronen gegenüber als
ein Act unter Dritten, welcher wohlerworbene Rechte derjenigen,
die daran nicht Theil genommen haben, nicht beeinträchtigen kann.
Aber auch auf dem Wege der Gesetzgebung werden die wohler=
worbenen, von der Regierung besonders und ausdrücklich garan=
tirten Patronatrechte (f. oben not. 48), nicht einseitig und ohne
Weiteres zu entziehen sein [49]). Demnach erscheinen die württem=

treffend die staatsrechtlichen Verhältnisse des fürstlichen Hauses von
Thurn und Taxis, §. 50. lautet: „Das Patronatsrecht wird dem
fürstlichen Hause, wo und wie es solches hergebracht hat, belassen;"
königlich württembergisches Staats= und Regierungsblatt von 1819
S. 518.
49) Die Staatsregierung würde in eine eigenthümliche Lage versetzt werden,

bergischen Patrone rechtlich nicht verpflichtet, dem in der Vereinbarung bezüglich der Patronatsrechte der Krone anerkannten Principe sich zu unterwerfen oder die analoge Anwendung des Art. IV.
sich gefallen zu laſſen. Kommt es zu einem Rechtsſtreite über das
Patronat zwiſchen dem Biſchofe und einem Privatpatron, so iſt
das bisher competente Gericht zuſtändig, und der Patron iſt nicht
zu nöthigen, die im Art. V. eingeführte geiſtliche Gerichtsbarkeit
anzuerkennen [50]). Eine andere Frage iſt es, ob es ſich empfehlen
wird, am beſtehenden Rechte überall ſtrenge feſtzuhalten, falls der
württembergiſche Biſchof die Principien der Vereinbarung auch den
Privatpatronen gegenüber zur Geltung bringen will. Auf einen
wirkſamen Schutz der Staatsregierung wird nicht zu rechnen ſein,
nachdem letztere im Concordate Rechte aufgegeben und der katholiſchen Kirche eingeräumt hat, welche Seitens des Staats ſeit
Menſchengedenken beſeſſen und ausgeübt worden ſind.

---

wenn diejenigen Patrone, denen das Patronat durch einen Act der
Geſetzgebung garantirt iſt, Schutz gegen die Anſprüche des Episcopats bei der Regierung ſuchen.

[50]) Hält der Episcopat an der Anſicht feſt, daß die auf eine kirchliche
Corporation übertragenen Laienpatronate kirchliche geworden ſeien, ſo
wird er die hier fraglichen Präſentationsrechte auch als Beſtandtheile
eines geiſtlichen Patronats anſehen und für ſolche eintretenden Fälle
die geiſtliche Gerichtsbarkeit vindiciren. Dadurch ergäbe ſich eine
Aenderung im Gerichtsſtande, welche bekanntermaßen nur auf dem
Wege der Geſetzgebung möglich iſt. Vgl. auch Warnkönig, in
dieſer Zeitſchrift, XVII. S. 373.

IX.

Das Setzen eines Schiffes zu Gelde.

Nach einem Rechtsfall mitgetheilt

von

Beseler.

———

Obgleich für die Mitrhederei im Allgemeinen der Grundsatz gilt, daß die Mehrheit der nach Schiffsparten gezählten Stimmen entscheidet, so haben doch einzelne Seerechte für besondere Fälle abweichende Bestimmungen aufgestellt, damit die Herrschaft der Majorität nicht zu einer unbeschränkten werde, und die Durchführung entgegenstehender Ansichten und Interessen nicht unmöglich mache! [1] Weit durchgreifender noch ist eine andere Einrichtung, deren erste Andeutung sich schon in älteren Seerechtsquellen findet [2], die aber namentlich im lübischen und dänischen Rechte consequent durchgebildet worden ist [3]. Das ist das s. g. Setzen eines Schiffes zu Gelde. Im Falle der Meinungsverschiedenheit nämlich hat die

———

1) Hamburg. Stadtr. Th. II. Tit. 13. Art. 2. — Pr. A. L. R. Th. II. Tit. 8. §. 1429—30. Vgl. Beseler, System des gem. deutschen Privatrechts III. S. 469.

2) Consolato del mare cap. XI. (Pardessus, collection II. p. 65.) Hier ist den Mitrhebern des Schiffers diesem gegenüber das Recht der Setzung gegeben, während ein unedirtes Seerecht von Oleron (angeführt bei Pardessus a. a. O. Note 1.) die Einrichtung schon in einer allgemeineren Anwendung kennt.

3) Lüb. Stadtr. Bd. VI. Tit. 4. Art. 6. „Wann etliche Schiffs-Freunde seyn zu einem Schiff, welche ungleiche Anpart daran haben, etliche mehr, etliche weniger, so sollen alle, welche den wenigsten Theil haben, den andern am meisten Theil folgen, oder aber das Schiff auf ein Geld setzen, dafür man es geben oder nehmen wil, welch Theil nun bey dem Schiff bleiben würde, der sol den andern Redern solch Geld in sechs Wochen darnach bezahlen, ohne Einrede oder Rechtgehen, und das Schiff zu ihren Besten gebrauchen." —

Minderheit unter den Rhedern das Recht, das Schiff zu einer bestimmten Geldsumme anzusetzen und von der Mehrheit die Erklärung zu fordern, ob sie dasselbe für diese Summe behalten (nehmen) oder es der Minderheit überlassen (geben) will.

Auch auf anderen Gebieten der genossenschaftlichen Vereine hat man es versucht, die starre Herrschaft der Majorität durch beschränkende Einrichtungen zu mäßigen[4]). Das hier gebotene Mittel erscheint zweckmäßig und den besonderen Verhältnissen der Mitrhederei entsprechend; und wenn es auch gegenwärtig nur eine beschränkte Geltung hat[5]), so verdient es doch eine weitere Verbreitung. Leider aber enthalten die Gesetze, welche von der Setzung der Schiffe handeln, nur wenige dürftige Bestimmungen, und auch die wissenschaftlichen Werke über unser Seerecht lassen eine eingehende, principielle Behandlung der Lehre vermissen[6]). Die Mittheilung eines Rechtsfalls, in dem wichtige, hierher gehörige Fragen zur Erörterung kamen, wird daher nicht ungern aufgenommen werden.

———

In Folge einer Meinungsverschiedenheit unter den Rhedern der Brigg Wendola übte der Kaufmann W. in Rostock das Recht der Setzung aus, und setzte unter dem 29. Aug. 1856 das damals in Schiedam liegende Schiff für die Summe von 10000 Rth.,

———

Danske Lov. Bd. IV. Cap. 1. Art. 35. — Die Vorschrift des Lübischen Rechts ist wörtlich in das Rostocker Stadtr. Th. VI. Cap. 4. Art. 6. übergegangen, während das Hamburger Stadtrecht die Mehrheit und Minderheit nicht bestimmt einander gegenüber stellt. Er lautet nämlich a. a. O. Art. 1. „Haben etliche Rhedere ein Schiff zusammen, und wil einer von dem andern; der von dem andern sich scheiden wil, der sol das Schiff setzen, beyde geld und tag, und der ander sol kiesen innerhalb vierzehn tagen, und also sollen sie gescheiden sein." Vgl. Lüb. Stadtr. Bb. III. Tit. 13. Art. 1.

4) So gestattet das Preuß. Gesetz v. 12. Mai 1851. §. 8. über das Verhältniß der Miteigenthümer eines Bergwerks gegen gewerkschaftliche Beschlüsse von Seiten der Minderzahl eine Berufung auf schiedsrichterliche Entscheidung.

5) Die Setzung mag jedoch auch an Handelsplätzen, deren Gesetzgebung sie nicht kennt, gewohnheitsrechtlich in Geltung sein.

6) S. z. B. M. Pöhls, Darstellung des Seerechts I. S. 116. 138. — v. Kaltenborn, Grundsätze des praet. Europäischen Seerechts I. S. 120.

was von dem Correspondenzrheder, dem Consul M. daselbst, an=
genommen ward. Dem W. wurde demnach unter dem 6. Sept.
1856 die Brigg zu dem Setzungspreise gegeben. Als ihm nun
aber angesonnen ward, sich zu erklären, wie es mit dem Schiffer
und der Mannschaft, so wie eventuell mit der Bewachung des
Schiffs gehalten werden solle, und er sich darauf nicht äußerte,
stellte M. im Namen der gebenden Majorität gegen ihn eine Klage
bei dem Gewaltgericht in Rostock an. Es wurde gebeten den W.
zu verurtheilen, jene Erklärung abzugeben und zugleich die für
Heuer und Transport der Mannschaft, so wie für Bewachung des
Schiffs bis zu dessen Tradition aufzuwendenden Kosten, salva liqui-
datione, zu erstatten.

Kläger wurde von dem Gewaltgericht und dem Obergericht
zu Rostock mit seiner Klage abgewiesen, weil durch die Setzung
die Rhederei aufgelöst werde, und die contractlichen Rechtsverhält=
nisse derselben nicht ohne Weiteres auf die Nehmer übergingen.
Das Oberappellationsgericht zu Rostock wies freilich auch die Klage
zurück, weil jene Erklärung dem Beklagten nicht habe angesonnen
werden können, und die Einforderung noch nicht verwendeter
Kosten auch mit dem Vorbehalt der Liquidation unzulässig sei. Es
wies aber die Klage nicht unbedingt, sondern nur zur Zeit ab,
weil allerdings durch die Setzung die Rhederei nicht aufgelöst
werde, sondern die früheren Contractsverhältnisse auf die Nehmer
übergingen, welche auch die Bewachungskosten zu tragen hätten,
weil die Geber wegen der Setzung das Schiff nicht hätten be=
nutzen können.

Gegen dieses Erkenntniß wurde das Rechtsmittel der Restitu=
tion eingelegt. Die Acten gelangten zur Abfassung des Gutachtens
an die Juristenfacultät zu Greifswald, welche das letzte Erkennt=
niß aus folgenden Gründen bestätigte:

1. Bei der Beurtheilung des vorliegenden Rechtsfalls han=
delt es sich um die Rechtsverhältnisse, in welchen die Mitglieder
einer Mitrhederei unter einander und in ihren Beziehungen zu
dritten Personen stehen. Es macht sich dabei die eigenthümliche
Beschaffenheit dieser Art von Rechtsgemeinschaft geltend, daß die=
selbe freilich keine Genossenschaft mit juristischer Persönlichkeit ist,
aber eben so wenig nach den Grundsätzen des reinen römischen
Rechts über die Societät beurtheilt werden darf. Die Gemein=

schaft der Berechtigten, welche an den Körper des Schiffs geknüpft ist, bestimmt sich nach den Schiffsparten, welche von den Einzelnen erworben sind, und bleibt im Wesentlichen bestehen, auch wenn durch Universal- oder Singularsuccession eine Veränderung in dem Eigenthum der einzelnen Parten und also ein Wechsel in den Personen der einzelnen Berechtigten statt gefunden hat.

2. Ein solcher Wechsel tritt auch dann ein, wenn in Folge von Meinungsverschiedenheiten von der Minorität der Rheder das Schiff zu Gelde gesetzt und von Seiten der Majorität genommen oder gegeben wird. Es findet dann allerdings eine Auseinandersetzung der Mitrheder statt; aber diese führt nicht zu einer Auflösung der Gemeinschaft, wie es durch öffentlichen Verkauf im gemeinrechtlichen Theilungsverfahren geschehen würde, sondern hat nur die Wirkung, daß diejenigen Mitglieder, welche früher die Majorität oder die Minorität in der Rhederei bildeten, nunmehr als die alleinigen Träger des Rechtsverhältnisses erscheinen. Ob in dem,

Sammlung von Entscheidungen in Rostock'schen Rechtsfällen. Erste Forts. S. 199.,

abgedruckten Erkenntnisse, auf welches sich der Beklagte wiederholt berufen hat, eine andere Auffassung durchgeführt worden ist, läßt sich bei der fragmentarischen Mittheilung a. a. O. nicht sicher erkennen. Jedenfalls würde dieselbe dem Wesen des Rechtsinstitutes nicht entsprechen.

Vgl. G. Beseler, System des gemeinen deutschen Privatrechts III. S. 466.

3. Eine solche Fortführung der Gemeinschaft ließe sich selbst dann denken, wenn nur Einer der früheren Mitrheder durch die Setzung Eigenthümer des ganzen Schiffs geworden wäre. Denn wie eine juristische Person durch Ein Mitglied fortgesetzt werden kann, so läßt sich dasselbe auch bei dem verwandten Institut der Rhederei als möglich annehmen. Insofern würde die oben vertretene Ansicht über die Wirkung der Setzung selbst dann aufrecht zu halten sein, wenn der Beklagte durch dieselbe alleiniger Eigenthümer der Brigg Wendola geworden wäre. Indessen läßt sich dies aus den Acten keineswegs entnehmen. Dieselben ergeben vielmehr nur, daß die Majorität der Rheder dem Beklagten, der neben mehreren andern das Schiff zu Gelde gesetzt hatte, es ge

geben; die ihm nicht gehörenden Parten der Minorität sind dadurch nicht auf ihn übergegangen, und es ist als wahrscheinlich anzunehmen, zumal er selbst Kaufmann ist, daß er jetzt als Correspondenzrheder und nicht als alleiniger Eigenthümer der Wendola handelt. Ob sich dies indessen wirklich so verhält, oder ob zwischen dem Beklagten und den übrigen Mitgliedern der Minorität ein anderes Abkommen getroffen worden ist, erscheint, da Ersterer allein den Proceß aufgenommen hat, für den gegenwärtigen Rechtsstreit irrelevant.

4. Wenn nun aber in dem Setzen und beziehungsweise dem Geben des Schiffes keine Auflösung der früheren Rhederei liegt, so fragt sich, welches Rechtsverhältniß denn dadurch begründet wird. Das Rostocker Stadtrecht[7]) ertheilt auf diese Frage keine Antwort; allein eine wissenschaftliche Analyse des Rechtsverhältnisses ergibt, daß demselben ein Kaufgeschäft zum Grunde liegt, welches allerdings durch die der Majorität auferlegte Nothwendigkeit zwischen Kauf und Verkauf zu wählen, eigenthümlich modifizirt wird, und auf gewisse Weise Aehnlichkeit mit der Zwangsenteignung hat, welche auch auf einen nothwendigen Verkauf zurückzuführen ist. In diesem Sinne haben auch die älteren Quellen des Seerechts, in denen sich die ersten Andeutungen der Setzung finden[8]), das Verhältniß aufgefaßt, und das dänische Gesetzbuch (Bd. IV. Cap. 1. Art. 35.), dessen seerechtliche Bestimmungen dem Hansischen Rechte so nahe verwandt sind, beruht auf derselben Anschauung.

5. Das Kaufgeschäft, welches durch die Setzung hervorgerufen wird, hat aber nicht das Schiff als solches zu seinem Gegenstande. Die Setzung zu einer bestimmten Geldsumme bildet nur das Mittel für die Auseinandersetzung, indem dadurch der Werth des Ganzen und folgeweise der einzelnen Parten festgestellt wird. Das ganze Schiff wird aber nicht von der gebenden Majorität verkauft, von der Minorität erworben, sondern den Gegenstand des Kaufgeschäftes bilden nur die einzelnen Parten der Ersteren. Denn wollte man das Gegentheil annehmen, so würde damit gesagt sein, daß der gebende Theil die ihm nicht gehörigen Parten

---

7) Vgl. oben Note 3.

8) S. oben Note 2.

verkaufen, der nehmende Theil die ihm gehörigen Parten kaufen sollte, was eben absurd wäre. Es tritt das um so deutlicher hervor, wenn die Majorität der nehmende Theil ist und die Parten der Minorität erwirbt.

6. Die rechtliche Folge der Setzung ist daher der Kauf der dem gebenden Theil angehörigen Schiffsparten durch die Nehmer. Dies Rechtsgeschäft wird wie jeder Kauf perfect durch den Consens der Contrahenten, und dieser tritt ein durch die Erklärung der Majorität, ob sie nehmen oder geben will. Im vorliegenden Fall ist das Geschäft also durch die Erklärung der Majorität vom 6. Sept. 1856 perfect geworden.

7. Der Regel nach bedarf es aber noch, um die Wirkungen des Kaufgeschäftes vollständig eintreten zu lassen und seinen eigentlichen Zweck zu erreichen, der Tradition der Sache, und wenn es sich bei der Setzung um den Verkauf des Schiffes als Ganzen handelte, so würde dieser Act auch hier unerläßlich sein. Allein der Verkauf von Schiffsparten, mögen es einzelne oder mehrere sein, — und ein solcher kommt hier allein in Betracht — bezieht sich nur auf ideelle Antheile an einer beweglichen Sache, für welche eine körperliche Tradition wenigstens in diesem Falle nicht vorkommt [9]). Andererseits ist auch eine symbolische Tradition, ähnlich wie bei der Auflassung von Grundstücken oder dinglichen Rechten an denselben, welche auch bei der Uebertragung von Kuren im Bergrechte nachgebildet worden ist, hier nicht üblich. Denn die der Veräußerung nachfolgende Umschreibung der Schiffsparten in den Rhederbriefen, Bielbriefen oder wie sie sonst geordnet ist, erscheint nicht als Act der Eigenthumsübertragung, sondern nur als Mittel des Beweises und der Rechtssicherheit überhaupt. Die eigenthümliche Identificirung des Schiffsparts und der Berechtigung in der Gemeinschaft macht sich bei der Mitrhederei darin geltend, daß schon das Veräußerungsgeschäft über die Schiffsparten den Wechsel in den Personen der Berechtigten und die Eigenthumsübertragung zur Folge hat. Diese Wirkung tritt aber mit dem Moment ein, wo der Kauf perfect geworden ist, also mit der Erklärung der Majorität über das Nehmen oder Geben.

---

9) Die schwierige Frage, in wie weit die Tradition ideeller Antheile an beweglichen Sachen überhaupt möglich ist, bleibt hier unberücksichtigt.

8. Diese Grundsätze, welche auf einer consequenten Ent=
wicklung aus dem Wesen des Institutes der Mitrhederei beruhen,
finden auch in dem Rostocker Stadtrecht ihre Bestätigung.
Denn nach dem Schlußsatze des Th. VI. Cap. 4. Art. 6.

— — „welch Theil nun bey dem Schiff bleiben würde,
das soll den andern Redern solch Geld in sechs Wochen
darnach bezahlen, ohne Einrede oder Rechtgehend, und das
Schiff zu ihren besten gebrauchen" (vgl. oben Not. 3.).

ist der Erwerb aus dem Kaufgeschäfte nur von der Erklärung der
Majorität abhängig, nicht aber von einer nachfolgenden Tradition.
Auch die Frist von sechs Wochen ist nur für die Zahlung des
Kaufpreises gesetzt, und nicht für den Eigenthumserwerb; denn für
die Benutzung des Schiffes ist diese Frist nicht aufgestellt worden,
was auch, wenn der Preis früher bezahlt wäre, gar keinen Sinn
hätte, zumal wenn die Majorität, etwa mit dem früheren Corre=
spondenzrheder, der nehmende Theil ist. Die beiden letzten Sätze
sind vielmehr einfach copulativ verbunden, ohne durch ein „dann"
oder ähnlich in eine Relation zu einander gesetzt zu sein. Ist der
Kauf perfect, so ist der nehmende Theil verpflichtet, den Preis,
welcher nach Verhältniß der gegebenen Schiffsparten zu berechnen
ist, binnen sechs Wochen zu bezahlen, und ist zur ausschließlichen
Benutzung des Schiffes (in Folge des Eigenthumserwerbes) befugt.

9. Tritt nun aber der nehmende Theil, sei es die Majorität
oder die Minorität, in das volle Recht der Rhederei ein und
setzt dieselbe auf Grund des früher vorhandenen Rechtsverhält=
nisses fort, so versteht es sich von selbst, daß dies nicht bloß hin=
sichtlich der Vortheile, sondern auch in Betreff der Lasten der
Fall ist, und daß namentlich die bestehenden contractlichen Ver=
bindlichkeiten der Rhederei, z. B. mit Schiffer und Schiffsvolk,
so wie die etwa aus der Bewachung des Schiffs hervorgehenden
Kosten ihrem ganzen Umfange nach auf den nehmenden Theil
übergehen. Die dadurch erwachsenden Kosten und Ausgaben müssen
von der Minorität bei der Setzung des Schiffes, und von der
Majorität bei der Abgebung ihrer Erklärung in Anschlag gebracht
und berücksichtigt werden.

10. Wendet man diese Rechtsgrundsätze auf den vorliegenden
Rechtsstreit an, so ergibt sich, daß Kläger nach dem Eingange der
Erklärung vom 6. Septbr. 1856 vom Beklagten nicht erst eine
Aeußerung darüber hätte fordern sollen, wie über den Schiffer
und die Schiffsmannschaft zu verfügen sei, sondern daß er ihn
unmittelbar zur Direction der Rhederei und Uebernahme der aus
derselben hervorgegangenen Kosten hätte auffordern sollen. Dies
ist nicht geschehen und inzwischen über die Unzulässigkeit der dem
Beklagten angesonnenen Erklärung rechtskräftig entschieden worden.
Wegen des Heuer und der Kosten des Transportes der Mann=
schaft und der Bewachung des Schiffes, für welche nach dem
Obigen nur der Beklagte aufzukommen hatte, war dem Kläger
die Entschädigungsforderung, wie geschehen, offen zu halten.

X.

Vom Posttransportvertrage, insbesondere von der Schadensersatz=Verbindlichkeit der Postanstalten nach Maßgabe der Postvereinsbestimmungen.

Von

Dr. jur. W. Kompe.

In dem letzten Jahrzehent hat das deutsche Postwesen eine merkwürdige Veränderung und Umgestaltung erfahren, indem an die Stelle des Territorial=Jsolirungs=Systems, welches mit seinen Particular=Interessen und der hierfür berechneten Behandlungsweise seit Anfang unseres Jahrhunderts den Gemein=Interessen vielfach hindernd gegenüberstand und letztere darnieder hielt, das Princip einer gleichmäßigen und gewissermaßen einheitlichen Verwaltung der deutschen Posten getreten ist. Nach dem im Zollwesen gegebenen Beispiele und gleichzeitig mit der im Telegraphen= (zum Theil auch im Eisenbahn=)wesen befolgten Anschauungsweise schloßen nemlich einzelne deutsche Postverwaltungen, in freier Verständigung über die als nothwendig erkannten Reformen, unter sich einen auf das Postwesen bezüglichen Vertrag ab, den sogenannten Postvereins= Vertrag. Diese Erscheinung hat zunächst um deswillen politische Bedeutsamkeit, weil der Gegenstand der Uebereinkunft eine Angelegenheit des allgemeinen deutschen Verkehrs betrifft, mithin in der That alle deutsche Staaten umfaßt und ihnen gemeinsam ist, demgemäß aber mit Rücksicht auf die Bestimmungen der deutschen Bundesakte Art. 19., sowie der Wiener Schlußakte Art. 65. in den Geschäftskreis und die Competenz der deutschen Bundesversammlung zu fallen scheint. In anderer Hinsicht ist es nicht minder bedeutsam, daß durch den Postvereins=Vertrag und dessen weitere Entwicklung innerhalb des Postvereinsgebiets eine folgenreiche Einigung bezüglich der davon betroffenen Interessen theils wirklich schon hergestellt, theils wenigstens angebahnt worden ist; — wir sind dem Ziele, wenn auch nicht der deutschen Einheit, so doch der deutschen

Einigkeit hinsichtlich des Postverkehrs um einen nicht unerheblichen Schritt näher gerückt.

Diese Einigung und Gemeinsamkeit beschränkt sich aber nicht auf das Gebiet der materiellen Beziehungen, es sind nicht allein die volkswirthschaftlichen und finanziellen Interessen sowohl für Deutschland, als auch weit über dessen Grenzen hinaus die weltwirthschaftlichen, denen durch die Postreform die Voraussetzung und Möglichkeit einer natürlichen gedeihlichen Entfaltung in erhöhtem Maße geworden ist, es sind auch geistige Interessen, bezüglich deren durch die Postreform eine Gemeinsamkeit erlangt wurde, nemlich die nationale Einheit des Rechts hinsichtlich vieler Verhältnisse, welche ihren Grund im postalischen Verkehre finden. Für die Wissenschaft liegt die Aufgabe nahe, das reiche Material zu verarbeiten, welches ihr durch die Folgen der Postreform in den angedeuteten Richtungen fortwährend geboten wird; den Praktiker und Geschäftsmann führt der tägliche Verkehr hierauf von selbst hin, und es kann diesen nur erwünscht sein, wenn ihnen dieser Stoff verarbeitet, in systematischer Uebersicht, mit wissenschaftlicher Begründung und Beleuchtung, zur Benützung vorgelegt wird.

In Ansehung der Rechtsfragen über die sog. Postgarantie nach Maßgabe der im Postvereine geltenden Grundsätze fehlt es nun noch an einer solchen Darstellung, welchem Mangel nach Kräften abzuhelfen Zweck dieses Aufsatzes ist. Gegenstand desselben bilden daher hauptsächlich die Bestimmungen, welche sich auf das Rechtsverhältniß der Postanstalt hinsichtlich der Haft- und Ersatzverbindlichkeit für Postsendungen in Verlust- und Beschädigungsfällen beziehen [1]); sie erscheinen in ihrer vollen und wichtigen Bedeutung, wenn man den hierauf bezüglichen dermaligen Rechtszustand vergleicht mit dem bis dahin bestandenen. Ueber die praktische Anwendung dieser Vorschriften haben sich aber hin und wieder Zweifel erhoben und abweichende Ansichten bei einzelnen Postverwaltungen geltend gemacht. Diese Unsicherheit und Verschiedenheit in der Auffassung möglichst zu beseitigen, ist weiterer Zweck dieser Abhandlung. Zu dem Ende schien es passend, theils die Grundsätze über den Posttransport-Vertrag überhaupt festzustellen und vorauszuschicken,

---

1) Ein hierauf beschränkter, nur die Resultate mittheilender Auszug dieses Aufsatzes findet sich in der Zeitschrift „das Postwesen unserer Zeit", Band IV. Leipzig 1857.

um solchergestalt eine entsprechende Grundlage für die folgende Ausführung zu gewinnen, theils vergleichende Rücksicht zu nehmen auf die Normen, welche bei andern Transportanstalten bezüglich einschlagender Fragen gelten.

Trägt vorliegende Arbeit dazu bei, eine gleichmäßige Auffassung in der angedeuteten Richtung anzubahnen und somit die nationale Einheit des Rechts auf diesem Gebiete zu befördern, bietet sie dem Rechtsgelehrten Veranlassung, diesen Gegenstand weiter zu verfolgen, gewährt sie dem Postbeamten und dem gesammten mit der Postanstalt verkehrenden Publikum die Möglichkeit, über die behandelten Fragen und das ihnen zum Grunde liegende Rechtsverhältniß Aufschluß und Belehrung sich zu verschaffen, so erfüllt sich der aufrichtige Wunsch, von welchem der Verfasser bei Veröffentlichung seiner Ansichten geleitet worden.

Inhaltsübersicht.

der Competenz der Poststellen zur dienstlichen Behandlung der Reclamationen. §. 22. Von der Verjährung des Reclamationsrechts. §. 23. Von
der „unbeanstandeten Uebernahme" und den daraus entspringenden Folgen. §. 24. Verlust und Beschädigung im Postvereins-Auslande.

Erster Abschnitt.
Von dem deutsch-österreichischen Postvereine und den hierin verein-barten Rechtsbestimmungen.

§. 1. Geschichtlicher Ueberblick.

Zu den Zeiten des deutschen Reichs bildeten die Reichsposten
Ein Ganzes; diese einige Reichspostanstalt war dem fürstlichen Hause
Thurn und Taxis zu Lehen gegeben und umfaßte principiell das
ganze Reich; sie war an die Grenzen des Territorialstaats nicht gebunden. Jedoch bestanden in einzelnen Ländern, namentlich seit dem
westphälischen Frieden, auch Territorialposten, welche von den betreffenden Landesherrn selbständig verwaltet wurden. Es erfreuten
sich aber die Reichsposten des besondern Schutzes des Kaisers und
der Protection und Direction des Reichs-Erzkanzlers. Noch der
Reichs-Deputations-Haupt-Schluß vom 25. Februar 1803 §. 13.
garantirte den Zusammenhang der Posten im ganzen Reiche, so wie
er zur Zeit des Lüneviller Friedens constituirt gewesen war. Indessen
löste sich bald nachher mit dem rasch eintretenden Verfalle des deutschen Reichs dieser für den Verkehr so wichtige Zusammenhang des
Postwesens, und so ist das Ganze des Reichspostwesens als solches,
insoweit dasselbe nicht in der fürstlich Thurn und Taxis'schen Postanstalt fortgesetzt wird, geschichtlich und staatsrechtlich untergegangen.

Den solchergestalt für das allgemeine Wohl geschwundenen Vortheil konnte die Special-Souverainetät der einzelnen Landesherrn,
welche das Postregal als auf sich devolvirt erklärten und an sich
nahmen [2]), nicht gewähren: es entstanden in den einzelnen Staaten

---

2) Durch den Preßburger Frieden erhielten im Jahre 1805 drei Reichsstände (Baiern, Württemberg und Baden) eine relative Souverainetät
und zogen das Postregal an sich; die Mitglieder des Rheinbunds sodann erlangten mit der Souverainetät auch das Postregal in seinem
ganzen Umfange. Klüber, öffentliches Recht, §. 352; vgl. dagegen
v. Linde, Archiv für das öffentliche Recht des deutschen Bundes, Gießen 1858. Bd. III. §. 20 f. Es konnte solches vom Verfasser dieses

Landesposten [3]), welche sich nach der Natur der Sache nur inner=
halb der Territorialgrenzen bewegten, dabei auf die postalischen Ver=
hältnisse der Nachbarstaaten, insbesondere auch auf die Zeit und
den Ort des Anschlusses nur insoweit Rücksicht zu nehmen sich be=
stimmt sahen, als es dem Nutzen der Landesposten zu entsprechen
schien, auch bezüglich des Speditions= Curs= und Tarwesens, sowie
der Verwaltungsgrundsätze überhaupt zunächst nur diejenigen Ein=
richtungen schufen, welche den Vortheil der Landesposten zu beför=
dern für geeignet gehalten wurden.

Durch die deutsche Bundes=Acte wurde die Einheit der Post=
anstalt oder die Vereinigung sämmtlicher Bundesstaaten zur Ver=
waltung der Post nach gleichen Grundsätzen zwar nicht hergestellt,
indessen brachte es der Art. XVII. mit sich [4]), daß das fürstliche
Haus Thurn und Taxis eine Anzahl von Landesposten unter e i n e r
Verwaltung vereinigte und somit nach Umständen die postalischen
Verkehrsverhältnisse verbesserte.

Aus dem Mangel der Einheit und Uebereinstimmung im Post=
wesen im Uebrigen entsprangen mannigfaltige Unbequemlichkeiten
und Nachtheile für den Postverkehr und bald erhoben sich Stimmen,

---

Aufsatzes hier nicht weiter benützt werden, da es erst nach vollendetem
Satze in seine Hände gelangte.

3) Im Jahre 1810 zählte man gegen 50 Territorialposten im Gebiete
des ehemaligen deutschen Reichs! Nicht viel besser war das Verhält=
niß fünf Jahre später, nachdem an die Stelle der eingegangenen fran=
zösischen, königlich westphälischen und großherzoglich bergischen Posten
wieder andere Territorialposten traten.

4) Dieser lautet: „Das fürstliche Haus Thurn und Taxis bleibt in dem
durch den Reichs=Deputations=Schluß vom 25. Febr. 1803 oder in den
späteren Verträgen bestätigten, Besitz und Genuß der Posten in
den verschiedenen Bundesstaaten, so lange nicht etwa durch freie Ueber=
einkunft anderweitige Verträge abgeschlossen werden sollten.

In jedem Falle werden demselben, in Folge des Art 13. des er=
wähnten Reichs=Deputations=Hauptschlusses, seine auf Belassung der
Posten, oder auf eine angemessene Entschädigung gegründeten
Rechte und Ansprüche versichert.

Dieses soll auch da stattfinden, wo die Aufhebung der Posten seit
1803 gegen den Inhalt des Reichs=Deputations=Hauptschlusses bereits
geschehen wäre, insofern diese Entschädigung durch Verträge
nicht schon definitiv festgesetzt ist."

welche eine Aenderung und Verbesserung dieser Zustände als ein
dringendes Bedürfniß des täglich sich mehrenden Verkehrs nachwie-
sen und als eine gerechte Forderung der Zeit begründeten. Seit
1842 begann nun Oesterreich den Weg freier Vereinbarungen zu
betreten und gemeinschaftliche Bestimmungen über das Tarwesen
mit einzelnen deutschen Postverwaltungen herbeizuführen; auf Anregung von Oesterreich und Preußen, welche in einer Denkschrift
das Bedürfniß gleichmäßiger Behandlung des Postwesens in allen
deutschen Staaten darstellten, tagte sodann die „Dresdener Postconferenz" vom 18. October 1847 bis zum 3. Februar 1848 und
hielt 38 Sitzungen. Die ferneren Verhandlungen kamen, abgesehen
von anderen Hindernissen, durch die Revolution von 1848 ins Stocken.
Im „Siebenzehner Entwurf" vom Jahre 1848 war die angestrebte
Reform in dem Satze formulirt: „Die Post ist Sache des Reichs",
und die Frankfurter Reichsverfassung vom März 1849 (Art. VIII.
§. 41) sprach der Reichsgewalt das Recht der Gesetzgebung
und Oberaufsicht über das Postwesen im ganzen Reiche zu;
auch sollte sie die Befugniß haben, das deutsche Postwesen für Rechnung des Reichs zu übernehmen, vorbehaltlich einer billigen
Entschädigung der Berechtigten. Ebensowenig wie das deutsche Reich
ist auch diese Bestimmung der Reichsverfassung ins Leben getreten.
Dagegen gelang es den wieder angeknüpften freien Vereinbarungen,
einigen Ersatz für den ehemaligen Zusammenhang des Reichspostwesens zu erlangen und in der Folge eine außerordentliche Erleichterung, eine in diesem Umfange vorher nie vorhanden gewesene
Uebereinstimmung im Postwesen herzustellen. Dieß geschah zunächst
durch den am 6. April 1850 in Berlin zwischen Oesterreich und
Preußen abgeschlossenen deutsch-österreichischen Postvereins-
Vertrag, welcher später (5. Decbr. 1851) revidirt und zur weiteren
Ausbildung gebracht wurde 5). Dieser Postverein „bezweckt die

---

5) Um den Fortschritt in den Verbesserungen zu sichern, wurde die Ab-
haltung von Postconferenzen beschlossen (Art. 75. des Vertrags), welche
dann in Berlin (1851), in Wien (1855) und in München (1857)
stattfanden; die nächste wird in Frankfurt a/M. abgehalten werden.
Der Postverein äußert seine wohlthätigen Wirkungen auch nach außen,
indem er in der Folge Veranlassung zu Postverträgen mit dem Auslande gab, so z. B. mit Rußland, Belgien, den Niederlanden, Spanien,
Schweden, England, Frankreich, Nord-Amerika, Dänemark, und wenn

Feststellung gleichmäßiger Bestimmungen für die Tarirung und postalische Behandlung der Brief= und Fahrpostsendungen, welche zwischen verschiedenen zum Vereine gehörigen Postgebieten oder zwischen dem Vereinsgebiet und dem Auslande sich bewegen" (Art. 1), bezieht sich also nicht auf den "internen" Verkehr, d. h. denjenigen, welcher sich innerhalb eines bestimmten einzelnen Postgebiets bewegt, dessen Grenzen nicht überschreitet. Der gesammte Verwaltungsbezirk einer jeden Postadministration wird, auch wenn sie mehrere Landesposten im Vereinsgebiet zugleich verwaltet, in dem Verhältnisse zu den übrigen Vereins=Administrationen nur als Ein Postgebiet angesehen (Art. 2. "zusammengesetzte Postgebiete"). Nach Art. 11. sollen die sämmtlichen zum deutsch=österreichischen Postverein gehörigen Staatsgebiete bezüglich der Briefpost für die internationale Vereins=Correspondenz und Zeitungsspedition Ein ungetheiltes Postgebiet darstellen, und auf der Münchener Postconferenz vom Jahre 1857 ist vereinbart worden, daß die zum Postverein gehörigen Staatsgebiete auch in Bezug auf die Fahrpost als Ein vereinigtes ungetheiltes Postgebiet demnächst angesehen werden sollen. Es wird mithin künftig [6]) das Fahrpost=Porto, ähnlich wie das Briefporto, nach geradlinigen Entfernungen, ohne Rücksicht auf die Territorialgrenzen und die Spedition, in einer Summe berechnet werden. Somit ist der Postverein im Wesentlichen organisch gegliedert und zu einem definitiven Ziel gekommen.

Die Dauer des Vereins erstreckt sich bis zum Schlusse des Jahres 1860; von da ab soll er ferner, unter Vorbehalt einjähriger Kündigung, in Kraft bleiben (Art. 76).

§. 2. Text der hier einschlagenden Vereinsbestimmungen.

Es zerfällt nun der revidirte Postvereinsvertrag vom 5. Decbr. 1851 in zwei Haupt=Abschnitte, und diese handeln in Art. 11 bis

---

auch als Contrahent nicht der Postverein als solcher erscheint, so kommen ihm doch die erzielten Vortheile zu gute, und nach und nach wird ihn das Ausland immer mehr als den einigen Repräsentanten des deutschen Postwesens anerkennen.

6) Der Nachtragsvertrag d. d. München 26. Febr. 1857 soll mit dem 1. Juli 1858 in Kraft treten; hiermit fallen in Bezug auf die Porto-Erhebung für die Vereins-Fahrpostsendungen die bisherigen Taxgrenzpunkte und Transitlinien fort.

54 von der Briefpost, im Art. 54 bis 65 aber von der Fahrpost. Im ersten Abschnitt wird über die Ersatzleistung bei der Brief= post folgendes bestimmt:

Art. 25.   „Die Postanstalt, in deren Bereich ein rekomman= dirter Brief aufgegeben worden ist, soll, wenn derselbe verloren geht, gehalten sein, dem Reclamanten, sobald der Verlust constatirt ist, eine Entschädigung von Einer Mark Silber zu bezahlen, vor= behaltlich des Regresses an diejenige Postverwaltung, in deren Ge= biet der Verlust erweislich statt gefunden hat. Das Reklamations= recht soll nach Ablauf von sechs Monaten, vom Tage der Aufgabe an, erloschen sein.

Diese Bestimmung kommt in Anwendung für alle zwischen zwei Vereinsbezirken gewechselten rekommandirten Briefe, ohne Rücksicht auf die hinsichtlich der Ersatzleistung in den Bezirken der Aufgabe oder der Bestellung etwa bestehenden abweichenden Vorschriften.

Ein Ersatzanspruch für nicht recommandirte Briefe findet gegenüber den Postverwaltungen nicht statt."

Art. 26.   „Für verspätete Beförderung oder Bestellung eines Expreßbriefs leistet die Postbehörde keine Entschädigung."

Der Art. 62. enthält sodann folgende Vorschrift über die „Garantie" [7]) bei der Fahrpost:

---

[7]) Insofern die Postanstalt nur zur sorgsamen und vorsichtigen Behand= lung der ihr zur Beförderung übergebenen Sachen verpflichtet ist, aber keine Garantie leistet, entspricht dieser Ausdruck nicht dem zum Grunde liegenden Rechtsverhältnisse beziehungsweise der juristischen Bedeutung des Worts. Denn es schließt die einfache Gegenleistung, zu der die Postanstalt durch den Beförderungsvertrag nach dessen Natur sich ver= pflichtet, nicht eine Garantie in sich; vielmehr setzt die Uebernahme einer Garantie voraus, daß der betreffende Contrahent auch für Zu= fälle, Ereignisse oder Handlungen dritter einzustehen sich verbindlich macht, welche außer dem Bereiche menschlicher Einwirkung liegen, also für das sog. periculum oder casus, wofür die Postanstalt aber nicht einsteht. Der übel gewählte Ausdruck „Garantie" oder „Risico" für die von der Post zu leistende Gewähr mag mit dazu beigetragen haben, daß das hier fragliche Rechtsverhältniß oft unrichtig aufgefaßt wurde. Es ist überhaupt nicht zu billigen, daß dieser Ausdruck nicht allein im gewöhnlichen Verkehr, sondern auch Seitens der Postanstalt dienstlich für die von ihr zu übernehmende Gewähr gebraucht wird; jedenfalls

„Dem Absender bleibt es freigestellt, die Grenzen der ver=
langten Gewähr durch die Erklärung des Werths nach eigenem
Ermessen zu bestimmen. In Beschädigungs= und Verlustfällen wird
die Entschädigung nach Maßgabe des declarirten Werthes geleistet,
mit alleiniger Ausnahme des durch Krieg oder unabwendbare Fol=
gen von Naturereignissen herbeigeführten Schadens. Der absen=
denden Postanstalt gegenüber haben die andern Postverwaltungen
nur die in der Landeswährung angegebene oder darauf reducirte
Summe zu vertreten. Auch bei Sendungen, für welche ein bestimmter
Werth nicht angegeben ist, wird Gewähr geleistet; dieselbe erstreckt
sich jedoch nur bis zum Belauf von 10 Sgr. oder 30 Kreuzer für
jedes Pfund der Sendung oder den Theil eines Pfundes, und kann
bei vorkommenden bloßen Beschädigungen innerhalb dieser Grenze
nur bis zum Belaufe des wirklich erlittenen Schadens in Anspruch
genommen werden.

Die Beibringung einer Empfangsbescheinigung von dem Adres=
saten ist bei Fahrpoststücken unzulässig.

Den Partheien gegenüber liegt die Ersatzpflicht der Postver=
waltung ob, welcher das Postamt der Aufgabe untersteht.

Der Ersatz kann gegenüber der Postanstalt nur innerhalb eines
halben Jahres vom Tage der Aufgabe an gerechnet, beansprucht
werden.

Der den Ersatz leistenden Anstalt bleibt es überlassen, eintre=
tenden Falls den Regreß an diejenige Verwaltung zu nehmen, in
deren Bezirk der Verlust oder die Beschädigung entstanden ist. Es
gilt hierfür bis zur Führung des Gegenbeweises diejenige Post=
anstalt, welche die Sendung von der vorhergehenden Postanstalt
unbeanstandet übernommen hat, und weder die Ablieferung an den
Adressaten, noch auch in den betreffenden Fällen die unbeanstandete
Ueberlieferung an die nachfolgende Vereinspostanstalt nachzuweisen
vermag.

Die vorstehenden Bestimmungen finden Anwendung auf alle
zwischen zwei Vereinspostbezirken gewechselten Fahrpostsendungen,
ohne Unterschied, ob der Verlust im Bezirke der Aufgabe oder im
Bezirke einer andern Postanstalt stattgefunden hat, und ohne Rück=

sollte derselbe aber aus den Gesetzen entfernt werden. Gleiches gilt
von dem Ausdruck „Versicherungsgebühr" für „Werthporto."

ſicht darauf, ob in den betreffenden Bezirken für die innerhalb der=
ſelben gewechſelten Sendungen abweichende Vorſchriften beſtehen."

Der auf der zweiten Conferenz des deutſchen Poſtvereins ver=
einbarte Nachtrag zum revidirten Poſtvereins=Vertrag d. d. Wien
den 3. September 1855 enthält endlich im Art. 8. nachſtehende Be=
ſtimmung:

„Zur Ergänzung der Beſtimmungen des Art. 62. des revi=
dirten Poſtvereins=Vertrags wird feſtgeſetzt, daß für Beſchädigung
am Inhalt einer Sendung die Poſtverwaltungen nur dann zu haf=
ten haben, wenn eine vorhandene äußerlich erkennbare Beſchädi=
gung in unzweifelhafter unmittelbarer Beziehung zu der vorhan=
denen inneren Beſchädigung ſteht.

Außer dieſem Falle tritt die Haftpflicht einer Poſtverwaltung
wegen des Inhalts nur dann ein, wenn ihr ein beſonderes Ver=
ſchulden und die geſchehene Auflieferung eines unbeſchädigten In=
halts, ſowie deſſen gehörige Verpackung vollſtändig nachgewieſen wird.

Für Verluſte und Beſchädigungen, welche auf dem Transport
durch eine dem Vereine nicht angehörige Beförderungs=Anſtalt ein=
treten, findet ein Erſatzanspruch, den Vereins=Poſtverwaltungen
gegenüber, nicht ſtatt. Dagegen haben bei dießfallſigen Reclama=
tionen zunächſt diejenigen Poſtanſtalten, von welchen die Sendungen
unmittelbar dem Auslande zugeführt worden ſind, den Aufgeber zu
vertreten, und demſelben, falls ihre Bemühungen erfolglos bleiben
ſollten, alle vorliegenden Mittel (Urkunden über die Ablieferung
der Sendung u. ſ. w.) an die Hand zu geben, welche ihn in den
Stand ſetzen können, ſeine Anſprüche der ausländiſchen Beförde=
dungsanſtalt gegenüber ſelbſt weiter zu verfolgen."

§. 3. Umfang des Vereins.

Es gelten dieſe Beſtimmungen für alle Poſtverwaltungen, welche
am Poſtverein ſich betheiligt haben, und es ſind dies zur Zeit fol=
gende: die Poſtgebiete der öſterreichiſchen und preußiſchen Geſammt=
monarchie, ferner von Bayern, Sachſen, Hannover, Württemberg,
Baden, Luxemburg 8), Braunſchweig, Mecklenburg=Schwerin und

8) Im Großherzogthum Luxemburg beſtehen zur Zeit bezüglich des Fahr=
poſtverkehrs noch keine Staatspoſten. Die im Art. 1. des Nachtrags
zum Poſtvereinsvertrag erwähnten allgemeinen Beſtimmungen gelten
daſelbſt nur in Anſehung der Briefpoſt.

Strelitz, Oldenburg, Lübeck, Bremen, Hamburg und Thurn und Taxis — das Fürstlich Thurn und Taxis'sche Postgebiet begreift folgende Staaten: die freie Stadt Frankfurt, Kurhessen, Hessen=Darmstadt, Hessen=Homburg, Hohenzollern=Hechingen und Sigmaringen, Lippe=Detmold und Schaumburg=Lippe, Nassau, Reuß (ältere und jüngere Linie: Greiz und Schleiz=Gera=Lobenstein), Sachsen=Coburg=Gotha, Sachsen=Meiningen=Hildburghausen, Sachsen=Weimar=Eisenach (mit Ausnahme des Amtes Allstedt, welches von der Königl. Preußischen Postadministration verwaltet wird), die Oberherrschaften der Fürstenthümer Schwarzburg=Rudolstadt und Sondershausen, endlich die Taxis'schen Poststellen in Bremen, Hamburg und Lübeck.

Es umfaßt demnach der Postverein alle deutschen Bundesstaaten [9]) mit Ausnahme der Herzogthümer Holstein, Lauenburg, Limburg und des Oldenburgischen, zum dänischen Postgebiete gehörigen Fürstenthums Lübeck, und es haften jene Postverwaltungen, sofern die betreffenden Sendungen zwischen ihnen gewechselt werden und ohne Rücksicht darauf, ob für den internen Verkehr des einzelnen Postgebiets in der hier fraglichen Beziehung abweichende Grundsätze bestehen [10]), nach Maßgabe der angeführten Artikel 25. 26' und 62. des revidirten Postvereinsvertrags und des Art. 8. des Nachtrags.

Daß aus diesen Bestimmungen allein das Rechtsverhältniß zwischen der Postanstalt und dem Aufgeber von Sendungen in Ansehung der Schadenersatz=Frage nicht erschöpfend construirt werden kann, leuchtet ein; sie setzen vielmehr eine Reihe allgemeiner Rechtsgrundsätze voraus. Letztere sind im einzelnen Falle entweder aus dem gemeinen Rechte, oder aus dem einschlagenden Particularrechte

9) Also ein Gebiet von etwa 24000 Quadrat=Meilen mit 72 Millionen Seelen, nachdem Oesterreich und Preußen auch für ihre nicht zum deutschen Bunde gehörigen Ländergebiete beigetreten sind, und an Oesterreich noch einige italiänische Staaten sich angeschlossen haben. Knies, der Telegraph, S. 85.

10) Für den internen Verkehr entscheiden die im einzelnen Staate bestehenden Postordnungen und Reglements; indessen gelten heut zu Tage wohl in allen zum Postverein gehörigen Postgebieten die Vorschriften des Postvereins=Vertrages nebst Nachträgen mindestens dergestalt, daß letztere das Minimum der Erleichterungen und Verbesserungen bilden.

herzunehmen. Um nun das im Postvereine über die vorliegende Frage geltende Recht vollständig zu übersehen, wollen wir zunächst die rechtliche Natur des Posttransportvertrags überhaupt, die aus demselben im Allgemeinen entspringenden Rechte und Verbindlich= keiten vom Standpuncte des gemeinen Rechts aus betrachten.

Zweiter Abschnitt.
Von der Natur des Posttransport=Vertrags und dessen rechtlichen Wirkungen überhaupt [11]).
§. 4. Obligationsart.

Das Rechtsverhältniß, welches der Transportverdingung über= haupt, insbesondere auch dem Postbeförderungsvertrage zu Grunde liegt, ist im Allgemeinen nach den Grundsätzen der locatio und con= ductio operis (Dienstmiethe) zu beurtheilen [12]); hiefür sprechen die Natur der Sache und die Vorschriften des positiven Rechts [13]). Es besteht nemlich das Object des Vertrags in menschlichen Kräften, die sich als Dienstleistungen äußern, und zwar in solchen Thätig= keiten, welche überhaupt vermiethet zu werden pflegen (operae locari solitae [14]) und erlaubt sind, auch nicht solche Handlungen betreffen; zu denen der Dienstleistende schon an sich verpflichtet ist.

---

11) Reyscher, das gemeine und württembergische Privatrecht (1847) §. 461 nennt den Vertrag, woburch Jemand Sachen eines Andern an eine bestimmte Abresse zu überliefern verspricht, Ueberlieferungsvertrag. Der Begriff des Posttransport=Vertrags ist weiter, insofern hierher auch die Beförderung von Personen und solchen Gegenständen gehört, welche die Post nur transportirt, es den Abressaten überlassend, die Sendung selbst, beren Begleitbrief burch die Post behändigt wird, im Postlokal in Empfang zu nehmen, abzuholen. Posttransport= oder Postbeförbe= rungs=Vertrag ist die heut zu Tage im Verkehre übliche technische Be= zeichnung.

12) Müller, über die de recepto actio etc. Leipzig 1835. §. 28. Ger= ber, System des deutschen Privatrechts, 5. Aufl. §. 183. Cnyrim, de res personasve transportandi obligatione, quam cum posta con= trahimus, Marburgi Cattorum 1854. §. 3.

13) Vgl. z. B. fr. 11. §. 3. fr. 13. pr. §. 1. 2. fr. 25. §. 7. loc. cond. (19. 2). fr. 3. §. 1. nautae, caupon. stab. (4. 9). fr. 5. pr. ad ex= hib. (10. 4.) fr. 2. pr. de lege Rhod. (14. 2). Oesterreichisches all= gemeines Gesetzbuch von 1811. §. 1151.

14) fr. 5. §. 2. de praescr. verb. (19. 4). Ausgeschlossen sind die soge=

Die locatio conductio operis unterſcheidet ſich von der locatio conductio operarum dadurch, daß bei letzterer die einzelnen Dienſte an und für ſich, ohne Rückſicht auf den durch ſie zu erreichenden Zweck gemiethet werden, während bei erſterer die Beziehung auf einen gewiſſen an einer Perſon oder Sache zu realiſirenden Zweck vorherrſcht, ſo daß hier ein ganzes Geſchäft als ſolches den Gegen=ſtand des Vertrags bildet und die einzelnen Thätigkeiten nicht be=ſonders hervortreten, vielmehr im Begriffe des Geſchäfts, Werks (opus) aufgehen [15]). Dieß angewendet auf den Poſttransportver=trag erſcheint das von der Poſt auszuführende Geſchäft als ein ſolches, welches der Dienſtmiethe unterworfen iſt; denn die Beför=derung von Perſonen und Sachen ſetzt menſchliche Kräfte voraus [16]); dieſe Art menſchlicher Thätigkeit zu vermiethen, geſtatten die Geſetze, insbeſondere gehören dieſe Dienſtleiſtungen nicht zu den ſog. operae liberales; es iſt endlich der Transport als ganzes Geſchäft Inhalt des Vertrags. Hierbei verſteht es ſich von ſelbſt, daß der Mitcon=trahent nicht etwa auch das ganze Transportmittel (Fuhrwerk) miethet; hinſichtlich der Poſtſendungen, welche Jemand der Poſt zur Beförderung übergibt, iſt dieß von ſelbſt klar, und hinſichtlich des Perſonentransports miethet der Paſſagier nur einen beſtimmten Platz im Poſtwagen [17]).

Was nun den Poſtbeförderungsvertrag vom Standpuncte des Poſtvereinsvertrags anlangt, ſo fehlt es in letzterem und deſſen Nachträgen an einer ausdrücklichen Beſtimmung darüber, nach welchen Rechtsgrundſätzen hinſichtlich der Obligationsart das Ver=

---

nannten operae liberales, welche eine gewiſſe geiſtige Befähigung vor=ausſetzen, z. B. die Dienſte der Lehrer von Wiſſenſchaften, der Aerzte, Advokaten.

15) Vgl. fr. 51. §. 1. loc. cond. (19. 2.) fr. 5. §. 1. de verb. sign. (50. 16.)
16) Die Transportmittel, Wagen, Pferde ꝛc., welche die Poſt ſtellt, er=ſcheinen nur als Mittel zum Zweck, nicht als die Hauptſache.
17) Denſelben Rechtsgrundſätzen unterliegt im Weſentlichen auch der mit der Eiſenbahn=Verwaltung abgeſchloſſene Beförderungs=Vertrag, indem letztere nemlich in das Verhältniß der Frachtführer den Ver=ſendern gegenüber eintritt und die Frachtverbindung nach den Grund=ſätzen der Dienſtmiethe zu beurtheilen iſt. Gerber a. a. O. §. 183. Seuffert, Blätter für Rechtsanwendung, Band XI. S. 22. Be=ſchorner, das deutſche Eiſenbahnrecht, §. 120.

hältniß zwischen der Postanstalt und dem Absender zu beurtheilen
sei; indessen weisen doch die für die Vereins-Postanstalten festgesetzten Verbindlichkeiten darauf hin, daß das Verhältniß im Allgemeinen unter dem Gesichtspunkte der locatio und conductio operis
betrachtet wird. Diese Auffassung entspricht dem gemeinen Rechte,
und sie muß überall, wo nicht abweichende particularrechtliche Vorschriften bestanden oder noch bestehen [18]), zur Geltung gelangen.
Denn der von den Rechtsgelehrten bis in die neueste Zeit ventilir-
ten Controverse, ob nicht die Grundsätze des receptum auf die Post
analog anzuwenden seien [19]), wird der neueren berichtigten Theorie
gegenüber eine praktische Bedeutung nicht mehr zugestanden werden
wollen, und der hin und wieder aufgestellten Behauptung, es gehe
die gemeine deutsche Praxis hinsichtlich der Ersatzverbindlichkeit auf Seiten der Postanstalt von der Anwendbarkeit der römischrechtlichen Grundsätze vom receptum aus [20]), es hafte demgemäß
die Post auch für den zufälligen Verlust, wird mit Recht die
Thatsache entgegen zu halten sein, daß es jedenfalls an zureichenden
Beweisen für eine solche angebliche Praxis fehlt [21]), daß aber auch

---

18) Ex recepto, mithin auch für den Zufall, soll die Post haften, z. B.
nach dem preußischen Landrechte Th. II. Tit. 15. §. 185, nach der
Landespostordnung für Mecklenburg-Schwerin vom 1. Januar 1770.
§. 67, Postordnung für Sachsen-Weimar von 1819. §. 7, für Sachsen-
Altenburg vom 10. Dezember 1830. §. 8. Nach Dessáry, österreichische Postverfassung, 1848, §. 176 haftet die Post für „irgend ein
zufälliges Ereigniß", vgl. auch §. 71. Für Württemberg vgl. v. Weis-
haar, Privatrecht, §. 1141—1148. Reyscher a. a. O. §. 461; dagegen Müller a. a. O. §. 31.

19) Die actio de recepto kann nicht über ihr ursprüngliches Gebiet ausgedehnt werden. Sintenis, Civilrecht, II. S. 692. v. Vangerow,
Pandecten, III. S. 478. Müller a. a. O. §. 12—27. Enyrim
a. a. O. §. 1. Karstens, im Archiv für civil. Praxis, Bd. 39.
Heft 2 betrachtet das Verhältniß unter dem Gesichtspunkte des Mandats; vgl. unten §. 13.

20) v. Wening-Ingenheim, Civilrecht, Band II. S. 392. Note t.
Tafel, auserlesene Civilrechtssprüche 2c. Band II. S. 282. Vergl.
dagegen Unterholzner, Schuldverhältnisse §. 495.

21) Vgl. Strippelmann, Oberappellationsgerichts-Entscheidungen, Bd. VI.
S. 91. Enyrim a. a. O. S. 8. Not. 5, wo gerichtliche Entscheidungen mitgetheilt werden, welche von einer der „deutschen Praxis"
nicht entsprechenden Auffassung ausgehen.

abgesehen hievon einer solchen Praxis als auf irriger Rechtsan=
schauung beruhend Lebensfähigkeit und entscheidender praktischer
Werth nicht zukommt.

Alle Transportverdingungen sind im Allgemeinen den Grund=
sätzen der Dienstmiethe unterworfen. So übernimmt z. B. der Fracht=
fuhrmann in Gemäßheit dieser Grundsätze nicht nur die Verbind=
lichkeit des richtigen, zeitigen und überhaupt ordnungsmäßigen Trans=
ports, für deren Nichterfüllung er nur durch das zufällige Eintreten
eines unbesiegbaren Hindernisses entschuldigt wird, sondern auch die
Verpflichtung, für die Erhaltung der Frachtgüter vom Augenblicke
ihres Empfangs Sorge zu tragen und die deßhalb nöthigen Vor=
richtungen vorzunehmen [21a].

Berührt mag wenigstens werden, daß die aus dem Posttrans=
portvertrage entspringende Obligation als dem öffentlichen Rechte
angehörig hin und wieder bezeichnet worden ist; jedoch mit Unrecht.
Denn, wenn auch das Recht zur Anlage und Ausübung von Posten
zu den sog. Regalien gerechnet wird, deren Grund und Subject
staatsrechtlicher Art ist, wenn auch die Postbeamten als öffentliche
Diener erscheinen, so fällt doch der mit der Post abgeschlossene
Transportvertrag dem Privatrecht anheim, weil das Postregal —
wohl zu unterscheiden vom Posthoheitsrechte [22] — einen rein pri=
vatrechtlichen Charakter hat und die Ansprüche, deren Erwerb dem
die Post benutzenden Publikum ermöglicht wird, in der That ledig=
lich Privatrechte sind. Es steht Jedermann frei, sich der Post zu
bedienen; wer mit ihr einen Beförderungsvertrag abschließt, handelt
als Contrahent und erwirbt das Maaß von Privatrechten, auf
welches die Willenseinigung geht; dabei macht es keinen Unter=
schied, daß der Gegenkontrahent die Postanstalt ist [23]. Ebenso ver=

21a) Weiske, Rechtslexikon, Bd. V. S. 423. Mittermaier, deutsches
Privatrecht §. 540. Note 2. Gerber a. a. O. Seuffert a. a. O.
Bd. XIX. S. 407. XXL S. 415.

22) Zachariä, deutsches Stäats= und Bundesrecht, 2. Aufl. §. 197.
Gerber a. a. O. §. 67.

23) Das als Gegenleistung zu zahlende Geld, Porto 2c. erscheint daher als
ein privatrechtlicher Anspruch des Postfiscus, nicht aber etwa als Steuer
oder Abgabe, die aus Gründen des öffentlichen Rechts, aus dem Staats=
verbande, Unterthanenverhältniß entspringt. Zum Theil abweichender
Ansicht für Oesterreich ist Dessáry a. a. O. §. 65. Vgl. auch Zeit=
schrift für deutsches Recht, Bd. XIII. S. 297.

hält es sich bezüglich der andern hieher gehörigen Regalien, dem Mühlen= und Fischregal an öffentlichen Flüßen, dem Berg=, Salz= und Jagdregal.

Hieran ändert sich auch nichts, wenn die Befugniß zur Aus= übung des Postregals einem Privaten übertragen wird; letzterer erwirbt nicht die Regalität selbst, sondern nur die Gerechtigkeit zur Ausübung der im Postregal enthaltenen Rechte und diese Gerechtig= keit ist ein wirkliches Privatrecht [24]). Dem Staate, welcher die Befugniß zur Ausübung des Postregals einem dritten überläßt, steht in Ermangelung besonderen Vorbehalts nur diejenige Einwir= kung darauf zu, zu welcher die Staatshoheitsrechte ermächtigen. [25])

Verschieden von dieser Art des Erwerbstitels zur Ausübung der im Postregal enthaltenen Rechte ist das dem fürstlichen Hause Thurn und Taxis zustehende Recht auf den Besitz und Genuß der Posten, insoweit letztere als Fortsetzung der deutschen Reichspost er= scheinen [26]).

§. 5. Rechtsquellen.

Bildet nun, abgesehen von besonderen particularrechtlichen Vor= schriften, das römische beziehungsweise gemeine deutsche Civilrecht im Allgemeinen die Entscheidungsquelle für das durch den Trans= portvertrag entstehende Rechtsverhältniß, so besteht doch für den Postbeförderungsvertrag neben jener Rechtsquelle noch eine andere, nemlich die deutsche Postgesetzgebung und Postpraxis überhaupt, das innerhalb der Postanstalt erzeugte und geübte Privat=Postrecht. Es ist das Postwesen in Deutschland bekanntlich ein der römischen Welt und Gesetzgebung fremdes, im Laufe der Zeit in Deutschland ent= standenes und ausgebildetes Rechtsinstitut [27]), mit ihm ausschließ=

---

24) Gerber a. a. O. S. 153.
25) Eichhorn, Einleit. §. 266. I.
26) Vgl. hierüber insbesondere v. Linde, das deutsche Postrecht. Gießen 1857.
27) „Wenn man unter Post im eigentlichen Sinne nur eine Anstalt ver= steht, die unter der Aufsicht des Staats Jedermann zur regelmäßigen, möglichst schnellen und sicheren Beförderung von brieflichen Nachrichten, Sachen und Personen, unter bestimmten, durch den Zweck und die Organisation der Anstalt gebotenen Beschränkungen und Begünstigun= gen, gegen feste Preise zusteht, dann paßt dieser Begriff auf keine an= dere Anstalt der Vergangenheit, als die erst im Anfange des 16. Jahr= hunderts von einem Vorfahren des jetzigen fürstlichen Hauses Thurn

lich angehörigen, aus seiner geschichtlichen Entwickelung und staatsrechtlichen Stellung entspringenden singulären Grundsätzen, Rechtsnormen und Gewohnheiten, weßhalb zunächst und vorzugsweise die
hierin begründeten Anschauungen zur Richtschnur dienen müssen.

Dies leuchtet sofort ein, wenn man erwägt, daß das römische
Recht gar nicht in dem Fall war, Rechtssätze zu construiren, welche den
besonderen factischen Verhältnissen der Postanstalt unserer Tage entsprechen. Es hat hier der Ausspruch des Paulus (fr. 1 de reg. jur.)
besondere Bedeutung: „Non ex regula jus sumatur, sed ex jure,
quod est, regula fiat", d. h. die Rechtsregel als eine Abstraction
des thatsächlichen Rechts soll sich einer jeden Aenderung des letzteren anpassen. Wo daher das positive deutsche Privatpostrecht nicht
ausreicht, ist nicht sofort und ohne Weiteres auf das römische Recht
zurückzugehen, vielmehr wird zunächst aus den besonderen thatsächlichen Grundlagen des Postinstituts, aus seiner Stellung und Aufgabe im Staatsorganismus der Rechtssatz zu abstrahiren und die
solchergestalt gefundene Regel anzuwenden sein. Deßhalb wird sich
das Rechtsverhältniß der Postanstalt zum Mitcontrahenten bezüglich
verschiedener Fragen anders gestalten, als das des römischen conductor operis, desjenigen, der die Ausführung eines Werks übernimmt, wenn man beachtet, daß die mit besonderen Vorzügen und
Privilegien ausgestattete Post heut zu Tage den Beruf und die Aufgabe hat, als öffentliche Anstalt des Staats für die Vermittelung
des Verkehrs einen wesentlichen Hebel volkswirthschaftlichen und
culturgeschichtlichen Fortschritts abzugeben, daß mithin die innere
und äußere Einrichtung dieser Musteranstalt überall so beschaffen
sein muß, daß jene Aufgabe wirklich gelöst werden kann; wenn man
ferner erwägt, daß für das Publikum bezüglich gewisser Sendungen
die Zwangspflicht besteht, die Post und keine andere Transportanstalt zu benutzen.

Es mag hier auch daran erinnert werden, daß der Entwurf

---

und Taxis eingerichtete. Posten in diesem Sinne gab es im Mittelalter insbesondere auch in ganz Europa nicht" v. Linde, Archiv für
das öffentliche Recht des deutschen Bundes, Bd. II. Heft 2 (das deutsche
Postrecht). §. 7. Vgl. auch Moser, deutsches Staatsrecht, Band V.
S. 262. Zachariä, deutsches Staats- und Bundesrecht, 2. Aufl.
§. 197.

des allgemeinen deutschen Handelsgesetzbuchs, wie er von dem Re=
dactions=Ausschusse der Nürnberger Bundescommission bearbeitet
worden ist, im fünften Titel, Art. 331 bis 357 von dem Fracht=
geschäfte handelt, und daß die Bestimmungen dieses Titels nach
Art. 357 auch Anwendung finden sollen auf Eisenbahn=Anstalten
und ähnliche Transport=Unternehmungen. Zu letzteren wird wohl
die Post zu zählen sein, mindestens in der Richtung, daß die Ver=
bindung des Transports an die Postanstalt im Wesentlichen und
abgesehen von den aus der Besonderheit dieses Instituts, nament=
lich aus der Eigenschaft der Post als einer polizeilichen Anstalt und
Staats=Industrial=Unternehmung, sowie aus der öffentlichen Stel=
lung der Postbeamten sich ergebenden Modificationen, und abgesehen
von den bereits bestehenden singulären Vorschriften, denselben Rechts=
grundsätzen unterliegt, welche für die Transportverbindung über=
haupt gelten. Demgemäß wird auch das deutsche Handelsgesetzbuch
seiner Zeit eine Rechtsquelle für den Posttransport=Vertrag mitab=
geben, und wir theilen hier folgende Bestimmungen mit:

Art. 331. „Frachtführer ist derjenige, welcher gegen Lohn den
Transport von Gütern zu Lande oder auf Flüssen und Binnenge=
wässern ausführt."

Art. 332. „Der Frachtbrief dient als Beweis über den Ver=
trag zwischen dem Frachtführer und dem Absender."

Art. 335. „Der Frachtführer haftet für den Schaden, welcher
durch Verlust oder Beschädigung des Frachtguts seit der Empfang=
nahme bis zur Ablieferung entstanden ist, sofern er nicht beweißt,
daß der Verlust oder die Beschädigung durch unabwendbare höhere
Gewalt, oder durch innern Verderb, oder durch äußerlich nicht er=
kennbare Mängel der Verpackung entstanden ist."

Art. 336. „Der Frachtführer haftet für den Schaden, welcher
durch Versäumung der bedungenen oder üblichen Lieferungszeit ent=
standen ist, sofern er nicht beweist, daß er die Verspätung durch
Anwendung der Sorgfalt eines ordentlichen Frachtführers nicht habe
abwenden können."

Art. 339. „Verträge, durch welche die vorstehenden gesetzlichen
Verpflichtungen des Frachtführers zum Schadensersatz (Art. 335
bis 338) beschränkt oder aufgehoben werden sollen, haben keine recht=
liche Wirkung."

§. 6. Gegenstand des Vertrags und Contrahenten.

Als Gegenstand des Beförderungsvertrags stellt sich dar der richtige, gute und ordnungsmäßige Transport von Personen und Sachen an den Bestimmungsort beziehungsweise Adressaten, also ein opus, dessen Ausführung von der Postanstalt als Vermiether (conductor) übernommen, von dem andern Contrahenten (Miether, locator) mit einem im Voraus bestimmten, durch Tarife veröffent=lichten Geldbetrage vergütet wird.

Mitcontrahent ist der Post gegenüber derjenige, welcher die Beförderung einer Person oder Sache an die Postanstalt verdingt, nicht aber der Adressat. Obwohl nun der Beförderungsvertrag als Consensual = Contract durch Willenseinigung der Contrahenten abgeschlossen erscheint, und letztere nach allgemeinen Grundsätzen durch verschiedene Beweismittel (Urkunden, Zeugen, Eid) darge=than werden kann, so besteht doch hier und da [27a] die besondere Vorschrift, daß der Abschluß des Vertrags, insbesondere die er=folgte Einlieferung einer Sendung der Postanstalt gegenüber nur durch den sogenannten Aufgabeschein bewiesen werden könne [28]. Ueberhaupt contrahirt die Post mit dem Aufgeber, ohne dessen Namen kennen zu wollen [29]; deshalb enthalten jene Aufgabescheine

---

[27a] Reyscher a. a. O. §. 461. nennt den Postschein als regelmäßiges Beweismittel, woneben nach einer württemb. Verordnung v. 23. Jan. 1818 nur noch der Eintrag in die Postkarte oder das Postmanual, auf deren Edition geklagt werden kann, zulässige Beweismittel sind.

[28] Dies ist z. B. in dem Falle wichtig, wenn der Schalterbeamte die vor Zeugen angenommene Sendung nicht zur Abspedition gelangen läßt, sondern vorher unterschlägt, oder wenn die Sendung abhanden kommt, nachdem sie in die Post= Bücher und Karten schon verzeichnet ist. In solchen Fällen ist dagegen eine Klage gegen die Person des schuldigen Beamten gegründet, welchem gegenüber alle sonst zulässigen Beweismittel benutzt werden können. — "Erhebungen an Schein= und sonstigen Nebengebühren sollen da, wo sie bestehen, über die dermaligen Sätze nicht erhöht und neue dergleichen nicht eingeführt werden;" Art. 68. des revid. Postver.=Vertrags.

[29] Während früher die Reisescheine für Postpassagiere den Namen der letzteren enthielten, gibt die Post in neuerer Zeit häufig Reisebillets ohne diesen Namen, einfach mit der Nummer des Platzes versehene aus. So halten es auch die Eisenbahnverwaltungen bezüg-

auch nicht den Namen des Absenders, so daß der bloße Besitz eines solchen Scheins an sich zum Erheben eines Ersatz Anspruchs genügt, auch wenn der Besitzer des Scheins den Vertrag nicht abgeschlossen, beziehungsweise den Schaden nicht erlitten hat. Nur kann die Post, gestützt auf diese letztere Thatsache, die Legitimation anfechten [30]). Deshalb hat ein solcher Schein keineswegs die Natur eines Papiers au porteur.

Die Postanstalt contrahirt ihrer Seits mittelst ihrer Beamten; sie erwirbt Rechte und wird verpflichtet durch die letzteren [31]), insofern und insoweit dieselben in ihrer Eigenschaft als Postofficianten unter Beobachtung der vorgeschriebenen Formen und innerhalb der ihnen gegebenen Befugniß, der Dienst = Instruction entsprechend handeln. Die Postbeamten befinden sich nämlich in der Stellung von Institoren und der Staat, beziehungsweise derjenige, welcher das Postregal ausübt, haftet nach den Grundsätzen der actio exercitoria und institoria [32]). Es handelt sich nämlich hier um privatrechtliche Geschäfte, wobei es auch unerheblich ist, daß für die Eingehung des Vertrags gerade mit der Post [33]), die das Postregal als Gewerbsregal ausübt, eine gesetzliche Verpflichtung, Postzwangspflichtigkeit gewisser Sachen, besteht [34]).

Ueberschreitet der Postbeamte seine dienstliche Befugniß, bewegt er sich außerhalb der bestehenden Gesetze und Verordnungen,

---

lich des Personentransports, während jede Sendung von dem vorgeschriebenen gedruckten Frachtbriefe begleitet sein muß; letzterer enthält den Namen des Absenders.

30) In Preußen kann die Post demjenigen, der den Aufgabeschein probuceirt, den Schadensbetrag mit liberirender Wirkung alsbald auszahlen; preuß. Reglement vom 31. Juni 1852 §. 16. 17.

31) Puchta, Pandecten §. 273. 278. Rudorf, Vorlesungen, II. S. 113. v. Savigny, Obligationen=Recht II. S. 21 f. 61 f.

32) Fr. 5. §. 11. h. t. (14. 3.) Zachariä a. a. O. II. §. 140.

33) Und nicht mit einer andern Transportanstalt, während die Benutzung eines Expreßbotens gestattet ist.

34) Hierbei kommt die staatsrechtliche Stellung der Beamten zu den Staatsbürgern, die den ersteren übertragene Amtsgewalt, der sich Jeder fügen muß, und die publica fides, welcher letztere zu vertrauen gesetzlich verpflichtet sind, überall offenbar nicht in Betracht; vgl. Seuffert a. a. O. XII. S. 202. XV. S. 190. XVI. S. 346.

so erscheint er nicht mehr als Organ der Postanstalt und ver=
pflichtet folgeweise letztere nicht durch seine Handlungen [35]).

**§. 7. Abschluß des Vertrags. Beschaffenheit der
Postsendungen, Einlieferung derselben zur Post.**

Der Postbeförderungsvertrag wird nun durch entsprechende
Erklärung oder durch schlüssige Handlungen abgeschlossen. Es macht
sich dies bei Einhaltung des vorgeschriebenen Wegs in der Regel ganz
einfach, weil die Postanstalt die Annahme und Beförderung eines post=
zwangspflichtigen Gegenstands, sofern die betreffenden Vorschriften
über Verpackung ꝛc. gewahrt sind, oder den Transport eines geeigneten
Passagiers nicht verweigern darf. Ueberreicht z. B. der Absender
ein Poststück mit dem tarifmäßigen Franko oder unfrankirt dem
Schalterbeamten an der Annahmestelle und dieser nimmt die Vor=
lage stillschweigend an, läßt auch den Absender abtreten, so wird
hierin der Abschluß des Vertrags regelmäßig enthalten sein; eben
so wenn Jemanden auf desfallsigen Antrag, unter Erlage des
Reisegelds, vom betreffenden Postbeamten ein Reiseschein zur Be=
nutzung des Postwagens ausgehändigt wird.

Aus der Natur des postalischen Verkehrs, aus den hierfür
bestehenden Einrichtungen ergibt sich die Nothwendigkeit, daß die
zu befördernden Gegenstände „postmäßig“ seien [36]); hierher gehört
z. B. ein gewisses Gewicht, eine besondere Verpackung, gehöriger
Verschluß und Bezeichnung der Sendungen [37]). Zum Abschluß des
Transportvertrags in dieser Richtung, beziehungsweise damit die
Haftpflicht der Postanstalt begründet werde, wird daher voraus=
gesetzt, daß die Sendung den deshalbigen Vorschriften entsprechend
vom Absender eingeliefert werde [38]).

---

35) Durch Ratification Seitens des Postfiscus oder eine in rem versio
gestaltet sich das Verhältniß anders. Es versteht sich übrigens von
selbst, daß die betreffenden Vorschriften publicirt sein müssen, sowie
daß der Postbeamte für seine Person haftet, wenn er gegen diese Vor=
schriften handelte und der Aufgeber hierdurch im Schaden kam.

36) Vgl. Dessáry a. a. O. §. 79 f. 149 f.

37) Auch sind gewisse Personen, z. B. Kranke, Trunkene von der Be=
nutzung des Postwagens ausgeschlossen; Dessáry a. a. O. §. 234.

38) Für den aus einem Verschulden des Aufgebers entspringenden Scha=
den haftet die Post nicht, auch wenn ihr selbst ein Verschulden zur Last

Auch über die Art der Einlieferung bestehen besondere Vor=
schriften dahin, daß die Aufgabe im Postlokal und an dem hierfür
bestimmten Orte, am Schalter, an den daselbst fungirenden Be=
amten geschehe [39]). Hieraus folgt, daß ordnungswidrig eingelieferte
Sendungen als wirklich aufgegebene, als der Post anvertraute,
nicht betrachtet werden können. Ordnungswidrig ist z. B. die
Aufgabe, wenn sie an einen Beamten außer dem Postlokal, außer
Dienst, oder an einen Unterbediensteten erfolgte, der zur Annahme
nicht befugt ist; wenn der Absender das Poststück durch eine offene
Thür oder Fenster in's Postlokal wirft, oder brieflich mit der
Bitte um Beförderung an die Postbehörde schickt. Alle diese und
ähnliche Mängel scheinen aber geheilt, wenn die Sendung an den
dienstthuenden Annahme = Beamten gelangt und von demselben
weiter nach Vorschrift behandelt wird. Würde dagegen die Sen=
dung vorher irgendwie abhanden kommen, so erscheint der Vertrag
auch nicht abgeschlossen, mithin haftet auch nicht die Postanstalt;
vielmehr hat der Absender die Folgen zu tragen, welche aus seinem
ordnungswidrigen Verhalten entstehen [40]).

§. 8. Verpflichtung der Aufgabe = Postanstalt hin= sichtlich des außerhalb ihres Gebiets gelegenen Bestimmungsorts.

Der Frachtführer haftet bis zur Ablieferung des verladenen
Guts, auch wenn er den Transport ganz oder zum Theil durch
Dritte besorgen läßt; demgemäß ist er auch für den Zwischen=
frachtführer verantwortlich. Wendet man diesen Satz auf die Post=
anstalt an, so würde dieselbe auch dann haften, wenn der Be=
stimmungsort außerhalb ihres Gebiets liegt [41]). An sich ist es

---

fällt; fr. 203. de reg. jur. (50. 17.) fr. 11. pr. ad leg. Aq. (9. 2.).
Reyscher, a. a. O. §. 461. not. 7.

39) Für gewisse Sendungen, bezüglich deren die Post keine Ersatzver=
binblichkeit übernimmt, ist die Einlieferung mittelst des Briefkastens
gestattet.

40) Vgl. Dessáry, öster. Postverfassung §. 177. Ueber die der Eisen=
bahnverwaltung gegenüber zu wahrenden Vorschriften bezüglich
des Transportvertrags, vgl. Vereins=Reglement vom 1. Decbr.
1856, und Beschorner a. a. O. S. 240 f. S. 248 f.

41) Die Eisenbahnanstalten, welche die Beförderung von Waaren

statthaft, daß die Postanstalt die Dienstleistungen einer außerhalb ihres Gebiets befindlichen Post miethe und solchergestalt die Aus= führung des übernommenen Werks zum Theil gleichsam in After= miethe gebe; in diesem Falle bestände zwischen dem Aufgeber und der ausländischen Post kein Vertragsverhältniß.

Indessen wird jener Rechtssatz auf die Postanstalt nicht an= wendbar erscheinen; denn in der Natur der Sache ist es begründet, daß die Postanstalt sich nur verpflichtet, innerhalb des Gebiets, wo ihr das Postregal zusteht, den Transport zu besorgen, so daß die Haftpflicht erlischt, sobald die Sendung die Grenze des Post= gebiets erreicht, beziehungsweise überschreitet [42]). Dieser Grundsatz ist in den meisten deutschen Postgesetzgebungen ausdrücklich ausge= sprochen, so z. B. Postordnung des Großherzogthums S. Weimar= Eisenach von 1819 §. 8.: „die Postanstalt ist von der Ersatzpflicht entbunden, wenn ... 4. der Verlust oder die Beschädigung im Bezirk einer fremden Postanstalt sich ereignet hat;" baierisches Gesetz betreffend die Fahrposten vom 21. Jan. 1847 §. 31.: „die Postanstalt haftet ... 2. für gute Beförderung bis zur Grenze und richtige Auslieferung daselbst bezüglich der nach dem Auslande bestimmten Sendungen. §. 37. Bei Sendungen nach dem Aus= lande erlischt die Haftung der Postanstalt mit dem Zeitpunkte, wo dieselben zur Weiterbeförderung ausgeliefert werden;" ferner kur= hessische Postordnung vom 9. Mai 1788 §. 68., württembergische Verordnung vom 9. September 1819, preußisches Postgesetz vom 5. Juni 1852 §. 10.; für Oesterreich vgl. Dessáry, österreichische Postverfassung §. 180 [43]).

Liegt der Bestimmungsort außerhalb des Gebiets der Aufgabe=

---

angenommen haben nach einem Orte, bis wohin sie sich des Trans= ports von Anschlußbahnen bedienen müssen, haften für letztere, welche als Zwischenfrachtführer anzusehen sind, unter gewissen Beschränkungen. Beschorner, das deutsche Eisenbahnrecht, §. 118.

42) Vgl. Enyrim a. a. O. §. 8.

43) Die Eisenbahnanstalt kann den Ersatz für verloren gegangene Frachtstücke durch den Beweis ablehnen, daß das Gut auf ihrer Bahn= strecke nicht verloren gegangen und an die Anschlußbahn, welcher es noth= wendig abzugeben gewesen, richtig und rechtzeitig abgeliefert worden sei; vgl. Schletter, Jahrbücher der deutschen Rechtswissenschaft, I. S. 23. 211.; Beschorner a. a. O. S. 239.

Postanstalt, so pflegt der Transport durch die daselbst bestehende Postanstalt zu erfolgen und mit dieser letzteren schließt jene Nämens des Aufgebers einen Beförderungsvertrag ab, woraus folgt, daß der Absender gegen diese zweite Postanstalt, da er mit ihr im Vertragsverhältnisse steht, direct klagen kann, beziehungsweise eintretenden Falls gegen sie seine Ersatzansprüche richten muß [44]. Für den Postverkehr entsprangen hieraus mancherlei Unzuträglichkeiten, für den ersatzberechtigten Absender aber in der Regel große Schwierigkeiten. Deßhalb haben schon frühe verschiedene Postverwaltungen Verträge unter sich abgeschlossen, wodurch dieses Verhältniß entsprechend geregelt wurde, und durch den Postvereinsvertrag ist in dieser Beziehung eine wesentliche Verbesserung sowohl in Ansehung der Vereins = Postverwaltungen unter sich, als auch im Verhältniß zum Postvereins = Ausland eingetreten (vgl. unten §. 20. 21.). Es haftet nämlich im Postvereinsverkehr die Postanstalt, bei welcher die Aufgabe erfolgte, dem Absender für die Leistung des Schadensersatzes, und jener steht eintretenden Falls der Regreß gegen die Postanstalt zu, in deren Bezirk der Verlust oder die Beschädigung geschah.

Bezüglich des Personentransports mittelst des gewöhnlichen Postwagens ist jedoch die Postanstalt nur innerhalb ihres Postgebiets zuständig, wenn auch die Annahme = Poststelle den Reisenden für einen Ort eingeschrieben hat, der in einem fremden Postgebiete liegt, und wenn auch der Reisende die Transportkosten für die ganze Strecke der Einschreibestelle bezahlte. Hierin liegt nämlich nur der Auftrag an die Annahme = Postanstalt für den Passagier mit der fremden Postanstalt einen Beförderungsvertrag abzuschließen, nicht aber verpflichtet sich die erstere, für den ordnungsmäßigen Transport im fremden Postgebiete einzustehen. Demgemäß hat der Postpassagier eintretenden Falls seinen Entschä-

----

44) Beschorner a. a. O. §. 119. betrachtet die Aufgabe-Eisenbahnverwaltung, welche den von ihr übernommenen Gegenstand einer Zwischenbahn zur Weiterbeförderung übergibt, unter dem Gesichtspunkte des Spediteurs, welcher für den Frachtführer und Zwischenspediteur haftet. „Die Klage kann jedoch von dem Empfänger unmittelbar gegen den Zwischenspediteur oder den Frachtführer gerichtet werden, soweit deren Verbindlichkeit reicht."

bigungs=Anspruch gegen diejenige Postverwaltung zu richten, durch deren Verschulden ihm ein Schaden zugefügt worden ist.

Bei der Benutzung von Extra=Posten ergibt sich dies zweifel= los aus dem Vertragsverhältnisse von selbst, indem nämlich von Station zu Station ein neuer Vertrag abgeschlossen wird.

§. 9. Gegenleistung des Absenders. Haftung des Adressaten.

Für die Benutzung der Post ist vom Contrahenten die betref= fende, durch Gesetz oder Verordnung festgestellte, in den Post= tarifen veröffentlichte, tarmäßige Gegenleistung zu gewähren [45]. Obwohl nun nach allgemeinen Grundsätzen die Postanstalt erst nach ausgeführtem Transporte auf die Gegenleistung berechtigt erscheint, so pflegt doch bei dem Personen=Transport und bei einzelnen Sendungen hiervon abgegangen zu werden und die Entrichtung des Geldbetrags bei Abschluß des Vertrags zu geschehen [46]. Es steht theils im Belieben des Absenders, die Sendung zu frankiren oder nicht, theils besteht für gewisse Sendungen Frankirungszwang, d. h. die Post nimmt nach Maßgabe desfalls publicirter Vorschrift bestimmte Sendungen nur dann zur Beförderung an, wenn sie bei der Aufgabe frankirt werden [47].

---

45) Diese besteht in der Gebühr für den Transport überhaupt, welche nach dem Gewichte der Sendung und der Entfernung des Bestim= mungsorts berechnet wird (Gewichtsporto) und in dem sogenannten Werthporto, d. h. der besonderen Leistung für recommandirte Briefe oder declarirte Fahrpostsendungen; vgl. Art. 17. 18. 24. und 60. des revib. Postver.=Vertrags. — Die Feststellung der Posttaxen (Post= tarif) fällt als eine Budgetfrage der Gesetzgebung anheim. Gleiches gilt vom Eisenbahntarif; vgl. hierüber sowie über die Rechte des Staats an den Eisenbahnen überhaupt Reyscher, in der Zeitschrift für deutsches Recht, XIII. S. 243. bis 302., insbesondere §. 18. 19.

46) "Für die Wechsel=Correspondenz innerhalb der Vereinsstaaten soll in der Regel die Vorausbezahlung des Porto stattfinden und die Er= hebung sobald als möglich durch Franko=Marken geschehen. "Art. 20. des revib. Postver.=Vertrags; vgl. ferner Art. 24.: "Recommandirte Briefe werden nur frankirt abgesendet;" und Art. 67.: "Es ist frei= gestellt, die (Fahrpost=) Sendungen entweder unfrankirt aufzugeben oder vollständig bis zum Bestimmungsorte zu frankiren."

47) Vgl. z. B. Dessary a. a. O. §. 91.

An sich ist der Adressat, da er nicht contrahirte, zur Bezahlung des Portos nicht verpflichtet; nimmt er aber die Sendung
an, so haftet er auch für das Porto. Die Postanstalt pflegt sich
in dieser Beziehung dadurch sicher zu stellen, daß sie ihre Briefträger anweist, unfrankirte Sendungen dem Adressaten erst nach
erfolgter Bezahlung des darauf haftenden Portos auszuhändigen,
und sich wegen des Portos an die Briefträger hält, wenn sie
gegen die Instruction handelten [48]).

Verweigert der Adressat die Annahme der Sendung, so geht
letztere an den Aufgabeort zurück, und es hat der Aufgeber das
tarmäßige Porto zu entrichten. An solchen Sendungen steht der
Postanstalt wegen ihres Anspruchs auf Porto ꝛc. ein Retentionsrecht zu.

Das erwachsene Porto pflegt wohl in allen deutschen Staaten
auf desfallsigen Antrag der Postbehörde executivisch beigetrieben zu
werden, so daß es einer förmlichen Klage und einer Verhandlung
im ordentlichen Proceß nicht bedarf.

Für die Bestellung der sogenannten Expreßbriefe, d. h. wenn
der Absender auf den Brief das Verlangen gesetzt hat, daß letzterer
sogleich nach der Ankunft am Bestimmungsorte dem Adressaten
besonders zugestellt werde, wird eine besondere Bestellgebühr
erhoben (Art. 26. des revid. Postver.-Vertrags).

---

48) Obwohl die Postanstalt an sich verpflichtet erscheint, die übernommene
Sendung nicht nur an den Bestimmungsort zu befördern, sondern
auch dem Adressaten zu behändigen und hierfür das Porto bezieht; so
besteht doch noch in vielen Staaten daneben die Einrichtung, daß für
die Bestellung an den Adressaten eine besondere Gebühr (Bestellgeld)
entweder für alle Postsendungen, Briefe und Packete, oder nur für
letztere, beziehungsweise für Ueberbringung des Begleitbriefs erhoben
wird; vgl. Dessáry a. a. O. §. 298. 336. Der Art. 36. des revidirten Postvereins-Vertrags schreibt vor, daß diese Gebühr über ihren
dermaligen Betrag keinesfalls erhöht werden soll, und daß die betreffenden Postverwaltungen darauf Bedacht nehmen werden, sie nach
Thunlichkeit ganz aufzuheben oder doch zu ermäßigen. — Befindet
sich der Adressat im Genusse des Portofreithums, so pflegt doch das
Bestellgeld, als in diesem Privileg nicht enthalten, von ihm erhoben
zu werden.

§. 10. Verbindlichkeit der Post zur Anwendung größter Sorgfalt.

Für die Postanstalt entspringt aus dem Transportvertrage [49]) im Allgemeinen die Verbindlichkeit, die angenommenen Sachen oder Personen an den Bestimmungsort [50]) ordnungsmäßig zu befördern und hierbei den höchsten Fleiß, die größte Sorgfalt anzuwenden, insbesondere die ihr anvertrauten Postsendungen vom Momente der Aufgabe an wohl zu verwahren, mit Vorsicht zu transportiren, unterwegs unversehrt zu erhalten und demnächst an den Adressaten in dem Zustande abzuliefern, in welchem sie aufgegeben worden sind [51]); sie muß diligentiam diligentis patris familias prästiren, also so handeln, wie ein vorsichtiger Mann zu handeln pflegt, und haftet für das geringste Versehen, für jede Nachlässigkeit (culpa levissima) [52]); ein Verschulden liegt aber nicht vor, „si omnia facta sunt, quae diligentissimus quisque observaturus fuisset." Für den Zufall dagegen steht die Postanstalt an sich nicht ein; wo eine solche Haftung gleichwohl particularrechtlich vorgeschrieben ist (vgl. oben §. 4. not. 18.) [53]), muß diese Bestimmung als singulaire, von der Regel abweichende, restrictiv ausgelegt werden.

---

49) Sachen, die ein Passagier der Post nicht anvertraut, vielmehr bei sich in den Wagen nimmt, bilden keinen Gegenstand des Vertrags; deshalb haftet die Post insoweit auch nicht, sondern nur für den im Uebrigen anzuwendenden Fleiß; vgl. fr. 13. pr. loc. cond. (19. 2.) Bei Passagiergütern, die der Post übergeben sind, gelten die obigen Grundsätze.

50) Der Absender ist übrigens befugt, über die der Postanstalt zur Beförderung übergebenen Sachen so lange auf seine Kosten zu verfügen, als solche nicht an den von ihm bezeichneten Empfänger übergeben worden sind; vgl. Art. 10. des Nachtrags zum Postvereins=Vertrag d. d. Wien 3. Septbr. 1855. Dessáry a. a. O. §. 84.

51) Fr. 5. pr. nautae, caup. stab. (4. 9.) fr. 40. loc. cond. (19. 2.) fr. 3. §. 1. comod. (13. 6.) fr. 1. §. 16. depos. (16. 3.). Sie haftet also auch für den Diebstahl an solchen Sendungen.

52) Fr. 13. pr. §. 1. fr. 25. §. 7. fr. 9. §. 5. locati cond. (19. 2.) fr. 132. de reg. jur. (50. 17.). Seuffert a. a. O. XI. S. 17. 18. Für Raub, welcher mit physischer Uebermacht ausgeführt worden, haftet die Post nicht, sofern die ordentlichen Vorsichtsmaßregeln nicht ausreichten, Reyscher a. a. O. §. 461.

53) Die neueste großherzoglich hessische Postordnung vom 22. Deebr. 1857

Was namentlich die Verpflichtung der Post zur Ablieferung der Sendung an den Adreſſaten betrifft, ſo hat dieſelbe die Iden= tität des letzteren nöthigenfalls in geeigneter Weiſe feſtzuſtellen. Auf der andern Seite darf ſie in einzelnen, durch das Geſetz be= ſtimmten Fällen Sendungen an den Adreſſaten nicht behändigen, z. B. wenn letzterer in Unterſuchung und Haft ſich befindet, in Concurs gerathen iſt; vielmehr ſind die Sendungen dem zuſtän= digen Gerichte auf desfallſige Anordnung auszuliefern. Regel= mäßig wird ein gerichtlicher Befehl vorausgeſetzt, der Policei aber die Befugniß, Poſtſendungen für den Adreſſaten ſich aushän= digen zu laſſen, nicht zugeſtanden. In dergleichen Fällen erſcheint mithin die Poſtanſtalt an der vollſtändigen Erfüllung des Vertrags durch eine unabwendbare höhere Gewalt (vis major, force majeure) verhindert, daher entſchuldigt (vgl. Deſſáry a. a. O. §. 110.).

Aus der Natur der Poſtanſtalt und der für dieſelbe beſtehen= den Einrichtung, daß ſie den Transport durch eine Reihe von Beamten und Dienern beſorgt, folgt ſodann, daß ſie auch für das Verſchulden der letzteren einſteht [54]).

---

hat über die ſog. Garantie zwar im Weſentlichen die Beſtimmungen des Poſtvereins=Vertrags und der Nachträge aufgenommen, zählt je= doch unter die Befreiungsgründe von der Haftbarkeit auch (§. 65.) „unabwendbare Gewalt,“ wohin z. B. Raub gehören würde, für den die Poſt nach Art. 62. des revidirten Poſtvereins=Vertrags einſtehen muß; vgl. unten §. 18.

54) Fr. 25. §. 7. loc. cond. (19. 2.) Seuffert XI. S. 17. 18. XVIII. S. 399. Ebenſo verhält es ſich bei den Eiſenbahnverwaltungen; vgl. öſter. Verordnung vom 16. Novbr. 1851 §. 19. der Beilage. Es haften dieſelben überhaupt für allen Schaden, der bei der Beförderung auf der Bahn an den auf derſelben transportirten Perſonen und Gütern entſteht, außer wenn der Schaden durch die Schuld des Be= ſchädigten, oder durch einen unabwendbaren Zufall bewirkt worden iſt. Die gefährliche Natur der Unternehmung ſelbſt iſt als ſolcher vom Erſatz befreiender Zufall nicht zu betrachten; vgl. preuß. Eiſen= bahngeſetz vom 3. Novbr. 1838 §. 25., Eiſenbahngeſetz für die Her= zogthümer Schleswig und Holſtein vom 18. Mai 1840 §. 22., die oben citirte öſter. V.=O. vom 16. Novbr. 1851. Beſchorner a. a. O. §. 118 f. Dieſe im gemeinen Rechte und in Particulargeſetzen begründete allgemeine Haftpflicht iſt aber durch die Betriebs=Reglements der meiſten Eiſenbahnen weſentlich eingeengt worden, indem der

Entspringt nun aus der schuldhaften Nichterfüllung oder aus der nur theilweisen Erfüllung des Vertrags Seitens der Postanstalt ein Schaden für den Absender, so fragt es sich, inwieweit das Interesse des letzteren zu berücksichtigen sei. Im Allgemeinen besteht die gesetzliche Vorschrift, daß der gesammte Schaden zu ersetzen ist ["in tantum competit, in quantum mea interfuit, id est, quantum mihi abest, quantumque lucrari potui" 55)], also die Differenz zwischen dem, was der Beschädigte nach eingetretener Beschädigung wirklich hat, und dem, was er ohne das Verschulden des Gegners und den daraus erwachsenen Schaden haben würde; eine Reihe von Gesetzesstellen spricht ausdrücklich aus, daß in dergleichen Verhältnissen der unmittelbare und mittelbare Schaden (damnum emergens und lucrum cessans) zu prästiren sei 56). In Gemäßheit dieser Rechtsgrundsätze haftet die Postanstalt an und für sich für allen Schaden, welcher durch ihr Verschulden erwächst; es ist jedoch die Schadensersatzverbindlichkeit in dieser Richtung von den Postanstalten wesentlich eingeschränkt worden, indem in fast allen deutschen Staaten bezüglich der Postsendungen besondere Bestimmungen bestehen, in Folge deren die Post nur für den directen Schaden zu haften pflegt, und bezüglich der Briefe, mit Ausnahme der empfohlenen, überhaupt keine Gewähr über=

Schadenersatz an Bedingungen und Beschränkungen geknüpft zu werden pflegt, welche das Recht des Absenders oder Beschädigten fast vernichten; vgl. das "Vereins=Reglement für den Güterverkehr auf den Eisenbahnen Deutschlands," Berlin 1858 §. 14. und Beschorner a. a. O. S. 240—260. Ueber die Kraft und rechtliche Bedeutung solcher gegen das bestehende Recht anstoßender Reglements siehe Beschorner a. a. O. §. 125 f. und "Nachrichten über das Transportwesen" von 1858 Nr. 4., wo ein hier einschlagendes Erkenntniß eines preuß. Apellgerichts vom 27. Mai 1857 mitgetheilt wird. — Ueber die Ersatzpflicht der Schiffer bei Beschädigung von Gütern vgl. Schletter a. a. O. I. S. 211.

55) Fr. 13. pr. ratam rem hab. (46. 8.)

56) Vgl. z. B. fr. 45. de contrah. emt. (18. 1.) fr. 13. pr. §. 1. 2. de act. emt. vend. (19. 1.) v. Vangerow a. a. O. §. 571. Anm. 3. Das allgemeine bürgerliche Gesetzbuch für Oesterreich von 1811 §. 1317. bestimmt: "Inwieferne bei öffentlichen Versendungsanstalten für den Schaden eine Haftung übernommen werde, bestimmen die besonderen Vorschriften."

nimmt [57]). · Rücksichtlich der Fahrpostsendungen pflegt dann vor=
geschrieben zu sein, daß der Inhalt und der wahre Werth auf der
Adresse bezeichnet werde [58]); in Ermangelung einer solchen Werths=
angabe (Declaration) ersetzt die Post keinesfalls mehr als diesen
wahren Werth, und es wird als Maßstab das Gewicht der Sen=
dung [59]) zum Grunde gelegt oder ein Universalbetrag bezahlt [60]).
Für den internen Postverkehr gelten nun die Particularvorschriften
im einzelnen Staate, auf welche hier um so weniger speciell ein=
zugehen ist, als heut zu Tage wohl in allen zum Postverein ge=
hörigen Gebieten im Wesentlichen die Grundsätze in Uebung sind,
welche durch die Postreform vereinbart worden, dieses im Post=
verein geltende Recht aber im dritten Abschnitt behandelt wird [61]).
     Ueber den Personen=Transport mittelst der Post enthält
dagegen der Postvereinsvertrag keine Bestimmungen, und auch in
vielen Postordnungen findet sich darüber nichts vorgeschrieben, wie
die Beschädigungen von Postwagen=Passagieren, z. B. durch Um=
werfen des Postwagens, zu beurtheilen seien [62]). Es ist daher in

---

57) Vgl. z. B. Dessáry a. a. O. §. 76.

58) Vgl. z. B. Weimarische Postordnung von 1819 §. 60. 7. Kurheff.
    Postordnung vom 9. Mai 1788 §. 68.; preuß. Postgesetz von 1852
    §. 16.

59) Preuß. Postgesetz §. 13.

60) Dessáry a. a. O. §. 176. „ohne Unterschied den Betrag von zehn
    Gulden."

61) Die Eisenbahnverwaltungen beschränken in ihren Betriebs=
    Reglements die Ersatzpflicht in Verlust= und Beschädigungsfällen auf
    20 Thaler pro Centner, den Fall besonderer Verabredung ausge=
    nommen; es erstreckt sich deren Entschädigungsverbinlichkeit nach den
    im Reglement enthaltenen Transportbedingungen nie auf eine höhere
    Summe als den gemeinen Handelswerth des verlornen Gegenstands
    am Orte und zur Zeit der Aufgabe, nicht auf entgangenen
    Gewinn. Ob diese Bestimmungen, soweit sie gegen das allgemeine
    Landesgesetz anstoßen, wirksam seien, ob die Eisenbahnverwaltungen
    wegen dolus und culpa nicht gleichwohl für den gesammten Scha=
    den einstehen müssen, wird bezweifelt von Beschorner a. a. O.
    §. 127.

62) Wenn man nicht die hin und wieder vorkommende allgemeine Be=
    stimmung, daß die Post für „gute Beförderung auf dem Postwagen"
    hafte, hierauf beziehen will, vgl. z. B. königl. bayerische B.=O. vom

dergleichen Fällen das gemeine Recht hilfsweise anzuwenden [63]). Demgemäß iſt die Poſtanſtalt in dieſer Beziehung dem Mitcon= trahenten auch wegen des geringſten Verſehens aus dem Vertrage verantwortlich, und es liegt ihr die Haftungsverbindlichkeit für allen durch ihre oder ihrer Diener Schuld und Nachläſſigkeit ent= ſtandenen Schaden ob [64]). Zur Begründung eines desfallſigen Anſpruchs gegen den Poſtfiscus wird die Bezeichnung des Poſtbe= dienſteten, den hierbei eine Nachläſſigkeit trifft, nicht gefordert [65]).

Die in den Poſtgeſetzen für die Erhebung des Entſchädigungs= anſpruchs regelmäßig vorgeſchriebene Verjährungszeit (vgl. unten §. 15. und 22.) pflegt ſich auf die Reclamation wegen Schadens= erſatzes für Poſtſendungen zu beſchränken. Für die Entſchä= digungsklage eines Paſſagiers aus dem Poſttranſportvertrage lauft daher die gewöhnliche Friſt [66]).

Bei dem Perſonen=Transport durch die Poſt macht es keinen Unterſchied, ob ſolcher mittelſt der gewöhnlichen Fahrpoſt (Eil= und Malepoſt, Diligence) oder mittelſt Extrapoſt erfolgt; es haftet die Poſtanſtalt für jeden Schaden, der dem Reiſenden durch den Poſthalter oder ſeine Dienſtleute aus Verſchulden zuge= fügt wurde [67]).

---

20. März 1823 §. 2. (Reg.=Blatt von 1823 S. 478.); Seuffert a. a. O. XI. S. 19. 20. XVIII. S. 398 f. Da die Perſon des Paſſagiers der Poſtanſtalt zur custodia nicht anvertraut worden iſt, ſo hat die Poſt nur für das Verſchulden einzuſtehen, welches über= haupt und im Allgemeinen bei dem Transport zu vermeiden iſt.

63) Fr. 13. loc. cond. (19. 2.) fr. 13. pr. ad leg. Aq. (9. 2.) fr.=3. si quadr. pauper. fec. (9. 1.) fr. 7. de his qui effud. (9. 3.) v. Ban= gerow a. a. O. III. S. 44. 45.

64) Die Eiſenbahnverwaltung verpflichtet ſich nach dem Betriebs= Reglement nur zum Erſatz von Kurkoſten im Falle der Beſchädigung eines Reiſenden, will für verſpätete Ankunft oder Abgang der Züge keinen Erſatz leiſten und bei einer ausgefallenen oder unterbrochenen Fahrt nur das Fahrgeld für die nicht beförderte Strecke reſtituiren. Hierüber, ſowie daß die Eiſenbahnverwaltung gleichwohl allen aus Verſchulden erwachſenen Schaden vergüten müſſe, vgl. Beſchorner a. a. O. S. 240. und §. 126.

65) Vgl. Seuffert a. a. O. XIX. S. 56. der Ergänzungsblätter.

66) Vgl. Seuffert a. a. O. XIX. S. 61. der Ergänzungsblätter.

67) Vgl. auch Deſſáry a. a. O. §. 72. 231.

§. 11. Folgen verspäteter Beförderung.

Die Transportzeiten, die Stunde des Abgangs und der An=
kunft der Posten, die Anschlüsse an andere Curse, die Umspedi=
tionsfrist, sowie die Bestellzeiten, d. h. wann nach Ankunft der
Post am Adreßorte die Behändigung der Sendungen an den Em=
pfänger bewirkt werden muß, sind regelmäßig festgesetzt, zum Theil
auch öffentlich bekannt gemacht; es können sich hiernach die Ab=
sender hinsichtlich ihrer Aufgaben richten und berechnen, innerhalb
welcher Zeit eine Postsendung in die Hände des Adressaten gelangen
wird. Darf das Publikum schon im Allgemeinen vertrauen, daß
die öffentliche Postanstalt die von ihr getroffenen Anordnungen ge=
wissenhaft einhalten werde, so stellt es sich auch als ein vertrags=
mäßiger Anspruch des Absenders und Reisenden, beziehungsweise
als eine contractliche Verbindlichkeit der Post dar, daß diese Zeiten
strenge und pünktlich eingehalten werden, insofern der Absender
mit Rücksicht auf die in dieser Beziehung bestehenden Vorschriften
contrahirte. Verpflichtet sich die Post, den Transport innerhalb
einer gewissen Zeit zu leisten, so haftet sie dafür, beziehungsweise
für den aus schuldvoller Verspätung entspringenden Schaden [68]),
d. h. sie hat das Interesse zu prästiren, welches der Mitcontrahent
daran hat, daß eine Verspätung nicht eintrat, z. B. einen ent=
gehenden Gewinn, eine verfallene Strafe [69]); ging die Sendung
selbst zu Grunde, z. B. Victualien, so ist der gesetzliche oder ver=
einbarte Werth zu ersetzen und das Porto zu restituiren oder nie=
derzuschlagen, weil die Leistung der Postanstalt dem Absender über=
haupt werthlos ist. Es sind jedoch die Ansichten über diese Frage
sowohl unter den Rechtsgelehrten als in der Praxis nicht überein=
stimmend.

Gegen die Haft= und Ersatzpflicht der Postanstalt in dieser
Richtung bezieht man sich namentlich darauf, daß in den deutschen
Postordnungen Verlust und Beschädigung als die einzigen
Fälle aufgezählt seien, für welche jene einzustehen haben, und nur
a u s n a h m s w e i s e sei ihr die Ersatzleistung auferlegt, wenn

---

68) Fr. 114. fr. 115. de verb. obl. (45. 1.) fr. 2. §. 8. de eo quod certo
    loco (13. 4.) fr. 33. pr. ad leg. Aq. (9. 2.) Preuß. Postgesetz vom
    5. Juni 1852 §. 10. Seuffert a. a. O. XVI. S. 223. not. 3.
69) Fr. 2. §. 8. de eo q. c. l. (13. 4.) fr. 33. pr. ad leg. Aq. (9. 2.)

declarirte Victualien in Folge verzögerter Beförderung ver=
dorben seien. Diesen Grundsatz befolgten auch andere Transport=
anstalten, z. B. Eisenbahn= und Dampfschifffahrtsgesellschaften,
welche wegen verspäteter Lieferung nur den Frachtbetrag oder einen
Theil desselben verlieren. Es entspreche dies auch dem strengen
Civilrechte, wonach solche Schäden nicht ersetzt werden, welche nur
die Folge ungewöhnlicher, aus dem Hergange an sich nicht ent=
springender und dem Gegencontrahenten nicht bekannter Umstände
und besonderer Zwecke seien; zu diesen mittelbaren Schäden
gehörten aber die aus Verspätung entstehenden, indem sie keines=
wegs eine schon mit der Verspätung an sich mit Nothwendigkeit
verbundene Folge seien, und den Absender nur in Folge von Um=
ständen träfen, welche der Post unbekannt gewesen, und von denen
beim Transportvertrage ganz abstrahirt worden sei.

Für die Haftpflicht der Postanstalt dagegen wird darauf hin=
gewiesen werden können, daß in jenen Zeiten, wo die älteren
Postordnungen erlassen wurden, wegen der noch mangelhaften Aus=
bildung der Fahrpost, wegen des schlechten Zustands der Post=
straßen [70]), wegen des mangelnden einigen Zusammenhangs der
verschiedenen Posten unter sich und der Schwierigkeit, Schadener=
satz=Ansprüche gegen fremde Postanstalten zu verfolgen, der Fahr=
postverkehr überhaupt verhältnißmäßig noch gering war. Die
Reichspost hatte anfangs überhaupt keine Fahr=, sondern nur rei=
tende Posten für Briefe und Staffetten; an fahrende Posten dachte
man anfangs nicht, man hielt sie sogar für unverträglich mit dem
Postwesen [71]); erst in den späteren Landesgesetzen wurde das
Postregal auf den Transport von Personen und Sachen ausge=
dehnt. Es mag daher keine Veranlassung dazu vorgelegen haben,
eine ausdrückliche Bestimmung über Fälle aufzunehmen, die
damals nicht, oder nur selten vorzukommen pflegten. Indessen
würde es von Interesse sein, die von der Postanstalt in solchen
Fällen seither geübte Praxis genau festzustellen [72]).

---

70) Vgl. Biedermann, Deutschland im 18. Jahrhundert, Band 1.
S. 325. bis 331.

71) Moser, deutsches Staatsrecht V. S. 264., vgl. auch Zeitschrift
für deutsches Recht XIII. S. 301.

72) Das preuß. Landrecht, Th. II. Tit. 15. §. 185. 186., macht die Post

Wenn aber auch die Postordnungen nur von Verlust und
Beschädigung der Postsendungen reden, so will dadurch doch wohl
nicht die Ersatzverbindlichkeit eines jeden andern Schadens auf
Seiten der Postanstalt ausgeschlossen sein [73]); vielmehr scheint der
Hauptzweck jener Vorschrift der zu sein, theils den Maßstab des
zu ersetzenden Schadens von vornherein zu fixiren und solchergestalt
die Sache zu vereinfachen, theils die Verjährungsfristen festzustellen. Uebrigens dürfte in der häufig sich findenden Vorschrift
der Postordnungen, daß die Post für „gute" oder „richtige" Beförderung einstehe, auch ausgesprochen sein, daß sie die Curs- 2c.
Zeiten einhalte, zeitig befördere; denn eine verspätete Beförderung
ist eine gute oder richtige nicht zu nennen [74]).

Ist nun die Haftpflicht der Postanstalt für Schäden der
fraglichen Art in den Postordnungen weder ausdrücklich ausgesprochen [75]), noch ausdrücklich ausgeschlossen, so ist das sonst geltende Recht mit Rücksicht auf die in Frage kommenden Verhältnisse

---

für alle Versehen der Postbedienten und Postillons verantwortlich;
vgl. auch das „preuß. Postwesen", Elberfeld 1847 S. 17. Ueber das
heutige Recht in Preußen vgl. unten §. 18.

73) Auch darüber pflegt ausdrücklich nichts bestimmt zu sein, daß die Post
für Beschädigung der Passagiere, z. B. durch Umwerfen des Postwagens hafte, und doch steht sie hier wegen des geringsten Versehens
ein; vgl. oben §. 10. not. 63. 64.

74) Die österreichische Fahrpost haftet für alle Zufälle, mithin
wohl auch für den aus Verspätung entspringenden Schaden. Bezüglich der Briefpostsendungen ist sie dagegen nicht ersatzpflichtig, wenn
bei der Beförderung oder Bestellung eine Versäumniß eintrat und
dadurch Schaden entstand; Dessáry a. a. O. §. 71. Reyscher a.
a. O. §. 461.: „die Post hat für die rechtzeitige Beförderung ...
zu sorgen und im Zweifel für jeden Schaden einzustehen."

75) Uebrigens haftet die Post, z. B. nach der Weimarer Postordnung
von 1819 §. 7. B. §. 39., wenn ein empfohlener Brief über die
gesetzliche Zeit irgendwo unbestellt liegen blieb; sie hat dafür 5 Du-
katen zu zahlen. Die Einhaltung der Stationszeiten wird in §. 23.
a. a. O. den Postmeistern und Posthaltern zur ernsten Pflicht gemacht.
Nach §. 65. der großherzoglich hessischen Verordnung vom 22. Decbr.
1857 über das Postwesen leistet die Post Ersatz, wenn die Postsendung
durch verzögerte Beförderung oder Bestellung ihrer Substanz nach
verdorben ist.

hilfsweise anzuwenden. Hierbei kann man aber bei dem bloßen Zergliedern der einzelnen Rechtsbegriffe, bei dem todten Buchstaben einer Gesetzesvorschrift nicht stehen bleiben, vielmehr wird eine freiere Behandlung des Rechtsstoffes am Platze sein; namentlich ist der Zweck des Rechtsverhältnisses in's Auge zu fassen, und bei der Entscheidung sind die daraus sich ableitenden Consequenzen maßgebend. Es wird also besonders zu beachten sein, daß die Post als Staats=Musteranstalt für die Vermittelung des Verkehrs bestellt ist, und daß für das Publikum die bei Strafe zu erfüllende Zwangspflicht besteht, gewisse Gegenstände nicht durch andere Transportgelegenheiten, sondern nur durch die Post oder einen Expressen zu befördern; daß das Pubikum nach den von der Postanstalt festgestellten Curs= und Bestellzeiten [76]) seine Aufgaben einrichtet, in dem Vertrauen, sie werde die von ihr selbst offerirten Vertragsbestimmungen gewissenhaft einhalten. Die sorgfältige Er=füllung dieser vertragsmäßigen Verpflichtung ist um so mehr zu fordern, je umfangreicher und bedeutungsvoller die der Post ge=währten Privilegien sind; hierfür sprechen auch die Bedürfnisse des allgemeinen Verkehrs und der Zweck des Rechtsverhältnisses. Auf der andern Seite ist es lediglich Sache der Postanstalt, da sie mit unzähligen oft minutiösen Sendungen zu thun hat, ausreichende tüchtige Arbeitskräfte zu verwenden, die entsprechenden Vorkehrun=gen und Einrichtungen überall zu treffen, damit die rechtzeitig auf=gegebene Sendung unverweilt abgehe und, wenn nichts Außer=ordenliches oder Ungewöhnliches dazwischen kommt, richtig nach Maßgabe der vorgeschriebenen Curszeiten befördert, auch am Adreß=orte innerhalb der festgesetzten Bestellzeit dem Empfänger richtig behändigt werde. Die nichtzeitige, d. h. die mit Rücksicht auf die bestehenden Aufgabe=, Speditions=, Curs= und Bestell=Zeiten verspätete, Beförderung macht die Leistung zu einer fehlerhaften

---

76) Vgl. Dessáry a. a. O. S. 198.: „Es kann das Eintreffen der — wegen ihres Umfangs und Gewichts' nur bedingungsweise zum Post=transport zugelassenen — Sendungen an dem Bestimmungsorte bin=nen der in den Fahrpostcursen vorgesehenen Frist nicht zugesichert werden;" woraus, argumento a contrario, folgt, daß diese Zusicherung bezüglich der unbedingt angenommenen Postsendungen er=theilt wird.

und vertragswidrigen [77]); fällt ihr hierbei ein Verschulden zur Last, so ist sie für den erwachsenen Schaden verantwortlich, so z. B. wenn durch Verschulden von Postbeamten Sendungen längere Zeit zurückbehalten werden, so daß sie nicht zeitig zur Abspedition oder Bestellung gelangen, oder Sendungen deroutirt, oder unfähige und betrunkene Postillons zugelassen werden, welche die Fahrtzeiten nicht einhalten und deßhalb Anschlüsse verfehlen, so daß der continuirliche Transport unterbrochen wird.

Es scheint hiernach, als begründe sich die Haftbarkeit der Postanstalt im vorliegenden Falle aus den hierbei in Betracht kommenden Verhältnissen, und als müsse das aus letzteren abstrahirte Recht dem römischen Rechte vorgehen [78]), falls aus diesem eine Haftverbindlichkeit sich nicht herleiten lassen würde [79]).

Was endlich die Eisenbahn= und Dampfschifffahrts=Transportanstalten betrifft, so kommt zu bemerken, daß bezüglich derselben ein gesetzlicher Zwang zu deren Benutzung nicht besteht, daher das Publikum zwischen diesen selbst freie Auswahl hat und auch andere Transportgelegenheiten nach Belieben benutzen kann; sodann erscheinen jene nach ihrer dermaligen Verfassung hinsichtlich der Sicherheit des Transports und der Frage über die Schadens=ersatzverbindlichkeit keineswegs als Musteranstalten, indem sie von vornherein öffentlich erklären, daß sie sich nicht verpflichten, eine bestimmte Transport= und Lieferungszeit einhalten zu wollen [80]), also weniger Verbindlichkeiten übernehmen, als der gewöhnliche Frachtführer. Diese und andere mit den gedachten Transport=unternehmungen verknüpften Nachtheile haben denn schon seit lange

---

77) Fr. 3. §. 1. commod. (13. 6.) Seuffert a. a. O. XX. S. 50. der Ergänzungsblätter.

78) Vgl. oben §. 5., insbesondere auch den daselbst mitgetheilten Art. 336. des deutschen Handelsgesetzbuchs im Entwurfe.

79) Vgl. jedoch oben Note 68. u. 69. Eine Verpflichtung zur Restitution, beziehungsweise zum Niederschlagen des Portos besteht bei Concurrenz mehrerer Postverwaltungen nur für diejenige, welcher das Verschulden der Verspätung zur Last fällt.

80) Es fragt sich übrigens, ob nicht die Eisenbahnverwaltung, wenn sie auch die Bestimmungen des Reglements für sich hat, gleichwohl haftet, falls ihr culpa oder dolus zur Last fällt; vgl. Beschorner a. a. O. §. 125. und §. 127.

eine Reaction gegen die Reglementsbestimmungen Seitens des Publikums und der Rechtsgelehrten hervorgerufen und naturgemäß dahin geführt, daß die Gesetzgebung Veranlassung nimmt, das Rechtsverhältniß entsprechend zu regeln, die Grundsätze des Fracht= beziehungsweise Speditionsvertrags auf die Eisenbahnverwaltungen in ihren Beziehungen zu dem mit ihnen verkehrenden Publikum anzuwenden [81]). Indessen enthält die mehr citirte österreichische Eisenbahn=Betriebs=Ordnung vom 16. Novbr. 1851 §. 19. schon die Bestimmung, daß die Betriebsunternehmungen für die durch eigenes oder durch Verschulden ihrer Beamten und Diener an Personen und Sachen zugefügten Beschädigungen haften:

1) im Sinne der eingegangenen Verbindlichkeit und nach den über diese Haftung bestehenden besonderen gesetzlichen Anordnungen;

2) in Ermangelung solcher nach den Bestimmungen des all= gemeinen bürgerlichen Gesetzbuches über Schadensersatz.

§. 12. Tragung der Gefahr.

Bei der locatio conductio rerum (miethweise Ueberlassung des Gebrauchs einer Sache) geht das römische Recht von dem Princip aus, daß der Vermiether dafür einzustehen habe, daß dem Miether auch wirklich während der Miethzeit der gestattete Gebrauch mög= lich sei und der Anspruch auf die Gegenleistung nur dann und in= soweit erwachse, wenn und inwieweit dem Miether die Gebrauchs= Ueberlassung auch wirklich gewährt wurde. Hieraus folgt, daß der Vermiether die Gefahr (periculum interitus et deteriorationis) trägt, d. h. geht der Miethgegenstand durch Zufall zu Grunde, so hat der Vermiether kein Interesse zu ersetzen, aber auch für die spätere Zeit kein Miethgeld zu fordern [82]). Auch bei der locatio conductio operis hat der Vermiether die Gefahr zu tragen, so daß, wenn es ihm durch Zufall unmöglich wird, das versprochene Werk auszuführen, er ein Interesse zu prästiren nicht verpflichtet erscheint, aber auch den Anspruch auf die Gegenleistung ganz oder theilweise

---

81) Vgl. den Entwurf des deutschen Handelsgesetzbuchs Art. 336. 337. (oben §. 5.).

82) Fr. 9. §. 1. 4. fr. 19. §. 6. fr. 30. 33. loc. cond. (19. 2.) v. Van= gerow a. a. O. III. S. 239. Puchta, Pandecten, §. 302.

verliert [83]). Ist der Vermiether im Stande und bereit, die vertragsmäßigen Dienste zu leisten, der Miether aber durch Zufall verhindert, sich dieselben leisten zu laffen, so hat letzterer gleichwohl die Gegenleistung vollständig zu machen, es sei denn, daß jener seine Dienste anderweit untergebracht hätte [84]).

Diese Grundsätze auf den Posttransport=Vertrag angewendet, ergibt sich, daß der Absender, beziehungsweise Postreisende, von der Zahlung der Transportgebühren entbunden ist, wenn der Transport durch unabwendbaren Zufall (casus, vis major) verhindert wird, daß er aber zahlen muß, wenn die Erfüllung des Vertrags durch einen in seiner Person oder seinen Verhältnissen liegenden Umstand vereitelt wird. Kann z. B. der Postreisende wegen Krankheit oder Tod die Reise nicht antreten oder nicht fortsetzen, so ist die Postkasse gleichwohl auf das Fahrgeld berechtigt [85]); war die Postsendung vom Aufgeber fehlerhaft verpackt und zerbrach sie deshalb, so hat letzterer das Porto zu entrichten. Ist der Transport ganz oder zum Theil durch Zufall unmöglich geworden, weil z. B. das Fuhrwerk zu Grunde ging und der Transport überhaupt nicht mehr thunlich war, so hat die Postanstalt die Transportgebühren nur nach Maßgabe des wirklich geleisteten Transports zu fordern [86]). Ging die Sendung unterwegs casuell zu Grunde, so ist der Anspruch auf Entrichtung des Porto's nur nach Maßgabe des geleisteten Transports begründet [87]); hat z. B. ein Fahrpoststück mehrere Postgebiete bis zum Adreßort zu durchlaufen und es geht solches im Postgebiete A. zufällig zu Grunde, so steht den Postgebieten, welche die Beförderung nicht bewirkten, ein Anspruch auf Porto nicht zu; ebenso verhält es sich, wenn die Sendung nur in einem Postgebiete sich bewegte, indem alsdann das Porto nur nach Verhältniß der wirklich beförderten Strecke berechnet werden

---

83) Fr. 15. §. 6. loc. cond. (19. 2.)

84) Fr. 19. §. 9. 10. loc. cond. (19. 2.) fr. 38. fr. 61. §. 1. eod. Nach diesen Rechtssätzen ist auch im Allgemeinen das Verhältniß der Eisenbahnverwaltungen zu dem mit ihnen verkehrenden Publikum in der hier fraglichen Richtung zu beurtheilen.

85) Fr. 19. §. 9. fr. 38. pr. fr. 61. §. 1. fr. 62. loc. cond. (19. 2.)

86) Fr. 15. §. 6. fr. 30. §. 1. loc. cond. (19. 2.)

87) Puchta a. a. O. §. 367. Anderer Ansicht ist das Rechtslexicon VII. S. 817. not. 394.

darf, sofern das nach den betreffenden postalischen Einrichtungen überhaupt ausführbar ist.

War die Sendung bei der Aufgabe frankirt, so hat die Post=anstalt den betreffenden Theil der bezahlten Gebühr zu restituiren, wozu dieselbe mittelst der Klage aus dem Vertrage gezwungen werden kann [88]).

§. 13. Der Schadenersatz=Berechtigte.

Zur Geltendmachung der aus dem Posttransport = Vertrage entspringenden Ansprüche, insbesondere der im einzelnen Falle be=gründeten Entschädigung, ist an sich nur der Aufgeber befugt, da er, und nicht der Adressat, als Contrahent erscheint. Cedirt aber der Absender sein Recht einem dritten, dem Adressaten, so erwirbt letzterer dadurch den betreffenden Anspruch gegen die Postanstalt. Dagegen kann dem Adressaten ein Klagerecht ohne eine solche Cession und kraft eigenen Rechts nicht zugestanden werden [89]).

Mit dieser Frage hängt die zusammen, ob derjenige, unter dessen Adresse ein Brief oder Packet zur Beförderung und Bestel=lung gegeben worden, ein eigenes Recht habe, die Ausantwortung desselben an ihn von der Postanstalt zu fordern; bei Beantwortung dieser Frage ist von denselben Grundsätzen auszugehen, wie bei der oben gestellten. Gesteht man dem Adressaten ein eigenes Recht auf Aushändigung der unter seiner Adresse aufgegebenen Postsen=dung zu, so wird man demselben auch das Recht auf Geltend=machung des Ersatzanspruchs einräumen müssen.

Letzteres ist denn auch neuerlich behauptet worden von Dr. L. Höpfner in Dresden [90]); es geht derselbe davon aus, daß in der Uebergabe eines Gegenstandes an die Post zur Weiterbeför=derung an den Adressaten ein in favorem tertii abgeschlossener Ver=trag liege; der Adressat sei der dritte, zu dessen Gunsten das Geschäft zwischen dem Adressanten und der Post abgeschlossen wor=den, und nach gemeinem Rechte stehe diesem dritten ein eigenes Klagrecht so lange zu, bis nicht der Vertrag durch die Uebereinstimmung der Interessenten, welche bei dessen Eingehen concurrirten,

---

88) Fr. 15. §. 6. fr. 19. §. 6. loc. cond. (19. 2.)

89) Vgl. auch Enhrim a. a. O. §. 5.

90) Archiv für civil. Praxis, Bd. 36. S. 119 bis 130.

wieder aufgehoben worden sei. Der favor des Adressaten liege hier darin, daß derselbe nach der Absicht des Adressanten den fraglichen Gegenstand empfangen, behalten, und oftmals, z. B. bei den Briefen, als sein Eigenthum ansehen solle. Weiter enthalte die auf dem Briefe befindliche Adresse eine Cession, — es bezeichne diese die Person des Adressaten und gebe diesem die Hinweisung, daß er den von der Adresse umschlossenen, oder der letzteren beigefügten Gegenstand annehmen solle; die Adresse sei nicht nur ein documentum cessionis, sondern sogar ein signum dominii, welches dem Adressaten gehöre.

Abgesehen von demjenigen, was gegen diese Auffassung überhaupt eingewendet werden kann, beziehungsweise von Dr. Karstens, wie alsbald näher ausgeführt werden soll, im Einzelnen vorgebracht worden ist, soll hier nur die Ansicht beleuchtet werden, daß in Folge des in favorem tertii abgeschlossenen Vertrags dem Adressaten das fragliche Recht zustehe.

v. Savigny [91]) lehrt, daß der Vertrag, welchen zwei Contrahenten zum Vortheil eines dritten abschließen, wodurch also diesem dritten ein Klagrecht eingeräumt wird, nach den Regeln unserer Rechtsquellen schlechthin ungiltig sei, sowohl für den Handelnden, der dem dritten den Vortheil zuwenden wollte, als für den dritten, dem der Vortheil zugedacht war. Keiner von beiden soll aus dem Vertrage ein Klagrecht erwerben; nicht der Handelnde, weil er für sich kein Recht erwerben wollte, nicht der dritte, weil dieses nicht rechtlich möglich ist [const. 28. de jure dot. (5. 12.) const. 6. si quis alt. (4. 50.)]. Der Grund dieser Regel liegt darin, daß die Obligationen überhaupt, als Beschränkungen der natürlichen Freiheit, nur insoweit einen Rechtsschutz erhalten, als das Bedürfniß des Verkehrs denselben nothwendig erfordert; dieses Bedürfniß führt aber nur darauf hin, für den Handelnden, nicht auch für einen dritten Rechte zu begründen [fr. 38. §. 17. de V. O. (45. 1.), §. 19. J. de inutil. stipul. (3. 19.)]. Die Regel selbst ist in mehreren Stellen der Rechtsquellen anerkannt, namentlich in fr. 11. de obl. et act. (44. 7.): „Quaecunque gerimus, cum ex nostro contractu originem trahunt, nisi ex nostra persona obligationis initium sumant, inanem actum nostrum efficiunt: et ideo neque

91) Obligationsrecht, Bd. 2. S. 75.

stipulari, neque emere, vendere, contrahere, ut alter suo nomine recte agat, possumus." Es geht also des Paulus Ansicht dahin, daß der von mir abgeschlossene Vertrag (ex nostro contractu) schlechthin wirkungslos (inanis) sei, wenn er nicht zunächst darauf gehe, mich selbst zum Gläubiger zu machen (nisi ex nostra persona obligationis initium sumant). Dadurch wird aber nach v. Savigny's Meinung nicht verhindert, daß ich unmittelbar nachher meine Forderung dem dritten cedire; nur klage dann letzterer nicht suo nomine, sondern, wie jeder Cessionar, als mein Mandatar.

Unter den Ausnahmen von der Regel führt v. Savigny a. a. O. S. 81. den Fall an, wenn der Anfangs zum Vortheil eines dritten und zwar ohne Stellvertretung geschlossene Vertrag in der Folge in ein Verhältniß der Stellvertretung übergeht. Dies geschieht dadurch, daß der dritte den für ihn, ohne seinen Auftrag, geschlossenen Vertrag hinterher genehmigt, also dadurch den ursprünglich Handelnden in seinen Stellvertreter verwandelt; der unmittelbar Handelnde betrachtet sich dabei als negotiorum gestor des dritten.

Wenn man aber erwägt, daß der zu Gunsten eines dritten abgeschlossene Vertrag nach fr. 11. de obl. et act. (44. 7.) ganz wirkungslos (inanis) ist, also eine rechtliche Folge weder für den Handelnden, noch für den dritten äußert, so kann weder der Handelnde „seine Forderung dem dritten cediren", denn er hat ja eine solche Forderung durch den inanen Act nicht erworben, noch kann der Umstand, daß der dritte diesen wirkungslosen Act genehmigt, die Folge haben, daß nun der wirkungslose Act wirksam werde, rechtliche Bedeutung erhalte. Verwandelt, wie v. Savigny meint, der dritte durch die nachträgliche Genehmigung den ursprünglich Handelnden in seinen Stellvertreter, so muß doch auch dieser Act bezüglich der rechtlichen Folgen des zu Gunsten des dritten abgeschlossenen Vertrags als wirkungslos bezeichnet werden; denn wenn der Stellvertreter einen actus inanis vollzieht, so ist dieser Act auch für denjenigen, welcher dazu Auftrag gegeben hat, oder den Act hinterher genehmigt, wirkungslos.

Wo indessen durch Gerichtsgebrauch oder Specialgesetz dem dritten, zu dessen Gunsten ein Vertrag abgeschlossen ist, ein Klagrecht zugestanden wird, kommt es auf die abweichenden Grundsätze des römischen Rechts nicht an. In dieser Beziehung weisen die „Blätter für Rechtspflege in Thüringen und Anhalt" von R. Schmid, Band 1. Nr. 6. S. 202. nach, daß und welche Behörden der sächsischen Lande Verträge zu Gunsten dritter für wirksam ansehen, während im 2. Bande Nr. 3. S. 78. ein Erkenntniß des Appellationsgerichts zu Eisenach mitgetheilt wird, welches ausspricht, es sei der Satz des römischen Rechts, daß in der Regel Niemand aus den Verträgen dritter ein Recht erwerbe, durch deutsche Rechtsansichten, durch die Praxis nicht geändert worden sei.

Gegen Dr. Höpfner verneint Dr. Karstens (im genannten Archiv, Band 37. Heft 2. S. 199 f.) die aufgeworfene Frage, davon ausgehend, daß dieselbe nicht vom Standpunkte des römischen Rechts, sondern nach den deutschen Postgesetzen, oder nach der deutschen Praxis (nach dem „Privatpostrecht") zu beurtheilen sei. Von jeher habe bei allen Postanstalten Deutschlands der Gebrauch bestanden, Adressaten, welche Reclamationen wegen verlorener oder beschädigter Sendungen erhoben, dahin zu bescheiden, daß der Absender bei dem Postamte der Aufgabe seine Reclamation vorzubringen habe; von den Gerichten sei ebenso entschieden worden; in Ermangelung bestimmter gesetzlicher Vorschriften habe die Gewohnheit als etwas allgemein bekanntes die Grundlage dieses Verfahrens abgegeben. Diese Entscheidung entspreche auch dem gemeinen und römischen Rechte: das zwischen der Post und dem Absender begründete Rechtsverhältniß sei ein Mandatsverhältniß [92];

---

92) Gegen die Theorie von der locatio und conductio operis wendet Dr. Karstens hauptsächlich ein, daß bei dieser Obligationsart nach dem römischen Rechte das pretium und dessen Bestimmung immer als Essentiale hervortrete, während bei den Dienstleistungen der Postanstalt das zu entrichtende Porto als pretium einer Dienstmiethe in keinem Verhältnisse zu der in Anspruch genommenen Dienstleistung stehe. Auch erschienen die Dienstleistungen der Post (als Staatsanstalt) im Sinne des römischen Rechts nicht als operae illiberales, bei denen von merces die Rede sein könne; vgl. dagegen oben §. 4. Gegen die Auffassung des Rechtsverhältnisses als Mandat sprechen Begriff und Erfordernisse, wie solche in den Quellen festgesetzt sind: fr. 1. §. 4. mand. (17. 1.) »mandatum nisi gratuitum nullum est, nam originem ex officio atque amicitia trahit: contrarium ergo est officio

und zwar zwischen dem Adressanten und der Post, indem der Aufgeber als Mandant und die Post als Mandatar erscheine, so wie zwischen dem Absender und dem Adressaten, indem der erstere Mandant, der letztere Mandatar sei, und der schriftliche, in der Adresse liegende Auftrag gehe dahin, die Post durch Annahme der Postsendung von der gegen den Absender eingegangenen Verbind= lichkeit zu liberiren. Von dem Gesichtspunkte des Mandats aus könnten die Mandatsklagen nur zwischen dem Auftraggeber und Auftragnehmer, also nur zwischen dem Absender und der Post bestehen; der Adressat sei bis zur Empfangnahme der Sendung noch gar nicht in eine Rechtsbeziehung zum Absender eingetreten, er brauche in eine solche nicht zu treten, da er zur Annahme der Sendung nicht gezwungen sei, und die bloße Existenz eines Auf= trags an die Post den Adressaten als dritte Person zu einer Klage gegen die Post auf Ausführung des Auftrags nicht berechtige.

Gegen die Ansicht, daß der Vertrag in favorem tertii abge= schlossen sei, wird angeführt, daß man jedem Absender eine solche Absicht nicht unterlegen dürfe, weil viele Briefe mehr im Interesse des Absenders als des Adressaten abgeschickt werden, ein solcher favor bei Schuld= und Mahnbriefen jedenfalls fehle. Aber zur Giltigkeit eines solchen Vertrags bezüglich der Rechte des dritten gehöre auch, daß letzterer dem Vertrage beigetreten sei; ein solcher Beitritt liege jedoch erst in der Annahme der Sendung und dann sei der Adressat Eigenthümer des Briefs geworden, weshalb dann nicht mehr von einem Rechte auf Ausantwortung desselben die Rede sein könne.

Wenn auch durch die Adresse die Cession eines Klagrechts bewirkt werde, so sei die Cession doch nur die einseitige Ueber= tragung der Befugniß, ein fremdes Recht zu eigenem Nutzen gel= tend zu machen; das cedirte Recht bleibe also immer das Recht des Absenders. Die Adresse könne aber auch nicht eher eine Ces= sion bewerkstelligen, als bis sie in der Hand des Adressaten sei und das erfolge bei Briefen nur vermittelst der Abgabe an den Adressaten; dann sei letzterer aber Eigenthümer und es bedürfe

---

merces, interveniente enim pecunia res ad locationem et con= ductionem potius respicit;« vgl. auch fr. 2. h. t. fr. 2. §. 6. eod. §. 6. J. de mand. (3. 26.)

nicht mehr der Cession. Sei aber Adresse und Sendung getrennt, wie bei Fahrpoststücken, dann liege in der Auslieferung des Adreß= briefs an den Adressaten eine Cession der Rechte auf das zum Adreßbrief gehörige Packet, und es könne der Adressat auf Aus= antwortung des letzteren klagen, aber nicht kraft eigenen Rechts, sondern nur kraft des ihm cedirten Rechts des Absenders. — Die oben aufgestellte Ansicht, daß an sich nur der Aufgeber einer Sendung zur Verfolgung des Ersatzanspruchs sachberechtigt sei, wird von den deutschen Postanstalten in der That befolgt und diese muß als die richtige bezeichnet werden [93]). Gleichwohl er= scheint in dem Falle, wo der Adressat die Sendung angenommen hat, und bloß wegen einer Beschädigung oder eines Defects an der ihm ausgehändigten Sendung Entschädigung beansprucht, auch der Adressat legitimirt, wegen des Schadenersatzes zu reclamiren, und es liberirt sich die Postanstalt, insofern sie den Entschädigungs= betrag an den Adressaten ausbezahlt. Deshalb pflegen es auch die Postanstalten nicht zu beanstanden, in dergleichen Fällen die Recla= mation mit dem Adressaten abzumachen [94]).

§. 14. Die Pflicht der Postanstalt, dem Absender von dem Verluste einer Sendung Nachricht zu geben.

Betrachtet man diese Frage lediglich vom Standpunkte des Contracts=Verhältnisses aus, welches bezüglich einer jeden einzelnen Sendung zwischen der Postanstalt und dem Absender entsteht, so muß gesagt werden, daß es dem Aufgeber zu überlassen sei, sein Interesse der Postanstalt gegenüber zu wahren, sich zeitig über das Schicksal der von ihm eingelieferten Sendung zu vergewissern, und nach Befinden zu reclamiren.

Es entspricht aber nicht der Stellung, welche das Postwesen im Organismus des Staates einnimmt, bei dieser lediglich privat= rechtlichen Auffassung stehen zu bleiben; vielmehr kommt bei Beur= theilung der aufgeworfenen Frage wesentlich in Betracht die Natur

---

93) Diese Grundsätze gelten an sich auch für die Eisenbahnanstalt; es ist jedoch auch der Adressat, Empfänger, nach Maßgabe des Fracht= briefs legitimirt; vgl. Beschorner a. a. O. §. 119.; vgl. auch Seuffert a. a. O. XXII. S. 172. 206. (nr. 4.)

94) Dessary a. a. O. §. 179.

der Postanstalt als eines Objekts des öffentlichen Rechts, als eines Theiles der Staatsverwaltung. Moser, deutsches Staatsrecht, Bd. V. §. 174., nennt das Postwesen „eigentlich eine Polizeianstalt, welche zur Bequemlichkeit und Beförderung des Handels und Wandels u. s. w. gereicht;" Häberlin, Handbuch des deutschen Staatsrechts, Bd. III. §. 350., lehrt: „Nach unserer Verfassung hält man das Postwesen für eine Staats=Anstalt und zählt dasselbe zu den Hoheits=Rechten."

Das Postwesen ist eine für das allgemeine Wohl sehr einflußreiche Anstalt, indem sie Betriebsamkeit im Handel und Verkehr, Aufschwung der Gewerbe befördert, zur Verbreitung von Kenntnissen und Bildung beiträgt.

Auf diese gemeinnützige Seite muß der Staat vorzugsweise achten, insbesondere ist er verpflichtet, dafür zu sorgen, daß durch die Verwaltungs=Grundsätze der Posten der Verkehr nicht beeinträchtigt werde. Dies würde aber geschehen, wenn die Sicherheit der Postsendungen überhaupt, insbesondere aber auch insofern gefährdet wäre, als die Postanstalt es lediglich dem Absender überlassen wollte, über das Schicksal der Sendung vom Adressaten zeitig Auskunft einzuziehen, um erforderlichen Falls reclamiren zu können, wenn die Postanstalt in der kurzen Verjährungsfrist ein Mittel zur Beseitigung rechtlich begründeter Ansprüche finden wollte [95]).

In der Eigenschaft des Postinstituts als öffentlicher Anstalt des Staats ist es begründet, daß dasselbe besonderes Vertrauen des Publikums in Ansehung der sicheren und ungefährdeten Beförderung der Postsendungen, sowie hinsichtlich des Schadensersatzes in Verlustfällen verdient, aber auch, daß die Postanstalt durch ihre Einrichtung und Verwaltungs=Grundsätze dieses Vertrauen zu rechtfertigen bestrebt sein muß. Hierin liegt unter Andern die Verpflichtung für das Postinstitut, in Verlustfällen die Wiederauffindung des abhanden gekommenen Poststücks mit allen zu Gebote stehenden Mitteln zu betreiben, vor allen Dingen eine umfassende Untersuchung über den Verbleib der Sendung anzustellen.

Wesentliche Voraussetzung einer jeden Untersuchung ist aber

---

95) Vgl. auch Rau, Grundsätze der Finanzwissenschaft, Heidelberg 1843. §. 205.

die allseitige Feststellung des objectiven Thatbestands, und in dieser Beziehung erscheint es vorzugsweise geboten, den Inhalt der Sendung zu ermitteln, was regelmäßig nur dadurch wird geschehen können, daß der Absender den abhanden gekommenen Gegenstand beschreibt. Von dieser Untersuchungshandlung hängt unter Umständen das günstige Resultat der Untersuchung ab.

Zu diesen Betrachtungen kommt endlich noch die, daß durch Nichtbefolgen des aufgestellten Grundsatzes die Postkasse Verlust erleiden würde, indem alsdann das Publikum Ersatzmittel für den — in der angedeuteten Richtung unsicheren und unzureichenden — Postverkehr aussinnen und benutzen, und daß solchergestalt der Postkasse die Quellen der Einkünfte mehr oder weniger geschmälert würden. Es liegt aber im wohlverstandenen Interesse der Postkasse, somit auch in der Pflicht des Staates, dergleichen Nachtheile zu verhüten.

Durch diese, aus der rechtlichen Natur des Postwesens und seiner Stellung im Staatsorganismus entspringenden Erwägungen begründet sich der Satz, daß die Postanstalten allerdings verpflichtet sind, den Absender vom Verlust einer Sendung alsbald in Kenntniß zu setzen, und es muß diese Verpflichtung grundsätzlich für alle deutschen Postverwaltungen, selbst für diejenigen behauptet werden, in welchen dieselbe auch nicht ausdrücklich ausgesprochen worden ist [96]).

§. 15. Gerichtliche Klage aus dem Vertrage gegen die Postanstalt; Regreß der letzteren gegen ihre Beamten; Gerichtsstand des Postfiscus; Reclamationen.

Die aus dem Posttransport=Vertrage für den Absender, beziehungsweise Postreisenden entspringende Klage geht zunächst auf getreue und vollständige Erfüllung des Vertrags, d. h. auf gute und wohlbehaltene, überhaupt ordnungsmäßige Beförderung an den

---

[96] Das königl. preuß. Postgesetz vom 5. Juni 1852, beziehungsweise die dazu gegebene Anleitung zur Ausführung desselben, schreibt ausdrücklich vor, es solle eine solche Benachrichtigung an den Absender und den Adressaten eintreten; es sei nicht Zweck des Gesetzes, die kurzen Verjährungsfristen zur Beseitigung rechtlich begründeter Ansprüche zu benutzen.

Bestimmungsort und beziehungsweise Ablieferung an den Adressaten. Ist diese Erfüllung Seitens der Postanstalt nicht möglich, weil z. B. ein Verlust der Sendung vorliegt oder letztere beschädigt wurde, so verwandelt sich das dem Absender zustehende Recht in einen Entschädigungsanspruch [97]), zu dessen Begründung der Nachweis eines von der Postanstalt begangenen Versehens nicht erfordert wird; vielmehr ist es Sache der Post, wenn sie sich von der Ersatzleistung befreien will, darzuthun, daß ihrer Seits die nöthige Sorgfalt angewendet worden, daß der Schaden ein zufälliger oder durch den Mitcontrahenten selbst verschuldet sei [98]).

Gründet aber der Kläger auf ein Verschulden der Post einen neuen, an sich nicht schon durch das Vertragsverhältniß gegebenen Anspruch, so liegt ihm zunächst ob, jenes Verschulden als die Voraussetzung seines Anspruchs zu begründen und zu beweisen [99]).

An sich unterliegt der Entschädigungsanspruch, beziehungsweise die denselben verfolgende Klage, den allgemeinen Grundsätzen über Verjährung; indessen ist diese Frist von jeher fast überall zu Gunsten der Post abgekürzt worden [100]). Wenn auch nach Ab=

---

97) Es kommt hier in der Regel nur der wirkliche Schaden in Betracht und bleibt namentlich das Affections=Interesse außer Berechnung; fr. 33. ad leg. Aq. (9. 2.) fr. 63. ad leg. falcid. (35. 2.) fr. 1. §. 15. si quid in fraud. (38. 5.) Vgl. auch v. Vangerow, Lehrbuch der Pandecten, 6. Auflage. III. S. 43 f. S. 49.

98) Fr. 9. §. 4. loc. cond. (19. 2.) Seuffert a. a. O. XIX. S. 59. der Ergänzungsbl.

99) Fr. 18. §. 1. de prob. (22. 3.) fr. 18. §. 3. commod. (13. 6.) Vgl. Seuffert a. a. O. XX. S. 56. der Ergänzungsbl. Seuffert, Archiv, I. S. 174. 361. V. S. 422.

100) In Württemberg ein Vierteljahr, Reyscher a. a. O. §. 461.; derselbe gestattet auch noch neben der zeitigen Anmeldung bei dem Postamte eine gerichtliche Klage während dreißig Jahren. Desáry a. a. O. §. 180. drei beziehungsweise sechs Monate; Weimarische Postordnung von 1819. §. 8. ein Vierteljahr. Der Eisenbahnanstalt gegenüber lauft eine Frist von sechs Monaten vom Tage der Aufgabe an für Ansprüche wegen nicht erfolgter Ablieferung. Entschädigungsansprüche wegen Beschädigung der Güter sind sofort bei Uebernahme der letzteren darzuthun; vgl. das cit. Reglement vom 1. Decbr. 1856 §. 14. nr. 9. d. nr. 10. Beschorner a. a. O. S. 259.

lauf dieſer Friſt — welche jetzt in Folge des Poſtvereinsvertrags für alle Vereinsverwaltungen die gleiche ſein wird, vgl. unten §. 22. — die Haftpflicht der Poſtanſtalt erliſcht, ſo bleibt doch der Anſpruch gegen den ſchuldigen Beamten beſtehen.

Hat nun der Poſtfiscus in einem Falle wirklich Schadenser= ſatz geleiſtet, ſo ſteht ihm Regreß gegen den Beamten oder Die= ner zu, durch deſſen Verſchulden der Schaden verurſacht wurde [101]. Ob dieſe Regreßnahme durch Streitverkündigung an den Regreß= pflichtigen bedingt ſei, iſt nach den hier einſchlagenden allgemeinen Grundſätzen zu entſcheiden [102].

Der Poſtfiscus hat in einzelnen Staaten einen exemten Gerichtsſtand, und zwar entweder allgemein bei den oberen Gerichten, oder auch ausſchließlich bei nur einem Landesge= richte [103]. Wo ſolche Privilegien zu Gunſten der Poſtkaſſe nicht beſtehen, muß der Poſtfiscus Recht nehmen bei den überhaupt zuſtändigen Gerichten erſter Inſtanz [104].

Reclamationen, d. h. außergerichtlich bei der Poſtbehörde erhobene Schadensersatzanſprüche ſind regelmäßig bei der Poſtſtelle anzubringen, wo die Aufgabe der fraglichen Poſtſendung erfolgte, beziehungsweiſe bei der dieſer vorgeſetzten Oberbehörde. Richtet ſich der Anſpruch gegen eine fremde Poſtanſtalt, welche die Sendung

---

101) Der Regreßanſpruch ſetzt zu ſeiner Begründung das Vorhandenſein eines urſachlichen Zuſammenhangs (Cauſal-Nexus) zwiſchen der Hand= lung oder Unterlaſſung des Beamten und dem eingetretenen Schaden voraus. Hat der betreffende Poſtbeamte oder Unterbedienſtete die be= ſtehenden Reglements und Verordnungen über den Poſtdienſt, ſeine Dienſtinſtruction, genau befolgt und iſt gleichwohl ein Schaden ent= ſtanden, ſo trifft ihn kein Verſchulden, mithin iſt er auch nicht ver= antwortlich. Vgl. weiter unten §. 23.

102) Nach der bayeriſchen Gerichtsordnung Kap. 8. §. 2. (vgl. auch Anmerk. dazu S. 280.) ſcheint eine Streitverkündigung hier nicht geboten zu ſein. Dagegen ſchreibt die bayeriſche V.=O. vom 31. Juli 1817 §. 7. (Reg.=Blatt S. 730.) die „Abcitation" des ſchuldigen Beamten vor.

103) So iſt z. B. in Bayern nur das Appellationsgericht des Iſarkreiſes competent; V.=O. v. 26. Juni 1818 (Intell.=Blatt v. 1818 S. 725.).

104) In Württemberg, wo die Generaldirection der Poſten einen befreiten Gerichtsſtand hatte, nicht auch die einzelnen Poſtämter, ſind die be= freiten Gerichtsſtände aufgehoben durch Geſetz v. 17. Aug. 1849.

von der Aufgabe=Postanstalt zur Weiterbeförderung übernahm, so ist die letztere außer Frage; sie pflegt jedoch den Reclamanten zu unterstützen, um ihm zu seinem Rechte zu verhelfen. In der einfachen Nachfrage über das Schicksal einer Postsendung ist eine Reclamation nicht enthalten; dagegen wird der Antrag auf Absendung eines Laufzettels (Quästionsschreiben) als der erste Schritt zur Reclamation betrachtet [105]). Ist der Berechtigte mit der Entscheidung der competenten Postbehörde auf seine Reclamation nicht zufrieden, so steht ihm der Beschwerdeweg frei an die höhere Stelle; hierfür besteht in einigen Staaten eine bestimmte Recursfrist [106]). Die Betretung des Rechtswegs ist in einzelnen Postordnungen abhängig gemacht und bedingt durch den Versuch, auf dem Verwaltungswege zur Befriedigung zu gelangen; erst wenn dieser Versuch mißlang oder binnen einer gewissen Frist die Entschädigung nicht geleistet wurde, kann zur Klage geschritten werden [107]).

§. 16. Wiederauffinden der verlorenen Sendung.

Wenn nach bereits geleisteter Entschädigung die in Verlust gerathene Sendung wieder aufgefunden wurde und in den Besitz der Postanstalt oder des Absenders gelangte, so finden folgende Bestimmungen analoge Anwendung:

Das fr. 2. de condict. sine causa (12. 7.) behandelt den Fall, daß ein Tuchbereiter Kleider, um sie zu waschen, gemiethet, hernach, da sie verloren gegangen, dem Eigenthümer den Werth in Folge der gegen ihn aus dem Miethvertrage angestellten Klage geleistet und nachher der Eigenthümer die Kleider gefunden hat; alsdann soll der Tuchbereiter nicht bloß aus dem Miethvertrage klagen, sondern den geleisteten Werth von dem Eigenthümer condiciren können.

Diese Rechtsregel, auf die obige Frage analog angewendet, ergibt den Satz, daß der Absender die empfangene Entschädigung herausgeben muß, wenn er den Besitz der verlornen Sendung wieder erlangt hat.

In fr. 17. §. 5. commodati vel contra (13. 6.) wird gelehrt:

---

105) Vgl. Deffáry a. a. O. §. 180.
106) Deffáry a. a. O. §. 189.
107) Weimarische Postordnung von 1819 §. 10.

wenn ich eine mir von dir geliehene Sache verloren, und für die=
selbe dir deren Werth geleistet habe, nachher aber diese Sache in
deine Gewalt gekommen ist, so mußt du auf die Gegenklage ent=
weder die Sache mir abtreten, oder das zurückgeben, was du von
mir erhalten hast.

Aus der analogen Anwendung dieses Rechtssatzes auf unsere
Frage folgt, daß der entschädigte Absender verpflichtet beziehungs=
weise befugt ist, entweder die empfangene Entschädigung oder die
Sendung, welche verloren war, herauszugeben. Und in der That
erscheint für den Absender die ihm freigestellte Wahl von großem
Interesse, indem es ihm nicht in jedem Falle einerlei sein wird, ob
er die verlorene Sache erst jetzt in Natur zurück bekommt, oder
gleich damals mittelst der erhaltenen Entschädigung im Stande war,
sich an die Stelle der verlornen Sache eine entsprechende andere
anzuschaffen. Hat er z. B. letzteres gethan, so würde er, falls
er die Geldentschädigung unbedingt herausgeben müßte, nun zwei
Gegenstände derselben Art besitzen, während es sehr wohl der Fall
sein kann, daß das Bedürfniß nur für einen dieser Gegenstände
besteht, oder daß für ihn jetzt gar kein Bedürfniß nach einem
solchen Gegenstand existirt. Er hat also mit Recht nur dasjenige
herauszugeben, was vom subjectiven Standpunkte seines Ver=
mögens als eine Bereicherung sich darstellt.

Nach fr. 25. §. 8. locati conducti (21. 2.) soll, wenn ein
Kleiderwäscher oder Schneider, der Kleidungsstücke verloren und
deshalb den Eigenthümer entschädigt hat, letzterer dem ersteren die
Eigenthumsklage und Condiction abtreten. Ist nun die Postanstalt
in Folge der ihr abgetretenen Klage, oder sonst auf irgend eine
andere Weise in den Besitz der fraglichen Sendung, welche in
Verlust gerathen war, wieder gekommen, so erscheint der Absender
verpflichtet, der Postverwaltung das Eigenthum dieser Sendung
abzutreten, falls er die Zurücknahme derselben gegen Herauszah=
lung der ihm gewährten Entschädigung ablehnt.

Endlich ist im fr. 60. §. 2. h. t. (21. 2.) der Fall behandelt,
wo der dritte Inhaber der gestohlenen Kleider bekannt wird, noch
ehe die Entschädigung geleistet wurde, und der Eigenthümer die
verlorenen Kleider nicht vom Besitzer zurückfordern will, vielmehr
aus dem Verdingungs=Vertrage gegen den Kleiderwäscher klagt.
Hier soll es vom Ermessen des Richters abhängen, ob jener nicht

gegen den Dieb klagen solle, um von ihm die Sachen, natürlich auf Kosten des Kleiderwäschers, zurück zu erhalten; wenn dies aber mit großen Schwierigkeiten verknüpft ist [108]), so wird zwar der Kleiderwäscher verurtheilt, jedoch muß der Eigenthümer seine Klagen dem letzteren abtreten.

Kommt die Postanstalt auf diesem Wege wieder in den Besitz des verlornen Poststücks, so tritt das oben behandelte Rechtsverhältniß ein, insofern die Postverwaltung inzwischen Ersatz geleistet hat. Alsdann muß der Absender entweder die empfangene Entschädigung herauszahlen, oder das Eigenthum an der Sendung auf die Postverwaltung übertragen [109]).

§. 17. Behandlung unanbringlicher Postsendungen.

Postsendungen, welche an den Abressaten nicht bestellt werden können — weil er die Annahme verweigerte, oder nicht zu ermitteln, oder vor dem Eintreffen am Bestimmungsorte verstorben war [110]), oder weil der Abressat den Bestimmungsort verlassen hatte,

---

108) Die betreffenden Worte der Stelle lauten: »sed si hoc tibi impossibile esse perspexerit;« das »impossibile« kann von einer abstracten Unmöglichkeit offenbar nicht verstanden werden, und ist in der im Texte aufgefaßten Weise (»mit großen Schwierigkeiten verknüpft«) um so mehr zu erklären, als es durch das vorhergehende »magis« in dem Satze »sed judicem aestimaturum, an possis adversus furem magis agere« erläutert, beziehungsweise beschränkt wird.

109) Dessáry a. a. O. §. 182. »Wird der in Verlust gerathene Inhalt der Sendung wieder aufgefunden und gelangt derselbe in die Hände der Postanstalt, so wird er, soweit es sich um Geld und Werthpapiere handelt, dem Reclamanten, über Abzug und beziehungsweise gegen Rückerstattung der von der Postanstalt nach dem angegebenen Werthe bereits geleisteten Entschädigung, zurückgestellt. — Bei allen übrigen Gegenständen steht es der Partei frei, dieselben gegen Rückersatz der empfangenen Entschädigungssumme zu übernehmen, oder sie der Postanstalt zu überlassen. — Die Zurückstellung geschieht, mit Ausnahme des Porto, völlig kostenfrei für den Reclamanten, und hat ein Abgang oder eine Beschädigung stattgefunden, so leistet die Postanstalt nach Maßgabe der §§. 184 bis 187. dafür Ersatz.« Vgl. auch §. 39. der öster. Fahrpostordnung vom 6. Juli 1838.

110) In diesem Falle gehört die Sendung nicht etwa zum Nachlaß des

24 *

ohne daß sein neuer Aufenthalt bekannt ist, oder weil die mit poste restante bezeichnete Sendung innerhalb der festgesetzten Frist nicht abgeholt wurde, oder weil zollpflichtige Gegenstände vom Absender vorschriftswidrig behandelt waren, — gehen an den Aufgabeort zur Rücklieferung an den Absender zurück [111]). Ist letzterer bekannt, so erfolgt die Behändigung an ihn sofort gegen Erlegung des erwachsenen Porto's ꝛc.; andernfalls wird die Adresse öffentlich bekannt gemacht (theils durch Anschlag im Posthause, theils durch öffentliche Blätter), um dem Aufgeber Gelegenheit zur Rücknahme der Sendung zu geben.

Meldet sich der Absender innerhalb der hierfür bestimmten Frist nicht, so wird die unanbringliche Sendung von einer dazu bestellten Commission zu dem Ende eröffnet, um den Absender zu ermitteln; es hat sich daher die Einsichtsnahme hierauf zu beschränken. Gelingt es nun auch auf diesem Wege nicht, den Aufgeber zu ermitteln, so pflegen die Briefpostsendungen noch längere Zeit (regelmäßig mehrere Jahre) aufbewahrt, und wenn sie innerhalb dieser letzten Frist nicht abgeholt werden, ungelesen vernichtet (verbrannt oder eingestampft) zu werden. Unanbringliche Fahrpostsendungen von Werth dagegen kommen zur öffentlichen Versteigerung, und der Erlös fällt, wenn sich der Absender innerhalb einer weiteren Frist nicht meldet, nach Abzug des auf der Sendung etwa haftenden Portos, dem Fiscus zu [112]).

Adressaten; letzterer erwirbt erst mit der Annahme selbst einen Anspruch an die Sendung.

111) Hierher gehören aber nicht die Briefe ꝛc., welche der Adressat angenommen (etwa schon gar geöffnet hat) und dann zurückgeben will. Dergleichen Sendungen erscheinen nicht als sogenannte Retoursendungen, sie sind vielmehr wirkliche Postaufgaben und werden als solche behandelt. Holt der Adressat die an ihn eingehenden Sendungen selbst oder durch dritte auf der Post ab, so liegt in der Mitnahme einer solchen Sendung die Annahme derselben, woraus folgt, daß dergleichen Sendungen, falls deren Annahme verweigert werden soll, alsbald bei der Behändigung auf der Post zurückgewiesen werden müssen. — Für die Rücksendungen unanbringlicher Briefpost-Sendungen wird kein Porto erhoben (Art. 34. des revid. Postvereins-Vertrags), wohl aber für zurückgehende Fahrpost-Sendungen (Art. 70. a. a. O.).

112) Häufig wird dieser Erlös der Post-Armenkasse überwiesen.

Ueber das Verfahren im Einzelnen bestehen wohl in allen deutschen Staaten besondere Vorschriften, welche eintretenden Falls anzuwenden sind [113]).

Dritter Abschnitt.
Von der Haft= und Ersatzverbindlichkeit der Postanstalten für Post=sendungen in Verlust= und Beschädigungsfällen nach Maßgabe der Postvereinsbestimmungen.

§. 18.   Aufzählung der Ersatzfälle.

Die Postanstalten im Postverein leisten Gewähr und eintreten=den Falls Ersatz nur für recommandirte Briefe, und für Packete (Fahrpostsendungen) mit oder ohne Werthsdeclaration. Mithin werden gewöhnliche, mit der Briefpost beförderte Sen=dungen, d. h. solche, welche weder empfohlen sind, noch auf der Adresse eine Werthsdeclaration enthalten, ferner nicht recomman=dirte Briefe mit Waarenproben oder Mustern, nicht recommandirte Sendungen unter Kreuzband, und Zeitungen von den hier frag=lichen Vorschriften nicht betroffen; auch bezieht sich die Ersatzpflicht nicht auf die durch Estaffete eingelieferten Briefe oder anderen Gegenstände.

Es erstreckt sich die Gewährleistung der Postanstalt auf den Verlust und die Beschädigung der gedachten Sendungen, nämlich auf den Verlust der recommandirten Briefe und der Fahr=postsendungen [114]), und auf die Beschädigung der letzteren, voraus=

---

113) Vgl. z. B. Deffärn a. a. O. §. 123 bis 125. §. 174. 175.
114) Zur Fahrpost gehören:
  1. gewöhnliche Briefe über 4 Loth, deren Beförderung mit der Briefpost Seitens des Aufgebers nicht vorgeschrieben ist,
  2. Briefe mit declarirtem Werthe,
  3. Briefe, auf welche baare Einzahlungen stattgefunden haben,
  4. Briefe mit Postvorschüssen (Nachnahmebriefe),
  5. Gelder und Päckereien aller Art.
Ist einer mit mit der Briefpost zu befördernden Sendung Geld oder Werth heimlich beigefügt, so wird im Falle des Verlusts oder der Beschädigung von der Postanstalt kein Ersatz geleistet. Vgl. Art. 1. des Nachtrags zum Postvereins=Vertrag und die darin er=wähnte Anlage §. 36.

gesetzt, daß der Schaden nicht durch Krieg oder unabwendbare Folgen von Naturereignissen (vis major) herbeigeführt wurde.

Ein Verlust liegt vor, wenn die Sendung an den Adressaten nicht bestellt worden und deren Verbleib nicht mehr zu ermitteln ist. Eine Beschädigung liegt vor, wenn die Sendung durch eine den Inhalt selbst angreifende Verletzung einen unmittelbaren Schaden gelitten hat; dabei wird nach Art. 8. des Nachtrags vorausgesetzt, daß zwischen der äußerlich erkennbaren und der inneren Beschädigung eine unzweifelhafte unmittelbare Beziehung (ein Causal-Nexus) bestehe. Außer diesem Falle soll die Postanstalt nur dann haften, wenn die geschehene Einlieferung eines unbeschädigten Inhalts und dessen gehörige Verpackung, sowie ein besonderes Verschulden ihrer Seits nachgewiesen werden kann. Diese Bestimmung des erwähnten Art. 8. hat wohl nicht die Bedeutung, daß in dem hier fraglichen Falle der Beschädigung des Inhalts einer Sendung die Postanstalt von der allgemeinen rechtlichen Verpflichtung, die Postsendungen vorsichtig und sorgsam zu behandeln, entbunden sein solle, vielmehr wird sie auch in dem unterstellten Falle haften, wenn sie gegen ihre allgemeine Verbindlichkeit handelte. Jene Bestimmung will die allgemeinen Rechtsgrundsätze über die Haftpflicht wohl nicht abändern, einschränken und neue Normen aufstellen, sondern sie will, wie sie ausdrücklich ankündigt, die Bestimmungen des Art. 62. des revidirten Postvereins-Vertrags nur „ergänzen". Nun ist es aber in den postalischen Verkehrsverhältnissen und Speditionseinrichtungen begründet, daß die Sendungen nicht mit der besonderen Vorsicht und zarten Sorgfalt behandelt werden können, welche sie vielleicht im einzelnen Falle nach ihren besonderen Verhältnissen verlangen — bei dem massenhaften Verkehre, welcher auf einzelnen Routen oder zu bestimmten Zeiten herrscht, bei der öfteren und zu beschleunigenden Umladung aus einem Transportmittel auf das andere ist es zunächst Sache des Absenders, den Gegenstand so fest und haltbar zu verpacken, daß er diejenigen Manipulationen, welche behufs der Spedition erforderlich sind, ohne Nachtheil ertragen könne. Wird der Inhalt einer Sendung lediglich in Folge dieser Manipulationen, welche ordnungsmäßig vorgenommen worden sind, beschädigt, so haftet die Postanstalt offenbar nicht; vielmehr wird zur Begründung der Ersatzpflicht in einem solchen Falle vorausgesetzt, daß die beschädigende Handlung außerhalb der Reihe dieses ord= nungsmäßigen Verfahrens liege, daß sie verschuldet sei. In diesem Sinne wird die gedachte Bestimmung aufzufassen sein.

Was den, durch schuldhafter Weise verzögerte Beför= derung oder Bestellung der Sendung herbeigeführten Scha= den betrifft, so lehnen die Postanstalten, auf Grund des aus Art. 26. des Postvereins=Vertrags hergeleiteten Arguments, jede Haftpflicht im Postvereins=Verkehre ab. Das königlich preußische Gesetz [115] dagegen macht in dieser Beziehung einen Unterschied zwischen dem aus der Verspätung entspringenden bloß mittel= baren Schaden (wohin auch der entgangene Gewinn zu rechnen ist), welchen die Postanstalt nicht zu ersetzen hat, und der un= mittelbaren Folge, daß der Zweck der Sendung durch die Ver= spätung vereitelt worden ist. Demgemäß haftet die preußische Postanstalt wegen des Schadens, insofern der Inhalt der Fahr= postsendung durch die Verzögerung verdorben ist, oder ihren Werth ganz oder theilweise verloren hat, z. B. wenn die Sendung in Fleisch, Pflanzen oder dergleichen besteht, oder wenn Werthpapiere, welche der Präclusion unterliegen, Lotterie=Loose, welche dem Verfall ausgesetzt sind, in Folge der Verzögerung präcludirt oder verfallen sind.

Die Verbindlichkeit der Postanstalt zur Entschädigung cessirt, außer in den oben angeführten Fällen des Kriegs und unabwend= barer Folgen von Naturereignissen, nach allgemeinen Rechtsgrund= sätzen [116] alsdann, wenn der Schaden (Verlust, Beschädigung oder Verzögerung in der Beförderung oder Bestellung des Post= stücks) durch die eigene Fahrlässigkeit des Absenders herbeigeführt wurde. Dies ist beispielsweise der Fall bei mangelhafter Ver= packung, Versiegelung, Adressirung oder Signirung. Wenn auch der Schalterbeamte, welcher die eingelieferten Sendungen annimmt, dienstlich verpflichtet ist, darüber zu wachen, daß die in der angе= deuteten Richtung bestehenden Vorschriften [117] vom Absender be=

---

115) Postgesetz vom 5. Juni 1852 §. 10. und 16. und die dazu gegebene Anleitung. Vgl. auch oben §. 11.

116) Vgl. oben §. 7.

117) Auf der zweiten Conferenz des deutschen Postvereins (abgehalten zu Wien vom 1. August bis 3. September 1855) sind Bestimmungen

folgt werden, so unterliegt doch im einzelnen Falle die Beurtheilung der Frage, welche Verpackung mit Rücksicht auf den Inhalt
der Sendung und auf die Dauer des Transports ausreichend ist,
lediglich dem Absender, und es kann die Verbindlichkeit des Absenders, jene Vorschriften genau zu befolgen, nicht dadurch allein
für beseitigt angesehen werden, daß dem betreffenden Postbeamten
die Nichtbeobachtung dieser Vorschriften und Vorsichtsmaßregeln
Seitens des Aufgebers entgangen ist. Wurde eine solche mangelhaft verpackte 2c. Sendung ohne Beanstandung vom Schalterbeamten angenommen und vom Speditionsbeamten abgeschickt, so
begründet sich hieraus die Vermuthung, daß dergleichen Mängel
äußerlich nicht erkennbar waren, und im Falle einer Beschädigung
befreit sich die Postanstalt von der Haftpflicht durch den Nachweis,
daß die Beschädigung der Sendung durch dergleichen Mängel herbeigeführt worden ist, beziehungsweise es hat der Absender zur
Begründung der Ersatzpflicht darzuthun, daß die beschädigende
Handlung von der Postanstalt „besonders verschuldet" sei.

Hierher gehört auch der Fall, wenn ein Verlust oder eine
Beschädigung dadurch entstand, daß der Aufgeber die Sendung
nicht dem hierzu berechtigten Beamten einhändigte. Es versteht
sich nämlich von selbst, daß die Einlieferung der fraglichen Postsendungen, für welche die Postanstalt die Haftpflicht übernimmt,
den desfalls bestehenden Vorschriften entsprechend, insbesondere an
denjenigen Beamten erfolgt sein muß, welcher am Schalter (der
Annahmestelle) den Dienst verrichtet; denn nur dieser verpflichtet
die Postanstalt in der hier fraglichen Beziehung, während der
Aufgeber auf seine Gefahr handelt, wenn er einem hierzu nicht
bestellten Postbeamten, außerhalb der Annahmestelle, oder einem
Briefträger, Conducteur, Postillon oder sonst einem Postunterbe-
diensteten, in deren Dienstkreis die Annahme von Postsendungen
nicht fällt, die Sendung übergibt, und solche an den Schalterbeamten nicht abgeliefert wird.

über die äußere Beschaffenheit und die Behandlung der Postsendungen
bei der Auf- und Abgabe und bei der Weiterspedition getroffen worden, welche für den internationalen Verkehr, auch dem Publikum
gegenüber, bindende Kraft haben. Vgl. die in Art. 1. des Nachtrags
angezogene Anlage.

Gleiches muß gesagt werden, wenn ein Werthstück oder ein recommandirter Brief vom Absender in den Briefkasten eingelegt worden ist und verloren geht oder beschädigt wird, ohne daß beziehungsweise ehe diese Sendung an den betreffenden dienstthuenden Beamten gelangt. Denn der Briefkasten hat in der Regel nur die Bestimmung, die Aufgabe solcher Sendungen zu vermitteln, für welche in Verlust= oder Beschädigungsfällen die Postanstalt nicht haftet. Insofern jedoch in dieser Beziehung bei einer Postanstalt abweichende Grundsätze bestehen, ist nach diesen eintretenden Falls zu entscheiden.

Für einzelne Gegenstände leistet die Postanstalt überhaupt keine Gewähr. Hierüber bestimmt der mehrgenannte Nachtrag Art. 1., beziehungsweise die darin erwähnte Anlage §. 12.: „Flüssigkeiten, desgleichen Sachen, die dem schnellen Verderben und der Fäulniß ausgesetzt sind, unförmlich große Gegenstände, sowie Bäume, Sträuche und dergleichen, ferner lebende Thiere können von den Postanstalten zurückgewiesen werden. Für dergleichen Gegenstände, wenn dieselben dennoch zur Beförderung angenommen werden, so wie für leicht zerbrechliche Gegenstände und für in Schachteln verpackte Sachen leistet die Postanstalt keinen Ersatz, wenn durch die Natur des Inhalts der Sendung oder durch die Beschaffenheit der Verpackung auf dem Transporte eine Beschädigung oder ein Verlust entstanden ist."

Daß die Postanstalt haftet, wenn der Schaden durch Raub, Diebstahl, Gewaltthätigkeiten erfolgte, bedarf kaum einer besonderen Bemerkung; hierbei kommt es darauf nicht an, ob Vorsichtsmaßregeln vernachläßigt worden sind, durch deren Beobachtung der Schaden hätte verhindert werden können [118]).

Für eine bloße Beschädigung von recommandirten Briefen oder Kreuzbandsendungen, von recommandirten Briefen mit Waarenproben oder Mustern haftet die Postanstalt nicht, auch nicht — nach Art. 26. des revidirten Postvereins=Vertrags — für die Verspätung eines Expreßbriefs, welcher jederzeit recommandirt sein muß. Hierbei entsteht jedoch die Frage, ob nicht im letztgedachten

---

118) Fr. 5. pr. nautae (4. 9.). fr. 14. §. 17. de furtis (47. 2.). Es steht die actio furti der Postanstalt zu; vgl. auch Sell, im Archiv für civ. Praxis, Bd. 31. S. 149.

Falle die Postanstalt ihrer Seits den Anspruch auf die Leistung des Absenders, beziehungsweise Empfängers (Porto und Recommandations = Gebühr nebst Gebühr für die expresse Bestellung), verliere, welche Frage bejaht werden muß, so daß in diesem Sinne für die Postanstalt allerdings eine Verpflichtung für zeitige Beförderung auch solcher Sendungen der Briefpost besteht [119].

§. 19. Von dem Maßstabe, nach welchem der Ersatz zu leisten ist.

Bei Erörterung der Frage, nach welchem Maßstabe der erlittene Schaden durch die Postanstalt zu ersetzen sei, ist zu unterscheiden, ob der Werth der Sendung vom Aufgeber declarirt [120] war, oder nicht.

Im ersteren Falle entscheidet die Werthsangabe und es wird die Entschädigung nach Maßgabe dieser Declaration geleistet [121]. Die Bestimmung im Art. 62. des revidirten Postvereins=Vertrags nämlich, daß bei declarirten Sendungen die Entschädigung „nach Maßgabe des declarirten Werths" (also nicht nach Maßgabe des wirklichen, des Marktwerths) geleistet werden soll, lautet all=

---

119) Die Postvereinsbestimmungen beziehen sich mithin nur auf die empfohlenen Briefe und Fahrpostsendungen, nicht auch auf das Passagiergepäck, d. h. auf das der Postanstalt anvertraute Reisegut eines Passagiers. In Verlust= und Beschädigungsfällen von dergleichen Gegenständen ist daher auf das Particularrecht des betreffenden Staats, und wenn sich hier eine besondere Norm nicht findet, auf das gemeine Recht überhaupt zurückzugehen; vgl. oben §. 10. und weiter den folgenden §. 19. not. 134., und Dessary a. a. D. §. 242.

120) Die Declaration des Werths muß nach Vorschrift des mehrgedachten Nachtrags, Art. 1., beziehungsweise der daselbst erwähnten Anlage §. 16., bei Briefen mit Geld oder sonstigem Werthe auf der Adresse des Briefs, bei andern Sendungen aber sowohl auf dem Begleitbriefe, falls ein solcher beizugeben ist, als auf der Sendung selbst angemerkt werden. Es wird dies nur als eine Ordnungsvorschrift zu betrachten sein, deren Nichtbeachtung an sich ohne Einfluß auf die Ersatzpflicht der Postanstalten ist.

121) Den declarirten Sendungen stehen in dieser Hinsicht die recommandirten Briefe gewissermaßen gleich, für welche in Verlustfällen eine Mark Silber ersetzt wird, so daß die Recommandation gleichsam die Declaration eines Werths von einer Mark Silber in sich schließt.

gemein und schreibt den durch die willkührliche Declaration des Aufgebers vereinbarten Werth als den Maßstab vor, welcher bei Ausmessung der Entschädigung zu Grunde zu legen ist, so daß hier der gemeine Werth überhaupt nicht in Frage kommt, vielmehr ausgeschlossen bleibt. Diese Consequenz ergibt sich natürlich und nothwendig aus der Declaration des Aufgebers, d. h. aus derjenigen Handlung, durch welche er dem Marktwerthe einen andern nach eigenem Ermessen substituirt [122]).

Es folgt hieraus, daß nicht mehr als dieser declarirte Werth gefordert werden kann, wenn auch der Inhalt der Sendung mehr werth ist, als declarirt wurde. Indem nämlich der Aufgeber den Werth der Sendung unter dem wirklichen Werth declarirt, spricht er zugleich seine Absicht aus, daß dieser declarirte geringere Werth an die Stelle des Marktwerths gesetzt werden und demnächst bei Erörterung der Frage über den zu leistenden Ersatz als Maßstab gelten solle. Nach diesem von ihm selbst, aus freiem Ermessen angegebenen geringeren Werthe hat der Aufgeber die Postanstalt bezahlt, und er muß es sich folgeweise auch gefallen lassen, daß er auch bezüglich der übrigen hieraus entspringenden Folgen, namentlich in Ansehung der Entschädigungsfrage nach Maßgabe dieses vereinbarten geringeren Werths von der Postanstalt behandelt werde.

Dieser Auffassung entsprechend enthält das königlich preußische Postgesetz vom 5. Juni 1852 im §. 12. die Vorschrift, daß in Declarationsfällen bei Ermittelung des zu zahlenden Schadenersatzes die Werthsdeclaration zum Grunde gelegt werden solle, daß also die vereinbarte Werthbestimmung an die Stelle des gemeinen Werths trete und als Grundlage für das durch den

---

122) Auch bei den Eisenbahnverwaltungen wird unterschieden zwischen declarirten und nicht declarirten Sendungen; für letztere ist der Werth des Centners auf 20 Thlr. angenommen, jedoch soll der Reclamant, falls die Eisenbahnverwaltung den Werth des verlornen oder beschädigten Guts zu 20 Thlr. pro Centner nicht anerkennen will, den wirklichen Werth nachweisen, und es wird dann dieser, aber auch nur zum Maximum von 20 Thalern ersetzt. Bei der Declaration entscheidet nur der wirkliche Schaden, beziehungsweise der gemeine Handelswerth, und bleibt der entgangene Gewinn ausgeschlossen. Vereins = Reglement vom 1. Decbr. 1856 §. 14. nr. 7. 8.

Transport=Vertrag entstehende Rechtsverhältniß diene. Es darf diese Bestimmung wohl insofern als Beleg für die Richtigkeit der obigen Auffassung angeführt werden, als wohl anzunehmen ist, daß das später erschienene Specialgesetz nicht beabsichtigt habe, den im Postverein allgemein geltenden Rechtssatz für das einzelne Post= gebiet abzuändern. Ohnehin geht dieser Rechtssatz aus der Natur des Vertragsverhältnisses von selbst hervor, und er muß so lange als giltig und entscheidend angesehen werden, als er nicht durch eine entgegen stehende Bestimmung aufgehoben worden ist.

Zweifelhafter erscheint die Entscheidung der Frage, welcher Be= trag, ob die declarirte Summe oder der Marktpreis zu ersetzen sei, wenn bei einer declarirten Sendung der wirkliche Werth den Betrag der Declaration nicht erreicht.

Nach allgemeinen Grundsätzen über den Schadensersatz ist in der Regel nur der wirkliche Schaden zu vergüten [123]; um den Beweis des hiernach zu ersetzenden Schadens im einzelnen Falle zu erleichtern, sowie um weitläufige Beweisverhandlungen über= haupt abzuschneiden, ist die Declaration des Werths von Post= sendungen eingeführt worden. Dabei scheint es nun stillschweigende und selbstverständliche Voraussetzung zu sein, daß die Declaration in den Grenzen des wirklichen Werths sich bewege, wenigstens letzteren nicht übersteige, beziehungsweise daß die Postanstalt nicht beabsichtigt habe, auch dann zu einer Geldleistung sich zu ver= pflichten, wenn ein Schaden in der That nicht entstand (wenn z. B. die verlorene declarirte Sendung überhaupt werthlos war), oder den entstandenen Schaden nach Maßgabe der Declaration zu vergüten, während letztere den wahren Werth oder den wirklichen Schaden übersteigt. Demgemäß wird die Declaration nicht dahin führen können, daß der Aufgeber, ohne überhaupt oder von einem gewissen Punkte an Schaden gelitten zu haben, gleichwohl die Declarationssumme, die nur zum Ersatz von wirklichen Schaden bestimmt ist, zu fordern berechtigt erscheint. Einem solchen An= spruche würde vielmehr die exceptio doli mit der Wirkung ent= gegen stehen, daß die Declarationssumme auf den wirklichen Werth herabgesetzt wird.

Aus der Wortfassung des Art. 62. des revidirten Postvereins=

---

123) Fr. 33. ad leg. Aq. (9. 2.)

Vertrags ergeben sich indessen Bedenken, die für eine andere Auf=
fassung zu sprechen scheinen. Es gestattet nämlich der citirte Artikel
dem Absender allgemein, die Grenzen der verlangten Gewähr
nach eignem Ermessen zu firiren, dergestalt, daß an die Stelle des
gemeinen Werths ein imaginärer tritt, und der Ersatz demnächst
nach Maßgabe dieses vereinbarten Werths geleistet werden soll.
In dieser Art des Vertragsabschlusses würde sodann zugleich der
von den Contrahenten stillschweigend ausgesprochene Verzicht auf
die vorerwähnte Einrede (es übersteige der declarirte den wahren
Werth) gefunden werden können. Hierzu tritt endlich noch der
weitere Umstand, daß es sich im Falle einer Declaration um den
Marktpreis, beziehungsweise um den wirklich erlittenen Schaden
überhaupt gar nicht handelt, daß letzterer vielmehr nur bei un=
declarirten-Sendungen in Betracht kommt.

Durch diese Auslegung würden die gemeinrechtlichen Grund=
sätze über den Schadensersatz offenbar wesentlich geändert und die
Singularität für den vorliegenden Fall eingeführt werden, daß der
Absender aus dem Verluste oder der Beschädigung einer declarirten
Sendung unter Umständen Vortheil oder Gewinn ziehen könnte.
Da jedoch zureichende Interpretationsmittel dafür, daß dies die
Absicht der Paciscenten war, um so weniger vorzuliegen scheinen,
als dadurch die Haftpflicht der Postanstalt erweitert werden würde,
so wird dabei stehen zu bleiben sein, daß in Fällen der fraglichen
Art der wirkliche Werth der Sendung, beziehungsweise der
wirklich erlittene Schaden, zum Grunde zu legen sei. Und diese,
dem sonst geltenden Rechte entsprechende Ansicht wird auch in der
Praxis von den Postanstalten befolgt.

Uebrigens hat jene Controverse in Verlustfällen solcher
Sendungen in der Regel keine praktische Bedeutung, weil die Post
gar nicht in der Lage ist, den wahren Werth des Poststücks zu
ermitteln und darauf jenen Einwand zu stützen, und weil die Post
nach dem Inhalte einer Sendung überhaupt gar nicht fragen darf,
auch der Aufgeber nicht verpflichtet ist, den Inhalt anzugeben oder
gerade den wahren Werth zu declariren. Bei Beschädigungen
dagegen wird der Inhalt der Sendung auch der Post durch Fest=
stellung des Thatbestands bekannt, und hier hat sie allerdings
Gelegenheit, den declarirten mit dem wahren Werthe zu ver=
gleichen. —

· War der Werth der Sendung nicht declarirt, so ist für jedes Pfund der verlorenen Sendung oder für den Theil eines Pfundes der Betrag von zehn Silbergroschen oder dreißig Kreuzern, bei Beschädigungen aber innerhalb dieser Grenze nur bis zum Belauf des wirklich erlittenen Schadens zu erseßen [124]).

Geht nun die ganze Sendung verloren, so wird der Schaden nach dem Gesammtgewicht der Sendung und nach dem Maßstabe von zehn Silbergroschen oder dreißig Kreuzern pro Pfund berechnet; geht aber nur ein Theil der Sendung verloren, z. B. von einer Sendung von acht Pfund ein Theil von zwei Pfunden, so beträgt der zu erseßende Schaden zwei Mal 10 Sgr. oder 30 Kreuzer, mithin 20 Sgr. oder 60 Kreuzer.

· Wird eine undeclarirte Sendung beschädigt, so soll die Entschädigung nur innerhalb jener Grenze von 10 Sgr. oder 30 Kreuzern pro Pfund bis zum Belauf des wirklich erlittenen Schadens in Anspruch genommen werden können. Hier dient also die Schäßung nach dem Marktpreise als Grundlage der Schadens= berechnung, beschränkt durch die gezogene Grenze von 10 Sgr. oder 30 Kreuzern pro Pfund.

Dieser Gesichtspunkt entspricht auch der Gegenseitigkeit des Rechtsverhältnisses; denn indem die Postanstalt ihren Anspruch auf Bezug des Portos ꝛc. nur nach Maßgabe der in das freie Ermessen des Aufgebers gestellten Werthsdeclaration geltend machen kann, muß der leßtere es sich auf der andern Seite gefallen lassen, daß er in Beziehung auf die andern Folgen, insbesondere hin= sichtlich der seiner Zeit gegen ·die Postanstalt zu verfolgenden Schadensersaß= Ansprüche nach dem gleichen Maßstabe behandelt werde. —

Enthält nun die beschädigte undeclarirte Sendung nur einen Gegenstand, z. B. ein Stück Tuch, so ist die Berechnung des Schadens einfach; wiegt z. B. diese Sendung 4 Pfund und be= trägt der wirkliche Schaden 2 Thaler, so hat die Postanstalt 40 Sgr. (vier Mal 10 Sgr.) zu erseßen; beläuft sich aber im unterstellten Falle der Schaden nur auf 15 Sgr., so beschränkt

---

124) Dem Erfolge nach erscheinen mithin undeclarirte Sendungen insofern als declarirte, als an die Stelle des wirklichen Werths ein imaginärer von 10 Sgr. oder 30 Kreuzer pro Pfund gesetzt wird.

sich der Ersatzanspruch, beziehungsweise die Ersatzverbindlichkeit auch nur auf diesen Betrag.

Dagegen kann es zweifelhaft erscheinen, wie die Entschädigung zu berechnen sei, wenn die Sendung aus mehreren gleichartigen Gegenständen besteht und nur ein Theil der Sendung beschädigt wurde, indem alsdann die Frage sich erhebt, ob in einem solchen Falle das Gesammtgewicht der Sendung oder nur das Gewicht des beschädigten Theils der Sendung der Berechnung zum Grunde zu legen sei, mit andern Worten, ob die Entschädigung nach der Gesammt=Pfundzahl oder nach der Zahl der beschädigten Pfunde zu leisten sei. Diese Frage ist im Postvereins=Vertrage nicht ausdrücklich entschieden; es werden daher die sich darbietenden Interpretationsmittel zur Hilfe genommen werden müssen.

Der Art. 62. geht bei Beschädigung undeclarirter Sendungen davon aus, daß nur der wirklich erlittene Schaden in Betracht komme und innerhalb der mehrerwähnten Grenze in Anspruch genommen werden könne. Es entspricht diese Vorschrift, abgesehen von der, in Ansehung der vorliegenden Frage nicht erheblichen Grenze hinsichtlich des zu leistenden Entschädigungsbetrags, den allgemeinen Grundsätzen [125]), wonach in der Regel nur der wirkliche Schaden zu ersetzen ist. Mithin wird es auch bei der vorliegenden Frage zunächst und zumeist auf denjenigen Gegenstand und gerade nur auf den ankommen, welcher in der That beschädigt worden ist, wogegen alle übrigen Gegenstände der Sendung, welche eine Beschädigung überhaupt nicht erlitten haben, ausgeschieden werden und außer Betracht bleiben müssen.

Die Postanstalt erscheint vertragsmäßig im Allgemeinen verpflichtet, die angenommene Sendung in dem Zustande abzuliefern, in welchem sie ihr überliefert wurde. Ist zugleich eine bestimmte Summe (entweder der declarirte Werth oder 10 Sgr. pro Pfund) für den Fall zu leisten verabredet worden, daß Seitens der Postanstalt der Vertrag gar nicht erfüllt werde (Nichtablieferung der Sendung an den Adressaten wegen Verlustes derselben), so besteht

---

125) Fr. 33. pr. ad leg. Aquil. (9. 2.): »in lege enim Aquilia damnum consequimur et amisisse dicimur, quod aut consequi potuimus, aut erogare cogimur.« v. Wening=Ingenheim, Lehrbuch des gemeinen Civilrechts, Bd. 2. §. 193. v. Bangerow a. a. O. III. S. 43.

der Anspruch des Absenders auf diese ganze Summe offenbar nicht auch in dem Falle, wo der Vertrag wenigstens zum Theil erfüllt wurde, d. h. die ordnungsmäßige Ablieferung der Sendung nur theilweise erfolgte (Verlust eines Theils der Sendung und Beschädigung der letzteren überhaupt oder eines Theils derselben). Denn die Post hat den Vertrag ihrer Seits jedenfalls soweit erfüllt, als einzelne Theile der Sendung unversehrt abgeliefert worden sind, der Anspruch des Absenders auf Schadensersatz aber ist in der größeren oder geringeren Verletzung seines Vermögens, beziehungsweise in der mehr oder weniger unvollständigen Erfüllung des Vertrags Seitens der Postanstalt begründet. Demgemäß bildet das Maß der Verletzung auch die Grundlage für das Theilverhältniß, nach welchem die Entschädigung zu berechnen ist, d. h. der Aufgeber hat von der ganzen Summe diejenige Quote zu fordern, welche bei theilweiser Beschädigung den hierdurch geminderten Werth im Verhältniß zum Werthe der ganzen Sendung ausmacht [126]). Dieser ganze Werth der Sendung berechnet sich aber bei mangelnder Declaration auf zehn Silbergroschen oder dreißig Kreuzer pro Pfund.

Gegen diese Auffassung, daß bei Beschädigung nur eines Theils der undeclarirten Sendung der Ersatz nach dem Gewichte des beschädigten Theils und nicht nach dem Gesammtgewichte der Sendung zu berechnen sei, ist nun eingewendet worden, daß der Postanstalt gegenüber die Sendung nicht nach ihren einzelnen Bestandtheilen, sondern nur als ein ungetheiltes Ganzes in Betracht komme, weshalb das Gewicht dieser Sendung als ungetheiltes Ganze entscheide [127]). . Indessen ist dieser Einwand nur

---

126) Es sind hier die Grundsätze des römischen Rechts bezüglich der Gewährleistung aus dem Kaufvertrage im Falle der Redihibition oder Eviction eines Theils des Vertragsobjects analog anwendbar, vgl. z. B. fr. 64. pr. de aedil. edict. et redhib. (21. 1.) fr. 1. 13. 15. §. 1. fr. 45. 53. pr. fr. 64. §. 1—3. de evict. et dupl. stip. (21. 2.)

127) Als eine aus mehreren Frauenkleidern bestehende Postsendung im Postgebiete von Hannover eine Beschädigung dergestalt erlitten hatte, daß nur ein Kleid versehrt war, leistete Hannover im März 1855 dem in einem andern Postgebiete wohnenden Absender Ersatz nach der Gesammt-Pfundzahl der Sendung und nicht nach dem Gewicht des beschädigten einzelnen Kleids.

scheinbar gegründet; bei näherer Betrachtung der einschlagenden Verhältnisse wird er als unstichhaltig in sich zusammenfallen.

Man kann nämlich den Vordersatz insoweit zugeben, daß der Postanstalt gegenüber die aus mehreren Theilen bestehende Sendung als ein ungetheiltes Ganzes (nicht aber, daß sie nur als solches ungetheiltes Ganzes) in Betracht komme; aber es folgt aus demselben doch nicht nothwendig der daraus gezogene Schluß, daß auch bei Ermittelung des Schadens das Gewicht der Sendung als ungetheiltes Ganzes entscheide. Eine solche, aus mehreren Gegenständen bestehende und in ein Packet vereinigte Sendung hat Aehnlichkeit mit der sog. universitas facti [128]), das ist ein Complex ein=

---

128) Fr. 30. pr. de usurpat. (41. 3.): »tria autem genera sunt corporum .... tertium, quod ex distantibus constat, ut corpora plura non soluta, sed uni nomini subjecta.« Die sog. universitas rerum cohaerentium erscheint als ein Ganzes, dessen einzelne Bestandtheile in einer äußeren mechanischen Cohärenz stehen, jedoch so, daß die einzelnen Bestandtheile während ihrer Verbindung nicht als selbstständige Sachen erscheinen, fr. 30. cit.: »... alterum (genus), quod ex contingentibus, hoc est, pluribus inter se cohaerentibus constat, quod συνημμένον (connexum) vocatur, ut aedificium, navis, armarium;« §. 18. J. de legat. (2. 20.), wo das Haus ein corpus ex cohaerentibus lapidibus genannt wird. Da nun die in ein Packet verschlossenen mehreren Gegenstände (z. B. eine Anzahl Kleidungsstücke, Röcke, Westen, Hemden, Strümpfe) durch diesen Verschluß nicht als solche erscheinen, welche contingentes, inter se cohaerentes genannt werden, da sie nicht untereinander cohäriren, zusammenhängen, wie z. B. die einzelnen eingeleimten Theile eines Tisches, die vermauerten, vernagelten, verklebten Bestandtheile eines Hauses, Balken, Sparren, Steine, so fällt ein solches Packet offenbar nicht unter den Begriff einer universitas rerum cohaerentium. Abgesehen hiervon aber auch werden die einzelnen Theile dieser universitas mit dem Momente deren Lostrennung vom Ganzen als selbständige Sachen rechtlich betrachtet, so daß, wollte man gleichwohl den Begriff dieser universitas auf ein Postpacket anwenden, die Eigenschaft der Theile des Packets als selbstständige Sachen zur Geltung gelangt, sobald das Packet behufs Ermittelung des wirklichen Schadens in seine einzelnen Bestandtheile auseinander fällt. — Das Charakteristische der universitas rerum distantium besteht darin, daß mehrere selbständige Gegenstände einem Begriffe untergeordnet sind. Wenn nun auch das, was man bei einer Sendung ein Ganzes

zelner Sachen, welche zunächst bloß wegen ihrer gemeinschaftlichen Zweckbestimmung eine gemeinschaftliche Bezeichnung haben und bloß insofern als eine Einheit in Betracht kommen, sonst aber auch während ihrer Verbindung als selbstständige Sachen fortdauern, z. B. eine Bibliothek, Heerde. Für eine solche universitas rerum distantium (im Gegensatz zu der universitas rerum cohaerentium, z. B. ein Haus, Schiff, Wagen) besteht dann zugleich entweder ein gemeinschaftlicher Gattungsbegriff aller zum Ganzen gehörenden Stücke, wie z. B. bei der Heerde, oder es fehlt an einem solchen gemeinschaftlichen Gattungsbegriffe und nur die gemeinschaftliche Zweckbestimmung tritt hervor, wie z. B. bei dem Hausrath. In diesem Sinne kann man mehrere zur Versendung bestimmte und deshalb in ein Packet vereinigte Gegenstände zu den universitates facti zählen.

Eine solche Universitas wird als Ganzes nicht besessen, auch nicht usucapirt, vielmehr findet nur ein Besitz, beziehungsweise Usucapion der einzelnen Stücke statt [129]. Auch in andern Beziehungen tritt der Begriff des Ganzen zurück und der der einzelnen Stücke hervor, z. B. im Falle des fr. 2. de rei vindicat. (6. 1.), wo demjenigen von zwei Personen, welchem eine Heerde zu ungleichen Theilen gehört, die Vindication des größeren ihm gehörigen Theils zugestanden wird, dergestalt, daß die ihm nicht gehörigen Stücke in die Herausgabe nicht begriffen werden; ferner fr. 23. §. 5. l. c., wo derjenige dessen Bock unter einer fremden Heerde sich befindet, diesen Bock vindiciren darf, und fr. 56. l. c., wo es heißt, daß die Eigenthumsklage in Betreff eines Peculiums nicht so aufgenommen sei, wie wegen einer Heerde, sondern es müsse derjenige, welchem ein Peculium vermacht worden, die einzelnen Stücke fordern.

Aus diesen Beispielen ergibt sich, daß nach allgemeinen Rechtsprincipien die Universitas nur unter der Voraussetzung und so lange als ein Ganzes behandelt wird, als es der gemeinschaft-

---

nennt, vorzugsweise etwas rein körperliches ist, z. B. ein Packet, worin mehrere Sachen räumlich vereinigt sind, so hat dieses Packet doch Aehnlichkeit mit dem Begriffsganzen, sobald es als Postsendung als eine Einheit in Betracht kommt.

129) Fr. 30. §. 2. de usurpat. (41. 3.)

lichen Zweckbestimmung entspricht, daß aber die einzelnen Theile als selbstständige Stücke erscheinen, sobald es auf diesen gemein=schaftlichen Zweck nicht mehr ankommt, sobald jene durch eintretende Verhältnisse in ihre einzelnen Bestandtheile auseinander fällt.

Andere Stellen der Pandecten handeln von Fällen, welche dem Begriff einer aus mehreren Theilen bestehenden Postsendung völlig entsprechen und bezüglich des hier fraglichen Rechtsverhält=nisses analog anzuwenden sind, z. B. fr. 1. §. 36. depositi (16. 3.): es hat Jemand Geld in einem versiegelten Säckchen niedergelegt und nun fordert ein Erbe des Deponenten das Depositum zurück; ihm soll in der Weise Genüge geschehen, daß das Säckchen in Gegenwart des Prätors oder im Beisein von ehrbaren Personen entsiegelt, das Geld herausgenommen und letzteres dem Erben nach Verhältniß seines Erbtheils ausgezahlt wird; ferner fr. 1. §. 41. l. c.: es ist eine versiegelte Kiste mit darin verschlossenen Sachen deponirt worden und es wird gefragt, ob die Klage aus dem Depositum auf die Kiste, oder auch auf die in derselben ent=haltenen Sachen zu richten sei? Labeo entscheidet, daß der, welcher eine Kiste deponirt habe, auch die einzelnen Sachen zu deponiren scheine; also müsse auch wegen der einzelnen Sachen geklagt werden; auch sei es unerheblich, ob der Depositar nicht gewußt habe, daß sich Sachen in der Kiste befinden, denn er habe das Depositum angenommen. Und Ulpian spricht sich schließlich dahin aus, daß auch wegen der einzelnen Sachen mit der actio depositi geklagt werden könne, obwohl eine versiegelte Kiste depo=nirt worden sei; vgl. auch fr. 29. h. t. [130])

Diese Fälle zeigen, wie die durch Zusammenpacken und Ver=siegeln zu einem Ganzen vereinigten mehreren Gegenstände als für sich bestehende Sachen rechtlich betrachtet werden, sobald der ur=sprüngliche Zweck des Zusammenpackens derselben unter e i n e m

---

130) Würde der Depositar aus der verschlossenen Kiste, welche ihm ohne besondere Uebergabe der darin befindlichen einzelnen Sachen zur Ver=wahrung anvertraut wurde, fremde bewegliche Sachen in rechts=widriger Absicht sich aneignen, so läge der Thatbestand der Unter=schlagung und nicht des Diebstahls vor; vgl. Goltdammer, Archiv II. S. 211. Mittermaier, im Archiv des Criminalrechts von 1852 S. 540. Schletter a. a. O. I. S. 133.

Verſchluß nicht mehr beſteht, vielmehr andere Verhältniſſe ein=
treten, bei denen es auf andere Zwecke, als auf den bei der
Depoſition vorwaltenden, ankommt.

Wendet man dieſen allgemeinen Rechtsſatz auf das in Frage
befangene Verhältniß analog an, ſo ſpringt zunächſt in die Augen,
daß die in fr. 1. §. 36. und 41. depositi vel contra (16. 3.) be=
handelten Fälle mancherlei Aehnlichkeiten mit einer Poſtſendung
haben, welche aus mehreren Gegenſtänden beſteht — dort ſind
mehrere Sachen in eine verſiegelte Kiſte (oder Säckchen) behufs
der Depoſition verpackt und es wird der Deponent ſo angeſehen,
als deponire er nicht nur die Kiſte, ſondern auch die darin ent=
haltenen Sachen; aber es iſt unerheblich, ob der Depoſitar wußte,
daß überhaupt und welche Sachen oder wie viele darin enthalten
ſind; ihm gegenüber, welcher die verſiegelte Kiſte in Verwahrung
genommen hat, erſcheint die Kiſte als ein Ganzes und es kommt
inſoweit auf den Inhalt nicht an. Hier ſind mehrere Gegenſtände
in ein verſiegeltes Packet behufs der Beförderung durch die Poſt
gepackt, und der Abſender — ſo muß nach Analogie des vorher
behandelten Falles geſagt werden — wird ſo angeſehen, als ſende
er nicht nur das Packet, ſondern auch die darin enthaltenen
Sachen ab; es iſt unerheblich, ob die Poſtanſtalt die im Packete
befindlichen Gegenſtände kennt (ja die Poſt hat nicht einmal die
Befugniß, nach dem Inhalt zu forſchen), ihr gegenüber erſcheint
das Packet in poſtaliſcher Beziehung als ein Ganzes und es kommt
inſoweit — behufs der poſtaliſchen Behandlung, Taxirung und
Spedition — auf den Inhalt nicht an. Nun treten aber ſpäter
andere Umſtände ein — dort verlangt Einer von mehreren Mit=
erben des verſtorbenen Deponenten ſeinen Antheil am Gelde, be=
ziehungsweiſe es findet ſich der Deponent in der Lage, auf Rück=
gabe der verſiegelten Kiſte zu klagen, und jetzt kommt das ver=
ſiegelte Säckchen, oder die verſiegelte Kiſte nicht mehr als Ganzes
in Betracht, ſondern jetzt zerfällt der Inhalt in ſeine einzelnen
Theile, um die es ſich nun handelt. Hier iſt dem Packet ein
Schaden zugefügt worden, und es verlangt der Abſender Erſatz;
jetzt handelt es ſich nicht mehr um das Packet als ſolches, welches
ja nur in poſtaliſcher Hinſicht und aus poſtaliſchen Zwecken als
ein Ganzes betrachtet wurde, vielmehr handelt es ſich nun, wo
nicht mehr rein poſtaliſche Verhältniſſe und Zwecke in Frage ſtehen,

um den einzelnen Gegenstand, welcher beschädigt worden ist und wegen dessen die Frage des Ersatzes ventilirt werden soll.

Der Auffassung, daß die aus mehreren Gegenständen bestehende Sendung der Postanstalt gegenüber als ein ungetheiltes Ganzes in Betracht komme, liegt die Fiction zum Grunde, daß die mehreren in ein Packet verschlossenen Sachen ihre Eigenschaft als selbst= ständige Sachen verlieren und in dem Begriff des Packets (inso= fern einer universitas facti) aufgehen. Aber diese Fiction kann nur soweit reichen und so lange Wirksamkeit äußern, als sie nach den bestehenden postalischen Einrichtungen begründet und beziehungs= weise nothwendig erscheint; so hat diese Fiction ihre volle Berech= tigung bezüglich des Tax= und Speditionswesens. Handelt es sich dagegen um Verhältnisse, welche nicht aus dergleichen rein posta= lischen Einrichtungen, sondern aus civilrechtlichen Handlungen oder Unterlassungen entspringen und die vorzugsweise nach Rechtsgrund= sätzen zu beurtheilen sind, so hat diese Fiction ihren Boden ver= loren, ihre Endschaft erreicht [131]).

Es mag hier auch die Bemerkung einen Platz finden, wie dem Umstande, daß mehrere Gegenstände aus postalischen Zwecken äußerlich als zusammen gehörig zu einem Ganzen vereinigt werden, in postalischer Beziehung nicht überall die Bedeutung zugestanden wird, daß diese Gegenstände nun auch in allen Verhältnissen als ein Ganzes zu betrachten seien; wenn z. B. mehrere Packete zu einem Adreßbrief gegeben sind, so wird diese Sendung nicht als ein ungetheiltes Ganzes behandelt, vielmehr wird nach Art. 65. des revidirten Postvereins=Vertrags für jedes einzelne Stück der Sendung die Gewichts= und Werths=Taxe selbstständig berechnet, und es unterliegt wohl keinem Zweifel, daß in Verlust= oder Beschädigungsfällen jedes einzelne Stück der Sendung als ein für sich bestehendes Poststück betrachtet werden muß.

Aus diesen Erwägungen stellt sich die oben angeführte Ansicht

---

131) Der Postbeamte, welcher aus einem ihm Namens der Postanstalt ein= gelieferten Packet die darin verschlossenen einzelnen fremden Gegen= stände widerrechtlich sich aneignet, begeht eine Unterschlagung; denn es ist der Postanstalt nicht allein das Packet als solches anvertraut worden, vielmehr erstreckt sich die Anvertrauung auch auf den Inhalt, auf alle Theile der Sendung.

— daß der Postanstalt gegenüber die Sendung nicht nach ihren einzelnen Bestandtheilen, sondern nur als ein ungetheiltes Ganzes in Betracht komme, und daß deshalb in Fällen der fraglichen Art das Gesammtgewicht der Sendung als ungetheiltes Ganzes, nicht aber das Gewicht des beschädigten einzelnen Theils der Sendung entscheide — als ungegründet dar. Sieht man aber auch hiervon ab, und will man selbst jenen Einwand an sich zugeben, so kann doch die demselben zu Grunde liegende Anschauung jedenfalls nur so lange für richtig angesehen werden, als die Sendung in der That ein verschlossenes ungetheiltes Ganzes ist. Wenn sie aber in ihre einzelnen Bestandtheile auseinander fällt — was ja nach Art. 62. behufs Ermittelung des wirklich eingetretenen Schadens nöthig wird, — wenn in Folge der stattgefundenen Beschädigung die Sendung geöffnet und nach ihren einzelnen Theilen untersucht wird, wenn die unbeschädigten Gegenstände von den beschädigten behufs Abschätzung der letzteren abgesondert werden, alsdann fehlt es jener durch technisch-postalische Verhältnisse bedingten und hervorgerufenen Fiction an ihrer wesentlichen Voraussetzung und Grundlage, und es muß nun an die Stelle der Fiction die nicht ferner zu übersehende Thatsache treten, daß der Inhalt der Sendung allerdings aus mehreren besonderen Gegenständen zusammen gesetzt war, daß diese letzteren durch das Verschließen in ein Packet ihre Natur als selbstständige, für sich bestehende Sachen nicht verloren haben.

Die hier vertheidigte Ansicht scheint auch dem königlich preußischen Gesetze über das Postwesen vom 5. Juni 1852 zu Grunde zu liegen [132], insofern dasselbe im §. 13. vorschreibt: „bei bloßen

---

132) Dessáry a. a. O. §. 184. bezüglich des österreichischen Rechts: „Bei Abgang (Verminderung des Inhalts der Sendung in der Quantität) ersetzt die Postanstalt bei Waaren, Prätiosen und sonstigen Gegenständen, wofern die Sendung durchaus gleichartigen Inhalts ist, den von dem angegebenen Gesammtwerthe — an dessen Stelle tritt in Ermangelung einer Declaration der Betrag von zehn Gulden, §. 176. — auf den Abgang nach dem Gewichte entfallenden Theilbetrag." — Bei ungleichartigen Gegenständen wird der Unterschied zwischen dem declarirten Werthe (oder dem Werthe von zehn Gulden) und dem durch Schätzung erhobenen Werthe des noch vorhandenen Inhalts der Sendung vergütet. §. 187. „Bei mindern

Beschädigungen kann die Postverwaltung nur bis zum Belauf des wirklich erlittenen Schadens und niemals über den Normalsatz von 10 Sgr. für das Pfund hinaus in Anspruch genommen werden." Es soll also bezüglich der Beschädigungen an nicht declarirten Sendungen der wirklich erlittene Schaden in Betracht gezogen, der gemeine Werth der Sache zum Grund gelegt werden, während im vorhergehenden Paragraphen (s. oben S. 359.) der declarirte Werth, die vereinbarte Werthsbestimmung, die Grundlage bildet. Die Worte „und niemals über den Normalsatz von 10 Sgr. für das Pfund hinaus" fehlen im Art. 62. des revidirten Postvereins= Vertrags, scheinen aber gerade darauf hinzudeuten, daß nur der beschädigte Theil nach seinem Gewichte in Betracht komme. Nach= dem nämlich der Satz ausgesprochen worden ist, daß die Postan= stalt nur wegen des wirklich erlittenen Schadens hafte, wird hin= zugefügt, daß — in Ermangelung einer Declaration — nicht mehr als der Normalsatz von 10 Sgr. für das Pfund zu ersetzen sei, und hier ist wohl hinter dem Worte „Pfund" zu suppliren: „der beschädigten Sendung oder des beschädigten Theils der Sen= dung," weil ja nur bezüglich des in der That beschädigten Theils von einem wirklich erlittenen Schaden die Rede sein kann.

Gleichwohl hat das königlich preußische General=Postamt zu Berlin in einer Entscheidung vom Juli 1855 [133]) die fragliche Be= stimmung abweichend von der vorstehenden Auffassung interpretirt, und ausgesprochen: „da gesetzlich eine Unterscheidung zwischen be= schädigten und unversehrt gebliebenen Theilen des Inhalts einer solchen Packetsendung nicht vorgeschrieben sei, so dürfe eine derartige Unterscheidung auch von der Postbehörde bei der Anwen= dung des Gesetzes nicht gemacht werden, so daß auch für den Fall, daß der Inhalt einer solchen Sendung nur zum Theil beschädigt worden (insofern nicht der wirkliche Schaden weniger

---

oder theilweisen Beschädigungen wird der Partei der Schadensersatz innerhalb der Grenze des bei der Aufgabe angegebenen Werths — oder des Werths von zehn Gulden bei mangelnder Declaration — nach Verhältniß des beschädigten Quantums oder der einge= tretenen Werthsminderung geleistet."

133) Mitgetheilt in der Zeitschrift „das Postwesen unserer Zeit" von rc. Hüttner, Bd. II. Heft 4. S. 312.

beträge), stets der Normalsatz von 10 Sgr. für jedes Pfund der ganzen Sendung als Vergütung gewährt werden müsse."

Bei diesem Ausspruche hat das königlich preußische General-Postamt aber außer Acht gelassen, daß eine Unterscheidung zwischen beschädigten und unbeschädigten Theilen eines Packets schon nach allgemeinen Rechtsgrundsätzen zu machen ist, daß mithin das preußische Postgesetz es unterlassen konnte, diesen Unterschied besonders hervorzuheben; ferner daß, auch abgesehen hiervon, das gedachte Gesetz, wenn es auch nicht ausdrücklich diesen Unterschied machte, auf der andern Seite doch auch nicht vorschreibt, es sollten die unverletzten Theile ebenso behandelt (also mitgewogen) werden, wie die beschädigten, mithin den allgemeinen Rechtssatz nicht aufhebt, was behauptet werden und der Fall sein müßte, wenn jener Ausspruch für richtig angesehen werden sollte. Vielmehr hat das preußische Postgesetz die Frage, wie in einem solchen Falle die Entschädigung zu berechnen sei, ebenso mit Stillschweigen übergangen, wie dies der Art. 62. des revidirten Postvereins-Vertrags thut; es ist hier, wie dort, auf das gemeine Recht als Entscheidungsquelle zurückzugehen, und aus diesem ergibt sich die oben entwickelte Ansicht [134]).

Schließlich mag hier noch der im Postverkehr zuweilen eintretende Fall erwähnt werden, wenn eine Postsendung wegen eingetretener Verletzung vom Adressaten nicht angenommen wurde, und bei der großen Entfernung zwischen dem Adreß- und Absendungsorte ohne Gefahr des gänzlichen Verderbens (z. B. Fleischwaaren, Früchte) behufs Rücklieferung an den Aufgeber nicht zurückgeschickt werden konnte, vielmehr von der Postanstalt versteigert wurde. Hier tritt nach allgemeinen Rechtsgrundsätzen der Erlös

---

134) Ueber die Ersatzpflicht der Postanstalt für Reise-Effecten (Passagiergut) in Verlust- und Beschädigungsfällen bestehen bei vielen deutschen Postverwaltungen ähnliche Grundsätze dahin, daß dem Reisenden frei stehe, den Werth seiner Reise-Effecten zu decclariren oder nicht, daß in Ermangelung einer Declaration in Verlustfällen der Ersatz mit 1 Rthlr. für jedes Pfund des ermittelten Gewichts, bei vorkommenden Beschädigungen aber innerhalb dieser Grenze nur bis zum Belauf des wirklich erlittenen Schadens geleistet werde. Diese letztere Bestimmung muß ebenso interpretirt werden, wie die betreffende Vorschrift des Art. 62. über Beschädigung nicht declarirter Sendungen.

für die verkauften Gegenstände an deren Stelle, weil die Postan=
stalt, indem sie an sich verpflichtet ist, dergleichen Sendungen an
den Aufgeber zurückzuliefern, des letzteren Geschäfte führte; und bei
Berechnung des dem Absender zu gewährenden Ersatzbetrags kömmt
jener Erlös gar nicht in Betracht, vielmehr muß der, unabhängig
hiervon ausgemittelte, Ersatzbetrag noch neben dem Erlöse gezahlt
werden [135]).

§. 20. Der Ersatzanspruch steht an sich nur dem Ab=
    sender, nicht auch dem Adressaten zu.

Zur Erhebung des Ersatzanspruchs in Beschädigungs= und
Verlustfällen ist ohne Zweifel der Aufgeber der Sendung legitimirt,
weil dieser als contrahirender Theil den Transportvertrag mit der
Postanstalt abgeschlossen hat, mithin befugt ist, die Erfüllung des
Vertrags nöthigenfalls gerichtlich zu erzwingen, oder nach Befinden
auf Entschädigung zu klagen [136]). Der Art. 62. des revidirten
Postvereins=Vertrags nennt zwar nicht ausdrücklich und bestimmt
den Absender als denjenigen, welcher berechtigt sei, den Entschä=
bigungsanspruch geltend zu machen, scheint aber doch den Absender
im Auge zu haben, während der Art. 25. des genannten Vertrags
nur ganz allgemein vom „Reclamanten" redet, worunter wohl
eben der Absender zu verstehen ist. Es war wohl auch nicht nöthig,
den Aufgeber als die zur Erhebung der Reclamation befugte Per=
son im Postvereins=Vertrage ausdrücklich zu bezeichnen, weil nach
einer von den deutschen Postanstalten befolgten und auch von den
Gerichten anerkannten Gewohnheit der Aufgeber einer Sendung
als derjenige betrachtet wird, welcher eintretenden Falls zur Recla=

---

135) Der Art. 1. des Nachtrags zum revidirten Postvereins=Vertrag, be=
    ziehungsweise die daselbst erwähnte Anlage, enthält im §. 19. pos. 7.
    dieser Auffassung entsprechende Bestimmungen.

136) Diese Klage entspringt aus dem Vertragsverhältnisse, in welchem die
    Postanstalt zum Aufgeber (Reclamanten) steht, aus dem Beförderungs=
    vertrage, nicht aber aus dem Eigenthumsrechte an der Postsendung.
    Hieraus folgt, daß die gerichtliche Klage bei dem zuständigen Gerichte
    des Aufgabeorts, nicht aber bei dem des Abreßorts anzubringen ist;
    vgl. auch oben §. 15. und Reyscher a. a. O. §. 461, welcher die
    Klage auch gegen die Poststelle zuläßt, unter welcher die Beschädigung
    stattgefunden.

mation berechtigt ist [137]). Inzwischen haben einzelne Staaten diese Ansicht gesetzlich anerkannt; so nennt z. B. die Post=Taxordnung für das Königreich Sachsen und das Herzogthum S. Altenburg vom 13. Juni 1850 §. 29. 30. den Absender eines recommandirten Briefs, eines Packets ꝛc. als den zur Reclamation Berechtigten; ebenso das preußische Postgesetz vom 5. Juni 1852 §. 10.

Uebrigens könnte auch die Frage, wer im einzelnen Falle als Reclamant legitimirt sei, nach den sonstigen Bestimmungen des Art. 62. den Vorschriften der einzelnen Vereinsverwaltungen über= lassen bleiben, da die Verhandlungen über die Reclamation stets bei beziehungsweise von der Postadministration gepflogen werden sollen, welcher das Postamt der Aufgabe untersteht [138]).

§. 21. Von der Competenz der Poststellen zur dienst= lichen Behandlung der Reclamationen.

Da nach Art. 62. des revidirten Postvereins=Vertrags den Parteien gegenüber die Ersatzpflicht derjenigen Postverwaltung ob= liegt, welcher das Aufgabe=Postamt angehört, so ist die Recla= mation auch bei dieser Verwaltung und zwar bei der Aufgabe= Poststelle anzubringen [139]), ohne Rücksicht darauf, in welchem Postgebiete der die Reclamation veranlassende Schaden entstand.

Diese Bestimmung enthält eine wesentliche Erleichterung für den Reclamanten und Verbesserung des Verfahrens überhaupt. Denn vom Absendungsorte aus und durch die daselbst befindliche Poststelle lassen sich die erforderlichen Recherchen und Verhand= lungen regelmäßig am bequemsten führen [140]).

---

137) Vgl. oben §. 13.

138) Unter welcher Voraussetzung auch der Abreffat zur Erhebung der Reclamation zugelassen wird, darüber vgl. oben §. 13.

139) Wurde die Reclamation bei einer andern Poststelle angebracht, oder erlangt eine Poststelle auf andere Weise Kenntniß von einem Verlust oder einer Beschädigung einer Postsendung, so ist hiervon dienstlich Notiz zu nehmen und die Aufgabestelle in Kenntniß zu setzen.

140) Entschädigungsansprüche gegen die Eisenbahnanstalt hat der Em= pfänger gegen die Verwaltung zu richten, zu welcher die Bestimmungs= Station gehört; Reclamationen des Absenders sind bei der Verwal= tung der Bahn anzubringen, zu welcher die Aufgabe=Station gehört;

Die Instruction und endliche Erledigung solcher Reclamationen geschieht in der Regel durch die oberen Postbehörden (Districts= stelle: Oberpostdirection, Oberpostamt, Postcommissariat); wird eine Reclamation bei einer unteren Poststelle (äußeres Amt: Postamt, Post=Expedition oder Verwaltung) angebracht, so hat solche, neben alsbaldiger Berichterstattung an die vorgesetzte Oberbehörde, die erforderlichen Untersuchungshandlungen vorzunehmen, nach been= digtem Verfahren aber die erwachsenen Acten der zuständigen Oberbehörde zur Entscheidung vorzulegen.

Gegen diese Entscheidung pflegt Recurs an die oberste Post= behörde statthaft zu sein.

§. 22. Von der Verjährung des Reclamationsrechts.

Der Schadensersatz = Anspruch für Fahrpostsendungen kann gegenüber der Postanstalt nur innerhalb eines halben Jahres, vom Tage der Aufgabe an gerechnet, beansprucht werden.

Diese Bestimmung des Art. 62. des revidirten Postvereins= Vertrags [141] hat den Sinn, daß dem Absender, falls er nach Ablauf eines halben Jahres einen Ersatz im Verwaltungs = oder gerichtlichen Wege beansprucht, jene öffentlich bekannt gemachte, bindende Vorschrift als Einrede oder von Amtswegen mit der Wirkung entgegen gehalten werden kann, daß die betreffende Post= verwaltung von einer jeden Ersatzpflicht befreit erscheint.

Dagegen ist es an sich statthaft, auch nach Ablauf dieser Frist von einem halben Jahre einen Ersatzanspruch gegen den schuldigen Postbeamten zu erheben, indem in dieser Beziehung die allgemeinen Grundsätze über Klagen=Verjährung nicht geändert worden sind.

Es fragt sich noch, wie viel Tage dieser Zeitraum eines halben Jahres in sich fasse, und wie derselbe zu berechnen sei. Das Jahr zählt 365 Tage [142]; ein halbes Jahr wäre also gleich 182 Tagen

---

§. 15. des Vereins = Reglements vom 1. Decbr. 1856. Beschorner a. a. O. S. 259.

141) Nach Art. 25. erlischt das Reclamationsrecht wegen recommandirter Briefe nach Ablauf von sechs Monaten, vom Tage der Aufgabe an gerechnet.

142) Fr. 4. §. 5. de statulib. (40. 7.) v. Savigny, System, IV. S. 326. 336.

und einem Bruchtheile, welchen letzteren die römischen Juristen weggelassen haben [143]). In fr. 3. §. 12. de suis et legit. (38. 16.) wird nun der 182ste Tag als Anfang des siebenten Monats bezeichnet, so daß hiernach der sechste Monat mit dem 181sten Tage schließt, mithin 181 Tage zum halben Jahre gehören würden. Legt man der Berechnung die Zahl der Monate zum Grunde, so ist das halbe Jahr gleich sechs Monaten, und da der Monat in der Regel zu 30 Tagen gerechnet wird (v. Savigny a. a. O. S. 340.), so enthält das halbe Jahr 180 Tage. Nach Analogie der im Art. 25. des revidirten Postvereins-Vertrags für recommandirte Briefe und der im königlich preußischen Postgesetze vom 5. Juni 1852 §. 18. festgesetzten Verjährungszeit von sechs Monaten wird der im Art. 62. bestimmte Zeitraum von einem halben Jahre gleich dem von sechs Monaten zu rechnen sein [144]).

Da nach bekannter Rechtsregel [145]) der letzte Tag völlig abgelaufen sein muß, wenn mit Ablauf einer bestimmten Frist der Verlust eines Rechts oder einer Befugniß eintreten soll, und dieser Satz namentlich bei der Klagenverjährung gilt [146]), so ist die Befugniß zu reclamiren erst mit vollständigem Ablaufe des 180sten Tags, vom Tage der Einlieferung der Sendung an gerechnet, erloschen.

Diese Verjährung wird nicht allein durch Anmelden der Klage, sondern auch durch Anbringen der Reclamation bei der zuständigen Poststelle unterbrochen.

Nach dem oben erwähnten königlich preußischen Gesetze beginnt, wenn auf eine Reclamation eine abschlägige Bescheidung erfolgt, vom Empfange derselben eine neue Verjährung, welche durch eine Reclamation gegen jenen Bescheid nicht unterbrochen werden soll.

---

143) v. Savigny a. a. O. S. 339. not. h.
144) Die redhibitorische Klage verjährt nach fr. 19. §. 6. fr. 38. pr. de aedil. edict. (21. 1.) in sechs Monaten.
145) v. Savigny a. a. O. S. 351.
146) Fr. 6. de obl. et act. (44. 7.) v. Savigny a. a. O. S. 390.

§. 23. Von der „unbeanſtandeten Uebernahme" und den daraus entſpringenden Folgen.

Dem Abſender der verlornen oder beſchädigten Sendung gegen=
über leiſtet diejenige Poſtverwaltung Erſatz, bei welcher die Sen=
dung eingeliefert worden iſt, und es bleibt den Poſtverwaltungen
überlaſſen, unter ſich feſtzuſtellen, wo der Schaden entſtand: die=
jenige Verwaltung erſcheint nämlich verhaftet, be=
ziehungsweiſe regreßpflichtig, in deren Bezirke der
Verluſt oder die Beſchädigung vorgefallen iſt. Es ſoll
hierfür, bis zur Führung des Gegenbeweiſes, diejenige Poſtanſtalt
gelten, welche die Sendung von der vorhergehenden Poſtanſtalt
unbeanſtandet übernommen hat und weder die Ablieferung
an den Adreſſaten, noch auch in den betreffenden Fällen die unbe=
anſtandete Ueberlieferung an die nachfolgende Vereinspoſtanſtalt
nachzuweiſen vermag.

Durch dieſe Vorſchrift werden alſo eben nicht die Voraus=
ſetzungen der Erſatzpflicht beſtimmt, vielmehr iſt hier im Weſent=
lichen nur die Rede von der Beweislaſt, und es führt die
gedachte Beſtimmung zu einer näheren Erörterung über den Be=
griff der „unbeanſtandeten Uebernahme".

So viel iſt an ſich klar, daß unter dieſem Ausdrucke nicht
das bloße Factum der Annahme einer Poſtſendung, ohne Etwas
dabei zu bemerken, ſondern die Willenserklärung des übernehmen=
den Beamten zu verſtehen ſei, daß ſich die Sache in Ordnung
befinde. Dieſe Erklärung kann ausdrücklich und ſtillſchweigend er=
folgen. Wo die erſtere nicht vorliegt, iſt zu unterſuchen, ob die
letztere aus den begleitenden Umſtänden, aus ſchlüſſigen Thatſachen
ſich ergibt, und hier ſind die poſtaliſchen Gebräuche maßgebend.
Von dieſen, wie ſie zur Zeit des Abſchluſſes des revidirten Poſt=
vereins=Vertrags beſtanden, ſoll hier die Rede ſein. Es erſcheint
dieſe Unterſuchung um ſo weniger überflüſſig, als über die Be=
deutung dieſer techniſch=poſtaliſchen Verhältniſſe, ſowie des frag=
lichen Ausdrucks hin und wieder große Meinungsverſchiedenheit
zum Vorſchein kommt.

Das Verhältniß, welches zwiſchen der einzelnen Poſtanſtalt
und dem correſpondirenden Publikum, insbeſondere zwiſchen der
Aufgabeſtelle und dem Aufgeber, der Abgabeſtelle und dem Adreſ=

saten besteht, läßt sich auf dasjenige analog anwenden, welches zwischen der, die Postsendungen ausliefernden, und der, die letzteren übernehmenden, Postverwaltung besteht. Es werden der Postanstalt die zu versendenden Stücke gehörig verpackt und versiegelt vom Absender übergeben, und die Postadministration übernimmt die Verpflichtung, die einzelnen Sendungen in demselben Zustande dem Adressaten auszuhändigen, in welchem sie eingeliefert worden sind. Zu dem Ende besteht bei allen deutschen Postverwaltungen der — ohnehin aus der Natur der Sache sich von selbst ergebende — Gebrauch, daß die Postbeamten bei Einlieferung einer Sendung deren Gewicht genau ermitteln, solches auf derselben notiren, und zugleich davon sich überzeugen, daß der Verschluß der Sendung unverletzt ist. Die Abgabepoststelle prüft die Sendung in gleicher Weise, namentlich rücksichtlich des Verschlusses und Gewichts, und händigt sie, falls sich kein Anstand ergibt, sodann dem Adressaten aus. Es ist nun Sache des letzteren, die ihm solchergestalt überlieferte Postsendung vor deren Annahme zu untersuchen, namentlich in der Richtung, ob der Verschluß unverletzt ist und das Gewicht mit dem auf der Sendung verzeichneten übereinstimmt; unterläßt er diese Prüfung und nimmt er die Sendung ohne Vorbehalt an, so entspringt daraus die Vermuthung, daß die Postanstalt ihrer Seits den Vertrag richtig erfüllt habe [147]). Fehlt aber gleichwohl der Inhalt ganz oder theilweise, oder ist solcher beschädigt, so haftet die Postanstalt nur dann, wenn nachgewiesen wird, daß der Schaden entstand, während die Sendung der Post anvertraut war.

Diese Grundsätze finden sich z. B. in der königlich preußischen Dienst-Instruction für die Ober-Postdirectionen von 1850 Band I. S. 27. §. 10., sowie in dem mehr erwähnten Postgesetze vom 5. Juni 1852; und die Post-Taxordnung für das Königreich

---

147) Dessary a. a. O. §. 171. „In allen Fällen, wenn der Empfänger an dem Inhalte einer Sendung einen Abgang oder eine Beschädigung wahrnimmt, muß derselbe, wofern er eine Entschädigung von der Postanstalt anzusprechen beabsichtigt, dem Abgabspostamte vor Uebernahme der Sendung hiervon die Meldung machen. Einem Vorbehalte des Empfängers bei anstandsloser Uebernahme von Sendungen mit unverletztem Siegel und vollem Gewichte wird nicht Raum gegeben."

Sachsen vom 13. Juni 1850 §. 33. bestimmt, daß „durch unbeanstan=
dete Annahme des Poststücks vom Adressaten" die Ersatz= und Ent=
schädigungsverbindlichkeit der Postverwaltung erlischt. Hier bedeutet
der Ausdruck „unbeanstandete Uebernahme", daß der Adressat das
Poststück nach seinem Gewichte und Verschlusse nicht genau unter=
suchte, oder, troß der vorausgegangenen Prüfung, ohne Erinnerung
und Vorbehalt als richtig angenommen hat [148]).

Bei der postalischen Spedition der Fahrpoststücke ist zu be=
merken, daß die letzteren theils bloß, d. h. als einzelne, für sich
bestehende Packete und ohne weitere, von der Postanstalt zu be=
wirkende Verpackung, theils in ledernen oder leinenen Beuteln, in
Kisten, Körben oder Felleisen verpackt, versendet werden; erstere
nennt man Bloßstücke, die letzteren Beutelstücke.

Wenn nun auch der Art. 62. des revidirten Postvereins=
Vertrags diesen Unterschied zwischen den Sendungen bezüglich der
Art deren Spedition nicht ausdrücklich erwähnt, vielmehr nur von
den sog. Bloßstücken zu handeln scheint, so beziehen sich doch die
daselbst gegebenen Vorschriften nach den dabei vorauszusetzenden
postalischen Einrichtungen auch auf die sog. Beutelstücke, mindestens
gelten diese Vorschriften analoger Weise. Der Nachtrag zum ge=
dächten Vertrag enthält im Art. 1., beziehungsweise in der daselbst
angezogenen Beilage, hierauf bezügliche Bestimmungen.

Die Beutel, mittelst deren eine Postverwaltung an die andere
die sog. Beutelstücke überliefert, lassen sich, um den oben be=
gonnenen Vergleich fortzusetzen, als die einzelnen Postaufgaben
betrachten; sie werden gehörig verschnürt, verschlossen, versiegelt
und gewogen, das Gewicht wird in die Begleitpapiere (Post=
karten 2c.) notirt. Erscheint die ausliefernde Poststelle gleichsam
als die Abgabestelle, so läßt sich die übernehmende Postanstalt mit
dem Adressaten vergleichen; die letztere befindet sich also in ähn=
licher Lage wie der Adressat, indem sie vor oder bei erfolgender

---

148) Dessáry a. a. O. §. 180. „Die Haftung der (österreichischen) Post=
anstalt erlischt bei anstandsloser Annahme der Sendungen. Ist nämlich
eine Sendung von dem Adressaten unbeanstandet angenommen
worden, so kann ein auf die Haftung der Postanstalt gegründeter
Anspruch bezüglich auf die übernommene Sendung nicht mehr erhoben
werden."

Uebernahme die Sendung gehörig untersuchen muß, d. h. prüfen, ob der Verschluß, die Siegel unverletzt sind, ob das Gewicht stimmt. Erfolgt die Uebernahme, ohne daß diese Untersuchung und eine hierauf gegründete Erinnerung, ein Vorbehalt voraus= ging, so liegt darin die stillschweigende Erklärung, daß man mit der jenseitigen Leistung zufrieden sei, daß man die Sache als in Ordnung befindlich betrachte [149]), und ein solches Verfahren wird im Art. 62. eine **unbeanstandete Uebernahme** genannt.

Bei diesem Verfahren gingen und gehen die deutschen Post= verwaltungen von dem Grundsatze aus, daß der Beamte der übernehmenden Verwaltung bei dem Empfang der Poststücke alle äußerlich wahrnehmbaren Mängel derselben **vor der Annahme** zu constatiren hat, widrigenfalls die Vermuthung dafür spricht, daß derartige äußerlich wahrnehmbare Mängel bei der Uebernahme nicht vorhanden gewesen sind. Hieraus folgt rücksichtlich der Ueber= nahme von verschlossenen Postbeuteln 2c., daß der Postconducteur, welcher einen solchen Beutel 2c. übernimmt, die Beschaffenheit und den Verschluß desselben zu prüfen, und die von ihm nicht gerügten Mängel, sofern deren später ermittelt werden, zu vertreten hat; die Postanstalt aber, welche solche Beutel übernimmt, ebenso zu verfahren, außerdem aber das Gewicht vor der Eröffnung zu prüfen und zu constatiren hat, und im Unterlassungsfalle die Ver= muthung gegen sich muß gelten lassen, daß vor der Eröffnung in dieser Beziehung ein Mangel nicht vorhanden gewesen ist.

In Uebereinstimmung mit diesen Grundsätzen ist nun auch in den Dienst=Instructionen der verschiedenen zum Postverein gehörigen Verwaltungen die Vorschrift ertheilt worden, daß die Beamten, um sich vor der Verantwortlichkeit zu sichern, die Beutel. 2c. vor

---

149) Ebenso verhält es sich bei dem Speditionsgeschäfte, dessen Grundsätzen die Eisenbahnanstalten unterliegen; vgl. Seuffert a. a. O. XIX. S. 409. nr. 3. "Eine unbedingte Annahme der Waare ohne Rechtsvorbehalt von Seiten des vorgeschriebenen Abressaten hebt je- denfalls die etwaige Haftungsverbinblichkeit des Spediteurs auf." Beschorner a. a. O. S. 259.; vgl. auch Reyscher a. a. O. § 461.: "Hat der Abressat die Waare ohne Vorbehalt in Empfang genommen, und die Frachtkosten gezahlt, so kann er keine weiteren Ansprüche an den Fuhrmann machen, ausgenommen, wenn die von ihm verschuldete Beschädigung nicht sogleich sichtbar war."

der Eröffnung nicht bloß ihrer Beschaffenheit und ihrem Verschlusse nach zu untersuchen, sondern insbesondere auch genau nachzuwiegen, im Falle eines in dieser Beziehung sich ergebenden Mangels sofort unter Zuziehung eines unbetheiligten Beamten als Zeugen den Thatbestand feststellen und erst dann zur Eröffnung, beziehungsweise speciellen Revision, überzugehen haben.

Diese von jeher im Postverkehre gehandhabten Grundsätze und die demselben entsprechenden überall bestehenden Dienstesvorschriften [150]) haben nun auch die Bevollmächtigten der deutschen Postverwaltungen auf der Postconferenz in Berlin ohne Zweifel im Auge gehabt, und eben deshalb und in diesem Sinne im Art. 62. bestimmt, daß für diejenige regreßpflichtige Verwaltung, in deren Bezirk der Schaden entstanden, bis zur Führung des Gegenbeweises die Postanstalt gelten solle, welche die Sendung von der vorhergehenden Postanstalt unbeanstandet übernommen hat.

Uebereinstimmend mit dieser Erklärung des fraglichen Ausdrucks sind denn auch auf der zweiten Conferenz des deutschen Postvereins zu Wien im Art. 1. des Nachtrags vom 3. Septbr. 1855, beziehungsweise in der daselbst angeführten Beilage §. 39. und 40., die Vorschriften über die Behandlung und Uebernahme der Fahrpostsendungen für alle Vereins=Verwaltungen festgestellt worden: Vor Allem soll die Beschaffenheit des Beutels und dessen Verschlusses untersucht, das Gewicht durch sorgfältiges Nachwiegen controlirt und der Beutel vorsichtig, ohne Verletzung des Knotens und Siegels geöffnet werden; ergibt sich b e i der Uebernahme der Beutel rc. irgend eine Verletzung am Verschlusse, eine Gewichtsdifferenz, so soll die Eröffnung in Gegenwart des Conducteurs, beziehungsweise unbetheiligter Zeugen, e r s t d a n n geschehen, nachdem sich diese von dem bemerkten Mangel überzeugt haben; wird b e i d e r Uebernahme der Postladung von der übernehmenden Anstalt keine Ausstellung gemacht, so gilt dieses bis zur Führung des vollständigen Gegenbeweises als Quittung über den richtigen Empfang der Ladung. —

Die oben entwickelte Bedeutung des Ausdrucks „unbeanstandete

---

150) Vgl. z. B. die königlich preußische Postdienst=Instruction von 1854, Band I. §. 67. 99. 102.

Uebernahme" findet ihre volle Begründung auch vom Standpunkte der Interpretation aus.

Nach dem grammatischen Sinne bedeutet das Wort „übernommen" soviel als die einfache Empfangnahme. Das Wort „beanstanden", ein milderer Ausdruck für „zurückweisen, verweigern", bezeichnet in der Verbindung mit dem Worte „Uebernahme" eine dieser Handlung vorausgehende oder doch gleichzeitige Thätigkeit des Uebernehmers. Ein erst nach der Uebernahme entdeckter Mangel, verbunden mit Reclamation, kann die bereits geschehene Uebernahme nicht nachträglich als eine beanstandete qualificiren, oder gar den Act der Uebergabe rückgängig machen.

Um nun das entscheidende Moment zu finden, nach welchem die Uebernahme als solche vollendet und eine Beanstandung nicht mehr möglich erscheint, ist auf die römisch-rechtlichen Merkmale der Tradition zurückzugehen. Darnach wird bekanntlich zur Apprehension einer Gesammtheit von Sachen, z. B. eines Hauses mit den darin befindlichen Mobilien, eines Waarenlagers, nicht die Besitzergreifung eines jeden Stücks der Gesammtheit erfordert, sondern das Ganze geht in den Besitz über und ist tradirt, sobald dasselbe als Ganzes, als Einheit, von dem Tradenten übergeben wird und die räumliche Begrenzung dies gestattet. Nach fr. 1. §. 21. de acquir. vel amitt. poss. (41. 2,) und fr. 74. de contr. emt. (18. 1.) sind die in einem Weinkeller lagernden Weine, die in einem Lagerhaus aufbewahrten Waaren für übergeben anzusehen, sobald die Schlüssel überliefert worden. Ebenso ist ein verschlossener Postbeutel 2c. sammt seinem ganzen Inhalte tradirt mit dessen Hingabe und der ausdrücklichen oder stillschweigenden auf Tradition, beziehungsweise Uebernahme, gerichteten Willenserklärung der Betheiligten. Die Willenserklärung der Uebernahme offenbart sich aber stillschweigend jedenfalls durch Eröffnung des Verschlusses, wenn sie nicht schon vorher ausdrücklich geschehen ist, — mit der Eröffnung des Verschlusses ist die Uebernahme des verschlossenen Beutels 2c. eine vollendete Thatsache, mithin eine Beanstandung nicht mehr möglich. Soll die Möglichkeit einer Beanstandung nach der Empfangnahme des verschlossenen Beutels 2c. noch offen gehalten werden, so muß vor der Eröffnung desselben eine entsprechende Untersuchung über die vollständige Integrität erfolgen, und, falls ein Mangel entdeckt wird, die Uebernahme verweigert,

d. h. beanstandet, werden. Nach vollendeter Uebernahme, nach erfolgter Eröffnung des Postbeutels zc. ist eine Beanstandung des= selben schon nach der grammatischen Bedeutung des Worts „über= nommen" nicht möglich.

Nach bekannter Rechtsregel ist der durch grammatische Aus= legung erhaltene deutliche Sinn allein juristisch giltig, bis aus andern Gründen oder Umständen Zweifel über die Harmonie zwi= schen dem wörtlichen Sinne und der eigentlichen Absicht des Ge= setzes entsteht; in diesem Falle soll die logische Interpretation der grammatischen vorgehen. Indessen führt die logische Auslegung vorliegend zu demselben Resultate. Der Zweck der fraglichen Be= stimmung im Art. 62. ist die Erleichterung der Beweislast für die regreßberechtigte abliefernde Postanstalt gegen die regreßpflichtige übernehmende Postanstalt, in deren Bezirk der Verlust entstanden ist. Bei dem oft mehrfachen Wechsel von Postanstalten auf der= selben Route war es dringendes Bedürfniß, den Beweis der Ueberlieferung von einer Postanstalt an die andere an ein äußer= lich leicht erkennbares Merkmal zu knüpfen, und dadurch die ab= liefernde Postanstalt der Nothwendigkeit einer Zuzählung aller ein= zelnen Poststücke an die nächstfolgende Postanstalt zu überheben. Diesem Bedürfnisse entspricht die Einrichtung, daß die bis zu einer Station zusammen laufenden Postsendungen in Beutel zc. zusammen gepackt, die Beutel zc. verschlossen und mit dem Gewichte ihres Inhalts in der Karte, beziehungsweise auf dem Couverte, notirt werden. Die Unversehrtheit des Verschlusses sowohl als die Ueber= einstimmung des notirten Gewichts mit dem durch Nachwiegen er= mittelten stellt die Integrität des Inhalts eines Beutels zc. bei der Ablieferung bis zu einem sehr hohen Grade von Wahrscheinlichkeit fest, ohne daß es einer Revision jedes einzelnen Stücks bedarf. Ist hierdurch der übernehmenden Postanstalt ein Mittel gegeben, sich ohne Zeitverlust von der Integrität der ihr überlieferten Sendungen zu überzeugen, und im Zweifelsfalle die Uebernahme zu beanstan= den, so bot sich die unbeanstandete Uebernahme eines Postbeutels zc. als das geeignetste Merkmal dar, um darauf, wenn nicht einen un= umstößlichen Beweis, doch eine starke Vermuthung für die Inte= grität der überlieferten Sendungen im Interesse der abliefernden Postanstalt zu gründen; der Postvereins=Vertrag hat diese Ver= muthung zu einer praesumtio juris erhoben. Wenn aber diese

Vermuthung der abliefernden Postanstalt einen wirklichen Nutzen gewähren soll, so darf der Art. 62. nicht in dem Sinne aufgefaßt werden, daß die Vermuthung erst dann Platz greife, wenn eine Reclamation von der übernehmenden Postanstalt überhaupt nicht erhoben werde, sei es vor oder nach der Uebernahme; denn bei solcher Auslegung würde, auch wenn sie grammatisch möglich wäre, der Zweck der gedachten Vertragsbestimmung ein illusorischer sein, und mehr zum Nachtheile, als zu dem beabsichtigten Vortheile der abliefernden Postanstalt gereichen. Denn wenn eine Reclamation nach erfolgter Uebernahme genügen soll, um der abliefernden Postanstalt den Beweis der wirklichen Ueberlieferung jedes einzelnen Poststücks im unversehrten Zustande, mit andern Worten den Beweis des Verlusts oder der Beschädigung im Bezirke der übernehmenden Postanstalt aufzubürden, so liegt es offenbar ganz in der Hand der letzteren, die vertragsmäßige Rechtsvermuthung niemals zur Wirksamkeit gelangen zu lassen. Entsteht nämlich ein Verlust oder eine Beschädigung nach geschehener Uebergabe, so bedarf es lediglich einer nachträglichen Reclamation für die Postverwaltung, in deren Bezirk der Schaden vorgefallen ist, um die Haftverbindlichkeit so lange von sich fern zu halten, bis der, in den meisten Fällen unmögliche, Beweis der wirklichen Ueberlieferung des betreffenden Poststücks im unversehrten Zustande geführt ist. Um diesen Beweis sich zu verschaffen und ganz sicher zu gehen, müßte also die abliefernde Postanstalt immerhin die einzelnen Poststücke der übernehmenden Postverwaltung zuzählen und zuwiegen, welchem unzuträglichen Verfahren der Art. 62. gerade abhelfen will. Diese Manipulation, welche bei dem Umfange des heutigen Postverkehrs und dem häufigen Wechsel der Postanstalten auf einem Curs schlechthin unausführbar wäre, würde der Tendenz des Postvereins-Vertrags überhaupt und namentlich dem Zwecke des Art. 62. geradezu widersprechen, und durch Zulassung nachträglicher Reclamationen wäre der Nutzen der aufgestellten Rechtsvermuthung gerade in den Fällen, für welche sie bestimmt ist, gänzlich vereitelt.

Endlich bieten die Bestimmungen des römischen Rechts in der Lehre von der locatio conductio operis eine Analogie dar, welche gleichfalls die Zulässigkeit nachträglicher Reclamationen ausschließt; es befreit nämlich die Approbation und Uebernahme eines opus durch den 'locator operis' den redemtor von der Haftung der vitia operis, welche später erst entdeckt und geltend gemacht werden [151]). Mit der Approbation und Uebernahme eines opus läßt sich die unbeanstandete Uebernahme eines Postbeutels sehr wohl vergleichen, da beide Acte auf Sicherstellung des überliefernden Theils birech= net sind, nicht minder die vitia operis mit den Mängeln einer Postsendung. Der Act der Uebernahme in beiden Fällen hat seiner Tendenz nach eine solche Aehnlichkeit, daß ein Schluß von den Wirkungen des einen Acts auf die des andern durch die Analogie wohl gerechtfertigt erscheint.

In einem Erkenntnisse vom 29. August 1856 spricht sich das Oberappellationsgericht zu Jena über die vorstehend erörterte Be= stimmung des Art. 62. aus, und es wird nicht unwillkommen sein, die Ansicht dieser Justizstelle kennen zu lernen; es folgt daher ein Auszug aus dem gedachten Erkenntnisse:

„1. Die Klage ist darauf gerichtet, daß Beklagter (ein Post= beamter) der Klägerin (eine Postverwaltung) einen Schaden von 170 Thlrn. nebst Zinsen ersetzen soll, welchen sie dadurch gehabt, daß ein Geldbrief mit obiger Summe an declarirtem Werthe am 8. April 1853 in dem von L. nach E. abgesendeten Beutel, resp. in dem darin enthaltenen Geldbund, sich nicht befand, diese Summe dem Absender durch die königl. sächs. Oberpostdirection ersetzt wer= den mußte, und Klägerin auf deren Regreßnahme gegen sie der gedachten Behörde wiederum jene Summe erstattete. Klägerin führt dabei an, daß Beklagter gegen die bestehende Vorschrift das Geld= bund nicht zuvor nachgewogen, sondern sofort eröffnet habe, so daß er das Fehlen des qu. Geldbriefs erst nach der Eröffnung bemerkt; da nun nach Art. 62. des revid. Postvereins=Vertrags für die Verwaltung, in deren Bezirk der Verlust des Poststücks

---

151) Vgl. v. Wening=Ingenheim, Lehrbuch des Civilrechts, Band II. §. 262. und die Note 1. angeführten Schriftsteller. Fr. 24. pr. locati conducti (19. 2.) fr. 51. §. 1. h. t. Hier wird am Schlusse gesagt: wenn das Werk nach dem Ermessen des Bestellers gefertigt werden soll, dann braucht der Uebernehmer des Werks dem letzteren für die Güte des Werks nicht zu stehen, weil nämlich (fügt die Glosse hinzu) die Genehmigung dann, insofern nicht ein Widerspruch auf der Stelle gleich geschieht, stillschweigend gefolgert wird. Vgl. auch fr. 77. pro socio (17. 2.).

entstanden, und welche daher schließlich ersatzpflichtig ist, „diejenige Postanstalt, welche die Sendung von der vorhergehenden Postanstalt unbeanstandet übernommen" hat, angesehen werden soll, in der Eröffnung des fraglichen Geldbunds ohne Beobachtung der vorgeschriebenen vorherigen Procedur aber eine solche unbeanstandete Uebernahme gefunden werden müsse, mithin lediglich das instructionswidrige Verhalten des Beklagten die Klägerin in diesen Schaden gebracht habe, so sei er deshalb zum Ersatz dieses Schadens verpflichtet.

„Das Gericht erster Instanz hat den Ausdruck „unbeanstandet übernommen" in dem Sinne ausgelegt, welchen diese Worte in der grammatischen Bedeutung und resp. im gewöhnlichen bürgerlichen Leben haben; es hat, da die Uebernahme des Geldbunds durch den Beklagten zweifelsohne durch dessen Eröffnung geschehen war, die Beanstandung in der nachherigen Entdeckung und Anzeige des Manco durch Beklagten gefunden. Allein dies ist nicht richtig. Bei dem hier zu beurtheilenden Geschäftsverhältniß zwischen der absendenden und annehmenden Postanstalt ist nämlich eine Beanstandung der Sendung nur durch eine von der ersteren an die letztere zu richtende Reclamation möglich, welche nothwendig erst nach Ankunft und Untersuchung der Sendung erfolgen kann; ob aber die Beanstandung vor Eröffnung des die Sendung enthaltenden Umschlags, oder auch noch nach derselben geschehen kann und muß, läßt sich aus dem gewöhnlichen Sinne des Ausdrucks Beanstandung nicht entnehmen. Vielmehr beruht die Entscheidung dieses Zweifels lediglich auf der geschäftsmäßigen Organisation der Postverwaltung und auf der Einrichtung des Verkehrs zwischen den verschiedenen Postanstalten; es ist der Ausdruck Beanstandung nur in dem technischen Sinne aufzufassen, welcher ihm in den postalischen Verhältnissen beigelegt wird, und es kann daher die Interpretation nicht durch den dieser Verhältnisse unkundigen Richter nach dem Sprachgebrauche des gemeinen Lebens geschehen.

„In der vorliegenden Sache sind nun beide Parteien über den technisch-postalischen Begriff der unbeanstandeten Uebernahme im Streit, und es kann folglich, wenn die Auslegung der Klägerin die richtige sein sollte, die Klage nur für begründet erachtet werden. Dies ist jedoch zur Zeit nicht entschieden; es kann sich eine Beweisführung möglicher Weise als nöthig darstellen."

„2. Das angeführte Gesetz spricht aus, daß die Postanstalt, welche die Sendung unbeanstandet übernimmt, „bis zur Führung des Gegenbeweises" für diejenige gelten soll, in deren Bezirk sich der Verlust ereignet hat. In Beziehung darauf führt die Klage an, daß nach Behauptung der königl. sächs. Oberpostdirection der Gegenbeweis dahin, daß der qu. Geldbrief nicht nach E. gekommen sein könnte, nach der gepflogenen Untersuchung für erbracht nicht zu halten, und daß Klägerin davon ausgegangen ist, daß dieser Gegenbeweis nicht zu erbringen sei, daher sie der Ersteren den Ersatz geleistet habe. Das erstinstanzliche Erkenntniß verlangt zur Begründung der Klage einen thatsächlichen Nachweis darüber, daß der Gegenbeweis geführt und nicht erbracht worden sei. Aber mit Unrecht. Denn zur Begründung der Klage gehört gar nicht die Behauptung, daß und wie der Gegenbeweis geführt werden könne, — davon, daß ein solcher bereits in einem civilprocessualischen Verfahren angetreten und geführt, aber nicht erbracht worden, ist nach Lage der Sache überall keine Rede, — sondern nur, daß der Beklagte den Geldbund, in welchem der qu. Geldbrief enthalten sein sollte, jedoch nicht enthalten war, unbeanstandet angenommen und dadurch die Klägerin zur regreßpflichtigen Postanstalt gemacht habe. Sollte sich die vom Verklagten einredeweise vorgebrachte Behauptung, daß der Geldbrief schon in L. abhanden gekommen sei, und daß dies durch die von ihm angeführten Thatsachen bewiesen werden könne, in einem künftigen Beweisverfahren als gegründet erweisen, so würde dann feststehen, daß Klägerin voreiliger Weise der königl. sächs. Oberpostdirection den Ersatz geleistet, mithin nur durch eigene Schuld den geklagten Schaden erlitten habe." —

Läßt sich im einzelnen Falle nicht ermitteln, bei welcher Postanstalt die Beschädigung des Inhalts einer Sendung stattgefunden, was z. B. alsdann eintreten kann, wenn eine Verletzung äußerlich nicht sichtbar ist, so daß die übernehmende Postanstalt die fragliche Sendung gutgläubig ohne Beanstandung annimmt, so entspricht es wohl der Billigkeit, daß diejenigen Postanstalten, durch deren Transportmittel die Sendung befördert wurde, den zu leistenden Ersatz gemeinschaftlich und nach Verhältniß übernehmen.

§. 24. **Verlust und Beschädigung im Postvereins= Auslande.**

Es liegt in der Natur der Sache [152]), daß die Postanstalten des Postvereins wegen der Verluste und Beschädigungen von Post= sendungen, welche im Auslande, d. h. in den zum Postverein nicht gehörigen Postgebieten [153]) entstehen, nicht haften; vielmehr bleibt es demjenigen, welcher eine Sendung in das Postvereins=Ausland verschickt, eintretenden Falls überlassen, seine Ansprüche gegen die betreffende fremde Postanstalt oder deren schuldigen Beamten zu verfolgen.

Um dies nun zu erleichtern, hat diejenige Postanstalt, von welcher die Sendung unmittelbar dem Auslande zugeführt wurde, den Aufgeber zu vertreten, auch demselben, falls ihre Bemühungen erfolglos bleiben, alle ihr zu Gebote stehenden Mittel (z. B. Ur= kunden über die erfolgte Ablieferung der Sendung, Protokolle über den unversehrten Zustand der Sendung zur Zeit der Aus= lieferung) auszuhändigen, welche ihn in den Stand setzen können, seinen Ansprüchen Geltung zu verschaffen. —

---

152) Vgl. oben §. 8.

153) Auch deutsche Postbezirke, welche dem deutsch = österreichischen Postverein nicht angehören, werden zum Auslande gerechnet; Art. 37. des revi= birten Postvereins = Vertrags.

XI.

Beiträge zur Geschichte der Strafrechtspflege in Schlesien, insbesondere im fünfzehnten und sechszehnten Jahrhundert.

Von

Abegg.

Die Vergleichung der Rechts=Entscheidungen unserer Zeit in
Ländern, welche eigene, meist der neuern oder neusten Zeit ange=
hörige Strafgesetzbücher haben, mit dem Inhalte dieser Gesetzbücher
stellt uns ein ganz anderes Bild vor die Augen, als die Wür=
digung der früheren, insbesondere gemeinrechtlichen oder der lan=
desrechtlichen Criminal=Praxis, welche letztern, von einigen Abwei=
chungen und eigenthümlichen Bestimmungen der Landes= (sonst s. g.
Particular=) Gesetzgebung abgesehen, auf der erstern beruhte. Ich
meine hier nicht — wenigstens nicht zunächst, oder vorzugsweise —
daß die in verschiedenen Ländern, in denen Codification der Straf=
gesetze stattfindet, gefällten Urtheile — über gleiche und gleichartige
Begangenschaften unter einander verglichen werden sollen — was
gewiß von Interesse, aber nur so weit von praktischer Bedeutung
sein kann, als die Gesetzgebungen selbst, durch ihre Uebereinstim=
mung in den allgemeinen Grundsätzen, sodann in den Vorschriften
über Begriff, Thatbestand der verbrecherischen Handlungen, und
endlich über die Strafe, eine solche Vergleichung überhaupt zu=
lassen — wobei es kaum nöthig seyn sollte, nochmals gegen das
Mißverständniß zu warnen oder Verwahrung einzulegen, als
sollte und könnte durch jene Uebereinstimmung ein neues gemeines
Strafrecht begründet werden. Ohnehin ist jene Uebereinstimmung
nicht in dem Grade vorhanden, als es oft behauptet worden,
wenn auch nicht in Abrede gestellt werden mag, daß die neuern
Strafgesetzgebungen insbesondere in den deutschen Landen, aus

nahe liegenden Gründen, vielfach zusammentreffen und sich einem
Ziele nähern, welches für jetzt noch als ein frommer Wunsch
gelten muß, dessen Erreichung, wenn er einst berechtigt ist, mit
geringeren Schwierigkeiten zu kämpfen haben dürfte, als bei jetziger
Hegung, dessen erfolgreiches Auftreten ¹). Die Gleichheit des
Sitten- und Bildungsstandes, der Volksthümlichkeit und Rechtsverhältnisse — im Ganzen auch der politischen Verfassungen, gemeinsamer Rechtsanschauungen, auf Grund einer — mit Dank an-
zuerkennenden, sich forterhaltenden geschichtlichen Erinnerung, wie
sie, durch die nicht auf die Landesgrenzen beschränkte Weise der
Studien, durch die Literatur — unterhalten und genährt wird,
die Wahrheit der Sache, in den Gebieten, wo die positiven
Satzungen nicht, mit Verkennung derselben, etwas Anderes bestimmen dürfen, ohne sich allen Gefahren der Willkühr auszusetzen, —
alles dieß wird um so weniger verfehlen, auf jene Uebereinstimmung seinen Einfluß auszuüben, als ja, was nur zu billigen ist,
bei Entwerfung eines neuen Gesetzbuches und den Vorarbeiten und
Berathungen, welche der endlichen Beschlußfassung vorausgehen,
nirgends unterlassen wird, die Leistungen in andern Ländern zu
berücksichtigen, und von den dort gemachten Erfahrungen Nutzen
zu ziehen. Und dennoch möchte man behaupten, sind die Unterschiede und Abweichungen fast überwiegend; jedenfalls in den
Strafen und Strafarten. Dieß könnte auffallen, da ja fast überall
das Strafensystem vereinfacht, und die Freiheitsstrafe die regelmäßige, meist — von wenigen Fällen abgesehen — die ausschließende ist. Denn, welche Verschiedenheit — selbst der unter
gleichen oder verwandten Benennungen vorkommenden Strafarten in
den einzelnen Ländern, wenn man, wo es nothwendig ist, über den
Namen hinausgeht, und auf die wahre Beschaffenheit der Strafart,
mit ihren sie begleitenden Uebeln und rechtlichen Folgen, mit Beachtung der Einrichtung, selbst der Bauart der Gefängnißanstalten
das Augenmerk richtet! Aber noch mehr, es würde sich bei größerer
Uebereinstimmung, als sie erweislich zur Zeit unter den Gesetzgebungen

---

1) Vgl. Krug, „Ideen zu einer gemeinsamen Strafgesetzgebung in
   Deutschland." Erlangen 1857. „Ein gemeines deutsches Strafrecht,"
   vom Oberstaatsanwalt Dr. v. Groß. Zeitschrift für: „die Strafrechtspflege in Deutschland." Zweites Heft. Weimar 1858. S. 1.

und den Einrichtungen der einzelnen Staaten sich zeigt, — ja es würde sich sogar da, wo verschiedene Staaten ein und dasselbe Gesetzbuch haben [2]), und — was hier nicht zu übersehen ist — eine gleiche Gerichtsverfassung und Verfahrungsweise, in der Praxis eine Ungleichheit in vielen Fällen um so mehr herausstellen, als solche selbst in ein und demselben Lande nicht wohl zu vermeiden ist, sofern dieses einen einigermaßen beträchtlichen räumlichen Umfang, eine größere Zahl einander gleichgestellter Gerichte hat, wenn auch durch die beschränkte Zahl der Berufungsinstanzen, durch das Bestehen eines einzigen obersten Gerichtshofes, der vorzugsweise für die Nichtigkeitsbeschwerde zuständig ist, für eine Gleichmäßigkeit der Rechtspflege, — unbeschadet der Selbstständigkeit des Richteramts viel geleistet zu werden vermag [3]).

Es ist vielmehr das Verhältniß zu dem geschriebenen Rechte in dem Lande oder an dem Orte selbst, dessen Rechtsübung wir betrachten, und welches für das f. g. gemeine Recht sich zum großen Theil anders als in den Ländern f. g. exclusiver Rechte gestaltet hat. In letztern läßt sich, jener erwähnten Verschiedenheit ohngeachtet, welche nothwendig bei den sie bedingenden Voraussetzungen erscheint, doch überall erkennen, daß ein bestimmter Anschluß an das geschriebene im Gesetze ausgesprochene Recht stattfindet; bei der Rechtspflege, auf Grundlage des gemeinen Rechts, begegnet man Entscheidungen, die man mehr der Willführ als einem gesetzlichen Handeln zuzuschreiben geneigt seyn möchte, und wobei ein Verhalten zu dem Gesetze oft schwer erkennbar, wenigstens sehr in den Hintergrund gestellt erscheint. Für den Kenner der Geschichte verliert freilich dieß Ergebniß, welches auch nach der Abfassung und Bekanntmachung der Peinl. G.-O. Carls V. recht sichtbar hervortritt, das Auffallende; es wird erklärlich, ja es zeigt sich in einem gewissen Grade nothwendig, daß die Straf-

---

2) So hat z. B. das Allgemeine Landrecht für die Preußischen Staaten noch jetzt in einigen früher preußisch gewesenen, jetzt zu andern Ländern gehörigen Provinzen Geltung. Ebenso das französische Civilgesetzbuch, und zum Theil das französische Strafgesetzbuch.

3) Dieß ist z. B. der Fall in Preußen, wo durch die Verordnungen vom 14. März 1833, vom 1. Aug. 1836 gegen das frühere Verfahren ein nicht zu verkennender Fortschritt angebahnt ist.

urtheile nicht durchgängig so aus dem gesetzlichen Rechte begründet
werden können, wie es jetzt unter andern Voraussetzungen geschieht,
und um so mehr, daß die Criminal=Praxis in verschiedenen Län=
dern eine theilweise [4]) so abweichende Gestaltung annehmen konnte,
welche es schwer erkennen läßt, daß sie auf der gemeinsamen Grund=
lage gemeinen Rechtes beruhen. Hierauf hat besonders v. Wäch=
ter [5]) aufmerksam gemacht.

Der Zustand der Strafrechtspflege vor der Abfassung der Ca=
rolina, die Klagen über Willkühr und Mißbrauch der Strafgewalt
einerseits, und über Ungestraftheit der Verbrechen und die Unsicher=
heit im Innern andererseits, über Nachlässigkeit der Inhaber der
Gerichtsbarkeit, Unwissenheit der Richter, böse unvernünftige Ge=
wohnheiten ꝛc. sollen hier nur kurz in Erinnerung gebracht und die
Gebrechen hervorgehoben werden, welche die peinliche Gerichtsord=
nung ausdrücklich als solche, — im Gebiete des Verfahrens und
der eigentlichen Rechtsanwendung bezeichnet, indem sie zugleich die=
selbe abzuschaffen und das Bessere an die Stelle setzen zu wollen er=
klärt. Für jene Zeit, wo ein wissenschaftliches Strafrecht sich noch
nicht gebildet hatte, wo noch der Kampf des einheimischen, in seiner
Fortentwicklung gehemmten und des immer mehr einbringenden
fremden, weiter entwickelten, aber doch auch häufig mißverstandenen
Rechts noch nicht zu einer Versöhnung und auch nur leidlichen
Ausgleichung geführt hatte, — worauf unter andern bei Abfassung

---

4) Denn nicht überall tritt' die Eigenthümlichkeit einer Landespraxis
   gleichmäßig hervor: die Uebereinstimmung, wie die Abweichung hätte
   übrigens auch ihre berechtigten geschichtlichen Gründe, und man darf
   nicht so fort den Vorwurf der Willkühr, welcher zuweilen am Orte ist,
   aussprechen. — Wo hier von Criminal=Praxis die Rede ist, wird
   vornehmlich die auf das s. g. materielle Strafrecht sich beziehende,
   das anzuwendende Recht betreffende, gemeint; in dem Sinne, wie
   wir zu sagen pflegen, die Praxis erkenne auf die oder die Strafe, in
   diesem oder jenem Maße ꝛc.
5) An mehreren Orten; unter andern in der Abhandlung „über die
   deutsche criminalistische Literatur des 16. Jahrhunderts an sich und
   in ihrem Verhältnisse zur Carolina" im Archiv des Criminalrechts
   J. 1836 S. 115., und „über die Reception der Carolina in den
   einzelnen Territorien Deutschlands," daselbst J. 1837 S. 59.

eines Rechtsbuches für das ganze Reich hingearbeitet wurde [6])
— für jene Zeit — sage ich — darf die gedachte Ungleichheit der
Praxis, überhaupt die ganze Erscheinung, von der wir sprechen,
nicht befremden; kann man doch kaum Alles, was uns von örtlicher
Strafrechtspflege berichtet wird, mit diesen Namen im engern Sinn
bezeichnen, ohne wenigstens mit in Anrechnung zu bringen, wie viele
dem Recht fremde Elemente und Rücksichten sich daneben geltend
machten. Es war gewiß schon ein Gewinn, wenn, sofern man
Grund hatte anzunehmen, es werde den mangelhaften Zuständen
durch eine Strafgesetzgebung, oder durch ein Rechtsbuch abgeholfen
werden können, entweder durch bestimmte Vorschriften unmittelbar,
oder durch die Bezugnahme der geschriebenen kaiserlichen Rechte [7])
die Urtheiler auf bestimmte Rechtsgrundsätze und Gesetze hingewiesen
wurden, wozu dann insbesondere für die schwierigeren, aus fremden
Rechte zu entnehmenden Entscheidungsgründe die Vorschrift über Ein-
holung des Rathes und der Belehrung von Rechtsverständigen
kam [8]). Kein billiger Beurtheiler der peinlichen Gerichtsordnung
wird den Werth und die vortheilhafte Wirkung der Bestimmungen
über Vorsatz und Fahrlässigkeit, Versuch, über die Arten der Theilnahme an einem Verbrechen verkennen, — nicht zu gedenken dessen,
was für das Verfahren geleistet worden, — aber weniger ist allerr-
dings für das Gebiet geschehen, welches wir dem sogenannten besonderen Theile des Strafrechts zuzuweisen pflegen: für die Bestimmung von Verbrechen und Strafen. Zwar ist, was die Verbrechen anlangt, hie und da eine genauere Angabe des Thatbestandes zu loben, während auch nicht selten die einfache Bezeichnung
der Missethat für hinreichend geachtet, und eine Kenntniß des Begriffs aus dem allgemeinen Bewußtsein vorausgesetzt wird. Es sind
aber eine Reihe Handlungen mit Stillschweigen übergangen, deren
Strafbarkeit gewiß nicht bezweifelt wurde, und die um so weniger
aus dem System ausgeschlossen sein sollten, je weniger das unter
großen Schwierigkeiten endlich zu Stande gebrachte Werk einen
Anspruch auf Vollständigkeit und Ausschließlichkeit machen wollte.

---

6) v. Wächter, gemeines Recht Deutschlands, Leipzig 1844 S. 19. 22. 29.

7) Eine Reihe von Belegen bei Heffter, Lehrbuch des gemeinen deutschen Strafrechts. Sechste Aufl. 1857 S. 18. Not. 1.

8) Peinliche Gerichtsordnung Art. 219.

Einer solchen Meinung würde die gleichzeitige und spätere Praxis entgegentreten, aber sie wird auch durch unzweideutige Aeußerungen in der peinlichen Gerichtsordnung selbst entfernt [9]. So ist denn im Ganzen das, was die eigentlichen Strafen betrifft, dürftig, sofern beabsichtigt wurde, durch möglichst genaue Festsetzungen der Willkühr entgegenzutreten, Zweifel zu beseitigen, Mißbrauch abzuthun. In einer Zeit, wo Freiheitsstrafen, und die auf deren zweckmäßige Vollstreckung berechneten Anstalten [10] noch fast gar nicht vorkamen, wo man glaubte nicht nur häufiger von der Todesstrafe Gebrauch machen, sondern auch diese unter dem Einfluß des Abschreckungsprincips in manchfacher Weise schärfen zu müssen, wo verstümmelnde oder Leibesstrafen, neben der Landesverweisung die Lücke in dem System, zwischen der äußersten Strenge und den körperlichen Züchtigungen ausfüllen sollten, — war es eben so erklärlich, daß mehrere solcher Strafen und Strafarten alternativ gedroht wurden, als man es jetzt allerdings unter andern Bedingungen für nöthig und zulässig hält, wie es einleuchtend ist, daß auch hierin ein Grund vielfach abweichender Praxis in den einzelnen Ländern liegen mußte. Nimmt man hinzu, an wie vielen Stellen die peinliche Gerichtsordnung eine bestimmte Strafsatzung, mit einem Zusatz begleitet, oder eine sonstige Orts- oder Landesgewohnheit aufrecht erhält, wie überhaupt aus geschichtlichen politischen Rücksichten ausdrücklich erklärt wird, daß bei Handhabung der Strafrechtspflege sich „Alle und Jede — den gemeinen Rechten, Billigkeit und löblichen hergebrachten Gebräuchen gemäß halten mögen," daß der Kaiser „Churfürsten, Fürsten und Ständen an ihren wohlhergebrachten rechtmäßigen und billigen Gebräuchen nichts benommen haben

---

9) Peinliche Gerichtsordnung Art. 104. 105., wo ausdrücklich bemerkt wird, daß „in was peinlichen fällen oder verklagungen die peinliche straff in diesen nachfolgenden Artikeln nit gesetzt, die richter und urthyler raths pflegen sollen;" — „wie den kaiserlichen Rechten — am gemessigsten gehandelt und geurtheylt werden soll, — wann nit alle zufällige erkanntnuß und straff inn dieser unser ordnung genugsam mögen bedacht und beschrieben werden."

10) v. Wächter, „die Strafarten und Strafanstalten des Königreichs Württemberg, nach der alten und neuern Gesetzgebung und Praxis." Tübingen 1832. Vieles, was hier bemerkt wird, gilt auch für andere Länder.

wolle" [11]), wie ferner durch die Verweisung auf den Rath des Rechtsgelehrten [12]) auch den Streitfragen, bei dem damaligen Standpunkte
der Wissenschaft, der häufigen Unmöglichkeit genauer Anwendung der
Strafbestimmungen des römischen Rechts, und der Vereinigung der
so verschiedenen Elemente des gemeinen kaiserlichen Rechts, den verschiedenen Ansichten ein großer Raum geöffnet wurde, wie endlich,
wovon ich an einem andern Orte gehandelt habe [13]), selbst die confessionellen Standpunkte und die religiösen Verhältnisse jener und
der folgenden Zeit nicht ohne Einfluß auf abweichende Auffassungen
und modificirende Landesgesetzgebungen gewesen sind, so wird sich
das Ergebniß für die Verschiedenheit, welche die Anwendung eines
und desselben Gesetzbuches in den einzelnen Ländern zeigt, leicht herausstellen. Und nun hat es auch nicht an andern solche Abweichung, über das Maaß der Unvermeidlichkeit begünstigenden Umständen gefehlt. Die förmliche Abschaffung böser unvernünftiger
Gewohnheiten und Mißbräuche [14]) hatte nicht sogleich, und nicht
überall den beabsichtigten Erfolg; jene dauern noch längere Zeit
fort, ja es bilden sich neue, und bei der Meinung der Unstatthaf-
tigkeit der Appellation, bei der lange Zeit beobachteten Beschränkung,
bei der — von der Nichtigkeitsklage abgesehen — fast gänzlich
mangelnden Einwirkung der obersten Reichsgerichte mußte sich jene
Ungleichheit der Anwendung in dem Maaße größer erzeigen, als
allmählig in den einzelnen, besonders den größeren Ländern, Gesetzgebung, Justizoberaufsicht sich thätiger erwiesen. Und wir dürfen
dieß, was der Rechtseinheit entgegentrat, doch nicht für ein Uebel
erklären, da, wie die Erfahrung lehrt, nur auf diesem Wege zunächst Fortschritt und Besserung möglich war, bis später die Wissenschaft für das gemeine Strafrecht mit günstigem Erfolg und
Einfluß auf die Praxis ihren Beruf auch nach dieser Richtung
erkannte.

---

11) Vorrede des peinlichen Halsgerichts a. E. Vgl. Wächter, gemeines
Recht S. 31.
12) Art. 219. s. oben Note 8.
13) Das religiöse Element in der peinlichen Gerichtsordnung Carls V.
Beilageheft zum Archiv des Criminalrechts. J. 1852.
14) Meine Abhandlung in der Zeitschrift für deutsches Recht „Beiträge zur
Erklärung des Art. 218. der C. C. C." Bd. XV. S. 57. XVI. S. 317.

Diese Gründe in Verbindung mit Allem, was sonst bei der Rechtsanwendung sich wirksam äußert, konnten aber nicht blos zu solchen zeitweise verschiedenen Auffassungen führen, wie sie aus den Rechtssprüchen einzelner Länder ersichtlich ist. Auch innerhalb desselben Landes ist diese Wahrnehmung zu machen, welche, wo sie nicht eine gleichzeitig an bestimmten Orten abweichende Behandlung der Sache erkennen läßt, sondern in zeitlicher Aufeinanderfolge hervortritt, als ein Zeugniß gelten kann, daß man nicht bei einer einmal gefaßten Meinung und ausgesprochenen Rechtsansicht stehen geblieben sei, sondern mit der Fortbildung durch Wissenschaft ɪc. so viel als möglich gleichen Schritt gehalten habe. Dieß ist in dem Grade häufiger, als die eigentlichen Schöppenurtheile seltener werden, und auch außer den Fällen der Nachsuchung von Rechtsbelehrung die Beurtheilung nur durch rechtskundige Personen erfolgte, denen allein das Richteramt anvertraut wurde. Im Gegensatz hiemit darf es anerkannt werden, daß die Methode wissenschaftlicher Bearbeitung des Strafrechts, welche ihrerseits aus der praktischen Behandlung einen Theil des Stoffes entlehnte, die nicht auf die Grenzen eines einzelnen Territoriums beschränkte Rathsertheilung von hohen Schulen, Fakultäten, Schöppenstühlen ɪc. die Gemeinsamkeit der Studien und der diesen gewidmeten Anstalten, der gleichmäßige Einfluß italienischer Praktiker auf unsere Rechtsübung, mit der steten Beziehung auf ein in lebendigem Bewußtsein stehendes gemeines Recht, — nicht wenig dazu beitragen mußten, eine Uebereinstimmung insbesondere da zu erhalten, wo es festen an Anhaltspunkten nicht gebrach, indem einerseits die Verbrechen in meist gleicher Bedeutung genommen wurden, wie Raub, Diebstahl, auch wohl die Tödtung mit ihren Unterarten, andererseits für die Strafe und Strafart gemeines Recht und Gewohnheit — hier jedoch nicht unbedingt — genauere, überall geltende Grundsätze und Satzungen maaßgebend waren. Die weitere Ausführung wird Gelegenheit geben, für die eine und andere Auffassung Bestätigungen mitzutheilen.

Was uns von Strafurtheilen aus der Zeit vor Abfassung der peinlichen Gerichtsordnung bekannt ist, läßt zwar vielfach auf weit verbreitete gleiche Ansichten schließen, die z. B. für die Behandlung des Hochverraths gemeinsam für alle europäischen christlichen Länder sind, und dieß ist sodann auf das römische und das kanonische Recht zurückzuführen, während für die deutschen Lande auch der Sachsen- und Schwabenspiegel, und die besonderen Bearbeitungen derselben, mit Rücksicht auf Lokalrecht, wenn auch nicht durchgängig als nächste Quelle, so doch als Grundlage gemeinsamer Rechtsübung betrachtet werden können. Innerhalb solcher behauptet sich aber der besondere Gebrauch, die eigenthümliche Anschauung jedes Landes, und so finden wir eine Mannigfaltigkeit und Verschiedenheit, welche keineswegs bloßer Willkühr und mangelhafter Erkenntniß zuzuschreiben ist. Dafür sind vornehmlich die Stadtrechte, die Weisthümer ꝛc. zu benützen [15]).

Eine neue Periode könnte man, von dem Erscheinen der peinlichen Gerichtsordnung Carls V. an, rechnen. Allein nicht sofort vermochte diese ihren Einfluß auszüben, und als allgemein geltende gesetzliche Quelle den Mittelpunkt, von welchem eine gemeine Praxis ausginge, darzubieten. Es ist bereits darauf hingewiesen worden, wie ohnerachtet derselben sich theils örtliche Eigenthümlichkeiten erhalten, theils in Folge der durch dieses Gesetz selbst gestatteten Freiheit sich verschiedene Beurtheilungen ergeben mußten. Hierzu kommt der Kampf, den das Gesetz, um sich Eingang zu verschaffen, zu bestehen hatte, die derselben entgegentretende Ungeneigtheit und die alte Erfahrung, daß der Fortschritt ein langsamer und die Anhänglichkeit an das Herkommen, auch dem erkannten Bessern gegenüber, nicht sogleich diesem einen gebahnten Weg eröffnet.

Eine erheblich veränderte Gestaltung nimmt die gemeinrechtliche Praxis erst in der spätern Zeit an, wo die Freiheitsstrafen häufiger, und in den einzelnen Ländern Zucht- und Correktions-

---

15) Vgl. besonders: Weisthümer, gesammelt von Jacob Grimm, III. Theile, Göttingen 1840—1842, welche eine reiche Ausbeute für die Geschichte der ältern Rechtsgewohnheiten gewähren. Auch in den zum Theil erst in der neuern Zeit bekannt gemachten ältern Chroniken einzelner Städte findet sich Manches, wovon ich in den Abhandlungen im Gerichtssaal, J. 1854 I. S. 85. 169. 249. 486. und in der Zeitschrift für deutsches Recht (s. Note 14.) Gebrauch gemacht habe. Ferner in den von E. Th. Gaupp herausgegebenen Stadtrechten (bis jetzt zwei Theile). S. auch: "Wormser Chronik" von Friedrich Zorn mit dem Zusatze Franz Bertholds von Flersheim, herausgegeben von Wilhelm Arnold. Bibliothek des literarischen Vereins in Stuttgart. Band XLIII. 1857.

häuſer — allerdings anfangs und lange nachher mangelhaft genug, und in wunderlicher Verbindung mit Anſtalten zu ganz andern Zwecken [16]) errichtet wurden; wogegen die Strafe der Körperver- ſtümmelung und der Landesverweiſung mehr und mehr wegfällt, endlich ganz aufgehoben wird, wie man dann auch noch durch andere Aushülfe, z. B. Ablieferung an die Galeeren fremder Staaten, die Lücke in der Reihenfolge der Strafübel zu erſetzen ſuchte [17]). Zwar ſind alle dieſe Aenderungen zunächſt von einzelnen Landesgeſetzgebungen ausgegangen und ließen das gemeine Recht als ſolches unberührt, welches formell beſtehen blieb. Aber zunächſt wurde dadurch das Gebiet, wo jenes in der alten Weiſe zur An- wendung kam, enger begrenzt und in dem Maße beſchränkter, als andere Länder dem Beiſpiele der ſolchergeſtalt vorausgegangenen folgten. Ferner hatte dieß die Wirkung, daß auch, wo lediglich nach gemeinem Rechte, nach der peinlichen Gerichtsordnung zu er- kennen war, man in der allmählig zum Gemeinbewußtſein gelang- ten Ueberzeugung von der Verwerflichkeit jener Strafarten die Freiheitsſtrafe an die Stelle ſetzte. Die innere Berechtigung zu ſolcher, dem geſchriebenen Geſetze derogirenden Praxis läßt ſich nicht in Abrede ſtellen, wenn auch von dem Standpunkte des for- mellen Rechts, der Forderung des auch von dem Richter zu leiſten- den Gehorſams gegen das Geſetz, und der Pflicht jede Willkühr zu vermeiden, ſich gar viel gegen die neue Geſtaltung der Rechts- pflege erinnern ließ. Dieß iſt denn gegen eine Ausartung und eine Hinneigung zu einem andern Extrem, wenigſtens in der neuern Zeit, wiederholt am nachdrücklichſten von Feuerbach ge- ſchehen, deſſen Verdienſt, die Achtung vor den Geſetzen auch den Richter wieder zum Bewußtſein gebracht zu haben, unbeſtritten iſt, was ich bei mehreren Gelegenheiten den Zeitgenoſſen in's Gedächt- niß zurückgerufen habe [18]). Endlich iſt nicht zu überſehen, daß noch in einer andern Hinſicht dieſe Umgeſtaltung einen Einfluß

---

16) v. Wächter in der Note 10. angeführten Schrift.

17) Meine Abhandlung: „die gerechte Strafe und die Nützlichkeitsrück- ſichten," im Gerichtsſaal. J. 1854 I. S. 85. 169. 249. 486.

18) Meine Abhandlung im Gerichtsſaal, J. 1856 I. S. 230.: „Erinne- rung an Feuerbach." Vgl. Köſtlin, Syſtem des deutſchen Straf- rechts. Tübingen 1855. Vorwort S. VII.

auf die Praxis ausüben mußte. Es handelte sich nicht mehr bloß
darum, daß eine Strafart — Gefängniß, Zuchthaus — an die
Stelle einer andern trat, welche, wie die in der peinlichen Gerichtsordnung so häufig gedrohten Verstümmelungen an Leib und Gliedern, keinerlei Abstufungen zuließe; vielmehr mußte, da die Freiheitsstrafe nothwendig auf eine gewisse Dauer auszusprechen war,
— von den Fällen der lebenswierigen abgesehen — von selbst damit die Rücksicht auf die größere oder geringere Strafbarkeit des
zu beurtheilenden Falles sich ergeben, und so sich die Möglichkeit
zu Erwägungen eröffnen, für welche früher kein Raum gelassen
war. Hiermit war jedoch eine Ungleichmäßigkeit der Behandlung
unvermeidlich verbunden. Beobachten wir doch solche, bei dem gegenwärtigen fortgeschrittenen Standpunkte der Gesetzgebung und der
Rechtsbildung, an den Urtheilen eines und desselben Gerichtshofes,
und den Abstimmungen der einzelnen Mitglieder; und erkennen wir
dieselbe als eine berechtigte an: wie hätte sie fehlen können in einer
Zeit, wo nur erst über die Gründe der Strafbarkeit, über die Zu-
messung der Strafe, — Erhöhung, Minderung innerhalb eines
gewissen Raumes — über Strafschärfung, Milderung eine Theorie
sich bilden sollte, wo man entweder nicht überall fähig oder auch
nicht geneigt war, auch nur die wenigen Anhaltspunkte gelten zu
lassen, welche das geschriebene Recht an die Hand gab, und die
ein richtig verstandenes Gerechtigkeitsprinzip für die bürgerliche
Strafe darbieten konnte: wo man vielmehr Rücksichten, die nur
auf Grundlage des Rechts, aber nicht für sich, nicht ohne oder
vollends gegen dasselbe sich geltend machen dürfen, als Principien
theils in höchst bedenklicher Ausschließlichkeit, theils in willführlicher Nebeneinanderstellung behandelte, und von diesen aus dem
Bedürfniß einer Abstufung der Strafen, und der Ahndung der
Schuld in einer Weise zu genügen suchte, wie man glaubte, daß
diese aufgefaßt und jene ihr entsprechend bestimmt werden müßte.
Da hatte die Würdigung der Handlung, nach ihrer Gefährlichkeit
und sonstigen Eigenschaften, die neben der Widerrechtlichkeit erst in
Betracht kommen, und die Meinung, daß es zur Unterdrückung
des sonst um sich greifenden Uebels, vornehmlich auch um Andere
abzuhalten, besonderer Abschreckung bedürfe, ein weites Feld, das
dann auch reichlich angebaut worden ist und seine Früchte getragen
hat. Und dieß um so mehr als man gerade für diese Ansicht sich

in der Praxis auf geschichtlichem Boden befand, auch wohl in den Gesetzen, vorzüglich in der Carolina, die so oft von Abschreckung spricht, eine Bestätigung zu finden meinte. Zwar beruht dieß, wie ich gezeigt habe [19]), auf einem Mißverständniß, aber wie sollte man den Vorgängern dieses zum Vorwurf machen, da es noch immer nicht ganz hat beseitigt werden können? Und wie nun unter solchen Umständen auch eine Gegenwirkung nicht ausbleibt, so machte sich in Ermangelung einer richtigen Erkenntniß der Sache und der Aufgabe das Gefühl, oder eine, von einem andern nicht minder einseitigen, aber doch auch wieder nicht ganz unberechtigten Standpunkte aus entlehnten Rückficht des Mitleids, der Schonung gegen solche Strenge in der Aufstellung einer Reihe zum Theil sehr willführlicher Milderungsgründe geltend.

Dieß sind die Ursachen, aus denen sich, obgleich nicht allein, die verschiedene Gestaltung der Criminalpraxis ohnerachtet der gemeinsamen Grundlage des Reichsgesetzes, und der durch dieses bestätigten Hilfsrechte erklärt. Wir haben dieß für die der Abfassung der P.-G.-O. vorausgegangene, wie für die spätere Periode diese selbst wieder, nach der Einführung der Freiheits- und dem Abkommen der sog. verstümmelnden Strafen in zwei Abschnitte theilend, in einem kurzen Ueberblick darzulegen gesucht, welcher bestimmt ist, der folgenden Darstellung zur Grundlage, und für andere verwandte Schilderungen zur Anknüpfung zu dienen.

Auf jene, von den Gesetzen — ich will nicht sagen, mehr oder minder abweichende Praxis, denn es lag nicht stets ein Gesetz vor, und es kam also darauf an, die Unvollständigkeiten zu heben, — also auf jene, vom Gesetz nicht überall getragene, oder

---

19) Strafrechtstheorien S. 87. 131. Wenn Köstlin, System, S. 422. Not. 2., mir den Vorwurf der Parteilichkeit gemacht, weil ich behauptete, daß z. B. auch dem ältern Preuß. Strafrecht nicht das Abschreckungsprinzip, sondern der Grundsatz der Gerechtigkeit eigenthümlich sei, so scheint ihm ganz entgangen zu sein, wovon die Rede ist, und er hätte billig statt einer einzelnen Stelle die ganze Ausführung beachten sollen. Die wahre von der Gesetzgebung und gelegentlichen Aeußerungen des Gesetzgebers unabhängige Grundlage, ist etwas wesentlich anderes, als der Einfluß, welcher da und dort in nicht gutzuheißender Weise einer dem Rechte fremden Rückficht eingeräumt wird.

auf solche gestützte Praxis wurde aber größer Werth gelegt, weil
sie selbst bis zu einem gewissen Grade bindendes Ansehen für die
Rechtsanwendung erlangte. Man berief sich bei den Urtheilen auf
die vorausgegangene Entscheidung, besonders der Rechts-Facultäten,
die denn auch in verschiedenen Formen, selbstständig, oder bei Gelegenheit der Commentirung der P.-G.-O. gesammelt wurden; man
glaubte, da bestimmte Anhaltspunkte nicht entbehrt werden konnten,
und da einer Ansicht leicht eine andere entgegengestellt werden
konnte, die Autorität anerkannter Rechtsgelehrter, oder Collegien
anführen zu müssen, und so bildete sich für die Anwendung eine
sog. Praxis im noch engern Sinn als Quelle des Rechts und der
Auslegung, für die Theorie eine Tradition, die man durch die
Werke der Schriftsteller, von der Zeit an, wo das gemeine Strafrecht zunächst auf die mehr und mehr zur Geltung gelangte C.C.C.
gegründet wurde, bis zu der wissenschaftlichen Bearbeitung in
Lehr- und Handbüchern verfolgen kann und sich bis auf die Gegenwart, hier jedoch beschränkt erhalten hat. Die allmählige Verdrängung
des gemeinen Strafrechts, als anwendbaren bei dem Ueberhandneh-
men der landesrechtlichen Codificationen ließ jene, — immerhin
unvollständige und selbst für eine dogmengeschichtliche Behandlung
des Gegenstands nicht zureichende Methode in den Hintergrund
treten. Dagegen hat man angefangen die, hier aber nicht sowohl
aus der Praxis, als den neueren Gesetzbüchern selbst entnommenen
Bestimmungen, entweder zur Einleitung in das sog. vergleichende
Rechts- und Gesetzes-Studium, oder — was wegen der Verwechs-
lung mit einem angeblichen neuen gemeinen Rechte bedenklicher ist,
zur Bestätigung einer Uebereinstimmung anzuführen, welche in den
verschiedenen Landesgesetzgebungen hervortrete.

Jene Angaben, welches Strafmaß ohngefähr in der Praxis,
statt der nicht mehr anwendbaren Strafsatzungen der peinlichen
Gerichtsordnung, erkannt zu werden pflege, sind zwar nicht ohne
Werth und haben ihrer Zeit ihre Dienste gethan, indem sie doch
gewisse Grenzen setzten, und einigermaßen auf gleiche Behandlung
der Verbrechen bestimmter Art hinwirkten. Aber da dabei doch
immer eine Reihe dem besonderen Falle eigenthümlicher Faktoren
zu berücksichtigen sind, so läßt sich ohne die nähere Kenntniß der
Sache, — wie solche aus den ausführlichen mitgetheilten Erkenntnisse und Gutachten (responsa, consilia) hie und da geschöpft werden

kann, nur wenig Gewinn für eine wissenschaftliche Praxis ziehen, und es mag auch dieser Umstand mit für die Erklärung der oft auffallend großen Verschiedenheit der Beurtheilungen, von denen oben die Rede gewesen, gebraucht werden, da die bloße Anführung der Verbrechensarten und der üblichen Strafen nur in den Fällen genügt, wo die Beschaffenheit der verbrecherischen Handlung und der Strafbarkeit durch die unerwähnt gebliebenen, besonderen Umstände nicht in dem Grade anders gestaltet wird, welche auf die Beurtheilung in erheblich abweichender Weise einen rechtfertigenden Einfluß auszuüben vermöchte.

Ein weit bestimmteres Bild der älteren Criminalpraxis und einen belehrenden Einblick in die Auffassungen gewähren die Geschichten, Chroniken, Malifizbücher [20]) einer gewissen Zeit und eines Orts, wodurch man, wenn auch oft nur in kurzen Andeutungen, manche Frage beantwortet findet, welche später die Forscher beschäftigt hat. Zunächst fällt es mehr unter den Gesichtspunkt der Sittengeschichte, welche Verbrechen vornehmlich in einem gewissen Gebiete vorkommen, und mit welcher Strafe sie belegt werden. Für die s. g. Criminalstatistik bieten jene Mittheilungen deshalb weniger Stoff, weil sie sich meist auf die schwereren Fälle beschränken, und selbst in Betreff dieser nicht überall vollständig sind. Aber sie sind doch auch nicht ohne juristisches Interesse, und dem Sachverständigen werden sich, bei Vorführung der geschichtlichen Berichte verschiedener Orte, manche Anknüpfungspunkte ergeben.

So möge denn die folgende Darstellung, die sich an einige meiner früheren der einheimischen Rechts- und Sittengeschichte gewidmete Arbeiten anschließt [21]), nicht bloß einem vorübergehenden Interesse, sondern auch dem geschichtlich-praktischen einigermaßen förderlich sein, und gleich wohlwollend aufgenommen werden. Ich

---

20) Vielfaches Interesse bietet folgendes Werk dar: "Meister Franzen, Nachrichter allhier in Nürnberg, all sein Richten an Leben so wohl seine Leibes Straffen, so Er vor Richt, alles hierin ordentlich beschrieben, aus seinem selbst eignen Buche abgeschrieben worden. Genau nach dem Manuscript abgedruckt und herausgegeben von J. M. F. v. Endter, Dr. und Consulent. Nürnberg 1801."

21) S. die Note 14. 17. angeführten Abhandlungen, und meinen "Versuch einer Geschichte der Brandenburg - Preußischen Strafgesetzgebung". Berlin 1832.

nehme Schlesien zum Mittelpunkte, woran sich die Nachrichten aus einigen andern Ländern reihen, soweit solche geeignet sind für obigen Zweck benutzt zu werden. Dabei sind die politischen Verhältnisse jenes Landes, wo die deutsche Cultur eine nur allmählig auf fremdem Boden sich entwickelnde ist, die Beziehungen zu Polen, Böhmen ꝛc. nicht außer Augen zu lassen, obgleich ich mich mehr auf andere Zeugen beschränken und auf eine umfassendere Schilderung verzichten muß, welche weit über das Gebiet des Strafrechts hinaus und zu Betrachtungen führen würde, deren Bedeutung auch für unsere nächste Aufgabe ich übrigens nicht verkenne und überall festhalte, ohne zu vergessen, daß der Einzelne immer nur in einer gewissen Selbstbeschränkung etwas zu leisten vermöge.

In einer ohnlängst gelieferten Abhandlung habe ich der Chronik von Klose einige Mittheilungen entlehnt: ich benutze jetzt die „Jahrbücher der Stadt Breslau von Nicolaus Pol"[22]). Sie beginnen mit dem Jahre 965 und schließen mit 1599; für jene frühere Zeit dürftig, sind sie in Betreff der folgenden reicher, übrigens nicht auf die Stadt selbst, nicht auf Schlesien beschränkt, sondern das Merkwürdige der Zeitgeschichte überhaupt möglichst berücksichtigend, können aber hier nicht überall als eine zuverlässige Quelle benutzt werden, wie denn selbst aus dem sechszehnten Jahrhunderte Einzelnheiten vorkommen, welche von starkem Aberglauben und Mangel kritischen Sinnes zeugen. Doch trifft dieß weniger die Berichte über die Rechtspflege.

Am häufigsten geschieht der Todesstrafe Erwähnung. Es kann dieß nicht auffallen in einer Zeit, da bei dem Mangel an Anstalten für genügende Aufrechthaltung der Sicherheit im Innern, die Verbrechen, insbesondere der Gewaltthätigkeit, die Mehrzahl im Verhältniß zu den zu ahndenden Uebelthaten ausmachten, und wo die Todesstrafe theils auf weit mehr Handlungen als in späterer Zeit gedroht war, theils auch in den betreffenden Fällen selten ausgeschlossen wurde. Von Berufung und einer Milderung des

---

22) „Zum erstenmale aus dessen eigener Handschrift herausgegeben von Dr. J. G. Büsching, Königl. Archivar zu Breslau." Vier Bände in Quart. Breslau 1813—1815. 1819. 1823.

Urtheils in einer andern Instanz findet sich kaum eine Spur, in der mir vorliegenden Quelle: eher macht sich Gnade geltend, und in der früheren Periode, der von mir schon anderwärts hervorge-hobene Einfluß der Kirche, welche bei Todtschlägen eine Versöhnung der Verwandten des Getödteten mit dem Schuldigen herbeizuführen bemüht ist [23]). Die früheren Mittheilungen mögen noch vervoll-ständigt werden durch das gleiche Verfahren in den benachbarten Ländern, wie denn in Sachsen insbesondere sich lange das Wehr-geld erhielt, und auf der Grundlage der hierüber geltenden Sätze ein Vergleich leichter angebahnt und die Strenge der Strafgesetze ausgeschlossen werden konnte [24]). Doch tritt überall die mehr privatrechtliche Ausgleichung gegen die Rechtsübung im öffentlichen Interesse allmählig zurück, und die schwereren Ahndungen der Straf-gewalt treffen nicht bloß solche Schuldige, welche etwa außer Stand waren jenen anderen Anforderungen zu genügen. Im Ge-gentheil spricht sich darin eine seltene Unparteilichkeit aus, daß nicht Rang oder Stand eine Abweichung von dem Gesetze bewirkt,

---

23) S. meine Note 14. angeführte Abhandlung S. 336. ꝛc.

24) Vgl. Dr. Fr. A. von Langenn: "Herzog Albrecht der Beherzte. Leipzig 1838." S. 329.: "Todtschläger mußten gewöhnlich Seelen-messen stiften — zur Ergötzlichkeit und zum Heile der Seele des Er-schlagenen; steinerne Kreuze setzen lassen, deren Größe genau bestimmt ward; Wachs in die Kirche schenken und den Platz auf dem Kirchhof ""gewinnen"" — auch wohl baarfuß, mit brennenden Kerzen von bestimmtem Gewichte, bis zum Grabe wallen. Auch wurden Buß-fahrten gen Rom, Aachen, zu den Einsiedeln und dem heiligen Blut aufgegeben. Aber auch eine wahrscheinlich außer dem Wehrgelde be-stimmte Summe wird oft durch landesfürstlichen Schied festgesetzt. Solche Schiede finden sich sehr häufig in den urkundlichen Nachrichten jener Zeit. Im Jahr 1466 hatte Heinz Helldorf den Martin von Lobenitz wegen einer Triftgerechtigkeit erschlagen. Ernst und Al-brecht entschieden hierauf zwischen den Kindern des Erschlagenen und dem Thäter, daß Letzterer Geld zu Seelengeräthen erlegen, eine Reise nach Aachen und Rom thun, auch ein ehrlich Begängniß mit Vigilien und Seelenmessen halten lassen sollte, wobei die Freunde des Er-schlagenen mit Speise und Trank erquickt werden mußten. Endlich sollte Helldorf für die zu wohlfeil erkaufte Trift und für ein Holz eine gewisse Summe nachzahlen." Oft wird Alles hartnäckig ver-weigert, es folgt dann die Strafe. Jahrbücher I. 86.

welchem der Schuldige verfallen war [25]), wenn auch bei Vollziehung der Strafe, insbesondere der Todesstrafe, und der Wahl
der Art derselben sich Rücksichten geltend machten, die man bei
den damaligen Verhältnissen als berechtigte, man kann sagen schick-
liche, beobachtet findet, wie dieß auch in andern Ländern geschah,
wo leider nicht selten unter der Form Rechtens Opfer fielen [26]).
Von Hexen-Prozessen wird in den Jahrbüchern wenig berichtet, aber es fehlt nicht an Wirkungen des Aberglaubens [27])
oder der Vorurtheile, unter denen besonders die Juden hier wie
anderwärts zu leiden hatten, denen Verbrechen, angeblich aus Re-
ligionshaß, gegen die Christen in derselben Weise vorgeworfen
wurden, wie solches noch lange nachher und selbst in der neuesten
noch, — wenn auch nicht gerade in deutschen Ländern geschehen ist.
So wird vom J. 1349 gemeldet eine "erschreckliche Pestilenz habe
in diesem und dem nächstfolgenden Jahre nicht allein in Polen und
Schlesien, sondern sondern fast durch die ganze Welt regieret".
"Viel Juden, als sollten sie die Brunnen vergiftet haben, sind hin
und wieder, ohne allen Unterschied, hingericht worden [28])."

Es möge bei dieser Gelegenheit bemerkt sein, daß in Ländern,
die von slavischen Stämmen bewohnt wurden, Polen, Böhmen
und auch Schlesien, ein anderer Aberglaube herrschte, der jedoch
seiner Natur nach nicht solche Opfer forderte, wie der einer vermeintlichen Zauberei — nämlich an den Vampyrismus, wovon

---

25) Man könnte sagen, dieß verstünde sich von selbst; aber wie weit war
man damals noch entfernt die Rücksichten des Rechts und die Gerechtigkeit ausschließend, oder doch vor allen andern für maßgebend anzuerkennen!

26) Herzog Niclaus von Oppeln, der am 15. Juni 1497 in Neisse auf
dem Fürstentag den Herzog Kasimir von Teschen, obersten Landes-
hauptmann, und einen Bischof mit dem Dolch verwundete, wird
schon am folgenden Tage enthauptet. II. S. 166—171.

27) Ein merkwürdiges Beispiel Jahrbücher III. S. 113. VI. 134.

28) Jahrbücher I. S. 123. Grausame Verfolgungen der Juden im J. 1453
"auf Anhetzung Kapistrenos", "daß man eben so strenge mit ihnen
procedirt, wird die Ursache angezeiget, daß sie eine Hostie, die ein
Weib, Stadtdienerin, gestohlen, von ihr gekauft, nicht allein in ihrer
Synagoge zu Breslau, sondern auch in andern Städten geschmäht
und geläftert, durchstochen, daß auch lebendig Blut daraus geflossen ist."

auch die Jahrbücher Einiges melden [29]). Und lange nachdem Schlesien mehr germanisirt worden, blieben die Spuren fremder nationaler Anschauungen und Einrichtungen, auch in ihrem Einflusse auf das Recht sichtbar; so sehr dagegen angestrebt wurde [30]).

Bei den innern Kämpfen und der Stellung der Stadt Breslau zu den benachbarten Staaten, die vorübergehend länger oder kürzer eine Oberherrlichkeit behaupteten, — den blutigen Fehden [31]), kommt

---

29) Vgl. Rerum Hungaricarum monumenta Arpadiana ed. F. L. Endlicher. Sangali 1849. Während noch nach dem Decret Königs Stephan die strigae dem Priester übergeben werden, »ad jejunandum fidemque docendum« (Decret. Lib. II. Cap. XXXIII. P. 319.) und erst, nachdem auch eine wiederholte Belehrung und Buße vergeblich gewesen, dem Richter überantwortet werden sollen, heißt es später in dem Decretum Colomanni Regis (l. c. P. 367.) »de strigis vero que non sunt, ne ulla questio fiat«. Damit vergleiche man die in deutschen und andern Ländern noch mehrere Jahrhunderte hindurch stattfindenden Hexen-Verfolgungen und Prozesse. — Zu den von mir in der Note 13. angeführten Abhandlung S. 43. Note 66. angegebenen Nachweisungen ist jetzt noch hinzuzufügen: »Wigand, Denkwürdigkeiten für deutsche Staats- und Rechtswissenschaft, für Rechtsalterthümer, Sitten und Gewohnheiten des Mittelalters, gesammelt aus dem Archiv des Reichskammer-Gerichts zu Wetzlar. Leipzig 1854. S. 297 ꝛc. ꝛc.

30) Aus dem Jahr 1356 wird (I. S. 127.) berichtet: »Hat Kasimir, König in Pohlen, der Schlesier Exempel nach (weil er sahe, daß es denselben zuträglich war), auch teutsches Volk in Pohlen, Reußen und sonst gesetzet, die viel seiner Städte erbauet, und von ihnen ihre Namen empfangen, als Lemberg, Landshut, Görlitz, Freistadt, Rosenberg ꝛc. Hat auch zu Krackau einen Teutschen Schöppenstuhl im Schlosse bestellt, damit man nicht mehr aus Pohlen in Sachsen, gen Magdeburg, appelliren dürfte.«

31) So heißt es v. J. 1459: »Den 28. August kamen der Stadt in zween Köbern 625 Entsagungs-Briefe zu, von allen Böhmischen, Mährischen Herrn, von allen böhmischen Städten und viel Schlesiern; alle eines Sinnes und Lautes, daß die Breslauer ihrem König zu Böhmen nicht wollten gehorsam seyn« a. a. O. II. 25. Und von demselben Tage: »Am Dienstag nach Bartholomäus, den 28. August, kam der König (Georg) wieder gen Glatz, alda ihm alle Fürsten im Oberlande gehulbet. Zu Breslau kamen 14 Henker bei dem Nachrichter zusammen; das ward von Einigen nicht verstanden und für

das Verbrechen der Verrätherei in dem engern Sinne häufig vor, oder es wird wenigstens wegen Verdachts desselben die strengste Strafe verhängt [32]). Die Strafrechtspflege, ausgeübt von verschiedenen Jurisdictionsberechtigten innerhalb desselben Gebiets, dient auch den Parteitendenzen. Gewaltthätigkeiten der ärgsten Art, unter den hier in so vielfache Berührung kommenden und auf Schlesischem Gebiete sich begegnenden Mächten, nöthigten theils zur Vertheidigung in entsprechender Weise, theils boten sie, wo es ausführbar war, den rechtfertigenden Grund im Wege und in Form der Criminal-Jurisdiction dem Uebel zu begegnen. Dieß ist unter andern, während der Hussiten Kriege, aber auch lange nachher, und selbst unter scheinbar freundlichen Verhältnissen der Fall [33]).

---

der Gemeine ausgegeben, als wenn sie ein Rath bestellet, viel aus der Gemeinde zu enthaupten, daraus gar leicht ein Aufruhr entstanden wäre. Aber sobald der Rath solches erfahren, hat er den Wirth sammt seinen Gästen aus der Stadt gejagt, daß hernach eine lange Zeit in Breslau kein Nachrichter gewesen" a. a. O.

32) A. a. O. II. 48. "Den 2. März 1464 hat Hanns von Warnsdorf, Wolff genannt, Kaiserlicher Hauptmann zu Glatz, Hannsen von Weisenburg, einen edlen Bannerherrn, viertheilen lassen, als sollte er von dem päbstlichen Legaten und Rathmann zu Breslau zweitausend Gulden und zwo stählerne Flaschen voll Gift empfangen haben, den König, seine Gemahlin und Kinder hinzurichten. Welches er zwar in großer Marter aus Noth bekannt, auch einen andern ehrbaren Knecht, Hanns Tschirna, unschuldig angegeben, welches doch dieser in peinlicher Frage niemals gestanden, jener bis in den Tod allezeit beständiglich wiederrufen und geläugnet hat." Vgl. a. a. O. S. 40. "Verrätherei, Meuterei und Räuberei."

33) Vom J. 1479 wird gemeldet, wie in Breslau zu Ehren Königs Matthias sich viele schlesische und fremde Fürsten versammelt, und "bei 20000 Pferde beieinander waren, so daß die Stadt nicht alle herbergen konnte." "Schlägerei, Balgen, Mord und Todschlag unter den fremden Gästen, auf den Herbergen und auf den Gassen war sehr gemein, dazu die Ungarn sonderliche Lust und Ursache suchten" a. a. O. II. S. 130. — Belege an vielen Stellen im ganzen Werke. Z. B. II. 25. III. S. 186.: "Jahr 1506, den 5. Januar, ward vom Herzog Sigismund ein Fürstentag zur Neustadt bei der Neisse gehalten und berathschlagt, wie man die Räuber, Buben und Dräuer ganz aus dem Lande ausrotten möchte. Denn sie also überhand genommen,

Für das Verbrechen der Verrätherei, welches auch die peinliche Gerichtsordnung in einer eigenthümlichen, nicht auf das öffentliche Recht beschränkten, sondern auch privatrechtliche Verhältnisse, die auf der Voraussetzung von Treue und Vertrauen beruhen berücksichtigend, in einer Weise behandelte, die nicht überall eine Parallele an dem Verbrechen der Perduellion und dem majestatis crimen des spätern römischen Rechts hat, finden sich lehrreiche Beispiele. Von besonderem Interesse ist die ausführlich "geschilderte Ursache und Handlung, weshalb Domnick ist gerichtet worden", ein Rechtsfall, dessen Aufnahme hier nicht Platz finden kann, der aber auch aus andern Gründen — insbesondere im Betreff des Verfahrens beachtenswerth ist. Denn es scheint dieses nicht frei von Voreingenommenheit und fremden, die Unpartheilichkeit gefährdenden Einflüssen. Ich nehme nur die Stelle auf, die sich auf die Sache selbst und deren Ausgang bezieht [34]).

"Den 19. Juni 1490 hat der Rath und die Gemeine zu Breslau Heinz Domnicken, gewesenen Rathsältesten und Hauptmann, gefänglich einziehen, und Dienstag vor Margaretha, den 4. Juli, vor dem Rathhause bei geschlossener Stadt, auf einer schwarzen sammtnen Decke [35]) enthaupten, und unter dem Geläute

---

daß weder geistliche noch weltliche Personen, und sonderlich die Kaufleute, vor ihnen auf der Straße sicher waren. Denn sie fingen die Leute, beraubeten und erwürgeten sie, hieben ihnen Hände und Füße ab. Zweihundert Reiter wurden aufgenommen die Landesbeschädiger auszuspähen, die Straßen zu bereiten und rein zu halten. Folgenden Monat brachte man vier Abelspersonen, die wurden enthauptet, ihre Knechte mit Zangen gerissen und auf die Räder geleget. II. 197."
"Den 23. April 1512 warb der verwegene Straßenräuber, der Breslauer abgesagter Feind, der schwarze Christoph, auf seinem Sitz Algenau von den Goldbergern gefangen und zu Liegnitz gehangen. Er hatte viel guter Leute angerennet und betrübet; die Gelehrten, da er sie angetroffen, etwas verschonet, doch haben sie ihm müssen eine Feder schneiden, und ihre Schrift beweisen."

34) A. a. O. II. S. 148.
35) Solcherlei Rücksichten auf den Stand des Verurtheilten finden sich öfter. Z. B. die Note 20. angeführte Schrift Nr. 236. S. 101. Allgemein ist, was unsere Jahrbücher IV. S. 3. melden: Aus dem Jahr 1555. "Die Frau Hans Culmanin, eine reiche wohlhabende

bei allen Kirchen auf St. Maria-Magdalena Kirchhof, wo die
steinerne Säule gegen den Pfarrhof stehet, begraben lassen, wegen
etlicher beschwerlicher und gefährlicher Artikel und Ursachen, davon
er überzeuget worden; denn er wider seine Eidespflicht zu dem
Rath und der Gemeinde zum Schaden und Nachtheil gehandelt,
sie wie zuvor also auch künftig in große Ungnade und Noth hätte
bringen sollen, wo sie nicht wären gewarnet worden."

Ein anderer Fall solcher mit der Todesstrafe geahndeten "Ver-
kundschaftung", wo sich gleiche Bedenken gegen die Triftigkeit des
Beweises ergeben, wird aus dem Jahre 1540 erzählt: "Die
19. Aprilis, an einem Montag, ward enthauptet, Franz Buch-
licher, war vormals ein tapfer gewaltiger Handelsmann. Wie
er verdorben, begab er sich auf böse Händel, machte seltsame Prac-
ticken und Anschläge, und ließ sich zu einem Kundschafter von
etlichen Räubern gebrauchen, und hielt sich demnach in der Stadt
auf, als wäre ihm nichts darum, bis so lange an andern Orten
etliche Uebelthäter auf ihn bekennet [36]), ausgebrochen und Klage
über ihn kommen ist. Vor der Zeit saß er 6½ Jahr gefangen,
daß er seinen Schwager, Eitel Domnick, ermorden wollen [37]).
Etlich mal ward ihm das Grab zubereitet, und kam doch loß,
mußte gleichwohl endlich vom Schwerdt sterben" [38]).

Wittib, hat neben andern guten, lobwürdigen Stiftungen bei Kirchen
und Hospitalien auch verordnet, daß man im Stadtstock einen Predigtstuhl von Werkstücken erbauet, darauf den Gefangenen wochentlich am
Freitage zu predigen, auch ein gewisses Geld vermacht ihnen alle
zween Monate ein Bad und Essen anzurichten, überdieß den armen
Sündern, die zum Tode geführet werden, neue Hemden, schwarze
Hüte und Trübe-Mäntel verschaffet. In solchem Habit ward den
18. Julii ein Plattnergeselle ausgeführet."

36) Ob hier, was die peinliche Gerichtsordnung über die, eine Anzeige
bildende Aussage und Bezüchtigung Mitschuldiger verordnete, gehörig
beachtet worden sein mag?

37) Hier ist wohl, wenn man nicht annehmen will, daß eine Strafe
wegen Versuches statt gefunden und damals schon die Freiheitsstrafe
regelmäßig bestanden, die Bestimmung der peinlichen Gerichtsordnung
Art. 176. zur Anwendung gekommen. Vgl. S. 188. III. S. 126.
136. 141. 167. IV. S. 3. 61. 105. 121. 125., wo allerdings der
Gefängnißstrafe gedacht wird.

38) A. a. O. III. S. 111.

Bleiben wir bei den Verbrechen dieser Klasse stehen, welche nicht überall genau geschieden werden, so finden wir noch in verhältnißmäßig später Zeit besonders häufig solche, die bei der Ungewißheit der Grenze der Rechte der verschiedenen Kreise oft mehr den Charakter einer für erlaubt gehaltenen Selbsthülfe, als eigentlicher strafrechtlich zu ahndender Handlungen haben, wenn gleich sie stets als solche von der Gegenparthei, so fern sich die Gelegenheit bot, und die Kraft dazu vorhanden war, beurtheilt wurden: während zugleich unzweifelhafte Friedensstörungen aller Art, Gewalt, Fehde mit Andern, s. g. Verrath und Aufruhr — theils die landesherrliche, theils die städtische Strafgewalt in Thätigkeit setzen. So heißt es vom J. 1420: „Von dieser Zeit an bis auf Anno 1490, innerhalb 70 Jahren, bis zur Regierung Königes Wladislaus, war kein beständiger Friede in Schlesien, sondern durch solche öftere und viele Jahre währende Einfälle und Fehden das Land voller Räuber und Strauchhänlein, die alle Straßen verlegten" [39]).

Die Geschichte des Aufruhrs, der Verschwörung und der in Folge derselben verübten Frevel von Seite eines Theils der Gemeine und Zünfte, wider den Rath zu Breslau, unter der Form Rechtens, vom Jahre 1418 — wo jene, weil der Rath „aus wohl bedenklichen und erheblichen Ursachen, gemeinen Nutz zum Besten, eine neue Auflage oder Geschoß errichtet", sich empört, das Rathhaus überfallen, Sturm geläutet, und „auf dem Ringe vor dem Pranger haben enthaupten lassen, aus dem Rath, Nicolaus Freiberger, den Bürgermeister, Hanns Sachsen, Heinrich Schmieden, Johann Stillen, drei Schöppen; sonsten aus der Gemeine: Nicolaus Fäustling und Nicolaus Neumarkt" [40]), ist ebenso bekannt,

---

39) A. a. O. I. S. 161 f. S. 188. IV. S. 117. 118.

40) A. a. O. S. 158. Verschwörung hier im wörtlichen Sinne: „Den 17. Juli, an einem Sonntage, hat sich die Gemeine, unter der Hochmeßpredigt in der Stille, weil ein jeder des Gottesdienstes abgewartet, in der Neustadt, in St. Klement Kirche versammelt, allda mit einander einhältig ihre bündniß gemacht, ihre Beichte einen besondern Pfaffen gethan, welcher sie auch absolvirt, darauf das Sacrament genommen und gerathschlaget, den Rath unversehens den morgenden Tag zu überfallen, welches Alles einem Rath verborgen und aller Dinge unbewußt gewesen."

als das strenge Recht, welches am 4. März 1420 Kaiser Sigismund, der am 5. Januar nach Breslau gekommen und eine Untersuchung hatte einleiten lassen — wider die Schuldigen geübt. Die Anklage lautet auf »Verrätherei, Gewalt, Raub, Anmaßung von Hoheitsrechten«, unter andern auch, »daß sie des Königs Feste und Gefängniß gewaltiglich mit Frevel aufgebrochen und daraus Leute losgelassen, die des Landes und der Stadt Beschädiger gewesen sind, und auch Leute, die dem Kaufmann groß Geld schuldig gewesen, und um derselben willen darin gesessen sind.«

»Auf diese Klage ist ein Rath gefunden und ausgesprochen worden, daß alle die so solchen Rath übertragen und die That gethan haben, welcherlei sie sind, mit Rath und Hülfe, daß sie verfallen seyn dem Könige Leib und Gut; und andere Nachfolger, die damit gewilliget und gewillführet haben, die möge Sr. Königlichen Gnaden strafen nach seiner Gnade und Königlichen Willen. Von Rechtes wegen. Die aber vor solcher Klage abtrünnig worden sind und in die Acht kommen, an deren Gut möge sich der König halten, und zu ihrem Leibe sie gerichten, wo er sie gehaben möge. Von Rechtes wegen.«

»Darauf hat der König Sigismund die Häupter und Anfänger des obgemelten Auflaufs und Aufruhrs, drei und zwanzig Personen, mehrentheils Zechälteste oder Zunftmeister, dem Montag nach Reminiscere, den 4. März, auf der Kaiserlichen Burg, in seiner Gegenwart, mit dem Schwert richten und enthaupten lassen, auf St. Elisabeth Kirchhof, da die breiten Steine aneinander liegen, begraben, auch viele die darum Wissenschaft gehabt, aus der Stadt und dem Lande verwiesen, ihre Güter aber der Stadt zugeeignet« [41]).

---

41) A. a. O. S. 162. woselbst auch die Namen der 23 Hingerichteten und 54 »Geächteten die flüchtig worden sind«. S. 164. »Kaiser Sigismund befahl allen Ständen in Ungarn und Böhmen, den Breslauern ihre Flüchtigen, die den Anlauf und Aufruhr helfen anrichten und vollbringen, in ihre Strafe mit Leib und Gut zu geben.« — Noch viel später wurde gegen Echter, neben der Preisgebung ihrer Person, je nach der Ursache der über sie verhängten Acht mit äußerster Strenge verfahren. J. 1580, den 19. Mai, »ist Kaspar Groß, der Görlitzer Echter, auf einer Reise zu Weißdorf, unter dem

Die Schuld der einzelnen als gehörig erwiesen angenommen, scheint man bei der Beurtheilung von dem Gesichtspunkte des römischen majestatis crimen ausgegangen zu sein, worauf die Strafe der Enthauptung und der Vermögensconfiscation hinweiset. Dann sind die andern concurrirenden oder als Mittel gebrauchten Handlungen nicht weiter in Betracht gekommen, wie dann auch der weitere Klagpunkt, "daß sie seine (des Königs) Rathmannen und Schöppen — haben richten lassen ohne Schuld und Recht," dem ersten und hauptsächlichsten — als Verrätherei — bezeichneten, untergestellt wird. Sonst wird die Handlung auch Aufruhr genannt [42]), und die nachmals in der peinlichen Gerichtsordnung Art. 127. für die schwersten Fälle gedrohte Todesstrafe (jedoch ohne Güter-Einziehung) ließe sich auch mit dieser Ansicht vereinigen [43]).

Es wird indessen schwer gelingen, für jene, noch ein Jahrhundert vor Abfassung der peinlichen Gerichtsordnung fallende Periode, eine feste Praxis und die Befolgung gleichmäßiger Grundsätze bei Beurtheilung strafbarer Handlungen nachzuweisen. Dieß gestattet weder der damalige wissenschaftliche Standpunkt noch der politische, wenngleich für manche spätern gesetzlichen Bestimmungen als Quelle das ältere Recht und der Gebrauch erscheint. Die von den Chronisten gleich darauf erwähnte Todesstrafe durch Feuer, welche an einem Prager in Breslau vollstreckt wurde, weil er den Kaiser Sigismund des Bruches des dem M. Johannes Huß zugesicherten Geleites bezüchtigte [44]), dürfte, wegen der begleitenden

---

Herrn von Friedland harte geschossen, verwundet, gefangen und gerädert worden." I. S. 188. IV. S. 101. 117. 128.

42) S. die vorhergehenden Noten.

43) A. a. O. III. S. 58. "Zu Breslau wurden 1528 zween Tuchmacher von Görlitz enthauptet, weil sie sich unterstanden einen Auflauf in Görlitz anzurichten."

44) A. a. O. S. 164. "Zu der Zeit, als der Kaiser Sigismund mit der Hofhaltung zu Breslau war — da ist ein Bürger von Prag, Johann Krosa — dahin kommen, welcher Wiklef's Artikel in der Stadt ausgesprenget, das Kostnitzer Konzilium und Kaiser Sigismund, weil er M. Johann Huß über gegebenen Geleite verbrennen lassen, gescholten und übel nachgeredet. Derowegen ihn der Kaiser gefänglich einziehen und vernehmen lassen, er sollte solch' Ding unterwegen und

Umstände, mehr wegen Ketzerei, als wegen Majestätsbeleidigung verhängt worden sein, — die nach damaliger Auffassung gewiß mit vorlag. — wenn man nicht hier eine reine Willkühr und Grausamkeit annehmen soll.

Sonst scheint auch die Verrätherei in einer weitern Bedeutung für eine Verletzung der der verfassungsmäßigen Herrschaft schuldigen Treue, auch bei offnem Handeln, genommen worden zu sein, wie denn auch später, nach der peinlichen Gerichtsordnung Art. 124., der Sinn sich zum Theil geändert hat[45]). Die als *»heimliche Conspiration«* bezeichnete pflichtwidrige und mit Eidesverletzung verbundene Uebergabe der Festung Raab, wurde im J. 1594 an dem schuldigen Obersten mit Enthauptung, nach vorheriger Abhauung der rechten Hand geahndet[46]). Die Schärfung der Todesstrafe, durch die Verstümmelung, erklärt sich wohl aus der Verletzung der Eidespflicht, welche in dem Bericht besonders hervorgehoben wird. Das Abhauen der Schwörfinger wird in der peinlichen Gerichtsordnung Art. 107. als ein alter Gebrauch erwähnt, welchen der Kaiser nicht abzuschaffen gesonnen sei. Und der Grundsatz *poena maior absorbet minorem* ist so wenig in der alten Praxis ein durchaus feststehender, als der erst in neuerer Zeit angenommene, demzufolge auf die in einer verbrecherischen Handlung zugleich enthaltene Eidesverletzung eine besondere Rücksicht bei der Bestrafung nicht statt findet.

----

das Konzilium und den Kaiser unbeschändet lassen, und die Leute in dieser berühmten Stadt nicht aufwiegeln und irre machen, so wollte er ihn als ein gnädiger Potentat zu Gnaden annehmen, und des Gefängnisses alsbald entledigen. Darauf er dem Kaiser entbieten lassen: »Sagt, daß ich es öffentlich und ohne Scheu rede, daß M. Johann Huß durch des Kaisers Befehl, unrechtmäßig zum Tode verurtheilt sei. Will solches reden, weil ich einen Athem in meinem Leibe habe.« Als dieses dem Kaiser berichtet, ließ er ihn in der Stadt umher schleifen und mit Feuer verbrennen, den 24. März 1420.« Vgl. I. S. 157.

45) Im J. 1453, den 24. Juli, »ward **Ambrosius Pitschein** Bürgermeister, vormals Stadtschreiber zur Liegnitz, enthauptet, weil er der Stadt und Landschaft gerathen, sich von ihrer Erbherrschaft zu wenden, und unter die Krone Böheim zu begeben.« A. a. O. II. S. 6.

46) A. a. O. IV. S. 175. Vgl. Bamb. H.-G.-O. Art. 135.

Die weitere Betrachtung [47]) soll sich nun möglichst der Reihe-folge der Artikel der peinlichen Gerichtsordnung anschließen, wenn gleich einzelne der mitzutheilenden Fälle der vorhergehenden Periode angehören.

Von Bestrafung der Gotteslästerung habe ich kein Bei-spiel gefunden [48]). Auch, abgesehen von den bereits erwähnten, zugleich einen andern Gesichtspunkt darbietenden Fällen, keines der Eidesverletzung, der Ketzerei [welche zwar nicht die C. C. C., wohl aber deren Vorgänger hervorheben [49])]. Dagegen von Falsch-münzen, welches mit der vollen Strenge des Gesetzes geahndet worden [50]), und zwar an dem Verfertiger, wie dem Verbreiter der

---

47) Die Verrätherei nimmt in den C. C. C. zwar auch eine spätere Stelle ein, während Verwandtes in der Bamb. und Brand. H.-G.-O. Art. 132. mit an die Spitze gestellt wird. Beispiele in der Not. 20. angeführten Schrift S. 7. Nr. 23. S. 36. Nr. 116. S. 98. Nr. 232.

48) Einige in der Not. 20. angeführten Schrift, z. B. S. 139. Nr. 95., wo jedoch nur Pranger und körperliche Züchtigung, und S. 153. Nr. 167., wo der arge Frevler „aus gnaden ¼ Stund an Pranger gestellt, und auf der Fleischbrücken ein Stück von der Zungen genom-men" wird.

49) Für die frühere Periode s. Not. 27. 44., und vielleicht ist folgender Fall auch hierher zu beziehen: „Den 11. August 1559 ist die alte Suchelhäse, bei 97 Jahren alt, hinter dem Thurm wohnend, wegen vielen Unthaten ersäuft worden. Hat lange auf dem Wasser, wie ein Schwamm, geschwommen, ehe sie untergegangen ist." IV. S. 14.

50) Peinliche Gerichtsordnung Art. 111. Vom J. 1496: „Simon Weiß, ein Gürtler zu Breslau, der falsche Heller gemünzt, warb verbrannt." Jahrbücher II. S. 173. „Den 23. Februarii 1541 warb ein Ungar und Schlesier verbrannt, die lange Zeit mit falschen Ungarschen, Böh-mischen und Wiener Pfennigen die Leute betrogen. Im Ausführen hatten sie beide füchsene Schäuben an, und ihre falschen Münzen am Hals hangen." III. S. 115. Vom J. 1598: „Den 4. Marz warb zur Schweidnitz enthauptet, aufs Feuer gelegt und zu Asche verbrannt, ein alter Goldschmidt, der Kaiserliche, Churfürstliche und Sächsische Thaler fälschlich von Metall gemünzet, versilbert und aus-gesprengt zu 12 gr. Ein Fleischer, der über 1500 Stück vor Ochsen vertrieben, warb auch enthauptet und verbrannt." Gegen die Strenge des Gesetzes, welches sich hier auf „gewohnheit und Satzung der recht" beruft, mag es als eine Milderung betrachtet werden, daß die

falschen Münzen. Selbst die Störung des Münzverkehrs wird 1546 (a. a. O. III. S. 134.), insbesondere Ausgeben und Annehmen anderer als gesetzlich geprägter Münze, und Ausführen letzterer in ein anderes Land, statt sie in die Münze zu dem Schmelzen zu bringen, "mit der höchsten Strafe Leibes und Gutes und beim Feuer" verpönt.

Die strenge Strafe der Urkundenfälschung eines städtischen Beamten, war wohl durch den hinzutretenden Gesichtspunkt eines öffentlichen Verbrechens — Verrätherei, bedingt, und nach dem Gesetze, wenn auch nicht ausdrücklich als Regel gedroht, so doch nicht ausgeschlossen [51].

Von sonstiger Fälschung finde ich nichts, obschon anzunehmen ist, daß dieses Verbrechen nicht selten vorkam. Gefälschte Waare wird durch den Nachrichter verbrannt [52].

Häufiger kommen die Verbrechen widernatürlicher Unzucht der verschiedenen Formen vor [53]. Ohne weitere Unterschei-

---

Verbrennung am Leichnam erfolgte, und die Enthauptung vorher ging. Man glaubte, bei letzterer es nicht bewenden lassen zu dürfen, und dem Gesetze oder Gebrauch wenigstens in jener Weise genügen zu sollen. A. a. O. IV. S. 197. "J. 1552, den 29. Januarii, ward enthauptet und verbrannt Jacob Kaulitz von Liegnitz, Stadtschreiber zum Frankenstein, ein beredter Mann, ging in einem Rautenkränzlein zum Tode. Hatte allerlei Münze beschnitten und befeilet, die Gülden und Thaler geringert und gefälschet, und zu seinem Vortheil etliche Blätter aus dem Stadtbuche gerissen und geschnitten." III. S. 157.

51) Peinliche Gerichtsordnung Art. 112., wo gleichfalls auf den Rath der Rechtsverständigen verwiesen wird, und somit auf Quellen, die ihre Geltung bereits vor der Abfassung der peinlichen Gerichtsordnung hatten. "J. 1491, den 13. Februar, ward zur Sittau der Bürgermeister, Babst genannt, vor dem Rathhause enthauptet, etlicher falscher Briefe halber. Wie man ihn zum Tode geführet, hat er mit heller Stimme gesungen: Ingressus Pilatus etc." A. a. O. II. S. 100.

52) "Den 25. Novembris 1574. Auf dem Ringe bei der Waage verbrannte der Scharfrichter etliche Säcke falscher Röthe, führete und schüttete die andern ins fließende Oberwasser." A. a. O. II. S. 74.

53) Peinliche Gerichtsordnung Art. 116. Im J. 1525: "Ein Sodomit ward auf einem hölzernen Pferde auf einer Schleife aus dem Stocke

28*

dungen ist, die Todesstrafe durch Feuer vollzogen worden. In einem Falle, der mit Mord concurrirt, — oder vielmehr, wo von dem des Mordes Schuldigen zugleich Bestialität verübt war, ist nicht recht deutlich, ob der lebendig Verbrannte zuvor der Strafe des Rades wäre unterworfen worden. Ein Beispiel solcher Barbarei der Justiz ist mir nicht bekannt; der Wortlaut läßt die strengste Auslegung zu, aber allerdings darf man die Sorgfalt des Ausdrucks und die Aufmerksamkeit auf bestimmte und unzweideutige Sprachweise, wie solche unter allen Umständen Pflicht ist, nicht gerade bei unsern Chronisten suchen [54]). Nach späterer Praxis

---

bis zum Rathhaus, ward dann auf den Schweidnitzischen Anger geführet, mit dem Pferde auf den Rost gesetzet und verbrennet." III. S. 34. Das Gesetz bestimmt zwar nicht, daß auch das Thier, welches dem Verbrecher als Mittel gedient hat, verbrannt werden solle, aber es war alter Gebrauch, dasselbe zu tödten. Davon findet sich noch eine Spur in dem Preuß. Landrecht II. 10. §. 1070.: "Es soll — das etwa gemißbrauchte Thier getödtet oder heimlich aus der Gegend entfernt werden." In jenem Falle, wo vermuthlich das Thier nicht hatte herbei geschafft werden können, mußte ein hölzernes dessen Stelle vertreten, ob, um dem alten Brauch mindestens der Form nach zu genügen, oder auch um symbolisch die Widernatürlichkeit kenntlich zu machen, möge dahin gestellt bleiben. Kürzlich, wird IV. 23. berichtet, "J. 1562, den 27. Mai, ward einer von Neudorf mit zwei Kühen verbrannt." Dagegen eine andere, unter dasselbe Gesetz fallende Form III. S. 127. erwähnt: "Den 23. August 1544 ward ein Weibsbild zum Feuer verurtheilet und verbrannt, in Mannskleidern; denn sie in Mannskleidern umher gegangen, sich für einen Mann ausgegeben, Hans Lose genannt, und zwei Weiber zur Ehe genommen, die eine um ihren Gesund. durch unnatürliche Beiwohnungen und endlich ums Leben gebracht; ward von der andern wegen ihrer Büberei, vor keuschen und züchtigen Ohren nicht zu sagen, verrathen. Hat unter dem Mannshabit auch zwei Kinder getragen." Daß hier noch mehrere andere Gesichtspunkte der Strafbarkeit eintraten, mochte bei der auf Hauptverbrechen gesetzten höchsten Strafe, nicht in Betracht kommen.

54) A. a. O. IV. S. 52. "Den 20. Oktober 1589 sind zum Lauban in Ober-Lausitz zween leibliche Brüder mit glühenden Zangen und dem Rade gerechtfertigt worden, auch der eine wegen begangener viehischer Unzucht lebendig an einem Pfahle verbrannt worden, weil sie vor 4 Jahren neben dem dritten Bruder, der ehe die Mordthat

würde die Strafe des Vatermordes, als die überwiegende erkannt worden sein.

Das Verbrechen, welches die peinliche Gerichtsordnung Art. 117. als „unkeusch mit nahe gesippten Freunden" bezeichnet, und in Betreff dessen Beurtheilung auf kaiserlich geschriebene Rechte und den Rath der Rechtsverständigen verwiesen wird, zieht Enthauptung nach sich [55]).

Von selbstständiger Ahndung des Ehebruchs [56]) scheint der Chronist nicht für wichtig genug gehalten zu haben, Meldung

---

offenbar worden, in heftigem Kummer und Harm elendiglich gestorben, ihren natürlichen Vater mit einer Reibekeulen zu Tode geschlagen."

[55] A. a. O. III. S. 157. „Zu Oels beschlief ein Bruder seine leibliche Schwester. Wie Solches offenbar, ward Vater, Mutter und Brüder, sammt der Schwester gefänglich angenommen; aber der rechtschaffene Bruder entrann. Den Vater, Mutter, sammt dem andern Bruder entschuldigten sie, es wäre ihnen unwissend gewesen, und wurden auf Fürbitte guter Leute und Bürger losgegeben. Die Dirne ward enthauptet, das Kind starb den dritten Tag hernach." IV. 27. „Den 11. Junii 1563 ward ein blinder Weinbrenner enthauptet, der mit Mutter und Tochter Unzucht getrieben." (!) S. 63. „Den 7. Aprilis 1571 ward ein Klempner enthauptet, der bei seines Eheweibes Leben, mit seiner Schwieger Unzucht getrieben." Hier freilich Concurrenz mit Ehebruch. S. 68. „Den 17. Maii 1572 ward Rosini Epfenhäusers, eines Handelmanns Tochter, geköpft und verbrennet, daß sie mit ihrem Vater, der schon vor vier Jahren gestorben, ein Kind gezeuget und umgebracht, und also Blutschande und Mord begangen. Hat in großem Bedrängniß ihres Gewissens die That selbst geoffenbaret." Auf die Concurrenz wird hier ausdrücklich aufmerksam gemacht; allein obgleich ihr formell durch Verbrennung des Leichnams eine Berücksichtigung zu Theil geworden, so ist es doch zu bemerken, daß die Strenge, welche sonst gegen Kindesmörderinen statt fand (wovon weiter unten Beispiele folgen) in diesem Falle — vielleicht wegen des freiwilligen reuigen Bekenntnisses ausgeschlossen blieb." „Den 26. Aprilis 1574 ward zur Oels enthauptet Heinrich Springer, der mit eines andern Weibe Ehebruch, und ... mit seiner eigenen Mutter Blutschande getrieben." IV. 75.

[56] Peinliche Gerichtsordnung Art. 120.

zu thun [57]). Was sich findet, und allerdings am Leben gebüßt
wird, betrifft Concurrenzfälle[58]).

Auch mehrfacher Ehe ist gedacht [59]). Wenigstens scheint
mir der unten mitgetheilte Fall davon zu verstehen, wenn auch nicht
eine Gleichzeitigkeit aller der erwähnten ehelichen Verbindungen
anzunehmen sein dürfte. Es würde dann nicht bloß fortgesetzte,
sondern mehrmals nacheinander begangene Verletzung des Gesetzes
vorhanden gewesen sein.

Von Verkuppelung und verwandten Verwerflichkeiten ist
gelegentlich schon die Rede gewesen. Es möge hier in Zusammenhang sonstiger Unzucht gedacht werden [60]), die aber in dem einen

---

57) Nur einigemal ist hievon die Rede. III. S. 69. "Wegen Ehebruchs wurden zur Staupe gestrichen, den 3. August 1531, Kretze-
witze, ein Kretschner, Lorenz John, ein Fleischer, Osen Lorenz genannt, weil er zuvor über dem Ehebruche in einem Stüblein ver-
sperrt, und in der Angst mit einer Kretschmerin, durch den Ofen
gekrochen. Den 12. Augusti die Baberin auf dem scharfen Ort,
George Jeschlin, Töpfrin in der Neustadt, die Stopkuchen, eine
Schneiderin und Kupplerin." Vgl. IV. S. 119. und Note. 58.

58) S. oben Note 53. Doch wird bei Gelegenheit der Erwähnung eines
Kindsmords, IV. S. 106. vom J. 1581, bemerkt, der Mann der
Schuldigen sei entlaufen, und "wegen begangenen Ehebruchs mit
einer Büttnerin, den 17. Mai desselben Jahres, zu Prausnitz ent-
hauptet worden." Note 79. Ein früherer Fall realer Concurrenz von
Ehebruch und Blutschande wurde 1574 milder, als sonst geahndet:
"Den 26. April ward zur Oels enthauptet Heinrich Springer, der
mit eines andern Weibe Ehebruch und mit seiner eigenen Mutter
Blutschande getrieben." IV. S. 75. f. Note 55. und in demselben Jahre:
"Den 28. Maii ließ Doktor Cyrus, Abt zu Vincenz, Mutter und Sohn,
wegen geübter Blutschanden, auf dem Sandberge bei Hundsfeld,
verbrennen." Diese Stelle ist auch wegen der Jurisdiktions- und
Competenz-Verhältnisse beachtenswerth.

59) Peinliche Gerichtsordnung Art. 121. "Den 3. Januarii 1575 ließ
Herr Bartholomäus Maybelius, Meister zu S. Mathis, hinter der
Mühle einen enthaupten, der sieben getraute Weiber gehabt." Auch
hier gilt die Bemerkung über die geistliche Gerichtsbarkeit. S. die
vorige Note a. E. a. a. O. IV. 75.

60) Peinliche Gerichtsordnung Art. 121. 122. Freilich erscheint hier
die Unzucht als untergeordnet. Bei dem Mangel näherer Kenntniß

Falle sich als Ehebruch gestaltet, und wo eine lebensgefährliche Mißhandlung, ja Mordversuch, gegen eine andere Person concurrirte[61], wenn nicht der später erfolgte Tod, wie es den Anschein hat, dem Missethäter als Mord zugerechnet wurde, wo dann die Strafe nach bestehendem Recht und Praxis eine mildere wäre, und mit den vielen meist schwereren, deren zu gedenken sein wird, im Mißverhältniß stände.

Mit Uebergehung der Verrätherei, deren bereits Erwähnung geschehen, wende ich mich, der Reihefolge der Artikel der peinlichen Gerichtsordnung ferner mich anschließend, zu dem Verbrechen der Brandstiftung [62]. Die Kürze, mit welcher das Gesetz, ohne weitere Unterscheidungen, "die boshaftigen überwundenen Brenner mit dem feuer vom Leben zum Todt zu richten" gebietet [63], scheint hier fast durchgängig maßgebend gewesen, und keine Rücksicht auf die besondere Gestaltung der Fälle genommen zu sein, welche später durch Zurückgehen auf die Grundsätze des römischen Rechts und die Praxis 2c. bei der Beurtheilung in Betracht kamen, und unter dem Einfluß wissenschaftlicher Bearbeitung einer

---

vermag ich nicht zu beurtheilen, welchen Einfluß jenes Verbrechen auf die Strafe des Diebstahls mit Einbruch gehabt habe, der nach Art. 159. mit dem Strange bei Männern, jedoch nicht unbedingt, sondern auch nur mit verstümmelnder oder sonstiger schwerer Leibesstrafe bedroht wird. "Den 20. Nov. 1576 ward Paul Fleischmann, ein Büttner, enthauptet, der seinem Nachbar, dem Kretschmer im Schafstall auf der Schuhbrücke, des Nächts in die Stuben gestiegen, eine Alkove erbrochen, Geld daraus genommen, auch Unzucht getrieben." IV. S. 85.

61) "Im Jahr 1584, den 11. August, ward Ambrosius Schilling, eines Rothgerbers Sohn, enthauptet, daß er mit eines andern Eheweib Unzucht begangen, und ein Mägblein, so von solchem Handel gewußt, im Sponsberger Walde, den 8. Februar, mit Schlagen und Verwunden so übel zugerichtet, daß er sie als todt mit Laube verscharret. Aber dennoch ward sie wunderlich erhalten, daß sie noch vor ihrem Ende die Schand- und Mordthat vor öffentlichen Gerichten geoffenbaret und ausgesaget, und er zur wohlverbienten Strafe gezogen worden."

62) Vgl. Osenbrüggen: die Brandstiftung in den Strafgesetzbüchern Deutschlands und der deutschen Schweiz. Leipzig 1854.

63) Peinliche Gerichtsordnung Art. 125.

bestimmteren, wenn auch nicht unbestrittenen Theorie den Eingang verschafft haben.

Zwar in dem aus dem J. 1507, unter dem 19. August erwähnten Falle, scheint die Strafe des Feuers nach den älteren Gesetzen wohl begründet, es heißt: "Den 19. August ist die Fürstliche Stadt Brieg durch einen Zimmermann, der ihm Arbeit schaffen wollen, angezündet und 96 (oder nach einer andern Angabe 73) Häuser ausgebrannt. Hat auch alle Brunnenschwengel mit den Eimern abgehauen, damit er ja recht viel zu arbeiten bekäme. Ward aber ergriffen und verbrannt" [64]. Aber v. J. 1532 ist bemerkt: "Den 13. Junii ward eine Jungfrau verbrannt, welche auf der Schuhbrück Feuer angelegt, und doch bald gelöschet war" [65]. Ob der vom J. 1563 erzählte Fall: — "den 10. Sept., um 10 Uhr, kam auf der Schmiedebrücken bei Hanns Genolken — im Stalle Feuer aus. Der Bube, der es angeleget, selbst mit löschen helfen, aber den Feuereimer in die Feuersglut fallen lassen, ward hernach gerechtfertiget" [66], — die Feuerstrafe nach sich gezogen ist, unersichtlich. Dagegen wird aus demselben Jahr, nur wenige Tage später, der Versuch der Brandstiftung mit der Strafe des Feuers geahndet. "Den 30. Sept. ward ein böser, muthwilliger Bube verbrennet, den man auf frischer That erwischet, und bei dem man alle Rüstung gefunden, da er den 21. Sept. beim George Jakisch — dem er zuvor vor einen Hausknecht gedienet, hat wollen Feuer anlegen" [67]. "Den 29. Juni 1583 sind sechs Mannspersonen und ein Weib, als Mordbrenner, zum Hayn, am Kreuzpfale angeschmiedet, geschmaucht und verbrannt worden" [68]. "Den 14. April 1584 ward ein pólnischer Bauersmann, der zu Michelwitz zweimal Feuer angeleget, davon Kretschner und Schulze abgebrannt, an einer Kreuzsäulen geschmaucht, auf ein Holz, wie reitend, gesetzet, mit dem Leibe, Hals, Händen und Füßen angeschmiedet, eine Blase mit Pulver an Hals gehenket, vor ihn das Stroh und Holz angezündet, und also

---

64) Th. II. S. 190.
65) III. S. 71.
66) IV. S. 28.
67) IV. S. 28.
68) IV. S. 114.

gebraten" [69]). "Den 12. Juni 1599 ward einer der zu Bettlern Feuer angeleget, lebendig verbrennet [70])."

Die Fälle des Raubes sind meist in Verbindung mit andern Verbrechen, Mord, Störung des Friedens. Vom Jahr 1580 wird berichtet, daß "am 13. August man zwei geköpfet, und zwei gerabbrechet, und alle vier als Straßenräuber aufs Rad geleget, und die zween Köpfe aufgenagelt" [71]). Die an zweien vollzogene härtere Strafe, als sie die peinliche Gerichtsordnung Art. 126. droht, läßt auf eine Concurrenz noch anderer schwerer Verbrechen schließen.

Des Aufruhrs, der Stiftung von Unruhen, Fehden ist bereits gedacht worden [72]), indessen werden noch einige Mittheilungen zur Würdigung der Zeitverhältnisse dienen. Ein Anhänger der "Landesbeschädiger" zur Zeit der Hussitenkriege, wird 1429 auf Befehl des Königs von Böhmen, "Andern zum Abscheu", enthauptet [73]). Die vielfachen Mißbräuche veranlaßten 1578 ein Verbot verborgene Rüstungen und Waffen zu tragen. Merkwürdig ist hier zugleich eine Strafdrohung gegen Aufforderungen zum Zweikampf mit Schußwaffen [74]). Der Zusammenhang ergibt, daß die

---

69) IV. S. 117. vgl. S. 11. "Den 26. Septbr. 1558 sind zum Zobten bei 40 Häuser abgebrannt. Die Brandschädiger wurden halb ergriffen, einer geviertheilt, der andere verbrannt." Hier scheint dem Einen Verrätherei zur Last gefallen zu sein. "Den 5. Januar 1554 ward zu Asche verbrannt Matz Tannzappe von Groß-Mochbern, welcher seinen eignen Vater und zweien Nachbarn abgebrannt, um der Ursache willen, daß der Vater nach der Mutter Tode eine andere zur Ehe genommen. Das Henkerlohn mußte der Vater selbst entrichten." III. S. 163. Andere Fälle, wo "die so Geld genommen, Feuer anzulegen", obgleich dieß noch nicht ausgebrochen, verbrannt worden, III. S. 125. 126.

70) IV. S. 193.

71) IV. S. 102. vgl. II. 180. und 197.

72) Peinliche Gerichtsordnung Art. 127—129.

73) I. S. 176.

74) Den 18. August sind auf dem Fürstentag die verborgenen Brust- und Haupt-Verwahrungen, wie die seind, und den Namen haben mögen, item die Reifen und Pickelhauben in Hüten, im friedlichen Lande und außerhalb Kriegs- und Feindes-Gefahr zu tragen, gänzlich verboten und abgeschafft worden, bei Pön 50 Ducaten, daß dieselben

Satzung gegen einen Stand und eine Klasse von Personen gerichtet ist, nach deren Ansichten dergleichen nicht als unehrenhaft galt.
Auch sieht man aus vielen Stellen [75]), daß die Grenze des Verbotenen und Erlaubten lange Zeit hindurch unbestimmt war, so
wie auch nicht alle Fälle der Gewalt und Friedensstörung, deren die
Chronik gedenkt, unter den Gesichtspunkt strafbarer Handlungen
gezogen, sondern als erlaubte Fehde, wenigstens thatsächlich behandelt werden.

Reicher ist das Ergebniß der Betrachtung in der Lehre von
den strafbaren Tödtungen, zu der uns die oben angedeutete
Reihefolge führt. Die peinliche Gerichtsordnung beginnt dieselbe
Art. 130. mit der Vergiftung. Eine an dem Ehegatten verübte
vorsätzliche Tödtung durch Gift, wobei noch ein Kind um's Leben
kam, wird an dem Urheber verhältnißmäßig mild durch Enthauptung
geahndet [76]).

---

auch dazu am Leibe mit Gefängniß auf einen Monat gestrafet, und
da sie darüber dermaßen, mit verborgener Brust- und Haupt-Verwahrungen versehen, „jemands beschädigten, vor unehrbare Leute geachtet und gehalten werden sollen. Die Aufforderung auf Büchsen
und Rohr ist bei Leibesstrafe und bei Verlust der Ehren gänzlich verboten." IV. 95.

75) Ich unterlasse es solche anzuführen; einige sind gelegentlich und in
Verbindung mit andern Verbrechen, Raub, Todtschlag ꝛc., erwähnt. Z. B. IV. S. 117. „Den 21. April 1584 auf Befehl der
gesammelten Fürsten, Herren und Stände ward ein Spielmann mit
seinem Bruder nach Enthauptung, als Fehder, Dräuer und
Brenner, die ihres Vaters Tod, den ein Edelmann erschoßen,
rächen wollen, beim Galgen verbrannt, ein Weib und drei Bauersmänner, die sie wider der Obrigkeit Verbot gehauset und beherberget,
auf dem Rabenstein enthauptet, und ihrer zween des Landes verwiesen." (!)

76) Vom J. 1555: „Caspar Dürfeld, Pfarrer zu Stabelwitz — aus
Anregung des Teufels und Unterweisung eines Maurers, kaufte in
der Apotheke Gift und gab für: Er wollte die großen Mäuse damit
tödten, meinte aber damit sein Weib, die er vor drei viertel Jahren
geeheliget und haßete. Darum er ihr dreimal Gift eingegeben. Die
ersten zweimal hat es ihr nichts geschadet, aber zum drittenmal, wie
auch des Glöckners Töchterlein, so mit ihr gegessen, sind sie beide
von Stund an durch das Gift umkommen, und gestorben. Solche

Der Kindesmord, im engern Sinn, wird öfters erwähnt, und meist mit der in der peinlichen Gerichtsordnung Art. 131 als Regel gedrohten Strafe des Ertränkens belegt. Doch finden sich auch Beispiele größerer Strenge; wie deren auch das Gesetz solche, freilich nicht gerechtfertigter Weise, als Ausnahme, nach dem Abschreckungsprincip zuließ [77]).

So heißt es vom J. 1580: "Den 23. Februar ward eine von Liegnitz ersäuft, die ihr lebendiges in Unehren gezeugtes Kindlein über das Knie gebogen, ihm das Genicke gebrochen und in Schacht werfen wollen, aber darüber ergriffen worden" [78]). In einem andern Fall traf die Thäterin gleiche Strafe, den Anstifter aber die Enthauptung [79]), allerdings in Concurrenz von Ehebruch. "Den 29. März 1586 ward der Fiedelhofen Magd ersäufet; die nach begangener Unzucht schwanger worden, das Kind lebendig geboren und umgebracht" [80]). "Den 29. März 1595 des Schulzen von Krobwitz .... [81]) eine Kindesmörderin ersäuft." Eine Magd,

---

Uebelthat des Pfarrers ist bald offenbar worden. Darum die Herrn von Breslau ihn in die Stadt holen lassen, da er nach seinem Verdienst zum Tode verurtheilt, den 16. Juli enthauptet, aufs Rad geleget, und dem Maurer den 23. Juli mit gleicher Strafe, ist gelohnet worden." IV. S. 56.

77) S. meine Strafrechtstheorien S. 124. Not. 132. vgl. unten Not. 82. 83.

78) IV. S. 100.

79) "Den 20. Mai 1581 ward ein Weib (deren Ehemann entlaufen, und wegen begangenen Ehebruchs mit einer Büttnerin zu Prausnitz enthauptet war), daß sie ihr Fleisch und Blut umgebracht, ersäuft, und den 27. Mai Hans Krabitz, so das Kind im Leben seines Eheweibs mit ihr, damals seine Dienerin, gezeuget, und zu der Mordthat gerathen, mit dem Schwerte gerichtet." IV. S. 106.

80) IV. S. 128. III. S. 75., wo von einer Wittwe die Rede ist.

81) IV. S. 175. Die Lücke dürfte zu ergänzen sein, "Tochter oder Magd." Eben so in frühern Fällen. "Den 2. Dec. 1532 ward die Leglerin, eine Stadtbienerin, daß sie ihrer Tochter Kind ungetauft umgebracht, in der Ober durch eine Wuhnne ersäuft. Sechzehn Personen brachen mit dem Eise ein, zween hätten ersaufen müssen, wenn ihnen nicht der Henker mit einer zugereichten Stange hätte heraus geholfen." III. S. 75. Der Fall ist mehrfacher Hinsicht merkwürdig. Die Großmutter wird hier mit der Strafe des Kindesmords belegt, die sonst nur die Mutter selbst trifft. Jene würde mit der harten Strafe des

welche nach einander zwei uneheliche Kinder ermordet, war endlich
als sie ihr drittes Kind umgebracht, entdeckt worden. „Darauf —
heißt es nach einer ausführlichen Schilderung ihrer Verbrechen —
die Kindesmörderin gefänglich eingezogen, um ihre Uebelthat ge=
fraget, und wie sie alle drei Morde bekannte, zum Tode verur=
theilet, und den 27. Junio 1551 lebendig begraben ward“ [82]).
Die Worte der peinlichen Gerichtsordnung Art. 131., „wo aber
solche übel oft geschehen, wollen wir die gemelte gewohnheit des
vergrabens und pfelens, umb mer forcht willen, solcher boshaftigen
weiber auch zulassen,“ die man meist von der Ueberhandnahme
des Verbrechens überhaupt versteht, scheinen hier auf die Wieder=
holung durch dieselbe Person bezogen worden zu sein, und es läßt
sich diese Auslegung vertheidigen, bei der sich von selbst versteht,
daß die frühern Begangenschaften noch nicht zur Kenntniß gekom=
men, oder wenigstens, wenn dieses der Fall gewesen, nicht mit der
gesetzlichen Strafe geahndet worden seien; — eine Ausnahme, die
jedoch wohl kaum anzunehmen ist [83]).

Mit Uebergehung der Artikel der peinlichen Gerichtsordnung,
für welche ich kein bemerkenswerthes praktisches Beispiel finde,

---

Verwandtenmords haben belegt werden müssen, wenn man die gemeine
Meinung annimmt. Daß das Kind ihrer Tochter ein uneheliches war,
ist nicht gesagt, aber wohl eben nach der Strafe anzunehmen. Der
Umstand, daß das Kind ungetauft gewesen, der sonst nicht in Be=
tracht kommt, bestätigt die Annahme der Neugebornheit.

82) III. S. 154. IV. S. 58. „Den 27. Martii v. 1574 ward der Bret=
schneiderin — Tochter ertränkt, daß sie ein Kind, so mit dem Schrei=
ber gezeuget, umgebracht, und in den Schacht geworfen. Schwamm
unter fleißigem Gebet, lebendig in die sechs Viertelmeil Weges, ehe
sie unterging.“

83) Ob im folgenden Fall, wo eine Schwangere ermordet worden, die
an einer Mitschuldigen vollzogene Strafe des Vergrabens, nach einer,
hier doch nur entfernten Analogie des Kindsmords, bestimmt war,
möchte ich kaum annehmen, obschon sich sonst kein gesetzlicher Grund
gerade für jene Strafart findet, so daß man nur hier, wie öfters die
große Willkühr, mit welcher verfahren wurde, erkennen kann. „Den
20. Mai 1536 ward der Hirte von Schwoitz geräbert und sein Weib
(beide fast alt) lebendig begraben, wegen eines Mordes, den sie im
Walde an einem schwangern Weibe begangen. III. S. 86. vgl.
S. 126. und unten Note.

wende ich mich zu Art. 137, der den Unterschied von Mord und Todtschlag, und deren verschiedene Behandlung — mit Hervorhebung der Fälle des durch das Verhältniß des Thäters zu dem vorsätzlich um's Leben Gebrachten s. g. qualificirten Mordes; einschärft.

Wenn unter den 26. Febr. 1533 gemeldet wird: „Ein Goldschmiedgeselle von Nürnberg hieb von oben Georgen, der Emmerichen Sohn von Ofen, daß er starb. Ein Rothgießergeselle stach einen Knappen, daß ihm die Därme ausgingen"[84]), so darf man in Ermangelung näherer Angaben, auf Todtschlag und dessen Strafe schließen. „Den 26. Aprilis 1548, Georg Liebeskind, ein Kretschmer auf der Nicolausgasse, erstach über dem Spiel Peter Falken, einen andern Kretschmer auf der Altbüßergasse; ward den 4. Mai am Ringe enthauptet, und zu St. Barbara ehrlich begraben"[85]). Milder, und abweichend von sonstiger Praxis, wird ein ähnlicher Fall in demselben Jahre beurtheilt; ohne daß die Gründe angegeben sind. „Den 1. Decbr. erstach ein Stadtknecht auf der Obergasse einen Kannengießergesellen. Nach langem Stockfitzen ward ihm die Stadt auf zwei Jahre verboten"[86]). „Den 7. Martii 1575 ward einer am Ring enthauptet, der einen mit einem Topf-Kandel erschlagen"[87]). „Den 30. Januarii 1575 zu Ransern erstach ein Bauer den andern aus Muthwillen mit einem Spieße; waren beide von Schebitz. Den 3. Februar ward der Thäter mit dem Schwerdt in der Stadt gerichtet"[88]). „Den 13. Januarii 1578. In der Neustadt auf dem neuen Zimmerhofe erschlug ein Zimmermann mit der Bindart einen Brettschneider. Ward enthauptet"[89]). „Den 9. Martii 1563 ward ein Zimmergeselle, welcher einen andern mit dem Brodmesser auf der Altbüßergasse in der Stuben erstochen, vor dem Pranger enthauptet,

---

84) A. a. O. III. S. 75.

85) III. S. 140. vgl. S. 124. „Den 6. Decbr. 1543 erstach zur lieben Frauen der Stallmeister einen Klosterknecht, und mußte hinter Sanct Anna-Kirche wieder seinen Hals zum Hiebe barstrecken."

86) A. a. O. S. 141.

87) A. a. O. IV. S. 71.

88) A. a. O. S. 75.

89) A. a. O. S. 92.

und beide in ein Grab geleget"[90]). Von dem Fall: "den 15. Nov.
1684 auf der äußersten Olischen Gassen warf im Zorn ein
Schlosser mit einem spitzigen Keile seinen Gesellen, der seinen Sohn
in trunkner Weise einen Schelmen gescholten"[91]) — wird einer
Strafe nicht gedacht. Dagegen heißt es gleich nachher: "Den
10. Dec. erstach eines Zimmermanns Sohn auf dem Neumarkt
einen Schenken mit dem Brodmesser, ward den 13. Dec. am Ringe
geköpfet"[92]). Bemerkenswerth ist der folgende Fall, theils wegen
der mehrmals erwähnten ehrlichen Bestattung der Todtschläger,
und der überaus schnellen Justiz[93]), theils weil sich ergibt, daß
Trunkenheit nicht als Entschuldigungs= oder Milderungsgrund an=
gesehen wurde. Das mehrfache Interesse, welches die Erzählung
bietet, wird es rechtfertigen, wenn sie hier ihre Stelle findet:
"Den 17. Januar 1585 warb Carl Poley von Weyersdorf
ungebunden und unbeschrien, auf einem schwarzen Tuch mit einem
Cöllnischen Kreuze knieend, nach gethanen andächtigem Gebet vor
dem Rathhause enthauptet, bald von seinem Diener und Todten=
gräber ins Tuch eingewickelt, in Sarg geleget, in seiner Schwester
Haus getragen, und folgenden Tages mit ehrlicher Procession,
Schul und Glockengeläute auf St. Elisabeth Kirchhof
zur Erden bestattet. Dienstag zuvor, des Nachts, hat er in
trunkner Weise einen Wächter, so ein Weißgerber, mit dem Rapier
gestochen, daß ihm die Därme ausgangen, dem andern ein Stück
von dem Backen gehauen, dem dritten durch den Ermel gestochen,

---

90) IV. S. 20.

91) A. a. O. S. 120.

92) A. a. O. S. 120.

93) So auch in einem frühern Fall: "Den 4. März 1502 erstach ein
Schuhknecht des Kupferschmiedes Sohn und erlitt mit dem Schwert
sein Recht den 8. März." II. S. 182. Vgl. S. 57. "Den 23. April
1569 erstach mit einem Brodmesser ein Kraft=Mehler, der in Eisen
ging, einen Stadtdiener, der ihn wegen seines Verbrechens mit der
Peitschen geschmissen. Warb am Ringe enthauptet." S. 61.: "Den
2. Juli 1570 erstach eines Polischen Edelmanns Knecht, beim Strausken
auf der Obergasse, einen Kutscherknecht, der seine Rosse in den Stall
und auf die Stelle gezogen, indem jener mit seinen Rossen in der
Tränke und Schwemme gewesen. Warb dem nächsten Dienstag danach
vor dem Rathhause enthauptet."

dem vierten die Finger gelähmt, in der Canzlei nach den Wächtern und Stadtknechten mit Fäusten geschlagen und viel unnützer Dräuworte sich verlauten lassen" [94]). "Den 13. März 1586 auf der Stockgasse erschlug ein Polack einen Bauern, der sein neuerkauftes Pferd in den Stall ziehen wollen. Ueber den andern Tag ward er enthauptet, und kamen beide in ein Grab" [95]). "Den 29. März 1595. Im Spiele, wegen einer Kanne Bier, erstach ein Bäckerknecht auf der Junkerstraße einen seines Handwerks, ward bald am Sonnabend am Ringe enthauptet [96]).

Ob in folgendem Falle Todtschlag oder Mord vorlag, läßt sich nicht näher bestimmen. Merkwürdig ist er, wegen der eigenthümlichen, sonst nicht vorkommenden Strafart. "Den 14. Mai 1511. Zum Brieg auf dem Kreuzhofe erstach ein Pfaffe den andern; der Thäter wurde zu Strahowitz **erhüngert!**" [97])

Bei Anführung der Beurtheilung des Mordes, werde ich den f. g. qualificirten nicht von dem gemeinen trennen, um die chronologische Ordnung, die doch auch für die Würdigung der Verhältnisse ihre Bedeutung hat, nicht zu unterbrechen. Eine gräß-

---

94) IV. S. 121. Es scheint hier der passende Ort einen Fall eigenthümlicher Bestrafung der Körperverletzung anzuführen. "Den 28. August 1580. Einen Bäckerknecht von Brieg, der Hanns Daniegele, dem Vogt und Kretschmer in der Neustadt, muthwilligerweise mit dem Brodmesser ein Auge ausgestochen, wurden vor dem Pranger sechs Schmitze, und ferner an der Honigecken, die halbe Albrechtsgasse, die halbe Altbüßergasse, hinter den Fleischbänken, über den Neumarkt bis in die Neustadt hinaus, allwege so viel auf den bloßen Rücken gegeben, auch für des Beschädigten Haus ihm die rechte Hand abgehauen, in Busen gesteckt; zum Olischen Thore hinausgeführt, und des Fürstenthums verwiesen." IV. S. 103.

95) A. a. O. S. 127. 128.

96) IV. S. 175.

97) II. S. 196. Ebenso S. 160.: "Nach Himmelfahrt 1491 — ließen die Freistädter Buslum, einen von Abel, fangen, an der Folter strecken und peinigen und ihm den Kopf auf dem Markt abschlagen: denn er war eine Ursach Herzog Balthasars zum Sagan Untergang, und daß desselben Fräulein aus Sagan verjaget; daß Theofilus Bergmann von Glogau, ein gelehrter und beredter Mann, zu Mitbrecht vor der Stadt Sprottau enthauptet; die Rathsherren zur Glogau in Thurm verschlossen und **erhungert** waren."

liche Strafe wurde am 13 Juni 1491 wegen Gattenmords vollzogen. "Es ist zu Breslau eine Bürgerin, die Caspar Kürstin — wegen begangenen Mordes an ihrem Ehemann, sammt ihren Mitgehülfen gerichtet worden. Gemeldtes Weib hat mit ihrem Schenken gebuhlet und ihrem Ehemann achtmal Gift eingegeben, die sie von einem Bauern um 12 fl. erkauft. Da aber die Gift ihren Mann nicht bald hinnehmen wollte, bestellte sie den Schenken und Bauern, daß sie ihn bei Nacht in seinem Bette erschlugen und zum Fenster hinabwurfen, auch einen Ziegel am Fenster ausbrachen und hienach stießen, daß man denken sollte, als wäre der arme Mann etwa in voller Weise zum Fenster hinausgestiegen und gefallen und im Anhalten mit sich einen Ziegel hinabgerissen, derowegen sie im Hause ein Zetergeschrei angefangen. Und ob man wohl einen Argwohn auf dieses Weib dieser Handlung gehabt, so ist doch die Sache also verschwiegen blieben, bis auf den dritten Monat, da die solches selbst einander in Zorn und Zank fürgeworfen, und also diese schändliche That nicht länger konnte verborgen bleiben; wie denn Gott solche und andere Thaten ganz wunderlich zu Lichte und zu Gerichte bringet. Also wurden auch diese Mörder sammt der Mörderin gefänglich eingezogen, und nach ihrem Verdienst zur Strafe gezogen. Das Weib ward um den Ring geführet, ihr die rechte Faust vor ihrem Hause, da die Mordthat geschehen, abgehauen, lebendig begraben und ein Pfahl durch sie geschlagen. Der Schenke und Bauersmann würden um den Ring geschleift, ihnen die rechte Faust abgehauen, auf allen Kreuzen mit glühenden Zangen gerissen, und nach Zerstoßung der Glieder aufs Rad geleget" [98]).

Merkwürdig ist der folgende Fall, wo nicht nur die Gattenmörderin mit der Strafe des Lebendigbegrabens belegt wurde, sondern auch die Verurtheilung unter Umständen erfolgte, die es unmöglich machten, den objectiven Thatbestand, ja die Schuld überhaupt, für die nur die Selbstanklage vorlag, festzustellen; endlich ersichtlich ist, daß man — sofern auf das römische Recht Rücksicht genommen worden, dasselbe schon damals so verstand, daß jenes Verbrechen unverjährbar sei. "Den 10. Juli 1544 ward ein Weib zu Nanslau, über 60 Jahre alt, um geringer Ursache willen

---

98) A. a. O. II. S. 101.

gefänglich eingezogen, bekannte ohne alle scharfe Frage, daß sie vor etlich dreißig Jahren ihren ehelichen Mann im Olischen, da sie ihm das Haupt gewaschen, das Haupt mit einem Beile abgehauen. Ward lebendig begraben [99]).

Der gewöhnliche Mord wird im Allgemeinen in der gesetzlich ausgesprochenen Weise behandelt; doch finden sich oft mehrfache Schärfungen. Im Jahre 1561 hatte ein angeblicher Schatzgräber "drei Personen über den Schatzgraben, am 29. Mai, jämmerlich erschlagen und ermordet." Nach ausführlicher Schilderung der Greuelthat, heißt es: "George Hahn, der Töpfergeselle und Thäter, ward zu Lüben, in seinem Vaterland neun Meilen von Breslau gefangen, auf einen Wagen geschmiedet und den 18. Junii hieher gebracht. Nachdem er eine Zeitlang gefangen gesessen, Esaiam, einen Seiler, aus gefaßtem Zorn, als einen Mithelfer seiner Mordthat fälschlich angegeben, zur Marter und fast zum Tode gebracht, ward er zum Tode verurtheilet, und den 20. Augusti vor dem Rathhaus auf einen Wagen gesetzet, auf allen vier Kreuzen des Ringes mit Zangen gerissen, danach für das Haus, in welchem die That geschehen, geführet, die rechte Hand, mit der er drei Morde begangen, mit dreien Schlägen abgehauen, endlich zur Stadt hinausgeführt und beim Galgen gerabbrecht und darauf geleget" [100]).

---

99) III. S. 126. L. 10. D. de lege Pomp. de parricid. Mein Lehrbuch §. 171. Heffters §. 187. Im J. 1534 werden wegen Mordes der Thäter mit dem Rabe, die Anstifterin (beide Verwandte des Getödteten) mit lebendig Begraben bestraft. IV. 166.

100) IV. S. 19. Daselbst S. 27. wird berichtet vom J. 1563: "Zum Brieg — kamen auf die schwarzen Hüte und Trauermantel der armen Sünder. Ein Bettler, der 9 Morde gethan, und an etlichen Orten Feuer angeleget, mit glühenden Zangen gerissen und gerabbrecht ward, hat ihn zum ersten getragen." Aus demselben Jahre wird unter dem 29. Juli ein Gattenmord erwähnt. Der Thäter, der zugleich seinen 11jährigen Sohn und eine Magd umgebracht, entzog sich durch Selbstmord der Strafe. Ein früherer Fall gemeinen Mordes, verübt am 21. März 1539, wird schon am 29. März geahndet. "Der Thäter, Lorenz, erstlich vor das Haus, in welchem er den Mord begangen, auf einem halben Wagen geführet, die rechte Hand abgehauen und den Stumpf in ein Pechsäcklein gestoßen, darnach vor dem Rathhaus mit

In dem Handabhauen liegt wohl eine Erinnerung an die alte Talion. Selbst bei qualificirtem Mord droht die peinliche Gerichtsordnung nur eine Art der Schärfung, neben der schon geschärften Todesstrafe. Hier findet sich überall eine Häufung der Verschärfungen. "Den 20. Januar 1570 ward zu Groß-Glogau eines Rothgerbers Sohn der rechte Fuß vors Vaters Thür abge-hauen, hernach mit Zangen gerissen, gerabbrechet und geviertheilet, daß er seinen Vater (der ihm zum Fechten nicht Geld geben wollen) mit seinem rechten Fuß auf den heimlichen Ort gestoßen, daß er nieder gefallen und gestorben"[101]. (!) Verhältnißmäßig milder war im J. zuvor ein Mord geahndet worden, welcher nach Art. 137. zu den gesetzlich ausgezeichneten gehörte: "Den 18. Junii 1569 ward Hans Masur, sonst Hausdorf genannt, in seinem sammtnen Kleide und mardern Schaube zum Galgen geführt, und mit dem Rade gerichtet: Lorenz Kerbern aber, seinem Knecht, auf dem Rabenstein das Haupt abgeschlagen. Darum, daß Hausdorf, Mathes Bolinskin, Erbherrn zu Mahlen, meuch-lich erschossen, der Knecht aber den Entleibten in einem Teiche unter das Eis, in einer Wiesen, hat schieben und werfen helfen; und Hausdorf sich nachmals alle seine Güter angemaßet, Wolle, Vieh, Getreide, Fische in Teichen verkauft, sich stattlich gehalten, und die Bauern zur Huldigung zwingen wollen[102]. "Den 14. Decembris 1571 hat Mey Hanns, ein ungerathener Sohn, auf Anhalten zweier Bauersmänner, Gebrüder, seine leibliche Mutter, eine alte Wittwe, auf der Straße nahe bei Giersdorf, nicht weit von Lauban in Ober-Lausitz, mit geballter Faust zu Boden geschlagen, ihr Messer ausgerückt, dasselbe in die Kehle gestochen, das Messer darinnen zerbrochen, und mit dem Stumpf vollends den Hals abgeschnitten; den Kopf in ein Gräblein ver-scharren, den Leib aber unbegraben lassen liegen bleiben." — "Den

---

Zangen gerissen, endlich zur Stadt hinausgeschleift und aufs Rad geleget." III. S. 105.

101) A. a. O. IV. S. 59. Die Art der Mißhandlung würde auf Affekt und somit Todtschlag schließen lassen.

102) IV. S. 58. Wenn der Knecht nicht Mitwisser war, so ist die Todes-strafe für diese nach der That geleistete Beihilfe, auch nach damaliger Praxis, nicht zu erklären.

22. Jan. 1572 ist Meyhanns, der Muttermörder, zum Lauban auf allen Kreuzen mit Zangen gerissen, darnach die rechte Hand ihm abgehauen, der Leib in vier Stücke getheilet, die Stücke beim Galgen an vier Säulen aufgehängt, die abgehauene Hand mit angenagelt und das Eingeweide beim Galgen begraben worden. Seine Anhetzer, zween Bauersmänner, Gebrüder, deren einer ihme mit Gift, der andere mit dem Messer im Gefängniß abgeholfen, sind beim Galgen in ein Grab kommen [103]).

Wieder mehr an das Gesetz hat man sich im folgenden Falle, mehrfachen Verwandtenmordes, gehalten. "Den 8. Augusti 1572 ist im Städtlein Friedberg, drei Meil von Lauban in Lausnitz, ein Hechelmacher mit glühenden Zangen gerissen, und ihm die Schenkel, Arme und Hals mit einem Rade entzwei gestoßen worden, daß er sein Söhnlein von zwei Jahre mit einem Klötzlein erworfen, und sein Töchterlein von drei Jahren mit einem Hauptkissen erstickt, und sein ander Eheweib in einem Teiche ertränket hatte. Sein erstes Weib, die ihm zu seinem Schlemmen — nicht genugsam geben und fürstrecken wollen, hat er auch zu Nacht mit einem Schleier ersticken wollen; sie aber hat sich aus seinen Händen entrissen, ihr den Schleier aus dem Munde gezogen und sich gerettet; und solche mordliche Gewalt keinen Menschen offenbaren wollen" [104]).

Ueberlegte, nicht blos in der Aufwallung verübte Tödtung ist in Folgendem anzunehmen: "Den 23. Aprilis 1578, Barthel Kurz, der lange Drechsler — erschos einen andern Drechsler — über seiner Arbeit in der Werkstatt mit einer Handbüchsen, daß er

---

103) A. a. O. IV. S. 67. 68.

104) IV. S. 69. In dem folgenden Fall ist zwar von Erschlagen die Rede; aus der Strafe aber muß man schließen, daß Mord angenommen wurde. Denn wenn auch die That von dem Verlobten verübt wurde, und man darin einen Erschwerungsgrund finden wollte, — wozu das streng auszulegende Gesetz nicht berechtigt, so spricht doch, wenigstens die peinliche Gerichtsordnung nur von fürgesetzten Mord. "Den 31. Augusti 1573. Zur Oels erschlug ein Schuhknecht eine Schusterin, eine Wittfrau, welche ihm die Ehe zugesagt, und mit der Hochzeit so ungewöhnliche Aufzüge machte. Des andern Tages ward ihm vor der Entleibten Hause die Hand abgehauen, darnach geräbert." IV. S. 72.

auf der Stelle todt blieb. Bald, den 26. Aprilis, den Sonnabend hernach, ward dem Thäter vor des Entleibten Thüre die rechte Hand abgehauen, danach an seinem Leibe auf allen vier Kreuzen mit glühenden Zangen gerissen, und endlich beim Galgen aufs kürzeste gerädert, das Haupt abgehauen, sammt der Faust auf eine Stange genagelt und der Körper aufs Rad geleget" [105]). Nicht so schwer wird dagegen wieder einmal ein Verwandtenmord (denn auch hier entscheidet der Ausdruck Todtschlag nicht, da der ganze Inhalt der Erzählung entgegensteht) geahndet. "Den 27. Junii 1584: Ein Bauerknecht von Neudorf erschlug seiner Mutter Bruder und Vormund, einen alten Mann von Neudorf, weil er ihm nicht den Theil von der Erbschaft hat geben wollen, seines Brudern, der 22 Jahr außen gewesen, und gleichwohl hernach wieder heimkommen ist. Hat ihm den Todtschlag ganzer 9 Jahr lang nachgetragen. Ward den dritten Tag darnach gerädert" [106]).

Noch sei der eigenthümlichen Strafe eines Gewohnheitsmörders gedacht, von einer seltenen Ausartung des Gemüthes [107]). "Den 27. Dec. 1575. Zum Sagan ward Peter Wolfgang, sonst Pusch Peter genannt, die rechte Hand abgehauen, mit Zangen gerissen, zur Stadt hinaus geschleifet und an einen Spieß gezogen. Hat 30 Morde (darunter 6 schwangere Frauen und so viel Leibesfrüchte, denen er die Herzlin ausgezogen und sie gefressen, daß er nicht möchte gefangen werden), 41 Wittwen, 6 Kirchenraube und andere Unthaten mehr begangen" [108]).

Im Anschluß an die Artikel 139—145 der peinlichen Gerichtsordnung lasse ich einen Fall der Nothwehr folgen, wo es jedoch nicht zum Urtheil kam. "Den 14. Febr. 1599 hat der Lackey, Hofschneider auf des Kaisers Hof, zur Beschützung seines

---

105) IV. S. 93.

106) IV. S. 118. Der Fall eines Mordes in Concurrenz mit Ehebruch, IV. S. 119., ist früher erwähnt worden. S. oben Note.

107) Vgl. Feuerbach's Rechtsfälle Th. I. S. 97. Milder, d. h. ohne weitere Schärfungen, war 1521 verfahren worden, a. a. O. III. S. 11. "Den 13. Mai ward ein Mörder gerabbrecht, der bei dem Hundsfelde am Sahdberge bei dem Einsiedel viel Morde begangen."

108) A. a. O. IV. S. 79., daselbst S. 182: Mord von einer Magd an dem Kind ihrer Herrschaft begangen, mit Handhauen und Ersäufen 1596 bestraft.

Leibes und Lebens, den Thorwärter mit der Schneiderscheere auf den Kopf gestochen, daß er todt geblieben. Der Schneider ward aus der Burg in den Stadtstock geführet. Daraus zwischen dem Rath und der Kaiserlichen Kammer eine langwierige beschwerliche Aktion entstanden, darunter der Thäter Anno 1608 den 8. April im Stadtgefängniß gestorben" [109]).

Wenden wir uns nun zu den Beispielen der strafrechtlichen Behandlung des Diebstahls [110]), so wird auch hier — indem allerdings nur die schwersten Fälle berichtet sind — eine große, oft über das Gesetz hinausgehende Strenge sichtbar, und man scheint an älteren Herkommen sehr fest gehalten zu haben [111]). „Den 31. Dec. 1482 wurden zween alte Stadtdiener, Stefan Oesterreicher und Michael Biberstein, so auf dem Saale helfen Geld zählen, über dem Diebstahle ergriffen, gefangen und am Montage vor Anthoni gehangen" [112]). „Den 25. Aug. 1517 wurden ent-

---

109) IV. S. 192.

110) Peinliche Gerichtsordnung Art. 157 2c.

111) „Den 19. Oktobr. 1573 ward ein Fischer erhängt, der unter andern Gattungen, auch Mühlsteine gestohlen" Den 14. Decbr. ward der kaiserliche Bierzoll erbrochen, 487 Floren und einige Ringlein entwandt. Der Dieb zu Grottkau gefangen und zu Breslau an dem erhöheten Galgen gehangen. III. 72.

112) II. S. 136. Eine Qualification ist hier nicht angedeutet, und es scheint wohl auf den Umstand Gewicht gelegt worden zu sein, daß die Diebe im öffentlichen Dienste, und das Geld dem städtischen Aerar gehörig gewesen. — Daselbst S. 188. wird auch der merkwürdigen Geschichte des Rindfleisch gedacht, von der ich in meiner früher erwähnten Abhandlung gesprochen habe. Wie bestritten auch die Frage über die Ehrlosigkeit der Scharfrichter gewesen sein möge (s. meine Note 14. angeführte Abhandlung über den Art. 218. der C. C. C. S. 324.), so ist doch in der spätern Zeit und insbesondere in der Periode, von welcher hier gehandelt wird, kein Zweifel, daß die Volksansicht das Gewerbe — vielleicht wegen der sonst mit demselben verbundenen Obliegenheiten, als entehrend betrachtete. Das Note 20. erwähnte Buch des Meister Franz zu Nürnberg, welches „all sein Richten am Leben" von 1573 an bis 1617 verzeichnet, schließt, nach Angabe von 361 vollzogenen Hinrichtungen und 345 Leibesstrafen, mit den Worten: „damit hat er seinen Dienst aufgegeben, und wieder redlich gemacht worden." In J. Grimm's Weisthümern II.

hauptet, wegen Entwendung einer ansehnlichen Summe Geldes, Caspar Lebe und Hans Siegersdorf, beide Diener im Hopfenhause, und der Eine zu St. Maria Magdalena, der Andere zu St. Barbara begraben" 113). „Den 2. Dec. 1545 zu Oels wurden 4 Mälzer enthauptet, so Malz gestohlen" 114). „Am 12. Junii 1574 zogen etliche Schlosser, Zimmerleute und Maurer mit Trommeln und Pfeifen und aufgereckten Fähnlein auf den Anger, noch einen Galgen über den andern zu bauen 115), daran der Urhuber, der reiche und reife Dieb gehenkt ward, welcher den Kaiserlichen Bierzoll erbrochen und bestohlen hatte" 116). „Den 12. Septbr. 1577 ward Lazarus Polack, ein Jude von Budewitz aus Mähren, der viel Jahr aneinander nicht wenig gestohlen, auf eine sondere Art gehenket: denn weil er nicht als ein Christ 117),

---

S. 367. findet sich aus dem Weisthum von Uerzig 1568 folgender merkwürdige Gebrauch verzeichnet: „Es ist der prauch und von unverdenklichen jarn bey uns unser vorfarn also gehalten worden, wann ein mißthabiger verurtheilt und dorch den Scharffrichter soll gericht werden, solches geschehe in welcherley gestalt es will, so moiß der Scharffrichter bürger zu Urtzigh werden, ehe und zuvor er den mißthabigen richte, doch mit diesem beding und bescheidenheit, daß alspalt er sein ampt verricht und arbeit geschaffen hat, moiß er wiederumb die bürgerschafft uffver kündigen und nit mehr bürger seyn, noch sich dessen beraumen."

113) III. S. 3. Auch hier mag die amtliche Stellung berücksichtigt sein. Sonst war die gewöhnliche Strafe des Diebstahls, wo er todeswürdig ist, nicht Enthauptung, sondern der Strang; auch vor der Publication der peinlichen Gerichtsordnung. Der Diebstahl mag ein s. g. großer gewesen sein, der später Art. 160. doch nur unter hinzutretenden Erschwerungen am Leben gebüßt wurde.

114) A. a. O. S. 130.

115) Vgl. hierzu peinliche Gerichtsordnung Art. 215.

116) IV. S. 74. Der Chronist setzt hinzu: „Als man zu Annaberg in Meißen einen neuen Galgen baute, kam ein Frembder, Klingensporn genannt, rieß Possen und fragte scherzweise: Wer wird nunmehr an diese schöne Glocke einen Klöpfel geben? Es stand nicht lange an, so wird eben dieser über einen groben Diebstahl ergriffen, und mußte die neue Kapelle einweihen, den ersten Klöpfel in die neue Glocke und den Schwengel an Galgen geben."

117) Man scheint ihm also die Bekehrung zum Christenthume nahe gelegt

sondern als ein Israelit sterben, und durch seine Strafe die Sünde büßen wollte, ward in der Kirche vor ihn nicht gebeten, auch die Glocke im Ausführen nicht geläutet, wie sonsten gebräuchlich. Ein halber Dorf=Galgen mit einem Fuß ward aufgerichtet, der Jude mit einem Strick um den Leib und unter die Arme gefaßt, an einem Kloben schwebende hinaufgezogen und gehenket. Er hing nicht lang, so ward er sammt dem Galgen von Unbekannten um= gehauen und der Kopf weggenommen. Aber man bauete einen andern und hing ihn mit den Füßen" [118]). „Den 25. August 1580. Wegen Diebstahls ward zu Falkenau der eine Bruder enthauptet, der andere zur Brieg, daß er im Schweidnitzer Keller einen ge= schlagen und Unzucht (wohl so viel als Unfug) getrieben, das ein Ohr mit einem Partikel von Wange abgeschnitten" [119]). „Den 25. Mai 1581 ließ Herzog Georg zum Brieg, David Rosentritt, seinen Rentmeister, daß er ihm eine große Summe Geldes, 20000 Thaler, entwendet und in seinem Hause in unterschiedliche Oerter versteckt und verleget, an den neuen hochgemauerten Galgen henken. Von Person ein ansehnlicher Mann, 42 Jahre alt, betete zuvor knieend den 51. Psalm, und befahl seine Seele in Christi Hände" [120]). „Den 28. Juni 1583 ward zu Groß=Glogau Bern= hardt Gumpel, der Rentschreiber, daß er etliche 1000 Thaler ge= stohlen, erhenkt" [121]).

Im folgenden Falle, wo des Verbrechens nicht Erwähnung geschieht, darf wohl Diebstahl angenommen werden, wenigstens bei den beiden zuletzt genannten Personen: daß die Enthauptung auch auf Diebstahl stand, haben wir schon erwähnt. „Den 31. Juli 1586 ward ein Weinkofer enthauptet, Schimpfmaul, bei der Knopfmühle an einer Eiche, der zweite, August Proscher, beim Hundsfeld an einen Baum an die Straße aufgeknüpfet" [122]).

---

zu haben, die übrigens nicht von der Strafe befreite. Vgl. meine angeführte Abhandlung in der Zeitschrift für deutsches Recht. Bd. XV. S. 75. XVI. S. 339.

118) IV. S. 91.
119) A. a. O. S. 103.
120) IV. S. 106.
121) A. a. O. S. 114.
122) A. a. O. S. 129.

Einige Fälle von Kirchenraub: „Den 15. Januar 1579 ward ein Bräuermeister am obersten Galgen gehangen, der eine Zeitlang bei nächtlicher Weile mit einem Dietrich die Häuser aufgeschlossen, darinne gemauset, was er betroffen, mitgenommen, auch in beiden Kirchen die Gotteskasten erbrochen und geleert [123], Zugleich zur Lehre vom unehrlichen Begräbniß [124]. „Juli 1593. Auf dem Begräbnißplatz ward aus dem gemeinen Kasten in der Kirchen etlich Geld mit besondern Instrumenten ausgehoben und gestolen. Den Kirchdieb zu erfahren wartete der Glöckner daselbst in der Dreßkammer auf den Dienst. Den 15. Juli kommt er geschlichen, und als er an den eingeschlagenen hölzernen Nägeln an der Wand aufklettern und zum Fenster beim Predigtstuhl einsteigen will, wird er vom Glöckner gestöret, in der Flucht mit dem Knebelspieße an die Waden gestochen und gefället, daß er des andern Tages stirbet, und vom Henkersgesündlein in die Schindegrube geführet und begraben wird" [125].

Es mögen nun auch einige Bemerkungen über die allgemeinen Rechtsgrundsätze und das Verfahren Platz finden, welche theils an die bisher angeführten Fälle [126], theils an weiter mitzutheilende angeknüpft werden sollen.

Von der Häufigkeit der Verbrechen finden wir reichliche Zeugnisse, und der Schluß auf dieselbe wird um so sicherer sein, da nur die schwersten, meist Capitalfälle, erwähnt werden. Das Verfahren ist nicht geschildert, aber das Wenige, was gelegentlich berührt wird, läßt auf große Mangelhaftigkeit schließen. Es wird im wörtlichsten Verstande „Kurzer Prozeß" gemacht. Unter den

---

123) IV. S. 96. vgl. III. S. 69., wo der Thäter, der sich an einem Strick herablassen wollte und verunglückte, ehrlich begraben wurde.

124) Vgl. Note 93. und 146.

125) IV. S. 167.

126) Die Fälle erwähnter Verbrechen, wo die That nicht zur Strafe gezogen werden konnte, habe ich nicht aufgenommen, obschon darunter einige nicht ohne Interesse sind. Manche bekunden deutlich den Sittenzustand; a. a. O. III. S. 157. wird z. B. bemerkt: „Den 7. Nov. 1551 entlief Katharina, die Beutlerin, eine Tänzlerin, oder Umträgerin, so die Leute mehr denn um 9000 Thaler angesetzt und betrogen. Hat mit dem großen Wucher, den sie betrieben, ihr ein solch Credit gemacht, daß ihr ein Mann allein 10000 Thaler vertrauet."

Fällen der berichteten Vollziehungen der Todesstrafe sind nicht wenige, wo es heißt, daß der Thäter am andern oder am dritten Tage nach der Verübung des Verbrechens gerechtfertigt worden sei — und auch von diesen abgesehen, sind meist nur wenige Wochen zwischen der Verübung der That und der Vollziehung des Strafurtheils. Mag man auch im Allgemeinen die „prompte Justiz" billigen, so ist doch nicht zu übersehen, daß dieselbe wesentlich eine gerechte sein müsse, und daß — von andern Bedenken abgesehen, zu welchen manche der angeführten Urtheile Stoff geben — nicht überall die Zuversicht walte, man habe den Vorschriften der Gesetze entsprochen, welche so eindringlich einschärfen, „wann zu grossen sachen, als zwischen dem gemeynen nutz und der menschenblut zu richten, großer ernstlicher fleiß gehört und angekert werden solle" [127].

---

127) Peinliche Gerichtsordnung 150. a. E. Die prompte Justiz wurde allerdings früher und noch im 15. Jahrhundert nicht überall aus Uebereilung, sondern auch oft als eine Art Nothwehr gegen frevelhafte Angriffe und im Interesse der öffentlichen Sicherheit geübt. So finden wir denn, daß einzelne Städte kaiserliche Privilegien erhielten, wodurch sie ermächtigt wurden, in gewissen Fällen, schnelle und mit Beiseitesetzung sonstiger zum ordentlichen Rechtsgange gehöriger Formen und Erfordernisse zu verfahren. So bei dem f. g. Leumundsprozeß der Nürnberger, welche nach einem „von Ludwig dem Bayern ihnen 1340 ertheilten Privilegium, wenn die Stimmenmehrheit der Schöppen und des Rathes die Indicien für genügend erkannte, so fort, ohne weiteres und ohne Geständniß des Thäters, die Todesstrafe aussprechen durften." Zöpfl, das alte Bamberger Recht, Heidelberg 1839 S. 145., welcher über das Verhältniß zu dem Bamberger Verfahren, und der Fortentwickelung zu der Lehre in der peinlichen Gerichtsordnung hier zu vergleichen ist. In früheren Zeiten waren nicht selten Competenzstreitigkeiten, welche ihren Grund in der eigenthümlichen Stellung der Schöppen zu den Rathsmännern und dem Königlichen Richter, dem Vogt ꝛc., hatten, die Ursache von Verzögerungen, die schwer empfunden wurden, und denen man auf verschiedene Weise abzuhelfen suchte — freilich nicht stets zum Frommen der Gerechtigkeit. So erhielten die Görlitzer, in der allgemeinen Noth der Hussitenkriege, wo oft viele Schöffen auf Kriegsfahrten und Streifereien waren, auf ihren Antrag im J. 1434 ein Privilegium vom Kaiser Sigmund „nöthigenfalls auch Erkenntnisse in schleunigen Sachen ohne gesezte Bank erlassen zu können". Naumann, Magdeburger Weis-

Die ungemeine Beschleunigung des Urtheils, dem die Vollstreckung sofort folgt, läßt zunächst bei den Tödtungen bezweifeln,
ob man auf die Herstellung des objektiven Thatbestandes, des Cau-
salzusammenhanges, der Zurechnungsfähigkeit die gehörige Sorgfalt verwendet habe. Freilich bestand damals noch nicht, was wir
„gerichtliche Medicin" zu nennen pflegen, aber ein Anfang derselben war doch wenigstens schon durch die peinliche Gerichtsordnung Art. 147. 149. geboten. Man ist berechtigt bei jenen erwähnten Fällen, wo am andern, am dritten Tage nach der That
die Todesstrafe erfolgte, ein freies Geständniß des Schuldigen oder
eine unzweifelhafte Ueberführung anzunehmen. Auch wird der
Anwendung der Folter selten gedacht. Wäre dort ein Geständniß
durch Tortur [128] erpreßt worden, so müßte man die unverant-
wortlichste Nichtbeachtung der Vorschriften rügen, welche die pein-

---

thümer 2c. S. XVII., woselbst die betreffende Stelle des Kaiserlichen
Briefes mitgetheilt wird. — Freilich werden damit die schleunigen
Prozesse, deren unsere Chronik gedenkt, nicht entschuldigt, da die
Voraussetzungen wesentlich andere sind, aber es dient zur Erklärung,
wenn man die Macht der Gewohnheit und des Beispiels, und den
Einfluß der Ansichten über Ausübung der Strafgewalt jener Zeit
berücksichtigt. Von dem Streben der peinlichen Gerichte, das Verfahren und die Execution zu beschleunigen, daß Berufung, wo sie auch
zulässig war, und Nichtigkeitsbeschwerde unwirksam sein mußte, berichtet unter andern: Dr. P. Wigand, Denkwürdigkeiten für Staats-
und Rechts-Wissenschaft — gesammelt aus dem Archiv des Reichs-
Kammergerichts zu Wetzlar, Leipzig 1854, S. 301. 2c.

128) Im Vorbeigehen möge bemerkt werden, daß man von der Tortur,
auch zu andern Zwecken Gebrauch machte, als der Erpressung des
Geständnisses eines angeschuldigten Verdächtigen. Unser Chronist erzählt: „vom J. 1588 bei Gelegenheit des Pitscheinschen Krieges und
eines Ueberfalles von über 500 Tartaren und Cosacken, ein geschrie-
bes, verwegenes Gesinde." — „Die Schildwacht fing damals einen
Tartar, welcher auf peinliche (wiewohl schlechte und leibliche mit an-
gelegten Daumstäcken und Brennen an's linke Ohr) Frage bekannt,
der Vortrab wäre 500 stark, der Groß-Kanzler, noch zwei Meilen von
dem Orte, hatte nicht vierthalbtausend gerüstetes Kriegsvolk mit sich,
sondern einen großen Anhang von wehrlosem Volk. Dieses Tartarischen
Aussage traute man leider gar zu viel und nahm keine andere Kundschaft ein." IV. S. 137.

liche Gerichtsordnung Art. 83—61. über die Anwendung der peinlichen Frage und über die Bedingungen, unter welchen „der bekenntniß, so auf peinliche frag beschicht, entlich zu glauben ist,"
mit einer Vorsicht und Würdigkeit aufstellt, daß man — auch bei
Anerkennung der unzweifelhaften Verwerflichkeit der Maßregel —
doch zugeben muß, es hätten nicht so viele traurige s. g. Justizmorde
stattgefunden, wenn man sich nur gewissenhaft an das Gesetz gehalten
hätte. Denn nicht nur erfordert die Prüfung der Aussage, und
Alles was verordnet ist, um dieselbe zu controliren, ihre Richtigkeit
oder das Gegentheil herzustellen, einige Zeit, sondern vor Allem
mußte die s. g. Urgicht „den andern oder mer tag nach der marter" erfolgen, wenn nicht der Gefolterte widerrief (Art. 56.), und
so ist es, in dem einen wie dem andern Falle, mit dem Recht nicht
vereinbar, so schnell mit der Vollstreckung zu verfahren. Und dieß
gilt nicht minder, wenn ohne Folter verurtheilt werden sollte. Auch
die Vorbereitung des „Armen" zum letzten Gange (Art. 102.), die
Ansetzung des entlichen Rechtstags (Art. 79.) — wo das Gesetz
gebietet, daß derselbe „dem Uebelthäter" zuvor drei Tage angesagt
werden soll, „damit er zu rechter Zeit seine Sünd. bedenken, be-
klagen und beichten möge" [129] — steht mit jener Eile im Widerspruch. Und man wird nicht einwenden, daß, wenn auch die
peinliche Gerichtsordnung für Schlesien, mit den bekannten Vorbehalten, maßgebend gewesen [130], dieß sich doch nicht auf die frühern
Fälle beziehe. Denn davon nicht zu sprechen, daß mehrere der
mitgetheilten Fälle einer spätern Zeit angehören, so ist gerade dieß
wohl nicht eine erst durch die peinliche Gerichtsordnung eingeführte
Neuerung. Kommen auch die Vorgänger derselben, welche gleiche
Bestimmungen enthalten, nicht als solche in Betracht, so geben sie
doch Zeugniß von der allgemeinen Ansicht und dem Gebrauche.
Auch der Vertheidigung, selbst nur im Sinne der Fürsprache

---

129) S. meine Schrift: „Das religiöse Element in der peinlichen Gerichtsordnung." S. 95.
130) Vgl. IV. S. 11., wo unter den 8. April 1558 von dem Markgrafen
  Georg Friedrich von Brandenburg, „Fürst von Jägersdorf und Leob-
  schütz in Oberschlesien," bemerkt wird, daß er was „wider die
  Kayserrecht abgeschafft, und in geistlichen und weltlichen Fällen nach
  dem im Reich üblichen Recht zu handeln, zu sprechen und zu
  urtheilen geordnet hat."

(Art. 90.), mag wenig Raum geblieben sein, und vollends war
dann keine Zeit sich in wichtigen und zweifelhaften Fällen Raths
bei Rechtverständigen zu erholen, wie denn an eine Berufung,
Appellation — wenn solche für zulässig erachtet wurde — bei jener
Schleunigkeit der ganzen Procedur nicht zu denken war. Bekanntlich hat man, bei dem Stillschweigen der peinlichen Gerichtsordnung
über diesen Punkt, während das erste Projekt die Berufung zuließ,
das andere sie ausschloß, an deren Statthaftigkeit gezweifelt, was
dann später die Einführung des Rechtsmittels der weitern Vertheidigung (remedium ulterioris defensionis) veranlaßte [131]). In
Schlesien, und namentlich in Breslau, war aber früher die Appellation zulässig gewesen, wenn auch selten von ihr Gebrauch gemacht
worden sein mag. Vom Jahre 1219 wird berichtet: „Herzog Heinrich hat die Stadt begnadet, daß alle Ritter, Lehnmann, Lehn-
und Edelleute, im Breslauischen Kreise angesessen, so mit den
Stadtgerichten um Geldschuld und alle peinliche Sachen, als
Raub, Brand, Todtschlag besprochen worden, für den Erbrichter
derselben Stadt, ohne alles Widersprechen zu antworten, doch daß
sie im Falle der Noth an des Herzogs Hof appelliren
mögen [132]).

---

131) Erstes Projekt Art. 224., zweites Art. 226. Vgl. mein Lehrbuch des
     Criminal-Prozesses §. 186. und meine Abhandlung im Archiv des
     Criminal-Rechts. 1835 S. 23. Aus den Proben von Lesarten, welche
     Schletter in der Schrift: „Zur Textkritik der Carolina. Leipzig
     1854". gibt s. S. 9. Not. *.

132) A. a. O. I. S. 50. Erneuert 1263 durch Herzog Heinrich III., „daß
     nun und zu ewigen Zeiten, alle Ritter-Mannen, belehnte Edelleute,
     oder wer die seien, im Weichbilde zu Breslau oder anderen gesessen,
     in der Stadt Breslau vor dem Erbvogt in allen Sachen bürgerlicher
     und peinlicher Geldschuld, Nam, Raub, Brand belangend, möge für-
     bracht werden, und sollten allda zu antworten schuldig sin. Doch der
     Appellation von dem Stadtgerichte zum fürstlichen Hofgerichte, un-
     schädlich." A. a. O. S. 71. vgl. S. 106. Was aber III. S. 135.
     berichtet wird: „Den 20. Januarii 1547 hat die Röm. Kön. Majestät
     durch ein offenes Mandat in Schlesien anzeigen und befehlen lassen:
     Demnach die Röm. Kays. Majestät eine Achterklärung über die Stadt
     Magdeburg ausgehen lassen, daß fortan keine Appellation oder Hoh-
     lung eines Urtheils zu Magdeburg solle gesucht werden, denn Ihre
     Kön. Maj. bei dem Königlichen Stuhl zu Prag tägliche Person ver-

Was die Zurechnung anlangt, so ersieht man aus den mitgetheilten Beispielen, daß die Todesstrafe weder durch das jugendliche Alter, noch bei Erwachsenen durch die Trunkenheit ausgeschlossen wurde [131]). Von beiden mögen noch einige merkwürdige
Bestätigungen hier mitgetheilt werden: „Den 1. Februar hat Martin Heilandes, eines vornehmen Bürgers Sohn, ein Knabe von
14 Jahren, bei der Nacht zween Wächter, im Wächterstüblein auf
dem Fischmarkt, mit einer Art erschlagen und daselbst einen Tisch
oder Stock, darinne Geld gewesen, erbrochen. Den andern Tag
hernach hat des Knaben Vater vermerket, daß die Art blutig gewesen, und die Vermuthung geschöpfet, daß es sein Sohn gethan
hätte; dann er selbst gesehen, daß sein Sohn die Art in die
Almar [134]) geworfen. Solches hat der Vater einem ehrbaren Rath
angezeiget, und ist dem Knaben auf der Koi- oder Niederlage der
Kopf abgeschlagen, und mit den zweien ermordeten Wächtern in

---

ordnet, die rc." ist wohl mehr auf bürgerliche Rechtssachen zu beziehen.
Vgl. Magdeburger Weisthümer aus den Originalen des Görlitzer
Rathsarchives herausgegeben von Dr. Th. Neumann. Görlitz 1852
S. XXXVI. mit S. XII. Vorwort von E. Th. Gaupp. S. V. VI.
— Uebrigens finden sich auch sonst an andern Orten — abgesehen
von dem Einholen der Urtheilsbelehrung, dem Schelten des Urtheils
— Zeugnisse eigentlicher, auch als solche bezeichneter Appellation in
Hochgerichtssachen. Z. B. Grimm, Weisthümer. III. S. 763.
(Jahrgeding im Oberhof zu Tholey. 1450. 1580. 1582. 1584. 1587.)
Dagegen aber auch Beschränkungen. "Aus Alt- und Neuen statutis
und Raths-Conclusis der Reichsstadt Ißny gezogenen Articuli," in
Jäger's Jurist. Magazin für die deutschen Reichsstädte. Band II.
Ulm 1791. — Art. VI. "Was für Sachen von der Appellation aus-
genommen" — "Ehe- und andere dergleichen Sachen, welche in die
Claß der Geistlichen gezählet werden, desgleichen Malefiz- und peinliche Händel, in welchen allen, sie würden dann vor einem Ehrsamen
Rath, Ehe- oder Blut-Gericht verhandelt, kein Provocation
Platz haben, sondern der, so sich deren unterfinge, stracks in 10 Pfund
Pfenning oder bewandten Umständen nach, noch weitere Straff ver-
fället, und mit Execution der Urtheile ohneingestellt verfahren werden
sollen." — Für das ältere Recht überhaupt: Homeyer, der Richtsteig des Landrechts nebst Cautela und Premis. Berlin 1857. S. 511.
133) S. oben Note 94.
134) "Kiste, Schub."

ein Grab zu St. Barbara geleget worden" [135]). Man mag es schon als eine Milderung angesehen haben, daß bei Mord, und zwar zweifachen, die gewöhnliche Strafe ausgeschlossen wurde.

Die älteste Praxis hat allerdings auch an andern Orten, ausnahmsweise wenigstens, Verbrecher, die dem 14. Jahre nahe wären, und bei einer so erwiesenen Bösartigkeit der Gesinnung, daß diese das Alter erfüllte (ubi malitia supplet aetatem), für der Todesstrafe verfallen erklärt [136]); und die peinliche Gerichtsordnung Art. 164. läßt bei dem Diebstahl, bei besonders erschwerenden Umständen, diese oder schwere Leibesstrafe gegen junge Diebe als Ausnahme zu [137]).

„Den 20. Januarii 1547 ward enthauptet, und mit unversehrten Gliedern aufs Rad gelegt, Martin Storch, der bei 20 Jahren bei St. Maria Magdalena Thurmwächter gewesen, und den 11. Januar in trunkener Weise seinen Mitgesellen auf'm Thurm erschlagen, heruntergeschleppt und in einem Brunnen bei des Kirchknechts Thür werfen wollen" [138]).

Daß, wenigstens bei Verwandtenmord, der Zeitablauf von mehr als dreißig Jahren, nicht die Wirkung der Verjährung hatte, ist oben erinnert worden. In einem andern Falle — eines durch einen Knaben, wohl muthwillig verursachten Feuers, an unbewohnten Behaltungen — das jedoch „großen Schaden" gethan, kann es zweifelhaft bleiben, ob gegenüber der sonst beobachteten Strenge bei solchen Verbrechen, selbst wider jugendliche Schuldige, es für eine besondere, durch den längern Zeitablauf herbeigeführte Milderung anzusehen sey, daß der nach neunzehn Jahren Zurück-

---

135) II. S. 180.

136) de Boehmer, Med. ad C. C. C. Art. CLXIV. und CLXXIX.

137) Die in der peinlichen Gerichtsordnung Art. 164. enthaltene Bestimmung in Betreff des Diebstahls, hat man meist auch für andere Verbrechen als maßgebend angesehen. Der Art. 179., „von übelthatern, die jugend, oder anderer Sachen halb, ir sinn nit haben," gibt keine nähere Bestimmung, sondern verweiset auf den Rath der Verständigen. Allerdings scheint es hiernach, daß man an bereits vierzehnjährigen und wenig älteren, kein Bedenken gehegt habe, eine Lebensstrafe zu vollziehen. Allein die bessere gemeine Praxis hat dieß gemißbilligt, und auch der Einfluß des römischen Rechts ist in Anschlag zu bringen.

138) III. S. 185.

gekehrte mit Gefängniß davon kam, oder ob, wie es der Bericht=
erstatter aufzufassen scheint, die dennoch und überhaupt erfolgte
Bestrafung etwas Auffallendes darbiete [139]).

Gelegentlich haben wir der Fürbitte gedacht. Unter den Ge=
sichtspunkt der Begnadigung, vielleicht mit Rücksicht auf die bei
dem Widerrufe doch nicht recht ganz festgestellte Schuld, mag folgen=
der Fall gesetzt werden: „Den 26. Martii 1569 ward Einer von
der Schöppenbank zum Strang verurtheilt, beläutet, beschrieen und
zur Gerichtsstatt hinaus geführet. Weil er aber das zuvor Be=
kannte alles widerrufen [140]), wiederum in Stock geführt. Ueber
acht Tage, als man ihn abermal ausgeführet, und mit der großen
Glocken beläutet, bringet ein schneller Bote Intercession=Briefe von
Georg Schellendorf zu Leuthen, dem er 7 Jahre gedienet, und der
ihn gefänglich einziehen lassen, und wird auf eine Urfried loß ge=
halten" [141]).

Als Beispiel der Bestrafung einer Corporation oder Univer=
sitas könnte folgender Fall angeführet werden, obschon ich nicht ver=
kenne, daß er nicht als Bestätigung einer Ansicht diene, die ich
selbst verwerfe [142]). „Den 17. Junii 1575. Laut Kaisers Urtheil
verlor die Stadt Schweidnitz das Obergerichte, die Rathswahl,
das Land= und Mannrecht der Fürstenthümer Schweidnitz und
Jauer wegen des geschwinden Uebereilens der Enthaup=

---

139) II. S. 162. Den 25. Juli 1491. „Im Cruxis=Jahrmarkt zündete
Caspar Hörniges, eines Rathsherrn Sohn, am Ringe, mit einer
Fackel etliche Strohhaufen, mit welchen die Töpfe bedecket, an, solch'
Feuer kam in etliche Bauden; that großen Schaden. Der Knabe kam
im Getümmel zur Stadt hinaus, blieb 19 Jahr aus, kam wieder und
ward doch gleichwohl mit Gefängniß bestraft." Es bedarf nicht der
Erinnerung, wie mehrfache interessante Gesichtspunkte sich hier der
Betrachtung darbieten.

140) Peinliche Gerichtsordnung Art. 91.

141) IV. S. 57. Daß übrigens Gnade, sei es auf Fürbitte oder sonst
veranlaßt, zu allen Zeiten stattfand, versteht sich. Als im J. 1414
König Wenzel 73 Bürger von Bautzen, wegen Ungehorsams und
fünfjährigem Streite mit dem Rath, zum Tode verurtheilt, wur=
den am 29. September 18 enthauptet. „Die andern sind von der
Königin Sophia losgebeten worden." I. 157.

142) Lehrbuch der Strafrechtswissenschaft §. 71.

tung Caspar Taußdorfs, den sie, daß er Franz Freunden in Parchem erstochen, in der Flucht, aus den Kaiserlichen
Obergerichten des Hauses Fürstensteines mit Gewalt hinweggeführet,
und nicht, wie sichs zu Recht gebühret, zu der Verantwortung
kommen lassen" [143]). — Hier ist denn auch entschiedene Mißbilligung
der schnellen Verurtheilung und Vollstreckung ausgesprochen, und
es bestätigt dieß meine Bemerkung über die Beschränkung der Vertheidigung. Daß in einem Falle, wie der hier mitgetheilte, wo
auch eine Verletzung kaiserlicher Gerechtsame vorlag, eher als in
andern von solcher Uebereilung Kenntniß genommen wurde, ist
wohl erklärlich.

Betrachten wir nun nochmals kürzlich die besondern Strafen
und Strafarten, so ist zunächst die Häufigkeit der Todesstrafe
bei den damaligen Ansichten, dem Abschreckungsprincip, und dem
Stande der Gesetzgebung nicht gerade auffallend; wohl aber —
worauf bereits hingewiesen wurde, die Anwendung von s. g. qualificirten Vollstreckungsarten in Fällen, wo sie weder durch Gesetz,
noch durch die Beschaffenheit der That gerechtfertigt erscheint, die
Verbindung mehrerer Weisen der Schärfung — wie ich zur Bestätigung dessen anführen darf, was über den verhältnißmäßig
mildern Charakter der so oft und unbillig angefochtenen peinlichen
Gerichtsordnung gegenüber dem frühern Recht und Gebräuchen an
andern Orten bemerkt ist [144]).

Eine furchtbare, über alles Maß hinausgehende Rohheit und
Grausamkeit, deren aus dem Gräuel der Hussitenkriege Erwähnung
geschieht, kann wohl nicht unter den Gesichtspunkt der Strafrechtspflege gezogen werden [145]). Aber auch sonst findet sich oft eine an
Willkühr und nicht an Recht erinnernde Härte. So wird vom
Juli 1513 von einem Gesellenaufstand berichtet: „Wegen des Lohnes
machten die Tuchknappen ein Aufstehen. Paul Diettrich, der mit

---

143) IV. S. 76. s. oben Note 127.

144) Mein Lehrbuch der Strafrechts-Wissenschaft §. 120. Vgl. III. 87.
„Den 28. Aug. 1536 ist Rüssel, ein Feind des Bischoffs zu Neisse,
ein großer Landbeschädiger, von seinem eignen Knecht zu Geisen verrathen, gefangen und zur Posen gespießet worden."

145) II. S. 201. Wer sich dafür näher interessirt, mag sich aus den
Quellen unterrichten. Das Gefühl empört sich, und ich will nicht
nachschreiben.

seiner Compagnie allen Bäckern abgesagt, ward gefangen und fol=
gendes Jahr bei Strehlen verbrannt" [146]).

In Betreff der Arten der Todesstrafe findet sich eine gleich=
mäßige Praxis durchaus nicht. Verbrennen, Pfählen, selbst der
Strang werden auch auf andere Verbrechen angewendet, als es
nach Herkommen und späterm Gesetz bestimmt war. Nur das
scheint fast ohne Ausnahme gegolten zu haben, daß der einfache
Todtschlag mit Enthauptung, der Mord mit dem Rade, und wo
dieser ein s. g. qualificirter war, mit mehr oder weniger Schärfun=
gen geahndet wurde. Der Strang vornehmlich für die schwereren
Fälle des Diebstahls, indessen auch wegen anderer (doch wohl
schimpflicher) Handlungen [147]).

Es ist oben mehrmals erwähnt worden, daß nach der, aller=
dings stets schnellen Ahndung des Todtschlags, der Thäter und
der Entleibte in e i n Grab gelegt worden, und überhaupt mehrere
Beispiele des ehrlichen Begräbnisses Hingerichteter, auch wohl
durch die Verwandten [148]). Dieß kommt niemals bei Mord, und
wo die Strafe des Rades oder der Aufflechtung des Leichnams des
Enthaupteten stattgefunden, vor. Der hier und sonst leitende Ge=
danke scheint gewesen zu sein, daß nachdem die Blutschuld, bei der
nicht nothwendig eine unehrenhafte Gesinnung bekundenden Töd=
tung im Affekt — der Todtschlag — durch den Tod (mittelst der
einfachen und ehrlichen Strafe des Schwertes), gesühnt worden,
die letzte Ehre nicht verwirkt sei, wogegen in den Fällen einer nie=
derträchtigen Handlungsweise die Strafe mit allen ihren Folgen
entsprechend bestimmt wurde [149]).

In einem der oben erwähnten Fälle des Gattenmordes, wo
der Missethäter (der übrigens trunken gewesen war) sich sofort

---

146) II. S. 200. Gelinder wurde später ein ähnliches Vergehen geahndet.
„Den 5. Julii 1544 befanden sich die Zimmerhauergesellen, 351 stark,
erregten einen unnöthigen Zank mit den Meistern. Die Altknechte
und ihr Bote wurden mit Gefängniß gestraft, und den Gesellen das
Lohn um drei Heller gebessert." III. S. 126.

147) Ohne Bezeichnung des Verbrechens wird a. a. O. II. S. 165. kurz
bemerkt: „Den 9. Januar 1495 ward Ratzbor, ein Edelmann, und
folgenden Tag, Peter Gregor, der Stadtvogt, gehangen."

148) S. Note 94. und a. a. O. III. 69.

149) Eine theilweise Ausnahme in dem oben angeführten Falle II. S. 180.

selbst so verletzt hatte, daß er am folgenden Tage starb, fand eine Execution am Leichnam statt [150]). Ein sonst erwähntes unehrliches Begräbniß eines Selbstmörders traf, wie sich aus dem Umstande, daß derselbe gefangen saß, schließen läßt, wohl eine wegen Verbrechens in Untersuchungshaft befindliche Person [151]). Indeß scheint auch ohne jene Voraussetzung der Gebrauch, diejenigen, die sich selbst das Leben genommen, schimpflich zu begraben, beobachtet worden zu sein, wie denn auch hier, gleichwie sonst bei den Hinrichtungen dem Nachrichter zufiel, was sich bei dem Todten vorfand [152]).

---

150) IV. S. 131. „Den 3. Februar 1587. Das Weib ward den 6. Febr. ehrlich zur Erden bestattet, der Mann aber, am Sonnabende in grimmiger Kälte, aus seinem Hause für das Rathhaus geschleift und beschrieen, nachmals zum Galgen geschleppet und aufs Rad geleget."

151) IV. S. 92. „Den 19. Martii 1578. Bier Michel, ein Fleischer und Geisler, siedelte ihm die Kehle ab, im Stock auf dem Heu, mit seines Stockgesellen Brodmesser. Ward folgenden Tages vom Henker auf einem Karren zum Olischen Thore zu seinem gebührlichen Begräbniß hinausgeführet."

152) A. a. O. IV. S. 159. „Den 29. Oktobr. erhing sich an einer Weide ein alter Kutscherknecht, Plüschke genannt, der Nachrichter befand bei ihm über 30 Thaler." Vgl. meine Abhandlung im Archiv des Crim.-Rechts, J. 1844 S. 377. Pannicularia nannte man die dem Nachrichter zufallenden Kleidungsstücke und sonstige kleine Habseligkeiten des Gerechtfertigten, zunächst Verhafteten, und in L. 6. D. de bonis damnat. wird ausdrücklich die Behauptung widerlegt, als seien darunter überhaupt alle bona damnatorum zu verstehen. „Pannicularia sunt ea, quae in custodiam receptus secum attulit spolia: quibus indutus est, cum quis ad supplicium ducitur — itaque neque speculatores ultro sibi vindicent, neque optiones ea desiderent, quibus spoliatur, quo momento quis punitus est." Das Vorurtheil, wenn man das so nennen darf, was sich ursprünglich auf Gesetze und ein — allerdings nicht gut zu heißendes kirchliches Gebot, oder Verbot gründete — hat sich lange erhalten, bis endlich eine bessere Ansicht sich geltend machte. Bodemeyer, Hannoversche Rechts-Alterthümer. Erster Beitrag. Göttingen 1857 bemerkt S. 151.: „Die Berührung des Leichnams der Selbstmörder galt noch im Anfange dieses Jahrhunderts für ehrenrührig, so daß durch eine Verordnung v. 24. Oktbr. 1780 und Declaration v. 13. Juli 1792, welche 1832 auf Hildesheim und 1839 auf Goslar ausgedehnt wurde, diesem entgegengetreten

· Der folgende Fall möge zur Vervollständigung dessen verglichen werden, was ich an einem andern Orte über die Wirkungen des Mißlingens der Execution nach der ältern, obschon nicht überall gleichmäßig beobachteten Praxis ausgeführt habe [153]). „Den 4. April 1503 ward eine arme Sünderin wegen ihrer Uebelthat gebunden in die Oder geworfen, welche einen weiten Weg von der Stadtmühle geschwommen, und vor St. Niclas wunderbarlich zu Lande kommen ist. Zum Gedächtniß ist ihr rother Rock von Tuch in die Kirche zu St. Niclas aufgehangen worden, gleich als wenn ihr St. Niclas herausgeholfen und sie am Leben erhalten hätte [154]).

Die s. g. verstümmelnden Strafen kommen selbstständig (d. h. ohne einen schärfenden Zusatz der Todesstrafe auszumachen) selten vor; woraus jedoch, da nur die erheblichsten Frevel und deren Strafen erwähnt werden, nicht zu viel gefolgert werden darf. Die gedachten Schärfungen konnten nur aus einer Auffassung hervorgehen, welche auch der Anwendung der sonst gesetzlich gedrohten Leibesstrafen nicht entgegen war. So wurde die Strafe des Handabhauens wegen schwerer Körperverletzung vollstreckt [155]). Indessen

---

und ein Gratial von 12 Pf. für Hilfleistung eines Verunglückten ausgesetzt wurde.“ Und derselbe sagt Note 55.: „Der erste Professor der Anatomie in Göttingen mußte es dulden, daß ihn die Göttinger auf der Straße mit dem Schimpfworte: „„Menschenschinder,““ verhöhnten, und nur mit Mühe konnte er Jemanden finden, der die gewöhnlichen häuslichen Verrichtungen für ihn besorgt. Hann. Mag. 1801 S. 21.“ Da kann es denn nicht auffallen, daß sich mit der Anatomie auch oft Scharfrichter beschäftigten. Der Nürnberger, Franz Schmidt, bemerkt bei mehreren Gelegenheiten, daß er die von ihm Hingerichteten secirt habe. S. die Note 20. angeführte Schrift: S. 15. Nr. 57. S. 23. Nr. 86. S. 46. Nr. 136. S. 68. Nr. 153. (hier heißt es jedoch „Dr. Poßler hat ihn anadomirt“).

153) Meine angeführte Abhandlung in der Zeitschrift für deutsches Recht XVI. S. 345 rc.

154) II. S. 180. Der Berichterstatter setzt indessen hinzu: „Ich befinde in meiner geschriebenen Chronica, daß sie noch endlich sey ersäuft worden.“ Also auch hier, wenn die erste Angabe richtig ist, der Einfluß eines religiösen Gesichtspunkts, auf welchen ich aufmerksam gemacht hatte, s. vorige Note. Im andern Falle das Ueberwiegen des Rechts gegen die Zufälligkeit, der ihr Gewicht abgesprochen wird.

155) IV. S. 103. s. Note 100. 108. 112. 119. In Jäger's Jurist.

mag doch auf eine verhältnißmäßig seltenere Anwendung der Um=
stand Einfluß gehabt haben, daß man doch schon begann von der
Gefängnißstrafe Gebrauch zu machen, auch öffentliche Arbeiten ein=
zuführen; für beides, insbesondere letztere, hatte man an dem
römischen Recht einen Anhalt: auch lag der Gedanke nahe, die
Kräfte der Verurtheilten für das gemeine Wesen zu nutzen; wenn
man auch noch nicht durch Gründe des Rechts und Rücksichten der
Menschlichkeit sich bestimmen ließ [156]). So kommen denn auch
Beispiele der Strafhaft vor, der auch wohl Verweisung nachfolgte,
und beide in Verbindung mit körperlicher Züchtigung. Diese Ver=
bindung wird es rechtfertigen, wenn ich von den mitgetheilten
Fällen, ohne weitere Unterscheidung der besonderen Strafarten,
einige zur Bestätigung der Gewohnheit anführe, die Lücke auszu=
füllen, die bei dem Mangel eines gehörig eingerichteten Gefängniß=
wesens entstehen mußte [157]).

Magazin für die deutschen Reichsstädte Th. I. Ulm 1790, wird von
Nürnberg S. 328. die Strafe der Ausstechung der Augen, als
verhältnißmäßig häufig erwähnt, bis in's sechszehnte Jahrhundert.

[156]) Georg, Herzog von Sachsen, schreibt 1493 an Albrecht: "Von den
Verdammten in's Erz (de condemnatis in metalla) war viel besser,
daß man einen Buben, der das Leben nicht verwirkt, auf dem Berg=
werk ließ arbeiten, denn daß man ihm die Augen soll ausstechen und
eines Bettlers mehr machen." v. Langenn, Herzog Albrecht der
Beherzte. Leipzig 1838. S. 331. In unserer Chronik heißt es IV.
S. 54. "Den 17. Aprilis 1568 kehrten ihrer fünf, so in die Eisen
geschlagen, den Ring und die Gassen und verrichteten andere Arbeit.
So zuvor allhier nicht gebräuchlich. Der ihnen zugeordnete
Stadtknecht ließ sie nicht feiern. Wurden auf geschwornen Urfried ver=
weiset. Kamen sie wieder, wurden sie gestrichen, und zum drittenmal
gar gehenket." Damit ist zu verbinden der Note 139 angeführte Fall.

[157]) "Den 27. April 1581 ist die Stadt Hayn, zwo Meil Weges von
Liegnitz, am lichten Tage innerhalb 5 Stunden bis auf das Fürstliche
Schloß, mit Kirch und Rathhaus, Mühlen und Allem, ganz und zu
Grunde ausgebrannt, von etlichen bösen Leuten angesteckt, die um
Uebelthat willen, mit Gefängniß und Verweisung sind gestraft
worden, und sich zu rächen andern Geld gegeben haben, die Stadt
mit Feuer zu verderben." IV. S. 105. Von einem Selbstmörder
wird S. 121. berichtet: "War im Haupte irre nach dem Stocksitzen,
weil er sein Weib mit bösen Strängen und zusammengeflochtenen

Von einfacher körperlicher Züchtigung, nebst Haft und Ausstellung wird bei Gelegenheit betrügerischer Handlungen, die zugleich unter den Gesichtspunkt eines Mißbrauchs der Religion
fielen, eine humoristische Schilderung entworfen [158]). Aehnlich wird
mehrfache betrügliche Verlobung geahndet [159]).

Urphede mußte von den gefährlichen Leuten geschworen werden, die als Landesbeschädiger verwiesen wurden. Die Rückkehr

---

Riemen des Nachts im Bette gehenket und gepeitschet, ihr blaue
Flecke und Striemen geschlagen." Eine politische Haft war es, auf
die sich Folgendes bezieht, was während der im J. 1585 herrschenden
Pest geschah: "Den 30. Sept. in währender Sterbe, hat sich Herzog
Heinrich von der Liegnitz, von der kaiserlichen Burg aus der gefäng-
lichen Haft und Bestrickung entbrochen (entwichen), und ist auf einer
bestellten Kutsche in das benachbarte Königreich Pohlen zu der alten
Königin, Frau Anna, entronnen, darinne er bis an sein Ende sich
aufgehalten;" a. a. O. S. 125. Von dem oben angeführten Selbstmörder, der seine Frau getödtet hatte (a. a. O. S. 131.), wird gesagt, daß er Schuld halber 26 Wochen im Stock gesessen. Dieß
dürfte wohl nicht als eine Strafe, sondern wegen einer Vermögens-
schuld stattgefunden haben.

158) "Den 3. April 1593. Ein fremder Bauersmann, ein arger Dieb,
bat bei 20 Personen, auch den Henker, zu Gevattern, und borgete
bei denselben unter dem Schein der Gevatterschaft Geld und andere
Sachen; ward aber darüber eingezogen, erstlich mit Stockfischen
verehrt, hernach vom Henker ihm Staupbesen angebunden, und die
Gevatterschaft am Pranger bewiesen. Dergleichen ihm unlängst (den
1. Dec.) in Brieg begegnet." IV. S. 162. Körperliche Züchtigung
und Verweisung ward, da "1536 am 1. Nov. Schweitz sammt
der Mühle ausgebrannt, verhängt gegen ein Mägdlein von zehn
Jahren, welche das Feuer in Krautblättern in die Scheuer getragen
und ins Stroh geleget. Wegen ihrer Jugend, ward sie gestrichen
und ausgeweist." III. S. 87.

159) IV. S. 105. "Den 1. April 1581 ward ein Schuhknecht am Pranger
gestrichen und verwiesen, der zu Salfeld mit eines Schusters Tochter,
zu Herzberg mit einer Jungfrau, zu Görlitz gleichfalls, zu Breslau
mit eines Weisgerbers Tochter, auch mit der fünften Jungfrauen auf
dem Neumarkt sich ehelich versprochen, auch zu Herzberg öffentlich
Verlöbniß gehalten und doch sitzen lassen, geäffet, betrogen und weg-
gezogen ist."

wird streng, und ohne Rücksicht auf die Bestimmung des Art. 108., der peinlichen Gerichtsordnung mit der Todesstrafe, hier unter ausdrücklicher Bezugnahme auf die nothwendige Abschreckung bedroht [160]).

Die Bestimmung eines Gesetzes im J. 1494 war wohl nur eine vorübergehende, ist aber doch bemerkenswerth. „Den 18. August, am Abend Johannes Enthauptung, haben die Herren von Breslau des Königes eisern Wappen auf die Thurmbrücke setzen lassen, daß wer vom Thurm gegen die Stadt und von der Stadt gegen den Thurm über dasselbe Wappen in der Flucht kommt, soll Freiheit haben" [161]).

In Verbindung steht dieß mit der Manchfaltigkeit der Jurisdiktion [162]), geistlichen und weltlichen, welche auch hier die bekannten Nachtheile zur Folge hatte, und zwar eben so für das Recht und dessen gerechte Verwaltung, als die öffentliche Sicherheit. Doch kann die nicht selten erwähnte Ungestraftheit schwerer Uebelthaten, welche oft nur etwas Thatsächliches war, nicht durchgängig auf Rechnung jener Verhältnisse gesetzt werden [163]). Einen

---

160) Zugleich als Nachtrag zu dem, was oben über die Gefährdung der öffentlichen Sicherheit bemerkt worden. „Den 5. Mai 1586 ward von den Herren Fürsten und Ständen publicirt, weil die muthwilligen Teich- und Gartknechte, Umläufer und Bettler, die Landleute mit ihren Garten und Betteln nicht allein beschwerten, sondern auch alle Gewalt und Frevel übten, daß zur Rettung des armen elenden Volkes und Ausrodung der bösen, muthwilligen Leute und Frevler, solche Landesbeschädiger, nach geschworenem und gebrochenem Urfrieden, mit dem Strange vom Leben zum Tode zu bringen, und an die Straßen an die Bäume Andern zum Abscheu aufzuhenken." IV. S. 128.

161) II. S. 164. Dahin gehört wohl nicht der im J. 1531 erwähnte Fall eines Todtschlägers, der davonkam;" III. 68., und wird mit dem gleich folgenden, wo „ein lahmer Bettler im Hospital zween andere lahme Bettler erschlug und entrann, (!)" von erfolgreicher Flucht zu verstehen sein. Vgl. III. 86.

162) Belege überall. Ein interessanter Conflict. II. S. 47. Wigand a. a. O. S. 97. 215.

163) Z. B. III. „Auf der Schweidnitzer Gasse erstach den 8. Dec. 1530 eine Kretschmerin, Böseteutsch genannt, einen Gesellen mit einem Brodmesser." S. 81. mehrfacher Todtschlag und erfolgreiche Flucht. IV. 96.

eigenthümlichen Blick in die Voraussetzungen der Strafe, die Re=
quisitionen, Behauptung der Competenz, gewährt z. B. der fol=
gende, wenn auch nur kurz berichtete Fall: „Den 19. Novembris
1536 ward enthauptet Johannes Risch, ein Edelmann,
der Danzger Feind, auf rechtliche Erforderung Herzogs
Johanns, Kurfürstens zu Sachsen, daß er in seinem Geleit Wagen
aufgehauen und Schaden gethan; ward zu Breslau eingezogen,
verwundete sehr einen Stadtdiener" 164).

Zum Schlusse dieser Schilderungen, die durch ihre Verbin=
dung einen lehrreichen Blick in die damalige Lage der Rechts=
pflege gestatten, sei noch eine Bemerkung erlaubt. Der Chronist,
der nur unter andern auch jene die Strafjustiz betreffenden Mit=
theilungen macht, nimmt einen andern Standpunkt ein, als der
Nachrichter Meister Franz, der von seinem traurigen, aber wie
man sieht im Gehorsam gegen ein höheres Gebot ausgeübten
Beruf, Rechenschaft gibt. Er unterläßt nicht, auch sein Urtheil
über die Moralität der Uebelthäter zu erkennen zu geben, und
richtet nicht selten sein Augenmerk auf das Verhalten derselben bei
ihren letzten Gange 165). Es gehört auch diese Seite der Betrach=
tung zu der Auffassung der rechtlichen, sittlichen und religiösen
Zustände der Zeit, wenn man sich ein vollständiges Bild machen
will. Und gewiß hat die Geschichte dieses Theils des öffentlichen
Lebens, wenn sie auch nicht überall zu praktischen Ergebnissen
führt — wiewohl es auch an diesen nicht gebricht — ein Interesse,
insbesondere für den, der alles dieß von einem höhern Standpunkte
als dem der Rechtspflege und der Sicherheitszwecke würdigt.

---

164) III. 87.
165) So z. B. S. 14. Nr. 51. S. 30. Nr. 105. S. 55. Nr. 150. 151.
S. 63. Nr. 165. S. 68. Nr. 177. S. 75. Nr. 185. S. 77. Nr. 187.
S. 78. Nr. 189. S. 85. Nr. 203. S. 95. Nr. 227. („Ein Gottloser
Mensch.") S. 96. Nr. 228. („Cristlich sich gehalten.") S. 106. Nr. 248.
S. 115. Nr. 572. S. 116. Nr. 273. („Ist gar christlich gewesen.")

XII.

Der Entwurf zu einem deutschen Handelsgesetzbuch.

Von

Dr. Souchay zu Frankfurt a. M.

Allgemeine Betrachtungen.

Es kann kein Zweifel darüber sein: schon der formelle Werth eines gemeinsamen deutschen Handelsgesetzbuchs ist nicht gering anzuschlagen. Während bis jetzt die Wissenschaft des gemeinen deutschen Rechts aus den verschiedensten Elementen, fremden und einheimischen, auf geschichtlichem und rationellem Wege die Grundgedanken der einzelnen Rechts-Institute festzustellen hat, erscheinen, wenn das deutsche Handelsgesetzbuch beschlossen und angenommen wird, diese Grundgedanken ausgesprochen, formulirt und entwickelt in einem bedeutenden Theile des Obligationen-Rechts! Die wissenschaftliche Erörterung wird sich dann an positive gemeinrechtliche Bestimmungen anschließen.

Das deutsche Recht selbst gewinnt hiermit eine ganz andere Bedeutung; der Eifer für deutsche Geschichte und die vaterländische Gesinnung werden unterstützt durch die unabweisbare Nothwendigkeit, in welcher sich alle Geschäftsleute befinden, die neue deutsche Rechtsquelle in dem täglichen Verkehr gebührend zu beachten. Wenn über Mandat, Geschäftsführung, Gesellschaft, Kauf u. s. w. in dem Handelsgesetzbuch Regeln aufgestellt werden, so ist wissenschaftlich festzustellen, wodurch sich diese besonderen Regeln von den allgemeinen Regeln des Civilrechts unterscheiden; auch dieses wird also nothwendig in den Kreis deutschrechtlicher Erörterung gezogen und die Grundlage für ein deutsches Civilrecht wird mehr und mehr vorbereitet. Wir haben bereits eine deutsche Wechsel-Ordnung *). Die durchgreifende Einführung des öffentlichen und mündlichen Ver-

---

*) Besprochen von demselben Herrn Verf. in dieser Zeitschrift Bd. XII. Nro. 12.   Red.

fahrens treibt von selbst auf eine neue gemeinschaftliche Grundlage
des Prozesses. Kurz! aus den Büchern tritt das deutsche gemeine
Recht in das Leben. Hat man zuvor aus vielen Particular-Rechten
zusammengesucht und verbunden, was gemeines deutsches Recht sei;
so wird man später neben das anerkannte gemeine Recht stellen,
was in den verschiedenen deutschen Landen von besonderen Rechten
vorhanden ist (und bleibt, weil nie alle Rechte bei sehr verschiedenen
Verhältnissen uniformirt werden können).

Wenn die Oeffentlichkeit des Verfahrens das bestehende Recht
viel lebhafter in das Bewußtseyn des Volks gerufen hat und rufen
wird; so müssen umgekehrt die Ansichten des Volks auch auf die
Bildung des Rechts einen größeren Einfluß üben; unausbleiblich,
wenn sogar ungelehrte Bürger zu Richtern bestellt werden, wie
die Geschwornen im Strafverfahren, und wie die kaufmännischen
Mitglieder der Handelsgerichte.

Der Entwurf des Handelsgesetzbuches spricht überall von Handelsgerichten. Freilich ist vorbehalten, daß die Funktionen des
Handelsgerichts auch einem Civilgericht übertragen oder belassen
werden können (wie z. B. in Frankfurt das Stadtgericht dieselben
versieht). Allein selbst in diesem Fall muß es doch wohl der Gedanke der Conferenz zu Nürnberg gewesen seyn, daß an die fraglichen Civilgerichte Kaufleute mit entscheidender Stimme in Han-
dels-Sachen berufen werden. (Sie hatten in Frankfurt bisher nur
berathende Stimme.) Die Artikel 26. 121. 126. 246. 261 und
andere des Entwurfs deuten darauf hin. Wenn beurtheilt und
nach dem Ermessen des Gerichts entschieden werden soll, ob
und welcher Schaden dem A. dadurch erwachsen sei, daß der B.
ohne Recht seine Firma geführt hat; wenn ein aus einer Handlung tretender Gesellschafter für seinen Antheil an den Activis eine,
den Werth derselben darstellende Geldsumme empfan-
gen soll; wenn beurtheilt werden soll, ob ein Gesellschafter vor
Ablauf der Contrakts-Zeit aus einer Handlung austreten muß,
weil er die Erfüllung der ihm obliegenden wesentlichen
Verbindlichkeiten unterläßt, oder dazu unfähig wird; wenn
dem richterlichen Ermessen zu entscheiden überlassen wird, ob
eine stille Gesellschaft vor Ablauf der für ihre Dauer bestimmten
Zeit aus wichtigen (nicht genannten) Gründen aufgelöst werden soll; wenn bei der Auslegung von Handelsgeschäften der Richter

den Willen der Kontrahenten erforschen soll; so dürften wenige
Rechtsgelehrte so vermessen seyn, solche Fragen allein, ohne ver=
antwortliche Mitwirkung von Kaufleuten, entscheiden zu wollen.

Schon der erste Artikel des Entwurfs ist für diese Ansicht von
entscheidender Bedeutung. Denn wenn Handelssachen beurtheilt
werden sollen:

　　　a) nach den Bestimmungen des Handelsgesetzbuches, eventuell
　　　b) nach Handelsgebräuchen und eventuell
　　　c) nach dem allgemeinen bürgerlichen Gesetz;

wenn demnach der Handelsgebrauch mehr gelten soll, als das letztere;
können Rechtsgelehrte das Dasein und den Umfang von Handels=
gebräuchen unter ihrer alleiniger Verantwortlichkeit feststellen wollen?

Der Entwurf des Handelsgesetzbuches ist — das wird eine un=
befangene Prüfung desselben sofort jedem Sachkenner beweisen —
aus einer sehr umfassenden und gründlichen Kenntniß der Bedürf=
nisse des Verkehrs hervorgegangen; er beruht auf einer lebendigen
Auffassung desselben; und er wird, zum Gesetz erhoben, aus dem
so eben angeführten Grunde nicht ausschließlich durch die Gelehrten,
sondern durch Geschäftsleute weiter entwickelt werden; wir brau=
chen alsdann ein nationales Recht nicht mehr zu suchen,
sondern wir haben es.

Man würde übrigens mit allen deutschen Bestrebungen Schiff=
bruch leiden, wenn man dieselben auf einen Gegensatz zu der Euro=
päischen Kultur dieser Zeit, als eine Verengung und Beschränkung
derselben auffassen wollte. Nein! der Deutsche Stamm bedarf dieser
ängstlichen Behandlung nicht, er eignet sich die Kräfte an, welche
die Entwicklung der Welt= und Zeit=Verhältnisse an ihn heranfüh=
ren und treibt um so schöner sein neues Holz und Laub. Der
Entwurf des Handelsgesetzes hat auch nicht etwa nur Oestreichisches
oder Preußisches Recht zum Grunde gelegt, oder Deutsches gemei=
nes Recht mit Ausschluß des Rheinischen. Er hat diese
Rechte zu einem Ganzen verbunden; aber, wenn er wirklich Gesetz
wird, so hört damit eine besondere Provinz des französischen Rechtes
in Deutschland auf, und auch das ist gut.

Ohne sich im mindesten in das Reich der patriotischen Phan=
tasien zu verlieren, kann man mit Zuversicht voraussagen, daß aus
jener Thatsache noch weitere wohlthätige Folgen für die fortschrei=
tende nationale Einigung Deutschlands hervorgehen werden. Auf

der Konferenz zu Nürnberg gaben sich zwei Haupt=Richtungen zu erkennen: ein Theil der Abgeordneten trug bei allem Eifer für die gemeinschaftliche Arbeit stets den Zweifel in der Brust: wird sie auch gelingen? wird man in dem Entwurf nicht zu große Abweichungen von dem bestehenden Partikularrecht finden? wird man ihn nicht etwa deßwegen ablehnen? Bei allen Gelegenheiten giebt sich daher ein gewisses Bestreben kund, so wenig als möglich Neues zu bestimmen. Ein anderer Theil der Abgeordneten, von einer größeren Zuversicht erfüllt, ergriff die Gelegenheit gern, um bekannte und wichtige Abweichungen der Particularrechte auszugleichen und ein neues gemeinsames Recht an die Stelle zu setzen. Am ent= schiedensten bekämpften sich diese beiden Richtungen bei der Frage über die Veröffentlichung der Verträge, welche die Güterrechte der Ehegatten betreffen, und über die Folgen, wenn die Veröffentlichung unterbleibe. Die erstere hat darin vollständig obgesiegt; der ganze hierüber bestimmende Titel des Preuß. Entwurfs (welcher der Be= rathung zu Grunde gelegen hat) ist gestrichen worden, weil man darin zu viel und zu wenig fand, weil man weniger, nur so viel, und mehr wollte. Aber bei anderen Materien ist es verschieden gegangen (z. B. bei den Bestimmungen über stille Gesellschaft, Kommandite=Gesellschaft und Kommandite=Gesellschaft auf Aktien). Keine Frage! es stehen in dem Entwurf viele Bestimmungen, welche gelegentlich einer Erläuterung und Ergänzung bedürfen werden, welche das Bereich des Civilrechtes nahe berühren und vielleicht einer Versöhnung zwischen diesem und dem Handelsrecht bedürfen. Wenn man ein so bedeutendes nationales Werk, wie das Handels= gesetzbuch seyn wird, nicht sofort seinem Schicksal überlassen, eine Masse von neuen Kontroversen ungelöst, oder in einem widersprech= enden Sinn in den verschiedenen Deutschen Staaten gelöst sehen will; wenn das gemeinsame Werk nicht eben so sehr der Ausgang zu einer Trennung als zu einer Vereinigung werden soll; so bedarf man nach der Feststellung desselben noch mehr als Einer Nürnberger Konferenz, um es zu bewahren, zu erklären, zu entwickeln. Nicht anders ist es ja sogar mit der deutschen Wechsel=Ordnung gegangen, einer vortrefflichen, aber viel weniger schwierigen Arbeit, weil es sich dabei beinahe nur um formale Bestimmungen handelte. Der Nürnberger Konferenz sind von der Bundes=Versammlung Arbeiten über diese Wechsel=Ordnung zugewiesen worden, und so werden noch viele andere Konferenzen nöthig seyn, wenn der zweite und viel größere Schritt auf dem betretenen Wege durch ein deutsches Handelsgesetzbuch geschieht. Wir bedürfen und erhalten alsdann beständiger Konferenzen oder, wenn wir uns so ausdrücken dürfen, eine deutsche gesetzgebende Behörde, freilich nur mit dem Recht der Begutachtung; allein vom a kommt man zum b; wird das Gutachten über das Handelsgesetzbuch angenommen, soll dieses in das Leben treten, so muß man es auch am Leben erhalten.

Werden wir dann nicht endlich zu einem deutschen Gerichts= Hof kommen? sind wir nicht auf dem Wege zu einer deutschen Verwaltung der Zölle, der Münzen, des Gewichts, zu einem deut= schen Heerwesen? — Es fehlt noch viel daran; allein jede neue Annäherung zu dem Ziel erweckt das Verlangen, dasselbe endlich zu erreichen, vermehrt die Anstrengung. Zunächst handelt es sich nun darum, wie der Entwurf des Handelsgesetzes wirklich Gesetz werden kann? Eine dritte in das Sachliche eingehende Be= rathung des Entwurfs wird nicht beabsichtigt; die vier ersten Bücher desselben sind den Regierungen vorgelegt; es fehlen haupt= sächlich noch die Bestimmungen über Assekuranzen und Schifffahrt (See=Recht). Allein bedenklich wird man, wenn man die Aeußerung eines Abgeordneten der Konferenz nachliest: „„In der kurzen Zwi= „schenzeit seit der ersten Lesung des Entwurfs (und der zweiten) „habe eine genügende Prüfung desselben unmöglich vorgenommen „werden können und ohne eine solche Prüfung, ohne Beachtung der „Meinungen der Behörden und der anderen außerhalb der Kon= „ferenz stehenden Sachverständigen könnten keine entsprechenden Re= „sultate erzielt werden. Diese Meinungen würden erst bis zur „dritten Lesung sich vernehmen lassen können, bei dieser werde dem= „nach erst die Schwerkraft der Berathungen eintreten, wie sehr man „auch dieselbe als eine kurze zu behandeln beabsichtigen möge. Auch „der Presse, deren Ansichten er lebhaft ersehne, müsse im Interesse „der Sache ihr Recht eingeräumt werden." (S. Protok. der Kon= ferenz, Nürnberg 1858 S. 880.)

Der Inhalt dieser Erklärung ist vollkommen richtig; außerhalb der Konferenz waren Aeußerungen über ihre Arbeiten noch unmög= lich; wie aber, wenn diese nun erfolgen und bei der dritten Lesung beachtet werden? wenn die Behörden der einzelnen Staaten erst jetzt eine gründliche Prüfung beginnen und das Ergebniß dieser

Arbeit und Prüfung nach vielen Richtungen hin abweichend seyn wird? (man kann hierauf beinahe zählen;). wie, wenn endlich der Entwurf zur Berathung an die Gesetzgebenden Versammlungen der Einzel=Staaten, an die Bürgerschaften der freien Städte, gelangen wird? (sie haben das Recht dieser Berathung); wenn die Beschlüsse dieser Korporationen auseinander gehen? (was kaum zu bezweifeln ist).

Wenn man über diese Schwierigkeiten hinwegkommen will, so muß ein ganz anderer Weg eingeschlagen werden. Das Konferenz= Protokoll zeigt, daß kaum ein Satz des Entwurfs ohne ausführliche Erörterung, ohne Abstimmung, ohne Gegen=Vorschläge, angenommen worden ist. Häufig stimmten 7 gegen 7 und der Präsident gab den Ausschlag. Die Abgeordneten waren ausgezeichnete Ge= lehrte, bewährte Geschäftsmänner aus allen Staaten. Alle Achtung vor den Behörden, den Gesetzgebungs=Versammlungen, den Bürger= schaften, der Presse! Sie können vieles verbessern und anders ent= scheiden; aber, wenn sie alle ihre Pflicht gethan haben werden, so werden doch ihre Mehrheits=Beschlüsse die Wahrheit nicht entschie= den darstellen; die entgegengesetzte Meinung wird formell unterlie= gen, im Uebrigen ihr Recht behalten; manche Beschlüsse werden vielleicht mit 8 gegen 7 Stimmen angenommen oder verworfen werden, die in der Konferenz mit 8 Stimmen gegen 7 verworfen oder angenommen wurden. Bei einem solchen Werk bedarf es, wenn es zu Stande kommen soll, der Entsagung. Die Kon= ferenz der ausgezeichneten Gelehrten und Geschäftsmänner, welche die erste und zweite Lesung vorgenommen hat, dürfte in diesem Fall, da kaum von abweichenden Interessen und gar nicht von der Politik die Rede seyn kann, als ein deutsches Parlament zu betrachten und ihr Werk von allen übrigen Seiten mit einem einfachen Ja! anzunehmen, oder mit einem Nein! (wenn dafür überwiegende Gründe vorhanden seyn könnten) zu verwerfen seyn.

Wenn von der Fassung des Entwurfs die Rede ist, so wird sie beinahe überall eine gelungene, d. h. eine deutliche und ver= ständliche genannt werden können und in dieser Beziehung darf eine etwa hier und da nöthige Verbesserung der Konferenz ruhig überlassen werden. Nebenpunkte, Folgerungen aus angenommenen Grundsätzen, können nicht in Betracht kommen. In den Haupt= punkten, in den Grundsätzen ist die Konferenz mit der nöthigen Rücksicht für abweichende Meinungen verfahren, sie hat den Parti=

tifularrechten einen genügenden Spielraum gelassen. Man kann
z. B. in Hinsicht auf Aktiengesellschaften der in dem Entwurf angenommenen Richtung folgen und: a) die Hauptgrundsätze feststellen,
unter welchen sie errichtet und verwaltet werden müssen, zugleich
b) die Genehmigung (Concession) der Regierungen vorbehalten.

So ist es auch in Frankreich und England. Man kann sich
mit der Aufstellung jener Grundsätze begnügen und von einer Staatsgenehmigung absehen, wie in Amerika geschieht und wie die Abgeordneten von Hamburg gefordert haben. Ist Amerika ein glücklich
gewähltes Beispiel? Das mögen die deutschen Staaten erwägen,
die demselben folgen wollen; denn es wird ihnen in dem Entwurfe
freigestellt. Das amerikanische System empfiehlt sich nicht, wenn
man nach seinen Wirkungen urtheilt. Allein welche Wirkungen
würde in Amerika das andere System hervorbringen? Den ame-
rikanischen Eisenbahn-Gesellschaften sind viele Millionen Acker an
vereinsländischen Ländereien aus Befürwortung der Vereinsstaaten,
welche sie durchlaufen, geschenkt worden. Diese Fürsprache
wurde erkauft (s. M. Wirth, Geschichte der Handelskrisen,
Frankfurt 1858, S. 399). Nun denke man sich, daß von denselben feilen Behörden die Ertheilung oder Verweigerung von Kon-
cessionen, die Fortsetzung oder Auflösung von Gesellschaften abhängen sollte? Es ist entschieden besser, daß die Bürger, welche
sich bei Aktienunternehmungen betheiligen möchten, gewöhnt werden,
selbst darüber nachzudenken, als daß man solchen Regierungen
die Sorge dieses Nachdenkens übertrage. Sie würden schlechte
Gesellschaften patronisiren und gute unterdrücken. Waren es nicht
auch die Herren Persigny, Morny, Fould u. s. w., welche den
Crédit Mobilier in Paris erlaubt, gestiftet, befördert haben? Haben
wir nicht nach diesem Beispiel auch in Deutschland mit höchster Genehmigung ähnliche Institute hervortreten sehen und was wird die
Geschichte noch über den Gang oder Untergang derselben zu be-
richten haben?

Mag man nun aber dem einen oder dem anderen System
huldigen; der Entwurf gibt Raum für beide; er ist also nur bedenklich für diejenigen, welche etwa der Meinung wären, daß man
den größen und geldmächtigen Börse-Leuten überlassen könne, ohne
eigene Verantwortlichkeit, also mit einem gesetzlichen Privileg, Aktienunternehmungen in beliebiger Weise zu errichten,

den Mittelstand durch ihre Agiotage auszuziehen, die Preise künst=
lich hinauf und hinunter zu treiben und die sittliche Grundlage des
Verkehrs dem Spott und Hohn öffentlich Preis zu geben.

Die bereits angestellten Betrachtungen ergeben von selbst, daß
in der nachstehenden Mittheilung über den Entwurf nicht beabsich=
tigt wird, die einzelnen Bestimmungen desselben eingehend zu be=
sprechen; das wird in den nachfolgenden Bänden dieser Zeitschrift
und sonsten geschehen, wenn der Entwurf zum Gesetz wird erhoben
seyn. Mit einigen flüchtigen Bemerkungen über die von allen Seiten
durch die Konferenz beleuchteten und in dem Protokoll besprochenen
Artikel kann Niemand gedient seyn; es wird nur die Aufgabe blei=
ben, den wesentlichen Inhalt des Entwurfs niederzuschreiben,
um eine Uebersicht sowohl, als ein Urtheil über die Wichtigkeit der
darin enthaltenen Rechtssätze zu erleichtern und dadurch zu der Bil=
dung des öffentlichen Urtheils über denselben etwas beizutragen.

Eintheilung des Entwurfs.

Die systematische Eintheilung eines Gesetzbuches scheint selten
vollständig gelingen zu wollen; es kommt auch darauf weniger an,
als daß man sich leicht darin zurechtfinden könne. Der preußische
Entwurf fieng mit einer allgemeinen Bestimmung über die Quelle
des Handelsrechts an; dann folgte das Erste Buch: Vom Han=
delsstande (Art. 2—84). Das Zweite Buch: Von den Handels=
gesellschaften (Art. 85—210). Das Dritte Buch: Von den Han=
delsgeschäften (Art. 211—384). In das erste Buch waren die
Bestimmungen aufgenommen über Handels=Register und Veröffent=
lichungen in Handelssachen (namentlich der ehlichen Güterrechte),
über Handels=Firmen, Handels=Bücher, =Vollmachten (Procura),
=Gehilfen, =Mäkler. Das erste Buch hat diese Eintheilung in
dem Entwurf der Konferenz behalten. In dem zweiten Buch des
preußischen Entwurfs war (Art. 86) gesagt: „Die Handelsgesell=
schaften sind:

    die offene Handelsgesellschaft,

    die stille Handelsgesellschaft,

    die Aktiengesellschaft.“

Die einzelnen Titel des zweiten Buchs handelten über diese drei
Arten der Gesellschaft.

Der Entwurf der Konferenz ist hiervon abgewichen. Er han=

delt im erſten Titel des zweiten Buchs: von der offenen Ge=
ſellſchaft, im zweiten Titel des zweiten Buchs: von der Kom=
mandite=Geſellſchaft und zwar a) von der K.=G. im Allgemei=
nen, b) von der K.=G. auf Aktien in's Beſondere; im dritten
Titel von der Aktien=Geſellſchaft. Hiermit ſchließt das zweite
Buch; zwiſchen dieſem und dem dritten Buch iſt ein eigenes Buch
eingeſchoben: „von der ſtillen Geſellſchaft und von
der Vereinigung zu einzelnen Handelsgeſchäften für
gemeinſchaftliche Rechnung.“

Die Konferenz hat nämlich ſtreng unterſchieden zwiſchen der
ſog. Deutſchen ſtillen Geſellſchaft, „wenn ſich Jemand an
dem Betriebe des Handelsgewerbes eines Andern mit einer Ver=
mögenseinlage gegen Antheil am Gewinn und Verluſt betheiligt“
(Art. 236), ohne daß dieſes Verhältniß Dritten gegenüber hervor=
tritt oder hervortreten ſoll; und zwiſchen einer Kommandite=Ge=
ſellſchaft, bei welcher dieſes Verhältniß umgekehrt ſchon in der
Firma angedeutet wird, die alſo in ſo fern eine offene Geſell=
ſchaft iſt, nur daß zugleich bei ihr auszuſprechen iſt, daß ein Theil
der Geſellſchafter dieſelbe verwalte und perſönlich, ſowie ſo=
lidariſch für ihre Geſchäfte verantwortlich ſei, ein Theil
der Geſellſchafter nur für ſeine Einlage hafte, geſchehe dieſe auf
Aktien oder nicht. Um dieſes Verhältniß feſtzuhalten, iſt dem Kom=
manditiſten unterſagt, für die Geſellſchaft Geſchäfte abzuſchließen,
ohne zu erklären, daß er nur als Prokuriſt oder Bevollmächtigter
handle, bei Vermeidung, daß er perſönlich und ſolidariſch verhaftet
werde (Art. 157); ſeine Betheiligung als Kommanditiſt muß in
die Handelsregiſter eingetragen werden. Der ſtille Geſellſchafter
dagegen darf in der Firma gar nicht erwähnt werden, bei Ver=
meidung, daß er perſönlich und ſolidariſch aus den Geſchäften der
Geſellſchaft verpflichtet werde (Art. 242); die Firma darf hier das
Verhältniß einer Handelsgeſellſchaft nicht einmal andeuten (Art. 237).

Die Meinung des Entwurfs iſt alſo folgende: **Entweder** die
Geſellſchaft muß vollkommen eine ſtille bleiben; das Publikum
ſoll nur auf den ſehen, nur dem creditiren, welcher die Firma
hat; dieſer wird Eigenthümer der Einlage des ſtillen Geſellſchafters
(Art. 238); die weitere Verantwortlichkeit des ſtillen Theilhabers
in dem Falle, wenn durch ihn oder mit ſeinem Willen etwas über
das Vorhandenſeyn der ſtillen Geſellſchaft kundgemacht wird, bleibt

vorbehalten (Art. 244); **Oder** das Verhältniß einer Kommandite muß ganz offen, wie es ist, hervortreten und in die Handelsregister eingetragen, auch in diesem Charakter erhalten werden.

Der Gedanke ist also in dem Entwurfe nicht festgehalten, daß Niemand an der Verwaltung einer Erwerbs-Gesellschaft Theil nehmen solle, der an dem Gewinn unlimitirt, an dem Verluste nur bis zu einem gewissen Betrage betheiligt sei. In der That! so sehr eine solche Stellung den redlichsten Mann in eine starke Versuchung führen mag, auf Gefahr Dritter hoch zu spekuliren, die Direktoren beinahe sämmtlicher Aktiengesellschaften befinden sich in derselben, und auch in großen Handelshäusern ist es sehr häufig der Fall, daß Mitarbeiter (nicht Kommanditisten) unter solchen Bedingungen aufgenommen werden. Der Entwurf verlangt nur, daß ein in die Handelsregister eingetragener Kommanditist sich nicht als persönlich berechtigter Theilhaber gerire, ohne auch persönlich verpflichtet zu werden; er darf eine Prokura, eine Vollmacht für die Gesellschaft übernehmen und darnach handeln; aber nicht ohne dieses Verhältniß ausdrücklich zu erwähnen.

Der Entwurf gibt also Vorschriften:

1) über Gesellschaften, deren Theilhaber sämmtlich persönlich haften (offene);

2) über Gesellschaften, deren Theilhaber zum Theil persönlich, zum Theil nur mit ihrer Einlage haften (Kommanditegesellschaften);

3) über Gesellschaften, deren Theilhaber gar nicht persönlich, sondern nur mit ihrer Einlage haften (Aktiengesellschaften);

4) über Gesellschaften, welche Dritten gegenüber gar nicht als solche erscheinen (stille Gesellschaften);

5) über Gesellschaften zu einzelnen Handelsgeschäften. Diese sind offene Gesellschaften, wenn ein gemeinsamer Bevollmächtigter die betreffenden Geschäfte betreibt, oder einer der Betheiligten im Auftrag und Namen der übrigen (Art. 252); sie sind stille Gesellschaften, wenn dieses nicht geschieht; alsdann ist nur derjenige Dritten gegenüber berechtigt und verpflichtet, welcher die fraglichen Geschäfte abschließt (daselbst).

Bei der dritten Lesung wird man jedoch wahrscheinlich die Vorschriften 1. 2. 3 und 4 nicht in einem und die Vorschriften über 5 in einem davon abgesonderten, für sich bestehenden Buch vereinigen.

Einzelne Bemerkungen zum ersten Buch.
Vom Handelsstande.

Es werden nunmehr die einzelnen Bestimmungen des Entwurfs, so weit sie wesentlich sind, in ihrer Reihenfolge zu erwähnen seyn.

Der Artikel 1 (allgemeine Bestimmung) gehört zu denjenigen Bestimmungen, welche mehr enthalten, als der wört= liche Inhalt zu sagen scheint. Man hat darin der Wichtigkeit der Handelsgewohnheiten als Quelle des Handelsrechts eine besondere Anerkennung verliehen.

„Mehrere Rechte, wie das preußische allgemeine Landrecht, das östreichische und königlich sächsische Civilrecht messen dem Ge= wohnheitsrechte nur eine sehr beschränkte Wirkung bei, dergestalt, daß z. B. nach dem sächsischen Civil=Gesetzentwurfe nur eine **drei= ßigjährige** Uebung ein Gewohnheitsrecht begründen kann, während das östreichische Recht ein eigentliches jus consuetudinarium gar nicht kennt." (Protof. S. 11.)

Um nun diese Schranken wegzuschaffen und den Handelsgewohn= heiten, welche sich oft sehr schnell bilden und denen doch überall Gel= tung beizumessen ist, hat man den Ausdruck: „Handelsgebräuche" gewählt und den vorgeschlagenen Ausdruck: „Handelsgewohnheits= recht" nicht angenommen. Wenn ein Handelsgebrauch erweislich seyn wird, so soll es nicht darauf ankommen, ob derselbe alle die Erfordernisse haben wird, welche dieses oder jenes besondere Civilrecht zur Herstellung eines Gewohn= heitsrechtes erfordert, sondern der erwiesene Handelsgebrauch wird Norm der gerichtlichen Entscheidung, „in so weit das Handelsgesetzbuch keine Bestimmungen enthält." Ist eine solche Bestimmung nicht vorhanden und kein Handelsgebrauch erweislich, so kommt das allgemeine bürgerliche Recht zur An= wendung.

An die Stelle des zweiten Artikels im ersten Entwurf, worin unter acht Nummern speciell bezeichnet war, wer als Kauf= mann zu betrachten sei, ist nun bei zweiter Lesung des ersten Titels ersten Buchs „von Kaufleuten" (Art. 3) sehr zweck= mäßig die allgemeine Bestimmung getreten: „als Kaufmann im Sinne dieses Gesetzbuches ist anzusehen, wer ge= werbemäßig Handelsgeschäfte betreibt." Denn ein Ge=

setzbuch, zum allgemeinen Gebrauche bestimmt, hat specielle Bestimmungen nur dann aufzunehmen, wenn sie nicht aus der gegebenen Regel von selbst fließen; ein großer Umfang des Buchs ist dem Gebrauch und Verständniß schon an und für sich hinderlich. Auch passen die speciellen Bestimmungen, bei allem Fleiße der Abfassung, nicht immer auf alle vorkommenden Fälle und eben dadurch entstehen dann Controversen.

Die folgenden Artikel des ersten Titels (**„von Kaufleuten"**) beschäftigen sich mit der Frage, in wie fern die Vorschriften des Gesetzes auf Frauen Anwendung finden, die Handel treiben? Die Frage wird bejaht; allein eine Ehefrau soll zum Handelsbetrieb der Einwilligung ihres Ehemanns bedürfen (Art. 6). Alsdann wenn diese gegeben ist, haftet sie für die Handelsschulden mit ihrem ganzen Vermögen, ohne Rücksicht auf die an diesem Vermögen durch die Ehe begründeten Rechte des Ehemanns (daselbst).

Welche Masse von Controversen hinter diesen einfachen Bestimmungen steckt, kann man aus dem Protokoll (S. 20) erkennen:

> „Die Debatte erstreckte sich noch auf die Fragen, ob der Ehemann die angeordnete Haftung dadurch von sich halten, oder für die Folge beseitigen dürfe, daß er seinen Consens nur in bedingter Weise gebe, oder daß er nach erfolgtem Consense das Güterrechtsverhältniß ändere, und ob, wenn er ersteres nicht thun dürfte, eine gleichwohl bedingt abgegebene Consens-Erklärung gar nicht gelte, oder für unbedingt abgegeben anzusehen sei? — allein die Versammlung beschloß hierüber nichts in's Gesetz aufzunehmen und diese Fragen der Wissenschaft zu überlassen."

Auch durch diesen Beschluß hat die Versammlung zu erkennen gegeben, daß sie die Grenzen für ein gemeinsames deutsches Gesetz erkannte und die Erreichung des Ziels im Auge hatte. Denn eine Vertiefung in solche Einzelheiten hätte ein Werk von immensem Umfang herbeiführen, oder vielmehr den Abschluß verhindern müssen.

Der zweite Titel des ersten Buchs: **„Von den Handelsregistern"** erscheint, wie er jetzt in dem Entwurfe zweiter Lesung dasteht, einfach genug: „Bei jedem Handelsgerichte ist ein Handelsregister zu führen, in welches die in diesem Gesetzbuch angeordneten Eintragungen aufzunehmen sind. Das Handelsregister ist öffentlich" (Art. 11 u. s. w. bis 14, Detailvorschriften).

Es ist damit nicht ausgesprochen, daß in jedem deutschen Staate Handelsgerichte seyn müssen, "vielmehr wurde allseitig anerkannt, daß unter Handelsgerichten zwar zunächst die für die Handels= sachen des Domicils der Kaufleute bestellten Specialgerichte, in deren Ermanglung aber die zur Erkenntniß über streitige Han= delssachen competenten Civilgerichte zu verstehen seien" (Prot. S. 22). Der erste Entwurf enthielt die weiteren sehr wichtigen Bestimmungen: "drei Tage nach der Bekanntmachung kann Nie= mand die Unkenntniß der Eintragung für sich geltend machen!" (Art. 11.) Von allen Gründen, die hiergegen angeführt wurden und glücklicher Weise Anklang fanden, mag nur einer hervorge= hoben werden:

"Der Artikel stelle eine Fiktion auf, welche ganz unermeßliche und höchst unbillige Folgen habe. Denn obschon es gar keine Art der gerichtlichen Publikation gebe, welche nur einige Sicherheit dafür biete, daß von derselben jeder Dritte wirklich je einmal Kenntniß erhalte oder auch nur erhalten könne, verordne der frag= liche Artikel dennoch, daß nach Abfluß von drei Tagen jeder Dritte ohne Zulassung eines Gegenbeweises so angesehen werden solle, als habe er wirklich die Bekanntmachung erfahren. Das führe schon bei Personen, die am Orte der Bekanntmachung leben, zu großen Härten" u. s. w. (Prot. S. 23. 25).

Jener nun sehr einfache zweite Titel diente als Einleitung zu einem dritten Titel, der von großer Bedeutung war, aber in zweiter Lesung gestrichen wurde. Er handelte: "über die Ver= öffentlichung der ehlichen Güterrechte." In dem ersten Entwurf (Art. 12) war verlangt: "Jeder Vertrag unter Verlobten oder Ehegatten, deren einer zu den Kaufleuten gehört, muß binnen vier Wochen nach Abschluß des Vertrags — zur Eintragung in das Handelsregister eingereicht werden, wenn durch den Vertrag das vermöge allgemeiner oder besonderer Gesetze bestehende oder das zwischen den Kontrahenten vertragsmäßig festgesetzte ehliche Güterrecht abgeändert wird." In dem Art. 18 daselbst war dem Zuwiderhandelnden die Strafe des einfachen Bankerutts im Falle seiner Zahlungseinstellung angedroht.

Dieser Vorschlag fand einerseits Widerspruch, weil die civil=

rechtlichen Folgen der Unterlassung von Einträgen über die Güterrechte nicht ausgesprochen seien. „Jeder müsse darüber im Klaren seyn, wie die Wirkung seiner Rechtsgeschäfte gegenüber demjenigen beurtheilt werde, der seine Güterverhältnisse verschwiegen habe, und gerade die große Verschiedenheit der Gesetzgebungen mache es zur Pflicht, eine überall wirksame Folge hier auszusprechen. —.Nach gemeinem Rechte gehe eine Ansicht dahin, daß Jeder, der sich mit einem Dritten in Geschäfte einlasse, die Verpflichtung habe, sich nach dessen persönlichen Rechtsverhältnissen zu erkundigen, daß er die Folgen zu tragen habe, wenn er dieß nicht thue, daß also die wirklich bestehenden Güterrechte überall zur Geltung kämen. — Eine andere Ansicht aber räume dem dritten Kontrahenten das Recht ein, das Bestehen des ortsüblichen Güterstandes zu präsumiren und führe zu dem entgegengesetzten Resultat. Hier sei Gelegenheit diese Kontroverse zu erledigen und mit ihr eine zweite, welche bezüglich der Folgen des Domicilwechsels auf dem Güterstand eines Ehepaares bestehe" (Prot. S. 28. Ueber letzteren Gegenstand s. die neueste Abhandlung in dieser Zeitschrift Bd. XVIII. von Bremer).

Die Mitglieder der Konferenz, welche diese Ansicht hegten, theilten sich aber in verschiedene Gruppen, wenn von den civilrechtlichen Folgen der Unterlassung von Einträgen die Rede war; die Einen wollten eine Präsumtion für das Bestehen des an jedem Orte gesetzlich oder gewohnheitsrechtlich gültigen Güterrechtes aufgestellt sehen. Abänderungen desselben sollten gegenüber dem Dritten nur dann wirksam werden, wenn derselbe zur Zeit der Eingehung eines Vertrages davon gewußt habe. Der Dritte solle aber so angesehen werden, als wisse er das wirklich, was in den öffentlichen Handelsregistern stehe. Die Andern wollten eine unbedingte Nichtigkeit der unangezeigt gebliebenen Eheverträge gegenüber den Gläubigern ausgesprochen sehen; eine nicht unterstützte Meinung gieng dahin, daß auszusprechen sei: „jede Ehefrau eines Kaufmanns haftet mit ihrem Vermögen für die Handelsschulden ihres Ehemannes, sofern sie nicht diese Haftung durch eine in das Handelsregister eingetragene Erklärung ausschließt oder beschränkt" (Prot. S. 28. 29). Diese letztere durchgreifende Ansicht würde denn freilich an manchen Plätzen einen vollkommenen Umsturz des bestehenden Rechts herbeigeführt haben (z. B. in

Frankfurt, wo die Frau in der Regel nicht für Handelsschulden haftet).

Gegen einen auf diese Frage gerichteten Vorschlag der Redaktions-Commission wurde aber von Seiten des Referenten bemerkt: „Es werde dann hauptsächlich die Aufgabe der Ehefrau seyn, auf die Veröffentlichung der ehelichen Güterrechte zu dringen; dadurch werde die Ehefrau in die ihrer sittlichen Stellung wenig entsprechende Lage gebracht, dem Manne entgegenzutreten und dessen Kredit zu gefährden, worunter auch sie selbst mittelbar wiederum leide. — Wenig nütze dem Gläubiger die Fortdauer des gesetzlichen Güterrechts der Ehegatten anzunehmen, wenn er nicht sicher erfahren könne, welches für dieselben als das gesetzliche anzusehen sei" (bei'm Wechsel des Domizils. Prot. S. 907. 908). Wie, wenn am ersten Domizil keine Gütergemeinschaft bestanden habe, wohl aber am zweiten? — Im Konkurse werde man Gläubiger haben, welche die Wirksamkeit abgeschlossener Güterrechtsverträge oder sonstige Abweichungen vom gesetzlichen Güterrecht gegen sich bestehen lassen müßten, und andere Gläubiger, welche die Fortdauer früherer Verhältnisse für sich präsumiren und geltend machen dürften (Prot. S. 909).

Die Versammlung entschied sich schließlich mit 14 gegen 3 Stimmen, „und zwar mehrere Mitglieder mit Rücksicht auf das vom Referenten berührte Bedenken für Preußen für die Streichung des dritten Titels."

Damit ist allerdings viel aus dem Entwurfe gestrichen; eine sehr begründete Erwartung, daß etwas in Bezug auf die heimlichen Eheverträge geschehen werde, wodurch die Gläubiger so oft und so ungerecht benachtheiligt werden, bleibt unbefriedigt. Allein man muß anerkennen, daß die tief eingreifenden Folgen einer Bestimmung über die civilrechtlichen Wirkungen der nicht geschehenen Eintragung eines Ehevertrags, und die verschiedene Beurtheilung hierüber, die Bedenken gegen die Annahme des Entwurfs hier oder da bedeutend steigern dürften. Wir sind noch nicht weit genug, um eine solche Rücksicht gering zu achten; es fehlt noch an dem gemeinsamen Fundament für den weiteren Bau. Der Beschluß der Konferenz läßt sich daher rechtfertigen; doch dürfte jedenfalls zu wünschen seyn, daß der erste Entwurf stehen geblieben wäre, welcher gegen die Nichteintragung der Eheverträge eine Strafbestimmung enthielt.

In dem dritten (zuvor vierten) Titel des Entwurfs „**über Handelsfirmen**" ist man zunächst darauf bedacht gewesen, daß die Firma eine Wahrheit sei, daher die Bestimmung in Art. 15: „ein Kaufmann, welcher sein Geschäft allein betreibt, darf nur seinen Familien=Namen führen; er darf keinen Zusatz beifügen, welcher ein Gesellschaftsverhältniß andeutet"; die Firma einer offenen und einer Kommandite=Gesellschaft muß wenigstens den Namen eines ihrer Mitglieder mit einem Zusatz enthalten, der das Vorhandensein einer Gesellschaft andeutet (Art. 16). Nur die Namen persönlich haftender Gesellschafter dürfen in die Firma aufgenommen werden.

Der Art. 17 sagt: „die Firma einer Aktiengesellschaft muß in der Regel von dem Gegenstande ihrer Unternehmung entlehnt seyn." Warum nur in der Regel? — Diese Worte wurden dem ersten Entwurf beigefügt. Etwa weil es neuerer Zeit Aktiengesellschaften giebt, die gar keinen bestimmten Gegenstand haben, wie der Crédit mobilier zu Paris, die Darmstädter, Meininger Bank 2c.?

Die Fortführung von bestehenden Firmen wird, ungeachtet eintretender Veränderung ihrer Mitglieder, gestattet (Art. 21. 23); jedoch ist die Einwilligung der bisherigen Geschäftsinhaber dazu erforderlich, wenn ihr Name in der Firma enthalten ist. „Denn der Natur der Sache nach habe zwar jeder Theilhaber eines Geschäfts an der für dasselbe einmal erwählten und hierdurch Gemeingut gewordenen Firma gleiches Recht, und nur wenn der Name eines Austretenden in der Firma vorkomme, sei derselbe berechtigt diesen Namen von dem ferneren Schicksal der Firma zu trennen" (Prot. S. 41).

„Die Veräußerung einer Firma als solcher, abgesondert von dem Handelsgeschäft, für welches sie bisher geführt wurde, ist nicht gestattet." (Art. 22 z. B. J. M. Farina).

Veränderungen der Firma müssen angemeldet werden (Art. 24); ist dieses geschehen, so werden sie gegen jeden Dritten als bekannt angenommen, „sofern nicht die Umstände die Annahme begründen, daß er diese Thatsache weder gekannt habe, noch habe kennen müssen." Umgekehrt verhält es sich in dem Fall, wenn die Eintragung unterblieben ist. Das Handelsgericht hat die Betheiligten durch Ordnungsstrafen zur Befolgung der gesetzlichen Vorschriften anzuhalten (Art. 25). „Wer durch den unbefugten Gebrauch einer

Firma in seinen Rechten verletzt ist, kann den Unberechtigten auf Unterlassung der weiteren Führung der Firma und auf Schadens=ersatz belangen."

"Ueber das Vorhandensein und die Höhe des Schadens ent=scheidet das Handelsgericht nach seinem freien Ermessen!" (Art. 26. Rechtsmittel gegen ein solches Erkenntniß sind vorbehalten. Prot. S. 43).

Im Angesicht solcher Bestimmungen wird man nicht verkennen, daß nothwendig überall Handelsgerichte errichtet, oder doch Sach=verständige mit entscheidender Stimme zugezogen werden müssen. Denn wie können Juristen allein ein Erkenntniß über die Größe des hier fraglichen Schadens fällen?

Der vierte Titel „über Handelsbücher" enthält sehr genaue Vorschriften über die Buchführung (Art. 27—31). Für diese Spe=zialitäten wurde angeführt: „die Kaufleute hätten um gesetzliche Sanktionirung solcher Bestimmungen petitionirt. Aehnliche Bestim=mungen seien auch in so lange, als man bei der Beweisführung in Prozessen gestatte, daß die Handelsbücher Beweiskraft haben, unentbehrlich." Dagegen wurde angeführt: „die Kaufleute wünsch=ten die Eliminirung der fraglichen Bestimmungen dringend, die Buchführung sei einfach oder doppelt, überhaupt in den verschie=denen Geschäfts=Branchen verschieden. Die angenommenen Bestim=mungen seien resp. unpraktisch, unrichtig, veratorisch, ge=fährlich. Dieses ganze Präventivsystem sei nicht deutschrechtlich, sondern durch die französische Gesetzgebung eingebracht, Ausfluß eines argwöhnischen Polizei= und Bevormundungs=Systems" (Prot. S. 932).

Der Abgeordnete für Hamburg schlug anstatt aller Speziali=täten die allgemeine Bestimmung vor:

„Jeder Kaufmann ist verpflichtet, ordentliche Bücher zu führen."

Wenn man zu diesem Vorschlag in Erwägung zieht,
1) was der Art. 33 des Entwurfs bestimmt:

„Ordnungsmäßig geführte Handelsbücher liefern bei Strei=tigkeiten über Handelssachen unter Kaufleuten in der Regel einen unvollständigen Beweis, welcher durch den Eid oder durch andere Beweismittel ergänzt werden kann. Jedoch hat der Richter nach seinem Ermessen zu entscheiden, ob dem

Inhalte der Bücher ein größeres oder geringeres Maaß der Beweiskraft beizulegen ſei u. ſ. w."

2) was der Art. 34 hinzuſetzt:

"Handelsbücher, bei deren Führung Unregelmäßigkeiten vor= gefallen ſind, können als Beweismittel nur in ſo weit be= rückſichtigt werden, als dieſes nach Lage der Sachen geeignet erſcheint"; daß alſo dem richterlichen Ermeſſen ein ſo weiter Spielraum gegeben iſt,

ſo dürfte man die Schnurbruſt, welche nach franzöſiſchem Muſter der Buchführung angelegt iſt, nicht eben folgegerecht finden.

Ob und in wie fern die Handelsbücher gegen Nichtkaufleute Beweiskraft haben, iſt der Beurtheilung nach Landesgeſetzen überlaſſen worden. Durch den Art. 38 wurde eine Klage der Kauf= leute beſeitigt, daß man ſie mitunter nöthige, ihre Handelsbücher außerhalb des Orts, wo ſie ſich befinden, vorzulegen. Von einer ſolchen Verpflichtung wurden ſie befreit.

Der fünfte Titel: **"Von den Prokuriſten und Handlungs= Bevollmächtigten"** enthält neue und ſehr wichtige Beſtimmungen, namentlich die Art. 41. 42. "Die Prokura ermächtigt zu allen Arten von gerichtlichen und außergerichtlichen Geſchäften und Rechts= handlungen, welche der Betrieb eines Handlungsgewerbes mit ſich bringt; ſie erſetzt jede nach den Landesgeſetzen erforderliche Spezial= vollmacht; ſie ermächtigt zur Anſtellung und Entlaſſung von Hand= lungsgehülfen und Bevollmächtigten."

"Zur Veräußerung und Belaſtung von Grundſtücken iſt der Prokuriſt nur ermächtigt, wenn ihm dieſe Befugniß beſonders er= theilt iſt (Art. 41). Der Umfang der Prokura kann nicht beſchränkt werden. Insbeſondere kann dieſelbe nicht unter der Beſchränkung ertheilt werden, daß ſie nur für gewiſſe Geſchäfte oder für gewiſſe Arten von Geſchäften gelte, oder daß ſie nur unter ge= wiſſen Umſtänden oder für eine gewiſſe Zeit oder an einzelnen Orten ausgeübt werden ſolle."

Dieſe Beſtimmungen ſind aus dem erſten Entwurf zwar her= vorgegangen, in dieſer einſchneidenden Weiſe aber nur durch die nachſtehenden Betrachtungen veranlaßt worden, die der Abgeordnete für Hamburg mit ziemlich allgemeiner Uebereinſtimmung der übrigen Bevollmächtigten vorgetragen hat. "Bedingungen, Reſtriktionen, Zeitbeſtimmungen können bei einer Prokura nicht geduldet werden, so wenig als bei den Befugnissen eines firmirenden Gesellschafters. Eine solche Vollmacht mache den Inhaber zum alter ego des Prinzipals für dessen Geschäft, gleich dem firmirenden Gesellschafter. — Bei beiden werde die Zulassung von Restriktionen, die trotz erfolgter Eintragung in die Register dem Publikum, namentlich in der Ferne nicht immer bekannt seyn könnten, zu Täuschungen führen. In Hamburg sei dieser Nachtheil hervorgetreten. N. N. ist mein Prokurist oder N. N. zeichnet für mich p. proc., müsse bedeuten: N. N. zeichnet, ohne mein Associé zu seyn, meine Firma. — Jeder Bursche auf dem Comtoir könne seinen Herrn verpflichten, wenn er in einer ihm aufgetragenen Funktion thätig sei. Aber Handlungsgehülfen von verschiedenem Grade und Range könnten nur innerhalb der Grenze ihres Auftrags verpflichten, der Prokurist thue dieß unlimitirt" (Prot. S. 74. 75).

Hier haben wir also eine Bestimmung, welche nur handelsrechtlich ist und die manchem Civilisten bedenklich erscheinen mag. Die Ertheilung der Prokura ist vom Prinzipal persönlich oder in beglaubigter Form bei'm Handelsgerichte anzumelden. Eben so das Erlöschen. Durch Ordnungsstrafen ist hierzu anzuhalten (Art. 44).

„Wenn das Erlöschen der Prokura nicht in das Handelsregister eingetragen und öffentlich bekannt gemacht ist, so kann der Prinzipal dasselbe einem Dritten nur dann entgegensetzen, wenn er beweist, daß es letzterem bei'm Abschluß des Geschäfts bekannt war."

„Ist die Eintragung und Bekanntmachung geschehen, so muß ein Dritter das Erlöschen der Prokura gegen sich gelten lassen, sofern nicht durch die Umstände die Annahme begründet wird, daß er das Erlöschen bei'm Abschlusse des Geschäfts weder gekannt habe, noch habe kennen müssen."

Von diesen Prokuristen werden Handlungs-Bevollmächtigte (zum Betrieb eines ganzen Handelsgewerbes oder einzelner Geschäfte, z. B. Kassirer, Reisende) unterschieden. Ihre Vollmacht erstreckt sich auf alle Geschäfte und Rechtshandlungen, welche der Betrieb eines derartigen Handelsgewerbes oder die Ausführung derartiger Geschäfte gewöhnlich mit sich bringt.

Zur Eingehung von Wechselverbindlichkeiten und Aufnahme von Darlehen bedarf es aber einer besonderen Befugniß (Art. 46).

„Wer in einem Laden oder in einem offenen Magazin oder Waa-renlager angestellt ist, gilt für ermächtigt, daselbst gewöhnliche Ver-käufe und Empfangnahmen vorzunehmen (Art. 48). Wer die Waare und eine unquittirte Rechnung überbringt, gilt nicht für er-mächtigt, die Zahlung zu empfangen" (Art. 49). Uebertragungen der Prokura oder Vollmacht finden ohne Einwilligung des Prin-zipals nicht Statt (Art. 51); Widerruf ist zu jeder Zeit zulässig (Art. 52); der Tod des Prinzipals hat das Erlöschen der Prokura oder Vollmacht nicht zur Folge! — (Die Erben werden also zu widerrufen haben, wenn sie nicht für weitere Handlungen des Pro-kuristen verbindlich seyn wollen.)

Noch ist der Art. 50 in diesem Titel hervorzuheben: Geschäfte des Prokuristen oder Bevollmächtigten, ausdrücklich oder stillschwei-gend für den Prinzipal geschlossen, berechtigen und verpflichten nur diesen, nicht jene.

In dem ersten Entwurf (Art. 41) hatte gestanden:

„verpflichten den Prinzipal ebenso, als wenn er das Geschäft selbst geschlossen hätte."

Man befürchtete, diese Worte könnten so verstanden werden, als ob das abgeschlossene Geschäft in allen Beziehungen nach der Person des Prinzipals zu beurtheilen seyn werde, also z. B. ein dolus, eine mala fides des Prokurainhabers dem Prinzipal nicht schaden würde, wenn dieser sich nicht in gleicher Lage befinde. Man wollte aber die Savigny'sche Theorie nicht sanktioniren und strich deshalb jene Worte (Prot. S. 78). Ehre der deutschen Wissen-schaft und Herrn v. Savigny, auf welche diese Rücksicht zu neh-men für nöthig befunden wurde!

Endlich sagt Art. 55, daß ein Prokurist oder General = Bevoll-mächtigter ohne Einwilligung des Prinzipals weder für eigene Rech-nung, noch für Rechnung eines Dritten Handelsgeschäfte machen darf. Andere Bestimmungen, welche aus diesen folgen, oder sie weiter ausführen, sind hier zu übergehen. Ebenso der sechste Titel: „Von den Handlungsgehülfen" (Art. 56—64), worin keine Grundsätze von hervorspringender Wichtigkeit enthalten sind.

In dem siebenten Titel: **„Von den Handelsmäklern oder Sensalen"** sind dagegen einige Punkte enthalten, die zu lebhafter Erörterung Anlaß gaben. Mehrere Bevollmächtigte waren der Ansicht, daß es zu weit gehe, wenn man den Mäklern die lieber-

nahme von Bürgschaften und den Proprehandel untersage. Wenn
es dem Mäkler gestattet sei, für die Waarenkäufer dem großen
Kaufmann gegenüber Bürgschaft zu leisten, so erleichtere dieses sehr
das Geschäft; eben so sei auf sehr bedeutenden Handelsplätzen (in
Hamburg) die Geschäftsthätigkeit der sogen. übernehmenden Mäkler
unentbehrlich (sie übernehmen bedeutende Posten, Wechsel oder Staats=
papiere fest um einen gewissen Preis und suchen sodann die Ver=
kaufs=Gelegenheiten auf). Wenn man dieses den verpflichteten
Mäklern verbiete, so würden die Pfuschmäkler an ihre Stelle treten,
oder das Verbot werde umgangen.

Hiergegen wurde jedoch bemerkt, Treue und Glaube thue nir=
gends mehr Noth als bei'm Mäklergeschäfte, der Mäkler müsse
unparteiisch zwischen den Contrahenten stehen. Dieß sei
von dem Augenblick an unmöglich, in welchem er zu Gunsten des
einen Contrahenten gegen den anderen persönliche Pflichten aus
dem vermittelten Vertrage übernommen habe. Von da an sei es
auch geradezu unstatthaft, seinen Büchern und Zeugnissen zu ver=
trauen.

Diese Ansicht behielt die Oberhand (Art. 68). Auch dürfen
die Mäkler keine Profura, noch Handlungsvollmacht oder Dienst
übernehmen, sich nicht associren; sie müssen die Mäklerverrichtungen
persönlich betreiben, die Einwilligung der Parteien zu den
Geschäften ausdrücklich und persönlich entgegennehmen;
denn ihre Atteste über einen geschehenen Abschluß sollen eine beson=
dere Beweiskraft haben, deshalb haben sie ein Tagebuch zu führen
(Art. 70. 71). „Obwohl das ordnungsmäßig geführte Tagebuch,
so wie die Schlußnoten eines Handelsmäklers in der Regel den
Beweis für den Abschluß des Geschäfts und über dessen Inhalt lie=
fern, so hat doch das richterliche Ermessen hierüber zu entscheiden."
Eidliche Bestärkung und andere Beweise können gefordert werden
(Art. 76). Den Mäklern wird im Art. 79 die Pflicht auferlegt
„von jeder durch ihre Vermittlung nach Probe verkauften Waare
die von ihnen gezeichnete Probe so lange aufzubewahren, bis die
Waare angenommen, oder das Geschäft sonst erledigt ist — in der
That eine lästige Pflicht, wodurch die Entscheidung von Prozessen
jedoch erleichtert wird (Art. 79). Für Unterhandlungen haben
sie nichts zu fordern, wenn diese nicht zum Abschluß eines Geschäfts
dienlich waren.

Mit diesen und anderen Bestimmungen (welche nicht besonders hervorzuheben sind) endigt das erste Buch („vom Handels= stande") und beginnt sodann

das zweite Buch
von den Handelsgesellschaften

und zwar Tit. 1 „von der offenen Handelsgesellschaft." „Eine offene Handelsgesellschaft ist vorhanden, wenn zwei oder mehrere Personen ein Handelsgewerbe unter gemeinschaftlicher Firma betreiben und bei keinem der Gesellschafter die Betheiligung auf Vermögenseinlagen beschränkt ist" (Art. 84). Die Errichtung oder Veränderung der Gesellschaft muß bei dem Handelsgericht einge= tragen werden; Ordnungsstrafen werden dem Unterlassenden ange= droht (Art. 85—88).

In dem ersten Entwurf (Art. 87) standen die Worte: „Jede Handelsgesellschaft als solche hat selbstständig ihre Rechte und Pflich= ten." Hierüber entspann sich eine für Rechtsgelehrte sehr interessante Erörterung. Ein Theil der Abgeordneten erklärte: es sei gänzlich ungerechtfertigt, die Handelsgesellschaften als juristische Per= sonen aufzufassen. Bei diesen „einem Gedankending" sehe man von physischen Personen ab, nicht so bei jenen. Die Grund= sätze, die über Societäten bestünden, reichten für die rechtliche Be= urtheilung der Handelsgesellschaften aus. Für die Obliegenheiten der Gesellschaft bleiben die Gesellschaften verpflichtet (anders bei einer Gemeinde, bei einer moralischen Person). Andere Abgeord= nete meinten trotz der erhobenen Bedenken werde nichts erübrigen, als die Annahme einer juristischen Persönlichkeit der Handelsgesell= schaften. Mit dem Augenblick der Eingehung einer Societät werde der einzelne Theilhaber allerdings in der Verfügung über sein Ver= mögen beschränkt. Wenn man einzelne Rechtsätze, welche dem Wesen der juristischen Person entlehnt seien, den Handelsgesell= schaften beilege, so würden diesen dadurch entweder Rechte zuge= sprochen oder Pflichten auferlegt; diese habe dann die Handelsge= sellschaft, und das sei gerade so viel, als wenn man sage, sie habe sie als solche u. s. w. (Prot. S. 154—158. 275 folg.)

Die übrigen Mitglieder der Versammlung konnten hier recht deutlich erleben, daß die Rechtsgelehrten oft entgegengesetzter Mei=

nung find. Der angefochtene Satz findet sich nicht in dem revidirten Entwurf (vgl. auch Prot. S. 1133—1143).

Unter den Bestimmungen „über das Rechtsverhältniß
der Gesellschafter unter einander" (Art. 89 folg.) find nur
einzelne von besonderer Wichtigkeit, oder weil sie neue Festsetzungen
enthalten, hervorzuheben. Art. 95: „Ein Gesellschafter darf ohne
Genehmigung der anderen Gesellschafter weder in dem Handels-
zweige der Gesellschaft für eigene Rechnung oder für Rechnung
eines Dritten Geschäfte machen, noch an einer anderen gleichartigen Handelsgesellschaft als offener Gesellschafter Theil nehmen."
Die Genehmigung wird daraus geschlossen, wenn bei Eingehung
der Gesellschaft bekannt war, daß der Gesellschafter an einer anderen Handelsgesellschaft als offener Gesellschafter Theil nahm.

Ein Gesellschafter, welcher dem Art. 95 zuwiderhandelt, muß
sich auf Verlangen der Gesellschaft gefallen lassen, daß die für seine
Rechnung gemachten Geschäfte als für Rechnung der Gesellschaft
geschlossen angesehen werden; auch kann die Gesellschaft statt dessen
den Ersatz des entstandenen Schadens fordern.

Art. 101: „Wenn im Gesellschaftsvertrage die Geschäftsführung nicht einem oder mehreren Gesellschaftern übertragen ist, so
sind alle Gesellschafter zum Betriebe der Geschäfte der Gesellschaft
gleichmäßig berechtigt und verpflichtet."

„Erhebt ein Gesellschafter gegen die Vornahme
einer Handlung Widerspruch, so muß dieselbe unter-
bleiben." (In dem Art. 105 des ersten Entwurfs war Entscheidung durch Stimmenmehrheit in gesellschaftlichen Angelegenheiten vorgeschlagen; es wurde jedoch dieses für die Einigkeit der
Gesellschaft verderbliche, und bei solidarischer Haftung aller Gesellschafter unbillige Prinzip mit Recht verworfen. Prot. S. 200—204.)
Analoge Bestimmungen enthält der Entwurf für den Fall, wenn
die Geschäftsführung in dem Gesellschafts-Vertrage einem oder mehreren aus der Gesellschaft übertragen ist (Art. 99—101). Zur Vornahme von Geschäften, welche über den gewöhnlichen Betrieb des
Handelsgewerbes hinausgehen, müssen sämmtliche Gesellschafter zustimmen (Art. 102); ebenso zur Ertheilung einer
Prokura alle geschäftsführende Gesellschafter und, wenn keine solche
ernannt sind, alle Gesellschafter. „Der Widerruf der Prokura
kann von jedem zur Ertheilung derselben befugten Gesellschafter

geschehen" (Art. 103). „Der Gewinn oder Verlust wird, in Ermangelung einer anderen Vereinbarung, unter die Gesellschafter
nach Köpfen vertheilt" (Art. 108).

Der Abschnitt: „**Von dem Rechtsverhältniß der Gesellschaft zu dritten Personen**" (Art. 109 folg.) hat zu manchen
lebhaften Erörterungen Anlaß gegeben. Der Grundsatz: „die Gesellschafter haften für alle Verbindlichkeiten der Gesellschaft solidarisch" (Art. 111) enthält nichts neues. Allein daran war in
dem ersten Entwurf (Art. 117) der Vorschlag geknüpft: daß eine
Klage wider einzelne Gesellschafter nur stattfinden solle, wenn der
Anspruch der Gesellschafter bereits früher gerichtlich festgestellt oder die Klage gleichzeitig wider die Gesellschaft angestellt
werde. Es wurde dagegen beantragt, dem Gläubiger die Wahl
zu lassen, ob er die Gesellschaft oder die einzelnen Gesellschafter
belangen wolle. „Es sei zwar lästig, daß vielleicht der Gesellschafter, der ein Geschäft gar nicht vorgenommen habe, über dasselbe
einen Prozeß führen solle, aber erheblicher als dieses Bedenken sei
die Rücksicht, daß vielleicht die letzten Deckungsmittel beseitigt werden könnten, bis man an den einzelnen Gesellschafter gelange, sofern der Gläubiger erst eine Vorklage gegen die Gesellschaft durchführen müsse" (Prot. S. 217). Dagegen wurde beantragt, nur
eine Klage gegen die Gesellschaft für zulässig zu erklären.
„Es sei gewiß nicht zu rechtfertigen, wenn man eine Klage gegen
einen Gesellschafter, welcher in Deutschland wohne, aus einem Geschäfte, welches von der in Canton bestehenden Hauptniederlassung
herrühre, in Deutschland zulassen wolle" (Prot. S. 219). Weiter
wurde bemerkt: „Aus dem Grundsatze, daß die Gesellschafter für
Societäts-Schulden solidarisch haften müßten, folge, daß man zunächst und zur Liquidstellung einer Gesellschaftsschuld nur eine Klage
gegen alle Gesellschafter gestatten könne, es sodann aber dem Gläubiger überlassen bleibe, gegen welchen Gesellschafter er die liquid
gestellte Forderung zur Exekution bringen wolle" (Prot.
S. 224). Da in dem revidirten Entwurf nur der Grundsatz der
solidarischen Haft stehen geblieben ist, so hat man also über die
angeregte Controverse die hier zuletzt erwähnte Ansicht als die richtige aufgenommen.

Zur Entscheidung mancher Streitfragen wichtig ist der Grundsatz im Art. 112 (des revid. B.): „Wer in eine bestehende Han-

delsgesellschaft eintritt, haftet für alle von der Gesellschaft vor seinem Eintritt eingegangene Verbindlichkeiten" (s. hierüber Prot. S. 279—283).

Nicht alle Gesellschafter haben nothwendig die Befugniß zur Vertretung der Gesellschaft (Art. 114); aber der Umfang der Vertretungsbefugniß, wo sie einmal gegeben ist, kann nicht beschränkt werden.

„Die Ertheilung, so wie die Aufhebung einer Prokura geschieht mit rechtlicher Wirkung gegen Dritte durch einen zur Vertretung der Gesellschaft befugten Gesellschafter" (Art. 116).

Unter den Bestimmungen **„über die Auflösung der Gesellschaft und den Austritt einzelner Gesellschafter"** (Art. 199 folg.) sind nachstehende hervorzuheben:

Die Gesellschaft wird aufgelöst nicht allein durch Konkurs, „sondern auch durch die Eröffnung des Konkurses über einen der Gesellschafter, oder durch die eingetretene rechtliche Unfähigkeit eines der Gesellschafter zur Vermögensverwaltung" (Art. 119 (3).

Sie wird aufgelöst „durch die von Seiten eines Gesellschafters geschehene Aufkündigung, wenn die Gesellschaft auf unbestimmte Zeit eingegangen ist" (Art. 119 (6).

„Eine auf Lebenszeit eingegangene Gesellschaft ist als eine Gesellschaft auf unbestimmte Zeit zu betrachten" (das.). Denn, heißt es in dem Protokoll (S. 226), die Verhältnisse ändern sich oft und es widerspricht der sittlichen Freiheit des Menschen, für eine Vereinigung blos zum Zwecke des Erwerbs sich auf Lebenszeit zu verbinden.

Art. 121: „Ein Gesellschafter kann die Auflösung der Gesellschaft vor Ablauf der für ihre Dauer bestimmten Zeit oder bei Gesellschaften von unbestimmter Dauer ohne vorgängige Aufkündigung verlangen, sofern hiezu wichtige Gründe vorhanden sind."

Die Beurtheilung hierüber bleibt dem Ermessen des Gerichts überlassen.

Es werden sodann beispielsweise sechs Fälle angeführt. Diese Bestimmung ist wieder eine derjenigen, welche kaum durchgeführt werden können, wenn nicht Handelsleute mit entscheidender Stimme zum Urtheil zugezogen werden.

Art. 122: „Wenn die Gesellschafter vor der Auflösung der Gesellschaft übereingekommen sind, daß, ungeachtet des Ausscheidens eines oder mehrerer Gesellschafter, die Gesellschaft unter den übrigen fortgesetzt werden soll, so endigt die Gesellschaft nur in Bezug auf den Ausscheidenden" (Fall des Todes, Art. 119 (2). Folgen Bestimmungen über den Eintrag der Auflösung in die Handelsregister.

Art. 125. „Wenn ein Gesellschafter ausscheidet (Art. 119) oder ausgeschlossen wird (Art. 121), so erfolgt die Auseinandersetzung der Gesellschaft mit demselben auf Grund der Vermögenslage, in welcher sich die Gesellschaft zur Zeit des Ausscheidens oder zur Zeit der Behändigung der Klage auf Ausschließung befindet."

Art. 126. „Ein ausgeschiedener oder ausgeschlossener Gesellschafter muß sich die Auslieferung seines Antheils am Gesellschaftsvermögen in einer den Werth desselben darstellenden Geldsumme gefallen lassen; er hat kein Recht auf einen verhältnißmäßigen Antheil an den einzelnen Forderungen, Waaren oder anderen Vermögensstücken der Gesellschaft."

Abermals eine Bestimmung, welche die Beiziehung von Handelsleuten mit entscheidender Stimme zum Urtheil erfordert; denn wer sonst könnte eine richtige Schätzung vornehmen?

Die „**Liquidation der Gesellschaft**" (Art. 127 fgg.) besorgen die von der Gesellschaft oder von ihren Vertretern bestellten Liquidatoren. Eventuell ernennt sie der Richter. Es muß hierüber die gehörige Eintragung in die Handelsregister geschehen. Mehrere Liquidatoren können in der Regel nur gemeinsam handeln (Art. 127—129). „Sie können Vergleiche schließen und Kompromisse eingehen."

„Die Liquidatoren sind auch berechtigt, neue Geschäfte einzugehen, wenn sie ohne solche die schwebenden Geschäfte nicht erledigen können!"

In dem ersten Entwurfe (Art. 136.) stand: „die Gesellschafter haften einander für die Güte der einem Jeden zugewiesenen Ausstände."

Diese Bestimmung gieng davon aus, daß die Zuweisung der Ausstände mehr eine assignatio als eine cessio sei. Ueber die Zweckmäßigkeit der Bestimmung wurde viel gestritten (Prot. S. 255—259); da indessen (nach Art. 130 des rev. Entwurfs) die Liquidatoren die Forderungen der Gesellschaft einzuziehen haben; da sie nicht die Befugniß haben sollen, den Gesellschaftern Ausstände wider

ihren Willen zuzuweisen, für freiwillig übernommene Aus=
stände aber von dem Uebernehmer die Gefahr zu tragen ist (Prot.
S. 1014. 1015.), so beschloß man den Artikel zu streichen.

In dem Abschnitt „Von der Verjährung der Klagen
gegen die Gesellschafter" (Art. 138—141.) wird im Art. 138.
der Grundsatz aufgestellt:

„Die Klagen gegen einen Gesellschafter aus Ansprüchen gegen
die Gesellschaft verjähren in fünf Jahren nach Auflösung der Ge=
sellschaft oder nach seinem Ausscheiden oder seiner Ausschließung aus
derselben, so fern nicht nach Beschaffenheit der Forderung eine kür=
zere Verjährungszeit gesetzlich eintritt."

Dieser Grundsatz einer Ausnahme von den allgemeinen Vor=
schriften für Verjährung fand Widerspruch; „allein, bemerkte man
(Prot. S. 262.), der Gesellschafter müsse einmal eine Zeit kennen,
nach deren Ablauf er sich von allen bekannten und unbekannten For=
derungen aus den Geschäften seiner Mitgesellschafter frei wissen
könne. Insbesondere sei dieses alsdann zur Beruhigung des Kauf=
manns nothwendig, wenn etwa einer der Gesellschafter unredlich
verfahren sei. — Nur dann, wenn eine solche Beruhigung geboten
werde, könne man darauf rechnen, daß die Associationen gefördert
würden, und daß dies geschehe, sei doch eine anerkannte Forderung
der Zeit".

Die weitere Bestimmungen bis Art. 141 sind eine Konsequenz
des angenommenen Grundsatzes.

Der zweite Titel des zweiten Buches handelt

Von der Kommandite=Gesellschaft.

Art. 142. „Eine Kommandite=Gesellschaft ist vorhanden, wenn
bei einem unter einer gemeinschaftlichen Firma betriebenen Handels=
gewerbe ein oder mehrere Gesellschafter sich nur mit Vermögens=
einlagen betheiligen, während bei einem oder mehreren anderen Ge=
sellschaftern die Betheiligung nicht in der Weise beschränkt ist."

Der Referent bemerkte (Prot. S. 1032 fg.): In dem Ent=
wurf habe man an eine stille Gesellschaft gedacht mit gemeinsamem
Handlungsfonds und unter gemeinsamer Firma. Dieses Institut
unterscheide sich sehr von der älteren deutschen stillen Gesellschaft.
— Bei dieser gehe der eingeschossene Fond ganz in das Ver=

mögen des Complementars über; bei jener liege es in der
Idee, das Verhältniß dem Publikum gegenüber organifirt hervor=
treten zu lassen. Diese neue stille Gesellschaft müsse nothwendig
in die Handelsregister eingetragen werden.

Demnach wird die Eintragung auch in den nachfolgenden Artikeln
verfügt (Art. 142—146.) und „wenn die Eintragung in das Han=
delsregister nicht erfolgt ist, so besteht die Kommandite=Gesellschaft
als solche nicht.“ (Art. 144. Die Abreden eines Vertrags über eine
solche Gesellschaft werden dadurch nicht sofort nichtig; es ist als=
dann nur keine Kommandite=Gesellschaft mit den Wir=
kungen dieses Gesetzes vorhanden.)

„Zur Gültigkeit des Gesellschafts=Vertrages bedarf es der schrift=
lichen Abfassung nicht.“ Eben dasselbe wurde in Bezug auf die
offene Gesellschaft (Art. 84.) verfügt. „Denn, wurde bemerkt
(Prot. S. 167), sehr viele Gesellschaften kommen zu Stande ohne
jede schriftliche Vertragserrichtung, zwischen jungen Leuten mit ge=
ringen Kapitalien namentlich. Bei großen Verhältnissen sei ein glei=
ches der Fall. Ein Vater mit seinem Sohn, ein Oheim mit seinem
Neffen errichten keinen schriftlichen Vertrag; es verstoße gegen die
Pietät in solchen Fällen darauf zu bestehen. Die Eintragung in
das Handelsregister sei für das Publikum das Wesentliche. Man
könne es füglich der Vorsicht der Kaufleute überlassen, ob sie Ver=
träge abzufassen für gut fänden oder nicht“ u. s. w.

„Das Rechtsverhältniß der Gesellschafter unter einander richtet
sich zunächst nach dem Gesellschafts=Vertrage. So weit keine Ver=
einbarung getroffen ist, kommen die gesetzlichen Bestimmungen über
das Rechtsverhältniß der offenen Gesellschafter unter einander auch
hier zur Anwendung, jedoch mit den Abweichungen der
nachfolgenden Artikel“ (Art. 147).

„Die Geschäftsführung wird durch den oder die persönlich
haftenden (in der Firma erscheinenden) Gesellschafter besorgt.“
(Art. 148. Wenn der Name des Kommanditisten in der Firma er=
scheint, so haftet er gleich den offenen Gesellschaftern. Art. 158.)
„Ein Kommanditist, welcher für die Gesellschaft Geschäfte schließt,
ohne ausdrücklich zu erklären, daß er nur als Prokurist oder als
Bevollmächtigter handle, ist aus diesen Geschäften gleich
einem persönlich haftenden Gesellschafter verpflichtet“
(Art. 157).

„Der Kommanditist nimmt an dem Verluste nur bis zum Betrage seiner eingezahlten oder rückständigen Einlage Antheil."

„Er ist nicht verpflichtet, den bezogenen Gewinn wegen späterer Verluste zurückzuzahlen" (Art. 151).

„Die Einlage des Kommanditisten kann während des Bestehens der Gesellschaft weder ganz noch theilweise zurückbezahlt oder erlassen werden."

„Er kann bis zur Wiederergänzung der durch Verlust verminderten Einlage weder Zinsen noch Gewinn beziehen."

„Er ist jedoch nicht verpflichtet, den Gewinn zurückzuzahlen, welchen er auf Grund einer in gutem Glauben errichteten Bilanz in gutem Glauben bezogen hat" (Art. 155).

Diese Sätze sind hervorgehoben, weil sie die Frucht besonderer und sehr ausführlicher Erwägungen sind; die übrigen Bestimmungen ergeben sich aus diesen, aus der Natur der Sache und aus denjenigen über die offene Gesellschaft. (Zu vergleichen ist Prot. S. 287—309. 1030—1110.)

Es kann dem Zweck dieser Bemerkungen nicht entsprechen, alle jene Bestimmungen zu wiederholen.

„Ueber Kommandite-Gesellschaften auf Aktien" handeln die Artikel 163 ff. Es gibt sich in dem Entwurf das Bestreben kund, einerseits die Gesellschaften als eine Erscheinung, und vielleicht als ein Bedürfniß des neueren Verkehrs nicht zu ignoriren, andererseits Dritte vor Mißbrauch und Betrug zu schützen. Zu letzterem Zweck werden dreierlei Mittel angewendet:

1) Die Pflichten der die Gesellschaft führenden und persönlich haftenden Theilhaber werden genau angegeben.

2) Die Kommanditisten (Aktien-Zeichner) haben aus ihrer Mitte einen Aufsichtsrath von mindestens fünf Mitgliedern zu erwählen (Art. 164), welcher, in Verbindung mit einer General-Versammlung, ihre Interessen wahrt.

3) So weit weder hierdurch, noch durch den übrigen Inhalt anderer, auf denselben Zweck gerichteter Bestimmungen dieses Ziel erreichbar wird, soll es durch die Vorschrift geschehen: „Kommandite-Gesellschaften auf Aktien können nur mit staatlicher Genehmigung errichtet werden" (Art. 164).

Gegen diese letztere Bestimmung ist mit Eifer gekämpft worden; namentlich hoben die Abgeordneten für Hamburg hervor:

„Die Extravaganzen und Mißbräuche, welche bei den Aktienge=
sellschaften vorgekommen sind und auch ferner eintreten können,
sind bekannt genug. — Es fragt sich jedoch, ob und wie weit die Ge=
setzgebung zur Verhinderung derselben beitragen könne, ohne gleich=
zeitig für die freie und kräftige Entwicklung des Associationswe=
sens — weit größeren Nachtheil herbeizuführen. — Gegen die vor=
kommenden Mißbräuche gibt es hauptsächlich nur ein wirksames
Mittel, nämlich die eigene Erfahrung des Publikums. —
Je mehr die Gesetzgebung specielle Vorschriften erläßt, um den
Einzelnen gegen die Folgen eigener Unvorsichtigkeit in Schutz zu neh=
men, desto langsamer und schwächer entwickelt sich, der Natur der
Sache nach, die erforderliche Umsicht beim Publikum."

„Nach unserer Ansicht sollte in einem allgemeinen deutschen
Handelsgesetzbuch in Bezug auf die Aktiengesellschaften das Erfor=
derniß einer landesherrlichen Genehmigung nicht aufgestellt werden.
Mit dieser Hauptvorschrift würden natürlich auch die in verschie=
denen Artikeln vorkommenden Consequenzen derselben in Wegfall
kommen müssen."

Es wurde allseitig anerkannt, daß bezüglich der fraglichen
Bestimmung zwei Systeme einander gegenüber stünden, und daß
jedes von beiden nach den in den verschiedenen Staaten bestehen=
den Verhältnissen gerechtfertigt sei. Die Partikular=Gesetz=
gebung möge die Wahl treffen (Prot. S. 314. 315.
320. folg. Art. 192).

Weitere allgemeine Bestimmungen des Entwurfs gegen Miß=
brauch sind:

1) „Die Aktien müssen auf Namen lauten" (Art. 163).
(Damit man, wenn auf erfolgten Aufruf eine Einzahlung nicht
gemacht werde, wisse, wen man dafür in Anspruch zu nehmen
habe. Der erste Einzahler müsse für die versprochene Summe
haften, weil außerdem dem Aktienschwindel Thür und Thor ge=
öffnet sei. Werde von einer solchen Haftung abgesehen, dann
könne ein reicher Mann eine große Summe zeichnen, dadurch Ver=
trauen zu der betreffenden Gesellschaft erregen, und, wenn er
kaum 10 % der gezeichneten Summe eingezahlt habe, seine Pro=
messen verkaufen Prot. S. 340). Hiemit steht in Verbindung

2) die Bestimmung in Art. 172:

„So lange der Betrag einer Aktie nicht vollständig einge=

zahlt ist, bleibt der ursprüngliche Zeichner zur Einzahlung des Rückstandes — verpflichtet."

3) Die Einlagen können den Kommanditisten (Aktien-Inhabern), so lange die Gesellschaft besteht, nicht zurückgezahlt werden (Art. 185); auch nicht ein Theil derselben ohne staatliche Genehmigung (Art. 190).

4) Bei der Auflösung einer Kaufmanns-Gesellschaft auf Aktien darf die Vertheilung des Vermögens unter die Gesellschafter nicht eher vollzogen werden, als nach Verlauf eines Jahres von dem Tage an gerechnet, an welchem die Auflösung der Gesellschaft in das Handelsregister eingetragen ist (Art. 189).

5) Bei der Gründung, Abänderung und Auflösung der Gesellschaft ist der Eintrag in die Handelsregister unter gewissen sichernden Vorschriften erfordert (Art. 166 folg. 186. 188.).

Was die persönlich haftenden Gesellschafter betrifft, welche dieselbe gründen und führen, so wird dafür gesorgt, daß sie sich nicht herausziehen können zum Nachtheil der Gesellschaft.

1) Wenn sie den Eintrag der Gesellschaft in die Handelsregister versäumen, so besteht die Kommandite-Gesellschaft als solche nicht. Die Ausgeber von Aktien sind den Besitzern für allen, durch die Ausgabe entstehenden Schaden solidarisch verhaftet (Art. 167).

2) „Für die gesellschaftlichen Kapital-Antheile, welche auf die Einlage der persönlich haftenden Gesellschafter fallen, oder welche denselben als persönliche Vortheile ausbedungen sind, dürfen keine Aktien ausgegeben werden; diese Kapitalantheile dürfen von den persönlich verhafteten Gesellschaftern, so lange die letzteren in diesem Verhältniß zur Gesellschaft stehen, nicht veräußert werden" (Art. 169).

3) „Das Austreten eines persönlich haftenden Gesellschafters in Folge gegenseitiger Uebereinkunft ist während des Bestehens der Gesellschaft unstatthaft. Eine solche Uebereinkunft steht der Auflösung der Gesellschaft gleich; zu derselben bedarf es einer General-Versammlung der Kommanditisten" (Art. 187).

4) Die persönlich haftenden Gesellschafter, welche die Gesellschaft berechtigen, verpflichten und vertreten (Art. 184), haben spätestens innerhalb der sechs ersten Monate jeden Geschäftsjahres Bilanz vorzulegen (Art. 173).

Die vereinigten Kommanditisten bilden die General-Versammlung. Die Besitzer von ¹/₁₀ des Aktien-Kapitals können eine General-Versammlung veranlassen. Diese wählt einen Aufsichtsrath, „welcher die Geschäftsführung der Gesellschaft in allen ihren Theilen überwacht" (Art. 181), und dessen Mitglieder solidarisch verhaftet sind, wenn mit ihrem Wissen Einlagen an die Kommanditisten ganz oder theilweise zurückbezahlt sind, wenn Zinsen oder Dividenden gezahlt sind, welche nicht aus dem Gewinn der Gesellschaft entnommen wurden (Art. 191. Nähere Bestimmungen enthalten die Art. 174 — 183. 191).

Der dritte Titel (Bd. II.): „**Von der Aktiengesellschaft**" hat zu weniger lebhaften Erörterungen als der zweite Anlaß gegeben; denn man war hier schon auf einem bekannteren Felde: „eine Handelsgesellschaft ist eine Aktiengesellschaft, wenn sich die sämmtlichen Gesellschafter nur mit Einlagen betheiligen, ohne persönlich für die Verbindlichkeiten der Gesellschaft zu haften" (Art. 193).

Die Frage wegen der staatlichen Genehmigung solcher Gesellschaften ist schon zum vorigen Titel erwähnt. Diese Genehmigung muß auch zur Fortsetzung und Abänderung eingeholt werden (Art. 199), mit Vorbehalt etwa abweichender partikularrechtlicher Bestimmungen (Art. 235).

Da der Mißbrauch bekannt ist, welcher mit solchen Gesellschaften betrieben wird, so werden zur Verhütung desselben noch andere allgemeine Bestimmungen vorgeschlagen:

1) „Wenn vor erfolgter Genehmigung und Eintragung (in die Handelsregister) im Namen der Gesellschaft gehandelt worden ist, so haften die Handelnden persönlich und solidarisch (Art. 197).

2) Kein Aktionär kann den eingezahlten Betrag zurückfordern, so lange die Gesellschaft besteht (Art. 201).

3) Es dürfen den Aktionärs keine festen Zinsen bezahlt werden, nur der jährliche reine Ueberschuß kommt zur Vertheilung (Art. 202).

4) Wenn die Aktien auf den Inhaber gestellt werden, so darf die Ausgabe derselben nicht vor Einzahlung des ganzen Nominalbetrags erfolgen. — Der Zeichner der Aktie ist für die Einzahlung von 40 % dieses Betrags unbedingt verhaftet (Art. 207; nach partikularrechtlicher Bestimmung genügen 25 % Art. 235).

5) Eine General=Versammlung überwacht die Ge=
schäftsführung, prüft die Bilanz, beschließt die Gewinnvertheilung
(Art. 209. 223. 224.); um diese Gegenstände noch genauer zu
verfolgen und eine General=Versammlung zu berufen, kann ein
Aufsichtsrath bestellt werden (Art. 210).

6) „Jede Aktien=Gesellschaft muß einen Vorstand haben"
(Art. 212). Derselbe ist zu jeder Zeit widerruflich. Außer
anderen speciellen Vorschriften für den Vorstand, ist besonders
verordnet: a) daß derselbe innerhalb der ersten sechs Monate jedes
Geschäftsjahres (resp. am Schluß desselben) eine Bilanz vorlegen
muß (Art. 225. 235). b) Ergibt sich aus der letzten Bilanz, daß
sich das Grundkapital um die Hälfte vermindert hat, so muß der
Vorstand unverzüglich General=Versammlung berufen und dieser,
so wie der zuständigen Verwaltungsbehörde davon Anzeige machen.
Letztere kann in diesem Fall die Auflösung der Gesellschaft be=
schließen (Art. 226. Abändernde partikularrechtliche Bestimmung
vorbehalten, Art. 235.) c) Handeln die Mitglieder des Vorstan=
des diesem entgegen, oder überhaupt außer den Grenzen ihres
Auftrags, so haften sie persönlich und solidarisch für den
entstandenen Schaden (Art. 227).

7) „Das Vermögen einer aufgelösten Aktien=Gesellschaft wird
nach Tilgung ihrer Schulden unter die Aktionäre nach Verhältniß
ihrer Aktien vertheilt".

„Die Vertheilung darf nicht eher vollzogen werden, als nach
Ablauf eines Jahres, von dem Tage an gerechnet, an welchem
die Bekanntmachung über die Auflösung in den hierzu bestimmten
öffentlichen Blättern zum dritten Male erfolgt ist" (Art. 231).
— Theilweise Zurückzahlung des Grundkapitals an die Aktionäre
darf nur mit staatlicher Genehmigung geschehen (Art. 234).

Zwischen dem zweiten und dritten Buch des ersten Entwurfs
ist von Seiten der Conferenz ein eigenes Buch eingeschoben worden:
**„Von der stillen Gesellschaft und von der Ver=
einigung zu einzelnen Handelsgeschäften für ge=
meinschaftliche Rechnung".** (Art. 236 folg.)

„Eine stille Gesellschaft ist vorhanden, wenn sich Jemand an
dem Betriebe des Handelsgewerbes eines Anderen mit einer Ver=
mögenseinlage gegen Antheil an Gewinn und Verlust betheiligt"
(Art. 236).

Zum Abschluß eines solchen Vertrags (der s. g. Deutschen stillen Gesellschaft) bedarf es keiner Förmlichkeiten; das Verhältniß einer Handelsgesellschaft darf hier nicht einmal in der Firma angedeutet werden; der Inhaber des Handelsgewerbes wird Eigenthümer der Einlage des stillen Gesellschafters. Dieser erhält seinen bedungenen Antheil an dem Gewinne und ist nicht verpflichtet, denselben wegen späterer Verluste zurückzuzahlen. Er nimmt an dem Verluste nur bis zu dem Betrage seiner eingezahlten oder rückständigen Einlage Antheil (Art. 237—245).

„Die Auflösung der stillen Gesellschaft kann vor Ablauf der für ihre Dauer bestimmten Zeit oder bei einem Vertrage von unbestimmter Dauer ohne vorherige Aufkündigung verlangt werden, wenn hierzu wichtige Gründe vorhanden sind." Das Ermessen des Richters entscheidet hierüber! (Art. 246.)

Dieses sind die wesentlichen Bestimmungen über die deutsche stille Gesellschaft. Diejenigen „von der Vereinigung zu einzelnen Handelsgeschäften für gemeinschaftliche Rechnung" (Art. 249—253) enthalten den hervorzuhebenden Satz:

„Ist ein Theilhaber zugleich im Auftrage und Namen der übrigen aufgetreten, oder haben alle Theilhaber gemeinschaftlich oder durch einen gemeinsamen Bevollmächtigten gehandelt, so ist jeder Theilnehmer dritten gegenüber solidarisch berechtigt und verpflichtet" (Art. 252).

Zum vierten Buch.
Von den Handelsgeschäften.

Der erste Titel „Von den Handelsgeschäften im Allgemeinen" umfaßt: Kauf von beweglichen Sachen, Lieferung, Versicherung, Rhederei, Bodmerei, „Bearbeitung beweglicher Sachen für Andere, wenn der Gewerbbetrieb des Unternehmers über den Umfang des Handwerks hinausgeht", Bankier- und Geldwechsler-Geschäfte, Kommission, Spedition, Frachtvermittlung oder Abschließung von Handelsgeschäften für andere Personen, Buch-, Kunsthandel, Verlag, Druckerei. (Art. 254. 255.)

„Weiterveräußerungen, welche von Handwerkern vorgenommen werden, sind, in so weit dieselben nur in Ausübung ihres Handwerksbetriebes geschehen, als Handelsgeschäfte nicht zu betrachten" (Art. 256).

„Die von einem Kaufmann geschlossenen Verträge gelten im Zweifel als zu dem Betriebe des Handelsgewerbes gehörig" (Art. 257).

„Bei jedem Rechtsgeschäft, welches auf der Seite eines der Kontrahenten ein Handelsgeschäft ist, sind die Bestimmungen dieses vierten Buches in Beziehung auf beide Kontrahenten gleichmäßig anzuwenden (so fern sich aus den nachfolgenden Bestimmungen nicht eine andere Meinung ergibt. Art. 260).

Man wird hier keine nähere Erörterung oder Ergänzung dieser hauptsächlichen Bestimmungen erwarten. Die gegebenen objektiven Kriterien, was ein Handelsgeschäft sei? werden ergänzt durch Artikel 3: „als Kaufmann ist anzusehen, wer gewerbmäßig Handelsgeschäfte betreibt." — Eine eingehende Besprechung der nachstehenden, sehr wichtigen „**Allgemeinen Bestimmungen über Handelsgeschäfte**" (Art. 261 fgg.) müßte zu einem Buch anschwellen.

„Bei Beurtheilung und Auslegung der Handelsgeschäfte hat der Richter den Willen der Kontrahenten zu erforschen und nicht an dem buchstäblichen Sinn des Ausdrucks zu haften." (Art. 261. „Selbst Kaufleute seien, wo sie als Mitglieder der Handelsgerichte thätig wurden, sehr geneigt zu einer wörtlichen Auslegung der Verträge" wird in dem Protokoll S. 407 bemerkt und von den Kaufleuten bestätigt. Man wird jedoch diese Bestimmung nicht vollziehen wollen, ohne Kaufleuten bei dem Urtheil eine entscheidende Stimme mit einzuräumen. Denn um den Willen von Geschäftsleuten zu erforschen, dazu sind Geschäftskenntnisse nöthig.)

Wenn mehrere ein Handelsgeschäft abgeschlossen haben, so haften sie in der Regel solidarisch (Art. 263), können die Einrede der Theilung und Vorausklage nicht vorschützen (Art. 264).

Schadensersatz umfaßt entgangenen Gewinn (Art. 266).

Konventionalstrafe darf das Doppelte des Interesses übersteigen, befreit im Zweifel nicht von der Erfüllung, schließt einen höheren Schadensersatz im Zweifel nicht aus (Art. 267).

Die Daraufgabe (Arrha) gilt nur dann als Reugeld, „wenn dies vereinbart oder ortsgebräuchlich ist, sie wird angerechnet" (Art. 268).

Anfechtung des Vertrags wegen übermäßiger Verletzung findet nicht Statt (Art. 269).

Geſetzliche Zinſen und Vorzugszinſen 6% (Art. 270. 1857).

Die Zinſen laufen vom Tage der Mahnung, wenn ſie nach dem bürgerlichen Recht nicht ſchon vorher laufen (Art. 271).

Kaufleute berechnen gegenſeitig Zinſen von dem Tage der Fälligkeit an, auch ohne Mahnung (Art. 272).

Ein Kaufmann berechnet in Kaufmannsgeſchäften ohne beſondere Abrede Zinſen und Proviſion (Art. 273).

Von dem Ueberſchuß auf einem Rechnungsabſchluß (der ohne beſondere Abrede nur jährlich erfolgt) berechnet der Kaufmann dem Kaufmann ſeit dem Tage des Abſchluſſes Zinſen, wenn gleich Zinſen in dem Saldo begriffen ſind (Art. 274).

6% Zinſen werden in Handelsgeſchäften berechnet, wenn Landesgeſetze nicht mehr geſtatten. Bei Darlehn und Handels-Schulden eines Kaufmanns können auch höhere Zinſen als 6% berechnet werden (Art. 275).

Zinſen dürfen in Handelsgeſchäften das alterum tantum überſteigen (Art. 276).

„Die Anerkennung einer Rechnung ſchließt den Beweis eines Irrthums oder Betrugs nicht aus" (Art. 277).

„Die Beweiskraft eines Schuldſcheins oder einer Quittung iſt an den Ablauf einer Zeitfriſt nicht gebunden" (Art. 278).

Dem Ueberbringer einer Quittung darf in der Regel bezahlt werden (Art. 279).

Vollmacht in Handelsgeſchäften erliſcht in der Regel nicht mit dem Tode des Ausſtellers (Art. 280).

Bei der Ceſſion von Handlungs-Forderungen iſt die exceptio legis Anast. aufgehoben (Art. 282).

„Ein Kaufmann, welcher eine auf ihn ausgeſtellte Aſſignation gegenüber demjenigen, zu deſſen Gunſten ſie ausgeſtellt iſt, angenommen hat, iſt demſelben zur Zahlung verpflichtet" (Art. 283).

Anweiſungen an Andere können indoſſirt werden. Das Accept verpflichtet zur Zahlung; Einrede der fehlenden causa deb. und non num. pec. findet nicht Statt (Art. 284).

Der Verpflichtete kann ſich bezüglich einer indoſſirten Anweiſung nur ſolcher Einreden bedienen, welche ihm nach Maßgabe der Urkunde ſelbſt oder unmittelbar gegen den jedesmaligen Kläger zuſtehen (Art. 285). Bezüglich der Form des Indoſſaments und der Legitimation des Inhabers wird auf Art. 11—13. 36 der deutschen Wechselordnung verwiesen Art. 287.

Ein Faustpfand kann für kaufmännische Forderungen unter Kaufleuten ohne Formalität bestellt werden (Art. 289). Ist ein solches Faustpfand schriftlich bestellt und der Schuldner im Verzug, so darf sich der Gläubiger ohne Klage aus dem Pfande sofort bezahlt machen. Er hat nur die Bewilligung des Handelsgerichts nachzusuchen. Von der Bewilligung und von dem Verkauf hat er den Schuldner zu benachrichtigen (Art. 290). Wenn die verpfän-deten Gegenstände einen Börsenpreis oder Marktpreis haben, so darf der Verkauf auch nicht öffentlich durch einen Handels-mäckler oder einen sonst dazu befugten Beamten geschehen (Art. 291).

Hat der Gläubiger an einem indossabelen Papier mittelst In-dossament Faustpfand erhalten, so kann er sich aus demselben ohne weitere Förmlichkeit bezahlt machen; er muß nur den Schuldner sofort davon benachrichtigen (Art. 292).

Retentionsrecht hat der Kaufmann wegen den fälligen For-derungen gegen einen anderen Kaufmann an allen, mit dessen Willen (auf Grund von Handels-Geschäften) in seinen Besitz gekommenen beweglichen Sachen des Schuldners. (Folgen speciellere Vorschrif-ten, auch in Betreff der Retention wegen nicht fälligen Forderungen, wenn der Schuldner unsicher geworden ist Art. 294. Vergl. über die bis dahin angef. Art. des vierten Buchs Prot. S. 405—564).

Ueber „die Abschließung der Verträge in Handels-geschäften" (Art. 298 fgg.) enthält der Entwurf gleichfalls, zur Abschneidung von Streitigkeiten, sehr eingreifende Bestimmungen. Schriftliche Abfassung wird in der Regel nicht erfordert; ein münd-licher Antrag muß sogleich, ein schriftlicher mit umgehender Post acceptirt werden, oder der Antragende ist nicht weiter gebun-den. Er hat jedoch in einem solchen Fall ohne Verzug nach dem Eintreffen der Annahme von seinem Rücktritt zu benachrichtigen (Art. 296. 297).

Bei einem unter Abwesenden geschlossenen Vertrag gilt der Zeitpunkt, in welchem die Erklärung der Annahme behufs der Ab-sendung abgegeben ist, als Zeitpunkt des Abschlusses. (Art. 299).

Annahme unter Bedingungen oder Einschränkungen gilt als Ablehnung und neuer Antrag. (Art. 300).

Wenn jemand von einem Geschäftsfreund einen Auftrag erhält,

oder sich zur Ausrichtung solcher Aufträge erboten hat, so hat derselbe alsbald zu antworten, widrigenfalls sein Schweigen für Uebernahme des Auftrags gilt. Auch wenn er ablehnt, muß er für die, mit dem Auftrag abgesendeten Waaren einstweilen sorgen, so weit er es ohne seinen Schaden kann. (Art. 301).

Es folgen in den Art. 302—314 Bestimmungen **„über die Erfüllung der Handelsgeschäfte"** (den Ort, die Zeit und Art).

Sodann folgt der zweite Titel des vierten Buches „über den Kauf" (Art. 315 fgg.) Antrag zum Kauf an mehrere Personen (durch Preislisten u. dgl.) ist kein verbindlicher Antrag (Art. 315).

Die Bedingung: „auf Besicht, auf Probe" ist aufschiebend. Der Verkäufer ist nicht gebunden, wenn sich der Käufer nicht innerhalb der verabredeten oder ortsüblichen Frist erklärt. (Art. 316).

Ein Kauf nach Probe ist unbedingt, jedoch muß die Waare der Probe entsprechen. (Art. 311.)

Ein Kauf zur Probe ist unbedingt, unter Hinzufügung eines Beweggrundes (Art. 318. Ich kaufe zur Probe. „Die Erklärung des Käufers die auf Probe oder auf Besicht oder nach Probe gekaufte Waare annehmen zu wollen, schneidet die Ansprüche desselben wegen nachher entdeckter heimlicher Mängel nicht ab." Prot. S. 619. vgl. Art. 324).

Ueber den Ort der Erfüllung, Zahlung des Preises (in d. Regel bei Ablieferung der Waare) handelt Art. 319; „ist der Käufer mit der Empfangnahme der Waare im Verzug, so kann der Verkäufer die Waare auf Gefahr und Kosten des Käufers in einem öffentlichen Lagerhause oder bei einem Dritten niederlegen; er ist auch befugt die Waare nach vorgängiger Androhung öffentlich verkaufen zu lassen" (Waaren mit einem Märkt- oder Börsenpreis durch einen Mäkler. Art. 320).

lieber die Versendung der Waare, Uebergang der Gefahr, Abnahme, handeln die folgenden Artikel und enthalten im Wesentlichen die Sätze, welche hierüber von der Wissenschaft bereits festgestellt sind. Art. 326 sagt: „Der Mangel der vertragsmäßigen oder gesetzmäßigen Beschaffenheit der Waare kann von dem Käufer nicht geltend gemacht werden, wenn derselbe erst nach Ablauf von sechs Monaten seit der Ablieferung entdeckt worden ist" (also verjährt innerhalb dieser Frist die Klage wegen Mängeln). „An den

besonderen Gesetzen oder Handelsgebräuchen, durch welche für einzelne Arten von Gegenständen eine kürzere Frist bestimmt ist,
wird hierburch nichts geändert." Auch durch Vertrag können kürzere und längere Fristen bestimmt werden. „Die angeführten Bestimmungen können von dem Verkäufer im Falle eines Betrugs nicht
geltend gemacht werden" (Art. 327). Es folgen Bestimmungen über
die Kosten der Uebergabe, Tara, Gutgewicht, Marktpreis (Art.
328—330).

Wenn der Käufer mit der Zahlung des Kaufpreises im Verzuge und die Waare noch nicht abgeliefert ist, so kann der Verkäufer entweder 1) Erfüllung verlangen, oder 2) die Waare (nach
oben gegebener Vorschrift) verkaufen, oder 3) vom Vertrage ab-
gehen (Art. 332).

Wenn der Verkäufer mit der Ablieferung im Verzuge ist,
so kann der Käufer entweder 1) Erfüllung nebst Schadensersatz
wegen des Verzugs verlangen, oder 2) zurückfordern, was er schon
gegeben hat, mit Schadensersatz (Art. 333). Es folgen bis Art.
336 noch einige speciellere Bestimmungen; besondere Beachtung verdient hierunter der Satz:

„Den Betrag des Schadens bildet, wenn die Waare (das
Staatspapier) einen Markt oder Börsen-Preis hat, die Differenz
zwischen dem Kaufpreise und dem Markt oder Börsen-Preise zu
der Zeit und an dem Ort der geschuldeten Lieferung, unbeschadet
des Rechts des Käufers, einen erweislich höheren Schaden geltend
zu machen" Art. 335. Das Prot. enthält S. 671—682 ausführliche Erörterungen über Lieferungsgeschäfte).

Der dritte Titel des vierten Buchs handelt „von dem Kom-
missionsgeschäft". „Kommissionär ist derjenige, welcher gewerbmäßig in eigenem Namen für Rechnung eines Auftraggebers
Handelsgeschäfte schließt" (Art. 339).

Es folgt hieraus, daß zwischen dem Kommittenten und Dritten
keine Rechte und Pflichten entstehen; der Kommittent hat zwar einen
auftragswidrig geschehenen Verkauf nicht anzuerkennen, kann aber
die Waare von dem dritten redlichen Besitzer nicht zurückfordern (Art. 339 S. Prot. S. 688). Der Kommittent
kann Forderungen aus den für ihn gemachten Geschäften seines
Kommissionärs erst nach der Cession geltend machen; „jedoch gelten
solche Forderungen, auch wenn sie nicht abgetreten sind, im Ver-

hältniß zwischen dem Kommittenten und dem Kommissionär oder dessen Gläubigern als Forderungen des Kommittenten" (Art. 345).

(Die Bestimmungen über Schadenersatz bei nicht gehöriger Erfüllung des Auftrags, Vorsorge für übersendete Waaren, Verkäufen auf Kredit, del credere, Ersatz der Auslagen, Provision u. s. w. übergehen wir.)

Art. 351. „Der Kommissionär hat an dem Kommissionsgute (so fern er darüber noch verfügen kann) — ein Pfandrecht wegen — Kosten — Provision — rücksichtlich des Guts gegebenen Vorschüssen und Darlehen — gezeichneten Wechseln oder in anderer Weise eingegangenen Verbindlichkeiten, so wie wegen allen Forderungen aus laufender Rechnung in Kommissionsgeschäften". Er kann sich deßhalb vorzugsweise befriedigen.

Art. 353. Waaren, Wechsel und Werthpapiere, welche einen Börsenpreis oder Marktpreis haben, darf der Kommissionär selbst liefern, oder (als Käufer) behalten (weitere Best. im Art. 354).

Der vierte Titel des vierten Buchs geht über zu „dem Speditionsgeschäft". (Art. 356 fgg.) „Spediteur ist derjenige, welcher gewerbmäßig in eigenem Namen für fremde Rechnung Güterversendungen — zu besorgen übernimmt" (Art. 356).

Der Spediteur haftet für Sorgfalt — auch bei der Wahl der Zwischenspediteure. Ist verabredet, daß er auch für diese, für Frachtführer oder Schiffer haften soll, „so beschränkt sich diese Haftung, wenn er sich der Post, der Eisenbahnen oder Dampfschiffe zu bedienen hat, auf den Umfang, in welchem diese Transport-Anstalten selbst haften" (Art. 357). „Wenn ein Spediteur mit dem Absender oder Empfänger über bestimmte Sätze der Transportkosten sich geeinigt hat, so haftet er, in Ermangelung einer entgegenstehenden Vereinbarung, für die von ihm angenommenen Zwischenspediteure und Frachtführer."

Den Spediteuren wird in Art. 359 ein ähnliches Pfandrecht wie den Kommissionären eingeräumt (Art. 359).

„Die Klagen gegen den Spediteur wegen gänzlichen Verlustes oder wegen Verminderung, Beschädigung oder verspäteter Ablieferung des Guts verjähren nach einem Jahre" (Art. 363). Die besonderen Vorschriften wegen Sorgfalt, Auslagen, Provision des Spediteurs u. s. w. werden hier übergangen. Der Titel schließt (Art. 366) damit, daß seine Bestimmungen nicht auf Vermittler von Fracht-

verträgen (Frachtmäkler, Güterbestätter, Schiffsprokureure) anwend=
bar sind, und folgt sodann der fünfte Titel: „*von dem Fracht=*
geschäft" (Art. 367 fgg.).

Frachtführer ist derjenige, welcher gewerbmäßig den Trans=
port von Gütern zu Lande oder auf Flüssen und Binnengewässern
ausführt (Art 367). Vorschriften über den Frachtbrief enthalten
die Art. 368. 369. Die Zeit des Transports bestimmt der Ver=
trag; eventuell entscheidet der Ortsgebrauch, oder richterliches Er=
messen darüber, wann der Transport beginnen muß.

Wird der Antritt oder die Fortsetzung der Reise durch vis
major verhindert, so kann der Absender von dem Vertrage zurück=
treten, muß aber den Frachtführer wegen Auslagen und Fracht für
die bereits zurückgelegte Reise entschädigen (Art. 370).

Der Frachtführer haftet für Beschädigung des Guts seit dem
Empfang bis zur Ablieferung, sofern er nicht beweist, daß sie durch
vis major, durch inneren Verderb des Guts oder äußerlich nicht
erkennbare Mängel der Verpackung entstanden (Art. 371).

Ebenso bei verspäteter Lieferung, sofern er nicht beweist, „daß
er die Verspätung durch Anwendung der Sorgfalt eines ordent=
lichen Frachtführers nicht habe abwenden können" (Art. 372).

„Der Frachtführer haftet für seine Leute, für die Zwischen=
frachtführer und für andere Personen, deren er sich bei Ausführung
des ihm übertragenen Transports bedient (Art. 374).

„Ein Zwischenfrachtführer übernimmt durch Annahme der Waare
nebst Frachtbrief eine selbstständige Verbindlichkeit, die Waare dem
Frachtbrief gemäß an den Empfänger abzuliefern" (Art. 375).

„Verträge, durch welche die vorstehenden gesetzlichen Verpflich=
tungen beschränkt oder aufgehoben werden sollen, haben keine Wir=
kung. Diese Bestimmung findet jedoch auf gewöhnliche Fuhrleute,
auf gewöhnliche Schiffer und die Postanstalten keine Anwendung"
(Art. 376).

Man hat bei dieser Bestimmung besonders die Eisenbahnen
im Auge, welche in ihren Reglements nicht selten verfügen, daß sie
für einen, wenn schon durch Schuld ihrer Beamten zugefügten
Schaden unter Umständen gar nicht, oder doch nur für einen ge=
wissen Betrag per U oder Ctr. haften wollen. Da die Eisenbahnen
ein faktisches Monopol für den Gütertransport haben, so verstößt
es gegen die guten Sitten, daß sich die Inhaber solcher Monopole

eine geringere Haftbarkeit stipuliren, als andere Frachtführer haben. Vgl. Prot. S. 827—830 fgg.

„Der im Frachtbrief bezeichnete Empfänger ist befugt, die Rechte gegen den Frachtführer nach Maßgabe des Frachtbriefs geltend zu machen" (Art. 379), im eigenen Interesse oder in dem eines Dritten, gegen Zwischenspediteure direct ohne Cession (daf.).

„Durch Annahme der Waare und des Frachtbriefes wird der Empfänger verpflichtet, dem Frachtführer nach Maßgabe des Fracht= briefes Zahlung zu leisten" (daf.). Nur wenn der Schaden äußer= lich nicht erkennbar war, kann er noch nach Annahme der Waare geltend gemacht werden (Art. 381). Die Bestimmungen wegen Verjährung von Klagen und Einreden gegen den Spediteur sind auch gegen den Frachtführer anwendbar.

Der Frachtführer hat wegen der Fracht und Auslagen ein Pfandrecht, welches er noch drei Tage nach Ablieferung der Güter gerichtlich geltend machen kann (Art. 382).

„Geht das Gut durch die Hände mehrerer Frachtführer, so hat der letzte bei der Ablieferung, so fern nicht der Frachtbrief das Gegentheil bestimmt, auch die aus dem Frachtbrief sich ergebenden Forderungen der vorhergehenden einzuziehen und deren Rechte, be= sonders das Pfandrecht, auszuüben" (Art. 383). Andere Bestim= mungen, besonders in Bezug auf den Ladeschein „welcher, wenn der Frachtführer nicht zu den gewöhnlichen Fuhrleuten, den gewöhn= lichen Schiffern, oder zu den Post=Anstalten gehört, vermöge der Schließung des Frachtbriefes, auf Verlangen des Absenders, aus= gestellt werden muß, sind hier zu übergehen, um nicht zu sehr in die Einzelheiten des Entwurfs einzudringen. S. Art. 385 und fol= gende. „Der Ladeschein ist eine Urkunde über die Verpflichtung des Frachtführers zur Aushändigung des Gutes Art. 385. „Er ent= scheidet über die Rechtsverhältnisse" zwischen dem Frachtführer und dem Empfänger Art. 387. „Zum Empfange des Guts legitimirt ist derjenige, an welchen das Gut nach dem Ladeschein abgeliefert werden soll, oder auf welchen der Ladeschein durch Indossament übertragen ist" Art. 390.

Lightning Source UK Ltd.
Milton Keynes UK
UKHW020346190119
335821UK00006B/386/P